Eine Zeitumstellung und die Apokalyptik – 2024 – Harald Schneider

Harald Schneider

Die Flut im Lebensraum der Menschheit!
Eine Zeitumstellung und die Apokalyptik

2024

Deutschen Nationalbibliothek verzeichnet diese Publikation in der Deutschen Nationalbiographie; Detaillierte bibliographische Daten sind im Internet über http://dnb.dnb.de abrufbar.

Die Flut im Lebensraum der Menschheit!
Eine Zeitumstellung und die Apokalyptik

© 2024 Harald Schneider

Verlag:
BoD · Books on Demand GmbH, In de Tarpen 42,
22848 Norderstedt
Druck:
Libri Plureos GmbH, Friedensallee 273,
22763 Hamburg

ISBN:
978-3-7597-9715-5

Vorwort

Eine Nachricht die uns erreicht und nachhaltig erschüttert benötigt keine zusätzliche Bestätigung, wenn sich deren Inhalte unmittelbar auf uns auswirken, d. h. wir beobachten und verspüren deren Wirksamkeit. Eine Wahrheitsfrage würde deshalb überflüssig erscheinen. Entsteht jedoch ein großer Abstand zur Erschütterung ist es möglich, deren Wirksamkeit neu zu interpretieren und die Auswirkungen auf andere Umstände zurückzuführen. Sie könnte sogar ganz geleugnet werden und so die Wirklichkeit davor ganz infrage gestellt werden. Doch bedarf es scharfsinniger Begründungen mit Überzeugungskraft verspürte Wirklichkeiten und beobachtete Veränderungen durch ein Plagiat zu ersetzen und dennoch kontinuierlich glaubhaft zu wirken. Dieses Phänomen begegnet uns z. B. bei der Frage nach unserer Herkunft, die auch ohne einen Schöpfer plausibel gemacht wird. Der in diesem Buch vorgelegte Ansatz setzt bei einer einschneidenden Katastrophe in historischer Zeit ein und hinterfragt, warum zeitgenössische Beobachtungen heute nicht mehr wahrgenommen werden können, obwohl deren Auswirkungen noch heute zu verspüren sind? Der Leser wird mit bisher unentdeckten Beobachtungen konfrontiert und es wird ein sicherer Weg über die Zeit als Teil unserer Lebensräume erschlossen, der Glauben und wissenschaftliche Beobachtung harmonisiert. Die gestellte Wahrheitsfrage wird positiv beantwortet und die sich daraus ergebenden Konsequenzen aufgezeigt. Es werden Werkzeuge eingeführt und so an die Hand gegeben, um unsere Umwelt bis in die uns heute drängenden Fragen hinein besser zu verstehen. Dem Wahrheitssucher erschließt sich die Apokalyptik neu durch neue Zusammenhänge neue Impulse und neue Motivationen!

Die Flut im Lebensraum der Menschheit – 2024 – Harald Schneider

Dieser Verbindung gehen wir über die Zeit nach, weil nur der Gott der Weltzeit vom Anfang bis zum Ende in unseren Lebensraum einwirkt und durch Offenbarung sein Handeln über die Zeiten mitteilt. Auf diese Weise wird es möglich, sowohl kritisch als auch vertrauensvoll die vorhandenen Grundlagen in Augenschein zu nehmen und mit überalterten Dogmen und wissenschaftlichen Irrtümern zu brechen. Was in diesem Buch angestoßen wird ist nur ein Anfang, ein Schlüssel der verstehen helfen soll, dass für eine Rückgewinnung der Wahrheit eine kontinuierliche Arbeit vor uns liegt, um unwahres auch wieder unwirksam zu machen. Es ist zu erwarten, dass uns die ursprüngliche Betroffenheit einholt. Eine Nachricht über die Flut erreicht uns nachhaltig und erschüttert uns, wenn wir deren Wirksamkeit bis heute noch verspüren können. Die traditionellen Methoden reichen nicht aus, um dieses Phänomen voll zu erfassen. Wir stehen heute einer bis ins Detail kunstvoll aufgebauten synthetischen Begründung für unsere Lebensräume gegenüber, die andere Stimmen permanent unterdrückt und bei genauem Hinsehen selbst ihre eigenen Methoden verleugnet, um ihre Macht aufrecht zu erhalten, was eigentlich auf ein personalisiertes Phänomen hinweist. Wenn es gelingt unsere Wahrheitsfrage über die einfache Beobachtung (wie wir sehen werden) positiv zu beantworten, d. h. unserem inneren Wahrheitsgespür große Mengen verborgener Fakten wieder sichtbar zu machen, wird unser innerer Mensch erneuert und unsere Wahrnehmung beträchtlich erweitert! Deshalb wird bei der vorliegenden Arbeit zunächst auf die Filter verzichtet, weil diese gleich einem Stellwerk in Wissenschaft und Religion zur Verdunklung unserer Wahrnehmung in unseren Lebensräumen eingesetzt wurden. Filter sind

Vorgaben, wie wir etwas zu beurteilen haben und sie verändern unseren Blick auf den Gegenstand. Gerade wenn diese gut begründet erscheinen und so plausibel gemacht werden muss deren Infragestellung möglich sein, ohne gleich reglementiert zu werden. Wenn vermeintliche Hilfestellungen zu Gefängnismauern avancieren setzen sich deren Vertreter dem Verdacht aus, an ihre eigene Macht zu denken und auf diese Weise den dunklen Mächten zuzuarbeiten! Aus diesem Grund sind die hier zu betrachtenden Gegenstände in Wirklichkeit bereits aus der Diskussion verschwunden und deshalb finden sich keine Stützen mehr in Wissenschaft, Religion und Gesellschaft. Die Erschütterung der Lebensräume der Menschheit durch die Flut lässt sich durch die gleiche Methode nachweisen, die heute in allen anderen Bereichen des Lebens Gültigkeit besitzt, der Beobachtung. Der Beobachter konnte seinen Gesichtskreis auf einen Gegenstand richten, der ihn über seine lokale Wahrnehmung hinaus die ungeheuerliche Gewissheit einer planetaren Veränderung einbrachte. Es besteht darüber hinaus (wie wir sehen werden) kein Grund, diesen Beobachtern die Kenntnis einer runden Erde abzusprechen. Der Neumond erschien (wie wir sehen werden) drei Tage zu früh und Messungen über ein weiteres Quartal ergaben einen Verlust von sechs Tagen innerhalb von zwölf Monaten! Die etwas aufwendigere Sonnenbeobachtung erbrachte schon nach kurzem ein um vier Tagen längeres Sonnenjahr, was geschickt in den Flutbericht (des hebräischen Textes) eingearbeitet wurde. Somit war selbst die so einschneidende Flut nur eine Auswirkung dieser planetaren Zeitumstellung. Diese Umstellung setzte planvoll nach dem ersten Drittel eines Siebeners in Mondzeiten ein (wie wir sehen werden).

Es brauchte (wie wir sehen werden) zwei Siebener Menschheit bis sich das Bewusstsein der Gesellschaft dahingehend veränderte, eine Entwicklung ihrer Lebensräume ohne Gott vermehrt zuzustimmen. Wegbereiter waren der Dreißigjährige Krieg, politische und ideologische Umwälzungen sowie der Zweite Weltkrieg. Weite Kreise der Wissenschaft besorgten die Erklärungen und breiteten ihren Einfluss über die Geisteswissenschaften ganz im Sinne des Humanismus aus. Diese zwei Siebener Menschheit (nicht Jahrmillionen) sind Gegenstand der Apokalyptik, wobei im ersten Siebener nach einem Drittel die Flut und am Ende des zweiten Siebeners ein Gericht stattfindet. Diese Stimme wird jedoch wie keine andere in unserem Lebensraum unterdrückt, denn in Schriften überliefertes Offenbarungsgut Gottes kann und darf es nicht geben, d. h. sie unterliegen Filtervorgaben. Zugestanden wird derzeit nur noch ein untergeordneter Bereich der „Erbauungsliteratur" außerhalb jeder wissenschaftlichen Diskussion. Damit ist Leben, das derzeit noch existent erscheint, praktisch Tod!

Das kann durch Beobachtung nachgewiesen werden, wie ein Beispiel aus der Apokalyptik deutlich macht: Zwei Siebener Menschheit teilen sich in Mond- und in Sonnenzeiten auf, was am Ende jeden Siebeners Übergangszeiten hervorruft, die Heuschrecken. Zum Ende des zweiten Siebeners wurden den Heuschrecken Kronen (Corona) aufgesetzt, womit sich nicht nur die Menschheit entschleunigte sondern auch ein Präsident abgeschlagen wurde. Dieses Ereignis war für den Fortbestand der Menschheit wichtig! Doch geht es jetzt nicht um einen Aufschub und auch nicht um die Wahrheit dieser Aussage oder gar die der Apokalyptik. Vorhandenes Wissen genügte völlig um Gott als Akteur herauszustellen, doch praktisch alle Schwiegen!

Die Apokalyptik entstammt dem mitteilenden Gott der Weltzeit und bildet von Anfang an (Gen 1,3) einen Entwicklungsplan für Israel ab! Darin lässt sich die Flut als Gericht ableiten und auch der Ursprung der Zeitbestimmung am vierten Tag klären (wie wir sehen werden). Hohe Lebensalter in voneinander abweichenden biblischen Überlieferungen können aufgeklärt und miteinander harmonisiert sowie durch andere Überlieferungen aus Artefakten bestätigt werden. Die Sothisbeobachtung von Memphis sichert über Artefakte eine wiederentdeckte Chronologie, die eine Neuordnung parallel herrschender Dynastien von Joseph als Imhotep und bis zum Exodus aufzeigen. Der siebente Tag der Ruhe Gottes begann mit Salomos Tempelbau (wie wir sehen werden) und führte zur zweiten Tempelfertigstellung. Die Ausläufer dieser Ruhe werden anhand eines Psalmenkalenders der Septuaginta-Überschriften deutlich gemacht, der auf Kalenderreformen eingeht und die Herrschaft von Esthers Sohn einrahmt.

Von all diesen Dingen ist sonst kaum ein leiser Mucks zu hören. Alles ist still geworden, zu still!

Da die Auswirkungen der Flut eine Bestimmung der Zeiten mit sich brachten, wie uns eine solche zuvor nicht möglich war, wird der Zeit, d. h. der Woche als Lebensraum der Apokalyptik ausgebreitet und einige Vernetzungen zwischen den Apokalypsen und den Propheten an die Hand gegeben, was nur exemplarisch verstanden werden will.

Eine Nachricht die dich erreicht und nachhaltig erschüttert benötigt keine zusätzliche Bestätigung, wenn sich deren Inhalte unmittelbar auf dich auswirken, d. h. du beobachtest und verspürst deren Wirksamkeit. Eine Wahrheitsfrage wird dir dann überflüssig erscheinen.

Nach Sichtung der gegenwärtigen Lage steht die Frage im Raum, wohin die Reise geht? Wahrnehmung und Wahrheitsrückgewinnung sind eine Sache, unsere weitere Entwicklung und vor allem Gottes Handeln eine andere. Ohne Unterstützung wissenschaftlicher und religiöser Organe auf solider Basis eine vielfältige Rückgewinnung verlorengegangener oder verlustbedrohter Wahrheiten nachzuvollziehen ist anspruchsvoll. Deshalb wird die wichtige Behandlung einer Rettergestalt, die als Sohn des Menschen oder Gottesknecht Eingang in die Propheten und Geschichtsbücher der Bibel gefunden hat, in der Ordnung von Jesaja 42-55 als Kurzkommentar strukturiert. Diese Vereinfachung bietet sich an, da die Gottesknechtslieder und deren Anhänge eine gute Auskunft über diese Rettergestalt geben und geeignet erscheinen, davon ausgehend die ganze Thematik zu kaschieren. So fließen durch Beobachtungen und Vergleiche ältere und jüngere Überlieferungen zusammen und ermöglichen dem Leser sich einzuordnen und den Blick orientiert in die Zukunft zu richten.

Harald Schneider

Burgschwalbach im Taunus, den 04. Oktober 2024

I. Eine Flutkatastrophe in historischer Zeit

Vorwort   6-11

Die Flut und planetare Zeitumstellungen in historischer Zeit   17

Die Flutbeobachtung in Genesis 7,11   18

Die Flutbeobachtung in Genesis 7,4.10.12   22

Die Flutbeobachtung in Genesis 7,24; 8,3.4   23

Die Flutbeobachtung in Genesis 8,5-12   25

Die Flutbeobachtung in Genesis 8,13.14   26

Ein Bootsfund bei Üzengili auf dem Ararat   27

Das Buch der Bewegung der Lichter in Henoch 72-73   29

Das Buch der Bewegung der Lichter in Henoch 74   32

Das Buch der Bewegung der Lichter in Henoch 75   34

Das Flutjahr in der Zeitrechnung vor der Flut   35

Das Flutjahr in der griechischen Septuaginta   41

II. Ein neuer Kalender und die Zeitrechnung nach der Flut

Das ägyptische Wandeljahr und die Flut   43

Die Sothis-Beobachtung in Memphis und die Zeiten   45

Absatzsysteme im hebräischen Text als Jahreszählung   49

Ein Absatzsystem als hinterlegte Geschichtsschreibung   50

Die Abschnitte der Bücher Moses als Jahreszähler   54

Das Alte Reich bis zum Exodus   58

Die Abschnitte Josua bis 1Samuel als Jahreszähler   66

Das Mittlere Reich und der Exodus   68

Der Auszug Israels aus Ägypten   80

Die Chronologie bis zu den Urvätern Israels   84

Die Geschichte Abrahams   87

Die Chronologie von Abraham, Isaak und Jakob   90

III. Das Leben und die Zeitrechnung vor der Flut

Hat jemand an der Uhr gedreht? 97

Informationsfluss in der Moderne 98

Der Kalender vor der Flut 99

Die Zeitrechnung vor der Flut 101

Die Genesis in chinesischen Piktogrammen 112

Das Buch „Leben Adams und Evas" 115

Die Geschichte der Zivilisation in Genesis 4 119

Persönlichkeiten der Frühdynastie Ägyptens (Palermo-Stein) 128

IV. Die Schöpfungswoche der Genesis. Was offenbart Gott?

Die Schöpfungswoche 135

Die Schöpfungswoche als Apokalypse 137

Der dritte Tag 142

Der vierte Tag 144

Der fünfte Tag 147

Der sechste Tag 150

Der erste Tag 154

Der zweite Tag 156

Der siebte Tag 158

Der Psalmenkalender der Septuaginta 159

Die Rückkehr aus dem Exil in den LXX-Überschriften 163

Die Sieben Zeiten nach dem siebten Tag (360 Jahre) 164

Hesekiels Tempelvision im Psalmenkalender 166

Esther und Mordechai im Psalmenkalender 168

Die erste Woche im neuen Tempel 170

Eine Woche der Kalenderumstellung 171

Stufen zum Tempel und zur Herrschaft des Sohnes 173

V. Die Woche als Lebensraum der Apokalyptik

Die Woche als Lebensraum der Apokalyptik   175

Das Buch der Wächter   176

Zwei Siebener in der Apokalypse des Johannes   180

Zwei Tage in Hosea 6,2, zwei Tage in der Apokalyptik   181

Sacharja 4,1-5.12-14   182

Sacharja 1,9-11   183

Sacharja 6,1-8   184

Die zwei Siebener, Zeitrechnung der Apokalyptik   188

Joel 2,10-11   189

Die zwölf Abschnitte Baruchs   190

Die zwölf Gebote des Hirten im Vergleich   192

Die Zeiten und die ersten Christen   194

Auswertungen der synoptischen Jesus-Apokalypse   195

Maleachi 3,22-24 [4,4-6]   205

Jesaja 24,16-20 und das Buch Henoch   215

Jesaja 27,1 und die Kontinentalverschiebungen   219

Jesaja 28,23-29 – Henoch als Bauer Gottes   223

Jesaja 29,1-8 – Henoch und die Engel   225

Jesaja 29,9-12 – Henochs Bittgesuche   228

Jesaja 30,27-33 und die Corona-Pandemie   230

Jesaja 33,13-34,17   241

VI. Der Menschensohn/Gottesknecht in Jesaja 40-55

Der Gottesknecht in Jesaja 40-55 / Überblick   249

Ein unbekannter Gottesknecht   251

Der Gottesknecht in Jesaja 49,1-13   254

Der Gottesknecht in Jesaja 42,1-9   257

Der Gottesknecht in Jesaja 50,4-11   260

Der Gottesknecht in Jesaja 52,13-53,12   263

Ein ernannter Gottesknecht   265

Die Wirkung der Gottesknechtslieder vor der Zeitenwende   266

Die Wirkung der Gottesknechtslieder nach der Zeitenwende   268

Alter und Ziel des 1. Gottesknechtsliedes [Jes 42,1-9]   271

Alter und Ziel des 2. Gottesknechtsliedes [Jes 49,1-13]   275

Alter und Ziel des 3. Gottesknechtsliedes [Jes 50,4-11]   283

Alter und Ziel des 4. Gottesknechtsliedes [Jes 52,13-53,12]   294

Ein neues Lied in Jesaja 42,10-17   304

Der blinde Knecht in Jesaja 42,18-25   312

Der Knecht Israel in Jesaja 43,1-7   315

Der Auftrag an den Knecht in Jesaja 43,8-44,25   319

Die Kyros-Abschnitte in Jesaja 44,24-45,7   330

Jesaja 45,1-7 und der Gottesknecht aus Jesaja 42,1-4   340

Jesaja 45,6-25 und die Gegenwart [Sach 8,20-23]   345

Babylon und Israels Rest in Jesaja 46,1 bis 49,13   354

Die Anhänge zum 2. Gottesknechtslied in Jesaja 49,14-50,3   370

Die Anhänge zum 3. Gottesknechtslied in Jesaja 51,1-52,12   374

Die Anhänge zum 4. Gottesknechtslied in Jesaja 54,1-55,13   381

Jesaja 40,1-41,29   395

Schlusswort   408

16

Die Flut und planetare Zeitumstellungen in historischer Zeit

Die Flutkatastrophe ist wie kein anderer Bericht in der Bibel mit tag-genauen Zeitangaben ausgestattet, die zugleich eine Zeitumstellung dokumentieren, die in der Geschichte der Menschheit einmalig war. Umso mehr überrascht es, dass es über diese mit einer Katastrophe verbundene Zeitumstellung keine genaueren Untersuchungen gibt. Nach der Flut wurden schließlich Kalenderreformen durchgeführt, deren Bedeutung nicht einmal annähernd richtig erfasst wurden. Kalender mussten umgeschrieben werden, weil sich die Mondzyklen im Katastrophenjahr abrupt um etwa ½ Tag verkürzten und sich der Umlauf der Erde um die Sonne um etwa 5 Tage verlangsamte. Das alles war mit vielen weiteren Begleiterscheinungen und Umstellungen verbunden. Die Ursache wurde auf Gott selbst zurückgeführt.

Das Raumschiff Erde hatte mit seinen Lebensräumen einschließlich der dazugehörigen Zeiträume eine einschneidende Veränderung erfahren, über die sich aus allen Kulturen Nachrichten erhalten haben. Gleichzeitig setzt der Bericht über die Arche wie der im Gilgamesch eine Planung für die vorbereiteten Maßnahmen zur Rettung voraus.

Wer die Zeit steuert ist der Herr über die Zeit und damit auch über die Lebensräume. Kalenderumstellungen dieses Umfangs in histori-scher Zeit stehen somit dem Evolutionsgeist entgegen. Deshalb sind diesem Geiste diverse Steuerungseingriffe zu unterstellen, die nur mit sehr hohem Aufwand eine fiktive Zeitwahrnehmung erzeugen. Als letzter Trent werden alte Kalenderdaten infrage gezogen.

Deshalb ist es an der Zeit, den Kalenderdaten im Flutbericht und der ersten Kalenderneuschöpfung auf den Grund zu gehen, ohne frühere Generationen als unterentwickelt zu negieren, ein Evolutionsmuster.

Dazu wird jedes angegebene Datum und alle gezählten Tage auf den zugrundeliegenden Kalender befragt. Es folgt eine Zusammenschau der Zeitabläufe und erste Auffälligkeiten werden herausgestellt und Beziehungen hergestellt. Auf diese Weise kommen tatsächlich auch verborgene Mondbeobachtungen zum Vorschein. Hinter dem Raben verbirgt sich ein Neumond, der erst drei Tage später zu erwarten war und die später ausgesandte Taube, die sich nirgends setzten konnte, ist die Beobachtung eines veränderten Zyklus von Mond und Sonne. Die Erstbeobachtung veränderter planetarer Gegebenheiten war auf den Mond gerichtet und wurden in dem Text, der heute der Septuaginta zugrunde liegt, festgehalten. Die Daten dieses Textes erfassen noch keine Verlängerung des Sonnenjahres und verzeichnen den Umbruch des Mondjahres innerhalb eines Sonnenjahres mit 360 Tagen. Die in einem Quartal ermittelten Erkenntnisse wurden eingetragen und in der dem masoretischen Text zugrundeliegenden Bericht um eine Sonnenbeobachtung bereichert, nach der ein Jahr nun über 364 Tage verfügte. Diese nachgezeichneten Schritte im Krisenjahr sind mit den Einträgen im Astronomischen Buch des Henoch identisch. Die erst später hinzugekommene Erkenntnis eines Jahres mit 365 Tagen wurde im Rahmen eines ausgeklügelten Flutjahres nachgetragen, das mit Riegeln aus vierzig Tagen Regen verschlossen und von Wassern gerahmt wurde, die sich dem neuen Kalender entsprechend verlaufen.

Es kann beobachtet werden, dass die Jahresangaben für das Flutjahr auf eine Zeitrechnung zurückgehen, in der Dekaden eine wichtige Rolle spielten, wie das Keilschrifttexte Mesopotamiens bestätigen. Der tatsächliche Fluttermin wurde aus ideologischen Gründen vom 3. Jahr einer Dekade ins 1. Jahr[LXX] oder ins 10. Jahr[MT] versetzt, um so die Kontinuität von Zeit und Herrschaft aufrecht zu erhalten. In den frühesten Berechnungen wurden deshalb die ersten zwei Jahre mit 360 Tagen nachträglich zu Jahren mit 364 Tagen erklärt oder umgekehrt die acht neuen Sonnenjahre in der Flutdekade als Jahren mit 360 Tagen deklariert, um sie vom Bruch durch die Flut zu befreien und so die herrschaftliche Kontinuität sicherzustellen.

Die Flutbeobachtung in Genesis 7,11

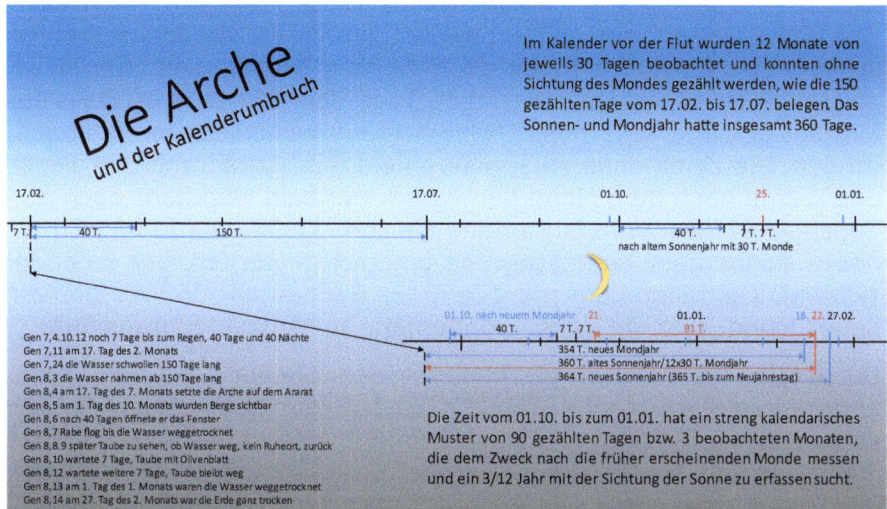

Das erste Datum ist der 17.02. im Mondkalender (Gen 7,11). Dieses Datum folgt exklusiv der Ankündigung von sieben Tagen (Gen 7,4), die gezählt wurden (Gen 7,10), wobei der 10.02. ungenannt bleibt. Aus der Ankündigung der 40 Tage und Nächte anhaltenden Regen lässt sich ableiten, dass dieses Datum nicht zufällig gewählt wurde. Der Leser soll sich einen Kalender vorstellen, in dem am 40. Tag die Flutankündigung erfolgt, die nach einer Woche zur Ausführung kam. Dieses ungenannte Datum unterstützt als Muster das dritte Datum zu Beginn des vierten Quartals als vollwertige Veranschaulichung für das ganze Jahr, denn dem 01.10. folgen die Vierzig und sieben Tage. Dass sich der Leser ein Kalenderjahr vorstellen soll zeigt auch der Jahresauftakt 01.01. im vierten Datum, das den Abschluss vom Jahr und vom vierten Quartal anzeigt. Es geht demnach nicht nur um die Inhalte des Berichts sondern auch um wichtige Kalenderfragen!

Am 17.02. wurde *die große Wassertiefe aufgebrochen, die wogenden Wasser* des Meeres, die die Erde überfluteten. *Die Schleusen der Himmel wurden geöffnet.* Es ergoss sich vierzig Tage und Nächte lang auf die Erde (Gen 7,12).

Am 17.02. begann die Sintflut und es wurden 150 Tage gezählt (Gen 7,24; 8,3.4) bis die Arche am 17.07. auf dem Ararat aufsetzte.

Der Mondkalender verzeichnete die 150 Tage vom 17.02. bis zum 17.07. als Monate von 30 Tagen. Somit dauerte ein Mondjahr 360 Tage, doch waren Mond- und Sonnenjahr identisch?

Das fünfte Datum, der 27.02. gewährt dem Leser schließlich Einblick in den Kalenderumbruch. Als *die Erde ganz trocken war* (Gen 8,14) zeigte der Mond das Flutjahr um 10 Tage überschritten an! Dass das Flutjahr gemeint sein muss ergibt sich aus verschiedenen Beobachtungen. Die Zeitspanne entspricht einem Sonnenjahr mit 364 Tagen und wurde nach dem Mond bemessen, der sein Mondjahr nach 354 Tagen abschloss. Vom Flutanfang bis zum 27.02. wurde folglich ein *neues* Sonnenjahr bemessen. Mit einem Mal werden vier Kalender sichtbar! Dem Mondjahr mit 12x30 als Sonnenjahr 360 wurden ein neues Mond- und ein neues Sonnenjahr am Ausgang vorgestellt.

Bereits das erste Datum verrät somit mehr als nur den Beginn einer angesagten Katastrophe. Der 17.02. ruft ein Kalenderjahr in den Fokus, dass im Verlauf eine neue Ordnung erfährt. Dabei erscheinen die Sonne und der Mond aus Sicht der Erde umgestellt, wie als wenn die Zeiger einer alten Uhr plötzlich nach- oder vorgehen würden. Nur war dieser Kalenderumbruch mit einer Reihe von Umwälzungen verbunden, am einschneidendsten die Überflutung der Erde und damit der Lebensräume von Pflanzen, Tieren und Menschen.

Einer biblischen Sintflut in historischer Zeit wird in weiten Kreisen von Wissenschaft und Gesellschaft widersprochen, obwohl der überlieferte Bericht im Rahmen einer planetaren Zeitumstellung unausweichlich erscheint und durchaus von wissenschaftlichen Aspekten nur so übersäht ist. Die genaue Beobachtung von Mond und Sonne tragen ohnehin nicht die Handschrift einer erfundenen Geschichte. Die Annahme lokaler Überschwemmungen als Hintergrund einer Flut erklärt nicht, wie es zu einer Beobachtung veränderter Zeiten kam.

Das erste Datum ist als 600. Jahr des Lebens Noahs ausgewiesen. Dies wirft die Frage auf, wie ein solches 600. Jahr zustande kommt? Im Buch der Geschichte Adams bekommt Noah erst mit 500 Jahren Nachkommen (Gen 5,32). Auch in Henoch 60,1 wird von einem 500. Jahr, im 7. Monat am 14. Tag des Lebens Henochs gesprochen, was viele Leser auf Noah beziehen würden (vgl. Gen 7,6.11). Diese Zeitangabe bemisst die Jahre seit Henoch, die im 500. Jahr standen. In Hen 60,1-6 wird in der Bilderrede eine Erschütterung der Erde und deren Wirkung auf die Wahrnehmung des Himmels beschrieben:

> **Hen 60**
>
> **1** Im Jahr 500 im 7. Monat, am 14. Tag des Lebens Henochs. In jener Bilderrede sah ich, wie der Himmel der Himmel von einem gewaltigen Beben erbebte, und das Heer des Höchsten, tausendmal Tausend und zehntausendmal Zehntausend, durch eine starke Erschütterung erfasst wurden.
>
> **2** Das Haupt der Tage saß auf seinem Thron der Herrlichkeit und die Engel und die Gerechten waren rings um.
>
> **3** *Ich fing an zu schlottern vor Angst und hatte keine Kraft mehr zu stehen, mein Inneres schmolz und ich fiel auf mein Angesicht.*
>
> **4** *Michael sandte einen anderen heiligen Engel, der mich aufhob, bis ich wieder bei mir war,* denn ich konnte den Anblick dieses Heeres und die Erschütterung und das Beben nicht ertragen.
>
> **5** Und Michael fragte: „Was hast du gesehen, was dich so erschüttert? Der Tag der Barmherzigkeit dauert bis heute noch an. Er war barmherzig und geduldig mit denen, die die Erde bewohnen.
>
> **6** Aber wenn der Tag der Macht, der Vergeltung und des Gerichts kommt, was der Herr der Geister denen bereitet hat, die sich nicht dem gerechten Gericht unterwerfen, und die das gerechte Gericht leugnen und die seinen Namen umsonst tragen – dieser Tag ist den Auserwählten eine Verteidigung, den Sündern eine Untersuchung."

Einer Beschleunigung des Mondlaufs um 1/60 und einer Entschleunigung des Erdumlaufs um 1/72 muss eine gezielte Lebenserhaltung von Menschen und Tieren vorausgegangen sein. Instrumentalisierter Zufall kennt nämlich keine Rettung durch Gott, sondern nur die notwendige Rettung der eigenen kontinuierlichen Entwicklung.

Die Flutbeobachtung in Genesis 7,4.10.12

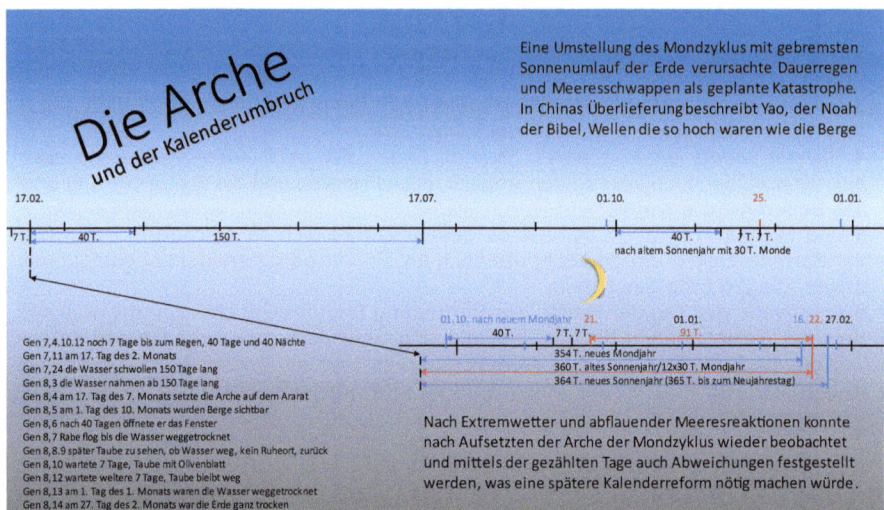

Am 40. Tag des Jahres 600 wurde für den 17.02. ein Dauerregen von 40 Tagen und 40 Nächten angesagt, womit die Sintflut begann. Starkregen führt schnell zum Wasseranstieg. Auf einer griechischen Insel fielen im Jahr 2023 binnen kürzester Zeit 1000 Liter pro Quadratmeter. Viele Menschen wollten in ihren Autos flüchten, doch überall standen die Wasser auf der Erde, die nicht schnell abfließen konnten. Bei 40 Tagen Dauerregen ist eine vernichtende Überflutung unausweichlich und nur noch Boote, die vom Wasser getragen werden, können einen Schutz bieten. *Die Arche wurde vom Wasser getragen* (Gen 7,17) und trieb nach 40 Tagen *hoch über der Erde.* Das *Öffnen der Schleusen des Himmels* (Gen 7,11) war eine wichtige Voraussetzung zur Sicherung der Arche. Die Messung von 15 Ellen (7,5 Metern) ist für flache oder hügelige Gegenden durchaus realistisch (Gen 7,20). Die Ortung ehemaliger Berggipfel für eine Messung ist kaum denkbar, da die Motivation fehlt und ein Kentern droht. Doch die *Oberfläche der Erde wurde weggewischt* (Gen 7,4), als *die großen Wassertiefen*, die Meere, *aufgebrochen wurden* (Gen 7,11). Mit einer Mindesthöhe von 7 Metern konnten die aufsteigenden Meere die Arche unbeschadet weiter anheben über alle Berge hinweg. Der Fundorte eines versteinerten Bootes mit den Abmessungen der Arche wurde 1958 auf dem Berg Ararat in 2150 Metern Höhe sichtbar.

Die Flutbeobachtung in Genesis 7,24; 8,3.4

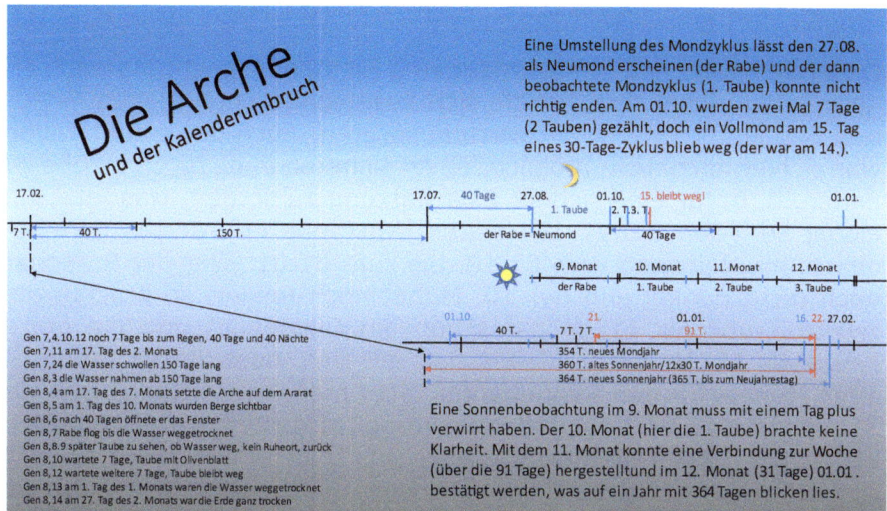

Das zweite Datum ist der 17.07. An diesem Tag setzte die Arche auf dem Ararat 2150 Meter über den heutigen Meeresspiegel auf Land. Dieses Datum im Mondkalender wurde während einer Zeit von anschwellenden und abnehmenden Wassern errechnet, wie die gezählten 150 Tage deutlich machen (Gen 7,24; 8,3). Ob eine Abweichung sofort auffiel hängt von der Sichtbarkeit des Mondes ab. Das *zohar* (Gen 6,16), eine Dachabdeckung der Arche, wurde im Bericht erst 40 Tage nach dem 01.10. abgenommen, was eine freie Beobachtung von Sonne und Mond begünstigt. Die Wahl von 40 Tagen bis zur Öffnung war jedoch nicht zufällig. Währen diese 40 Tage vom 17.07. an bis zum 27.08. nach dem alten Mondkalender bemessen worden, hätte man das erste Mal bereits den Neumond sichten können, was mit dem Raben aussoziiert, der auf und abflog (Gen 8,7). Der folgende 01.09. (dem *später* in Gen 8,8) des neuen Mondzyklus würde zur Beobachtung der zunehmenden Mondsichel reizen! *Die Taube* als Mond (Sonne) gedacht *fand keinen Ruheort und kehrte zurück* (Gen 8,9). Wird hier bildhaft der erste beobachtete Monat nach der Flut beschrieben? Die Bemessung vom 01.10. bis zum 01.01. schließt sich nahtlos an, und hier erklären sich die Taube mit dem Olivenblatt zur Abendzeit und die nicht mehr wiederkehrende Taube (der 15. Tag) in den Beobachtungen am Abendhimmel (Gen 8,10f)!

Die Mondbeobachtungen, dargestellt durch einen Raben, einem späteren Auf und Ab der ersten Taube und zweier sieben Tage dauernden Abständen am Mond waren jedoch nicht die einzigen Beobachtungen.

Die erste Taube hält genauso gut eine Sonnenbeobachtung nach einem Rabenmonat fest, als die sich auseinanderentwickelten Mond- und Sonnenmonate für Verwirrung sorgten. Auch der ersten Taube war es hier noch nicht möglich, einen sicheren Platz für ihre Füße zu finden, d. h. für eine sichere Einschätzung zu sorgen, was jetzt ein Monat sei (Gen 8,8.9). Die neuen Umstände erforderten den Beobachtungszeitraum vom 01.10. bis zum 01.01. War der 9. Monat noch recht dunkel und der 10. Monat noch unklar, so brachte die zweite Taube als 11. Monat schon ein Olivenblatt und die dritte Taube als 12. Monat die Gewissheit mit sich, dass die 30 Tage des alten Monats für den Sonnenanteil nicht mehr ausreichten, weil ein 31. Tag (der 01.01.) durch Beobachtung festgestellt wurde. Insofern kehrte die dritte Taube nicht wieder (ins Quartal von 3x30) zurück, da nach neuem Ermessen von 91 Tagen auszugehen war! Diese 91 Tage sind als 13 Wochen mit der Sieben synchronisiert, was bei der zweiten und der dritten Taube bereits feste Beobachtungsgrundlage war. Offensichtlich wurde aus dem 09. Monat ein zusätzlicher Sonnentag im Monat verwertet, was der Gewissheit eines neuen Jahres mit 364 Tagen Vorschub leistete, durch das Olivenblatt ausgedrückt, was sich wiederum durch die ausgeflogene Taube bestätigte!

Die Woche wurde eine neue Größe im Jahr selbst, deren Einfluss auf die Jahrwoche und die Jubiläen zu prüfen ist. Sowohl der Mond- wie auch der Sonnenbeobachtung gehen vierzig Tage vorweg, was sich erstmals in der Ankündigung 7 Tage vor der Flut zum 17.02. und den vorauslaufenden 40 Tagen bis zum Jahresanfang manifestiert. Auf diese Weise erscheint der neue Kalender als von Gott geschaffen und die Vierzig sind wie ein Riegel, der die im Flutjahr beobachteten neuen Zeiten bei Betätigung freilegt. Mit der Arche auf dem Ararat am 17.07. öffnen 40 Tage eine Mond- und Sonnenjahresermittlung. Vierzig Tage ab dem 17.02. öffnen ein Gericht an der alten Welt.

Der Riegel am 01.10. steht für die Bemessung des neuen Quartals und damit des neuen Jahres 364, da vom beobachteten 01.10. die 40 plus 2 x 7 Tage zum alten Flutjahresende 91 Tage anzeigen. Die Flut ab dem 17.02. endete im neuen Sonnenjahr mit 364 Tagen am 26.02., denn der 27.02. steht schon für die Zeit nach dem Flutjahr.

Die Flutbeobachtung in Genesis 8,5-12

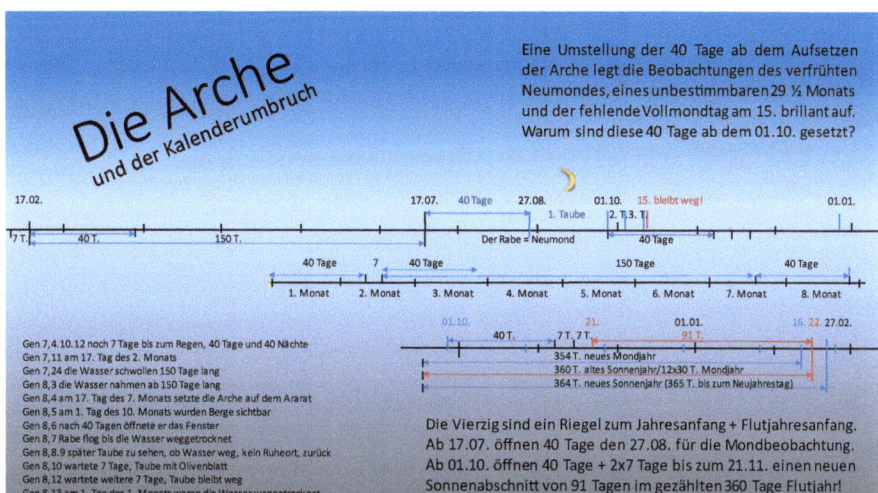

Die 40 Tage bis zum Entfernen der Dachabdeckung müssen der Beschreibung vom Raben (Neumond), der 1. Taube (ungerade Mondphase), den 7 Tagen bis zum Halbmond (2. Taube – Olivenblatt) und den 7 Tagen bis zum Vollmond (3. Taube – nicht zurückgekehrt, da der 15. als Vollmond hier entfallen war) ab dem 17.07. gezählt werden! Die genaue Mondbeobachtung und auch damit verbundene Emotionen haben sich in Gen 8,6-12 auf diese Weise verewigt.

Nun muss aber auch die offensichtliche Verschiebung zum 01.10. dem dritten Datum, irgendwie zustande gekommen sein. Ein Übermittlungsfehler in Unkenntnis der damaligen Vorgänge scheidet aus, auch wenn die Wasser der Flut als Gegenstand hinhalten müssen, was einen Zeitrahmen für die neuen Mondbeobachtung herstellt, das Flutjahr. Gegenstand sind die beobachteten Kalenderabweichungen im Flutjahr und auch die Anordnung der 40 Tage im Messzeitraum vom 01.10. bis zum 01.01. erfüllt eine wichtige Funktion. In diesem Quartal sind die 40 Tage plus die zwei Mal 7 Tage wichtig, um den ungenannten 21.11. zu ermitteln. Von diesem Datum aus wurden die 91 Tage bis zum Ende des 360 Tage Sonnenjahres gezählt! Diese 91 Tage zum Flutende bilden die Grundlage eines 364 Tage Kalenders und sind das Ergebnis der Beobachtungen im Flutjahr bis zum 26.02., denn der 27.02. ist (wie der 01.01.) ein Neujahrestag!

Eine Zeitumstellung und die Apokalyptik – 2024 – Harald Schneider

Die Flutbeobachtung in Genesis 8,13.14

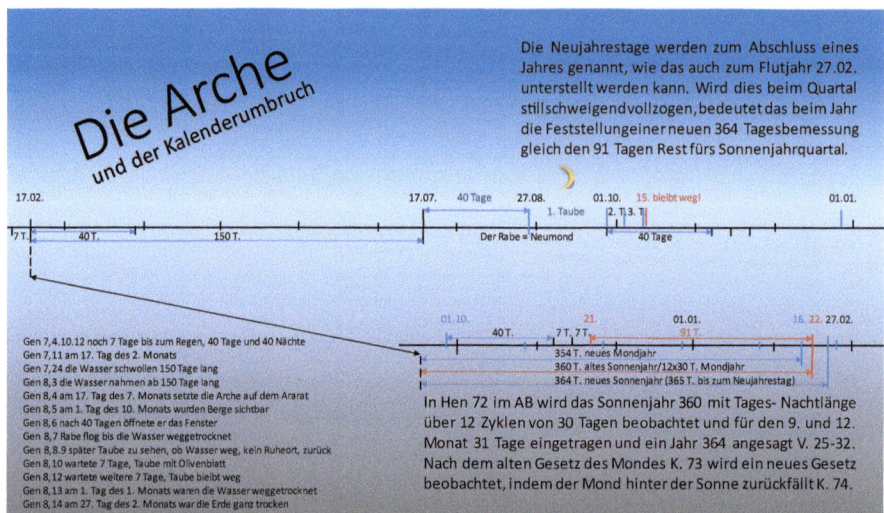

Der 01.01. als viertes Datum ist ein Neujahrestag. Die Mondsichel am Abendhimmel erschien im Bemessungszeitraum noch einen Tag früher, denn normalerweise endet ein Quartal im Neumond und genügt für die Gewissheit eines Abschlusses. Nun sind aber der 01.01. sowie auch der 27.02. als fünftes Datum als Abschluss eines Jahres zu sehen. Die Flut ab dem 17.02. war am 27.02., dem Neujahr nach der Flut, abgeschlossen. Diese als Sonnenjahr erkannte Spanne beschreibt ein Flutjahr mit 364 Tagen. Das neue Sonnenjahr konnte ähnlich wie das neue Mondjahr erst in der zweiten Hälfte des Flutjahres durch Beobachtungen und Vergleiche zum vorherigen Kalender ermittelt werden. Im Buch der Bewegung der Lichter, auch als Astronomisches Buch bekannt, sind diese alten Beobachtungen mit den Abweichungen im Flutjahr (Hen 72,25.31) und das zu erwartende Jahr mit 364 Tagen (Hen 72,32) festgehalten worden. Im 9. Monat und im 12. Monat wurden 31 Tage eingetragen, was auf eine Änderung im Flutjahr zurückgehen wird. Für den 3. und den 6. Monat konnte im Flutjahr die Sonne nicht beobachtet werden. Für die Feststellung eines neuen 365 ¼ Tage-Sonnenjahres reichte der kurze Bemessungszeitraum kaum aus. Spätere Beobachtungen über 3, 5, 8 Jahre zeigen das 364 Jahr in 5 Jahren um 6 Tage (x 5 um einen Mond 30) und im Jubiläum um 62 Tage abweichen (Hen 74).

Die Flut im Lebensraum der Menschheit – 2024 – Harald Schneider

Der Bootsfund bei Üzengili auf dem Ararat

Das Gebilde selbst erschien, nach Angaben von Bewohnern eines nahegelegenen Dorfes im Mai 1948 nach heftigen Regenfällen und drei Erdbeben erstmals sichtbar an der Oberfläche (bis dahin war die Stelle gleich der restlichen Umgebung) und wurde von einem Jungen, Reshit Sarihan entdeckt. Seither wurde das Objekt durch Erdbeben oder durch andere Erdbewegungen bis zu 10 Meter aus dem Erdboden hochgehoben.[1]

Der nächste Ort bei der Fundstelle heißt heute Üzengili (Türkei), zuvor Nasar (vgl. Nisir *nsr* im Gilgamesch-epos; *Nahlat* in Jub 7,14). Dem Umstand, dass Naturgewalten dieses mächtige Boot immer mehr freilegten, kommt aus meiner Sicht besondere Bedeutung zu! Die Erde spuckt ein Zeugnis aus, dass als Beleg für eine Flut seit über 70 Jahren ein Nebendasein führt. Um die Tragweite des Fundes zu verdeutlichen: An diesem Objekt könnte die gesamte wissenschaftliche Darstellung unserer Herkunft nachhaltig erschüttert werden! Nicht nur Geologen müssten ihre Bücher neu schreiben. Eine

---

[1] www.diebibel-diewahrheit.cms4people.de

intensive Hinterfragung könnte zahlreiche Manipulationen an der Wissenschaft im Geiste der Evolution aufdecken, die für die menschliche Gesellschaft sogar von substanzieller Bedeutung sein können. Das versteinerte Holz des Bootes hat keine Jahresringe (Gen 8,22). Es sind auch verleimte und geteerte Holzteile sowie versteinerte Eisenteile gefunden worden. Wie kommt ein Schiff in diese Höhe und wer benötigt auf einem Berg ein so gigantisches Boot?

Dieser Fund ist auch insofern einzigartig, weil er Zeugnis einer zivilisierten Welt ist, denn große Umwälzungen werden von Geologen gerne außerhalb der historisch fassbaren Zeit datiert, um vor Einschläge in das vorgeformte evolutionäre Weltbild zu schützen. Hier sind die deutlichen Spuren einer vorausschauenden Schutzhandlung von zivilisierten Menschen erhalten geblieben!

„Der Bericht von einer S[intflut] ist weit verbreitet. Er findet sich in allen Erdteilen und in äußerst verschiedenen Kulturen. Eine S[intflut] gehört zu den „fundamentalen Kulturgütern der Menschheit" (Westermann, Genesis I 1 S. 531). Man sammelte inzwischen 250 verschiedene, über die ganze Erde verstreute Berichte über eine Menschheitskatastrophe durch das Hereinbrechen einer Flut."[2]

Einer dieser Flutberichte ist das Gilgamesch-Epos. Er ist in *assyr* Abschriften aus Ninive (vor 627) zum Teil erhalten. Diese gehen wiederum auf „Originale" der „ersten babylon. Dynastie (2232-1933 v.Chr. …)" zurück, wovon tatsächlich Teile gefunden wurden.

Eine durchgehende chinesische Kultur transportierte mittels seiner Bildsprache den Begriff

Großes Schiff =   8   + Mund + (kleines) Boot, Fass

Dieses große Schiff hat viele Spuren in allen Kulturen hinterlassen und braucht auch im Original nicht länger gesucht zu werden!

---

[2] H. Bräumer: *Das große Bibellexikon*; 1987, Seite 1451. *Das Biblische Anatolien*; 2010 spricht von „mehr als 500 Versionen" der Sintflut.

Das Buch der Bewegung der Lichter – Henoch 72-73

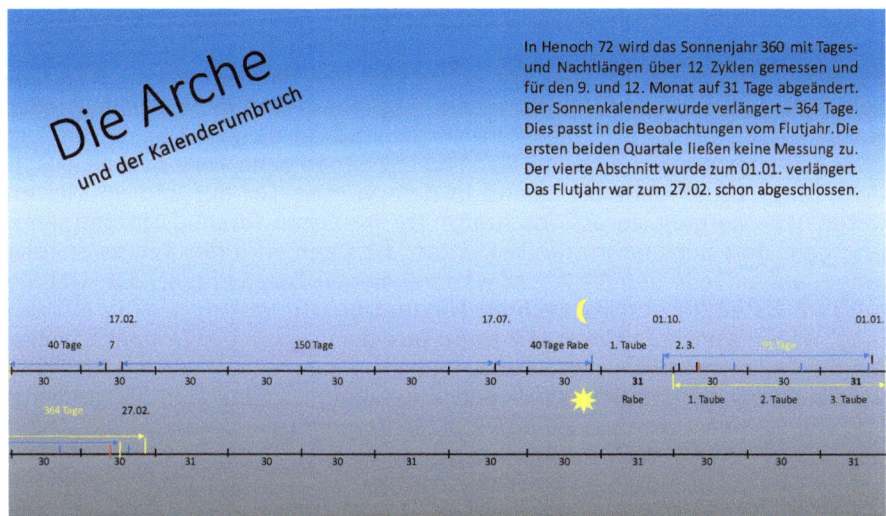

72 Das Buch der Umläufe der Lichter des Himmels, wie es sich mit jedem von ihnen verhält, nach ihren Familien, ihrer Herrschaft, ihrer Zeit, ihren Namen und Standorten, ihren Monaten, wie sie mir ihr Führer, der heilige Engel Uriel, der bei mir war, zeigte, und ihre ganze Beschreibung, wie es sich damit verhält, zeigte er mir und wie es sich mit allen Jahren der Welt verhält bis in Ewigkeit, bis die neue Schöpfung, die in Ewigkeit fortbesteht, geschaffen wird. **2** Das erste Gesetz der Lichter: Das Licht Sonne mit Aufgang in den östlichen Toren und Untergang in den westlichen Toren des Himmels. **3** Aus sechs Toren sah ich die Sonne aufgehen und in sechs Toren untergehen. Auch der Mond geht durch diese Tore auf und unter, und die Häupter der Sterne mit den von ihnen geführten. Sechs sind im Osten und sechs im Westen, ordentlich aufeinander folgend, und viele Fenster sind rechts und links der Tore. **4** Voran geht das große Licht, Sonne genannt. Ihr Kreis ist der Kreis des Himmels und sie ist voller erleuchtenden und erwärmenden Feuers. **5** Ihre Fortbewegung entsteht durch Kräfte[3] und untergehend verschwindet sie vom Himmel und kehrt hinter dem Norden[4] zurück, um zum Osten zu gelangen und wird so geführt, dass sie zum richtigen Tor gelangt, um am Himmel zu leuchten. **6** So geht sie im ersten Monat im

---

[3] *Die Wagen, worin sie aufsteigt, bläst der Wind* (vgl. Hen 75,8). Die Erdrotation und Gravitation bestimmen das Schaustück am Firmament, eingesetzte Kräfte, die als Winde bezeichnet werden (Siehe Hen 18,4).
[4] *durch den Norden*, d. h. der anderen Seite (vgl. Hi 26,7).

großen Tor auf, genau im vierten Tor der sechs östlichen Tore. **7** Und am vierten Tor, durch dass die Sonne im ersten Monat aufsteigt, sind zwölf (Zeit-)Fenster, durch die sie, wenn sie zu ihrer Zeit geöffnet werden, eine (Hitze-)Flamme abgibt. **8** [I] Wenn die Sonne vom Himmel heraus aufsteigt, kommt sie durch das vierte Tor dreißig Morgen lang heraus und geht gerade gegenüber im vierten Tor im Westen des Himmels unter. **9** In diesem Zeitraum wird der Tag mit jedem Tag länger und die Nacht mit jeder Nacht kürzer, bis zum dreißigsten Morgen. **10** An diesem Tag ist der Tag zwei Teile länger als die Nacht. Der Tag hat genau zehn Teile und die Nacht acht Teile. **11** So geht die Sonne in dem vierten Tor auf und im vierten unter. [II] Sie geht zurück ins fünfte Tor im Osten, dreißig Morgen lang, und geht dort auf und im fünften unter. **12** Dann wird der Tag zwei Teile länger auf elf Teile und die Nacht wird mit sieben Teilen kürzer. **13** [III] Sie geht im Osten zurück ins sechste Tor und geht dort auf, dreißig Morgen lang, wegen seines Zeichens. **14** Dann wird der Tag um das Doppelte länger als die Nacht, nämlich zwölf Teile, und die Nacht kürzer auf sechs Teile. **15** Die Sonne wendet sich, sodass der Tag kürzer und die Nacht länger wird. [IV] Sie geht im Osten zurück im sechsten Tor und geht dreißig Morgen lang auf und unter. **16** Nach dreißig Morgen nimmt der Tag genau um ein Teil auf elf Teile ab und die Nacht hat sieben Teile. **17** Die Sonne tritt im Westen aus dem sechsten Tor. [V] Sie geht im Osten ins fünfte Tor, dreißig Morgen lang auf und geht westlich im fünften Tor unter. **18** An diesem Tag nimmt der Tag um zwei Teile ab auf zehn Teile und die Nacht acht Teile. **19** So geht die Sonne im fünften Tor auf und im fünften des Westens unter, [VI] und sie steigt im vierten Tor ein wegen seines Zeichens, dreißig Morgen auf und im Westen unter. **20** Dann gleicht sich der Tag mit der Nacht aus und wird gleich lang, die Nacht neun Teile und der Tag neun Teile. **21** So geht die Sonne in dem Tor auf und im Westen unter, [VII] geht nach Osten zurück und geht im dritten Tor dreißig Morgen auf und im Westen im dritten Tor unter. **22** Dann wird die Nacht länger wie der Tag, und bis zum dreißigsten Morgen wird der Tag täglich kürzer bis zum dreißigsten Tag, und die Nacht hat genau zehn Teile, und der Tag acht Teile. **23** So geht die Sonne im dritten Tor auf und im dritten des Westens unter, [VIII] geht nach Osten zurück im zweiten Tor des Ostens auf, dreißig Morgen lang, und so auch im zweiten Tor im Westen des Himmels unter. **24** Dann hat die Nacht elf Teile, der Tag sieben Teile. **25** Dann geht die Sonne im zweiten Tor auf und im zweiten Tor im Westen unter, [IX] geht nach Osten zurück in das erste Tor, [einund]dreißig Morgen lang, und geht im Westen im ersten Tor unter. **26** Dann wird die Nacht doppelt so lang wie der Tag. Die Nacht hat genau zwölf Teile, der Tag sechs Teile. **27** Damit hat die Sonne ihre Bahnabschnitte durch [X] und wird auf diesen Bahnabschnitten rückläufig in jenes Tor dreißig Morgen und geht im Westen ihm gegenüber unter. **28** Dann nimmt die Nacht einen Teil ab und hat dann elf Teile, der Tag hat sieben Teile. **29** [XI] Die Sonne geht zurück in das zweite Tor des Ostens, zurück auf ihre Bahnabschnitte, dreißig Morgen lang, auf- und abgehend. **30** Dann nimmt die Länge der Nacht ab. Die Nacht hat zehn Teile, der Tag acht Teile. **31** Dann geht die Sonne im zweiten Tor auf und im zweiten Tor im Westen unter, [XII] geht nach Osten zurück in das dritte Tor, [einund]dreißig Morgen lang, und geht im Westen des Himmels unter. **32** Dann nimmt die Nacht ab und hat neun Teile, der Tag hat neun Teile. Die Nacht gleicht sich mit dem Tag aus. Das Jahr beträgt genau dreihundert[vierund]sechzig Tage. **33** Die Länge von Tag und Nacht und die Kürze von Tag und Nacht werden durch den Lauf der Sonne geschieden. **34** Deshalb wird ihr Lauf Tag für Tag und Nacht für Nacht länger und kürzer. **35** Das ist das Gesetz und der Lauf der Sonne und ihre Umkehr, wie oft sie sich zurückwendet: sechzig Mal kehrt sie zurück und geht auf, nämlich das große Licht, das in Ewigkeit Sonne genannt wird. **36** Was so aufgeht, ist das große Licht, benannt nach seiner Erscheinung auf Befehl des Herrn. **37** So geht sie auf und unter, nimmt nicht ab und ruht nicht, sondern läuft Tag und Nacht im Wagen, und ihr Licht erleuchtet siebenmal heller als der Mond, aber es erscheinen beide gleichgroß.

1 Neue Schöpfung: Hen 45,4.5; Jes 65,17; 66,22; 2Pet 3,13; Apk 21,1 **3** Hen 75,1.7 **5** Hen 73,2; 75,3.8; 18,4, 73,2 **6** offene Fenster Hen 75,4-7 **8-31** Die Ziffern [I-XII] wurden für die Monatszyklen eingefügt. **32** Hen 75,2; Jub 6,32 **35** Anzahl der Rückkehr (Umlauf) in jedem der sechs Fenster geht auf ein Jahr mit 360 Tagen auf. **37** Hen 41,5.7.9; 73,2; Jes 30,26

73 Nach diesem Gesetz sah ich ein anderes Gesetz für das kleine Licht, das Mond genannt wird. **2** Sein Kreis ist wie der Kreis des Himmels und sein Wagen, worin er fährt, wird durch Kräfte[5] getrieben, und nach Maß wird ihm das Licht zugeteilt. **3** Jeden Monat verändert sich sein Auf- und Untergang. Seine Tage gleichen den Tagen der Sonne, und wenn sich sein Licht voll entfaltet, hat es den siebenten Teil des Lichtes der Sonne. **4** Und so geht er auf: Sein Anfang im Osten kommt am dreißigsten Morgen hervor, dann erscheint er und wird für euch zum Monatsanfang, am dreißigsten Morgen, gleichzeitig mit der Sonne in dem Tor, wo die Sonne aufgeht. **5** Eine Hälfte davon eilt, um den siebten Teil hervorzubringen, während seine ganze Scheibe leer ist, ohne Licht, bis der siebte Teil des vierzehnten Teils des Lichtes erscheint. **6** Dann nimmt er ein Siebtel der Hälfte seines Lichtes an, womit sein Licht ein Siebtel von einem Siebtel einer Hälfte ausmacht. **7** Er geht mit der Sonne unter und wenn die Sonne aufgeht, geht der Mond mit ihr auf, und legt die Hälfte eines Lichtteils an und in dieser Nacht, dem Anfang seines Morgens, an seinem ersten Tag, geht der Mond mit der Sonne unter und ist in dieser Nacht finster, mit den sieben und den sieben Teilen der Hälfte von einem. **8** Er wird dann genau mit einem siebten Teil sichtbar, geht auf, und weicht dabei vom Aufgang der Sonne ab, und wird an seinen weiteren Tagen die Sieben und die Sieben Teile erleuchten.

1 Die zwei großen Lichter: Gen 1,16 **2** Hen 72,4 **3** Hen 72,37 **8** Beschreibung endet

─────────────────

[5] d. h. Winde

Das Buch der Bewegung der Lichter – Henoch 74

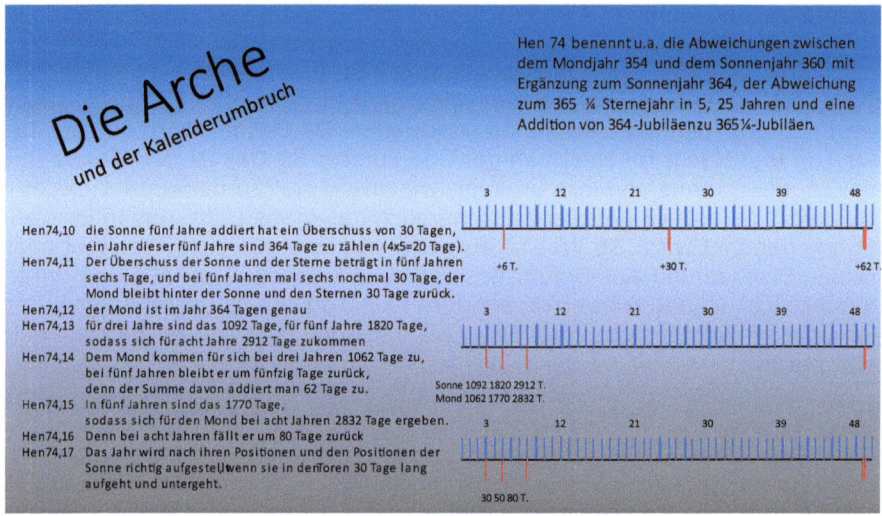

Die Arche
und der Kalenderumbruch

Hen 74 benennt u.a. die Abweichungen zwischen dem Mondjahr 354 und dem Sonnenjahr 360 mit Ergänzung zum Sonnenjahr 364, der Abweichung zum 365 ¼ Sternejahr in 5, 25 Jahren und eine Addition von 364-Jubiläen zu 365 ¼-Jubiläen.

Hen74,10 die Sonne fünf Jahre addiert hat ein Überschuss von 30 Tagen, ein Jahr dieser fünf Jahre sind 364 Tage zu zählen (4x5=20 Tage).
Hen74,11 Der Überschuss der Sonne und der Sterne beträgt in fünf Jahren sechs Tage, und bei fünf Jahren mal sechs nochmal 30 Tage, der Mond bleibt hinter der Sonne und den Sternen 30 Tage zurück.
Hen74,12 der Mond ist im Jahr 364 Tagen genau
Hen74,13 für drei Jahre sind das 1092 Tage, für fünf Jahre 1820 Tage, sodass sich für acht Jahre 2912 Tage zukommen
Hen74,14 Dem Mond kommen für sich bei drei Jahren 1062 Tage zu, bei fünf Jahren bleibt er um fünfzig Tage zurück, denn der Summe davon addiert man 62 Tage zu.
Hen74,15 In fünf Jahren sind das 1770 Tage, sodass sich für den Mond bei acht Jahren 2832 Tage ergeben.
Hen74,16 Denn bei acht Jahren fällt er um 80 Tage zurück
Hen74,17 Das Jahr wird nach ihren Positionen und den Positionen der Sonne richtig aufgestellt,wenn sie in den Toren 30 Tage lang aufgeht und untergeht.

Sonne 1092 1820 2912 T.
Mond 1062 1770 2832 T.

30 50 80 T.

74 Und ich sah einen anderen Lauf und Gesetz in Bezug auf ihn, indem er nach jenem Gesetz seinen monatlichen Umlauf vollführt. **2** Dies alles zeigte mir der heilige Engel Uriel, der Führer von ihnen allen, und ich schrieb ihre Stellungen auf, wie er sie mir zeigte, schrieb ihre Monate auf, wie sie waren, und die Erscheinung ihres Lichtes bis zu fünfzehn Tagen. **3** In einzelnen Siebenteln füllt er sein ganzes Licht im Osten und in einzelnen Siebenteln seine ganze Finsternis im Westen. **4** In bestimmten Monaten verändert er seinen Untergang, und in bestimmten Monaten ändert er seinen Lauf. **5** Zwei Monate geht er mit der Sonne unter, in den zwei mittleren Toren, dem dritten und dem vierten Tor. **6** Er geht sieben Tage lang hervor, schwenkt um und geht durch das Tor zurück, wo die Sonne aufgeht und füllt sein ganzes Licht auf, weicht von der Sonne ab und tritt in acht Tagen in das sechste Tor ein, woraus die Sonne kommt. **7** Während die Sonne aus dem vierten Tor kommt, kommt er dort sieben Tage hervor, bis er wieder im fünften Tor aufgeht, und nach sieben Tagen in das vierte Tor zurück-kommt, wo er sein ganzes Licht auffüllt, wieder abweicht, und nach acht Tagen in das erste Tor eintritt. **8** Dann geht er nach sieben Tagen wieder ins vierte Tor zurück, wo die Sonne aufgeht. **9** So sah ich ihre Stellungen zueinander, die Ordnung der Mondphasen zu den Auf- und Untergängen der Sonne. **10** Zu dieser Zeit hatte die Sonne, wenn man fünf Jahre addiert, einen Überschuss von [dreißig][6] Tagen, und alle Tage, die für ein Jahr dieser fünf Jahre gezählt werden, sind dreihundertvierundsechzig Tage. **11** Der Überschuss der Sonne und der Sterne beträgt in fünf Jahren sechs Tage, und bei fünf Jahren mal sechs nochmal dreißig Tage, und der Mond bleibt hinter der Sonne und den Sternen dreißig Tage zurück. **12** Der Mond lässt die Jahre genau kommen, sodass ihr Stand in Ewigkeit nicht vorauseilt und auch keinen Tag verzieht, sondern den Jahreswechsel völlig richtig in dreihundertvierundsechzig Tagen vollzieht. **13** Für drei Jahre sind das 1092 Tage und für fünf Jahre 1820 Tage, sodass sich für acht Jahre 2912 Tage ergeben. **14** Dem Mond kommen für sich bei drei Jahren 1062 Tage zu, und bei fünf Jahren bleibt er um fünfzig Tage zurück, denn der Summe davon addiert man 62 Tage zu. **15** In fünf Jahren sind das 1770 Tage, sodass sich für den Mond bei acht Jahren 2832 Tage ergeben. **16** Denn bei acht Jahren fällt er um 80 Tage zurück, sodass er in acht Jahren um 80 Tage zurückbleibt. **17** Das Jahr wird nach ihren Positionen und den Positionen der Sonne richtig aufgestellt, indem sie in den Toren aufgeht, in denen sie dort dreißig Tage lang auf- und untergeht.

10 zu dieser Zeit: in jenen Tagen; Hen 72,32; 75,2; Zwischen dem gerundeten Mondjahr von 354 Tagen und dem 364 Tage-Kalender amortisieren sich dreißig Tage bereits nach drei Jahren. Das Ergebnis zeigt ein Vergleich vom Mondjahr 354 mit dem Sonnenjahr 360, der in 5 Jahren 30 Tage Überschuss hervorbringt. Diese 5 Jahre sollen neu mit 364 Tagen gezählt werden. Diese Berechnungsdarstellung zeigt *den anderen Mondeslauf* im Kalender 360 **11** In fünf Jahren weicht das Jahr mit 364 Tagen um 6 Tage von der Sonne (365 ¼ Tage) und den Sternen ab. Nach 5x5 (=25) Jahren fällt das 364 Tage-Jahr gegenüber Sonne und Sternen so um einen Monat 5x6T. zurück. **12** *Der Mond lässt den Jahreswechsel 364 genau kommen.* Diese Aussage könnte auf, die im Flutjahr vom 27.08. (überraschender Neumond) bis zum 26.02. (30x6=180) gezählte Tage zurückgehen, die nach dem alten Kalender berechnet wurden. **13** 3x364=1092; 5x364=1820; 8x364=2912 **14** Die 62 Tage greifen die Abweichung zwischen 364- und 365-Jahr aus V. 11 (30 Tage 5J=6Tx5=30T [31,25] in 25 Jahren) für ein ganzes Jubiläum auf, wo sie über die 1062 leicht zu merken ist und sie ist auch noch genauer. Die 62 Tage [5x1,25=6,25Tx5=31,25x2=62,5] ergeben sich nach 49/50 Jahren. *Der Summe davon addiert man 62 Tage zu* ist eine als bekannt vorausgesetzte Regel zwischen den Jubiläen im 364 Tage- und im 365 ¼ Tage Sonnenkalender. **15** 5x354=1770; 8x354=2832 **16** 8x10=80

---

[6] Die dreißig Tage gehen u. U. auf einen frühen Übertragungsfehler zurück, bei dem der Abschreiber auf die dreißig Tage in V. 11 gerutscht ist.

Das Buch der Bewegung der Lichter – Henoch 75

75 Die Führer der Häupter über Tausende, die über die ganze Schöpfung und über alle Sterne gesetzt sind, haben auch mit den vier hinzugefügten Tagen zu tun, die nicht von ihrer Position abweichen gemäß dem Jahreskalender. Sie führen ihren Dienst an den vier Tagen durch, die nicht in der Jahresberechnung zählen. **2** Ihretwegen sind die Menschen darüber im Irrtum, obwohl diese Lichter wirklich ihren Dienst an ihren Weltstationen tun, eines im ersten, eines im dritten, eines im vierten und eines im sechsten Tor, und das Jahr wird in dreihundertvierundsechzig Stationen vollendet. **3** Denn Zeichen und Zeiten und Jahre und Tage zeigte mir der Engel Uriel, den der Herr der Herrlichkeit für ewig über alle Lichter des Himmels im Himmel und der Welt gesetzt hat, damit sie am Himmelszelt herrschen und auf der Erde sichtbar werden als Führer für den Tag und die Nacht, Sonne, Mond und Sterne und alle dienenden Geschöpfe, die alle Wagen des Himmels in Umlauf halten. **4** Ebenso zeigte mir Uriel zwölf offene Tore an der Himmelsrundung der Sonnenwagen, aus denen die Sonnenstrahlen kommen und so die Hitze auf die Erde trifft, wenn sie zu ihren bestimmten Zeiten geöffnet werden, **5** auch Tore für die Winde und den Geist des Taues, wenn sie geöffnet werden, am Himmel an den Enden der Erde offen. **6** Wenn die zwölf Tore am Himmel über den Enden der Erde geöffnet werden, in denen Sonne, Mond und Sterne und alle Werke des Himmels im Osten und im Westen erscheinen, **7** und viele Fensteröffnungen sind links und rechts davon, und ein Fenster strahlt zu seiner Zeit Hitze aus den entsprechenden Toren, in denen die Sterne nach Befehl ausgehen und in denen sie untergehen nach ihrer Zahl. **8** Und ich sah Wagen am Himmel, während sie im Raum oberhalb dieser Tore liefen, in denen die Sterne kreisen, ohne unterzugehen. **9** Einer ist größer als sie alle, und er umkreist den ganzen Raum.

1 Vier Schalttage die nicht in der Jahresberechnung 360 Tage zählen: auch den Zeitangaben in Apk 11,2.3; 12,6.14 liegt ein 360 TageJahr zugrunde. **2** Menschen, die eine Veränderung dieser Jahreslängen nicht hinnehmen wollen, lassen auf ein hohes Alter schließen. **3** Zeichen = Tierkreiszeichen **4** Zwölf offene Tore auf dem Weg der Sonne über dem sichtbaren Himmel leiten die Sonnenstrahlen, die sie aus dem Weltall empfangen haben, durch die Atmosphäre weiter, sodass sie als Hitze auf die Erde treffen, wenn sie geöffnet (nicht bewölkt) sind. **5** Es besteht ferner ein unmittelbarer Zusammenhang zwischen dem Klima und den Winden. Der Geist des Taues ist an den Enden der Erde, wo der Weltraum beginnt, von oben her empfänglich. **7** Auch Fensteröffnungen außerhalb der Tore der Sonnenbahnen lassen die Himmelskörper erstrahlen. **8** Der Nordpolarhimmel erscheint durch die Erdrotation in sich kreisend. **9** Der Polarstern ist der hellste Stern im Norden.

Das Flutjahr in der Zeitrechnung vor der Flut

Es ist eigentlich nicht überraschend, dass es auch vor der Flut eine Zeitrechnung gab, die in vielfältiger Weise auf uns gekommen ist. Allerdings erschweren uns verschiedene Umstände, diese Nachrichten auch richtig zu lesen. Als bekannteste Überlieferung ist die Genesis mit den hohen Zeugungs- und Lebensaltern zu nennen, die in vier voneinander abweichenden Varianten überliefert ist, dann noch die kleine Genesis, das Jubiläenbuch. Darin sind einige Genealogien wie Herrscherlisten mit Jahren, im Jubiläenbuch mit Jahren, Jahrwochen und Jubiläum ausgestattet.

Jetzt geht es zunächst um die Frage, wie das Flutjahr in der Zeitrechnung vor der Flut angeordnet war? Dazu reicht es nicht aus, die Jahre einer Variante unter Ausschluss anderer Varianten zu addieren. Diese müssten zuerst miteinander aufgeklärt und auf ihren gemeinsamen Ursprung zurückgeführt werden. Ein erster Anhaltspunkt sind die Daten in Henoch 60,1: 500. Jahr, 7. Monat, 14. Tag des Lebens Henochs, der nach keiner Überlieferung dieses Alter erreichte. Es handelt sich um eine Zeitrechnung! Die Ähnlichkeit mit dem herausragenden Zeugungsalter des Noah von 500 Jahren (Gen 5,32) lässt eine Verwandtschaft zu dieser Zeitrechnung vermuten, die bei der Flut gerade im 600. Jahr, 2. Monat, 17. Tag stand (Gen 7,11) und bis zum 601. Jahr, 2. Monat, 27. Tag abgeschlossen war (Gen 8,14). Als während und nach der Flut die neuen Zeiten festgestellt und ein neuer Kalender geschrieben wurde, wurden *in jenen Tagen* bei 5 Sonnenjahren 30 Tage Überschuss festgestellt, ein Vergleich vom alten Sonnenjahr 360 mit dem neuen Mondjahr 354. Diese Jahre sollten aber wie Sonnenjahre 364 gezählt werden, was darauf schließen lässt, dass der Zeitenumbruch im Flutjahr mitten in einem Zeitrechnungssystem stattgefunden hat (Hen 74,10).

10 Zu dieser Zeit hatte die Sonne, wenn man fünf Jahre addiert, einen Überschuss von [dreißig][7] Tagen, und alle Tage, die für ein Jahr dieser fünf Jahre gezählt werden, sind dreihundertvierundsechzig Tage.

Dafür spricht auch, dass in der Berechnung zwischen Sonnenjahr[364] und Sonnenjahr[365¼] für 25 Jahre (noch) keine 31 Tage eingetragen wurden (Hen 74,11 vgl. 62 Tage in Hen 74,14). Zwei fehlende 365¼ Jahre verglichen mit 364 lassen 2½ Tage vermissen (62½-2½=60).

---

[7] Bei fünf Jahren mit 364 Tagen entsteht ein Überschuss von 50 Tagen.

Aus kalendarischen Gründen sollten auch schon die zwei Jahre vor dem Jahr, in dem sich parallel zur Flut auch die Zeiten umstellten, wie die neuen Sonnenjahre mit 364 Tagen behandelt werden. Das Flutjahr war somit das 3. Jahr in einem Zeitrechnungszyklus![8] Dieser Zyklus wurde auf 50 Jahre hochgerechnet, was auf 5 Dekaden oder einem Jubiläum mit 50 Jahren schließen lässt (Lev 25,10). Dies wirft ein Licht auf die Zeitrechnung vor und nach der Flut, denn eigentlich ist für den Neustart einer Zeitrechnung ein gemeinsamer Jahresanfang von Sonne und Mond geradezu ideal! Eine zufällige Übereinstimmung von Sonnen- und Mondjahresbeginn führten in der persischen Epoche für den 26. März 503 zu Kalenderreformen.[9] Es darf deshalb eine vor der Flut angewandte und unter neuen Bedingungen weitergeführte Zeitordnung vermutet werden! Diese Zeitrechnung bemisst einen Lebensraum und gibt Antworten auf unsere Herkunft.

Eine herausragende Person vor der Flut war Henoch, der 300+65[MT] bzw. 200+165[LXX] Jahre lebte und nach dem in Hen 60,1 (von Noah?) eine Zeitrechnung im 500. Jahr, 7. Monat, 14. Tag benannt wurde. Ein Mann, nach dem sogar eine Zeitrechnung benannt wurde, sollte auch weitere Spuren hinterlassen haben! Von Moses wissen wir von Henochs enger Gemeinschaft mit Gott und von seiner Entrückung, einem herausragenden Merkmal (Gen 5,21-24). Im Buch der Wächter beschreibt er selbst seine Himmelfahrt und dabei einige Details, die wir mit modernen Teleskopen nachverfolgen können (Hen 17f).[10] Das Weld-Blundell, ein Keilschrifttext mit Dynastien, u. a. aus der Zeit vor der Flut, kennt *Etana, der Hirt, der zum Himmel aufstieg,*

---

[8] Die Verschiebung von Mond- und Sonnenjahr in entgegengesetzter Richtung war für einen Neuanfang nach der Flut eine Herausforderung, da beide Lichter zur Bestimmung der Zeit dienten, wobei der Mond leichter zu beobachten war und deshalb im Kalender eine wichtigere Stellung einnahm. Um eine Wanderung des Mondkalenders durch die Jahreszeiten zu vermeiden wurden Schaltmonate eingefügt und ein Bemessungszeitraum von acht Jahren (Hen 74,13.15.16) lässt, auch wenn ungenannt, bereits auf die drei Schaltungen in diesem Zyklus blicken, die Oktoaeteris mit fünf Gemeinjahren und drei Schaltjahren (=99 Monate). Gegenüber einem reinen Mondkalender waren diese Schaltungen als Anpassung an das Sonnenjahr durchaus ein Streitgegenstand. Welcher Mondkalender war nun *der wahre Kalender*?
[9] Damals wurde die Oktoaeteris durch einen 19-Jahres-Zyklus mit 7 Schaltmonaten abgelöst.
[10] Harald Schneider: *Das Buch Henoch und die neue biblische Chronologie*; 2020; Seite 57f

der alle Fremdländer stabilisierte (WB 2,16-18). In dieser Liste des Kisch haben alle Herrscher sehr hohe Alter, weil diese Jahre mit 30, einem Mond, multipliziert wurden. Die 1560 Jahre von Etana zeigen 52 Jahre Herrschaft. Die erste WB-Dynastie endet in einer Sturmflut (WB 1,33-40) und in dieser Liste sind alle Alter mit 360 multipliziert. Werfen diese Listen auch ein Licht auf die Zeitrechnung vor der Flut?

Weld-Blundell 62[11] - Wertanalyse bis zur Flut nach vier Jahrestypen

WB	Name/*Stadt	Jahre	354	360	365	364
1,3-4.(6)	Alulim	28800	81,36	80,00	78,90	79,12
1,5.(6)	Alalgar	36000	101,69	100,00	98,63	98,90
1,2.7.8	*Eridu	64800	183,05	180,00	177,53	178,02
1,11-12.(16)	Enmenluanna	43200	122,03	120,00	118,36	118,68
1,13-14.(16)	Enmengalanna	28800	81,36	80,00	78,90	79,12
1,15.(16)	Dumuzi d. Hirte	36000	101,69	100,00	98,63	98,90
1,9-10.17.18	*Badtibira	108000	305,08	300,00	295,89	296,70
1,20-21-23	Enzipazianna	28800	81,36	80,00	78,90	79,12
1,19-20.23.24	*Larak	28800	81,36	80,00	78,90	79,12
1,26-29	Enmenduranna	21000	59,32	58,33	57,53	57,69
1,25-26.30	*Zimbir	21000	59,32	58,33	57,53	57,69
1,32.33.(34)	Ubartutu	18600	52,54	51,67	50,96	51,10
1,31.32.(35)	*Schuruppag	18600	52,54	51,67	50,96	51,10
1,36-38	*alle/8 Könige	241200	681,36	670,00	660,82	662,64
1,39-40	Sturmflut					

Die Teilbarkeit im 360-Jahr sticht hier sofort ins Auge! Es gibt keinen Grund, diese Beobachtung einem anderen Umstand zuzuweisen. Die hohen Jahresangaben sind die Anzahl der Tage dieser Jahre, was als Maßnahme auf die Irritationen durch die Flut als plausibel erscheint. Bezogen auf eine Zeitrechnung fallen die Dekaden (10 Jahrperioden) auf, die nur einmal unterbrochen und von einem zweiten Herrscher vollendet wurden, sodass dort 11 Dekaden aufgeteilt erscheinen. Es ist wegen dieser Starre nicht davon auszugehen, dass die Sturmflut unmittelbar nach einer Dekade aufschlug. Die Flut war im 3. Jahr einer Dekade (s. o.) und die Berechnung der 5 und 8 Jahre sind eine halbe Dekade bzw. die Fortsetzung bis zur Dekade (Hen 74,10.13)!

---

[11] Angaben, Spalte 1-3 (8 Könige): TUAT CD-Rom Band 1/4, S. 330 (2005)

Der ersten halben Dekade in Mondjahren 354 nach der Flut mussten nur 30 Tage gegenüber dem Sonnenjahr 364 zuaddiert werden (Hen 74,10). Fast schon zwanghaft wurden die zwei vorausgehenden Jahre mit 360 Tagen zu neuen Jahren mit 364 Tagen erklärt, worin sich die gleiche Starre widerspiegelt, die uns in der Liste des Alulim begegnet. Die Herrschaft war mit dem Lebensraum Zeit untrennbar verbunden. Es überrascht daher nicht wirklich, dass das Flutjahr als 600. Jahr gezählt wird (Gen 7,6.11). Die 500 Jahre Noah (Gen 5,32) stehen auch als Zeitrechnung (Hen 60,1) zur Disposition. Etana, der Hirt in der Liste des Kisch, der Henoch der Bibel wird in der Liste des Alulim als Alalgar 10 Dekaden zugestanden. Eine Zeitrechnung, die später nach ihm benannt wurde (Hen 60,1), hatte in der 60. Dekade bis zum 600. Jahr eine Flut, verbunden mit einem Zeitenumbruch. Die Aufarbeitung dieses Zeitenumbruchs sind im Flutbericht (s. o.) und die Aufarbeitung der Dekade im Buch der Bewegung der Lichter erhalten geblieben (Gen 6,9-9,19; Hen 10,1-3; 72-75). Wegen der engen Verbindung von Dekade und Herrschaft ist es möglich, dass die Flut als Abschluss einer alten Welt auch mit einer Dekade abschließen muss, auch wenn diese Dekade erst später endete! Ein 601. Jahr als 1. Jahr der 61. Dekade war erst 6 Jahre nach der Flut.

Aha, der überlieferte Noah Ägyptens trägt seine Herrschaftssymbole *in* seinem Palast, was auf die Arche anspielt. Diese Symbole finden sich auch in chinesischen Piktogrammen für Yao, dem Noah Chinas: 尧, Pinyin *Yáo* 陶唐氏, Yi Fangxun **伊放勳**, Yi Qi **伊祈** (Fettgedruckt).

Besondere Aufmerksamkeit verdient die Art und Weise, wie Ahas Serechname gestaltet ist: Bei genauerer Betrachtung ist erkennbar, dass die Füße und Krallen des Horusfalken *in den Serech hinein* reichen und daher der Horusfalke Schild und Keule selbst festhält. Unter Ägyptologen gibt es deshalb eine lebhafte Diskussion, da eine mögliche tiefere Symbolik vermutet wird. Unter Aha ist erstmals die Verwendung des symbolischen Nebtinamens als Bildpaar in Verbindung des Königsnamens belegt, dass unter Semerechet wiederum erstmals in Verbindung der Königstitulatur auftaucht.[12]

Aha *links*, ein Kasten *rechts* Wels? Falke auf Meisel innen

---

[12] wikipedia.org/wiki/Aha (Liste der Pharaonen)

Weitere Aufmerksamkeit verdient Narmer, der die Bedeutung von Welsbauer hat. Der Welsbau kommt dem Archebau nahe, denn auch wenn die für den Wels typischen Barthaare in den acht Merkmalen der Genesis nicht vorkommen, so sind sie unter den acht Merkmalen der Arche im Gilgamesch als Bootsstangen und Wasserstangen zu finden. Die übrigen sechs Merkmale sind mit der Genesis identisch.

Narmer ist *(rechs oben)* auf einem Elfenbein-Etikett[13], *(Rechts neben dem Vogel)* der Wels, darunter ein Meisel, d. h. Wels-Bau(er), darüber ein Zepter. Über dem Mann *(Bild-Mitte)* sprossen die Wels-Barthaare (Papyrusbüschel?) nach oben (bzw. nach außen durch die Trennlinie gedacht). *(Unten)* Ein Ast (Holz) über den Wassern (Zahlenwert 3x100?) und das Vorderteil eines Löwen.[14]

Die bisher ungeklärte Zahl 3 unter dem schwimmenden Holz werte ich als Zeitangabe dafür, dass im 3. Jahr einer Dekade das Flutjahr stattfand, was die Dynastie als der Löwe überstehen musste! Somit weist wenigstens ein Artefakt der ägyptischen Frühdynastie auch einen chronologischen Beitrag zu der Frage, in welchem Jahr einer Dekade die Arche auch tatsächlich zum Schwimmen kam!

In China kennt man „Acht Unsterbliche", was an die acht Überlebenden der Arche erinnert (1Pet 3,20). Der Namen einer dieser Acht, *Pinyin* Li Tieguai hat die Bedeutung Eisenstützen-Li. Daraus ist ein Gewerk oder eine Funktion abzuleiten, was mit den Wasserstangen[15] im Gilgamesch und dem Bart beim Welsbau Ägyptens assoziiert. Im Gilgamensch werden die Wasserstangen klar von den Bootsstangen

---

[13] Günter Dreyer: *Mitteilungen des Deutschen Archäologischen Instituts, Abteilung Kairo (MDAIK)* Bd. 54, 1998, Seite 139, Abbildung 29
[14] Die älteste Abbildung von Schiffen zeigt das Felsbild von Nag el Hamdulas, das 2008 wiederentdeckt wurde. Es steht für einen unbekannten König, der von fünf Booten umgeben wird [wiki/Narmer (siehe Einzelnachweis 34, Link: Online)]. Ägyptologen haben eine Nähe zu Skorpion II. und/oder Narmer hergestellt.
[15] Auch beim Schiff auf dem Ararat wurde eine versteinerte Eisenmuffe gefunden, u. U. ein Zeugnis der nach außen geführten Eisenstangen.

unterschieden, die bis heute aus Holz gefertigt werden. Die Funktion von Eisenstützen als Wasserstangen könnte dem Wels-Vorbild entsprechend vordere Steuerungs- oder Orientierungshilfen geboten haben, die mit der Strömung das Boot einstellten und so eine Breitseite verhinderten.

Auf diese Sturmflut (WB 1,39-40) war man im 3. Jahr einer Dekade ausgesprochen gut vorbereitet. Nun ist die Frage zu klären, in welcher Dekade die Flut stattfand? Das 600. Jahr Noahs, dass oben mit einer Zeitrechnung des verstorbenen Henoch verbunden wurde, schließt eine Dekade mit der Flut ab. Das dürfte ideologische Gründe haben, die auf die bereits im WB beobachtete Vorstellung von kontinuierlicher Herrschaft in Dekaden zurückgeht. Die Flut fand in der Dekade 590 bis 600 statt, und zwar im 593. Jahr seit Alagar, des Henochs im WB. Aus demselben Grund wurden in der Kalenderreform die 2 Jahre vor der Flut den Kalenderjahren ab der Flut mit 364 Tagen gleichgesetzt und auf halbe und ganze Dekaden abgestimmt, wenn (2+) 3 (+) 5 oder (2+) 8 Jahre (=10) zur Berechnung kamen.

Ein weiterer Hinweis auf ein dem 600. Jahr vorgezogener Fluttermin ist in der Genealogie der Septuaginta, eine frühe griechische Übersetzung die u. U. auf ältere Vorlagen zurückgeht, zu finden. Das Zeugungsalter von Lamech beträgt gegenüber 182^{MT} – 188^{LXX} Jahre. Diese 6 Jahre verlängern von der realen Flut zum idealen Fluttermin! Als Vater Noahs steht seine Dynastie in der Zeitrechnung ab Henoch.

Eine weitere Auswirkung findet sich in der Chronologie über die Flut in der Septuaginta. Der Fluttermin ist der 27.02., nach 150 Tagen ist der 27.07., Berge werden nach dem 10. Monat am 01.11. sichtbar, dann 40 Tage gezählt und am 01.01. und 27.02 schließt das Jahr. Das Flutjahr wird als Teil der letzten Dekade der alten Welt auch noch als ein Jahr 360 dargestellt. Hen 74,10 erklärt umgekehrt 2 Jahre der alten Welt zu Jahren mit 364 Tagen.

All die genannten Verzerrungen gehen unverkennbar auf den hohen Stellenwert der Dekaden vor und nach der Flut zurück. Das macht auch die nachfolgende Untersuchung des Flutberichtes in der LXX weiter deutlich.

Damit ist das Flutjahr in der Zeitrechnung vor der Flut nach Henoch lokalisiert und es können auf deren Basis Vertiefungen und weiter Studien durchgeführt werden.

Das Flutjahr in der griechischen Septuaginta

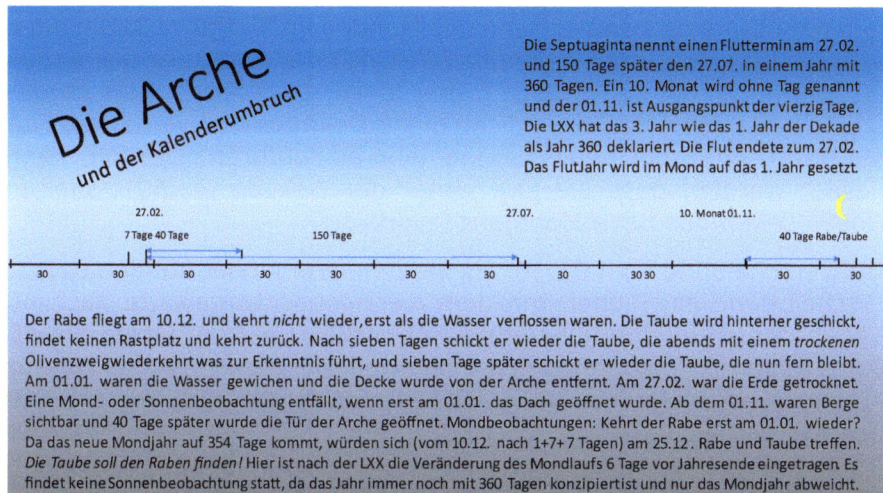

Die Septuaginta nennt einen Fluttermin am 27.02. und 150 Tage später den 27.07. in einem Jahr mit 360 Tagen. Ein 10. Monat wird ohne Tag genannt und der 01.11. ist Ausgangspunkt der vierzig Tage. Die LXX hat das 3. Jahr wie das 1. Jahr der Dekade als Jahr 360 deklariert. Die Flut endete zum 27.02. Das FlutJahr wird im Mond auf das 1. Jahr gesetzt.

Der Rabe fliegt am 10.12. und kehrt *nicht* wieder, erst als die Wasser verflossen waren. Die Taube wird hinterher geschickt, findet keinen Rastplatz und kehrt zurück. Nach sieben Tagen schickt er wieder die Taube, die abends mit einem *trockenen* Olivenzweig wiederkehrt was zur Erkenntnis führt, und sieben Tage später schickt er wieder die Taube, die nun fern bleibt. Am 01.01. waren die Wasser gewichen und die Decke wurde von der Arche entfernt. Am 27.02. war die Erde getrocknet. Eine Mond- oder Sonnenbeobachtung entfällt, wenn erst am 01.01. das Dach geöffnet wurde. Ab dem 01.11. waren Berge sichtbar und 40 Tage später wurde die Tür der Arche geöffnet. Mondbeobachtungen: Kehrt der Rabe erst am 01.01. wieder? Da das neue Mondjahr auf 354 Tage kommt, würden sich (vom 10.12. nach 1+7+7 Tagen) am 25.12. Rabe und Taube treffen. *Die Taube soll den Raben finden!* Hier ist nach der LXX die Veränderung des Mondlaufs 6 Tage vor Jahresende eingetragen. Es findet keine Sonnenbeobachtung statt, da das Jahr immer noch mit 360 Tagen konzipiert ist und nur das Mondjahr abweicht.

Die LXX bietet einen Flutbericht in einem Jahr mit 360 Tagen, wobei erst 10 Tage später die Flut einsetzt und so auch das Ende des Flutjahres am 27.02. dem alten Sonnenkalender[360] entspricht. Das Einsetzten am 27.02. ist nicht unwahr, wenn vom 3. Jahr einer Dekade als Flutjahr die neuen Mondzeiten auf das 1. Jahr einer Dekade übertragen wurden. Die ideologischen Gründe sind der Wunsch nach einer unveränderten Dekade (10 Jahresperiode) im angefangen alten Jahr 360, wobei das neue Mondjahr im 27.02. übertragen erscheint und damit das neue Mondjahr im Hintergrund zu denken sind. Das wird mit dem veränderten Zeitgefügen ab 01.11. 40 Tage (+1) +2x7 Tage deutlich, wo der Rabe *nicht* wiederkehrt (41. Tag), die Taube nachgeschickt wird (41./42./49. Tag), die sich am 25.12. (56. Tag) am Ende vom ersten neuen Mondjahr 354 mit ihm treffen muss:

Und er schickte den Raben aus, *um zu sehen, ob das Wasser zurückging.* Und nachdem er weggegangen war, kehrte er *nicht* zurück, bis das Wasser von der Erde weggetrocknet war. Und er schickt die Taube *ihm hinterher …* – Gen 8,7.8a LXX[D]

Und es geschah im 601 Jahr *in Noahs Leben*, im ersten *Monat*, am ersten Tag des Monats, dass das Wasser von der Erde *wich.* … und er sah, *dass das Wasser vom* Angesicht der Erde *gewichen* war. – Gen 8,13a.c LXX[D].

Eine Zeitumstellung und die Apokalyptik – 2024 – Harald Schneider

Im Sonnenkalender am 25.12. kehrt der Rabe am Neumond zurück, sofern der neue Mondkalender mitgedacht wird. Der *dürre* Oliven-zweig sieben Tage zuvor spricht die mittlere Linie vom Halbmond an und geht auf eine Beobachtung des Mondes im Flutjahr (3. Dekaden Jahr) zurück, *was zur Erkenntnis führt*. Mit der Rückkehr des Raben als Neumond, der sechs Tage früher einsetzte, schließt (das darge-stellte erste Jahr) das eigentliche dritte Dekadenjahr, in der die Flut stattfand, ohne ein neues Sonnenjahr einzuführen. Deshalb kann gesagt werden, dass die LXX hinter der Dekade *im 601. Jahr in Noahs Leben* das neue Mondjahr favorisiert.

Die Verschiebung vom 01.10. als vergehender Monat auf den 01.11. erscheint wie ein Riegel, mit dem die Beobachtungskette nach 40 Tagen das neue Mondjahr öffnet. Ähnliche Funktion hatten die 40 Tage Regen im masoretischen Text, weil die Lücke vor der Flutan-kündigung zum Jahresanfang 40 Tage misst und zum Verschieben der anderen 40 Tage vom 01.10. auf den 27.08. herausfordert. Der frühere Mensch wird in seinen intellektuellen Fähigkeiten regelmäßig unterschätzt, weil unser Denken vom Evolutionsgedanken ganz ein-genommen ist. Doch gehen die historische Flut mit Zeitumstellun-gen in historischer Zeit und lebenserhaltende Maßnahmen in diesem Ausmaß nicht auf den Intellekt des Menschen, sondern auf Gott zu-rück. Das sich wissenschaftliche Disziplinen dennoch unbeugsam entgegenstellen ist eine Form der Leugnung des Gerichtes und be-schwört ihren eigenen Untergang herauf (2Pet 3,3-10).

Natürlich stellt sich die Frage, wie vorzugehen ist, um den Zeitraum vor der Flut zu erfassen? Die Zeugungsalter in den Varianten gehen deutlich auseinander und müssen miteinander geklärt werden. Das 500 Jahre auch innerhalb der Genesis ein extremes Zeugungsalter für Noah ist hat es leicht gemacht, dieses als Zeitrechnung zu lesen.

Nun erscheint es aber zunächst sinnvoller, die Zeit ab der Flut bis in die Zeit vom Tempelbau Salomos zu erschließen. Es wurde zwar mit verschiedenen Kalendern gerechnet, aber ein Jahr mit 365 ¼ Tagen kann von keinem Kritiker als hypothetisch abgetan werden! Mit den Kalenderreformen kam auch die Beobachtung eines Fixsterns auf, der nur alle vier Sonnenjahre[365] nach einer Auszeit vor der Sonne aufging und von Memphis aus beobachtet wurde. Dafür gibt es Be-lege und eine Nachricht des Hesiod, der uns einen Anschluss an die Flut möglich macht.

Das ägyptische Wandeljahr und die Flut

Das ägyptische Jahr war vom Nil bestimmt und hatte drei Jahreszeiten von jeweils vier Monaten. Diesen 12 Monaten von jeweils 30 Tagen wurden 5 zusätzliche Tage, die Epagomenen **(E)**, am Jahresende hinzugefügt. Das 365 TageJahr fiel alle 4 Jahre um einen Tag zurück und durchwanderte in 1460 Jahren einmal das Sonnenjahr mit 365¼ Tagen. Ein Morgenstern namens Sopdet, der in Ägypten beobachtet wurde, erschien alle 4 Jahre vor Sonnenaufgang von neuem und wurde jeweils gefeiert. 139 u. Z. war die Geburt des Phönix, das gewonnene Jahr 1461. Die älteste Angabe des

Achet (A)	Überschwemmung
Achet I	Wepet-renpet
Achet II	Techi
Achet III	Menchet
Achet IV	Hut-heru
Peret (P)	**Aussaat (Winter)**
Peret I	Ka-her-ka
Peret II	Schef-bedet
Peret III	Rekeh-wer
Peret IV	Rekeh-nedjes
Schemu (S)	**Hitze/Ernte (Sommer)**
Schemu I	Renutet
Schemu II	Chonsu
Schemu III	Chenti-chet
Schemu IV	Ipet-hemet

Hesiod (>700 v. u. Z.) über die Lebensdauer des Phönix mit 972 Lebensaltern bezeichnet seine Wanderung über zwei Jahreszeiten (S 4x30 + E 3x4 + A 4x30 = 972).

Der Name „Phönix" ist literarisch zum erstenmal bei Hesiod Fr. 171 bezeugt in Zusammenhang mit der erstaunlichen Lebensdauer des Vogels: 972 Menschengeschlechter. Meißtens wird sie jedoch mit 500 Jahren angegeben [Fn. vgl. Tacitus, Annales VI 28].[16]

Diese Einteilung verrät das gleiche Schema wie bei einem vollen Umlauf von 1460 Jahren (Censorinus), mit einer Abweichung in der Frühepoche. Hesiod blickte auf den Achet (480) und den Schemu davor mit 492 (anstelle 500 inkl. 20 E) zurück, d. h. die Summe der beanspruchten Epagomenen für das vorausgehende Wandeljahr betrug nur drei Tage! Das geht auf beobachtete zyklische Sopdet-Aufgänge vor Hesiod zurück. Der Peret reicht bis 2198 in die Irritationen der Flut hinein, die eine Kalenderreform nötig machten. Im Phönix des Hesiod sind mit 3 (sonst 5) Epagomenen der Achet (480) und

---

[16] KAV 2, Horacio E. Lona: *Der erste Clemensbrief*; 1998, Seite 303

96 Jahre des Peret von einer Sothis-Beobachtung ausgenommen. Der Kalender vor der Flut kennt keine Epagomenen. In christlicher Zeit steht der Phönix im Jahr 139 nach 500 Jahren (S 120x4= 480 plus E 5x4= 20) aus der Asche auf (Tacitus), nachdem alle vier Jahre insgesamt 365 Sothisaufgänge vor dem Sonnenaufgang im Wandeljahr stattfanden. Im Phönix des Hesiod beginnt 2198 die Beobachtung des Wandeljahres. Mit dem Schemu und drei Epagomen bis 1322 sind tatsächlich nicht ganz zwei Jahreszeiten (Peret und Schemu) in der uns bekannten Sothis-Beobachtung erfasst worden.

Sothis-Zyklus		
Peret	(2294) 2198	1814
Schemu	**1814**	1334
3 Epagomenen	1334	1322
Achet	1322	**842**
Peret	842	362
Schemu	362 v. u. Z.	119 u. Z.
5 Epagomenen	119	**139**
Achet	139	619
Peret	619	1099
Schemu	1099	1579
5 Epagomenen	1579	1599

Sothis-Zyklus der Antike	
S+E 492	*-1322 v. u. Z.*
A 480	*-842 v. u. Z.*
972	**Hesiod**
12x¼ = 3 E	*(60%-365¼J)*

A 480	*-1322 v. u. Z.*
P 480	**Censorinus**
S+E 500	*-139 u. Z.*
1460	*1461. Jahr-¼*

S 120 x 4	**Tacitus**
+ E 5 x 4 =	**500** *J. Phönix*

Es könnte die Behauptung aufgestellt werden, das Hesiod in seinen 972 Zeiten zwei Jahreszeiten mit anteiligen Epagomenen (2x480 + 2x6[=1½ E]) verarbeitet habe, sodass für drei Jahreszeiten 18 Jahre für dann (3x6[=4½ E]) abbildet erscheinen. Dazu müssten jedoch nicht nur die Einfügung von 1½ Tage pro Jahreszeit geklärt, sondern auch die gut bezeugten 5 Epagomenen widerlegt werden, ohne die eine Beobachtung des überhängenden ¼ Tag nicht möglich ist.

Deshalb sind eine Flut und eine Kalenderreform vor 2198 anzunehmen! Diese bestand aus den Abschnitten: Flutjahr + 7 Jahre bis zur vollen Dekade und ein Jubiläum[364] + 62 Tage (Hen 74,10.13.14) zu einem Jubiläum[365½], dessen ¼ Tagesabweichung schon erfasst war. Die Nähe zwischen Jubiläum und 5 Dekaden und rechnerisch ermittelte 3 Epagomenen Anteile von 12 Jahren am Ende des Sothisjahres werden den Anstoß gegeben haben, ab hier die Jahre zu zählen.

Die Sothis-Beobachtung in Memphis und die Zeiten

Wie wird eine relative Chronologie zu einer absoluten Chronologie? In dem diese an einer oder mehreren Stellen einen festen Bezug zu einem unverrückbaren Datum in der Geschichte aufweisen kann und sie in sich gefestigt genug ist zwischen diesen Daten oder von ihnen ausgehend eine verlässliche Zählung der Jahre basierend auf überlieferte Quellen vorzunehmen! Genaue Beschreibungen von Sonnen- und Mondfinsternissen oder präzise Sternbeobachtungen zusammen mit Ort und Datierung gehören zu den fixen Zeitpunkten in der Geschichte. Deshalb beschäftigen wir uns jetzt mit datierten Sternbeobachtungen in Ägypten mit dem guten Ruf, schon in der Antike zur Zeitbestimmung herangezogen worden zu sein.

Eine in Ägypten gepflegte Beobachtung des Aufgangs des hellsten Morgensternes fand nach einer Phase des Nichtsichtens nur einmal alle vier Jahr statt (Sothis-Fest) und verschob sich alle vier Jahre um einen Tag, da in Ägypten ein Jahr mit 365 Tagen gezählt wurde. Diese Betrachtung machte schon in der Antike die Verschiebung zwischen dem Kalenderjahr und dem Sternenjahr deutlich und die Jahre bis zum Aufgang am gleichen Tag wurden mit 1460 Tagen (Sothis-Zyklus) berechnet und sind praktisch gleich groß, wie die Dauer,

die der Frühlingspunkt braucht, das von den alten Ägyptern schließlich als „richtig" erkannte – aber nicht angewendete – 365,25 Tage lange Kalenderjahr einmal zu durchlaufen. [wiki/Sothis-Zyklus]

Das Zeichen für die Göttin Sopdet, aus der später Sote, gräzisiert Sothis wurde, hat die Bedeutung *Spitze*, was auf den Beginn der Bemessung eines Sternjahres hinweist. Diese Spitze wanderte Jahr für Jahr allmählich durch die ägyptischen Jahre mit 365 Tagen und wurde jeweils gefeiert. Wenn eine Aufzeichnung den Tag und Monat im Jahr festgehalten hat, kann bei festem Beobachtungsort der Standort im Sothis-Zyklus ermittelt werden.

Allerdings bewegen sich Regierungszeiten eines Herrschers heute in einem Konstrukt keineswegs sicher. Ein Beispiel: Der folgende König Djer und die Sopdet im Peret kann ab 2174 (Peret II) oder rückwirkend für den ganzen Peret ab 2294 gelten. Hesiod lässt uns mit 3 Epagomenen auf das Jahr 2198 blicken. König Djer wird in Listen der Pharaonen jedoch bis etwa 700 Jahre vor dem Peret angesetzt und seine Sopdet-Beobachtung als „Jahresöffner" verallgemeinert.

Djer mit der Sopdet im Peret (Aussaat)

Ermittlung im Sothis-Zyklus		
Achet		
Peret	*384*	E 3
Schemu	492	H 3
Achet	480	H/C
Peret	480	C
Schemu	500	T/C

Hesiod / **C**ensorinus
Tacitus. **E**pagomene

Monat und Tag
im Wandeljahr

Peret II
1. Tag
2174

Peret IV
16. Tag
1874

Peret IV
17. Tag
1870

Schemu II
20. Tag
1610

Schemu III
9. Tag
1538

Schemu III
28. Tag
1462

Ein Elfenbeintäfelchen aus Abydos zeigt den Se-rech von Djer, der über eine Spitze hinweg den Morgenstern der Sopdet beobachtet, der als eine sitzende Kuh dargestellt ist. Darunter findet sich die Aussaat (Peret).

Es wird der Papyrus al-Lahum (Papyrus Berlin Frg. 10012A) mit einem *16. Tag des 4. Monats im Winter* als Aufgang und (Frg. 10012B) einem Sothisfest im *Jahr 7; 17. Peret IV.* herangezo-gen. Ein unbekannter König hatte sein 7. Jahr.

Ein Sommer, 28. Schemu III ohne Regierungs-jahr ist überliefert, aber Abstände der Mondda-ten von Tuthmosis III. werden hinzugezogen.

Der Papyrus Ebers nennt Djeser-ka-Re und die Feier des 9. Jahres *am dritten Monat des Som-mers, am neunten Tag.*

Ein Graffito aus Gebel-Tjauti nennt den Aufgang am 20. Schemu, 2. Monat und daneben das 11. Jahr eines unbekannten Königs.

Hesiods 972 (480+12+480) Menschengeschlechter als Jahre incl. der 12 Jahre, die eine Beobachtungszeitraum von 864 Sonnenjah-ren[365] verraten, zeigen weit in den Peret bis nahe zur Flut zurück.

Ein Sonnenjahr[360] (36 Dekaden) bekam erst infolge der Zeitumstellung im Flutjahr im Kalender 5 Epagomenen dazu, sodass Sonnenjahre[365] mit ¼ Tag Abweichung als Wandeljahr keinen vollständigen Sothis-Zyklus abbilden konnten! Eine Wanderung der Sopdet durch den Achet und die ersten 40 Jahre im Peret hatte nie stattgefunden! Zeitumstellungen in historischer Zeit werden jedoch strickt verneint.

Artefakte mit zeitgenössischen Sothis-Beobachtungen wurden zwischenzeitlich fasst vollständig aus der Datierung verdrängt. Dabei haben wir für den Stern der Memphiten einen festen Beobachtungsort ab Djer bis Consorinus mit einem vollen Sothis-Zyklus, der mit 1460 Jahren historisch 119 u. Z. aufschlägt.

1. Dynastie	von	bis	Jahre
Mani	2247	2186	61[MTP]
Djer	2186	2132	54[K+P]
Wadje	2132	2122	10[Analenst.]
Den/Merineith	2122	2080	41[P]
Anedjib	2080	2060	(26) 20[V]
Semechet	2060	2052	8½[Analenst.]
Qaa	2052	2021	31[MTP]
Summe			**226**

Deshalb wird eine Ordnung der Dynastien im Vergleich mit dem Weld-Blundell neu aufgebaut und mit Zählung in einem Absatzsystem mit Geschichtshinweisen (MT[P]) verglichen. Die Sothis wird durch Anschlüsse der Zeit zur absoluten Chronologie verhelfen und parallele Dynastien aufdecken. Im WB sind Lugalannamundu und 6 Könige Mari die Mani und

Weld-Blundell	Ort	WB	Jahre
Lugalannamundu	*Adab*	5,17.18	90
Ilumpu	*Mari*	5,23.24	30
…-zi (S)	*Mari*	5,25.26	{17}
… Lugal	*Mari*	5,27	30
…-Lu-gal	*Mari*	5,28	20
… MUS.MAS	*Mari*	5,29	30
… ni	*Mari*	5,30	9
6 Könige	*Mari*	5,31.32	*136*
Summe			**226**

der 1. Dynastie Ägyptens gegenüberstehen. Die Namen sind beschädigt, aber Lugalzagezi ist im WB (6,23-27) mit 25 Jahre vermerkt. Lugalannamundu(s) 90 Jahre und die Länge der Dynastie mit 136 Jahren bildet als Rahmen die 226 Jahre. Da der Ubartutu (WB 1,32f) im Flutjahr 54 war, lebte er als Lugalannamundu ab der Flut noch 37(-40) Jahre. Davon können ihm jedoch nur 8(-12) Jahre vor Djer zugestanden haben, denn 54 Jahre Djer stehen den 25 Jahren für Lugalzagezi im WB 29 Jahre entgegen.

Diese 90/25 Jahre aus dem Weld-Blundell bilden den ersten Zeit-rahmen für Mani und Djer. Djer regierte nach Rekonstruktionen des Kairosteins und des Palermosteins 54 Jahre, was die Verteilung 61/54 vorgibt. Wadje lässt sich aus Angaben auf dem Analenstein mit 10 Jahre/2 Monate ermitteln und Den hat auf dem Palermostein 41 Jahre eingetragen. Anedjib hat nach einer Variante Manethos 20 Jahre, Semechet nach Auswertungen des Analensteins 8-8½ Jahre. Qaa ist 31 Jahre geschätzt.

Für die 2. Dynastie sind die Jahresangaben Manethos **(V)** vorzuziehen. Das Turi-ner Papyrus **(T)** beschei-nigt Hetepsechemui T 95 Jahre. Er musste zuerst Seneferka und Vogel über-winden, bevor er seinen Thron besteigen konnte. Die Zeit der Machtkämpfe

2. Dynastie	von	bis	Jahre
Hetepsechemui	2074	1979	95^T
Nebre	1979	1940	39^V
Ninetjer	1940	1893	47^V
Wadjenes	1893	1876	17^V
Sened	1876	1835	41^V
Chaisechemui	1835	1808	27^T
Summe			**266**

und Gegenkönige sind in den 95 Jahren enthalten. Bei Nebre fehlt T, V 39, Ninetjer hat (T 96) V 47 und im Kairostein 36-44 Jahre. Wadjenes hat (T 54) V 17 und Sened (T 70) V 41 Jahre. In seinem 7. Regierungsjahr fand eine Sothisbeobachtung statt: *al-Lahum*

Frg. 10012A „Du sollst wissen, dass der heliakische Aufgang von Sirius auf dem 16. Tag des vierten Monats im Winter stattfindet. Verkünde es den Priestern der Stadt von Sechem-Sesostris-maa-cheru sowie Anubis auf dem Berg." *Frg. 10012B* „Jahr 7, 17. Peret IV, Lieferung von 200 Broten und 60 Krügen Bier (für das anschließende Sothisfest)."[17]

Diese Beobachtungen wurden 1874 und 1870 im 7. Jahr von Sened gemacht, als der Sirius im 4. Monat im Winter (Peret IV) am 16. Tag und vier Jahre später am 17. Tag vor Sonnenaufgang vom Palast in Memphis aus gesichtet wurden.

Sened ist mit Peripsen identisch und ihm folgte Chaisechmui auf dem Thron, über den im Palermostein 7 Jahre erhalten sind. Der Turiner-Papyrus gibt ihm 27 Jahre, 2 Monate und 1 Tag, was sehr realistisch ist und durch eine kleine Chronologie im hebr. Abschnitt *Num 29,12-16* bestätigt wird. Da dieses Absatzsystem mit gezählten Jahren vielen neu ist, wird an dieser Stelle darauf eingegangen.

---

[17] Wiki/Sothis-Zyklus, Papyrus al-Lahum, Übersetzt von Ludwig Borchardt

Absatzsysteme im hebräischen Text als Jahreszählung

Das Absatzsystem der heutigen Schrift stammt aus dem Mittelalter und hat die hebräischen Absätze weitestgehend verdrängt. Es handelte sich dabei um Absätze von der Länge eines Wortes bis zu ganzen Kapiteln was alleine schon zeigt, dass sie ursprünglich nicht als Leseabschnitte konzipiert wurden, wie das heute angenommen wird.

Die große Anzahl dieser Abschnitte und gewisse *sprechende Inhalte* haben mich zu der Überzeugung geführt, dass diese Abschnitte mit ihrer in der hebräischen Buchreihenfolge fortlaufenden Anordnung *gezählte Jahre* ausdrücken. Diese gezählten Jahre sind wie die Konten auf einer Zählschnur, die durch die Unterbrechungen im Text erzeugt werden. Die gezählten Jahre vor der Flut sind zuverlässiger als die Zeugungsalter der Genesis und sie sind als chronologische Ermittlung einer Zeitrechnung durchaus hilfreich. Die reine Zählung der Jahre ist aber nur eine Beobachtung. Eine weitere Beobachtung sind *sprechende Inhalte*, die als Hinweise auf Geschichtsschreibung zu werten sind. Diese geschickt im Text platzierten Aussagen geben Auskünfte über besondere Ereignisse, wie z. B. Herrscherwechsel.

Absätze sind als Geschichtsschreibung noch nicht erforscht. Ein erster Ansatz zur zeitlichen Einordnung der Jahreszählung wurde über die Arche als Kästchen des Moses hergestellt und damit ganz beachtliche Ergebnisse erzielt. Dabei blieben die 93 Absätze der Genesis unberücksichtigt, was hier etwas präzisiert wird. Es sind die Jahre des Noah und sie sind genauer als die 90 Jahre Lugalannamundu im WB 5,17,18, weil sie die Dekade durchbrechen.

Der neue Ansatz ist über Ubartutu (WB 1,32-34) der im Flutjahr 54 und als Lugalannamundu ab der Flut noch 37(-40 MT^P) Jahre lebte. Nur werden 20 Lebensjahre vor dem Antritt Ubartutu vorangestellt. In der Überlieferung Chinas trat Yao im Alter von 20 Jahren als Herrscher an und starb im alter von 119 Jahren, wobei Bambusannalen zufolge er in seinem 73. Regierungsjahr an Shun abtrat und weitere 28 Jahre lebte.[18] Der aus dem Wasser gezogene Moses in *Ex 2* blickt als *sprechender Inhalt* auf die Flut *im Leben Noahs* zurück. Um dieses Absatzsystem einfacher nutzen zu können, sind sie als *Adressen* in Tabellen angelegt und mit aktuellen *Jahresangaben* versehen.

---

[18] Wikipedia – Urkaiser Yao (zuletzt am 21.06.2024 besucht) [2353-2234]

Ein Absatzsystem als hinterlegte Geschichtsschreibung

Die 93 Unterteilungen von *Gen 1,1-5* bis *Gen 49,27-50,26* zählen die Jahre des Lebens Noahs von seiner Geburt bis zum Ende der Flutdekade von 2333-2240.

Zurück zur oben angeführten Adresse der MT[P]! *Num 29,12-16* nennt im Jahr der Thronbesteigung Chasechemui 1835 *13 Stiere, 2 Widder und 14 Lämmer* als Festopfer. Die Anzahl der Tiere ist für ein Opferfest auffällig. Hier ist tatsächlich eine Chronologie Chasechemui eingetragen, die ihn 13 Jahre als Stier gegen 2 Widder und 14 weitere friedliche Jahre abbildet! Die Eigenschaften der Tiere in einem Bild sprechen zu lassen war damals gebräuchlich.

Es wird vermutet, dass er vor seinem Sieg über Unterägypten noch den Namen „Cha-sechem" trug, den er nach der Unterwerfung auf „Hor-cha-sechemui" erweiterte. Als „Hor-cha-sechem" ist er in der Tat nur in Oberägypten, in der Hierakonpolis bezeugt. Die Hintergründe der Ergänzung des Horusnamens sind beispielsweise im Eintrag des 14. Jahres nach der Unterwerfung Unterägyptens dokumentiert, der die alte Vorstellung der Könige widerspiegelte, dass sie im alten Reich noch für die Landesteile von Ober- und Unterägypten zwei getrennte Königstitulaturen führten und symbolisch durch das Vereinigungsfest bis zum Tod des Königs als Legitimation zur Oberherrschaft über das ganze Land erhielten.[19]

Die Auskunft in *Num 29,12-16* besitzt Informationen, die der im Text angesprochenen Sache nicht gerecht werden,[20] dafür aber bildhaft die Herrschaft und Wiedervereinigung Ägyptens unter Chasechemui beschreiben und T 27 Jahre bestätigen. In Chasechemuis Grab waren auch Grabbeilagen des Imhotep, der Merkmale des Josephs der Bibel aufweist. Das kann auch als Grund gelten, warum der Abschnitt über Chasechemui *sprechende Inhalte* wiedergibt. Diese Beilagen wirken anachronistisch, wäre da nicht die Auskunft in seinem letzten 27. Jahr *Dtr 2,4-8a* 1809 die zeigt, dass bereits vor Djoser eine feste Strategie in Sachen Nahrungsversorgung

---

[19] Wiki/Chasechemui – Name und Identität. Siehe auch /Vereinigungsfest
[20] BKAT IV 3.4 Horst Seebass: *Numeri*; 2007, Seite 261 über Num 29,12f: „Während Lev 23,34 den Namen Sukkot „Hütten" nennt, meidet unser Text diesen aufs Neue, als sollte jede Anschaulichkeit sonst bekannter Festgehalte nicht vorkommen. ... Trotzdem nimmt die Ordnung der Opfer für dies Fest den Höhepunkt und das Ziel unserer Liste ein."

vorlag?[21] Er soll nach T nur etwas über 40 Jahre alt geworden sein. Einige Listen fügen Nebka ein, doch Djoser richtete als sein Nachfolger die Beerdigung aus und übernahm am 26. Achet III die Regierung. Im 2. Jahr Djoser 1806[22] wird in der Auskunft *Dtr 2,28a* gesagt: „*Was du mir an Nahrung um Geld verkaufen wirst, soll ich essen*", was über die Historie von Num 20,19 hinausgeht.

Eine Inschrift auf der Insel Sihiel unterhalb des ersten Wasserfalls des Nil, die sich selbst als Kopie eines Originals aus Djosers 18. Jahr bezeichnet, handelt von 7 Jahren Hungersnot[23] gefolgt von 7 Jahren Wohlstand zurzeit des Imhotep.[24] Der Palermostein hat die ersten 5 Jahre Djosers erhalten und beginnt mit dem Vereinigungsfest (bei Thronbesteigung) im 1. Jahr und dem Überreichen der Sentj-Pfeiler an den König von Oberägypten im 2. Jahr. Im 3. Jahr ist Horusgeleit und Erschaffung einer Statue für Min (den Schöpfungsgott), im 4. Jahr das Strecken der Schnur für *Qebeh-Netjeru* (Fontäne der Götter). Im 5. Jahr ist Horusgeleit und ein Fest des *Djet...* [reißt ab].

1801-1800	1800-1799	1799-1798	1798-1797	1797-1796	1796-1795	1795-1794
5,1-5	5,6-11*	5,12-15	5,16	5,17	5,18	5,19

---

[21] Auffällig im Text sind „Die in [Dtr] 2,4-8a keinerlei Reaktion zeigenden Söhne Esaus … Denn der mit dem Ausdruck „unsere Brüder, die Söhne Esaus" (statt Edom) eingeleiteter Abschnitt ist zugleich eine gezielte Korrektur von Num 20,14-21, wo Edom von Anfang bis Ende feindlich reagiert" BKAT V 3 Lothar Perlitt: *Deuteronomium*; 1994, Seite 161. Soll die Begründung dafür beim Pseudepigraph (BKAT V 1, Seite 3) zu suchen sein?
Im 27. Jahr Chasechemui ist in den Paraschen der Kauf von Nahrung und Wasser bestimmendes Thema. BKAT V 2 Lothar Perlitt; Seite 137, Dtn 2,6: „Nahrung sollt ihr von ihnen für Silber kaufen, damit ihr zu essen habt; und sogar Wasser sollt ihr von ihnen für Silber erwerben, damit ihr zu trinken habt." Das markanteste Merkmal für Joseph in Ägypten war die Bevorratung großer Getreidemengen zum Lebenserhalt (Gen 41-47). Ägyptens Wasserversorgung durch den Nil konnte auch Störungen ausgesetzt sein, die infolge zu Hungerkatastrophen führen konnten.
[22] Im Frühjahr 1808 begann ein neues Jubiläum.
[23] Dr. Lennart Möller: *Die Akte Exodus. Neue Entdeckungen über den Auszug aus Ägypten*; 2010, Seite 70. Enthält umfangreiche Vergleiche zwischen dem biblischen Joseph und dem ägyptischen Imhotep, Seite 57-99.
[24] Die Person Imhotep spaltet die Forschung, da derart prägnante Merkmale zu einem historischen Joseph begrüßt oder abgelehnt werden. Sie der Sensationsmanche zuzuschreiben ist jedoch rundweg unwissenschaftlich. Was historisch ist oder nicht, darf nicht der Informationsstrategie einer Orthodoxie zum Opfer fallen, die auf diese Weise quasi über uns herrschen will.

Steht das 4. Jahr für Bevorratung, wäre Jakob erst 1799 in Ägypten eingereist, doch die Hungersnotsteele sowie die Auskünfte lassen das 2. Jahr Djoser als das 2. Jahr der Dürre erscheinen, Jakob Einwanderung 1806 (Gen 45,6). Imhotep war der Bevollmächtigte des Pharaos Djoser (vgl. Gen 41,40-44):

Titel auf der Statunbasis JE 49889 (zeitgenössisch) [wiki/Imhotep]
Sedjauti-biti – Siegelbewahrer des Königs von Unterägypten.
Cheri-tep-nesu – Der unter dem Kopf des Königs von Oberägypten ist.
Iri-pat – Mitglied der Elite.
Heqa-hut-aa – Gutsverwalter.
Maa-wer – Der den Großen schaut.

Titel auf Siegelabdruck (zeitgenössisch) [wiki/Imhotep]
Sedjauti-biti – Siegelbewahrer des Königs von Unterägypten.
Cheri-tep-nesu – Der unter dem Kopf des Königs von Oberägypten ist.
Medjh-nechen – Vorsteher der Werft.

Auf der Statunbasis JE 49889 sind noch zwei weitere Titel, die aber nicht einwandfrei auf Imhotep angewandt werden.
Medjhi-qesti – Vorsteher der Bildhauer (Baumeister behauener Steine)[V]
(Lesung unbekannt) – Hersteller von Gefäßen? / Befüller der Körbe?
(? über drei Schalen) – Errichter von Vorratsstätten?

Es ist in Betracht zu ziehen, dass gerade diese Titel bedeutsame Bezüge zum Herstellen und Befüllen von Vorratsstätten ausdrücken können, und der Titel *Maa-wer* von der Expedition (Beschaffung) und dem Vorstehen über Steinhauer befreit, die zeitgenössische Sicht auf den Großen (Gott) freigibt, ein Offenbarer des Verborgenen *Zaphenath-Paneach* (Gen 41,45). Dass Ägyptologen obige Titel auf den Künstler der Statue beziehen ist aber doch nicht so weit gegangen, Imhotep auszuschließen.

Die Statue Cairo JE 49889 hat eine einzigartige Besonderheit: Es ist bis Dato der einzige bekannte Fall, in dem der Name und die Titel einer nicht-königlichen Person auf der Plinthe einer Königsstatue niedergeschrieben waren.[25]

---

[25] Nadja Samir Tomoum: *The sculptor' models of the late and Ptolemaic periods. A study oft the type and function of a group of ancient Egyptian artefacts.* National Center for Documentation of Cultural and Natural Heritage and the Supreme Council of Antiquities; Kairo 2005, Seite 128 [wiki/Imhotep Zeitgenössische Belege].

Jetzt wird auf die *sprechende Auskunft* einer Adresse eingegangen, die für das 3. Jahr des Sened 1874 (s. o.) spricht. Im Eintrag *Num 19,1-22* für 1874 wird eine Sothis-Beobachtung bestätigt. *Num 19* gibt Auskunft über eine rote Kuh, dessen Asche Rohstoff für das Reinigungswasser war. Rote Kühe sind jedoch unbekannt![26]

Die rote Kuh aus *Num 19* ist ein außergewöhnlicher Eintrag[27], denn eine alle vier Jahre wiederkehrende Beobachtung des Sirius, dargestellt durch eine rote Kuh, muss nicht auf eine solch nachdrückliche Weise festgehalten werden. Mit dem Sothis-Aufgang in 1874 hatte es etwas Besonderes auf sich, doch was? Darauf gestützt konnte im Papyrus al-Lahum der nächste Termin im „7. Jahr" von Sened sicher bestimmt werden.

Aus *Num 19* lässt sich über die Asche ein Vergleich zum Phönix ziehen, der nach Bereinigung der Zeit wieder aus der Asche aufstehen wird. Am 16. Tag im Peret IV sind 300 Jahre seit Beginn der Beobachtung des Sirius vergangen und 60 Jahre stehen bis zum Jahreszeitenwechsel in einem Sexagesimalsystem[28] an, für das Babylon bekannt war. Noch heute wird der Tag mit 24 Stunden von je 60 Minuten angegeben. Es war der 6. von 24 Abschnitten von je 60 Jahren, bis alle Jahreszeiten einmal durchlaufen waren. Die Marke in diesem Uhrwerk war Grund genug, die Bereinigung des Sonnenjahres[360] zu betonen. Epagomene sind diesem System übrigens fremd, auch wenn sie zusammen mit dem Schemu die letzten 500 Jahre ausmachen, bevor der Phönix aus der Asche aufsteht, und so (aus den ¼ Tag pro Jahr) ein neues Jahr geboren ist.

---

[26] Wise/Abegg/Cook: *Die Schriftrollen von Qumran. Übersetzung und Kommentar*; 1997, Seite 53. 4Q276f
[27] Die Abschnitte wurden als Paraschen 2015 vorgestellt: Harald Schneider: *Die biblische Chronologie, Umfeld und hinterlegte Zeitrechnung*; 2020, Seite 221-248 (Sie sind dort nach alter Zugrundelegung sieben Jahre älter.)
[28] 300 Jahre später am 1. Schemu III erscheinen für 10 Stunden (Dekade) im Eintrag *Jos 21,13-16* 9 Asylstädte Aarons und *Jos 21,11-12* 2 weitere angelegt. Die angebrochene Zeit (11. Stunde) wird bereits mitgezählt.

Die Abschnitte der Bücher Mose als Jahreszähler

Ein beim Studium wiederentdecktes Zeugnis der Antike ist eine Zeit-rechnung, festgehalten durch ein Absatzsystem im hebräischen Text (mit Ausnahme der Psalmen). Die BHS, aber auch die Tora nach der Übersetzung von Moses Mendelssohn markieren diese Abschnitte.

Die hebräischen Zeitabschnitte im Buch Genesis

So	Mo	Di	Mi	Do	Fr	Sa
2333-2332 1,1-5+	2332-2331 1,6-8+	2331-2330 1,9-13+	2330-2329 1,14-19+	2329-2328 1,20-23+	2328-2327 1,24-31+	2327-2326 2,1-3+
2326-2325 2,4-3,15	2325-2324 3,16	2324-2323 3,17-21+	2323-2322 3,22-24	2322-2321 4,1-26+	2321-2320 5,1-2	2320-2319 5,3-5
2319-2318 5,6-8	2318-2317 5,9-11	2317-2316 5,12-14	2316-2315 5,15-17	2315-2314 5,18-20+	2314-2313 5,21-24+	2313-2312 5,25-27+
2312-2311 5,28-31	2311-2310 5,32-6,4+	2310-2309 6,5-8+	2309-2308 6,9-12	2308-2307 6,13-22	2307-2306 7,1-8,14	2306-2305 8,15-9,7
2305-2304 9,8-17+	2304-2303 9,18-29+	2303-2302 10,1-14	2302-2301 10,15-20	2301-2300 1,21-32+	2300-2299 11,1-9+	2299-2298 11,10-11
2298-2297 11,12-13	2297-2296 11,14-15	2296-2295 11,16-17	2295-2294 11,18-19	2294-2293 11,20-21	2293-2292 11,22-23	2292-2291 11,24-25
2291-2290 11,26-32	2290-2289 12,1-9+	2289-2288 12,10-13,18+	2288-2287 14,1-24	2287-2286 15,1-21	2286-2285 16,1-16	2285-2284 17,1-14
2284-2283 17,15-27+	2283-2282 18,1-19,38	2282-2281 20,1-18	2281-2280 21,1-21+	2280-2279 21,22-34+	2279-2278 22,1-19+	2278-2277 22,20-24
2277-2276 23,1-20	2276-2275 24,1-67+	2275-2274 25,1-11	2274-2273 25,12-18+	2273-2272 25,19-34	2272-2271 26,1-33	2271-2270 26,34-35
2270-2269 27,1-28,9	2269-2268 28,10-32,3+	2268-2267 32,4-33,17	2267-2266 33,18-20	2266-2265 34,1-31+	2265-2264 35,1-8+	2264-2263 35,9-22+
2263-2262 35,20-29+	2262-2261 36,1-19	2261-2260 36,20-30+	2260-2259 36,31-43+	2259-2258 37,1-36+	2258-2257 38,1-30	2257-2256 39,1-23
2256-2255 40,1-23+	2255-2254 41,1-44,17+	2254-2253 44,18-46,7	2253-2252 46,8-27+	2252-2251 46,28-47,31+	2251-2250 48,1-22+	2250-2249 49,1-4+
2249-2248 49,5-7	2248-2247 49,8-12	2247-2246 49,13	2246-2245 49,14-15	2245-2244 49,16-19	2244-2243 49,20	2243-2242 49,21

Die hebräischen Zeitabschnitte im Buch Exodus

So	Mo	Di	Mi	Do	Fr	Sa
2242-2241 49,22-26+	2241-2240 49,27-50,26	2240-2239 Ex 1,1-7+	2239-2238 1,8-22	2238-2237 2,1-22+	2237-2236 2,23-25	2236-2235 3,1-4,18+
2235-2234 4,18-26+	2234-2233 4,27-6,1	2233-2232 6,2-9+	2232-2231 6,10-12+	2231-2230 6,13	2230-2229 6,14-28+	2229-2228 6,29-30+
2228-2227 7,1-7+	2227-2226 7,8-13+	2226-2225 7,14-18	2225-2224 7,19-25+	2224-2223 7,26-8,11	2223-2222 8,12-15	2222-2221 8,16-28+
2221-2220 9,1-7+	2220-2219 9,8-12	2219-2218 9,13-21+	2218-2217 9,22-35+	2217-2216 10,1-11+	2216-2215 10,12-20+	2215-2214 10,21-29+
2214-2213 11,1-3	2213-2212 11,4-8	2212-2211 11,9-10+	2211-2210 12,1-20+	2210-2209 12,21-28	2209-2208 12,29-36+	2208-2207 12,37-42+
2207-2206 12,43-50	2206-2205 12,51+	2205-2204 13,1-10	2204-2203 13,11-16	2203-2202 13,17-22+	2202-2201 14,1-14+	2201-2200 14,15-25+
2200-2199 14,26-31+	2199-2198 15,1-19+	2198-2197 15,20-21	2197-2196 15,22-26	2196-2195 15,27-16,3	2195-2194 16,4-5	2194-2193 16,6-10+

2193-2192 16,11-27	2192-2191 16,28-35+	2191-2190 17,1-7+	2190-2189 17,8-13+	2189-2188 17,14-16+	2188-2187 18,1-27+	2187-2186 19,1-25
2186-2185 20,1	2185-2184 20,2-6	2184-2183 20,7+	2183-2182 20,8-11	2182-2181 20,12	2181-2180 20,13	2180-2179 20,14
2179-2178 20,15	2178-2177 20,16	2177-2176 20,17+	2176-2175 20,18-21+	2175-2174 20,22-26+	2174-2173 21,1-6	2173-2172 21,7-11
2172-2171 21,12-13	2171-2170 21,14	2170-2169 21,15-16	2169-2168 21,17	2168-2167 21,18-19	2167-2166 21,20-21	2166-2165 21,22-25
2165-2164 21,26	2164-2163 21,27+	2163-2162 21,28-32	2162-2161 21,33-34	2161-2160 21,35-36	2160-2159 21,37-22,3	2159-2158 22,4
2158-2157 22,5	2157-2156 22,6-8	2156-2155 22,9-12+	2155-2154 22,13-14	2154-2153 22,15-16	2153-2152 22,17	2152-2151 22,18
2151-2150 22,19-23+	2150-2149 22,24-26	2149-2148 22,27-30	2148-2147 23,1	2147-2146 23,2-3	2146-2145 23,4	2145-2144 23,5
2144-2143 23,6-19	2143-2142 23,20-33+	2142-2141 24,1-11	2141-2140 24,12-18+	2140-2139 25,1-9	2139-2138 25,10-22+	2138-2137 25,23-30+
2137-2136 25,31-40	2136-2135 26,1-6+	2135-2134 26,7-14+	2134-2133 26,15-30	2133-2132 26,31-37	2132-2131 27,1-8	2131-2130 27,9-19
2130-2129 27,20-21	2129-2128 28,1-5+	2128-2127 28,6-12	2127-2126 28,13-14	2126-2125 28,15-30	2125-2124 28,31-35	2124-2123 28,36-43
2123-2122 29,1-37	2122-2121 29,38-46+	2121-2120 30,1-10+	2120-2119 30,11-16+	2119-2118 30,17-21+	2118-2117 30,22-33	2117-2116 30,34-38
2116-2115 31,1-11+	2115-2114 31,12-17	2114-2113 31,18-32,6+	2113-2112 32,7-14+	2112-2111 32,15-35	2111-2110 33,1-11	2110-2109 33,12-16+
2109-2108 33,17-23	2108-2107 34,1-26+	2107-2106 34,27-35	2106-2105 35,1-3+	2105-2104 35,4-29+	2104-2103 35,30-36,7	2103-2102 36,8-13
2102-2101 36,14-19	2101-2100 36,20-38+	2100-2099 37,1-9+	2099-2098 37,10-16+	2098-2097 37,17-24+	2097-2096 37,25-29+	2096-2095 38,1-7
2095-2094 38,8	2094-2093 38,9-20	2093-2092 38,21-23	2092-2091 38,24-39,1+	2091-2090 39,2-7+	2090-2089 39,8-26	2089-2088 39,27-29
2088-2087 39,30-31	2087-2086 39,32+	2086-2085 39,33-43+	2085-2084 40,1-16	2084-2083 40,17-19	2083-2082 40,20-21	2082-2081 40,22-23
2081-2080 40,24-25	2080-2079 40,26-27+	2079-2078 40,28-29	2078-2077 40,30-32	2077-2076 40,33+	2076-2075 40,34-38	2075-2074 Lev 1,1-9

Die hebräischen Zeitabschnitte im Buch Levitikus

So	Mo	Di	Mi	Do	Fr	Sa
2074-2073 1,10-13+	2073-2072 1,14-17	2072-2071 2,1-3	2071-2070 2,4	2070-2069 2,5-6	2069-2068 2,7-13	2068-2067 2,14-16+
2067-2066 3,1-5+	2066-2065 3,6-11+	2065-2064 3,12-17+	2064-2063 4,1-12+	2063-2062 4,13-21+	2062-2061 4,22-26+	2061-2060 4,27-31+
2060-2059 4,32-35+	2059-2058 5,1-10	2058-2057 5,11-13	2057-2056 5,14-16+	2056-2055 5,17-19+	2055-2054 5,20-26+	2054-2053 6,1-6
2053-2052 6,7-11+	2052-2051 6,12-16+	2051-2050 6,17-23+	2050-2049 7,1-10+	2049-2048 7,11-21+	2048-2047 7,22-27+	2047-2046 7,28-38+
2046-2045 8,1-36	2045-2044 9,1-10,7+	2044-2043 10,8-11+	2043-2042 10,12-20+	2042-2041 11,1-20	2041-2040 11,21-28	2040-2039 11,29-38
2039-2038 11,39-47+	2038-2037 12,1-8+	2037-2036 13,1-8+	2036-2035 13,9-17+	2035-2034 13,18-23	2034-2033 13,24-28+	2033-2032 13,29-37
2032-2031 13,38-39	2031-2030 13,40-46	2030-2029 13,47-59+	2029-2028 14,1-20	2028-2027 14,21-32+	2027-2026 14,33-57	2026-2025 15,1-15
2025-2024 15,16-17+	2024-2023 15,18-24+	2023-2022 15,25-33+	2022-2021 16,1-34+	2021-2020 17,1-12	2020-2019 17,13-16+	2019-2018 18,1-5
2018-2017 18,6	2017-2016 18,7	2016-2015 18,8	2015-2014 18,9	2014-2013 18,10	2013-2012 18,11	2012-2011 18,12

2011-2010	2010-2009	2009-2008	2008-2007	2007-2006	2006-2005	2005-2004
18,13	18,14	18,15	18,16	18,17-30+	19,1-19+	19,20-22+
2004-2003	2003-2002	2002-2001	2001-2000	2000-1999	1999-1998	1998-1997
19,23-32+	19,33-37+	20,1-27+	21,1-9	21,10-15+	21,16-24+	22,1-13
1997-1996	1996-1995	1995-1994	1994-1993	1993-1992	1992-1991	1991-1990
22,14-16+	22,17-25+	22,26-33+	23,1-3+	23,4-8+	23,9-14	23,15-22
1990-1989	1989-1988	1988-1987	1987-1986	1986-1985	1985-1984	1984-1983
23,23-25	23,26-32+	23,33-44+	24,1-4+	24,5-9	24,10-12+	24,13-23+
1983-1982	1982-1981	1981-1980	1980-1979	1979-1978	1978-1977	1977-1976
25,1-7	25,8-24	25,25-34	25,35-38	25,39-46	25,47-26,2	26,3-13+
1976-1975	1975-1974	1974-1973	1973-1972	1972-1971	1971-1970	1970-1969
26,14-17	26,18-26	26,27-46+	27,1-8	27,9-25	27,26-34	Nu1,1-19+

Die hebräischen Zeitabschnitte im Buch Numeri

So	Mo	Di	Mi	Do	Fr	Sa
1969-1968	1968-1967	1967-1966	1966-1965	1965-1964	1964-1963	1963-1962
1,20-21+	1,22-23+	1,24-25+	1,26-27+	1,28-29+	1,30-31+	1,32-33+
1962-1961	1961-1960	1960-1959	1959-1958	1958-1957	1957-1956	1956-1955
1,34-35+	1,36-37+	1,38-39+	1,40-41+	1,42-43+	1,44-47+	1,48-54+
1955-1954	1954-1953	1953-1952	1952-1951	1951-1950	1950-1949	1949-1948
2,1-6	2,7-9	2,10-16	2,17	2,18-24	2,25-31+	2,32-3,4+
1948-1947	1947-1946	1946-1945	1945-1944	1944-1943	1943-1942	1942-1941
3,5-10+	3,11-13	3,14-39	3,40-43+	3,44-51+	4,1-16	4,17-20+
1941-1940	1940-1939	1939-1938	1938-1937	1937-1936	1936-1935	1935-1934
4,21-28+	4,29-37	4,38-49+	5,1-4+	5,5-10+	5,11-31+	6,1-21+
1934-1933	1933-1932	1932-1931	1931-1930	1930-1929	1929-1928	1928-1927
6,22-23	6,24	6,25	6,26	6,27+	7,1-11	7,12-17+
1927-1926	1926-1925	1925-1924	1924-1923	1923-1922	1922-1921	1921-1920
7,18-23+	7,24-29+	7,30-35+	7,36-41+	7,42-47+	7,48-53+	7,54-59+
1920-1919	1919-1918	1918-1917	1917-1916	1916-1915	1915-1914	1914-1913
7,60-65+	7,66-71+	7,72-77+	7,78-83+	7,74-89+	8,1-4+	8,5-22
1913-1912	1912-1911	1911-1910	1910-1909	1909-1908	1908-1907	1907-1906
8,23-26+	9,1-8+	9,9-14+	9,15-23+	10,1-10+	10,11-17	10,18-21
1906-1905	1905-1904	1904-1903	1903-1902	1902-1901	1901-1900	1900-1899
10,22-24	10,25-28	10,29-34	10,35-36+	11,1-15+	11,16-22+	11,23-35+
1899-1898	1898-1897	1897-1896	1896-1895	1895-1894	1894-1893	1893-1892
12,1-3	12,4-13+	12,14-16+	13,1-14,10+	14,11-25+	14,26-45+	15,1-16+
1892-1891	1891-1890	1890-1889	1889-1888	1888-1887	1887-1886	1886-1885
15,17-21	15,22-26	15,27-31+	15,32-34	15,35-36+	15,37-41+	16,1-19+
1885-1884	1884-1883	1883-1882	1882-1881	1881-1880	1880-1879	1879-1878
16,20-22+	16,23-35+	17,1-8+	17,9-15+	17,16-24	17,25-26	17,27-28
1878-1877	1877-1876	1876-1875	1875-1874	1874-1873	1873-1872	1872-1871
18,1-7	18,8-20	18,21-24+	18,25-32+	19,1-22+	20,1-6+	20,7-11
1871-1870	1870-1869	1869-1868	1868-1867	1867-1866	1866-1865	1865-1864
20,12-13	20,14-21+	20,22-29	21,1-3+	21,4-16	21,17-20+	21,21-22,1
1864-1863	1863-1862	1862-1861	1861-1860	1860-1859	1859-1858	1858-1857
22,2-24,25+	25,1-9+	25,10-15+	25,16-19+	26,1-11	26,12-14	26,15-18
1857-1856	1856-1855	1855-1854	1854-1853	1853-1852	1852-1851	1851-1850
26,19-22	26,23-25	26,26-27	26,28-34	26,35-37	26,38-41	26,42-43
1850-1849	1849-1848	1848-1847	1847-1846	1846-1845	1845-1844	1844-1843
26,44-47	26,48-51+	26,52-56	26,57-65	27,1-5	27,6-11	27,12-14+
1843-1842	1842-1841	1841-1840	1840-1839	1839-1838	1838-1837	1837-1836
27,15-23+	28,1-8+	28,9-10	28,11-15	28,16-25	28,26-31+	29,1-6
1836-1835	1835-1834	1834-1833	1833-1832	1832-1831	1831-1830	1830-1829
29,7-11+	29,12-16	29,17-19	29,20-22	29,23-25	29,26-28	29,29-31+

1829-1828 29,32-34+	1828-1827 29,35-30,1	1827-1826 30,2-17+	1826-1825 31,1-12	1825-1824 31,13-20	1824-1823 31,21-24+	1823-1822 31,25-54+
1822-1821 32,1-4	1821-1820 32,5-15	1820-1819 32,16-19+	1819-1818 32,20-42+	1818-1817 33,1-39	1817-1816 33,40-49	1816-1815 33,50-56+
1815-1814 34,1-15+	1814-1813 34,16-29+	1813-1812 35,1-8+	1812-1811 35,9-34+	1811-1810 36,1-13	1810-1809 Dt 1,1-2,1	1809-1808 2,2-8a

Die hebräischen Zeitabschnitte im Buch Deuteronomium

So	Mo	Di	Mi	Do	Fr	Sa
1808-1807 2,8b-16	1807-1806 2,17-30	1806-1805 2,31-3,22	1805-1804 3,23-29+	1804-1803 4,1-24+	1803-1802 4,25-40+	1802-1801 4,41-49+
1801-1800 5,1-5	1800-1799 5,6-11*	1799-1798 5,12-15	1798-1797 5,16	1797-1796 5,17	1796-1795 5,18	1795-1794 5,19
1794-1793 5,20	1793-1792 5,21a	1792-1791 5,21b	1791-1790 5,22-6,3+	1790-1789 6,4-9	1789-1788 6,10-15	1788-1787 6,16-19
1787-1786 6,20-25	1786-1785 7,1-6	1785-1784 7,7-11	1784-1783 7,12-16	1783-1782 7,17-26+	1782-1781 8,1-18+	1781-1780 8,19-2+
1780-1779 9,1-29+	1779-1778 10,1-11+	1778-1777 10,12-11,9	1777-1776 11,10-12	1776-1775 11,13-21	1775-1774 11,22-28	1774-1773 11,29-12,19
1773-1772 12,20-28	1772-1771 12,29-13,1+	1771-1770 13,2-12	1770-1769 13,13-19	1769-1768 14,1-2	1768-1767 14,3-8	1767-1766 14,9-10
1766-1765 14,11-21+	1765-1764 14,22-27	1764-1763 14,28-29	1763-1762 15,1-6	1762-1821 15,7-11	1761-1760 15,12-18+	1760-1759 15,19-23+
1759-1758 16,1-8	1758-1757 16,9-12+	1757-1756 16,13-17	1756-1755 16,18-20	1755-1754 16,21	1754-1753 16,22	1753-1752 17,1
1752-1751 17,2-7+	1751-1750 17,8-13	1750-1749 17,14-20	1749-1748 18,1-2	1748-1747 18,3-5	1747-1746 18,6-8	1746-1745 18,9-13
1745-1744 18,14-22	1744-1743 19,1-7	1743-1742 19,8-10	1742-1741 19,11-13	1741-1740 19,14	1740-1739 19,15-21	1739-1738 20,1-9
1738-1737 20,10-18	1737-1736 20,19-20+	1736-1735 21,1-9	1735-1734 21,10-14	1734-1733 21,15-17	1733-1732 21,18-21	1732-1731 21,22-23
1731-1730 22,1-3	1730-1729 22,4	1729-1728 22,5+	1728-1727 22,6-7	1727-1726 22,8	1726-1725 22,9	1725-1724 22,10
1724-1723 22,11	1723-1722 22,12	1782-1721 22,13-19	1721-1720 22,20-21	1720-1719 22,22	1719-1718 22,23-24	1718-1717 22,25-27
1717-1716 22,28-29	1716-1715 23,1	1715-1714 23,2	1714-1713 23,3	1713-1712 23,4-7	1712-1711 23,8a	1711-1710 23,8b-9
1710-1709 23,10-15	1709-1708 23,16-17	1708-1707 23,18-21	1707-1706 23,22-24	1706-1705 23,25	1705-1704 23,26	1704-1703 24,1-4
1703-1702 24,5	1702-1701 24,6	1701-1700 24,7-8	1700-1699 24,9	1699-1698 24,10-13	1698-1697 24,14-15	1697-1696 24,16
1696-1695 24,17-18	1695-1694 24,19-20	1694-1693 24,21-22	1693-1692 25,1-3	1692-1691 25,4	1691-1690 25,5-10	1690-1689 25,11-12
1689-1688 25,13	1688-1687 25,14-16+	1687-1686 25,17-19+	1686-1685 26,1-11	1685-1684 26,12-15	1684-1683 26,16-19	1683-1682 27,1-8
1682-1681 27,9-10	1681-1680 27,11-14	1680-1679 27,15	1679-1678 27,16	1678-1677 27,17	1677-1676 27,18	1676-1675 27,19
1675-1674 27,20	1674-1673 27,21	1673-1672 27,22	1672-1671 27,23	1671-1670 27,24	1670-1669 27,25	1669-1668 27,26+
1668-1667 28,1-14	1667-1666 28,15-68	1666-1665 28,69+	1665-1664 29,1-8+	1664-1663 29,9-28	1663-1662 30,1-10+	1662-1661 30,11-14
1661-1660 30,15-20+	1660-1659 31,1-6+	1659-1658 31,7-13+	1658-1657 31,14-15	1657-1656 31,16-30+	1656-1655 32,1-43+	1655-1654 32,44-47+
1654-1653 32,48-52+	1653-1652 33,1-6	1652-1651 33,7	1651-1650 33,8-11	1650-1649 33,12	1649-1648 33,13-17	1648-1647 33,18-19

Das Alte Reich bis zum Exodus

Die unfertige Sechemchet-Pyramide kennt ein Graffito auf Stein mit dem Namen Imhotep sowie den bereits bekannten Titel des *Sedjauti-biti*. Dieser Sechemchet wird mit Djosertedi, den Tyreis^V des Manetho identifiziert, weil sein Felsrelief^Y der Djoser-Darstellung stark ähnelt und seine Pyramide in der Nähe der Djoser-Pyramide steht und architektonisch beide vergleichbar sind. Weitere Stufenpyramiden der 3. Dynastie, z. B. die Meidum-Pyramide und die Chaba-Pyramide konnten noch nicht eindeutig einem Herrscher zugeordnet werden, und tatsächlich besteht eine gewisse Unsicherheit, wer nach Djoser und Tedi bis zu Huni regierte, dessen Grabstätte ebenfalls unbekannt ist. Von Manetho (V) sind gräzierte Herrschernamen überliefert, die nicht so genau zugeordnet werden können. Die Zeitangaben wirken von Tyreis bis Tosertasis nicht überzogen, weshalb für diese Daten MT^P *sprechende Auskünfte* gesucht werden. Ein König über mir *1750* und heiraten *1731* sind Hinweise auf Antritte, *1783* ein Machtkampf und eine „Weihe" passt von der Art und Rhythmus her zum Phönix *1766* und einem Antritt.

3. Dynastie	von	bis	Jahre
Tosorthros	1809	1790	29^V 19^T
Tyreis/Tyris	1790	1783	7^V 6^{11T}
Mesochris	1783	1766	17^V
Soyphis	1766	1750	16^V
Tosertasis	1750	1731	19^V
Aches	1731	1708	24^T
Summe			**102**

Tyreis^V	1790	Türpforsten und Tore
Mesochris^V	1783	zu volkreich um zu vertreiben
Soyphis^V	1766	die „Weihe" (unbekannter Vogel)
Tosertasis^V	1750	Einen König über mir
Aches^V	1731	Zur Frau nehmen oder wegschicken

Für diese und weitere Könige der 3. Dynastie des Maneto stehen Sanacht, Nebka, Chaba, Neferkare, Nebkare, Qahetjet, Mykerinos^V und Bicheris^V (s. u. 4. Dynastie) zur Auswahl.[29]

3. Dynastie	von	bis	Jahre
Djoser	1809	1790	19^T
Tedi	1790	1783	7^V
?	1783	1766	17^V
?	1766	1750	16^V
?	1750	1731	19^V
Huni	1731	1708	24^T
Summe			**102**

---

[29] Siehe hierzu: Liste der Pharaonen Wikipedia und den Einzelnachweisen

Mesochris^V, der von *Christoffer Theis* 2014 mit Mykerinos^V gleichgesetzt wurde, ließ für seine Prinzessinnen kleine Stufenpyramiden errichten.[30] Aches^V, dem Huniachi oder Huni hatte eine Stufenpyramide und auch Snofrus? (8/3^V) Meidum-Pyramide war ursprünglich ein Stufenbau. Ein Kerpheres^V (9/3^V) soll nach Manetho der 3. Dynastie angehören und 26^V / 19^T Jahre regiert haben. Die Jahresangaben des Manetho^V sind teils überhöht, wirken aber zwischen Tyreis (7^V 6/11^T) und Tosertasis stabil.

Auch Aches^V *1731* ist *mit dem Verlust und der Pflicht es wiederzubringen* als ein Eintrag auf einen Herrscherwechsel zu interpretieren. Wie lange regierte Huni? Die Antwort aus T mit 24 Jahren kann von der MT^P *1708* in *Dtr 23,18-21* gestützt werden. Er führte Feldzüge gegen Libyen und Nubien und unternahm eine große Handelsexpedition in den Libanon [wiki/Snofru]. Wegen seiner monumentalen Bauten halten viele Ägyptologen seine Regierungszeit 24^T/29^V für zu kurz und sehen zeitgenössische „24. Mal der Zählung" als zu wenig. In der MT^P führt 24^T zu der Aussage: *hoch über alle Nationen* in *Dtr 26,16-19 1684*. Snofru erfüllt diese Aussage mit seinen drei Pyramidenbauten mit Leben, u. a. der größten Pyramide der Welt.

Soris	1708	Gott bringt *ihn*^{Vg} aus Ägypten hinaus
Souphis I.	1684	Hoch über alle Nationen ... setzen
Souphis II.	1662	nicht zu hoch in den Himmeln ...
Mencheres		= Mesochris 4/3 (Mykerinos) =
Ratoises	1643	Der *Aufwärter* ist tot, steh auf
Sebercheres	1635	12 Männer, 12 Steine (12. König)
Thamphtis	1630	Heute Schmach Ägyptens abgewälzt

Cheops (Souphis I.) soll 23^T 63^V 50^{Herodot} Jahre regiert haben und zeitgenössisch ist ein „17. Mal der Zählung" bekannt. In der MT^P führen 23^T zu der Aussage *nicht zu hoch in den Himmeln oder auf der anderen Seite des Meeres* und ist im letzten Viertel der Adresse für *1662-1661* in *Dtr 30,11-14*.

4. Dynastie	von	bis	Jahre
Soris	1708	1684	24^T
Chnoubos	1684	1662/61	23$^{T/MTP}$
Saophis	1662	1643	2[1]$^{T/MTP}$
Ratoises	1643	1635	8^T
Sebercheres	1635	1630	5^{MTP} 4+^{T}
Thamphtis	1630	1628	2^T
Summe			**82**

---

[30] Christoffer Theis: *Welt des Orient 44*; 2014, Seite 121 [wiki/Mesochris]

Chephren (Souphis II.) soll 20+x^T 66^V 56^{Herodot} Jahre regiert haben und zeitgenössisch ist ein „13. Mal der Zählung" bekannt. In der MT^P stehen somit 20-29^T zur Disposition. Die Adresse ist so eingetragen, dass mit dem Wechsel von Moses auf Josua als Führer obiger Wechsel im 21. Jahr Chephrens *1643* in *Jos 1,1-9* hinterlegt ist. Nach Herodot, *Historien 2,127* seien viele Bewohner Ägyptens zur Arbeit an seiner Pyramide gezwungen worden und schon sein Vater soll diesen Prozess in Gang gesetzt haben [Wiki/Chephren - Griechische Überlieferung].

Ratoises^V, d. h. Radjedef soll 8^T 25^V Jahre lang regiert haben und zeitgenössisch ist ein „1. Mal der Zählung" sicher bekannt. Sein Nachfolger Sebecheres^V tritt im Jahr *1635* als 12. Regent über Jakob an, *zwölf Männer und zwölf Steine* in MT^P *Jos 4,1b-3.*

Bicheris^V gehört als Nachfolger Mykerinos^V durch die Gleichsetzung mit Mesochris^V in die 3. Dynastie an die Stelle des Soyphis^V. Sowohl Mykerinos x+8^T 63^V „11. Mal der Zählung" als auch Bicheris 22, über den Manetho nichts zu Berichten weis, dürften sich im historisch-zeitlichem Gefüge von Mesochris 17^V und Soyphis 16^V begegnen. Die umstrittene Hieroglyphe für Baka kann auch mit Seth-Tier als *Sethka*[31] gelesen werden, dem gräzisierten Soyphis.

Sebecheres^V, d. h. Schepseskaf soll 4/x^T 7^V Jahre lang regiert haben und ist mit einem „Jahr nach dem 1. Mal der Zählung" zeitgenössisch bekannt. Sein 1. Regierungsjahr ist auf dem Palermostein erhalten. Im 5. Jahr *war kein Geist mehr in ihnen (den Königen)*, so die MT^P Auskunft in *Jos 5,1*. Sein Nachfolger Thamphthis^V soll nur 2^T 9^V Jahre regiert haben, wobei in T der Name verloren und 2^T bescheinigt wurden. Nach der MT^P waren schon im Jahr darauf einschneidende Veränderungen. *Mache dir Feuersteine und beschneide die Söhne Israels zum zweiten Mal.* Diese *besondere Zeit* war *1637* in *Jos 5,2-8* und musste bewältigt werden, *bis sie wiederauflebten.* Für Thamphthis^V sind 2 Jahre zustande gekommen, aber es war das Ende der 4. Dynastie, die sich vielleicht durch Zwangsarbeit an den Pyramiden allseits unbeliebt gemacht hatte.

Auch der neue Herrscher, Usercheres^V, d. i. Userkaf bot dem Volk Israel nur die *Beschneidung* der Freiheit an, auch wenn mit seinem

---

[31] Aidan Dodson: *On the date oft he unfinished pyramid of Zawyet el-Aryan*; Seite 22. [wiki/Bicheris]

Wechsel Personen nichtköniglicher Abstammung in höchste Staats-
ämter gelangen konnten. „Den wichtigsten Aspekt von Userkafs Regierungszeit stellt seine Bautätigkeit dar, zu deren zentralen Projek-
ten eine Pyramidenanlage in Sakkara und ein Sonnenheiligtum in
Abu Gurob bei Abusir gehörten" – wiki/Userkaf. Er soll 7^T 28^V Jahre
regiert haben und mit „3. Mal der Zählung" zeitgenössisch bekannt,
ein Mann mit gezücktem Schwert 1628 Jos 5,13-15 Heeresfürst 7^{MTP}

Usercheres	1628	Ein Mann mit gezücktem Schwert
Sephres	1621	Einen Altar aus ganzen Steinen
Nephercheres	1609	Truppensammlungen Sieg
Sisires	1600	Ruhe vor dem Krieg
Cheres	1593	Konnte sie nicht vertreiben
Rathures	1592	Nahmen das Land in Besitz / Zwangsarbeit unterworfen
Mencheres	1581	Besitz Josuas
Tancheres	1574	Städte
Onnos	1553	Zwangsarbeit auferlegt
Ende 5. Dyn.	1523	1525 Traum vom Untergang; 1524 Plan; 1523 Sukkoth

Sephres^V, d. i. Sahure$^{E/A/S}$ soll 12^T 13^V regiert haben. „Ein Jahr nach
dem 6. (oder 7.?) Mal der Zählung" ist zeitgenössisch belegt
[wiki/Sahure]. MT^P *Einen Altar aus ganzen Steinen* aus *Jos 8,30-35*
verspricht erneut eine rege Bau-
tätigkeit ab 1621. Er baute eine
Pyramide, einen Sonnentempel
und einen Palast, wobei letztere
noch nicht gefunden wurden. Der
Palermostein verzeichnet für sein
letztes Jahr Handelsgüter aus
dem Land Punt und es sind verschiedene andere Expeditionen
belegt. Über sein letztes Jahr^T ist
in MT^P *1609 Jos 10,38-43* in einem Krieg Josuas *das ganze Land
Gosen* verzeichnet! Ein Graffito
aus Gebel-Tjauti nennt den Sirius-
Aufgang am 20. Schemu, 2. Monat und daneben das 11. Jahr eines unbekannten Königs, der
nach dem Phönix des Hesiod *1610*
als Sahure zu erkennen ist.

5. Dynastie	von	bis	Jahre
Userkaf^E	1628	1621	7^T
Sahure^E	1621	1609	12^T
Nephercheres	1609	1600	9^{MTP}
Sisires	1600	1593	$7^{V/(T)}$
Sebercheres	1593	1592	$1^{(T)}$
Ratures	1592	1581	11^T
Mencheres	1581	1574	7^T
Tancheres	1574	1546	28^T
Unas^E	1546	1516	30^T
Summe			**113**

Ein Graffito aus Gebel-Tjauti nennt
den Sirius-Aufgang am 20. Schemu
2. Monat und daneben das 11. Jahr
eines unbekannten Königs.

Sein Nachfolger und Bruder Neferirkare[S] (Nephercheres[V]) soll 20[V] Jahre lang regiert haben und ist mit dem „5. Mal der Zählung" zeitgenössisch bekannt. T fällt leider vollständig aus und Manethos 20 Jahre sind u. U. überhöht. Sein Antritt in MT[P] ist mit *Truppensammlungen von Merom 1609* in *Jos 11,1-5* oder, falls Sahure noch ein 13.[V] Jahr zufällt, mit Josuas Sieg über fünf Könige hinterlegt *1610 Jos 11,6-9*. Die Auswahl der in Frage kommenden Jahre kann für eine Recherche in den Abschnitten MT[P] genutzt werden. Ab Josua 13 handelt der Text über die Verteilung der eroberten Teile Kanaans. Die 20[V] Jahre führen zum Los für Manasse *Jos 17,1-13* und Joseph *Jos 17,14-18* und erscheinen wie die meisten Adressen unauffällig. Nur die Adresse (*Jos 14,6-15*) für den achtbaren Kaleb, der mit Josua ein furchtloser Kundschafter war, erscheint wahrscheinlich. Infolge brachte es *Ruhe vom Krieg* mit sich. Für Neferirkare gibt es 9[MTP] Jahre, was der Regierungslänge im *Lexikon der Pharaonen* von Thomas Schneider nahekommt, der für ihn 10 Jahre annimmt [siehe auch wiki/Neferirkare].

Sisirius[V], d. i. Schepseskare[S] ist schwach belegt mit geringer Bauaktivität an seiner Pyramide. Ihm werden 7[V/T?] Jahre zugeschrieben.

Cheres[V], d. i. Raneferef soll 1|7[T] 20[V] Jahre lang regiert haben und ist mit dem „1. Mal der Zählung" zeitgenössisch bekannt (1 Jahr).

Ratures[V], d. i. Niuserre soll 11[T] 44[V] Jahre lang regiert haben und ist mit dem „7. Mal der Zählung" zeitgenössisch bekannt und ein „Jahr nach der Zählung" spricht für die 11 Jahre[T]. Er hatte umfangreiche Bauprojekte und gute Handelsbeziehungen.

Mencheres[V], d. i. Menkauhor soll 7[T] 8[V] Jahre regiert haben.

Tancheres[V], d. i. Djedkare hat 28[T] 44[V] Jahre lang regiert und ist mit „21. (oder 22.) Mal der Zählung" zeitgenössisch bekannt (28 Jahre).

Onnos[V], der Unas soll 30[T] 33[V] Jahre lang regiert haben und ist sicher mit einem „8. Mal der Zählung" zeitgenössisch. Dem Traum vom Untergang Midians *Ri 7,9-14* folgt *1516* die 6. Dyn.

Während seiner Herrschaft in seinem 9. Jahr 1538 benennt der Papyrus Ebers einen Djeser-ka-Re und die Feier des 9. Jahres *am dritten Monat des Sommers, am neunten Tag.*

Othoes	1516	Königsherrschaft
Phiops	1504/1497	vertrieben und wurde zurückgeholt
Menthusuphis	1477	Ein Götterhaus

Phiops	1472	Truppensammlung / Gigant (Ende)
Menthusuphis	1403	Übernahme des Königtums
Nitokris	1402	(Name der erstgeborenen Tochter Sauls)

Othoes^V, d. i. Tedi II. soll 30^V Jahre lang regiert haben und ist mit dem „Jahr nach dem 6. Mal der Zählung" zeitgenössisch bekannt. T ist nicht erhalten, was eine MT^P-Recherche nötig macht. In *Ri 9,22-25* wird die Königsherrschaft Abimelechs von 3 Jahren angeführt und sein Ende wird in *Ri 9,50-57* geschildert. MT^P Othoes 13 Jahre.

Phiops^V, d. i. Pepi I. soll 20^T 53^V Jahre lang regiert haben und ist mit dem „25. Mal der Zählung" zeitgenössisch bekannt. Die höhere Zählung könnte nach Hans Goedicke auf eine nachträgliche Usurpation der Jahre Userkare zurückgehen [wiki/Pepi_1] den Manetho nicht nennt und der 8^{MTP} Jahre regiert hatte. Phiops^V eigentlicher Antritt gegen den Usupator ist in der Adresse *Ri 11,4-11*. Jephta war aus seinem Vaterhaus *vertrieben und wurde zurückgeholt*. Er regierte 20^T Jahre (20^{MTP} Hauseinsturz).

Menthusuphis^V, d. i. Nemtiemsaf I. soll 7^V x/4^T Jahre lang regiert haben und ist mit dem „5. Mal der Zählung" zeitgenössisch bekannt. *Er hatte ein Götterhaus Ri 17,1-6 und regierte* 5^{MTP} *bis es keinen König* gab *Ri 19,1-30*, offensichtlich 5/4^T. Die Vorgeschichte in Ri 19,1-10 kennt vergleichbar einen 5. Tag.

Phiops, d. i. Pepi II. sticht durch seine enorm lange Zeit 94^V 90+^{T} hervor und soll nach Manetho schon mit 6 Jahren auf dem Thron gekommen sein. Er ist mit „31. Mal der Zählung" und 2 Sedfesten zeitgenössisch bekannt. Einige gehen von 34 - 66 Jahren aus, und Hans Goedicke erwägt eine Verschreibung auf 60^T [wiki/Pepi II.]. Hier ist eine MT^P Recherche sinnvoll, denn einige halten die 94^V 90+^{T} für plausibel. Das 94. Jahr seit Antritt (1472) *1Sam 17,45-54 1379* ist mit *dem Kopf des Giganten* Goliaths hinterlegt, was eine ziemlich klare Auskunft ist. Allerdings sind 1379 auch 430 Sonnenjahre seit dem 2. Jahr des Djoser vergangen, dem Aufenthalt Israels in Ägypten.

Eine Sothis-Beobachtung im Sommer, 28. Schemu III ist ohne Regierungsjahr überliefert. Nach Hesiod fällt es in das Jahr 1442.
Abstände der Monddaten von Tuthmosis III. werden von Ägyptologen hinzugezogen, um damit das Mittlere Reich zu datieren.

Deshalb ist eine personelle Beanspruchung nicht zwingend. Für Phi-ops^V (Pepi II.) und seine Nachfolger existieren in MT^P *sprechende Inhalte* deren Abläufe mit der Einschätzung von Ägyptologen korrespondieren. Darin wird (im 68. Jahr) *die Vater-Sohn Geschichte* erzählt und (im 69. Jahr) der Sohn vom Volk entlastet (*1404 1Sam 14,41-45*). Es folgt (70. Jahr) die *Übernahme des Königtums* (*1403 1Sam 46-48*), die an Menthusuphis^V, Nemtiemsaf II. nur 1^V/1^T Jahr Regentschaft bedeutet. Im 71. Jahr *1407* taucht der Name der erstgeborenen *Tochter des Königs* auf, der für Nitokris^V, Neith-ikerti^T Antritt steht, die 3|6|12^V Jahre regiert haben soll. Herodot schreibt:

Nach diesem zählten die Priester aus einer aufgeschriebenen Liste die Namen von dreihundert und dreißig anderen Königen her. Unter ihnen waren achtzehn Aithiopen, eine aber war eine Frau, eine einheimische ... Und die Frau, die Königin gewesen war, hatte den gleichen Namen wie die Babylonierin Nitokris. Die hat Rache genommen für ihren Bruder, erzählten sie, den Ägypter umgebracht hatten, als er König war über sie, und nach dem sie ihn umgebracht, gaben sie ihr die Königsherrschaft – für den nahm sie also Rache und brachte viele Ägypter durch eine List um. Sie baute nämlich einen weiten unterirdischen Saal und gab vor, ihn einzuweihen, hatte aber ganz anderes im Sinn. Sie lud Ägypter ein, die sie vor allem an dem Mord schuldig wußte, und bewirtete sie, eine große Menge, und als sie beim Mahl waren, leitete sie den Fluss hinein durch einen großen versteckten Tunnel. Walter Mark: *Herodot, Historien II, 100*

Nitokris^V ist in drei Varianten Überliefert: Eusebius 3^V, Erathostenes 6^V und Africanus 12^V Jahre. MT^P *1399 1Sam 15,2-3* ordnet die *Vernichtung* Amaleks an und in MT^P *1396 wogt das Getümmel hin und her,* wie bei einem gefluteten Saal. In MT^P *1391* wird Agag vorgeführt, der dachte *die bittere Erfahrung des Todes* sei gewichen wie bei den Gästen Nitokris. *Danach wird König Agag in Stücke gehauen.*

6. Dynastie	von	bis	Jahre
Tedi^E II.	1516	1504	13^{MTP}
Userkare^E	1504	1497	8^{MTP}
Pepi^E I.	1497	1477	20^T
Nemtiemsaef^E I.	1477	1472	5^{MTP}
Pepi^E II.	1472	1403	69^{MTP}
Nemtiemsaef^E II.	1403	1402	1$^{V/T}$
Saptah^E	1402	1390	12^V
Summe			**128**

Diese Auskünfte geben tiefe Einblicke, von der Absichtserklärung, den Andeutungen über die Ausführung bis hin zum täuschenden Ambiente dieser Einladung. Ob dieses Wissen nachträglich bekannt wurde oder aber Teile von Israel bei Bau involviert waren, lässt sich nicht sicher sagen. Dass Moses einen erschlagenen Ägypter im Sand verborgen hatte, könnte auf dieses Ereignis rekrutieren. Das Ende der 6. Dynastie dürfen wir nicht unterschätzten! Nitokris setzte mit der Rache gegen die Mörder ihres Bruders einen Todesstreifen quer durch die Fürstenhäuser Ägyptens! Sie brachte damit das sogenannte „Alte Reich" mit einem Mal

> Ein Graffito aus Gebel-Tjauti nennt den Aufgang am 20. Schemu, 2. Monat und daneben das 11. Jahr eines unbekannten Königs. Im Jahr 1462 nach Hesiod hatte Pepi II sein 11. Jahr.

zum Einsturz. Manetos Beschreibung einer 7. Dynastie, in der 70 Könige 70 Tage herrschten, ist surreal und erscheint eher wie eine Trauerbewältigung. Die Könige der 8. Dynastie der Königsliste von Abydos (A) sind praktisch unbekannt und ohne Bezug zu Manetos Namen. Nun sind auch noch die parallelen Dynastien mit einer Sothis-Beobachtung und dem Exodus aufzuklären.

Während das Graffito aus Gebel-Tjauti mit dem Aufgang am 20. Schemu, 2. Monat und einem das 11. Jahr genau auf Phiops/Pepi II. im Jahr 1462 passt, könnte eine Sothis-Beobachtung im Sommer, 28. Schemu III ohne Regierungsjahr auf verschiedene parallel regierende Könige passen. Pepi II./Phiops hatte gerade sein 31. Jahr.

> Eine Sothis-Beobachtung im Sommer, 28. Schemu III ist ohne Regierungsjahr überliefert. Nach Hesiod fällt es in das Jahr 1442.
> Abstände der Monddaten von Tuthmosis III. werden von Ägyptologen hinzugezogen, um damit das Mittlere Reich zu datieren.

Nachdem Artefakte mit zeitgenössischen Sothisbeobachtungen aus der Datierung verdrängt wurden, verblieb den Ägyptologen diese letzte Beobachtung ohne ein Jahr. Dabei haben wir für den Stern der Memphiten einen festen Beobachtungsort ab Djer bis Consorinus mit einem vollen Sothis-Zyklus, der mit 1460 Jahren historisch 119 u. Z. aufschlägt. Die Ergebnisse konnten betrachtet und durch Einträge in den MT^P bestätigt werden. Deshalb setzen wir mit unserer Methode die Ermittlung des Mittleren Reiches unten fort.

Die Abschnitte von Josua bis 1Samuel als Jahreszähler

Die hebräischen Zeitabschnitte in Josua, Richter

So	Mo	Di	Mi	Do	Fr	Sa
1647-1646 33,20-21	1646-1645 33,22-23	1645-1644 33,24-29	1644-1643 34,1-12	1643-1642 Jos 1,1-9+	1642-1641 1,10-11	1641-1640 1,12-18+
1640-1639 2,1-24	1639-1638 3,1-4	1638-1637 3,5-6	1637-1636 3,7-8+	1636-1635 3,9-4,1a	1635-1634 4,1b-3	1634-1633 4,4-13
1633-1632 4,14+	1632-1631 4,15-24	1631-1630 5,1	1630-1629 5,2-8+	1629-1628 5,9-12	1628-1627 5,13-6,1	1627-1626 6,2-11+
1626-1625 6,12-25+	1625-1624 6,26-7,9	1624-1623 7,10-26+	1623-1622 8,1-17+	1622-1621 8,18-29+	1621-1620 8,30-35+	1620-1619 9,1-2+
1619-1618 9,3-27+	1618-1617 10,1-7+	1617-1616 10,8-11	1616-1615 10,12-14+	1615-1614 10,15-27+	1614-1613 10,28-30	1613-1612 10,31-32+
1612-1611 10,33-35+	1611-1610 10,36-37	1610-1609 10,38-43+	1609-1608 11,1-5+	1608-1607 11,6-9	1607-1606 11,10-20	1606-1605 11,21-23+
1605-1604 12,1-6	1604-1603 12,7-13,14*	1603-1602 13,15-23+	1602-1601 13,24-32	1601-1600 13,33-14,5+	1600-1599 14,6-15+	1599-1598 15,1-19+
1598-1597 15,20-32	1597-1596 15,33-41	1596-1595 15,42-47	1595-1594 15,48-54	1594-1593 15,55-60	1593-1592 15,61-63+	1592-1591 16,1-10+
1591-1590 17,1-13	1590-1589 17,14-18+	1589-1588 18,1-10+	1588-1587 18,11-28+	1587-1586 19,1-9+	1586-1585 19,10-16+	1585-1584 19,17-23+
1584-1583 19,24-31+	1583-1582 19,32-39+	1582-1581 19,40-48+	1581-1580 19,49-51+	1580-1579 20,1-9+	1579-1578 21,1-4	1578-1577 21,5
1577-1576 21,6	1576-1575 21,7-8+	1575-1574 21,9-12	1574-1573 21,13-16+	1573-1572 21,17-19	1572-1571 21,20-22	1571-1570 21,23-24
1570-1569 21,25-26	1569-1568 21,27	1568-1567 21,28-29	1567-1566 21,30-31	1566-1565 21,32-33	1565-1564 21,34-37	1564-1563 21,38-42
1563-1562 21,43-45+	1562-1561 22,1-6	1561-1560 22,7-8+	1560-1559 22,9-12+	1559-1558 22,13-20+	1558-1557 22,21-29+	1557-1556 22,30-34+
1556-1555 23,1-16+	1555-1554 24,1-15+	1554-1553 24,16-18	1553-1552 24,19-26	1552-1551 24,27-28+	1551-1550 24,29-33	1550-1549 Ri 1,1-7+
1549-1548 1,8-15+	1548-1547 1,16-21	1547-1546 1,22-26+	1546-1545 1,27-28	1545-1544 1,29+	1544-1543 1,30	1543-1542 1,31-32
1542-1541 1,33	1541-1540 1,34-36+	1540-1539 2,1-10*	1539-1538 2,11-23+	1538-1537 3,1-6+	1537-1536 3,7-11+	1536-1535 3,12-14
1535-1534 3,15-30	1534-1533 3,31	1533-1532 4,1-3	1532-1531 4,4-12	1531-1530 4,13-24+	1530-1529 5,1-31+	1529-1528 6,1-6+
1528-1527 6,7-10+	1527-1526 6,11-19	1526-1525 6,20-22a	1525-1524 6,22b-24+	1524-1523 6,25-32+	1523-1522 6,33-40+	1522-1521 7,1-3
1521-1520 7,4-5a	1520-1519 7,5b-6	1519-1518 7,7-8+	1518-1517 7,9-14+	1517-1516 7,15-18+	1516-1515 7,19-8,9+	1515-1514 8,10-28+
1514-1513 8,29-32+	1513-1512 8,33-35+	1512-1511 9,1-5	1511-1510 9,6-21+	1510-1509 9,22-25+	1509-1508 9,26-33	1508-1507 9,34-36
1507-1506 9,37-38	1506-1505 9,39-45+	1505-1504 9,46-49+	1504-1503 9,50-57+	1503-1502 10,1-2+	1502-1501 10,3-5+	1501-1500 10,6-10+
1500-1499 10,11-16+	1499-1498 10,17-18+	1498-1497 11,1-3+	1497-1496 11,4-11+	1496-1495 11,12-28+	1495-1494 11,29-31+	1494-1493 11,32-33+
1493-1492 11,34-40	1492-1491 12,1-7+	1491-1490 12,8-10+	1490-1489 12,11-12+	1489-1488 12,13-15+	1488-1487 13,1+	1487-1486 13,2-7+
1486-1485 13,8-18	1485-1484 13,19-25+	1484-1483 14,1-4+	1483-1482 14,5-19+	1482-1481 14,20-15,8	1481-1480 15,9-20	1480-1479 16,1-3+

Die hebräischen Zeitabschnitte in Richter, Ruth, 1Samuel

So	Mo	Di	Mi	Do	Fr	Sa
1479-1478 16,4-22+	1478-1477 16,23-31+	1477-1476 17,1-6+	1476-1475 17,7-18,1	1475-1474 18,2-6+	1474-1473 18,7-31+	1473-1472 19,1-30+
1472-1471 20,1-2+	1471-1470 20,3-11+	1470-1469 20,12-16+	1469-1468 20,17-19+	1468-1467 20,20-23+	1467-1466 20,24-29+	1466-1465 20,30-34+
1465-1464 20,35-48+	1464-1463 21,1-4+	1463-1462 21,5-12	1462-1461 21,13-18	1461-1460 21,19-22	1460-1459 21,23-25	1459-1458 Ruth 1,1f+
1458-1457 Ruth 4,18f	1457-1456 1Sa 1,1f+	1456-1455 2,1-10+	1455-1454 2,11-21	1454-1453 2,22-26	1453-1452 2,27-36	1452-1451 3,1
1451-1450 3,2-3+	1450-1449 3,4-10+#	1449-1448 3,11-18+	1448-1447 3,19-21+	1447-1446 4,1-17+	1446-1445 4,18-22+	1445-1444 5,1-5
1444-1443 5,6-8	1443-1442 5,9-6,14	1442-1441 6,15-16	1441-1440 6,17	1440-1439 6,18-7,1+#	1439-1438 7,2	1438-1437 27,3-4+
1437-1436 7,5-17+	1436-1435 8,1-3+	1435-1434 8,4-6+	1434-1433 8,7-9	1433-1432 8,10	1432-1431 8,11-21+	1431-1430 8,22+
1430-1429 9,1-14	1429-1428 9,15-20	1428-1427 9,21	1427-1426 9,22-27+	1426-1425 10,1-9	1425-1424 10,10-16+	1424-1423 10,17-18a+
1423-1422 10,18b-24#	1422-1421 10,25-27+	1421-1420 11,1-10	1420-1419 11,11-13	1419-1418 11,14-15+	1418-1417 12,1-5+	1417-1416 12,6-17
1416-1415 12,18-19	1415-1414 12,20-25+	1414-1413 13,1-12	1413-1412 13,13-14+	1412-1411 13,15-18	1411-1410 13,19-23	1410-1409 14,1-5
1409-1408 14,6-7	1408-1407 14,8-16+#	1407-1406 14,17-24#	1406-1405 14,25-35+	1405-1404 14,36-40#	1404-1403 14,41-45	1403-1402 14,46-48
1402-1401 14,49-51	1401-1400 14,52	1400-1399 15,1	1399-1398 15,2-3	1398-1397 15,4-9+	1397-1396 15,10-15	1396-1395 15,16
1395-1394 15,17-19	1394-1393 15,20-23	1393-1392 15,24-26	1392-1391 15,27-31	1391-1390 15,32	1390-1389 15,33	1389-1388 15,34-35+
1388-1387 16,1-13#	1387-1386 16,14-16+	1386-1385 16,17-23+	1385-1384 17,1-11+	1384-1383 17,12-14	1383-1382 17,15-16+	1382-1381 17,17-33
1381-1380 17,34-36	1380-1379 17,37-44#	1379-1378 17,45-54	1378-1377 17,55-56	1377-1376 17,57-18,5+	1376-1375 18,6-9	1375-1374 18,10-13+
1374-1373 18,14-16+	1373-1372 18,17	1372-1371 18,18-24+	1371-1370 18,25-27	1370-1369 18,28-29	1369-1368 18,30	1368-1367 19,1-3
1367-1366 19,4-7	1366-1365 19,8-10+	1365-1364 19,11-13	1364-1363 19,14+	1363-1362 19,15-24+	1362-1361 20,1-4+	1361-1360 20,5-8+
1360-1359 20,9	1359-1358 20,10	1358-1357 20,11	1357-1356 20,12-17	1356-1355 20,18-23	1355-1354 20,24-26	1354-1353 20,27-29#G
1353-1352 20,30-31	1352-1351 20,32-33	1351-1350 20,34	1350-1349 20,35-42+	1349-1348 21,1-5+	1348-1347 21,6-9	1347-1346 21,10-16
1346-1345 22,1-4	1345-1344 22,5	1344-1343 22,6-8	1343-1342 22,9-11	1342-1341 22,12-13	1341-1340 22,14-17	1340-1339 22,18-23,3#
1339-1338 23,4-5#	1338-1337 23,6-9	1337-1336 23,10-12#	1336-1335 23,13-15	1335-1334 23,16-18	1334-1333 23,19-24,2	1333-1332 24,3-6
1332-1331 24,7-8	1331-1330 24,9	1330-1329 24,10-16+	1329-1328 24,17-23+	1328-1327 25,1	1327-1326 25,2-31	1326-1325 25,32-43
1325-1324 25,44-26,9+	1324-1323 26,10-14+	1323-1322 26,15-24+	1322-1321 26,25+	1321-1320 27,1-4	1320-1319 27,5-6+	1319-1318 27,7-12+
1318-1317 28,1-2+	1317-1316 28,3-14	1316-1315 28,15	1315-1314 28,16-25+	1314-1313 29,1-3+	1313-1312 29,4-7*5	1312-1311 29,8-11
1311-1310 30,1-6	1310-1309 30,7-12	1309-1308 30,13-21	1308-1307 30,22	1307-1306 30,23-24	1306-1305 30,25+	1305-1304 30,26-28
1304-1303 30,29-31+	1303-1302 31,1-7	1302-1301 31,8-13+	1301-1300 2Sa1,1-12	1300-1299 1,13-16	1299-1298 1,17-27+	1298-1297 2,1-4

Das Mittlere Reich und der Exodus

Die 9. Dynastie beginnt mit Achtoes[V], der mit Wahkare Cheti I. in Verbindung gebracht wird, der in Sargtexten *im Sarginnern* auftaucht, die der 12. Dynastie zugeschrieben werden. Hier besteht Erklärungsbedarf! Die 9. bis 10. Dynastie ist nur fragmentarisch überliefert und von den 16 Namen der 11 Dynastie Manethos kommt nur noch Amenemhet I. an, den man gerne der 12. Dynastie zuschlägt.

Gab es wirklich eine dunkle Zeit zwischen dem Alten Reich und dem Mittleren Reich? Oder war Nofrusobek am Ende der 12. Dynastie mit Nitokris am Ende der 6. Dynastie identisch, über die keine zeitgenössischen Zeugnisse vorhanden sind?

In der Königsliste von Sakkara sind die Herrscher der 6. Dynastie mit Tedi II., Pepi I., Merenre, Pepi II vertreten, gefolgt von Nofrusobek! Warum? Die Liste lässt die folgenden Könige der 12. und 11. Dynastie *in umgekehrter Folge* auf Nofrusobek zulaufen. Diese Anordnung ist bisher ungeklärt! Was sagen andere Königslisten?

Das Turiner Königspapyrus hat sie als Nefru-Sobek mit 3 Jahren, 10 Monaten und 24 Tagen in einem Bereich eingetragen (Kol. IV, 21), der mehr zum Ende der 6. Dynastie passt, denn das Ende der 12. Dynastie ist in Kol. VI, 1-2 eingetragen. Dieser Umstand bestärkt die Überlegung, ob Nitokris und Nofrusobek nicht ein und dieselbe Person waren. Die Königsliste von Karnak nennt Sobek-Ka-Re neben Amenemhet IV., was der Königsliste von Sakkara entspricht. Die Königsliste von Abydos nennt sie nicht.

Es erscheint deshalb angebracht, die 12. Dynastie von Nofru-Sobek aus zurückzuverfolgen um zu überprüfen, ob die 12. Dynastie nicht parallel zur 6. Dynastie stattgefunden hat und in Nitokris/Nofrusobek diese Herrschaften zusammenlaufen!

Die Vorgehensweise bei diesem Vergleich ist einfach. Wir legen das letzte Jahr der Nitokris *1390* nach der vorliegenden Datierung zugrunde. Die Regierungslängen der einzelnen Herrscher werden aus der *Liste der Pharaonen* in Wiki gezogen oder im MT[P] ermittelt und die Daten in der vorliegenden Chronologie verarbeitet.

Danach werden Könige der 13. Dynastie mit einem Zusammenhang zu Nitokris oder zum Exodus mit in die Betrachtung gezogen.

In den vergleichenden Beobachtungen fällt zunächst einmal auf, dass die 6. Dynastie mit 128 Jahren denen der 12. Dynastie nahe, wenn nicht gleich ist. Nach Manetho gehörte Amenemhet I. noch der 11. Dynastie an. Der Rückvergleich zeigt, dass die Regierung *Amenemhet I.* der Länge nach der des *Unas* in der 5. Dynastie entspricht.

12. Dynastie	von	bis	Jahre
Amenemhet I	1546	1516	(11. Dynastie) [2]9^T 30
Senwosret I	1526|1516	1485	(Personalunion A. II) 45^T|35 31
Amenemhet II	1516	1485	(ab 32. J S. II Mitregent)
Senwosret II	1485	1466	(48^V zus. mit S. III) 19^T
Senwosret III	1466	1447	(ab 20. J A. III Mitregent) 3x^T 19
Amenemhet III	1447	1403	4x^T (46J 3M) 44
Amenemhet IV	1403	1394	9J 3M 7T^T
Nofrusobek	1394	1390	3J 10M 24T^V
Summe			**126**

Senwosret I. regierte in Personalunion mit seinem Sohn *Amenemhet II.*, der wiederum seinen Sohn *Senwoshet II.* ab seinem 32. Jahr zum Mitregenten erhob. Im Vergleich mit der 6. Dynastie füllen die Regierung *Tedi II.* und *Userkare 13 + 8* (mit 10 Jahre Mitregentschaft, denen zwischenzeitlich widersprochen wird) *31* Jahre auf.

Senwosret II. regierte 19^T Jahre, sein Sohn *Senwosret III.* regierte alleine 19 Jahre und ab seinem 20. Jahr zusammen mit *Amenemhet III.*, der nach 44 Jahren *Amenemhet IV.* zum Mitregenten erhob.

Der Antritt *Amenemhet IV.* folgt im Vergleich dem *Niemtiemsaef II.* Das ermöglicht *Nofrusobek* ein 12. Jahr Mitregentschaft (nach A-menemhet III. Tod), was sich im Vergleich mit *Nitokris* Angaben aus der 6. Dynastie deckt, wonach sie 3^V bzw. 12^V Jahre regierte.

Die 12. Dynastie teilt mit der 6. Dynastie somit nicht nur etwa den zeitlichen Rahmen sondern auch einige personelle Strukturen.

Mit Blick auf die 5. Dynastie wird zuerst die Frage zu stellen sein: Gab es einen weiteren Herrscher während der Herrschaft des Unas?

Um zu überprüfen, ob die 12. Dynastie parallel zur 6. Dynastie statt-fand, sind die MT^P *sprechenden Auskünfte* wichtigstes Instrument.

Die vier relevanten Adressen werden vollständig wiedergegeben, um die Eindrücke ganz in die Hand des Betrachters zu legen.

Die MT^P Auskunft für *1526* in *Ri 6,20-22a* spricht über einen Engel.

20 Der Engel des [wahren] Gottes sagte nun zu ihm: „Nimm das Fleisch und die ungesäuerten Kuchen, und leg sie dort auf den großen Felsen, und gieß die Brühe aus." Hierauf tat er so. **21** Dann streckte Jehovas Engel die Spitze des Stabes, der in seiner Hand war, aus und berührte das Fleisch und die ungesäuerten Kuchen, und Feuer begann aus dem Felsen aufzusteigen und das Fleisch und die ungesäuerten Kuchen zu verzehren. Was Jehovas Engel betrifft, so entschwand er seinen Augen. **22** Daher merkte Gịdeon, daß es Jehovas Engel war. *NWÜ*

Für *Senwoshet II. 1485* Aufstieg lässt die MT^P Auskunft *Ri 13,19-25* einen Engel mit der Flamme des Altars zum Himmel aufsteigen.

19 Und Manọach ging daran, das Ziegenböckchen und das Getreideopfer zu nehmen und es Jehova auf dem Felsen zu opfern. Und auf wunderbare Weise tat ER etwas, während Manọach und seine Frau zuschauten. **20** Und es geschah, als die Flamme vom Altar her zum Himmel aufstieg, daß dann Jehovas Engel in der Flamme des Altars aufstieg, während Manọach und seine Frau zuschauten. Sogleich fielen sie auf ihr Angesicht zur Erde. **21** Und Jehovas Engel erschien Manọach und seiner Frau nicht mehr. Da erkannte Manọach, daß es Jehovas Engel gewesen war. **22** Demzufolge sprach Manọach zu seiner Frau: „Wir werden ganz bestimmt sterben, denn es ist Gott, den wir gesehen haben." **23** Aber seine Frau sagte zu ihm: „Wenn Jehova nur Gefallen daran gehabt hätte, uns zu Tode zu bringen, so hätte er nicht ein Brandopfer und Getreideopfer von unserer Hand angenommen, und er hätte uns nicht alle diese Dinge gezeigt, und er hätte uns nicht wie jetzt dergleichen hören lassen." **24** Später gebar die Frau einen Sohn und gab ihm den Namen Simson; und der Knabe wurde fortwährend größer, und Jehova segnete ihn weiterhin. **25** Im Laufe der Zeit fing der Geist Jehovas an, ihn umherzutreiben in Mạhane-Dạn zwischen Zọra und Ẹschtaol. *NWÜ*

Zum Antritt *Amenemhet III. 1447* erbeuten in MT^P *1Sam 4,1-17* die Philister die Bundeslade und töten Elis Söhne Hophni und Pinehas.

12 Und ein Mann von Bẹnjamin eilte dann aus der Schlachtreihe weg, so daß er an jenem Tag mit zerrissenen Kleidern und Erde auf seinem Kopf in Sịlo eintraf. **13** Als er eintraf, da saß Ẹli auf dem Stuhl an der Seite des Weges und hielt Ausschau, denn sein Herz bangte um die Lade des [wahren] Gottes. Und der Mann seinerseits ging hinein, um [es] in der Stadt zu berichten, und die ganze Stadt begann zu schreien. **14** Und Ẹli hörte schließlich den Schall des Geschreis. Da sprach er: „Was bedeutet der Schall dieses Getümmels?" Und der Mann seinerseits beeilte sich, hineinzugehen und [es]

Eli zu berichten. **15** (Eli nun war achtundneunzig Jahre alt, und seine Augen waren erstarrt, so daß er nicht sehen konnte.) **16** Und der Mann sagte dann zu Eli: „Ich bin der aus der Schlachtreihe Kommende, und ich — aus der Schlachtreihe bin ich heute geflohen." Darauf sprach er: „Was ist das für eine Sache, die sich begeben hat, mein Sohn?" **17** Da antwortete der Botschaftenüberbringer und sagte: „Israel ist vor den Philistern geflohen, und es hat auch eine große Niederlage unter dem Volk gegeben; und auch deine eigenen beiden Söhne sind gestorben — Hophni und Pinehas —, und sogar die Lade des [wahren] Gottes ist erbeutet worden." *NWÜ*

Die Verwerfung *Amenemhet IV. 1394* ist in MT[P] *1Sam 15,20-23* mit der Verwerfung Sauls hinterlegt.

20 Saul dagegen sprach zu Samuel: „Ich habe doch der Stimme Jehovas gehorcht, indem ich an den Auftrag heranging, mit dem Jehova mich aussandte, und ich brachte Agag, den König von Amalek, her, aber Amalek habe ich der Vernichtung geweiht. **21** Und das Volk nahm dann von der Beute Schafe und Rinder, das Auserlesenste davon als etwas der Vernichtung Geweihtes, um es Jehova, deinem Gott, in Gilgal zu opfern." **22** Darauf sagte Samuel: „Hat Jehova ebensoviel Gefallen an Brandopfern und Schlachtopfern wie daran, daß man der Stimme Jehovas gehorcht? Siehe! Gehorchen ist besser als Schlachtopfer, Aufmerken besser als das Fett von Widdern; **23** denn Widerspenstigkeit ist dasselbe wie die Sünde der Wahrsagerei und vermessenes Vorandrängen dasselbe wie [die Benutzung] unheimlicher Macht und [der] Teraphim. Weil du das Wort Jehovas verworfen hast, verwirft er daher dich, daß du nicht König seist." *NWÜ*

Um nur das nötigste auszusprechen: Zwei Abschnitte handeln von *Boten* und *Opfern* für eine *Einführung*, eine von der gewaltsamen *Übernahme* heiliger Geräte, die *Herrschaft* ausdrücken und Letzte spricht offen die *Verwerfung* eines Königs aus.

Die Königsliste von Sakkara hat weitere Herrscher der 11. Dynastie *in umgekehrter Folge* auf Nofrusobek zulaufen, die in einen Vergleich mit der 5. Dynastie gebracht werden.

Amenemhet I. steht bereits in Verdacht, mit dem zeitgleich regierenden Unas identisch zu sein.

Zu Beginn der 12. Dynastie lies König Amenemhet I. Teile von Userkafs Pyramidenanlage abreißen und verwendete die Steine zum Bau seiner eigenen Pyramide in el-Lisch. (wiki/Unas)

Wir wenden uns deshalb jetzt der 11. Dynastie zu und überprüfen parallele Strukturen und eindeutige Überschneidungen und ziehen aus den MT[P] möglichst *sprechende Auskünfte* zur Historie hinzu.

Von *Mentuhotep III.* ist bekannt, dass er 12 Jahre regierte, davon 3 Jahre als Mitregent mit *Mentuhotep II.*

Mentuhotep II. hatte nach dem Turiner Königspapyrus 51^T Jahre lang die Herrschaft. Vom 30.-39. Jahr trägt er sogar die Krone über ganz Ägypten. Hier müssen Schnittstellen in der betroffen 5. Dynastie sein, ein Merkmal zweier parallel verlaufender Dynastien.

11./12. Dynastie	von	bis	Jahre
Mentuhotep II.	1585	1534	51^T 48
[Djedkare 1574-1546]	1556	1545	30.-39. Jahr Ober- und Unterägypten
[Unas 1546-1516]	1545	1534	40.-51. Jahr
Mentuhotep III.	1537	1526	(ab dem 49. J. Mitregent) 12
Amenemhet I	1546	1516	(11. Dynastie) [2]9^T 30
Senwosret I	1526|1516	1485	(Personalunion A. II.) 45^T|35 31
Amenemhet II	1516	1485	(ab 32. J S. II. Mitregent)
Senwosret II	1485	1466	(48^V zus. mit S. III) 19^T
Senwosret III	1466	1447	(ab 20. J A. III. Mitregent) 3x^T 19
Amenemhet III	1447	1403	4x^T (46J 3M) 44
Amenemhet IV	1403	1394	9J 3M 7T^T
Nofrusobek	1394	1390	3J 10M 24T^V

Tatsächlich fällt das Auftreten *Unas/Amenemhet I.* mit dem Abbruch der Reichseinigung unter *Mentuhotep II.* zusammen!

Einige Ägyptologen erwägen eine kürzere Regierungszeit *Unas*, was sich durchaus mit einem kürzeren Auftreten *Amenemhet I.* [1]9^T als Alleinherrscher in Verbindung bringen lässt.

„Selbst bei einer regelmäßigen zweijährlichen Zählung sprächen die erhaltenen Datumsangaben aber eher für eine Regierungsdauer von etwa 20 Jahren oder weniger, nicht aber von 30 Jahren oder mehr. Hierzu passen auch die Untersuchungen des Grabes des Beamten Nikauisesi in Sakara. Dieser begann seine Karriere unter Unas' Vorgänger Djedkare und starb während der Regierungszeit seines Nachfolgers Teti. Eine anthropologische Untersuchung seines Skeletts ergab ein Sterbealter von 40 bis 45 Jahren, was ebenfalls gegen eine dreißigjährige Herrschaft von Unas spricht." (wiki/Unas/Regierungsdauer)

An der Chronologie der 6. Dynastie ändert sich nur, dass dann *Tedi II.* mit der MT^P Auskunft nicht 13 sondern 23 Jahre regierte.

Bei *Tancheres^V, d. i. Djedkare (Maatkare^S)* gibt Manetho eine Regierungszeit von 44^V Jahren an. Es existiert ein „21. Mal der Zählung" (=22/44? Jahre) und ein Sed-Fest des Königs (ideal nach 30 Jahren). Eine 16 Jahre längere Herrschaft käme im Vergleich dem Antritt *Mentuhotep II.* auffällig nahe. Die Forschung tendiert zu 28-29 Jahren^T oder etwas länger. Gestehen wir *Djedkare* über 33 Jahre zu (1590 bis nach 1557), hätte in seinem 34. Jahr *Mentuhotep II.* vom 30.-39. Jahr seiner Herrschaft (1556-1545) seinen Herrschaftsbereich ausgedehnt! Die 44^V Jahre des Manetho kommen zustande, wenn die 10 Jahre, die *Mentuhotep II* in die 5. Dynastie intervenierte, später *Djedkare* zugeschrieben worden sind![32]

Die Differenz mit den 16 Jahren bei Manetho lässt sich durch die Hypothese heben, dass auch Amenemhet I. Anfangs der Mitregent seines Vaters gewesen war. ... Der Zusatz ta toti, welcher im Papyrus Turin gemacht wird, lässt allerdings vermuthen, dass unmittelbar vor ihm Spaltungen im Reich stattgefunden hatten; eine Bestätigung der Parallelentheorie vermögen wir aber nicht darin zu erblicken.[33]

Ich finde, die Parallelentheorie bekommt durch die MT^P Auskünfte, hier drei Antritte und eine Verwerfung in der 11.-12. Dynastie während der 5.-6. Dynastie, neuen Auftrieb! Herrschten Könige von Elephantin und Memphis in der 5.-6. Dynastie parallel zu den Herakleopoliten 9.-10. Dynastie bzw. den Diospoliten 11.-13. Dynastie?

In den Pyramidentexten werden Unas und seine Eltern als Heliopolitaner bezeichnet (wiki/Unas).

Djeserkare, König von Ober- und Unterägypten hatte nach dem Papyrus Ebers 1538 sein 9. Jahr (siehe wiki/Sotis-Zyklus [dort 1546]). *Unas* hatte sein 9. Jahr. Sein Thronname soll aber seinem Eigennamen entsprechen (wiki/Unas). Das Papyrus Abbott, eine spätere Inspektionsliste von Gräbern, weist den Thronnamen *Djeserkare* dem *Amenophis* zu (wiki/Amenophis I. [dort 1534-1537 für Memphis]). Dem Papyrus wird an anderer Stelle die Zuverlässigkeit abgesprochen (vgl. wiki/Senachtenre), kann aber für Unas bestätigt werden.

---

[32] *Mentuhotep IV.* ist in den Listen nicht sicher belegt (Königsliste von Karnak?) und ist hier unberücksichtigt. Möglicherweise war Amenemhet sein Wesier.
[33] Georg Friedrich Unger: *Die Chronologie des Manetho*; 1867, Seite 117

Djeserkare (Amenopis I.) war ein Sohn von *Ahmose*, der mit seinem Vater in der Königsliste von Sakkara hinter Mentuhotep II. erscheint, ein Sprung von der 11. zur 17. Dynastie. In der Königsliste von Abydos folgen *Ahmose* und *Djeserkare* dem *Amenemhet IV.*, d. h. *Nofrusobek* wurde ausgelassen und auch keine von ihr ausgehende, zurückgewandte Folge der 12. bis 11. Dynastie erzeugt. Es kann deshalb gesagt werden, dass die Darstellung der Sakkara-Liste *Nofrusobek* bewusst zwischen der 6. und der 12. Dynastie setzt, um den Ausgang zweier parallel verlaufender Dynastien darzustellen!

Lassen wir die Katze aus dem Sack: Warum konnten bei obiger Ermittlung der 5. Dynastie von Sisirius[V] bis Tancheres[V] auf keine MT[P] Auskünfte zurückgegriffen werden? Weil Israel in Ägypten vom Süden nicht in gleicher Weise betroffen war, wie vom Norden!

Der 12. Dynastie schließt sich die 13. Dynastie an, die auch noch dem Mittleren Reich zuzuordnen ist, in dem der Exodus und der Einfall der Hyksos stattfanden. Wir treffen auf z. T. parallel verlaufende Herrschaftsstrukturen, die miteinander Verwandt waren und die sich um die Vorherrschaft bemühten. Die Rache der *Nitokris* am Ende der 6./12. Dynastie zog einen Todesstreifen durch die Herrschaftshäuser Ägyptens.

Die Königsliste von Karnak (KK), kennt in vier Abteilen verschiedene Könige und hat Spuren dieses Vorfalls in Namen konserviert. Das erste Abteil nennt Könige der 4. – 6. und 11. Dynastie, erhalten von I/2-I/5; I/8-II/7; II/5-II/2. Hinter Pepi II. wurde *Nemtiemsaef* angenommen und *Saptah* übergangen, die die 6. Dynastie schloss. Auffällig folgen Antef, mit der Namensbedeutung *der den Vater mitbringt*, ein *Modename* zum Todesbankett der Nitokris[Herodot]. Ihre Väter kamen bei dem Bankett (nicht) ums Leben oder treten mit ihnen verbunden auf, was für ihre eigene Legitimation wichtig war!

Rekonstruierte Königsliste von Karnak (1-16) – Thutmoses erstes Abteil

I/1	Djoser?	II/1	*Antef III. (?) 11/4*
I/2	Snofu 4	II/2	Antef II. *(Wah-anch?)* 11/3
I/3	Sahure 5	II/3	Antef I. *(Seher-taui?)* 11/2
I/4	Niuserre 5	II/4	Mentuhotep 11/1
I/5	Dejdkare 5	II/5	Antef 11/0
I/6	*Unas? 5*	II/6	*Nemtiemsaef? 6*
I/7	*Pepi I.? 6*	II/7	Pepi *II.* 6
I/8	Djehuti *(Userkare? 6)*	II/8	Merenre 6

Das zweite Abteil der KK nennt hinter dem Tedi II. der 6. Dynastie Könige der 12. Dynastie (III/3-4 rekonstruiert). Nach Amenemhet IV. herrschte Nofrusobek, eine Frau. Ihr Thronname war Sobek-ka-Re, was eine Rekonstruktion von III/6 in der Reihe rechtfertigt. In III/7; IV/5 finden sich *Antef* (s. o.) in Namen nach der 12. Dynastie.

Rekonstruierte Königsliste von Karnak (17-31) – Thutmoses zweites Abteil

III/1	Tedi II. 6	IV/1	Sesostris I. 12
III/2	Amenemhet II. 12	IV/2	Seqenenre 17
III/3	*Sesotris II./III. 12*	IV/3	Senachtenre Ahmose 17
III/4	*Amenemhet III. 12*	IV/4	Bebanch 17
III/5	Amenemhet IV. 12	IV/5	Nub-cheper-Re Antef 17
III/6	Sebek-*ka*-Re 12	IV/6	Mentuhotep II. 11
III/7	Antef Sehertaui 11?	IV/7	Sneferkare
		IV/8	[MentuhotepIV Neb-taui-Re]

Zur Reihenfolge der sieben Antef ist zu sagen, dass Zwischenzeitlich *Nub-cheper-Re-Antef* als letzter angesehen wird. Es steht der Verdacht im Raum, dass in der KK II/1-5 … eine Kurzfassung der Zweiten Zwischenzeit vorliegt! Die Parallelchronologie unterstützt die These einer Kurzfassung im Anfang mit Wahkare Cheti I. (Sarginneninschrift in der 12. Dyn.) als Achtones[V], dem Manetho zwei weitere Achtones folgen lässt.[34]

Das dritte Abteil der KK nennt auch Namen der 13. Dynastie.

Rekonstruierte Königsliste von Karnak (32-47) – Thutmoses drittes Abteil

V/1	…	VI/1	(Sewadjtu 13 - T7.5)
V/2	Sobekhotep IV. 13 - T6.27	VI/2	Neferhotep II. 13 - T7.6
V/3	Neferhotep I. 13 - T6.25	VI/3	Sobekhotep VII. 13 - T7.8
V/4	(Sobekhotep III. 13 - T6.24)	VI/4	Sobekhotep VI. 13 – T7.4
V/5	Sobekhotep II. 13 - T6.19	VI/5	*Meri-nefer-Re-Aja* 13 – T7.3
V/6	Mentuhotepi VII 17 -T11.4	VI/6	*Wah-ib-Re-Jaib* 13 – T7.2
V/7	Nebirirau I. 17 - T11.5	VI/7	Sobekhotep V. 13 – T7.1
V/8	…*ka*	VI/8	Sobekhotep I. 13 – T6.15

Allerdings ist die Rekonstruktion der Reihenfolgen in der 13. Dynastie nicht einfach, da als zusammenhängendes Dokument nur der Turiner Papyrus Auskunft gibt, der nach einem Transport zerfallen war und selbst rekonstruiert werden musste. Der erste leicht beschädigte Eintrag dürfte *Sechem-Re-sewadj-taui Sobekhotep*[T] sein. In T werden von mir auch deren Vorläufer vermutet.

---

[34] Harald Schneider: *Die neue biblische Chronologie und die ägyptische Chronologie*; 2020, Seite 348.

Amenemhet Sobekhotep[T] kam zur Würde, als Nitokris[V] als Marionette den Thron ihres ermordeten Mannes erhielt. Er regierte 2 Jahre, 3 Monate und 24 Tage lang. In seinem 3. Jahr lösten ihn kurz aufeinanderfolgende Herrscher ab. In T reihen sich *User-…-Ra-Chendjer[T] (Eber)*, dann Emramescha[E], was so viel wie Truppenvorsteher bedeutet, dann Antef[E] *(der seinen Vater mitbringt)* und *…Seth[R]*. Eine Lücke in T könnte noch einen Namen gefasst haben. Schließlich gelangte aus Militärkreisen der *Sechem-Re-sewadj-taui Sobekhotep[T=R+E]* für 3 Jahre und 2 Monate auf den Thron. Sein Nachfolger *Cha-sechem-Re Neferhotep[T]* hat die MT[P] Adresse *1Sam 16,1-13 die Auswahl der sieben Söhne Isais, die als Könige ausschieden und dann die Salbung Davids, des achten Sohnes,* hinterlegt. Dieser *Cha-sechem-Re Neferhotep[T]* regierte schließlich 11 Jahre lang. Bei Sahator, ein Zwischenregent oder Prinz, ist ein *wer bin ich (schon)?* in MT[P] *1Sam 17,55-56*, ein Auftritt unter einem Jahr (0/…/3[T]). Einige bringen *Cha-nefer-Re-Sobek-hotep[T]* mit dem Chenephres des jüdischen Geschichtsschreibers Artaparnus in Verbindung. *1Sam 17,57-18,5* MT[P] zeigt *der Kopf des Philisters* ggf. den Tod eines Pharaos.

13. Dynastie	von	bis	Jahre
…	xxx	1390	
Sechem-Re-sewadj-taui Sobekhotep	1390	1387	3J 2M[T]
Cha-sechem-Re Neferhotep	1387	1378	11[T]
Sahator	1378	1378	0J [?]M 4T[T]
Cha-nefer-Re-Sobek-hotep[T]	1378	1370	8[T]
Cha-hotep-Re-hotep[T]	1370	1365	4J 8M 29T[T]
…	1365	xxx	
Summe			**23**

Das vierte Abteil der KK nennt Namen der 13./17. Dynastie.

Rekonstruierte Königsliste von Karnak (48-61) – Thutmoses viertes Abteil

VII/1	Rahotep 17	VIII/1	*Re-…*
VII/2	Senebmiu 13 - T7.17	VIII/2	Sesostris IV. 13
VII/3	Sobekhotep VI. 13 - T7.4	VIII/3	Mentuhotep
VII/4	Wegaf Chuitauire 13	VIII/4	Neferhotep III. 13
VII/5	*Antef VIII. 17*	VIII/5	…
VII/6	*Sobekemsaf II. 17 VIII/4?*	VIII/6	…
VII/7	Sobekemsaf I. 17 - T11.9	VIII/7	…

Es ist schlicht unklug, die ägyptische Chronologie ihres Hauptzeugen in Sachen Chronologie zu berauben, der Beobachtung des Sirius. Die parallele Existenz des „Alten Reiches" und des „Mittleren Reiches" wird in der Königsliste von Karnak besonders gut sichtbar:

Im ersten Abteil folgen den Vertretern des Alten Reiches betroffene Angehörige der Rache der Nitokris, die gerne ins Reich der Märchen verschoben wird. Im zweiten Abteil stehen 6. und 12. Dynastie nebeneinander, und die 17. Dynastie gesellt sich wie selbstverständlich dazu. Im dritten und im vierten Abteil sind die 13. Dynastie gut vertreten, die noch nicht zur Zwischenzeit gehört.

Der Königsliste von Karnak wurden in Sachen Chronologie unter einer märchenhaften Betäubung die Zähne gezogen, sodass nicht unbedingt ein geordneter Turiner Papyrus aus der 19. Dynastie, sondern eine Souffleuse[35] aus dem 20. und 21. Jahrhundert zu uns spricht. Die Nachricht der aus der Betäubung erwachten KK sind parallel existierende Dynastien! Es gab keine erste Zwischenzeit, weil altes und mittleres Reich derselben Zeit angehören und Antefs der 11./17. Dynastie wie die 13. Dynastie zu ordnen sind. Der KK drückt Ahnenkult aus, doch die Ägyptologie unterstellt Ahnungslosigkeit:

Bei dieser Darstellung handelt es sich wohl nicht um eine Königsliste im engeren Sinne, sondern um die Abbildung von Königsstatuen, die Thutmoses III. beim Umbau des Tempels vorfand und an anderen Orten deportierte. Die Liste ist nicht chronologisch geordnet, ist aber von einiger Bedeutung, da sie Herrscher der Ersten und Zweiten Zwischenzeit nennt, die in keiner weiteren Königsliste aufgeführt werden.[36]

Deshalb ist es erforderlich, auch Könige der 13. Dynastie mit ihren Häusern in Verbindung zu bringen, wie es der Geschichtsschreiber Artapanus tat. Chenephres stirbt, noch bevor Moses nach Ägypten zurückkehrte (Art 3,42) und ein anderer Ägypterkönig (Art 3,50) begegnet Moses. Dass dieser Pharao *die Priester von jenseits Memphis zu sich* (Art 3,69) berief *und sagte, er werde sie töten … wenn sie nicht auch die gleichen Zeichen* wie Moses *täten* zeigt, dass es

---

[35] Duden, Band 3, Bildwörterbuch, *Theater II.* „Die Souffleuse (*männl.:* der Souffleur, der Vorsager) – prompter – le souffleur [der aus dem] Souffleurkasten – prompt box – le trou du souffleur [vorsagt, was unterstützt vom] Rampenlicht (die Fußrampenleuchten *f*) – footlight – la rampe [auf einer Theaterbühne gesprochen wird]."
[36] Wiki/Königsliste von Karnak (zuletzt Besucht am 01.07.2024)

sich um den König von Heliopolis handelte. Artapanus kommt, auch wenn es viele Könige gab (Art 3,11), nur auf zwei Gebiete Ägyptens zusprechen: den um Memphis und den um Heliopolis. Er kennt den Durchzug durch das Rote Meer in der Version der Memphiten (Art 3,80), *Moses hätte die Ebbe abgewartet*, und der Version der Heliopolitaner (Art 3,81-86) mit einem der Genesis ähnlichen Bericht, sogar mit leicht schärferen Zügen. Die Memphiten suchten als nicht betroffene eine natürliche Erklärung, während die Heliopolitaner auch vom Untergang der Elitearmee *mit auserlesenen Tieren* berichtete, ein schwerer Schlag. Die Erinnerung an den Auszug war im 3. Jahrhundert v. u. Z. zurzeit des Artapanus noch wach. Sein Schriftgut trägt die zu erwartenden Merkmale der griechischen Epoche, da er Philosophie nennt und Israel als Juden bezeichnet (Art 3,8).

Memphis

		T	König	J/M/T	KK	V
			Rahotep	3/.../...	VII/1	
			Sobekemsaf I.	16/.../...	VII/7	
		11.3	Djehuti		I/8	Palmanothes
		11.4	Mentuhotep (VII.)	1/.../...	V/6	Menthusuphis
		11.5	Nebiriau		V/7	Nitokris
1390	←	6.19	Sobekhotep II.	3J	V/5	
		6.20	Chendjer			
		6.21	Emramescha			
		6.22	Anjotef IV.			
		6.23	Seth			
1383	→	6.24	Sobekhotep III.	3/2	V/4	
		6.25	Neferhotep I.	11J	V/3	
		6.26	Sahathor	0/.../3		
		6.27	Sobekhotep IV.	8.	V/2	Chenephres
1361	→	*Exodus*				

Mit der Trennung der Memphiten und einer Rekonstruktion vom T anhand der KK, Reihe V sind in Nebiriau (T 11,5) die *Nitokris*[V] und in Mentuhotep (T 11,4) der *Menthusuphis*[V] sichtbar. Djehuti, der in der KK mit seiner Position I/8 überrascht, ist nicht *Userkare 2/6*, sondern Pepi II. 4/6 als König, der die Memphiten anführt! Palmanothes[Art] war er Vater von Menthusuphis[V] und Nitokris[V] und war der große Bedrücker des Volkes Israels. Der eigentliche Pharao des Exodus war Meri-nefer-Re-Aja (T 7.3), der Zeitgenosse des Chenephres[V] aus Heliopolis. Die 6./12. Dynastie kannte lokale Könighäuser, die Ansprüche auf die Führung des (Alt/Mittel) Reiches erhoben.

Heliopolis

		T	König	J/M/T	KK
		6.6	Amenemhet V.	2J	
		6.7	Efni		
		6.8	Hotep-ib-Re		
		6.5	Sehetepibre		
		6.10	Amenemhet VI.		
		6.11	Nebennu		
		6.12	Se-hotep-ib-Re		
		6.13	Sewadjkare	6|11T	
		6.14	Nedjemibre		
		6.15	Sobekhotep I.		VI/8
		6.16	Renseneb	4M	
		6.17	Hor I.		VIII/3
	⬅	6.18	Amenemhet VII.		
1390	⬅ ➡	7.1	Sobekhotep V.	4/8/29	VI/7
		7.2	Wah-ib-Re-Jaib	10/8/28	VI/6
	➡	7.3	Meri-nefer-Re-Aja	13/8/28	(VI/5)
1361		7.4	Sobekhotep VI.	2/2/9	VI/4
		7.5	Sewadjtu	3/2	(VI/1)
		7.6	Neferhotep II.	3/1/...	VI/2
		7.7	Hori	1|5 J	
		7.8	Sobekhotep VII.	2/.../4	VI/3

Dieser [Palmanothes] behandelte die Juden schlecht. Zuerst baute er Kessa und darin den Tempel, sodann das Heiligtum in Heliopolis. Dieser besaß eine Tochter Merris; er verlobte sie mit Chenephres, dem Herrscher der Landschaft um Memphis; denn damals gab es viele Könige in Ägypten – Artapanus 3,2-3 *(Paul Riessler)*.

Diese Merris hatte Moses adoptiert, der aber von Chenephres durch Chanetot angefeindet, diesen tötete und floh (Art 3,4.11-37).

Es werden aufgrund der Angaben des Josephus eine Tochter Pharaos als Thermuthis benannt und ein Kriegszug der Äthiopier angesprochen, gegen die sich Moses als General verdient gemacht hatte (JosAnt 2/9,4-10,2).

Jahr	MT^P Auskunft (Auszüge)	MT^P 1Sam	1	2	3	4
1390	*Mutter der Kinder beraubt*	*15,33*			400	
1388	*Salbung des achten Sohnes*	*16,1-13*				
1378	*Wer bin ich schon*	*17,55-56*				
1377	*Der Kopf des Philisters*	*17,57-18,5*	430.			
1371	*An den Feinden ... rächen*	*18,25-27*				
1370	*Erkennen ... JHWH mit ihm*	*18,28-29*		430.		
1361	*Auf dem Feld ... am 3. Tag*	*20,5-8*			430.	
1354	*Urlaub für ein Schlachtopfer*	*20,27-29*				430.

Der Auszug Israels aus Ägypten

Die Hungersnotsteele sowie die MT^P Auskünfte haben im 2. Jahr Djoser das 2. Jahr der Dürre und Jakobs Einwanderung für 1806 (Gen 45,6). Das bedeutet entweder, dass [1. Spalte] 430 Jahre später in 1377 der Exodus stattfand, oder dass [3. Spalte] diese 430 Jahre ab dem Tod Jakobs in Ägypten für das Volk Israel zustande kamen.

Steht das 4. Jahr Djoser im Palermostein für eine vorausschauende Bevorratung, dann [Spalte 2] wäre Jakob erst 1799 in Ägypten eingereist und die Hungerjahre in den MT^P Auskünften wären mit den Zehn Gebote hinterlegt. Entsprechend wäre 1370 der Exodus zu erwarten. Ab Jakobs Tod [Spalte 4] wäre der Exodus 1354 gewesen.

Nach 38 Jahren Wüstenwanderung überquerten die Stämme Israels in ein Jubeljahr den Jordan, wofür sich das Frühjahr 1337 besonders anbietet. Ebenso verhält es sich mit einer Rückrechnung *in Mondjahren* von einer totalen Sonnenfinsternis bis zu Salomos Tempelbau 961, der im selben Abstand zum Jubeljahr fällt. Die Unklarheiten in den voneinander abweichenden Übermittlungen der Jahre 480^{MT}; 440^{LXX} und 592^{JosAnt} bis zum Tempelbau können aufgrund gewisser Eigenarten zwischen den Kalendern erkannt werden (1Kö 6,1). Von 1337 bis 961 sind es 379 Jahre, und ab den 17.04. beginnt ein 380. Sonnenjahr. Derselbe Zeitraum zählt 392 Mondjahre. Die 380^{Sonar} und die 392^{Lunar} zeigen prägnante Ähnlichkeiten mit den 480^{MT} und den 592^{JosAnt}. Die Aufstockungen könnten verschiedene Gründe haben. 480 Jahre sind 12x40 ideale Jahre. 40 Jahre Wanderung, 7x40 Ruhejahre (Richter), 40 Jahre Saul und 40 Jahre David sprechen dafür. In der Genealogie der Genesis^{Var} sind 100 Jahre Aufstockung auf die Zeugungsjahre praktisch Standard (Siehe unten: Adam bis Abram). Es werden auch für die Zeit bis zum Tempelbau solche Aufstockungen beobachtet.

In MT^P ist *der Kopf des Philisters* 1377 eine passende Auskunft, doch in MT^P *1Sam 20,5-8* wollte David wie Moses *drei Tage aufs Feld* 1361 und nach 7 Jahren MT^P *1Sam 20,27-29 Urlaub für ein Schlachtopfer*. Somit sind diese beiden Termine in MT^P für den Exodus relevant. Auffällig dauert der Wüstenaufenthalt dann 24 Jahre. Von der Rache der Nitokris 1390 bis 1354 können 36 Jahre bis zum *Urlaub für ein Schlachtopfer* beobachtet werden. So fällt das Ergebnis in Sonnenjahren aus:

1	2	3	4	MTᴾ 1Sam	MTᴾ Auskunft (Auszüge)	Jahr
1				17,57-18,5⁺	*Der Kopf des Philisters*	1377
2				18,6-9	*Sauls Blick auf David veränderte sich*	1376
3				18,10-13⁺	*Saul wie ein Prophet … gegen David*	1375
4				18,14-16⁺	*Umsicht Davids, bangen Sauls*	1374
5				18,17	*Saul bietet David für Kriege Tochter*	1373
6				18,18-24⁺	*Wer bin ich … Tochter bereits vergeben*	1372
7				18,25-27	*An den Feinden … rächen*	1371
8	1			18,28-29	*Erkennen, dass JHWH mit ihm war*	1370
9	2			18,30	*Sein Name wurde kostbar*	1369
10	3			19,1-3	*Davon reden … zu Tode zu bringen*	1368
11	4			19,4-7	*Jonathan brachte David zu Saul*	1367
12	5			19,8-10⁺	*Schlechter Geist von JHWH aus*	1366
13	6			19,11-13	*Sandte Boten aus*	1365
14	7			19,14⁺	*Sandte wieder nach David*	1364
15	8			19,15-24⁺	*Sandte drei Boten und ging selbst*	1363
16	9			20,1-4⁺	*David sprach vor Jonathan*	1362
17	10	1		20,5-8⁺	*Auf dem Feld … bis zum 3. Tag*	1361
18	11	2		20,9	*Übles vom Vater … mitteilen*	1360
19	12	3		20,10	*Wer wird dir Hartes mitteilen?*	1359
20	13	4		20,11	*Gingen aufs Feld*	1358
21	14	5		20,12-17	*Zusage an Jonathan*	1357
22	15	6		20,18-23	*Pfeile abschießen*	1356
23	16	7		20,24-26	*David sitzt nicht beim König*	1355
24	17	8	1	20,27-29	*Urlaub für ein Schlachtopfer*	1354
25	18	9	2	20,30-31	*Sauls Zorn, David zum Tode*	1353
26	19	10	3	20,32-33	*Jonathan verteidigt, Sauls Speer*	1352
27	20	11	4	20,34	*gedemütigt*	1351
28	21	12	5	20,35-42⁺	*Pfeile. Jonathan und David*	1350
29	22	13	6	21,1-5	*Priester Abimelech*	1349
30	23	14	7	21,6-9	*Schaubrot, Schwert Goliaths*	1348
31	24	15	8	21,10-16	*David verstellt sich in Gad*	1347
32	25	16	9	22,1-4	*Sammelt Leute, Familie zu Moab*	1346
33	26	17	10	22,5	*Nach Juda*	1345
34	27	18	11	22,6-8	*Saul argwöhnisch*	1344
35	28	19	12	22,9-11	*Doeg verrät Ahimelech*	1343
36	29	20	13	22,12-13	*Warum verschworen?*	1342
37	30	21	14	22,14-17	*Du wirst ganz bestimmt sterben*	1341
38	31	22	15	22,18-23,3	*Priester Tod, Abjathar, Philister*	1340
39	32	23	16	23,4-5	*Rettet Keila*	1339
40	33	24	17	23,6-9	*Stadt, Abjathar Ephod*	1338
	34		18	23,10-12	*wird ausliefern?*	1337
	35		19	23,13-15	*David in Furcht vor Saul, Wildnis*	1336
	36		20	23,16-18	*Jonathan stärkt David*	1335
	37		21	23,19-24,2	*Horesch … En Gedi*	1334
	38		22	24,3-6	*Höhle, Notdurft*	1333
	39		23	24,7-8	*David ruft Saul*	1332
	40		24	24,9	*Worte von Menschen [Bileam]*	1331

In Mondjahren (ohne Schaltung) sind 100 Jahre ~ 97 Sonnenjahre, und eine Zählung von 430 Mondjahren (Ex 12,40) als 417 Sonnenjahren erklären 17 Jahre Jakob in Ägypten (Gen 47,28) plus die 400 Sonnenjahre (Gen 15,13) Bedrückung bis zum Exodus harmonisch. Sollten nun Mond- und nicht Sonnenjahre zugrunde liegen, sind die Zeiten der MT^P Auskünfte hier 12 bis 13* Jahre früher anzusetzen!

Jahr^{Lun}	MT^P Auskunft (Auszüge)	MT^P 1Sam	1	2	3	4
1402	*Mutter der Kinder beraubt*	15,33			400	
1400	*Salbung des achten Sohnes*	16,1-13				
1390	*Wer bin ich schon*	17,55-56				
1389	*Der Kopf des Philisters*	17,57-18,5	430.			
1383	*An den Feinden … rächen*	18,25-27				
1382	*Erkennen … JHWH mit ihm*	18,28-29		430.		
1374*	*Auf dem Feld … am 3. Tag*	20,5-8			430.	
1367*	*Urlaub für ein Schlachtopfer*	20,27-29				430.

Entsprechend sind die 400 (in 3) mit den 430 (in 1) mit 13 Jahren Abstand verbacken. Wichtig ist die Erkenntnis, dass von 1374 (in 3) bis zum Jubeljahr 1337 die 38 Jahre Kernzeit der Wüstenwanderung vergangen und Stauchungen in Sonnenjahren sicher aufgelöst sind!

Gen	Person	Jub		MT	LXX	Äth	Sam
5,3-5	Adam	3/5/4	130	130	230	230	130
5,6-8	Seth	5/5/4	98	105	205	205	105
5,9-11	Enos	7/5/3	97	90	190	190	90
5,12-14	Kenan	9/1/3	70	70	170	170	70
5,15-17	Mahalalel	10/3/6	66	65	165	165	65
5,18-20	Jared	11/5/4	61	162	162	162	62`
5,21-24	Henoch	12/7/6	65	65	165	165	65
5,25-27	Methusalem	14/3/1	65	187	167	187	67`
5,28-31	Lamech	15/3/x	49-55	182	188	182	53`
5,32	Noah	25/5/3	~500	500	500	500	500
11,10	Sem	27/6/2	104	100	100	100	100
11,12	Arpachschad	29/1/3	64	35	135	135	135
11,13	Kainan	30/2/4	57		130	130	
11,14	Schelach	31*/5/5	71	30	130	130	130
11,16	Eber	32/7/6	64	34	134	134	134
11,18	Peleg	33/2/4	12	30	130	130	130
11,20	Regu	35/7/.#	130#	32	132	132	132
11,22	Serug	36/5/1	35#	30	130	135+	130
11,24	Nahor	37/6/7	62	29	79	79	79
11,26	Terach	39/2/7	70	70	70	70	70
11,32	lebte…Jahre			205	205	205	145
Mehrheitsvergleich Zeugungsalter		5		7	10	10	**12**
Mehrheitsvergleich Zeugungsalter mit Gleichstellung der Aufstockung		5		**16**	**16**	**16**	**16**

Die Flut im Lebensraum der Menschheit – 2024 – Harald Schneider

Überlieferte Varianten sollten nicht ausgegrenzt oder gegeneinander ausgespielt, sondern vielmehr miteinander aufgeklärt werden. Der Umgang mit Aufstockungen von 100 Jahren muss nicht beunruhigen sondern muss einfach nur aufgelöst werden. Es spricht deshalb auch vieles dafür, die 380^{Sonar} und die 392^{Lunar} Jahre vom Exodus bis zum Tempelbau den 480^{MT} und den 592^{JosAnt} vorzuziehen!

Wir dürfen auch nicht unterschätzen, dass der Herr der Weltzeiten als Urheber von Mond- und Sonnenzeiten und der Woche auf die Zeitrechnung in Jubiläen und damit auch auf deren Kalender eingewirkt hat und er nach *seiner* Zeitordnung auch Handlungen vollzieht. Es geht demnach nicht um Zeiten, die Menschen für ideal erachten. Wahrscheinlich lässt die Septuaginta mit ihren 440 Jahren noch 40 Jahre Raum für Salomo, um die ideale Zeit zu erreichen (3Kö^{LXX} 6,1). Außerdem sind uns das Zählen der Jahre als Absätze im hebräischen Text mit geschickt angelegten Informationen erhalten geblieben. Ist der hohe Wert echter Kalenderdaten einmal erkannt, werden diese die bisherigen Wäscheleinenchronologien ablösen! Das gilt nicht nur für die biblische Chronologie sondern auch für die Irrgebilde in der ägyptischen Leitchronologie, wo Sternbeobachtungen verzerrt oder außer Kraft gesetzt werden, um die Artefakte neu zu ordnen und sagenhafte Geschichten zu schreiben.

Der Mondkalender schafft den Anschluss an die späte Chronologie! Wie entfalten sich aber die Mondzeiten von der Flut bis zu Jakob in Ägypten im Einzelnen?

Die Chronologie bis zu den Urvätern Israels dröselt die weiteren Lebensjahre der Überlieferungen als eine Zeitrechnung auf, die zu den Vorvätern führt und macht auf die verschütteten Anschlüsse der Chronologie in Zeugungsaltern aufmerksam. Was war an der Geschichte Abrahams ohne die Zeugungsalter von 100 Jahren und darüber eigentlich so Besonderes? Die Chronologie von Abraham, Isaak und Jakob rollt das Zustandekommen hoher Lebensalter der Urväter auf und bietet schlüssige Lösungen für deren tatsächliche Funktionen an!

Die Chronologie bis zu den Urvätern Israels

Menschen siedelten sich nach der Flut in Mesopotamien an und Sem wurde 2 Jahre nach der Flut der Vater von Arpachschad (Gen 11,10). Wenn wir die Söhne Sems 5, Hams 4 und Japhets 7 mit den nicht genannten Töchtern als 1. Generation nach der Flut zugrunde legen (16+16), werden von der 5. Generation 140000 Menschen geboren. Diese Anzahl setzt keine extremen Lebensalter voraus. Die weiteren Lebensjahre lassen sich ab Arpachschad als eine Zeitrechnung bis zur Regierung von Jakob/Israel 1813 begründen.

Die meisten Regierungen finden sich im Weld Blundell und der Hsia Chinas bestätigt:

WB	Herrscher/Jahre		Zeitrechnung	Hsia^{China}	Genesis
6,31-36	Scharrukin 56		2233-2177	Shun^C	Sem^B
6,37.38	Rimusch 9		2177-2168	Xia-Yu^C	Japhet^B
6,39-42	Manischteschu 15		2168-2153	Qi^C	Madai^B
6,43-45	Naramsuen (54) 37		2153/2143-2106	Tai-Kang^C	Kainan^{LXX}
6,46.47	Scharkalischarri 25		2106-2081	Zhong-Kang^C	Schelach^B
7,1-7	Irgigi, Nanum, Imi, Ilulu	3	2081-2078	---	[Eber^B]
7,8	Dudu 21		2078-2057	Xiang^C	
7,9.10	Schudurul 15		2057-2042	Shao-Kang^C	
7,11.12	*11 Könige 181 Akkade*				
8,9.10	Urnammu 18		2042-2024	Zhu^C	
8,11.12	Schulgi 48		2024-1976	Huai^C	Serug^B
8,13.14	Amarsuena 9		1976-1967	Mang^C	
8,15.16	Schusuen 9		1967-1958	Hsue^C	
8,17.18	Ibbisuen 24		1958-1934	Bu Jiang^C	Haran^B
8,19	*5 Könige 108 Ur*				
8,23.24	Ischbi`erra 33		1934-1901	Joing^C	Terach^B
8,25.26	Schu`illischu 10		1901-1891	Jin^C	Elieser^B
8,27.28	Iddindagan 25		1891-1866	Kong-Jia^C	Abram^B
8,29.30	Ischmedagan 20		1866-1846	Gao^C	Ismael^B
8,31.32	Lipiteschtar 11		1846-1835	Fa^C	Isaak^B
8,33	Urninurta 28 *(Isin)*		1835[1813-1807]	Xia-Jie^C	[Jakob^B]

Der Dialog in Gen 15,1-4 wird vor dem Hintergrund der Person Elieser als Su-Ilisu erst mit Leben erfüllt. Ohne einen Nachkommen Abrams wäre der Thron, der nach Ibbi-Suen (Haran) an dessen bevollmächtigten Schwiegersohn Isbi Erra (Terach) überging, bei Elieser, einem Sohn aus Abrams (Königs)Hausgemeinschaft verblieben.

Arpachschads weitere Lebensjahre bis zu Jakob in Beerscheba zieht als Zeitrechnung eine Reihe weiterer Daten nach sich. Kainan, dessen Regierung mit 54/37 Jahre angegeben werden, setzte mit 330^{LXX}

Jahren 2143 ein, was hier als Beginn der 37^{WB} Jahre gewertet wird. Schelachs 303^{Sam} markiert 2116; Ebers 270^{Sam} 2083 und Serugs 200$^{MT/LXX}$ 2013. Peleg (=Teilung) bildet in 109^{Sam} vielleicht zufällig die Länge der Dynastie von Ur ab, aber Terachs Gesamtalter 205 Jahren (Gen 11,32) zeigt die volle Dynastie von Isin an (203 Jahre). Weitere Lebensjahre können auch in Mondjahren gelesen werden. Noahs 350 Jahre von der Flut bis zu Abrahams Antritt 2245-1895 werden in Mondjahren ab Noahs Abdankung 2233-1893 erreicht. Bei Arpachschad führen die 403^{MT} Jahre Lunar bis zu Abrahams Ende. Damit sind für die Liste zwei Ausgangspunkte 1866/1813 gegeben. Serug ist nach den 100^{Sam} Lunar als Schusuen präsent und Nahor mit 69^{Sam} Lunar (gleich wie mit 119^{MT} Sonar) neben Terach präsent.

Person	MT	LXX	Äth	Sam	ZR wtr. Jahre	Ziel weiterer Jahre
Noah	**350**	350	350	**350**	Lu 2233-1893	Ende bis Abraham Antritt
Arpachschad	**403**			303	Lu 2243-1866	Geb. bis Abrahams Ende
		430	**430**		So 2243-1813	bis Jakob in Beerscheba
Kainan		**330**	430		So 2143-1813	bis Jakob in Beerscheba
Schelach	403	330	330	**303**	So 2116-1813	bis Jakob in Beerscheba
Eber	430	370	**270**	**270**	So 2083-1813	bis Jakob in Beerscheba
Peleg	**209**	**209**	**209**		So 2022-1813	bis Jakob in Beerscheba
				109	Lu 1972-1866	
Regu	**207**	**207**	**207**		So 2020-1813	bis Jakob in Beerscheba
				107	Lu 1970-1866	
Serug	**200**	**200**	**200**		So 2013-1813	bis Jakob in Beerscheba
				100	Lu 1963-1866	Schusuen als Serug
Nahor		129	129		So 1942-1813	bis Jakob in Beerscheba
	119				So 1932-1813	Ur bis Abrahams Ende
				69	Lu 1933-1866	Ur bis Abrahams Ende

Das Buch der Jubiläen nennt auch Frauen und deren Väter mit Namen. Das ermöglicht Beobachtungen zur Bündnispolitik und Vernetzung zwischen den Völkern und hilft Zeiten zu vergleichen.

Jub	Mann	Frau	Vater	Sohn	Parallele
8,1	Arpachschad	Rasuijah	Susan/Elam	Kainan	Gen 11,13^{LXX}
8,5.6	Kainan	Melka	Madai	Schelach	Gen 11,13^{LXX}
8,6.7	Schelach	Muak	Kesedes (Kusch)	Eber	Gen 10,24; 11,12
8,7.8	Eber	Azurad	Ebrod (Nimrod)	Peleg	Gen 10,24; 11,14
10,18	Peleg	Lomna	Senar	Regu	Gen 11,18
11,1	Regu	Era	Ur	Serug	Gen 11,20
11,7.8	Serug	Melka	Kaber	Nahor	Gen 11,22
11,9.10	Nahor	Jaska	Nestag	Terach	Gen 11,24
11,14.15	Terach	Edna	Abram	Abram	Gen 11,26

Madais Tochter Melka wurde mit Kainan verheiratet, Schelachs Frau Muak war eine Tochter von Kisid (Kusch) und Eber heiratete Azurad, die Tochter Nimrods. Der Name seines Sohnes Lugalbanda klingt an Pelegs Frau *Lebanah* (Jub 10,18) an, die Tochter des Sen`ar (des Landes). In Uruk folgen die Könige Dumuzi und Gilgamesch. Regu heiratet bereits zurzeit der Dynastie von Ur die Tochter von Ur Nammu. Nahors Frau Jaska ist aus Gen 11,29 bekannt. Die Zeiten der bekannten Personen sind mit dem WB stimmig.

Was sagen die Zeugungsalter als traditionelle Chronologie aus? Sie sind auch ohne die Aufstockungen +100 (und +50) uneinheitlich. MT und Sam (+650) sind sich nahe und Äth der LXX, die Kainan wie Jub integriert. Die Zeiten im Jub wirken als Lebensalter realistisch. Die 12 Jahre für Peleg könnten auf die Teilung anspielen und seine Zeit sich innerhalb von Regus Zeit von 130 Jahren fortsetzen.

Gen	Person	Jub		MT	LXX	Äth	Sam
11,10	Sem	27/6/2	*104*	*100*	*100*	*100*	*100*
11,12	Arpachschad	29/1/3	64	35	135	135	135
11,13	Kainan	30/2/4	57		130	130	
11,14	Schelach	31*/5/5	71	30	130	130	130
11,16	Eber	32/7/6	64	34	134	134	134
11,18	Peleg	33/2/4	12	30	130	130	130
11,20	Regu	35/7/.#	130#	32	132	132	132
11,22	Serug	36/5/1	35#	30	130	135+	130
11,24	Nahor	37/6/7	62	29	79	79	79
11,26	Terach	39/2/7	70	70	70	70	70
11,32	lebte...Jahre			*205*	*205*	*205*	*145*
			586	**390**	**1070**	**1075**	**940**

Als eine Chronologie erfüllen die additiven 390 Jahre[MT] eine Funktion von Noah/Sem bis zu Lipit Ischtar, dem Isaak der Bibel, um den sich in der Geschichte Abrahams und Saras alles drehte (S 2233-1843). Allerdings ging dieser Anschluss wie die ab Jakob zurückgewandte Zeitrechnung der weiteren Lebensjahre verloren (Lunar 2243-1864 Abraham bis Arpachschad). Der Blick wechselte auf Abrams Reisen. Die Herrschaft von Ischbi Erra (Terach) 33, Schu Illischu (Elieser) 10, Iddin Dagan (Abraham) 25 und Ischme Dagan (Ismael) 20 sind in Namen und Handlungen immer wieder Thema, wie die politischen Hochzeiten und die Legitimierung durch Nachkommen zum Erhalt der Dynastie zeigen. Die additiven 940[Sam] und 1070[LXX+Äth] Jahre ergeben als Chronologie nur ohne die Aufstockungen +100 einen Sinn. Mit 420[LXX] Jahren (S 2243-1834) ist Isaaks Herrschaft eingebunden, oder (L 2243-1846) Ismaels Herrschaft (Opfer Isaak) überwunden.

Die Geschichte Abrahams

Die Geschichte Abrahams mit einem neuen Hintergrund ausleuchten zu wollen, trägt die Befürchtung der Veränderung in sich. Vielen überkommt ein Unbehagen, sich die Opferung Isaaks politisch vorzustellen. Wie vertragen sich traditionell biblische Vorstellungen mit dem wiederentdeckten historischen Boden? Die Genesis muss nicht verändert werden. Moses erklärte die Geschichte so, wie er sie gesehen hatte! Eine Untersuchung der Genesis nach Merkmalen eines Ursprungs Abrams aus den Königslisten macht Gemeinsamkeiten sichtbar. Das beginnt mit dem Namen Abram. Hansjörg Bräumer führt aus: Je nach Bestimmung der Verbalform kann Abram heißen
.

1. Der erhabene Vater
2. Der Vater des Erhabenen
3. Der Vater ist erhaben
4. Mein Vater ist erhaben
5. Der Vater war erhaben
6. Mein Vater war ein Erhabener
7. Er ist erhaben durch seinen Vater

Der Bezug auf die Erhabenheit eines Vaters ist für den Sohn besonders wichtig, um die gewünschte Stellung herauszustellen! Hier geht es schon in der Namensbildung um Herrschaft. Der Name Sarai ist ein Titel, *hebr.* Fürstin oder Herrin von scharatu, Königin und war als Name der Frau vom Mondgott Sin bekannt. Die gleiche Bedeutung kommt dem Namen Milka zu. Diese Frauen heirateten nach dem Tod Harans Abram und Nahor (Gen 11,27-30), was als Vorgang während der frühmesopotamischen Dynastien als Reaktion auf den Tod des Monarchen beobachtet werden kann.

Abram zog zuerst nach Haran, wo Terach, dessen Geschichte in Gen erzählt wird (Gen 11,27f), seinen Wohnsitz nahm. Im Schatten Terachs wurde Abram von JHWH aufgefordert, seine Verwandten zu verlassen und in ein anderes Land zu ziehen (Gen 12,1). Abram nahm auch alle angesammelte Habe und die Seelen, die sie in Haran erworben hatten, mit nach Kanaan (Gen 12,5). Er durchzieht dieses Land, wird aber erst zum Fremdling, als er wegen einer Hungersnot nach Ägypten ausweicht (Gen 12,10). Er bietet später Lot das ganze Land an, als gehöre es ihm, bzw. seiner Familie (Gen 13,9). Ein Keilschriftdokument aus dieser Zeit handelt davon, wegen Gebietsknappheit Weidegrund in Kanaan zu nutzen.

In Gen 14,13 wird von Abrams Bundesgenossen gesprochen. Abram kann spontan 318 geübte Männer für den Kampf aufbieten, alles in seinem Haus geborene Sklaven (Gen 14,14). Keilschriftdokumente aus der Zeit nach dem Zusammenbruch der Dynastie von Ur zeigen die Bedeutung lokaler Bündnisse und Schutzeinheiten für Städte und Herden in der Größenordnung von 500 Mann als zeitgenössisch. Die militärische Operation Abrams, die er mit der Unterstützung seiner Verbündeten durchführte, gehört in der heutigen Forschung

„trotz seines klaren Aufbaus und sprachlich leicht zu verstehenden Textes zu den exegetisch umstrittensten Stücken des Pentateuch.“[37]

Vielen Vorstellungen haften ein Abram an, der friedlich umherzog. Zwischen einem mit familiärem Hintergrund erscheinenden Akt als Motiv (Lot retten) und einer Reichsrettung ist hier zu unterscheiden. Abrams Gesinde dürfte bei über tausend Mann gelegen haben. Er wohnte nicht in einem Zelt, sondern in Zelten (Gen 13,18). Seine in Haran erworbenen Diener waren aus seinem Haus (Gen 14,14). Es gab noch keine Banken und der Reichtum der Hirtenkönige drückte sich vornehmlich in ihrem Viehbestand aus. In der Gegend um Haran tauchen die Ortsnamen Peleg, Serug und Nahor auf, was auf die Vorfahren Abrams einen geografischen Hinweis gibt.

[Erst] „Beim Bundesschluß Gottes mit Abram bekommt Abram einen neuen Namen. Die Umbenennung bezieht sich – ähnlich wie beim König, der bei seiner Krönung einen neuen Namen bekommt – im Wesentlichen auf die Funktion des Namenträgers im neuen Lebensabschnitt. ... Das Alte Testament unterscheidet deshalb genau zwischen Abram und Abraham.“[38]

Nachdem Haran in Ur verstorben war gab es zwei weitere Anwärter die beide heirateten, um sich durch Nachkommen zu qualifizieren. Die Hauptstadt Ur lag in Schutt. Abram ging nach Haran und zog von Gott aufgefordert von seinen Verwandten weg ins Land Kanaan.

Es ist auffallend, daß nicht von einer Vaterstadt Abrams gesprochen wird ... Gott verheißt Abram nicht eine Volksgemeinschaft im Sinne einer Verwandtschaft (hebräisch ´am); Gott verspricht, Abram zu einem Volk von politischer Größe (hebräisch goij) werden zu lassen.[39]

Als Abram nach Ägypten ausweichen muss, gibt er Seine Frau als seine Schwester aus, was zu einer prekären Situation führte. Seine

---

[37] NEB Josef Scharbert: *Genesis*; 1986, Seite 132.
[38] WStB Hansjörg Bäumer: *Das erste Buch Mose*; I. Seite 230
[39] Ebda; II. Seite 47f

Vorgehensweise verrät aber diplomatisches Geschick, denn Abram konnte seine „Schwester" für einen Vertrag mit Pharao zum Einsatz bringen. Dies muss er im Sinne seines Gottes getan haben, denn dem Haus Pharaos wurde mit Plagen begegnet.

Das Gespräch zwischen Pharao und Abram zeigt, daß zwischen den Höflingen Pharaos und Abram eine Art Vertrag geschlossen worden war, in dem Abram versicherte: „Sarai ist meine Schwester."[40]

Abram hatte Schutz, denn wie sollte Pharao mit Abram verfahren, wenn doch Gott mit ihm war? Er lässt Abram und Sarai mit all ihrer Habe und den Geschenken eskortiert ausweisen (Gen 12,10-20). Diese Reaktion legt nahe, dass der eigentliche Hintergrund in der erklärten Absicht bestand, dort sesshaft zu werden und deshalb ein Ehebündnis geschlossen werden sollte, wie es zwischen Fürsten und Königen üblich war! Die Abschiebung war somit eine berechtigte Reaktion. Die Geschenke nicht zurückzufordern war umsichtig, um weitere Plagen abzuwenden. Wahrscheinlich wurde Abram auch schon von Pharao als der Fürst Gottes (Gen 23,6) wahrgenommen, der zu segnen ist um selbst Segen zu empfangen (Gen 12,3).

Abram durchzog das Land, doch kann Mamre als die zentrale Lagerstätte für Abram ausgemacht werden, in dessen Nähe Sara begraben wurde (Gen 14,13; 15,9f[Jub]; 18,1; 23,17.19; 25,9; 49,30; 50,13). Isaak und auch Jakob sollen diese bei Hebron gelegene Stätte übernommen haben (Gen 35,27; Jub 16,1; 19,5; 35,20.27; 36,2.20). Jub 37 berichtet von einem Krieg der Söhne Edoms gegen Jakob, um ihn „auszurotten von der Erde, ehe er Macht erlangt" (Jub 37,6 *Klaus Berger*). Viertausend angeworbene Männer sind gegen Jakob nach Mamre gezogen und wurden zurückgeschlagen. Edom wurde tributpflichtig gemacht (Jub 38,10-13). Abraham, Isaak und Jakob waren Männer mit Macht. In Jub wird das Geschehen um Sichem (Gen 33,18; 34) als ein Krieg mit tausenden von bewaffneten Männern geschildert (Jub 34,1-10, vgl. Gen 35,5).

Auch Joseph wurde letztlich zu einem Mächtigen in Ägypten

Eine junge Fruchtrebe ist Joseph, eine junge Fruchtrebe am Quell. Ihre Zweige ranken über die Mauer hinweg. Wenn ihn die Herren der Pfeile reizen, beschießen und befeinden bleibt sein Bogen ständig gespannt – Arme und Hände gelenkig durch die Hilfe des Starken Israels. Von dort kommt der Hirte und Fels Israels. Er ist vom Gott deines Vaters, er wird dir helfen.

---

[40] Ebda; II., Seite 69

Er ist mit dem Allmächtigen der dich auch segnen wird – Segnungen des Himmels droben, Segnungen der Flut unten, Segnungen aus Brüsten und Mutterschoß. Die Segnungen deines Vaters werden die Segnungen der ur-alten Berge übertreffen – das Begehren der unabsehbar bestehenden Höhen, sie verweilen auf dem Haupt Josephs, ja auf den Abgesonderten seiner Brüder – Gen 49,22-26.

Wie aus den letzten Worten Jakobs über Joseph hervorgeht, waren seine Söhne kampferprobt – die Herren der Pfeile. Simon und Levi waren Werkzeuge der Gewalt (Gen 49,5-7). Juda hat die Hand auf dem Nacken seiner Feinde (Gen 49,8-12) und Benjamin zerreißt, wie ein Wolf (Gen 49,27). „Im Ende der Tage" zeigt Offenbarungs-wissen an (Gen 49,1). Die Herrschaft über die Völker (ein Großreich) würde Schilo *(dem es gehört)* bekommen (Gen 49,10).

Bei Abraham, Isaak, Esau, Jakob und seinen Söhnen geht es immer um Einfluss und Herrschaft. Diese Männer in den Mari-Texten wie-derzufinden sollte uns nicht überraschen. Herrscher, die in Zelten wohnten (Gen 13,18) mit riesigen Herden und Besitztümer (Gen 13,6.7) bleiben in der Geschichte nicht unsichtbar.

Mit der Geschichte Terachs (der Epoche nach der Dynastie von Ur) wird in der Bibel die Frage beantwortet, wie der wahre Gott (*El Shad-dai*) die zukünftige Verwaltung auf der Erde gestalten wird.

Als der Höchste den Nationen ein Erbe gab,
Als er die Söhne Adams voneinander schied,
Da setzte er die Grenze der Völker fest
Mit Rücksicht auf die Zahl der Söhne Israels.
– Dtr 32,8 *(NWÜ)*

Dieser Prozess war während der Hirtenkönige schon in Gange! In diesem Entwicklungsgang wählte sich JHWH ein Teil als sein Volk aus (Dtr 32,9). Das bedeutet im Umkehrschluss, dass die übrigen Völker ihre eigenen Wege gingen und gehen konnten (Apg 17,26). Gott versprach Abraham ein Herrschaftsgebiet (Gen 12,1) für seine Nachkommen (Gen 13,14.15). Dieses zu durchziehen war schon eine Form der Besitzanzeige (Gen 13,17). Dieses Bild zeigt ein Ein-wirken Gottes in die Verwaltung der Menschen, die eine Erklärung für die im Schriftgut Israels eingebetteten Offenbarungen sind!

Der Erhalt der religiösen Identität ohne eigenes Land und sogar die Wiederkehr des politischen Israel kann mit dem Versprechen Gottes an Abram in Verbindung gebracht werden.

Die Chronologie von Abraham, Isaak und Jakob

Herrschaftsjahre von Abram 25, Isaak 11 und Jakob 28 sind für sich gesehen unauffällig, wirken aber im Vergleich mit den biblischen Angaben über Hochzeit und Vaterschaft eher gepresst und werfen Fragen auf. Abrams Amtsantritt mit 75 Jahren und 25 Jahre Herrschaft entsprechen noch dem Zeitmuster der Genesis bis Isaaks Geburt. Seine Opferung (Vorzug Ismaels, dem Sohn einer Ägypterin) würde nach über 19 Jahren überwunden, wenn er mit 20 Jahren mündig wäre. Aber wie soll er schon 12 Jahre später an Jakob, seinen Sohn abtreten können? Und wie passen die (politischen) Hochzeiten und Nachkommen zum Erhalt der Dynastie? Die Lösung liegt in dem Umstand, dass Terach (Abrams Vater im Sinne eines Amtsvorgängers) ja ein Thronfolger per Vollmachten war. Abrams Reaktion auf Harans Tod in Ur lag in einer politischen Hochzeit, doch Sarai war anhaltend unfruchtbar. Diese Situation hatte eine Entwicklungsspanne von 10 Jahren (Gen 16,3). Klassisch wird Abram mit 86 Jahren Vater von Ismael, dessen Mutter Hagar war (Gen 16,16). Isaak ist 14 Jahre später geboren als Abram bereits 100 Jahre alt sein soll. Zwischen Abrahams Amtsantritt und dem Fall von Ur, bei dem Haran verstarb lagen aber 43 Jahre! Es ist vernünftig anzunehmen, dass Abrams und Nahors Brautschau nicht Jahre in Anspruch nahm, sondern der Situation entsprechend eher zügig von statten ging. Nehmen wir das Jahr nach dem Fall von Ur an, wären noch 42 Jahre zu klären. Abram wäre in dieser Folge bei seinem Amtsantritt bereits Vater von Ismael (31) und Isaak (17) gewesen. Seine Aussage im Jahr vor Ismaels Geburt, Elieser würde Erbe werden (Gen 15,2), hätte mit dessen früherer Vaterschaft absehbar sein können. Unterstellen wir Eliesers Sohn ein Mindestalter von 20 Jahren beim Amtsantritt, wäre dieser ein Jahr nach Ismael geboren, was keinen Sinn macht. Er war älter (>=22) oder aber Abram hatte erst zwei Jahre später geheiratet!

In diesem Zeitkorridor war bei Abrams Amtsantritt Ismael 29 bis 31 Jahre und Isaak 15 bis 17 Jahre alt. Wegen dem Erhalt der Dynastie nehmen wir eine frühe Thronfolge Eliesers an, d. h. Abram hätte drei Jahre nach dem Fall von Ur Sarai geheiratet und nach zehn Jahren über die Umstände von Eliesers Favorisierung für eine Thronfolge innerhalb der Hausgemeinschaft erfahren (Gen 15,2). Seinen Amtsantritt hatte er erst mit 75, etwa 40 Jahre nach seiner Hochzeit. Die Gleichsetzung von Amtsantritt und Beginn der Wanderung fällt, da sie bereits 5 Jahre nach Terachs Antritt begann (vgl. Gen 12,4). Die Herrschaftsjahre für Iddin Dagan 25 und für Isme Dagan 20 lassen Lipit Istar (Isaak) erst nach 45 Jahren antreten, als er 60 Jahre alt war. Isaak wurde aber bereits von Elieser (Su-Ilisu) eine Braut vermittelt, der vor Abram regierte, als Isaak 15-17 Jahre alt war! Isaak wird deshalb eher mit 20 als mit 40 Jahren Rebekka geheiratet haben und als er mit 60 Jahren antritt war er schon lange Vater von Jakob und Esau (Gen 25,20.24-26). Seine Legitimation ist durch seinen noch lebenden Vater und mit männlichen Nachkommen zum Erhalt der Dynastie gewährleistet. Eine Herrschaftszeit von nur 11 Jahren für Isaak ist allerdings kurz, da sein Lebensalter höher war (Gen 35,28). Sein Sohn Jakob war während der Herrschaft Ismaels (Isme Dagan) bei Laban und hatte sich eine große Familie zugelegt. Er kehrte nach 20 Jahren wieder zurück. Der Herrschaftswechsel ist dem Tod Abrahams auffällig nahe. Er ist (mit 175 Jahren) drei Jahre danach gestorben[41]. Eine geschwächte Position könnte zu diesem Wechsel geführt haben. Isaaks Nachfolger Ur Ninuria trägt den Stadttitel Ur im Namen. Ur wurde tatsächlich wiederaufgebaut und Ansprüche werden zu diesem Wechsel geführt haben (Gen 25,1-7). Isaaks damaliger Wohnort war nahe Beer-Lahai-Roj (Gen 25,11) ganz im Süden.[42] In der obigen Übersicht erscheint Jakob mit Ur Ninuria parallelisiert, da dies die Reihenfolge in der Hsia nahegelegt. Sie können aber kaum dieselbe historische Person bezeichnen!

---

[41] Jub 16,16 gibt erst ein Jahr nach der Geburt die Schwangerschaft Saras an, was bisher ungeklärt ist. Jub 23,8[Lat] überliefert „Im 175. Jahr vollendete er" (JSHRZ,II, 3 Klaus Berger: *Das Buch der Jubiläen*, 441 Fn.). Diese Nachrichten sprechen dafür, dass Abrahams Tod zu Isaaks endender Amtszeit führte! Jub 16,16: Jahr der Schwangerschaft 41/4/6; Jub 16,13: Geburt im 3. Monat ohne Jahresangabe – folglich in 41/4/7; Jub 22,1 Abrahams Tod in 43*/1/2; Damit sind 1 Jubiläum (49 Jahre), weitere 3 Jahrwochen (21 Jahre bis 42/7/7) und zwei Jahre bis 43/1/2. *Zur Korrektur von Jub 22,1, siehe BZAW 363 Christoph Berner: *Jahre, Jahrwochen und Jubiläen. Heptadische Geschichtskonzeptionen im Antiken Judentum*, Seite 280.

[42] Jub bezeichnet das Jahr der Dürre (Gen 26,1) mit 43/4/1 (Jub 24,2), Isaak bei Abimelech/Gera (Gen 26,6.16) von 43/4/2 (Jub 24,8) bis 43/7/1 (Jub 24,17), d. h. zusammen 3 Jahrwochen dort und eine weitere Jahrwoche 44/1/1 (Jub 24,21) in Beerscheba (Gen 26,3f). Das in Jub 22,1 „falsch" angelegte 44. (anstelle 43.) Jubiläum kennzeichnet die Verbindung zwischen dem Ende 44/1/1 (Jub 24,21) der Krise und dessen Beginn mit Abrahams Tod. Diese Spanne von 28 Jahren entspricht der Regierungszeit Ur Ninuria!

Ein Ortswechsel Isaaks wegen einer Hungersnot (Gen 26,1) könnte ein Hinweis auf diese sicherlich schwierige Zeit der Anfeindung sein (Gen 26,18). Nach zwei Jahren (echter) Hungersnot geht Jakob mit seiner Familie nach Ägypten (Gen 45,11). Moses richtet mit seiner Geschichte der Vorväter seinen Blick ganz auf die zukünftige Verheißung von Nachkommen eines Volkes, das mit einem Land, dem Land Kanaan gesegnet wird. Sind vom Ringen um Nachkommenschaft für ein königliches Erbe noch überall Spuren zu finden, so ist der Verlust dieser Stellung, und sei dies innerhalb der Hausgemeinschaft einer Königsfamilie, kaum zu spüren. Auch die Segnungen der Vorväter werden stets als Vorschuss für die zukünftigen Verheißungen wahrgenommen. Isaak wurde mit 71 Jahren von seiner Position verdrängt und musste als Fremdling zu Abimelech ausweichen. Seine Aufenthaltsdauer und Entwicklung während mehreren Jahrwochen (Jub 24,12.21; 25,1; 26,7) entspricht nicht dem Bild einer kurzzeitigen Reaktion auf eine Hungersnot (so auch bei Abram in Gen 12,10). Aber auch Isaak hatte elf Jahre vorher seinen Halbbruder Ismael verdrängt, der 20 Jahre lang regierte. Zuvor hatte sich Abraham letztendlich gegenüber Elieser behauptet. Der in Ur verstorbene Haran (Ibbi-Suen) hatte in seinem Sohn Lod einen königlichen Nachkommen, der mehr oder weniger unberücksichtigt blieb. Isaaks Segen fiel mit der Unterstützung Rebekkas auf ihren Sohn Jakob (anstelle Esau). Um sich vor seinem Bruder Esau zu schützen, musste er nach Haran zu seinen Verwandten gehen (Gen 28,1.5). Er diente 14 Jahre um Lea und Rahel, und blieb insgesamt 20 Jahre bei Laban (Gen 31,38.41). Laban veränderte seine Einstellung zu Jakob, als dieser immer wohlhabender wurde (Gen 31,1.2).

Hier wird deutlich, dass das familiäre Bild der Genesis immer wieder Beeinträchtigungen unterliegt, die auf Herrschaft schließen lassen. Die chronologischen Angaben der Genesis haben mitunter verlagerte Schwerpunkte. Da Abram kein leiblicher Sohn Terachs war, konnten sich Ereignisse früher abspielen. Auch die Alter von Abram, Isaak und Jakob bekommen eine andere Bedeutung.

Das Zeugungsalter Terachs von 70 Jahren hat die tatsächliche Herrschaft Abrahams (Isme Dagan) schon inclusive (33+10+<u>25</u>) und Ismael, Isaak und Jakob (20+11+28) incl. 17 Jahre in Ägypten füllen die weitere 75 Jahre Lebensalter Abrams bis 1790 auf! Mit 175 Jahren Abraham wird er ca. 1965 geboren worden sein.

Abrahams 175 Jahre (Gen 25,7) Lebenszeit stehen für sein Leben, dem seines Sohnes Isaak und dem seines Enkels Jakob. Das Ende Jakobs 1790 zeigt auf Abrams Geburt 1965. Bei seiner Heirat war er 30-33 Jahre alt und seine Frau Sara 20-23 Jahre alt. Sie wurde erst mit 45-48 Jahren die Mutter von Isaak, ein beachtliches Alter.

Abrams 75 Jahre (Gen 12,4) überschreiten Terachs Antritt 5 Jahre, die 86 Jahre (Gen 16,16) bei der Geburt Ismaels 16-21 Jahre und die 100 Jahre (Gen 21,5) bei der Geburt Isaaks 25-30 Jahre. Abraham trat seine Herrschaft mit 75 Jahren an und herrschte 25 Jahre bis er 100 Jahre alt war! Da die Hochzeit dem 5. Jahr Terachs vorrausging, wurde Abram im 28-30. Jahr Terachs mit 60-62 Jahren der Vater von Isaak. Ismael wurde im 19-21 Jahr Terachs geboren. Bemessen an der Kippe im 5. Jahr Terachs war Abram bei Ismaels Geburt 48 und bei Isaak 62 Jahre alt, weshalb das o. g. Alter Isaaks beim Antritt Abrahams auf 15-13 Jahre korrigiert werden muss und Abram bei einer Hochzeit im 5. Jahr Terachs 35-37 Jahre alt war.

Die 127 Jahre bei Saras Tod (Gen 23,1) sind um die 70 Jahre Terachs überzogen. Sie heiratete mit 20-23 und verstarb mit 57-60 Jahren, als Isaak 9-12 Jahre alt war. Sie wurde als Tochter von Haran bis 1955 geboren und verstarb danach bis 1895. Elieser sollte die Braut für Isaak beschaffen, als dieser erst 13-15 Jahre alt war. Das Arrangements in diesem Alter üblich waren, zeigt ein Text aus Qumran. In 4Q464 wird auf das Leben der Patriachen eingegangen. In Fragment 7 wird Jakobs Aufbruch nach Haran (Gen 28,10) genannt und in der Zeile darüber heißt es ... *sie sollen fünfzehn [Jahre] alt sein ...*,[43] was sich dort auf die Zwillinge Esau und Jakob bezieht.

Die 180 Jahre (Gen 35,28) Isaak waren ursprünglich die 130 Jahre[44] von Abrams Geburt 1965 bis zum Ende Isaaks Herrschaft 1835. Das zeigt eine Untersuchung der Angabe in Jub 22,1 im Kontext von Jub 24,21. Hier wurde ein ganzes Jubiläum verschluckt, um die Jahresangaben als Lebensjahre glaubhaft zu machen![45]

---

[43] Wise/Abegg/Cook: *Die Schriftrollen von Qumran. Übersetzung und Kommentar*; 1997, Seite 419

[44] Jub kennt Rebekkas Alter bei ihrem Tod (Jub 35,1.6.27) mit 155 Jahre. Sie war die Enkelin des Haran und deshalb für eine Fortsetzung seiner Dynastie von Bedeutung.

[45] Es ist zu beobachten, dass seine Lebenszeit bis auf das Ende Jakobs aufschließt, was wieder für eine ursprüngliche Bedeutung als ZR spricht.

Isaak verstarb in dem Jahr, als Joseph bei Pharao aufstieg (Gen 41,46; Jub 40,11f).[46]

Wie sind nun aber die 130 Jahre Jakobs als Fremdling an verschiedenen Orten (Gen 47,9) zu beurteilen? Rekrutieren diese Jahre auf Isaaks Geschichte? Nein! Jakob beschreibt seine Familie nach dem Untergang von Ur und fünf Jahre in Haran als in Zelten und an wechselnden Orten wohnend, was alles mit der Krise 1934 begann. Jakob sprach mit Pharao 1806 über 130 Mondjahre, bevor er seine letzten 17 Jahre bis 1790 in Ägypten verbrachte.

In der Chronologie wird mit Terachs Alter eine Verbindung zum Ende seiner Dynastie Isne hergestellt. Die Geschichte Abrams/Abrahams gibt es deshalb nicht eigens (als Einleitung), da Terach die Fortsetzung der Dynastie von Ur zuzuschreiben war (Gen 11,29f). Eine Geschichte Ismaels (Gen 25,12), Isaaks (Gen 25,19), Esaus (Gen 36,1.9) und Jakobs (Gen 37,2) gibt es wieder.

Als Jakobs Bruder Esau durch seine Ehebündnisse Anlass zur Bitterkeit gab und Isaaks Segen auf Jakob gelenkt wurde, verließ er seine Eltern und ging für 20 Jahre zu seinen Verwandten nach Haran. Man denkt, Esau heiratet mit 40 Jahren zwei Frauen aus Kanaan. Rebekka ermahnt Jakob aber erst mit 63 Jahren, nur innerhalb der Familie (in Haran) zu heiraten (Jub 25,1.4). Warum erst jetzt? Eine Lösung für diese Unstimmigkeit ist ein anderes Lesen der Informationen in Jubiläen. Das Jahr/Woche/Jubiläum-Gefüge gestattete dem Verfasser unter Einsatz kleiner „Schreibfehler" und „kleiner Geschichten" eine aussagekräftige Wirkung zu erzielen, vorausgesetzt, der Leser erkennt darin ein zu lösendes Rätsel!

Und er legte zwei Finger Jakobs auf seine Augen. Und er segnete den Gott der Götter und bedeckte sein Angesicht und streckte seine Füße aus und schlief den Schlaf der Ewigkeit. Und er wurde bei seinen Vätern versammelt. Und bei allem diesem lag Jakob in seinen Schoß, und er wußte nicht, daß Abraham, der Vater seines Vaters, tot war – Jub 23,1.2 *(Klaus Berger)*.

In dieser Geschichte bemerkt der Enkel Opas tot erst später, ein „Wink mit dem Zaunpfahl", dass Abrahams Tod *früher* war und eine

---

[46] Die 180 Jahre Isaaks (Gen 35,28; Jub 36,18) enden nach Berechnung der Zeitangaben im Jub schon mit 175 Jahren. Seine Vermächtnisrede (Jub 31,27) hält er von seinem Geburtsjahr an gerechnet schon neun Jahre früher (156/165) als angegeben, was bisher völlig ungeklärt ist.

Krise auslöste, die Isaak für 4 Jahrwochen zum Ausweichen zwang. Die Differenz von 50 Jahren besteht aus diesen 28 Jahren und den fehlenden 22 Jahren bis zur Ermahnung Rebekkas an Jakob, eine Frau aus ihrer Verwandtschaft zunehmen!

Sie sollten sich sicherlich zur selben Zeit Frauen suchen. Wie Abram und Nahor (Gen 11,28.29) sollten sie den Fortbestand der Dynastie sichern. Nur entsprach die Wahl Esaus nicht den Vorstellungen der Eltern. Nach Rebekka war das Werk der Kanaaniter „Unzucht und Festgelage" – Jub 25,1. Sie waren für ein Ehebündnis nicht die geeigneten Partner. Isaak selbst war bei seiner Hochzeit und bei der Geburt seiner Zwillinge nicht 40/60 sondern nur 13-15/20 Jahre alt. Isaaks Hochzeit wird bald nach Abrahams Antritt stattgefunden haben und er herrschte für 25 Jahre. Isaaks und Rebekas Zwillinge wurden noch vor dem Ende seiner Herrschaft verheiratet. Jakob bekam fünf Jahre später den Segen Isaaks![47] Er diente Laban 2 Jahrwochen lang und nach 20 Jahren stellt er rückblickend fest, dass Labans Angesicht nicht mehr so ist, wie noch „am dritten Tag" – Gen 31,2^{LXX-D} Fn. (Di., 17. Jahr)[48], weshalb er ihn verlässt, als Joseph ein Jahr alt war (Jub 29,5). Jakob geht nach Gilead 44/4/7 (1. Monat, 21. Tag/Laban findet ihn 3. Monat, 13. Tag).[49] Er überquert den Jordan 44/5/1 (Jub 29,5.14). Die Zeit drängte und Jakob, der mit seinen zwei Frauen Lea und Rahel und deren Mägde Silpa und Bilhar zu einem Kinderwohlstand gelangte, hatte sieben Jahre später mit Benjamin (Jub 32,33) zwölf Söhne ohne die Töchter, von denen nur Dina bekannt ist. Das fiel in die Zeit der Herrschaft Ismaels und die Geburt Bejamins in die Zeit der Herrschaft Isaaks.[50] Das Geschehen um Dina war eine Bündnisverletzung die in einem Krieg endete, den Jub mit Isaaks Tod und tausenden von Männern in Verbindung bringt. Die Geschichte Isaaks könnte gut die Geschichte Jakobs sein. Diese beginnt aber erst mit Joseph, der über seine Brüder schlecht berichtet und Träume hat, worin sich die Familie Israels vor ihm verneigt (Gen 37,1f). Er gelangte mit 17 Jahren 1821 nach Ägypten und stieg dort zur Macht auf und empfing dort 1806 Jakob.

1808-1807	1807-1806	1806-1805	1805-1804	1804-1803	1803-1802	1802-1801
2,8b-16	2,17-30	2,31-3,22	3,23-29+	4,1-24+	4,25-40+	4,41-49+

[47] In dieser dichten Generationsfolge wäre ein Segen von Abraham denkbar.
[48] Der 3. Tag 1849 bestätigt Jakob im 2. Jahr der 7 Dürrejahre in Ägypten.
[49] Auch die Datierung war in Verträgen innerhalb der Königsfamilien wichtig.
[50] Befürchtungen vor Esau könnten sich mit Isaaks Antritt verstärkt haben!

Hat jemand an der Uhr gedreht?

Nun ist es an der Zeit, den Blick vor die Flut zu richten und nötigenfalls die Kritik auf sich zu nehmen, von einem realen Jahreskalender mit 360 Tagen von 12 Monden mit jeweils 30 Tagen zu sprechen. Den für diese Zeitumstellung erforderlichen Maßnahmen werden sogar von Gläubigen widersprochen, die eher fantasievoll einen (Himmels)Ozean einstürzen lassen, als dass die Meere übergeschwappt wären. Woran liegt das?

Ihr Problem liegt im Wesentlichen in der vorhandenen Erklärungsnot für die Schöpfung der Lichter am 4. Tag (Gen 1,14-19). Da kommt ein Himmelsozean für die Regulierung der Sichtbarkeit der Gestirne auf der Erde gerade recht. Gleichzeitig soll dieses unendliche Wasserreservoir beim Einsturz die Berge aus der Luft überfluten können. Sie sehen sogar das nachgewiesene Klima vor der Flut im Himmelsozean begründet, obwohl unser Wissen über Meerestiefen andere Vorstellungen vermitteln. In Fusion mit der Größe gefundener Dinosaurier ahnen einige den Schlüssel für ein langes vitales Leben.

Diese und weitere fantasievollen Früchte naiver Verteidigung der Bibel gehen auf gezwungene Vorstellungen über Inspiration zurück. Sie können die Apokalyptik, d. h. Offenbarungswissen von Gott (mit seinen zu lüftenden Geheimnissen) nicht von Inspiration trennen! Sie glauben dem Ausspruch: *Sonne steh still!* (Jos 10,12-13), verleugnen aber schon eine geringe Entschleunigung der Erde um die Sonne im Flutjahr, obwohl diese Beobachtet und verspürt wurde.

Zufallsgläubige hingegen müssen eine Flutkatastrophe in eine weite Ferne rücken und möglichst unscharf machen, um ihre Entwicklungszeitvorgaben noch einhalten zu können. Immer wieder springt eine Datierung von Tausende auf Jahrmillionen hoch. Da kann es auch schon einmal passieren, dass ein versteinertes Bein in einem Cowboystiefel von 1950 feststeckt[51] oder sich Fußabdrücke von Menschen neben denen eines Dinosauriers verewigt haben.[52] Wie lange gibt es den Menschen wirklich? Wie war die frühe Zeit?

---

[51] Hans-Joachim Zillmer: *Irrtümer der Erdgeschichte*; 2008, Abb. Seite 272
[52] A. E. Wilder Smith: *Die Naturwissenschaften kennen keine Evolution*; 1985, Abb. Seite 101.

Informationsfluss in der Moderne

鬼 Chinesisch für TEUFEL: 丿 (Lebendig) in einem 田 (Garten) 儿 (geht) ein 厶 (Betrüger) – Gen 3,1

Die Geschichtsschreibung begegnet uns von Anfang an und ist viel weniger Dunkel, als uns die moderne Forschung glauben machen möchte. Was wir vorfinden ist nicht das, was es sein darf! Geschaffene Menschen, eine Sprache von Anfang an und eine Schrift als Ausdruck und Gedächtnis für Nachkommen transportierten Kenntnisse wie Sünde und Brudermord an die Generationen nach der Flut.

Zerstörerische Mächte brachten ja zivilisierte Menschen dazu, Raub und Mord zu üben und Krieg um Herrschaft zu führen. Es ist deshalb nicht verwunderlich, wenn die Geschichtsschreibung nach der Flut – dem Abbruch der Schlechtigkeit – wieder einen Anfang der Gewaltherrschaft erwartet (Gen 10,8f). Unser Wesen begreift Geschichtswiederholung, was uns bis in unsere Gegenwart hinein begleitet.

Es fällt aber sofort auf, dass schon das Benennen eines Feindes zu erheblichen Kontroversen Anlass gibt. Unsere Umwelt ist heute nicht in der Lage, hinter ihren Problemen einen professionellen Todschläger (Joh 8,44) zu erblicken, der seine Sabotage an der Schöpfung fortsetzt. Als Geschöpf im Bilde Gottes werden wir mit dem bedauerlichen Hang zur selbstzerstörerischen Lieblosigkeit konfrontiert.

Die Aufklärung des 19. Jahrhunderts hat die biblische Geschichte für nicht historisch und dunkel *erklärt* und überwältigende Zustimmung erfahren. Damit erscheint Gott als Vater der Menschen abgekoppelt und der überlieferte Erfahrungsschatz als Anleitung überkommen. Ein Nutznießer dieser Entwicklung ist ein Betrüger, der Menschen verblendet *(Der Mensch hat Gott nur erfunden, haha mich auch!)*.

Geschichte verstehen hat also etwas mit der Anschauung zu tun – wie wir etwas anschauen – und verrät unseren eigenen Standort.

Die Aufklärung rückt den Menschen ins Zentrum und setzt sich gegen Unvernunft durch, was zu einer beachtlichen Freiheit führte. Die Ursachen der zerstörerischen Ambitionen erreichte sie jedoch nicht.

Der Kalender vor der Flut

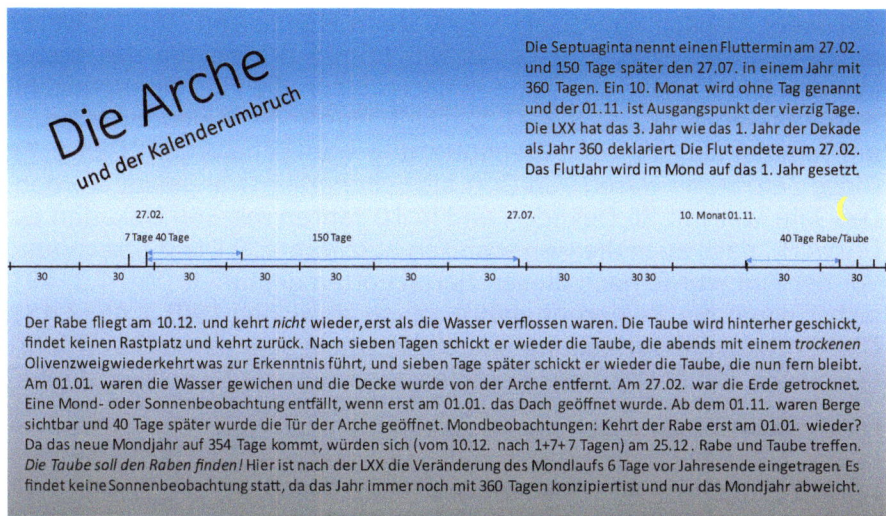

Die Septuaginta nennt einen Fluttermin am 27.02. und 150 Tage später den 27.07. in einem Jahr mit 360 Tagen. Ein 10. Monat wird ohne Tag genannt und der 01.11. ist Ausgangspunkt der vierzig Tage. Die LXX hat das 3. Jahr wie das 1. Jahr der Dekade als Jahr 360 deklariert. Die Flut endete zum 27.02. Das FlutJahr wird im Mond auf das 1. Jahr gesetzt.

Der Rabe fliegt am 10.12. und kehrt *nicht* wieder, erst als die Wasser verflossen waren. Die Taube wird hinterher geschickt, findet keinen Rastplatz und kehrt zurück. Nach sieben Tagen schickt er wieder die Taube, die abends mit einem *trockenen* Olivenzweig wiederkehrt was zur Erkenntnis führt, und sieben Tage später schickt er wieder die Taube, die nun fern bleibt. Am 01.01. waren die Wasser gewichen und die Decke wurde von der Arche entfernt. Am 27.02. war die Erde getrocknet. Eine Mond- oder Sonnenbeobachtung entfällt, wenn erst am 01.01. das Dach geöffnet wurde. Ab dem 01.11. waren Berge sichtbar und 40 Tage später wurde die Tür der Arche geöffnet. Mondbeobachtungen: Kehrt der Rabe erst am 01.01. wieder? Da das neue Mondjahr auf 354 Tage kommt, würden sich (vom 10.12. nach 1+7+7 Tagen) am 25.12. Rabe und Taube treffen. *Die Taube soll den Raben finden!* Hier ist nach der LXX die Veränderung des Mondlaufs 6 Tage vor Jahresende eingetragen. Es findet keine Sonnenbeobachtung statt, da das Jahr immer noch mit 360 Tagen konzipiert ist und nur das Mondjahr abweicht.

Der Flutbericht der Septuaginta eignet sich besonders gut, den Kalender vor der Flut deutlich zu machen. Das liegt daran, dass die gesamte Dekade noch in Jahren mit 360 Tagen betrachtet wurde, die sich auf beobachtete Mondjahre mit 354 Tagen umstellten. Das verlängerte Sonnenjahr bleibt hier unerwähnt und es könnte sogar in Betracht gezogen werden, dass wir in der Septuaginta die erste tatsächliche Beobachtung im Flutjahr überliefert haben! Sonnenbeobachtungen sind nämlich schwieriger und wenn verschobene Breitengrade auftraten sind auch Sternbeobachtungen nicht mehr mit der früheren Zeitmessung stimmig (Hen 60,1). 40 Tage leiten hier barrierefrei die Beobachtung ein, dass ein Jahr dort (nach 354 Tagen) zu Ende ist, wo sich Rabe und Taube wieder treffen würden.

Alleine diese Veränderung so festzuhalten war ein großer Schritt, da die einheitliche Ordnung von Sonne und Mond für die Bestimmung der Zeit (Gen 1,14) nicht infrage gezogen werden durfte. Das Jahr endete zunächst 6 Tage früher, so die Wahrnehmung am Himmel! Der ausgeklügelte Flutbericht im MT arbeitet mit Riegeln und setzt zumindest schon Kenntnisse vom Sonnenjahr 364 voraus, um neben der Mondbeobachtung über ein Datum auch die Sonnenbeobachtung einzutragen. Dieser Bericht wurde erst nach der Dekade aktualisiert.

Das lässt uns etwas von der verlorengegangenen Harmonie vom Sonnenjahr 360 mit dem Mondjahr 360 erahnen. Eine Zeitrechnung war nach 12 Mondzyklen von 30 Tagen auch für ein Sonnenjahr gültig! Jeder Mensch konnte sie lesen, denn Monde und Monate waren noch eins. Der Frühjahrespunkt war immer am Beginn des ersten Monats. Die Monate und Tage konnten bis in die Flut hinein gezählt werden (Gen 7,11.24; 8,3.4). Deshalb wurde der Kalenderumbruch am Himmel als eine tiefe Erschütterung wahrgenommen (Gen 8,7). Diese Zeiträume waren von Gott als Lebensräume angelegt worden. Das Jahr war mit 36 Dekaden und in 10 Jahren mit 360 Dekaden ein Uhrwerk, dass auch die Herrschaften bestimmte.[53] Die Zeitrechnung vor der Flut wurde nach diesen Herrschaften gestaffelt (WB 1,1-40), selbst wenn die Regierungsjahre davon abwichen (WB 1,45-2,45). Diese räumliche Vorstellung besteht heute in Jahrzehnten und Jahrhunderten fort.[54] Wie viele Dekaden zählt nun die Menschenfamilie?

Die Antwort müsste bei einem so einheitlichen Kalender leicht ausfallen. Tatsächlich treten erst in der Übermittlung der Jahre Schwierigkeiten auf. Im WB zeichnen sich zum Teil noch die Irritationen der Flut ab, weil dort Regierungsjahre mit Tagen, Dekaden und Monden multipliziert wurden, sodass uns extrem hohe Lebensalter erscheinen. Auch die Listen des Moses in Ägypten konnten missverständlich gelesen werden. Eine frühe Viehzählung wurde als Steuererhebung alle 2 Jahre durchgeführt, was späterer jährlich geschah. Deshalb war im Rückblick nicht immer klar, ob 1 Jahr wirklich 1 Jahr oder 2 Jahre meinte. Moses hat diese Herrscherlisten mit Jahren als Genealogien verstanden und *Name, Alter, Zeit* als *Name, Zeugungsalter, weiteren Lebensjahre* gelesen und addiert. Die Zeugungsalter ermöglichen eine Chronologie nach obiger Dopplung im Rückblick, während die weiteren Lebensjahre eine Zeitrechnung verbergen, die auf die Anfänge zurückblickt. Die Anordnung der Namen wurde nicht gleich der Zeitrechnung sondern nach Prioritäten angelegt. Der Eindruck wird erzeugt, Lebenszeiten bis zu knapp unter tausend Jahren seien vor der Flut Standard gewesen. Um dieses Bild zu ermöglichen bekam Noah eine Zeitrechnung von 500 Jahren als Zeugungsalter.

---

[53] Nach der Flut wurde die Wanderung des Sirius durch die Abweichung von ¼ Tag alle 4 Jahre beobachtet. Dieser Zeitraum fand bei den Olympiaden und bis in unsere heutigen Legislaturperioden großen Anklang.
[54] Die Woche war das Werk Gottes und wurde später auf Israel übertragen. Sie taucht in allen Apokalypsen auf und ist eng mit dem Jahr360 verbunden.

Die Zeitrechnung vor der Flut

Ein einheitlicher Kalender macht eine Zeitrechnung leichter. Wochen und Dekaden sind die Vorstellung einer Zeitrechnung immanent, ein Zählen der Jahre. Es kann von einem Vorgang gesprochen werden, den jeder Mensch einfach erfassen konnte. Die älteste Form der Jahreszählung waren einfache Knoten für Jahre an einer Schnur. Sie konnte von einem Familienhaupt verwaltet und dem Nachfolger weitergereicht werden. Wir können mit Aufzeichnungen zurück bis zu Adam rechnen, denn spätestens mit der Geburt von Kindern war die Weitergabe vergangener Zeit und dessen Wissen wichtig, damit die Nachkommen ihre Umwelt verstehen konnten. So taucht im Weld-Blundell in Kischs Liste ein Name auf, dem als einzigen auch Monat und Tag angehängt wurden. Bei Endara`anna sind nach 420 Jahren zusätzlich … 3 Monate, 3 ½ Tage eingetragen und auch die Summe der 23 Könige dieser Liste führt diese 3 Monate und 3 ½ Tage mit. Das lässt auf eine hohe Bedeutung dieser Person auch in Verbindung mit der Zeitrechnung vor der Flut schließen! Eine Untersuchung der Jahre aller 23 Könige verrät uns, dass deren Zeiten durch 30 teilbar sind. Damit wurde nach den durch die Flut verursachten Irritationen sichergestellt, dass die Jahresangaben in Mondjahren von 12 mal 30 Tagen stattfanden, und nicht nach einem Mondjahr mit 354 Tagen zu berechnen seien. Für Endara`anna bedeuten 420 Jahre demnach 14 Jahre, 3 Monate und 3 ½ Tage. Er wurde wegen seiner Bedeutung in die Herrscherliste von Kisch aufgenommen und die Jahre, Monate und Tage bis zu seinem Tod gezählt. Die Liste der 23 Könige zählt in der Addition 589 Jahre und 4 Monate, wird aber im WB mit 24510 als 30faches von 817 Jahre angegeben. Es wird keine Flut genannt. Dieser Liste folgt Meskig Gascher, der Kusch der Bibel (WB 3,1.4). Ist die Flut Ausgangspunkt der 817 Jahre, müssten Leser die Liste mit 589 Jahre und 4 Monate abhängend lesen. Endara´anna wäre 102 Jahren und 4 Monaten nach Kisch für 14 Jahre[+] vertreten. Sollte Kisch der Sohn von Endara´anna gewesen sein, wird er bei einer Identifikation mit Adam 130 Jahre, 3 Monate und 3 ½ Tage alt geworden sein, d. h. sein Lebensalter wäre Genesis-Zeugungsalter. 800 weitere Lebensjahre sind so nur als Zeitrechnung zu begreifen. Die LXX nennt nur 700 weitere Lebensjahre Adams, die von 817 minus 102 Jahre, 4 Monate und Endara´anna 14 Jahre, 3 Monate als 700 weitere Jahre (plus 5 Monate) gelesen werden konnten.

WB		Jahre	354	360	365	364	30
1,42-45	Kisch	1200	3,39	3,33	3,29	3,30	40
1,46-47	Kullassinabel	[12]00	3,39	3,33	3,29	3,30	40
2,1-2	Nangischlischma	[6]7[0]	1,89	1,86	1,84	1,84	22/4M
2,3-4	Endara´anna	420	1,19	1,17	1,15	1,15	14
2,5	Babum …	300	0,85	0,83	0,82	0,82	10
2,6	Puanna`um	240	0,68	0,67	0,66	0,66	8
2,7-8	Kalibum	960	2,71	2,67	2,63	2,64	32
2,9	Qalumum	840	2,37	2,33	2,30	2,31	28
2,10-11	Zuqaqip	900	2,54	2,50	2,47	2,47	30
2,12	Atab	600	1,69	1,67	1,64	1,65	20
2,13	Maschda (Sohn)	840	2,37	2,33	2,30	2,31	28
2,14-15	Arwium (Sohn)	720	2,03	2,00	1,97	1,98	24
2,16-19	Etana (Hirt)	1560	4,41	4,33	4,27	4,29	52
2,20-22	Balich (Sohn)	400	1,13	1,11	1,10	1,10	13/4M
2,23	Enmenunna	660	1,86	1,83	1,81	1,81	22
2,24-25	Melamkisch (Sohn)	900	2,54	2,50	2,47	2,47	30
2,26-27	Barsalunna (Sohn)	1200	3,39	3,33	3,29	3,30	40
2,28-29	Su/amug (Sohn)	140	0,40	0,39	0,38	0,38	4/8M
2,30-31	Tizqar (Sohn)	305	0,86	0,85	0,84	0,84	10/2M
2,32	Ilkum (Sohn)	900	2,54	2,50	2,47	2,47	30
2,33-34	Iltasadum	1200	3,39	3,33	3,29	3,30	40
2,35-38	Enmenbaragaesi	900	2,54	2,50	2,47	2,47	30
2,39-41	Aka (Sohn)	625	1,77	1,74	1,71	1,72	20/10M
2,42-45	23 Könige	24510	69,24	68,08	67,15	67,34	817

Eine Zeitrechnung nach den weiteren Lebensjahren der Septuaginta könnte somit mit den bereinigten Jahresangaben im Weld-Blundell stimmig sein, was an weiteren Stellen überprüft werden kann. Der bekannteste Vertreter in der Liste von Kisch ist „Etana, der Hirt, der zum Himmel aufstieg, der alle Fremdländer stabilisierte" (WB 2,16-18), der mit Henoch identifiziert werden kann. In Kischs Liste trat er abhängend im 297. Jahr auf und regierte 52 Jahre. Diese Angaben decken sind mit Henochs additiven 65+300^MT; 165+200^LXX Jahren.

Doch war Henoch ein Sonderfall, weil er für Engel führsprechend vor Gott eintrat, eine Himmelfahrt erlebte und Offenbarungsgut erhielt. Alle übrigen Namen in der Genealogie der Genesis wurden nicht von Adam aus gezählt sondern meist in zurückgewandter Zeitrechnung ab der Flut. In der LXX wird nur Methusalem zwei Jahre älter als Jared (bei den Kainiten Irad = Stadt) mit 800 Jahren [MT+LXX]. Nach der Chronologie in Zeugungsaltern hätte Methusalem die Flut sogar überlebt, was auf den Leser wie eine Sollbruchstelle wirkt. Sollte die Liste ursprünglich anders gelesen werden?

Oben Zeugungsjahre, darunter weitere Lebensjahre, Adam bis Noah

Gen	Person	Jub	MT	LXX	Äth	Sam
5,3-5	Adam	130	130	230	230	130
			800	700	700	800
5,6-8	Seth	98	105	205	205	105
			807	707	707	807
5,9-11	Enos	97	90	190	190	90
			815	715	715	815
5,12-14	Kenan	70	70	170	170	70
			840	740	740	840
5,15-17	Mahalalel	66	65	165	165	65
			830	730	730	830
5,18-20	Jared	61	162	162	162	62
			800	800	800	785
5,21-24	Henoch	65	65	165	165	65
			300	200	200	300
5,25-27	Methusalem	65	187	167	187	67
			782	802	782	653
5,28-31	Lamech	49-	182	188	182	53
		55	595	565	595	600
5,32	Noah	500	500	500	500	500
		100	100	100	100	100
		(350)	(350)	(350)	(350)	(350)
Flut	Zeugungsjahre als ZR	1309	1656	2242	2256	1307
	weiter Lebensjahre als ZR		930	830	830	930

Traditionell werden überlieferten Zeugungsaltern im MT als Chronologie den ersten Platz eingeräumt, ohne die anderen Varianten zu berücksichtigen und auch ohne die hohen Lebensalter aufzuklären. Diese hohen Lebensalter sind für die Einen schlicht nicht möglich, für die Anderen ein Fast-ewiges-Leben etwas unter 1000 Jahre. Die Genesis kennt zwar den Sündenfall als Ursache für den Tod am selben Tag (ideologisch innerhalb von 1000 Jahren), teilt aber auch ganz offen mit, dass eine Qualifikation zum Ewigen Leben noch nicht stattfand und dann auch vermieden wurde (Gen 2,9; 3,22-24). Ein Ausdruck gescheiterter Ewigkeit in abnehmenden Altern ist unnötig!

Der eigentliche Grund für die angelegte Chronologie in Zeugungsaltern (additiv) verbunden mit hohen Lebensaltern ist eine notwendige „doppelte" Zeitführung für die Welt vor der Flut. Im Ägypten der Zeit Moses war unklar, ob ein Jahr der Zählung (für Steuerzwecke) früher jedes Jahr oder alle zwei Jahre stattfand. Jahresangaben auf einigen Artefakten lassen bis heute offen, ob Jahre einfach oder doppelt zu zählen sind. Im MT sind mit 1656 additiven Zeugungsaltern und mit 930 Jahren beide Möglichkeiten eingetragen, wobei die einfachen 830 Jahre wegen der Aufstockung um 100 Jahre nicht sofort sichtbar erscheinen. Deshalb ist es sinnvoll, zuerst einen Blick auf die vielen *plus 100* der Genealogie der Genesis zu werfen.

Für Adam als Endara`anna im WB waren 700^{LXX} weitere Lebensjahre 700 Jahre und 5 Monate, bis die 817 Jahre Kisch ausgelaufen sind. Adams 800^{MT} sind wie die 230^{LXX} um 100 Jahre aufgestockt! Warum? Gleiches kann man für Seth, Enos, Kenan, Mahalalel, Henoch fragen. Auffällig sind diese zehn Dekaden als eine Größe, die zwischen den Zeugungsaltern und den weiteren Lebensjahren eingespielt wurden, und doch keinen festen Sitz benötigen. Die Städte sind einfacher: Bei Jared bilden 800 Jahre eine einheitliche Schnittstelle zur LXX und als erste Stadt (Irad) bestand sie 162 Jahre [130 als Hauptstadt]!

WB	Name/*Stadt	Jahre	Jahre360	[Irad 800-670]
1,3-4.(6)	Alulim	28800	80	
1,5.(6)	Alalgar	36000	100	
1,2.7.8	*Eridu*	64800	180	**670-490**
1,11-12.(16)	Enmenluanna	43200	120	
1,13-14.(16)	Enmengalanna	28800	80	
1,15.(16)	Dumuzi d. Hirte	36000	100	
1,9-10.17.18	*Badtibira*	108000	300	**490-190**
1,20-21-23	Enzipazianna	28800	80	
1,19-20.23.24	*Larak*	28800	80	**190-110**
1,26-29	Enmenduranna	21000	58,33	
1,25-26.30	*Zimbir*	21000	58,33	**110-51/4. Monat**
1,32.33.(34)	Ubartutu	18600	51,67	
1,31.32.(35)	*Schuruppag*	18600	51,67	**51/5. Monat**
1,36-38	*alle*/8 Könige	241200	670	
1,39-40	Sturmflut			[+3. Jahr/2. Monat]

Sind die 700^{LXX} weitern Lebensjahre ab Adam als Zeitrechnung perfekt, wollen die 230^{LXX} Jahre eine weitere Möglichkeit offenhalten.

Henoch ist in Kischs Liste als Etana, der Hirt (WB 2,16-18) von 817 an abhängend im 297. Jahr 52 Jahre vertreten, was für den MT spricht (65/300^{MT}), der ihm so nach 300 Jahren 65 Jahre zugesteht. In einer zurückgewandten Zeitrechnung bis zu Adams Erschaffung vor dem Jahr 830 sind diese 52 Jahre von 533 bis 481 einzutragen.

In Alulims Liste ab 670 ist Henoch als Alalgar (WB 1,5-6) von 590 bis 490 eingetragen, was für die LXX spricht (165/200^{LXX}), die ihm nach 200 Jahren 165 Jahre zugesteht. Für eine Zeitrechnung ist die Dekade der Flut in die Berechnung mit einzubeziehen, sodass er vom Ende der Flutdekade aus zurückgewandt von 600 bis 500 regierte (Hen 60,1).

Die Lesearten dieser Listen mit Henochs Herrschaft nach 200 bzw. 300 Jahren zeigen den Grund, warum zwischen den Zeugungsaltern und den weiteren Lebensjahren weitere 100 Jahre kursierten, um so beide Möglichkeiten *einer Zeitrechnung* offenzuhalten. Diese Abweichung wird später auch bei Kubaba (WB 5,36-42) beobachtet, wo der Rest der 817 Jahre Kischs in die Flut laufen.

Somit konnte für Henoch je nach Liste eine Zeitrechnung 200/165^{LXX} oder eine ZR 300/65^{MT} eingetragen werden, was auf die übrigen Namen der als Genealogie angelegten Herrscherliste mit *plus 100* durchschlägt, ohne deren Lebenszeiten um 100 Jahre verlängern zu wollen. So wird es denkbar, dass ein Jahr 500 in einer Überlieferung (Hen 60,1) dem Jahr 600 in einer anderen Überlieferung entspricht!

So können die Genealogien der Genesis leichter miteinander gelesen und verstanden werden. Doch wie kommen Personen, die in der Genesis früher als Henoch eingetragen sind, unter seiner Zeitrechnung zum Stehen? Die als Genealogie angelegte Liste ist aus Königslisten zusammengestellt und enthält die wichtigsten Namen vor der Flut.

Da die *Dopplungen der Jahreszählung* aus Ägypten und die *plus 100 der Zeitrechnung* erkannt wurden, entfällt eine *Chronologie der Zeugungsalter* zugunsten einer *Zeitrechnung der weiteren Lebensjahre*, bei der die Zeugungsalter als Lebens- oder Regierungszeiten gelesen werden. Deshalb formatieren sich die nach Priorität angelegte Genealogie des Moses nach zeitlichen Gesichtspunkten völlig anders als eine Ahnenreihe.

Jahre mit weiteren Jahren als Zeitrechnung von Adam bis Noah

Gen	Person	Jub	MT	LXX	Äth	Sam
5,3-5	Adam	**130**	130	230	230	**130**
			800	**700**	**700**	800
5,6-8	Seth	98	**105**	205	205	**105**
			807	**707**	**707**	807
5,9-11	Enos	97	**90**	190	190	**90**
			815	**715**	**715**	815
5,12-14	Kenan	**70**	**70**	170	170	**70**
			840	**740**	**740**	840
5,15-17	Mahalalel	66	**65**	165	165	**65**
			830	**730**	**730**	830
5,18-20	Jared/Irad (Stadt)	61	**162**	**162**	**162**	62
			800	**800**	**800**	785
5,21-24	Henoch	65	65	**165**	**165**	65
			300	**200**	**200**	300
5,25-27	Methusalem	65	187	**167**	187	67
			782	**802**	782	653
5,28-31	Lamech	49-55	182	**188**	182	53
			595	565	**595**	600
5,32	Noah	**500**	**500**	**500**	**500**	**500**
	Flut	**600**	**600**	**600**	**600**	**600**
	Zeugungsjahre als ZR	*1309*	*1656*	*2242*	*2256*	*1307*
	weiter Lebensjahre als ZR		*930*	*830*	*830*	*930*

Mit Adam beginnt keine Zeitrechnung, denn er wurde selbst erschaffen. Nach seinem Leben (VitAd 23,2) sind in den *weiteren Lebensjahren* die Jahre der Menschheit bis zur Flutdekade eingetragen.

Ein Methusalem (Mann Gottes) erscheint vor der Stadt Irad und ihm oder seiner Institution werden 167 Jahre zugeschrieben. Seine Anordnung in der Genealogie vor Lamech und Noah fasst ganze Epochen zusammen.

Die Stammväter Kenan 740, Mahalalel 730, Enos 715 und Seth 707 treten als Zeitgenossen in Erscheinung, deren Zeiten ganz unseren Lebenszeiten entsprechen. Während Enos Zeit wird der Name JHWH angerufen (Gen 4,26), was mit Adams Tod gedacht werden könnte. Ihre abhängenden Zeiten könnten auch aufsteigend aufgefasst sein. Sind Seth 812, Enos 805, Kenan 810, Mahalalel 795 Söhne Adams?

Die erste Stadt Irad ist als Jared personifiziert aufgefasst noch vor Henoch, dem eine Stadt gewidmet wird dem Irad folgt (Gen 4,17f). Diese Irritation klärt sich im Vergleich der beiden Listen auf.

Henochs 200 Jahre sind mit Irad verwoben und Zeitrechnung bis zu Noahs 600. Jahr und Lamechs 595^{MT}(565^{LXX}) Jahre gehen in die Flut.

Liste des Kisch: Endara´anna – Adam 700; Enosch 715; Kenan 740

		Jahre/30	Flut/10		
	817 Jahre		817		
1,42-45	Kisch	40	777	*782/187*	
1,46-47	**Kullassinabel**	40	737	740/70	**Kenan**
2,1-2	**Nangischlischma**	22/4M	714/8	**715**/90	**Enosch**
2,3-4	**Endara´anna**	14	**700**/8		**Adam**
2,5	Babum ...	10	690/8		
2,6	Puanna`um	8	682/8		
2,7-8	Kalibum	32	650/8		
2,9	Qalumum	28	622/8		
2,10-11	Zuqaqip	30	592/8		
2,12	Atab	20	572/8		
2,13	Maschda (Sohn)	28	544/8		
2,14-15	Arwium (Sohn)	24	**520**/8		
2,16-19	**Etana, der Hirt**	52	**468**/8	**300**/65	**Henoch**
2,20-22	Balich (Sohn)	13/4M	455/4		
2,23	Enmenunna	22	433/4		
2,24-25	Melamkisch (Sohn)	30	403/4		
2,26-27	Barsalunna (Sohn)	40	363/4		
2,28-29	Su/amug (Sohn)	4/8M	358/8		
2,30-31	Tizqar (Sohn)	10/2M	348/6		
2,32	Ilkum (Sohn)	30	318/6		
2,33-34	Iltasadum	40	278/6		
2,35-38	Enmenbaragaesi	30	248/6		
2,39-41	Aka (Sohn)	20/10M	227/4		
	Summe	***589/4M***		**595**/182	**Lamech**
2,42-45	23 Könige	**817**			

Auffällig geht im 715 Jahr[LXX] Enosch als Nangischlischma vorweg, dessen 90 Lebensjahre ihn zu einem Sohn Adams qualifizieren.

Kenan hat phonetische Ähnlichkeiten mit Kullassin.abel und könnte mit seinen 70 Lebensjahren ebenfalls ein Sohn Adams sein.

Ein wichtiges Merkmal zur Erfassung der Epoche ist das Zulaufen der Dynastie des Kisch mit 23 Königen auf Mesiag-Kasch(er), dem Kusch der Bibel, den Sohn Hams. Ist dazu nicht der Nachweis einer Abstammung erforderlich? Eine weitere Überraschung in dieser Angelegenheit bietet WB in einer 2. Fortsetzung von Kisch nach 227.

2. Fortsetzung der Liste Kisch im WB für das Zeitalter *vor der Flut*

	Namen	Jahre	Eine Schankwirtin, die das Fundament von Kisch gefestigt hat	
5,36-41	Kubaba (w)	*100*	193	*Überspringt Akschack*
5,42	*1 König in Kisch*	*100*	[193-93]	
5,44-45	Unzi	30	192-162	
5,46	Undalulu	12	162-150	
5,47	Urur	6	150-144	
6,1	Purzurnirach	20	144-124	
6,2	Ischu`il	24	124-100	
6,3	Schusuen	7	100-93	
5,42-6,6	*6 Könige in Akschack*	*99*		Sohn von Kubaba
6,9-11	Purzursuen	*25*	93-68	**Antritt von Simudar über Kisch 400 nach Etana, dem Hirten.**
6,12-14	Urzababa	*400*	**[468-68]**	
6,15	Simudar	*30*	68-38	
6,16	Usiwatar	*7*	38-31	
6,17	Eschtarmuti	*11*	31-20	
6,18	Ischmeschamasch	*11*	20-9	
6,19	Nannija	*7*	9-2	**465/188**
6,20-22	*7 Könige in Kisch*	*[4]91*		**565/188 Lemech-Ära**

Die Schankwirtin Kubaba hält 100 Jahren von Kisch über Akschacks 99 Jahre hinweg eine Kontinuität zu ihrem Sohn aufrecht. Die auffälligen 400 für Urzababa sind keine Regierungszeit, sondern eine Legitimierung von Simudar, der sich in der Nachfolge vom 400 Jahre zurückliegenden Etana, der Hirt, sieht. Die 400 werden, wie schon zuvor (WB 2,42-45), als Erinnerungswert den Jahren der Könige beigegeben. Die Dynastie läuft im WB 6,20-22 rein der Summe nach vom Ende Alalgar 490 (WB 1,5-6) bis zur Flut. Die LXX sieht Lamech mit 188 Jahren im Jahr 565/465 seit Henoch in die Flut gehen und zählt die Jahre seiner Ära, in der auch Noah lebte. Lemech steht für die Musik und Künste und auch für die Polygamie (Gen 4,17-24).

Die Liste im WB 3,1-36 handelt nach der Flut und beginnt mit Kusch als Meskiggascher gefolgt von seinem Sohn Nimrod als Enmerkar (Gen 10,8-12). Lugalbanda sticht mit seinen 1200 Jahren heraus, d. h. 100 Jahren. Anfangs wurden Monate für Jahre gezählt, was auf die Irritationen der Flut zurückzuführen ist. Diese Liste schaltet jedoch ihre Zählung um, sodass ab Dumuzi Jahreszeiten von 4 Monaten gezählt werden. Der hier zugrundeliegende Kalender stabilisierte das Jahr in seinen Jahreszeiten (Gen 8,22). Eine Kalenderreform ist somit für diese Zeit vorausgesetzt.

WB	Name	Jahre	1:12/1:3	Zusatzinformationen
3,1.4	Meskiggascher	324	27	Sohn Utus; ging ins Meer hinein, stieg zum Gebirge empor
3,7-10	Enmerkar	420	35	der Unug erbaut hat
3,12.13	Lugalbanda	1200	100	
3,14-16	Dumuzi	100	33/4M	der Fischer, dessen Stadt Ku`ara
3,17-20	Bilgamesch	126	42	dessen Vater ein lil-Dämon war
3,21-23	Urlugala (S)	30	10	
3,24-26	Udulkalamma (S)	15	5	
3,27.28	Laba`*schum*	9	3	
3,29.30	Ennunda`anna	8	2/8M	
3,31	Mesche	36	12	der Schmid
3,32.33	Melamanna	6	2	
3,34	Ligal-ki-GIN	36	12	
3,35.36	*12 Könige*	*2310*		*Unug*

Dieser Herrschaft ging Lugalzagezi 25 Jahre vorweg, bevor Unug an Akkade fiel. Warum er erst später und nicht in der Liste erscheint, ist nicht klar. Es kann natürlich spekuliert werden (Gen 9,20f).

[31] In Akkade [36] wurde [31] Scharrukin [32] – sein [*Pfleg*]evater (war) ein Gärtner – [33] (er), der Mundschenk des Urzababa, [34] der König von Akkade, der Akkade [35] erbaut hat, König; er regierte 56 Jahre. – WB 6,31-36 *Willem Römer*

Sarum-kin (Sargon) Verhältnis zu Noah *(ohne Namen)* erscheint nicht als leibliche Verwandtschaft (Schwiegervater[c]). Der Gärtner assoziiert mit dem Acker- und Weinbauer in Gen 9,20, der über Urzababa (= Etana, der Hirte) als Mundschenk legitimiert wird.

Die 1. Fortsetzung im WB bietet weitere acht Könige, die Kisch zugeordnet sind und nach Monaten gezählt wurden. Davon sind sieben Regierungszeiten mit einem über das Erscheinungsbild hinausreichende Addition von 3195/3792 Jahren erhalten. Da von Kisch schon eine durchgehende Dynastie herausgestellt werden konnte, wird es hier um einen Familienzweig gehen. Die Bezeichnungen Wäscher und Schiffer stehen für zwei frühe Gewerke am Wasser.

1. Fortsetzung der Liste Kisch im WB für das Zeitalter *vor der Flut*

2,7-8	Kalibum			56,4	650/32	**3792**
1,3.4.6	**Allulim**			36,5	**670/100**	**3195**
4,20-22	**Susudda**	201	6/8M	**707/105**		Der Wäscher
4,23	Dadasig	{154}	{5/2M}			
4,24.25	**Magalgalla**	360/(420)	12 (14)	**730/65**		Der Schiffer
4,26-28	Kalbum	195	6/6M			
4,29	TÜG-e re	360	12			
4,30	Mennunna (S)	180	6			
4,31.32	Ibbi …	290	9/8M			4,34.35
4,33	Lugalmu	360	10			8 Könige Kisch
	8 Könige **Kisch**	2100	**70**	**777/40**	3195/3792	

Diese Liste gibt einen zurückgewandten Einblick bis zu Kisch, d. h. die 3195 bzw. 3792 Jahre laufen auf Kisch zu, und nicht umgekehrt! Trägt man für Kisch seine 777/40 Jahre ein, werden mit einer Bereinigung der Zeiten durch die Monde (30) dann **Seth** mit 707/105 als Susudda und auch **Mahalalel** mit 730/65 als Magalgalla sichtbar. Die 3195 Jahre Addition schlagen bei **Allulim** 670/100 und die 3792 Jahre bei **Kalibum** als Vorvater 650/32 auf. Diese Beobachtung erschließt uns weitere zwei Namen aus der Genealogie der Genesis in der Liste des Kisch und einen direkten Anschluss an Allulim.

Dadasig wurde rechnerisch ergänzt und bei Magalgalla wären auch 14 Jahre möglich. Für die Rekonstruktion der Liste wurden wegen der Konsonanten für Magalgalla/Mahalalel die 12 Jahre bevorzugt.

Damit sind alle Personen der Genealogie in Genesis 5 anhand der weiteren Lebensjahre der Septuaginta als Zeitrechnung und den Zeugungsaltern als deren vorauslaufenden Lebensjahre im Weld-Blundell wiedererkannt!

Mit dieser knapp gehaltenen Überschau sollen erste Eindrücke vermittelt und eine Grundlage für weitere Recherchen gelegt werden. Befremden diese Eindrücke vielleicht aus traditionellen Gründen?

Die christliche Tradition suggeriert eine ununterbrochene Linie bis zum Messias, die aber nicht zwingend erscheint und auch nicht Jesu tatsächliche Herkunft anzeigt (Joh 1,1-18). Jüdisch-christliche Schreiber übernahmen Moses *Genealogie* über die *Zeugungsjahre* und damit auch sein Model der *doppelten Jahreszählung*, die phantastische Lebensalter mit sich brachten (Mat 1,1-17; Luk 3,23-38). Nur wirken diese heute aus wissenschaftlichen Gründen nicht mehr glaubhaft und tragen dazu bei, die Bibel ins Reich der Märchen abzutun. Hingegen versetzten planetare Veränderungen in historischer Zeit, wie sie durch die Mondbeobachtung im Flutjahr belegt sind und die Katastrophe mitbegründen die Evolution ins Reich der Märchen. Diese suggeriert eine ununterbrochene Entwicklung des Menschen und kann mit einem Gericht und Rettung durch Gott nicht umgehen.

Die Zeiten vor der Flut waren deutlich kürzer und die Lebensalter der Menschen waren nicht viel anders als die Unsrigen. Doch mit was war ihr Leben erfüllt und wie war ihr Kontakt zu Gott? Zu diesen und ähnlichen Fragen folgen nun verschiedene Beiträge aus dem „gemeinsamen Gut der Menschheit", wie es Claus Westermann einmal formulierte.

Die Genesis in chinesischen Piktogrammen

Nahezu alle Kulturen haben Erinnerungen, die Gemeinsamkeiten mit dem Bericht in Gen 1-11 aufweisen und Berichte

> von Adam und Eva,
> von Versuchung und Sünde,
> von Vertreibung und Brudermord,
> von Riesengeschlechter und Sintflut,
> der Arche und den Turmbau zu Babel

haben sich bis zu uns erhalten. Eines dieser gemeinsamen Kulturgüter liegt in der chinesischen Schrift verborgen, da einige Schriftzeichen die Kenntnisse in Gen 1-11 zur Zeit der Entstehung der Zeichen voraussetzen. So kam die Genesis bereits bildhaft zum Ausdruck, bevor Moses diese als Vorgeschichte zu Abraham und seinem Volk in sein Buch aufnahm!

Die Beobachtung an den Schriftzeichen wurden 1960 von Cang in China veröffentlicht und im englischen Sprachraum durch Nelson 1979 (deutsch 1998) einem breiten Publikum vorgestellt.[55] Viele ihrer Beobachtungen sind in sich so schlüssig, dass es kaum möglich erscheint, eine vormosaische Kenntnis der Genesis im frühen China zu leugnen. Eine durchgehende chinesische Kultur transportiere dieses gemeinsame Gut der Menschheit mittels seiner Bildsprache teils sogar bis in unsere Gegenwart. Da Aufzeichnungen wie Königslisten in China seit Beginn der Hsia-Dynastie (2205) ohne Unterbrechung geführt werden, ist mit einem geräumigen Vorlauf eine Schrift um etwa 2500 vorauszusetzen.

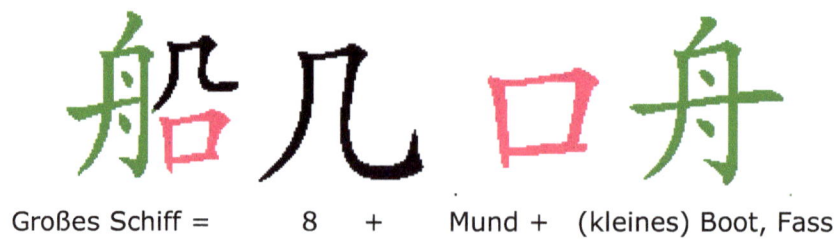

Großes Schiff =   8   +   Mund +   (kleines) Boot, Fass

---

[55] C. H. Kang/Ethel R. Nelson: *Erinnerungen an die Genesis Die Chinesen und die biblische Urgeschichte*; 1998. [The Discovery of Genesis. How the Thruts of Genesis Were found Hidden in the Chinese Languare]

Der chinesische Begriff *chuan* bezeichnet ein Schiff (1Pet 3,20). Die „acht Mund" aus einem Boot waren bei der Erfindung der chinesischen Schrift Zeugen einer Flutkatastrophe und wurden durch den Bau eines großen Kastens (mit) zum Inbegriff für ein großes Schiff!

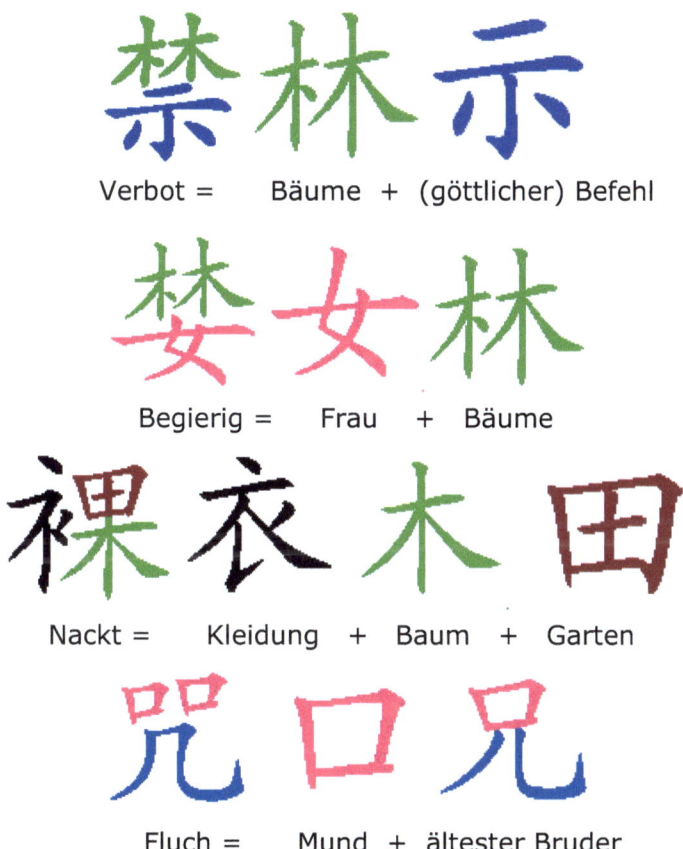

Verbot =   Bäume + (göttlicher) Befehl

Begierig =   Frau + Bäume

Nackt =   Kleidung + Baum + Garten

Fluch =   Mund + ältester Bruder

Wir können sogar Entwicklung vor der Flut beobachten. Während in der Flut „acht Mund" überlebten, werden in dem Zeichen für Geist „drei Mund" für Sem, Ham und Japhet genannt, die in Verbindung mit Regen durch ihre Arbeit zu Wundertätern wurden. Der Archebau wird im Zeichen für Geist als von Gott veranlasst gezeigt:

Himmel + bedecken + Wasser + (3x) Mund + Wundertäter = Geist

Hier ist der gesamte Eindruck des Projektes Archebau erhalten. Die drei Söhne haben unter der Erwartung von Regen (= Himmel + bedecken + Wasser) über lange Zeit hinweg durch ihre Arbeit eine Wundertat vollbracht, denn eine Regenkatastrophe solcher Wucht war bis dahin unbekannt und die Arche hatte ganz beachtliche Maße. Wer das vorher wusste hatte Gottes Geist!

Hier wird auch die Stellung sichtbar, die diese drei Familienhäupter gegenüber allen später geborenen Nachfahren hatten – Gen 9,19. Ihr Führungsanspruch wurde jeweils übertragen und ein Bruch dieser Ordnung war ungeheuerlich (Gen 10,8f). Der Auswuchs dieses neuen Strebens wird im Wort für Turm, chinesisch *ta*, deutlich:

Turm =   Gras + Lehm + Menschheit + 1 + Mund

Es war so, dass die ganze Erde einheitliche Sprechweise und übereinstimmende Worte hatte. Da geschah es, als sie von Osten aufbrachen, dass sie eine Ebene im Land Schinar fanden und sich dort niederließen. Und sie sprachen, ein Mensch zu seinem Mitmenschen: „Wohlan! Wir wollen Lehm ziegeln und im Brand brennen!" Und der Ziegel diente ihnen als Stein, und das Erdpech diente ihnen als Mörtel. Und sie sprachen: „Wohlan! Wir wollen uns Stadt und Turm bauen, und seine Spitze soll himmelhoch sein. So wollen wir uns einen Namen machen, dass wir uns nicht zerstreuen über die ganze Erdfläche!" Da stieg Adonaj hinab, um die Stadt und den Turm zu besehen, die die Menschen bauten. Und Adonaj sprach: „Ja, ein Volk sind sie und eine einheitliche Sprechweise haben sie alle …" – Gen 11,1-6a[56]

Diese und weitere Beobachtungen an den Schriftzeichen lassen die damalige Umwelt so erscheinen, wie sie uns in der Genesis beschrieben wird. Eine Kenntnis von Versuchung und Sünde, Vertreibung und Brudermord, von Riesengeschlechtern und der Flut, einer Arche und den Turmbau zu Babel waren vorausgesetzt. Selbst der Sabbat als des „Menschen Tag" ist der „wiederkehrende siebente Tag", was eine Kenntnis der Woche belegt. Der Ruhetag war vor Mose bekannt. Elementare Zusätze von späterer Hand scheiden bei den Piktogrammen Chinas aus.

---

[56] Gütersloher Verlagshaus: *Bibel in gerechter Sprache*, 2006

Das Buch „Leben Adams und Evas"

Diese Schrift aus dem hebräischen Umfeld will uns Auskunft über die Anfänge und das Leben der ersten beiden Menschen geben. Es ist in *griechischer, lateinischer, armenischer, georgischer* und *altslawischer* Schrift erhalten geblieben und besitzt eine Sonderstellung, da in den Kernschriften der Bibel über Adam und Eva wenig gesprochen wird. In wissenschaftlichen Kreisen wird eine Spätdatierung vorausgesetzt, die aber weder aus der Schrift selbst noch aus Abhängigkeiten abzuleiten ist. Ein Indiz für das hohe Alter ist die Erwähnung vom *Bund* ApkMos 8,2. Dieser Bund bezieht sich, für das nachexilische jüdische Schrifttum unüblich auf das eine Verbot weit vor dem Exil Judas. Die Vorstellung, das Interesse für Adam und Eva sei erst im 3./2. Jhd. v. u. Z. aufgekommen, da erst dann Schriften außerhalb der Genesis auf Adam und Eva Bezug nehmen, ist selbst Produkt der Spätdatierung und mag noch auf Henoch 32 zutreffen, da dort eine Fortschreibung stattfand (*äth*Hen 32,3-6). Die Esra-Apokalypse, die bis heute zur *äthiopischen, syrischen, lateinischen, armenischen, aramäischen* und *georgischen* Bibel gehört, kennt sie und kann am Ende des Exils Judas verortet werden.

Dass das Leben Adams und Evas ein Bestandteil des gemeinsamen Gutes der Menschheit darstellt, zeigt ein Vergleich seiner Schwerpunkte mit chinesischen Piktogrammen. Schriftzeichen wirken wie ein Konservator aus der Zeit der Zusammenstellung einzelner Zeichen. Es werden die zu dieser Zeit noch lebendigen Erfahrungen der frühen Menschheit abgebildet, und Einzelheiten aus dieser Zeit lassen uns erkennen, welche Bedeutungsschwerpunkte vorherrschend waren und ob sich das Buch Leben Adams und Evas auf diese Zeit stützt. Das Leben Adams und Evas ist in *gr*ApkMos ausgesprochen gut überliefert, da dort keine christlichen Elemente aufgenommen wurden, d. h. es als rein jüdische Überlieferung in Erscheinung tritt.

Die Bedeutungsschwerpunkte der Piktogramme sind in ApkMos präsent, was auf ein hohes Alter schließen lässt. Die Inhalte der ApkMos könnten als Vorlage für Moses Bericht von Adam und Eva in der Genesis gedient haben. Die Exegese vertritt die umgekehrte Annahme einer Abhängigkeit von der Genesis. Es ist ernsthaft in Betracht zu ziehen, ob uns hier Berichte überliefert sind, auf die Moses seinerzeit bezugnehmen konnte um seine Genesis zu schreiben!

園 Chinesisch für GARTEN: Von der 土 (Erde) kam ein 口 (Mund), der 儿 (ging) und ein anderer 人 (Geher) kam von seiner linken Seite und sie waren 囗 (eingeschlossen) in einem Garten – Gen 2,8

Sich den Garten eingeschlossen vorzustellen ist in Übereinstimmung mit ApkMos, wo der Garten ummauert und bewacht ist.

福 Chinesisch für GLÜCK UND ERFOLG: 一 (Ein) 口 (Mund) in einem 田 (Garten) mit 礻 (Gott) – Gen 2,15

鬼 Chinesisch für TEUFEL: 丿 (Lebendig) in einem 田 (Garten) 儿 (geht) ein 厶 (Betrüger) – Gen 3,1

魔 Chinesisch für VERSUCHUNG: Im 广 (Versteck) neben 林 (zwei Bäumen) wohnt der 鬼 (Teufel) – Gen 3,1-5

來 Chinesisch für KOMMEN: Hinter einem 木 (Baum) verstecken sich zwei 人人 (Geher) – Gen 3,8

Das chinesische Schriftzeichen für „Verbot" beinhaltet *zwei* Bäume, was den Akzent mit ApkMos gleichsetzt, worin zwei Bäume tabu sind (vergleiche auch „Begierde" und „Versuchung").

刑 Chinesisch für STRAFE: 刂 (Ein Schwert) hinter 二 (zwei) 儿 (Geher) gestellt – Gen 3,24

Kernstück der Erzählung im Leben Adams und Evas ist die Paradiesreise Evas und Seths. Sie sollten für den kranken Adam Öl des Lebens von dem Baum von Gott erbitten (ApkMos 9,3; VidAd 36,1-2). Auf dem Weg wird Seth von einem Tier, einer Schlange (VidAd 37,1) angegriffen. Das Öl für Adam wird verwehrt und auf alle Freuden des Paradieses der Letzten Zeit verwiesen (ApkMos 8,3; Luk 23,43).

Adam versammelte vor seinem Tod alle seine Nachkommen, die drei Teile der Erde bewohnten (ApkMos V, 3).[57] „Und sie versammelten sich in drei Teilen vor seinem Angesicht vor der Gebetsstätte, wo sie Gott, den Herrn anbeteten" (VidAd 30,3 *Meiser*). Das legt drei Sippen nahe. Er lebte nahe einem zentralen und offenen Bereich für die Anbetung. Kain kommt hier noch nicht vor. Wenn (gleich einer Schilderung) Adam und Eva den Abel von seinem Bruder erschlagen finden (wie sie ihn ja vorher geboren haben), ist Offenbarungscharakter ersichtlich, wenn es gilt „Das Geheimnis, das du gesehen hast" vor Kain zu bewahren (ApkMos 3,3 *Merk*), weil es in der Zukunft lag.

Der Brudermord wurde Eva in einem Traum offenbart. Auffällig ergießt sich das Blut Abels „in den Mund seines Bruders Kain" der es unbarmherzig trank. Abel bat ihn, ein wenig von ihm übrig zu lassen, doch es floss weiter in seinen Mund (ApkMos 2,2-3 *Meiser*). Diese Beschreibung lässt an eine andere Dimension von Brudermord denken, den Raubmord oder den Raub der Lebensgrundlagen der Sippe Abels, dargestellt durch sein Blut. Könnte Moses diesen Bericht in Gen 4 leicht umgeformt (das Blut Abels schreit vom Erdboden) wiedergegeben haben? Im Traum eine Offenbarung Gottes zu haben setzt kein gegenwärtiges Geschehen voraus. Hatte Eva eine dramatische Vorschau, was auf ihre Nachkommen Kain Adiaphotos (der Lichtvolle) und Abel Amilabes (*arm* der Gutgesinnte) zukam?[58]

Hat Moses diesen Brudermord allem vorangestellt, weil dem so war oder weil er einer der verwerflichsten Taten der vorsintflutlichen Menschheit herausstellen wollte? Mit Kain und Abel sind Tubal-Kain und sein Bruder Jabal aus Gen 4 angesprochen. Jabal war Stammväter derer, die in Zelten wohnen und Vieh besitzen (Gen 4,20), sein Halbbruder Tubal-Kain war Hämmerer von Metallwerkzeugen (Gen 4,22). Darauf setzt eine Rede des Lamech an seine Frauen Ada und Zilla über seine Tötung eines Jugendlichen ein (Gen 4,23-24). Die Nähe zum Schmied legt die Deutung Waffenschmied nahe und die gesteigerte Racheeinheit (von 7 auf 77) doch mehr eine Methode![59]

---

[57] JSHRZ II,5 Otto Merk und Martin Meiser: *Das Leben Adams und Evas*; 1998

[58] In China ist Huang Di (der Gelber Kaiser) mit seinem Bruder Yan Di (dem Redlichen) im Krieg.

[59] August Dillmann: *Die Genesis erklärt*; fünfte Auflage 1886, Seite 164: „So nach der auf mass., auf V. 15 beruhenden Punktation; ohne Rücksicht darauf würde man eher … *nimmt Rache* (…) verstehen."

Das Leben von Kain und Abel unterschied sich fundamental! Der Ackerbauer war sesshaft, der Viehzüchter ein Herdenwanderer mit Zelten. Sie konnten sich bestenfalls vorübergehend nahe sein. Der Sesshafte besiedelte Gegenden, wo die Wasserversorgung sicher war und er genug fruchtbares Land vorfand. Das bot ihm die Gelegenheit, seine Fertigkeiten zu präzisieren und seinen Schutz durch Bau von Häusern, Dämmen etc. zu garantieren, sich zu zivilisieren. Abel hingegen war ganz in der Abhängigkeit seiner Viehzucht, die er durch Wanderung, der Jahreszeit angepasst, mit Futter versorgte. Die Tiere boten ihm Milch, Fleisch, Felle für Zelt und Kleidung.

Der Verlust des Gartens als Wohnstätte zwang den Menschen, sich Strategien zuzulegen, keine langsame Entwicklung. Der frühe Städtebau ist eine Reaktion auf die veränderten Umstände. Kain und A-bel reagierten mit unterschiedlichen Lebensweisen; ihr Handwerk bestimmte ihre Lebensbedingungen in einer Sippe. Dass JHWH auf Abels Gabe wohlwollend blickte heißt nichts anderes, als dass seine Überlebensmethode zunächst gesegneter war als die Methode Kains als sesshafter Ackerbauer. Dem mühseligen sammeln (Gen 4,12) kann kaum eine größere Bedeutung zugekommen sein, etwa um eine Sippe nach einer misslungenen Ernte über den Winter zu bringen. Es gab nicht viele Alternativen, wenn die Aussaat Kains, seine Opfergabe, nicht aufging oder die Ernte sonst wie verloren war! Die Methode Abels lieferte eine kontinuierliche Versorgung seiner Sippe, notfalls durch Schlachtung. So kam eine ganz neue und bis heute praktizierte Überlebensstrategie auf, der Raub verbunden mit dem Raubmord (auf freiem Feld – Gen 4,8). Abel hatte keinen Schutz wie eine Stadt und war gegen besser bewaffnete Angreifer nicht gewappnet. Der Sesshafte war tatsächlich besser gegen Gewalt geschützt, und so war die brutale Anfeindung Kains gegen Abel ungleich. Er spielte seine Überlegenheit voll aus, wie das Staaten (von Stadt) tun. Der Krieg war erfunden!

Während die Zivilisation in Städten viele Errungenschaften hervorbrachte förderte sie später aber auch die Bereitschaft zur Gewalt. Ein Schmied baute die Waffen, aber ein Raubkrieg braucht auch Krieger, die zunehmend besser ausgebildet werden müssen. Ihre Raubzüge bedeuten großen Gewinn, und bald dreht sich alles nur noch um die Kostbarkeiten, die beim nächsten Mal eingebracht werden. Siegesfeiern, Verteilung der Beute, zu denen bald auch Frauen gehören, die für Sklavendienste gehalten werden.

Die Geschichte der Zivilisation in Genesis 4

Fluch =   Mund + ältester Bruder

Die Geschichte der Zivilisation ist eigentlich die Geschichte eines Fluches! Einen Fluch zog Kain von Gott auf sich, weil er seinen jüngeren Bruder Abel wegen seines Zeugnisses vor Gott erschlug (Gen 4,1-16). Kain sollte darauf seinen Ackerboden verlassen und befürchte als Folge des Fluches beim umherzuirren von jedem (gleich seiner Tat) erschlagen werden zu können (Gen 4,13-14).

Wer immer Kain tötet, soll siebenundsiebzigmal gerächt werden. *Gen 4,15*[60]

Kain bekam von JHWH ein Zeichen, dass seinem Todschlag wirksam entgegenstehen soll (Gen 4,15). Er ging *östlich von Eden* in das Land Nod. Dort baute er eine Stadt und benannte diese nach seinem Sohn Henoch (Gen 4,17). Es scheint, als sei diese Stadt Kains Schutz gewesen, nur überboten durch die Waffenherstellung von Tubal-Kain. Die Errungenschaften der vorsintflutlichen Epoche werden allein den Nachkommen Kains zugesprochen. Aus dem Bauer und Viehzüchter der frühen Generationen wurden Profis, z. B. Menschen, die mit dem Vieh umherzogen und in Zelten wohnten. Das metallverarbeitende Handwerk und der Bau von Musikinstrumenten standen bereits in der Blüte. Eigentlich hatte Moses gemäß seiner Darstellung keinen einsichtigen Grund, ausgerechnet Kains Nachkommen gut aussehen zulassen, ausgenommen aufgrund des obigen „Zeichens". Die Nachkommen Kains hatten einen zivilisatorischen Vorsprung gegenüber den Nachkommen Seths. Seths Nachkommen werden jedoch von Moses ab Enos mit dem Beginn der Anrufung des Namens JHWHs in Verbindung gebracht (Gen 4,25-26) und scheinen vorwegzugehen. Von besonderem Interesse sind deshalb Lamech und seine Nachkommen, drei Söhne und eine Tochter (Gen 4,19-22). Es treten Besonderheiten auf, die einen Vergleich zulassen. Es gibt Parallelen aus der Geschichtsschreibung Chinas:

---

[60] WStB, H. Bräumer: *Das erste Buch Mose. (Gen 4,15)*

Der Name des Urkaisers Di Ku hat zum biblischen Jubal phonetische Ähnlichkeiten. Ju-bal (Gen 4,20) war Stammvater all derer, die Harfe und Pfeife spielen und Ku-Di wird die Erfindung der Musik zugeschrieben.

Der Gelbe Kaiser Huang-Di führte mit seinem Bruder Yan-Di Krieg. Yan-Di hat phonetische Ähnlichkeiten mit Jabal (Gen 4,21). Ja-bal ist der Stammvater all derer, die in Zelten wohnen und Vieh züchten. Sein Halbbruder hieß Tubal-Kain^MT. Huang-Di soll aus der Haut Kui (einem mythischen Wesen) eine Trommel gemacht haben, ein Kriegsgott. Dieser Namenszusatz taucht auch bei Tubal im MT auf (Gen 4,22). Die LXX und Sam kennen den Zusatz Kain nicht.

Dieser Huang-Di soll eine Tochter namens Niuba gehabt haben, was eine phonetische Ähnlichkeit mit der biblischen Naama aufweist (Gen 4,22). Der Name Niuba bedeutet Trockenheit und der Name Naama Lieblichkeit. Auf den ersten Blick könnten die Bedeutungsunterschiede kaum größer sein. Doch kennt die Überlieferung Chinas neben den Wellen bis an die höchsten Berge zurzeit Yao's (Noah) auch den lokalen Sintflut-Sieg Huang-Di. Mit diesem Hintergrund rücken die Bedeutungen Trockenheit und Lieblichkeit eng zusammen und könnte ein und dieselbe Person bezeichnen. Naama wird schon eine prominente Person gewesen sein.

Aus der Zeit vor Di-Ku wird während der Herrschaft Zhuanxu berichtet, dass der Shi-Klan (Seth-Klan?) ostwärts nach Shandong (Henoch?) zog und sich mit dem Dongyi-Klan verbündete. Moses führt zwar die Sethiter und Kainiter getrennt auf, doch geben die Namen der beiden Linien sich nahezu einheitlich wieder.

1	Adam	1	Adam	
2	**Seth**	2	**Kain**	Abel
3	Enos			
4	Kenan			
5	Mahalalel	3	Henoch	
6	Jared	4	Irad	
7	Henoch	5	Mehujael	
8	Metuschelach	6	Metuschael	
9	Lamech	7	Lamech	
10	Noah		Jabal Jubal Tubal-Kain Naama	
	Sem Ham Japhet			

Moses nannte die wichtigsten Personen der späten vorsintflutlichen Epoche und ließ sie über die Namen in einem engen Verhältnis zu-einanderstehen. Auffällig ist, dass die Liste Kains ohne Zeitangaben in der 7. Generation ausläuft, während Noah in der 10. Generation erst 500 Jahre alt werden muss, bevor er selbst Kinder bekommt. Die augenscheinlichste Begründung ist eine Zeitrechnung bis zu Noah, die den Kainiten Raum bis zur Flut bietet!

Die Verwandtschaftsordnung der Urkaiser Chinas läuft auf Yao zu. Hier treten Huang Di, sein Bruder Yan Di (Kain und Abel) und seine Tochter Niuba auf. Dann Shaohao, die Enkel Zhuanxu und Di Ku und dessen Söhne Zhi und Yao sowie dessen Nachfolger Shun.

Huang Di *(Tubal-Kain)*	Yan Di *(Jabal)*	Brüder
Niuba *(Naama)*		Tochter
Zhuanxu	Di Ku *(Jubal)*	Enkel
Di Zhi [Changyi]	Yao *(Noah)* [Qingdu]	Urenkel über Ku
	Shun *(Sem)*	(Schwieger)Sohn

Di-Ku gilt in China als Begründer der Polygamie (vgl. Lamech). Vier Frauen sind bekannt: 1 Changyi [oben], 2 Qingdu [oben], 3 Jiang Juan und 4 Jiandi. Jiang Juan gebar Houji und Jiandi gebar Qi, aus denen das Volk der Zhou und das Volk der Shang hervorgegangen seien. Zwei streitende Söhne unbekannter Mütter waren Sichen und Ebo, die als Götter der Sterne Chen und Shen eingesetzt seien, um sie zu trennen. Die Namen klingen an die Städte Sichem und Hebron an. **Yao**, der Noah der Bibel, ist mit weiteren Namen, bzw. Titel überliefert: „**Yao** (chinesisch 堯 / 尧, Pinyin *Yáo*; 2353-2234 v. Chr.) war ein legendärer chinesischer Herrscher, zählte zu den *Drei Erhabenen* und war der vierte der Fünf Urkaiser."[61] Eine verwandtschaft-liche Verbindung zu Noah aus nachsintflutlicher Zeit gelang Werner Papke mit der Entdeckung des biblischen Nimrod [NiM RoD] als dem ersten sumerischen König von *Uruk,* Enmerud [eN MeRuD] über sei-nen Vater Meskiak-Kasch(er) zu dessen Vater Utnapischtim.

Meskiag bedeutet „geliebter Held", ist also nur ein Titel vor dem eigentlichen Namen Kascher. Der Vergleich von Kasc*her* mit Kusch zeigt deutlich den konsonantischen Gleichklang dieses Namens in Babel und Bibel.[62]

---

61 Wikipedia, Yao (Kaiser), *01.03.2014*
62 Werner Papke: *Die Sterne von Babylon. Die geheime Botschaft des Gilgamesch – nach 4000 Jahren entschlüsselt*; 1989, Seite 205-229, *209.*

Dessen Vater Utnapischtim und der chinesische 堯 / 尧, Pinyin *Yáo, bzw.* 陶唐氏, *Yaotangshi* waren ein und dieselbe historische Person, der in Rollensiegel aus dem 24.? Jahrhundert als „der Janusköpfige Noah-Utnapischtin, der in zwei Welten lebte, der Welt vor der Sintflut und der nach der Sintflut",[63] seinen bildhaften Ausdruck findet.

Shun. Kaiser Shun (chin. 舜) (der Legende nach: * ? v. Chr; † 2240 v. Chr.) war einer der mythischen Urkaiser der chinesischen Kultur. Geboren als *Yao Chonghua* (姚重華), war er auch als *Youyu-shi* (有虞氏), Großer Shun (大舜) und *Yu Shun* (虞舜) bekannt.[64]

Shun war lange Zeit der Stellvertreter von Yao und dessen Nachfolger. „Er reformierte das Kalenderwesen, Maße und Gewichte und führte mildere Strafen ein." Ersteres steht direkt mit dem Sternenhimmel (Gen 1,14), letzteres mit dem Umstand der vorsintflutlichen Rachemethoden (Gen 4,23-24) in Zusammenhang. Shun wohnte in der Stadt Puban, die an Sems Sohn Lud anklingt (vgl. Gen 4,17). Die chinesische Geschichte integriert danach einen Semiten, obwohl sie selbst Nachkommen Hams waren! Warum? Zwei Faktoren wirkten hier zusammen: Die Schrift und der Standort.

Wenn Po I, der in einer Überlieferung an der Seite Shun´s als erster *shih* (Schreiber; Pre-Chinese) genannt wird mit dem biblischen Put identifiziert werden könnte, wären die Chinesen die ersten ausdrücklichen Schreiber der Geschichte nach der Flut! Ihre Bildsprache reicht näher an das Geschehen heran und hat wegen innerer Merkmale weniger Veränderungen erfahren als andere Schriften der auseinanderdrängenden Menschheitsfamilie.

Die Wanderung ins Land *Schinar* (Gen 10,2) verlief von Osten kommend mit einem Anklang von der Bezeichnung des Ausgangsortes nach Westen ins Zweistromland. Shun wohnte in Puban.

Moses stattete die vorsintflutliche Gesellschaft mit einer Genealogie bis zu Adam aus. Es hat den Anschein, als sollten die hier genannten Generationen als Ahnen mit 500 Jahren übersprungen werden! Das Vaterschaftsalter vom biblischen Noah ist auch innerbiblisch auffällig hoch. Eine Begründung mit hohen Lebensaltern bestätigt sich aus China nicht (Huang Di 2674 verwandtschaftlich bis zu Yao 2333).

---

[63] Das Rollensiegel aus dem 24. Jahrhundert v. Chr.; British Museum, London (Nr. 89115). ist bei *Werner Papke (1989),* 159 abgebildet.
[64] Wikipedia, Shun (Kaiser), *01.03.2014*

Die Ordnung der Genesis könnte auch so wiedergegeben werden:

1	Adam	$130^{MT}/700^{LXX}$	1	Adam	
2	**Seth**		2	**Kain**	Abel
3	Enosch				
4	Kenan				
5	Mahalalel		5	Mehujael	
6	Jared		4	Irad	
7	Henoch	200^{LXX}	3	Henoch	
8	Metuschelach		6	Metuschael	
9	Lamech		7	Lamech	
8	Tubal-Kain		*8*	Jabal	
9	Naama				
10	Jubal				
10	Noah	500/600			
11	Sem			Ham	Japhet

Die biblische zweigeteilte Analogie hat Stärken und Schwächen, erfüllt aber auffällig das Bild der Abgesondertheit zum Brudermord.

8	Huang Di	*8*	Yun Di
9	Niuba		
10	Di Ku		
10	Yao		
11	Shun		

Niuba, die Naama der Bibel hatte als Tochter Huang Di eine wichtige Rolle.[65] Yao´s Bruder Zhi klingt an Lamechs Frau Zilla an. Wie füllt die chinesische Chronologie im Vergleich mit der Bibel (mit seinen 500 Jahren bis zur Geburt der Söhne Noahs) die Jahre auf?

Jahre	Person	Länge	C	B	Gen 4,19-22
2674-2575 (ab 2696)	Huang Di 2696-2598	100 (98)	430/452 Jahre	500 Jahre	
	Niuba				
2490-2413	Zhuanxu	78/77			
2412-2343	Di Ku	70/69			
2344-2334	Di Zhi	11/10			
2333-2234	Yao [*2353]	*120/100			Gen 6,3
2233-2184	Shun [2284]	50			

65 vgl. A. Dillmann: *Die Genesis erklärt*; 1886, Seite 103

Dem chronologischen Vergleich fehlt nur noch das Alter von Noahs Vater Lamech (Gen 5,28). Durch die Aufgliederung des Zeugungsalters Noahs (500) treten in Folge auch die Lebensspannen und der Vaterschaftsbeginn der übrigen Vorfahren Noahs in den Blick. Wie alt wurden die Menschen?

Noahs hohes Zeugungsalter von 500 Jahren macht durch den zeitlichen Abstand zur Flut hohe Lebensalter <1000 Jahren der Menschen vor der Flut erst möglich. Es lässt sich nur schwer begründen, weshalb die Generationen zwischen Lamech und Noah plötzlich ein nicht so langes Leben aufweisen sollen. Mit Lebensspannen <1000 Jahren tritt eine Begründung für die Folgen der Sünde (am selben Tag) in den Lebensaltern auf. Die Bewahrung der Namen ohne Alter an anderer Stelle (Gen 4,17-24) sowie der Moses zugeschriebene Psalm 90^{MT}, der eine Kenntnis der 1000 und den Gedanken des Versagens mit Lebensspannen von 70 bis 80 Jahren voraussetzt, sprechen für ein gegenüber von ideologischer Vorstellung und der Realität!

Ähnliches lässt sich aus den Genesis-Varianten ableiten: Methusalem hätte mit 969 Jahren nach Gen^{LXX} 5,25-27 die Flut um 14 Jahre überlebt, was mit Gen 7,7 kollidiert. Das hat offensichtlich niemand gestört. Er war der älteste Mensch auf Erden. In Gen^{Sam} wird er 720 Jahre, das Höchste was in Gen^{Sam} geht, um den Fluttermin nicht zu überschreiten (so bei Jared 847 Jahre^{Sam} und Lamech 653 Jahre^{Sam}). Das Buch der Jubiläen kennt nur für Adam, Henoch und Noah die uns bekannten Lebensalter (Jub 4,7.20.21.29.33; 10,16). Die Sprache der Genesis mit seinem über die <1000 vermittelten Ausdruck der Hoffnung auf ein ewiges Leben steht die reale Chronologie als einem langen Teppich, auf dem wir selbst alle stehen, gegenüber! Hohe Lebensalter blind zu verteidigen spielt dem grunzenden Höhlenmenschen der Forschung zu (wovon Gen 1-11 besonders betroffen ist). Wir müssen die hohen Lebensalter der Genesis aufklären, wie wir das hohe Lebensalter Noahs als Epoche aufklären können, und das gegen allen Widerstand.[66] Dabei spielt die chinesische Chronologie eine herausragende Rolle, da sie aus einem eigenen Kulturraum kommt und bereits in seiner Schriftentwicklung Kulturgut der später durch Moses geschriebenen Genesis transportiert.

---

[66] BK I/I, 478 Claus Westermann: *Die Genesis*; 1999, Seite 478: Da es sich in allen drei Überlieferungen um eindeutig und unbestritten Konstrukte handelt, ist eine solche Diskussion nicht ergiebig.

Lamechs Klagelied an seine Frauen Ada und Zilla lässt an Di Ku aus der chinesischen Überlieferung denken, der die Polygamie erfand.

Der Name Lamech steht dem sumerischen LUMGA nahe, ein Titel für den Schutzgott von Musik und Gesang. Die genannten Frauen Zilla und Ada klingen teils an Musikinstrumente an.[67] Der Erfinder von Musikinstrumenten ist in der Bibel Jubal, in China Di Ku. Wir erblicken im biblischen Lamech einen Titel des Begründers der feinen Instrumente (Leier, Harfe, Pfeife) zur Unterhaltung im Gegensatz zu den Instrumenten (Trommel) für den Krieg. Das Klagelied nennt allerdings eine Handlung, die im Widerspruch zum Profil des Klagelieddichters steht. Er vervielfacht Kains Racheschutz. Das sumerische LUMGA gehört zu einer weiterentwickelten Gestalt, die aber auf Erinnerung an Titel und Personen aus vorsintflutlicher Zeit zurückgeht. Das Klagelied des Lamech war eine von Moses aufgenommene Überlieferung dieser Zeit. Die Bibel nennt demnach völlig überraschend den Titel eines Bindegliedes zu Noah, wobei ein Inhaber dieses Titels, Jubal in der Listung als Nachkomme erscheint. Eine Kenntnis dieses Sachverhalts hatte Moses offensichtlich nicht!

Der Lamech in Gen 5 ist der Jubal in Gen 4, der Di Ku Chinas. Der Tubal-Kain aus Gen 4 ist der Huang Di Chinas, sein Vater Schennong war der biblische Henoch und Fu-hsi der biblische Seth aus Gen 5. Nüwa, die Frau von Fu-hsi klingt an Sets Frau Asura in Jub 4,11 an. Chinas Adam ist der Urmensch Pan Gu und seine Frau Eva (die Mutter aller Lebenden) ist in China Xiwangmu (die Mutter des Westens).

Jahre^{China}	Namen^{China}	Jahre^{China}	MT/LXX	ZR weitere Jahre	Gen 4/5
	Pan Gu	(130^{MT})	130/700	3070-2940	Adam
2952-2836	Fu-hsi	118 (98^J)	105/707	2933-2838	Seth
2836-2674	Schennong	162^{68}	165/200 65/300	2840-2675^{LXX} 2740-2675^{MT}	Henoch
2674-2575	Huang Di	100			Tubal-Kain
	Niuba	(85)			Naama
2490-2413	Zhuanxu	78/77			
2412-2343	Di Ku	70/69	188/565 182/595	2428-2375$^{LXX/Adam}$ 2422-2345$^{MT/Adam}$ 2422-2245$^{MT/Henoch}$	Lamech Jubal
2344-2334	Di Zhi	11/10			von Zilla?
2333-2234	Yao [2353]	120/100	100/500	2340-2240^{Henoch}	Noah

---

[67] BK I/I Claus Westermann: *Die Genesis*; Seite 479
[68] Diese Jahre sind rechnerisch zwischen Fu-hsi und Huang Di ermittelt und gleichen der Jahresangabe für Jared in MT, LXX (Irad=Schilfstadt) und Äth.

Irad/Jared, in Gen 4,18 Henochs Sohn, der in Gen 5,15 als Sohn des Mahalalel eingeordnet ist, hat die Bedeutung Schilfhütte oder Stadt. Beides weist auf Henochs Zeit. Bezüge zum Land Nod geben zu denken auf? Hier ist das damalige Zentrum angesprochen, um das sich alles drehte. Eine Stadt benannt nach Henoch, in China Shandong genannt, vereinigte erst später die Menschheit. Irad/Jared wird deshalb keine historische Person gewesen sein, denn in Gen 5 geht Jared als Vater Henochs, dem Schennong der chinesischen Überlieferung voraus. Henoch entstammte wohl dieser Stadt.

Henoch nahm sich Edna zur Frau (Jub 4,20) und auch die Frau seines Sohnes Methusalem hieß Edna (Jub 4,27). Methusalem, d. h. Mann Gottes, ist offensichtlich ein Titel für Henoch (Gen 5,22) und dessen Vaterschaftsalter mit 167 Jahren[LXX] zeigt Henoch als ältester Mensch vor der Flut! Ein hohes Lebensalter galt damals als Segen Gottes. Die sehr hohen weiteren Lebensjahre und Lebensalter der Genesis sind mit dem Wunsch auf ewiges Leben angelegt und kehren diesen Sachverhalt bezogen auf Henoch, der entrückt wurde um, was über die additiven Jahre seines Titels Methusalem wieder eingeholt wird!

Lamechs Nachkommen füllen den zweiten Teil der vorsintflutlichen Epoche einschließlich dem Leben Noahs auf und die Ähnlichkeiten zwischen Gen 4 und Gen 5 zeigen, dass beide Clans Vorfahren wie Henoch, Methusalem und Irad für sich beanspruchen.

Im Buch der Jubiläen dominieren Adams, Henochs und Noahs Lebensjahre, was eher an eine Zeitrechnung denken lässt. Bestimmen Adams weitere Lebensjahre oder die Henochs[200LXX] die Zeitrechnung vor der Flut? Die chinesische Chronologie bestätigt diesen Eindruck!

Auch das Buch der Jubiläen geht auf sehr alte Nachrichten zurück, wie die Namen der Frauen uns verraten. Namen und Titel in einer Liste, die uns Moses mit jeweils zwei Altersangaben übermittelt, waren ursprünglich Königslisten, wie sie auch den Urkaisern zugrunde lagen. Es werden verschiedene solcher Listen in Umlauf gewesen sein, deren Ausstattung variierte und die durch ein Nebeneinander von Personen, Titeln und Städtenamen keine reine Genealogie abbilden und auf ihre Lesung hin überprüft werden müssen.

Noah stand am Ende der Flutdekade im 600. Jahr seit Henoch[LXX] und darauf basierend rückt ein 595. Jahr[MT] Lamechs (dem LUMGA) auf sonderbare Weise mit Noah in die Flut hinein oder sogar durch die

Flut hindurch. 500 Jahre Noahs als Zeitrechnung geben ihm 93 Jahre bis ins Flutjahr dieser Dekade die in den 93 Absätzen der Genesis als Zählung aufschlagen.

Die hebräischen Zeitabschnitte im Buch Genesis

So	Mo	Di	Mi	Do	Fr	Sa
2333-2332 1,1-5+	2332-2331 1,6-8+	2331-2330 1,9-13+	2330-2329 1,14-19+	2329-2328 1,20-23+	2328-2327 1,24-31+	2327-2326 2,1-3+
2326-2325 2,4-3,15	2325-2324 3,16	2324-2323 3,17-21+	2323-2322 3,22-24	2322-2321 4,1-26+	2321-2320 5,1-2	2320-2319 5,3-5
2319-2318 5,6-8	2318-2317 5,9-11	2317-2316 5,12-14	2316-2315 5,15-17	2315-2314 5,18-20+	2314-2313 5,21-24+	2313-2312 5,25-27+
2312-2311 5,28-31	2311-2310 5,32-6,4+	2310-2309 6,5-8+	2309-2308 6,9-12	2308-2307 6,13-22	2307-2306 7,1-8,14	2306-2305 8,15-9,7
2305-2304 9,8-17+	2304-2303 9,18-29+	2303-2302 10,1-14	2302-2301 10,15-20	2301-2300 1,21-32+	2300-2299 11,1-9+	2299-2298 11,10-11
2298-2297 11,12-13	2297-2296 11,14-15	2296-2295 11,16-17	2295-2294 11,18-19	2294-2293 11,20-21	2293-2292 11,22-23	2292-2291 11,24-25
2291-2290 11,26-32	2290-2289 12,1-9+	2289-2288 12,10-13,18+	2288-2287 14,1-24	2287-2286 15,1-21	2286-2285 16,1-16	2285-2284 17,1-14
2284-2283 17,15-27+	2283-2282 18,1-19,38	2282-2281 20,1-18	2281-2280 21,1-21+	2280-2279 21,22-34+	2279-2278 22,1-19+	2278-2277 22,20-24
2277-2276 23,1-20	2276-2275 24,1-67+	2275-2274 25,1-11	2274-2273 25,12-18+	2273-2272 25,19-34	2272-2271 26,1-33	2271-2270 26,34-35
2270-2269 27,1-28,9	2269-2268 28,10-32,3+	2268-2267 32,4-33,17	2267-2266 33,18-20	2266-2265 34,1-31+	2265-2264 35,1-8+	2264-2263 35,9-22+
2263-2262 35,23-29+	2262-2261 36,1-19	2261-2260 36,20-30+	2260-2259 36,31-43+	2259-2258 37,1-36+	2258-2257 38,1-30	2257-2256 39,1-23
2256-2255 40,1-23+	2255-2254 41,1-44,17+	2254-2253 44,18-46,7	2253-2252 46,8-27+	2252-2251 46,28-47,31+	2251-2250 48,1-22+	2250-2249 49,1-4+
2249-2248 49,5-7	2248-2247 49,8-12	2247-2246 49,13	2246-2245 49,14-15	2245-2244 49,16-19	2244-2243 49,20	2243-2242 49,21
2242-2241 49,22-26+	2241-2240 49,27-50,26	2240-2239 Ex 1,1-7+	2239-2238 1,8-22			

Bei den *sprechenden Inhalten* dieser Abschnitte fällt auf, dass Moses zwei Jahre nach seinen 93 Jahren im Schilfkästchen als gerettet erscheint (MT^P *Ex 1,8-22*). Die zwei Jahre begründen sich in China damit, dass Yao im Alter von 20 Jahren als Herrscher antrat und in seinem 73. Regierungsjahr (noch vor der Flut?) an Shun abtrat und weitere 28 Jahre lebte.[69] Oder endet hier die Dekade im 600. Jahr und war im dritten Jahr 2245 die Flut? Die Lamech-Ära endete 595 Jahre nach Henoch (Jahr 200^{LXX}) und der Anfang 182^{MT} ist bei Di Ku zu suchen (188^{LXX} Jahre bis zum Ende der Dekade).

Der aus dem Wasser gezogene Moses in *Ex 2* blickt deshalb als *sprechender Inhalt* auf die Flut *im Leben Noahs* zurück.

---

[69] Wikipedia – Urkaiser Yao (zuletzt am 21.06.2024 besucht) [2353-2234]

Persönlichkeiten der Frühdynastie Ägyptens

Auf dem Palermostein sind Namen von Herrschern eingetragen, die der angenommenen Ordnung von 30 Dynastien vorausgehen und damit aus Sicht von Ägyptologen einer prädynastischen Epoche angehören. Diese Namen werden in diesem Studienabschnitt betrachtet und es wird jeweils versucht, ein Zusammenhang zu bereits bekannten Personen der frühen Zivilisation herzustellen.

Abk.	Namensherkunft	Abk.	Namensherkunft
A	Königsliste von Abydos	N	Nebtiname
B	biblischer Name	O	Oberägypten
C	chinesischer Name	P	Palermostein
D	Deutung des Namens	R	Thronname (Regierung)
E	Eigenname	S	Königsliste von Sakkara
F	Fragment des Namens	Q	Name aus Qumran
G	Goldname	T	Königspapyrus Turin
H	Horusname	U	Unterägypten
I	Indizien zur Herkunft	V	Varianten des Manetho
J	Name im Jubiläenbuch	W	Namenswechsel/-Zusatz
K	Kairostein	X	Unbekannte Bedeutung
L	Leseart zum Namen	Y	Sinaihalbinsel (Y)
M	Name aus Mesopotamien	Z	Zeichen

Der Seka (König)

Die Hieroglyphen für Seka sind auf dem Palermostein bezeugt. Es gibt keine weiteren Zeugnisse dieses Namens und die Bedeutung des Namens ist wahrscheinlich „Der Pflüger". Es handelt sich um einen Ackerbauern, der sich durch seine Tätigkeit auch seinen Namen in Hieroglyphen geschaffen hat. Phonetische Ähnlichkeiten und das Gewerk zeigen, dass es sich dabei um Seth[B] handelt (Gen 4,25), im WB Susudda. Seine Frau Asura (Jub 4,11) ist vielleicht die mit der Nüwa des Fuhsi, dem Seth in China identisch.

Palermostein

Seka
Sk3

Seka[P]	der Pflüger[?P]	Seth[B]	Fu-hsi[C]
	der Wäscher[M]	Susudda[M]	
Frau:		*Asura*[J] *pṯwrh*	*Nüwa*[C]

Der Iucha

Die Hieroglyphen für Iucha sind auf dem Palermostein bezeugt. Es gibt keine weiteren Zeugnisse dieses Namens und die Bedeutung des Namens ist unklar. Er wird aufgrund der Hieroglyphe eines liegenden Tieres als Viehzüchter eingestuft. Die Konsonanten *Jw* legen sehr nahe, dass es sich um Jabal handelt. „… Er erwies sich als der Stammvater derer, die Vieh züchteten" (Gen 4,20).

Palermostein

Iucha
Jwḫ3

Iucha[P] *Jw*	Viehzüchter[B]	Jabal[B]	Yun Di[C]

In China ist Jabal der Yun Di[C] und ein Bruder von Huang Di[C]. Diese Brüder lagen miteinander im Krieg. In der Hieroglyphe für Iucha ist eine Käule oder ein Messer neben einem liegenden Tier zu sehen. Das unbekannte Tier lagert neben einer Waffe. Es wurde auch erwogen, ein verletztes Tier zu erblicken, was den Sachverhalt der Botschaft noch einmal verändern würde.

Das Buch Leben Adams und Evas (ApkMo 2,2-3) schildert den Tod Abels (Abel Amilabes) als Prozess des Ausblutens, wie es etwa einer Sippe widerfährt, deren Lebensgrundlagen stetig Kain (Kain Adiaphotos) trinkt. Diese Geschichte wurde sehr wahrscheinlich in Genesis 4 vorgezogen und dort als Brudermord dargestellt. Amilabes bedeutet „der Gutgesinnte", Adiaphotos „der Lichtvolle". Die Identifikation von Jabal mit dem Abel im selben Kapitel wird durch diese Namensbedeutung mit unterstützt. Der Namenszusatz seines Bruders „der Lichtvolle" heißt in China „der Gelbe (Kaiser)".

Iucha	[X]*Jw*[P] [I]Käule[Z]-[D]verletztes[?] Tier[Z] Abel, der Gutgesinnte [LAE-Arm]	Jabal[B], Abel[B], Yun Di[C] Abel Amilabes[LAE-Arm]

Tiu *(Tjw)*

Die Hieroglyphen für Tiu sind auf dem Palermostein bezeugt. Es gibt keine weiteren Zeugnisse dieses Namens und die Bedeutung des Namens ist wahrscheinlich „Der Zerstampfer". Er kann aus verschiedenen Beobachtungen heraus mit Tubal-Kain (Gen 4,22) identifiziert werden, der als Hämmerer (Schmied) eingetragen ist. Sein Gewerk, worin er Stammvater ist passt ebenso, wie *Tjw* wohl Tubal[LXX] gelesen wurde. Auch Huang Di ist phonetisch nahe, da Di als Namenszusatz für Gott steht. Huang Di gilt in China als Besieger des Kui, eines my-

Palermo-stein
Tiu
Tjw

thischen Wesens. Dies hat als Namenszusatz Kains zu Tubal-Kain[MT] in die Genesis Eingang gefunden, und ist somit ein weiteres Identifikationsmerkmal.

Als Schmied wurde er im Umgang mit den Elementen Erde (Erz), Feuer und Wasser oft im hellen Schein als lichtvoll[LAE] oder gelb[C] wahrgenommen und so auch tituliert. Es muss deshalb nicht bildlich auf Weisheit geschlossen werden, auch wenn sein neues Gewerk an sich Innovativ war, z. B. zur Waffenherstellung.

Tiu[P] *Tjw*	Zerstampfer[P] Hämmerer[B], [I]...lichtvoller[L], [I]gelber[L]	Tubal[B], Tubal-Kain[MT], Kain[B]	Huang Di[C] der Gelbe Kaiser[C], Kain Adiaphotos[LAE-Arm]

Der Krieg zwischen Huang Di und seinem Bruder Yu Di ist in der Tat als Auseinandersetzung zwischen Kain und Abel in die Weltgeschichte eingegangen! Dem Ackerbau des Sesshaften mit Gewerken und der Viehzucht des Nomaden ist als neue Überlebens-Strategie der Krieg zugewachsen, ein Bruderkrieg mit ungleichen Kräften.

Itjiesch *(Jj sch)*

Die Hieroglyphen für Itjiesch sind auf dem Palermostein bezeugt. Es gibt keine weiteren Zeugnisse dieses Namens und die Bedeutung des Namens ist vermutlich „Der das Seeland ergreift". Der Schiffer im WB 4,24.25 ist Magalgalla, der Mahalalel der Bibel. Er ist als Einziger in diesem Gewerk eingetragen. Itjiesch hat sich in der Frühdynastie mit der Sesshaftigkeit am Meer seinen Namen geschaffen.

Palermo-Stein

Itjiesch *Jtj s(ch)*

Die Besiedlung am Meer ist eng mit dem Befahren des Meeres zur Fischerei und zum Handel verbunden, wofür sich das Nildelta und die umliegenden Küsten hervorragend eigneten. Es ist deshalb gut vorstellbar, dass die Besiedlung des Gebietes am Meer mit seinen Namen bereits in der Prädynastie vorausging, wie schon die anderen Namen für besondere Überlebensstrategien standen, hier das Fischen und die Seefahrt!

Itjiesch[P] *Jj sch*	Der das Seeland ergreift[P] der Schiffer[M]	Magalgalla[M]	Mahalalel[B], Mehujael[B]
Frau:	*(ein Partnergewerk?)*		*Mualelet[J] (feminin)*

Niheb *(Nj hb)*

Die Hieroglyphen für Niheb sind auf dem Palermostein bezeugt. Es gibt keine weiteren Zeugnisse dieses Namens und die Bedeutung des Namens ist wahrscheinlich „Der zum Pflug gehörige". Es handelt sich um jemand, der sich durch seine Tätigkeit als Pflugführer auszeichnet, was auch seinen Namen in Hieroglyphen geschaffen hat. Wir können hier eine Weiterentwicklung vermuten, die zwischen der Aufgabe des Seka (Seth) als Bauer mit einfachen Holzwerkzeug und dem Metallpflug unter Tiu (Tubal) liegt. Tatsächlich liegt die Generationsfolge *Pen abu, Seka, Niheb, Tiu* nahe. Seine Hieroglyphen bilden einen Pflug unter einer Wellenlinie ab. Er mag auch die Bewässerungssysteme verbessert haben. Der zum Pflug gehörende wird in China Bauer Gottes (Schennong) genannt und steht dort im Ruf, mit seiner Pflanzenkunde die Traditionelle Chinesische Medizin ins Leben gerufen zu haben. Er ist der biblische Henoch, der mit Gott wandelte. Er besitzt noch einen weiteren Namen:

Palermo-Stein

Niheb
Nj hb

Imichet *(Jmj t)*

Die Hieroglyphen für Imichet sind auf dem Palermostein bezeugt. Es gibt keine weiteren Zeugnisse dieses Namens und die Bedeutung des Namens ist wahrscheinlich „Der in der Götterschaft ist". Diese Eigenschaft wird Henoch vor der Flut zugedacht. Er wandelte mit *El Schaddai*[B], in China Shang Ti[C] (Der Kaiser oben) genannt und im Namen *Jmj t* kann einen Anklang vermutet werden, der sich im Shang Ti erhalten haben könnte. Über seine Frau Edna kann er mit Methusalem in Verbindung gebracht werden, dessen Frau auch Edna heißt und dessen Namen „Mann Gottes" bedeutet.

Palermo-Stein

Imichet
Jmi ht

Niheb	Der zum Pflug gehörende[Ä]	Henoch[B]	Schennong[C]
Nj hb	Bauer Gottes[C]		
Imichet	Der in der Götterschaft ist[P]		{... *j t*}
Jmj t	Er wandelte mit *El Schaddai*[B]		[... ShangTi][C]
Frau			Edna[J]
	Mann Gottes[B]	Methusalem[B]	Edna[J]

Der Wenegbu *(Wng bw)*

Die Hieroglyphen für Wenegbu sind auf dem Palermostein bezeugt. Es gibt keine weiteren Zeugnisse dieses Namens und die Bedeutung des Namens ist unklar. Der obige Bezug zu Wem Chang[C] ist phonetisch begründet und überrascht nicht, da auch ein breiter Vergleich zwischen der Prädynastik auf dem Palermostein und den vorsintflutlichen Gestalten der biblischen und chinesischen Überlieferung immer wieder phonetische Ähnlichkeiten preisgeben. Wir gehen sukzessive auf die Einzelheiten ein.

Palermostein

Wenegbu
Wbn gw

Das Wenegbu *Wng bw* und Wem Chang dieselbe historische Person ist, lässt sich nicht einfach belegen. Der Schleier der Mythologie ist im Fall von Wem Chang bereits deutlich zu spüren. Kui Hsing[C], der prüfende von Wem Chang, ist in der hebräischen Überlieferung seine Frau Anuschi (1QGen-Apok 2,3). Wem Changs Rolle bestand in der Entwicklung der Schrift und dem Ausbau der Bewässerung. Die Schriftentwicklung in eine geordnete Schrift erfolgte schon bei Huang Di, weshalb er in der Aufstellung in Klammern erscheint. Es handelt sich jedoch um eine Ära der Schrift und der Künste von etwa 500 Jahren, in der stets weiterentwickelt wurde. Huang Di soll die Kenntnisse seines Vaters Schennong aufgeschrieben haben, auch die Traditionelle Chinesische Medizin. Diese Lemech-Ära zeigt sich auch an der Entwicklung von Musikinstrumenten. Schennong und Huang Di bauten schon Instrumente aber erst Jubal, in China der Enkel Di Ku, wurde dafür bekannt. Wem Chang steht für diese Ära, wie das in der Genesis deutlich wird. In Gen 4,19f wird er als biblischer Lamech zum Vater von Jubal und auch seine Frau Zilla klingt an ein Musikinstrument an. Auch wenn diese Passage durcheinandergewirbelt zu sein scheint, sind vier Personen auch auf dem Palermostein wiederzufinden!

Wenegbu[P] *Wng bw*	Schrift[C] Bewässerung[C]	Lamech[B]	Wem Chang[C] (Huang Di)?

Pen-abu

Pen-abu erscheint auf Felsenritzungen[Z] mit und auf Elfenbein ohne Serech. Im Serech befindet sich ein Quadrat und darunter ein Tier, das meist als Elefant gedeutet wird. Die Bedeutung der Zeichen wird mit „Großer vom Thron" wiedergegeben. Pen-abu entspricht Pan Gu, dem mythischen Urmenschen Chinas. Alles begann in einem Garten, von dem nur noch die Umzäunung (Piktogramm: Quadrat[C]) als gemeinsames Gut zeugt. War dem so, weil Adam den Auftrag über den Garten (Gen 2,15; 4,23f) entzogen bekam? Adam[B] konnte außerhalb dieses Gartens über die Tiere herrschen (Gen 1,26-28). Das war der ihm verbliebene Machtbereich, was offensichtlich durch den Elefanten ausgedrückt wurde. In China wird die Frau von Pan Gu[C] Xiwangmu[C] genannt, was „Mutter des Westens" bedeutet, die biblische Eva[B], „Mutter aller lebenden". Der geographische Bezug gibt Hinweis auf denselben Ursprung.

Pen-abu[Z]	Großer vom Thron[E] Erdenmensch[B]	Adam[B]	Pan Gu[C]
Frau	*Mutter aller Lebenden[B]* *Mutter des Westens[C]*	*Eva[B]*	*Xiwangmu[C]*

Die Schöpfungswoche

Die Erschaffung von Himmel und Erde bilden den Anfang (Gen 1,1). Wenn Gott Himmel und Erde schuf ist er selbst kein Teil davon, sondern existiert darüberstehend. Doch trat dem von Gott geschaffenen Leben nach zwei Siebenern in Mondzeiten die Entwicklungslehre als ein unbemanntes Konkurrenzmodell entgegen.

Schon dieser ersten Aussage in Gen 1,1 widersprechen weite Teile der Wissenschaft, wobei bis heute viel Aufwand darauf verwendet wird, den Anfang mit einem Zufall zu verbinden.

Die Schöpfungswoche geht ihrem Aufbau gemäß nicht auf eine direkte Beobachtung durch Menschen zurück, ebenso wie Menschen heute keine Beobachter ihrer eigenen Entstehung sein können. Aus diesem Grund gewinnen archäologische Funde und viele weitere Beobachtungen, die Hinweise auf unsere Entstehung geben, an Bedeutung, werden in Anspruch genommen, interpretiert, widerlegt usw. In diesem Milieu bestätigt im Grunde genommen jeder seine eigene Überzeugung und manche überzeugen damit auch andere.

Beim Studium der Bibel gehen wir ähnlich vor. Wir suchen einen Schöpfer und wir finden ihn und überzeugen andere, als wüssten wir immer genau, wie uns Gott was sagen will. Wir nehmen für uns Texte in Anspruch und interpretieren, was andere zu widerlegen suchen usw. Auch wir stehen in Gefahr uns im Grunde genommen nur selbst zu bestätigen, obwohl wir uns auf Gottes Geist berufen!

Warum diese harsche Gegenüberstellung? Unser aller in einem Zeitraum angestellten Überlegungen, ob sie nun auf Überlieferungen, Traditionen oder wissenschaftlichen Erwägungen beruhen, können ihr Ziel kaum ohne Offenbarungen erreichen! Erst wenn sich uns ein Fenster öffnet, z. B. die Kenntnis, dass sich Galaxien voneinander entfernen, können wir daraus Folgerungen ziehen. Schon Henoch kannte einen Ort, wo die Himmel vollendet werden (Hen 18,10).[70] Welche Größe müsste eine Offenbarung Gottes haben, um alle Menschen gleichermaßen von seiner Existenz überzeugen zu können?

---

[70] Harald Schneider: *Das Buch Henoch und die neue biblische Chronologie*; 2020; Seite 63

Meines Erachtens müsste eine solche Apokalypse unseren Zeitraum umfassen – die Vergangenheit und die Zukunft – und mit Angaben ausgestattet sein, die der göttlichen Herkunft auch gerecht werden!

Neben unserer Existenz an sich bewegen uns Fragen zu unserer Herkunft und Fragen zu unserer Zukunft. Aus diesem Grund konnte ein Buch wie die Bibel für viele Menschen zur Lebensanleitung werden. Auch wissenschaftliche Thesen haben diese Fragen im Hintergrund.

Moses stellt Elohim in Gen 1,1 als Schöpfer der Menschen vor und beschreibt seine Tätigkeit als ein Wochenwerk in 8 Akten. Warum? Von welcher Woche ist die Rede? Nach der Genesis kann die Zeit eigentlich erst ab dem 5. Akt am 4. Tag eindeutig bestimmt werden, weil erst am 4. Tag die dafür nötigen Instrumente Sonne, Mond und Sterne zur Verfügung gestellt wurden. Warum standen Sonne, Mond und Sterne nicht vom 1. Tag an zur Verfügung (vgl. Hi 38,4-7)? Gott offenbart sich uns in Rätseln. Dieses Rätsel will gelöst werden, was ganz den Merkmalen einer Apokalypse entspricht. Durch wen kann denn ab dem 4. Tag eine genaue Zeitbestimmung festgestellt werden? Durch Menschen, die jedoch erst am Ende des 6. Tages auf der Bühne erscheinen. Das ist Teil eines Rätsels, das es zu lösen gilt!

Zu diesen spezifischen Merkmalen kommt die Siebenzahl in anderen Apokalypsen hinzu, was auch auf große Siebener einer Zeitrechnung schließen lässt (dem widersprochen wird). Damit soll ausgedrückt werden, dass die Schöpfung in der Genesis als eine Offenbarung der Woche auch Großzeiträume ausdrücken kann, die den Menschen in seiner Entwicklung zeigen. So ist es möglich, dass Menschen am 4. Tag die Zeit bestimmen können, auch wenn sie erst am 6. Tag mit dem 8. Akt zum Leben aufgerufen werden!

Betrachten wir diese sonderbaren 8 Schöpfungswerke in 6 Tagen.[71]

Zunächst fällt „eine sehr eigentümliche Sprachgestalt [auf], die sich an den das ganze Kapitel durchziehenden immer gleichen Sätzen zeigt. Die durch sie erreichte feierliche Monotonie erinnert an die Sprachform der Genealogien, für die ja das Wiederkehren immer gleicher Sätze bezeichnend ist."[72]

Diese den Genealogien ähnliche Sprachgestalt zeigt auf alte Quellen. Eine so alte Entwicklungswoche der Menschheit wird als Apokalypse auch auf Beziehungen zum damaligen Weltbild hinterfragt werden.

---

[71] BKAT I,1 Claus Westermann: *Genesis 1-11*; 1976, Seite 114
[72] Ebda, Seite 112

Die Schöpfungswoche als Apokalypse

Der Zweck einer Apokalypse (Offenbarung) kann am Schöpfungsbericht der Genesis demonstriert werden, und zwar deshalb, weil sich dieser Bericht den Erfahrungen der Menschen entzieht. Sie waren keine Beobachter, so dass sie ihre Erfahrungen und Eindrücke hätten anderen weitergeben können. Der Einwand, dass diese Offenbarung ja keine zukünftigen, sondern bereits geschehene Ereignisse vermitteln will ändert nichts daran, dass es sich zumindest in Teilen um eine Offenbarung Gottes handelt, deren Potential es auszuschöpfen gilt. Manche ziehen das in Frage und sehen Menschen als die späteren Erfinder des Schöpfungsberichts.

Als Moses diesen Bericht in sein Buch der Anfänge aufnahm, waren in den Kulturen schon verschiedene Schöpfungsberichte im Umlauf, die von der Substanz her eine Ähnlichkeit im damaligen Weltbild aufzeigten. Das spricht vom Grundsatz her weder für noch gegen eine Offenbarung, da ja auch offenbartes Gut von Menschen in einer Umwelt artikuliert werden musste, in der die Vorstellungen und Begrifflichkeiten begrenzt waren. Es empfiehlt sich, zuerst einen Überblick darüber zu gewinnen, wie diese Offenbarung aussieht und was dem damaligen Wissenstand zu entsprechen scheint.

Das damalige Weltbild war allgemein das einer flachen Scheibe mit einem darüber liegenden Gewölbe, in manchen Kulturen auch noch mit einer Unterwelt ausgestattet. Solche Anschauungen waren das Ergebnis des menschlichen Geistes, der auch heute noch das nicht erlebte und nicht erschlossene herausfinden und begründen will – eben der wissenschaftliche Stand zurzeit von Moses.

Auch die Abfolge im Schöpfungsbericht könnte dem menschlichen Geist zugeschrieben werden: der Mensch steht über dem Tier, die Tiere benötigen die Pflanzenwelt auf dem Land, dass aus dem umliegenden Wasser emporkam. Davor gab es nur Chaos. Und über dem Menschen im Bilde Gottes steht Gott.

Auffällig in der Folge ist jedoch der vierte Tag, an dem die Lichter erschienen. August Dillmann schrieb: „Nur die Gestirne befremden an 5. Stelle. Heiden, welche dieselben göttlich verehrten, hätten sie herausgestellt; beim Israeliten stehen sie mitten unter den Werken, zwischen Pflanzen und Thieren."[73]

Wegen der wissenschaftlichen Ungereimtheit wird der Offenbarung des 4. Tages keine Beachtung geschenkt. Wir wissen heute, dass die Gestirne sowie Tag und Nacht nicht erst nach den Pflanzen ins Dasein kamen. Erklärungsversuche über ein Sichtbarwerden der Lichter auf Erden am 4. Tag sind nicht unproblematisch. Eine These, wonach der 1. Tag die unbewegliche-, der 4. Tag die bewegliche Schöpfung anführt, ist eine symmetrische Begründung, die jedoch wieder eine Offenbarung ausschließt.

Da sich Forschung mit Offenbarung allgemein schwertut, gehen wir hier einen anderen Weg. Wir unterstellen, dass Moses die Substanz damaligen Wissens verwertete und dabei Offenbarung empfangen hat. Moses schrieb eine Vorgeschichte seines Volkes (Abraham, Isaak und Jakob) und versucht aus verschiedenen Quellen eine Abstammung bis zum ersten Menschen nachzuweisen. Davor platzierte er die Schöpfung als im Anfang. Er gebrauchte zur Beschreibung die Substanz des damaligen Wissens und brachte ein Werk hervor, das doch alle anderen Berichte in den Schatten stellte. Wie kam das?

Sein Gottesbild war unverzerrt. „Gott sprach … und es wurde …" Keine Mythen, keine Ausschmückungen und keine Phantastereien.

„Weil hier die richtig scharfe Scheidung von Gott und Welt vollzogen und Gott in seiner vollen Erhabenheit, Geistigkeit und Güte gedacht ist, darum ist auch die Vorstellung vom Hergang der Schöpfung erhabener, würdiger und richtiger, als irgend wo sonst, ohne Beimischung von Grotesken und Phantastischen, einfach, nüchtern, klar und wahr"[74]

Ein so klares Gottesbild entspringt der Offenbarung, ob nun so an Moses überliefert oder aber von ihm durch seine Gottesnähe eingebracht. Der Bericht trägt einen Offenbarungscharakter in sich, auch wenn die Substanz (aus dem damaligen Weltbild) dem Verständnis der damaligen Umwelt genügte. Umso mehr hat uns eine Abweichung von diesem alten Weltbild zu interessieren! Ein exklusiver Bestandteil dieses Schöpfungsberichts ist die Woche im 6-Tage-Werk. Sie ist den acht Malen, wenn „Gott sprach …", übergeordnet (Gen 1,3.6.9.11.14.20.24.26).

---

[73] August Dillmann: *Die Genesis erklärt*; fünfte Auflage 1886, Seite 13
[74] Ebda, Seite 9

1,3f	Licht	1. Tag	1
1,6f	Scheidung der Wasser	2. Tag	2
1,9f	trockenes Land, Meere	3. Tag	3
1,11f	Pflanzen		4
1,14f	Lichter, eine Scheidung zwischen Tag und Nacht	4. Tag	5
	Zeichen (Bestimmungen) für Zeitabschnitte, Tage, Jahre		
1,16	Die beiden großen Lichter und auch die Sterne		
1,20f	Wassertiere und Vögel	5. Tag	6
1,24f	Landtiere	6. Tag	7
1,26f	Menschen		8

Welcher Offenbarungscharakter steckt in der Woche? Die Tage geben eine Darstellung der Reihenfolge an. Nur der 4. Tag spricht eine genaue Bestimmung von Zeitabschnitten, Tagen und Jahren an, da die Zeit nach den Gestirnen bemessen wird. Warum wurde dem Moses für Sonne, Mond und Sterne der 4. Tag zugewiesen? Diese Frage wartet auf eine Antwort! Die Woche mit seinem 4. Tag ist eine Offenbarung der zukünftigen Geschichte. Der einfache und nüchterne Bericht ist auch selbst für eine andere Woche angelegt worden.

Die zukunftsorientierte Auskunft ist das Wesen einer Apokalypse. Es fragt sich von selbst, wie wir mit einer Nachricht umgehen sollen, von der wir Auskunft über die Vorzeit erwarteten? Oder besteht beides, d. h. auch wir stehen noch in einer schöpferischen Entwicklung? Es stellt sich auch die Frage, ob unsere Frage nach der Entstehung immer eine umfassende Antwort zusteht, begreifen wir doch selbst je nach Wissenstand eher zurückgeblieben und halten oft verbissen an dem fest, von dem wir meinen, es sei etwas (Hi 38,2).

„So erweist auch die Vergleichung des übrigen A. T., dass während des Bestandes des alten Volkes diesem Theil unserer Erzählung dogmatische Geltung nicht zugeschrieben wurde. Sogleich Gen. 2 gibt über die Aufeinanderfolge der Entstehung der organischen Wesen eine andere Vorstellung an die Hand; Ij. 38, 4-7 setzt bei der Gründung der Erde das Dasein der Gestirne schon voraus; von einer ängstlichen Nacherzählung der Einzelheiten von Gen 1 findet man, so oft auch von der Bildung Himmels und der Erde als That Gottes die Rede ist, nirgends eine Spur".[75]

Der Offenbarungscharakter besteht in der Oberhoheit Gottes über seine Schöpfung und seinem Vorhaben, auch dem am 4. Tag. Dieser 4. Tag ist Teil der Woche im 6-Tage-Werk plus Ruhetag und zeigt, dass die Woche samt Sabbatidee eine Offenbarung Gottes ist!

Diese Apokalypse fand bereits im Kontext der Schöpfung statt, oder etwas genauer: Über der Eröffnung des Werdens der Lebensräume für den angesprochenen Menschen liegt auch ein Programm für die Lösung seiner Probleme während seiner Entwicklung.

Moses hatte Berichte zusammengetragen, unter anderem, um das Vorhandensein des Menschen zu begründen (Gen 1) und um seine Entfremdung von Gott zu beschreiben, was ja seinem Niedergang gleichkommt (Gen 3). Die prophetische Rede Gottes (Gen 3,15) über einen Retter ließ die Menschen auf Befreiung hoffen. Der Tag, an dem das Licht erscheint, wurde in der Woche bereits offenbart.

Wie haben die Hebräer diese Woche verstanden? Salomo schrieb in den Spr 8 über sich selbst: **22** Er hat mich als Anfang seines Weges gestiftet als vorderstes seiner Werke von je. **23** Von urher bin ich belehnt, von der Frühe von den Vorzeiten der Erde.[76]

Er sah sich als Teil, was von „urher" als „vorderstes" galt, auch Licht am 4. Tag (vgl. Gen 1,14-15 mit Licht in Gen 1,3-4). Diese Nachricht ist hinter dem Ruf der Weisheit eingebettet, und führt eine Beschreibung über die Frühe dieser Nachricht aus (Spr 8,1f.22-31).

30 da war ich bei ihm Wärter / und war da tändelnd Tag für Tag / war spielend vor ihm jederzeit / **31** war spielend mit der Erde, seinem Land / mein Tändeln mit den Menschenkindern.[77]

Der wissenschaftliche Stand zurzeit Mose wurde in Betracht gezogen. Die Offenbarung Gottes bestand in seinem von der Schöpfung getrennten Wesen. Seine Vorstellung von der Woche hat sich durchgesetzt und ist auch in praktisch allen späteren Apokalypsen präsent. Was hat es nun mit den Gestirnen am vierten Tag auf sich?

---

[75] Ebda, Seite 11
[76] Buber & Rosenzweig: *Die Schrift*; 2004
[77] Naftali Herz Tur-Sinai: *Die Heilige Schrift*; 1993

Die Woche ist ein Konzept, in dem sich die Lebensräume bewegen. Der vierte Tag bildet die Mitte dieser Woche. Von dort gehen die Lichter Sonne, Mond und Sterne aus, die für die Bestimmung unserer Zeit von so entscheidender Bedeutung sind (Gen 1,14-19).

Eine Woche, in der zwischen Tag und Nacht, Zeitabschnitten, Tagen und Jahren unterschieden werden kann, lässt auf ein größeres Zeitkonzept als eine 7-Tage-Woche blicken! Ein Jahr hatte bereits 360 Tage und eine Jahrwoche umfasst gerade einmal sieben Jahre. Die Menschheit hat kürzlich einen zweiten Siebener von Tagen mit 360 Jahren hinter sich gebracht und gedenkt, einen dritten Lebensraum dieser Größenordnung beschreiten zu können. Nicht Jahrmillionen, sondern Siebener bilden unsere Lebensräume ab. Warum wurde erst am vierten Tag die Bemessung aller dieser Zeitabschnitte möglich?

Die Apokalyptik mit seinem engen Bezug zur Woche hilft uns, der Antwort auf diese Frage näherzukommen. In der Offenbarung des Johannes wird der erste Siebener nach einem Drittel gerichtet, der zweite Siebener jedoch erst am Ende. Das Flutgericht schlug nach einem Drittel eines Siebeners in die Lebensräume der Erde ein!

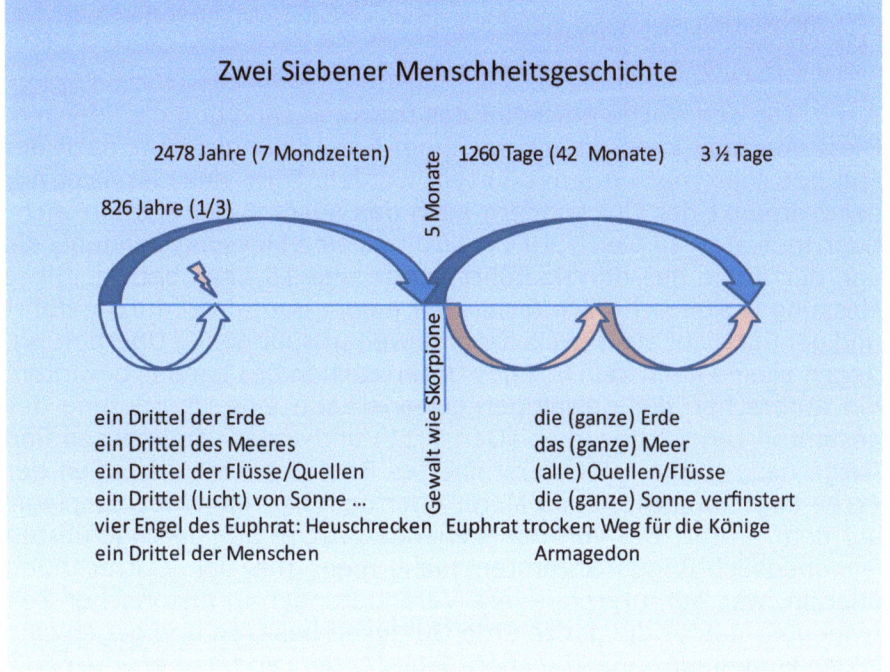

Zwei Siebener Menschheitsgeschichte

2478 Jahre (7 Mondzeiten)   5 Monate   1260 Tage (42 Monate)   3 ½ Tage

826 Jahre (1/3)

Gewalt wie Skorpione

ein Drittel der Erde	die (ganze) Erde
ein Drittel des Meeres	das (ganze) Meer
ein Drittel der Flüsse/Quellen	(alle) Quellen/Flüsse
ein Drittel (Licht) von Sonne ...	die (ganze) Sonne verfinstert
vier Engel des Euphrat: Heuschrecken	Euphrat trocken: Weg für die Könige
ein Drittel der Menschen	Armagedon

Der dritte Tag

Betrachten wir die Schöpfungswoche als eine Apokalypse mit Jahr-Jahren (360 Jahre), müssten uns an jedem einzelnen Tag wichtige Entwicklungsschritte der Menschheit im ersten Siebener begegnen!

Der markanteste Einschnitt der Menschheitsgeschichte war die Flut. Die Flut schlug nach dem ersten Drittel (826 Jahren) Menschheit ein. Entsprechend mussten das Land und die Vegetation neu erscheinen. Welche Auskünfte gibt uns die Schöpfungswoche für das Zeitfenster 721-1080 seit Adam?

Gen 1

9 Und Gott sprach: Es sammle sich das Wasser unterhalb des Himmels an einem Ort, sodass das trockene Land sichtbar werde. Und so geschah es.

10 Und Gott nannte das Trockene Erde, die Wasseransammlung nannte er Meer. Und Gott sah, dass es gut war.

11 Und Gott sprach: Die Erde lasse junges Grün sprossen: Pflanzen, die Samen hervorbringen, und Fruchtbäume, die Früchte bringen nach ihrer Art auf Erden, in denen ihr Samen ist. Und so geschah es.

12 Und die Erde lies frisches Grün sprossen: Samentragende Pflanzen nach ihrer Art, und Bäume, die Früchte bringen, in denen ihr Samen ist, nach ihrer Art. Und Gott sah, dass es gut war.

13 Und es wurde Abend, und es wurde Morgen, ein dritter Tag.

Am 3. Tag der Woche erscheint das trockene Land und die Pflanzen. Diese Aussage kann als ein wichtiger Entwicklungsschritt nach der Flut 826 Jahre nach Adam beurteilt werden. Doch dazu ist nicht nur der Zeitpunkt der Flut sondern auch das Ausmaß der Flut ein wichtiger Indikator. In Gen 7,19.20 wird uns eine Messung genannt, die von der Arche aus durchgeführt wurde und 15 Ellen betrug. Diese Messung wurde sicherlich nicht über einem Berggipfel durchgeführt und genügt nicht als Beweis für eine weltumspannende Überflutung. Regen alleine kann kein völliges Untertauchen des Landes bewirken. Ein Aufbrechen der gewaltigen Ozeane kann eine Überflutung des gesamten Landes bewirken (Gen 7,11) und sogar Landmassen und Berge neugestalten. Ein versteinertes Boot mit den Ausmaßen der Arche liegt immerhin 2150 Meter über dem heutigen Meeresspiegel auf dem Ararat. Die von der stehenden Arche aus durchgeführten Mondbeobachtungen stimmten nicht mehr mit der Zeitrechnung überein, was auf interplanetare Veränderungen in historischer Zeit hindeutet, die für die ganze Erde Gültigkeit besitzen und gegen eine lokale Flutkatastrophe sprechen! Musste das Land neu erscheinen?

Darüber gibt uns in der 3. Bilderrede im Buch Henoch ein Augenzeuge und der Empfänger einer Apokalypse Noah eine Antwort:

Hen 60

1 Im Jahr 500, im 7. Monat, am 14. Tag des Lebens Henochs. In jener Bilderrede sah ich, wie der Himmel der Himmel von einem gewaltigen Beben erbebte, und das Heer des Höchsten, tausendmal Tausend und zehntausendmal Zehntausend, durch eine starke Erschütterung erfasst wurden.

2 Das Haupt der Tage saß auf seinem Thron der Herrlichkeit und die Engel und die Gerechten waren rings um.

3 Ich fing an zu schlottern vor Angst und hatte keine Kraft mehr zu stehen, mein Inneres schmolz und ich fiel auf mein Angesicht.

4 Michael sandte einen anderen heiligen Engel, der mich aufhob, bis ich wieder bei mir war, denn ich konnte den Anblick dieses Heeres und die Erschütterung und das Beben nicht ertragen.

5 Und Michael fragte: „Was hast du gesehen, was dich so erschüttert? Der Tag der Barmherzigkeit dauert bis heute noch an. Er war barmherzig und geduldig mit denen, die die Erde bewohnen.

6 Aber wenn der Tag der Macht, der Vergeltung und des Gerichts kommt, was der Herr der Geister denen bereitet hat, die sich nicht dem gerechten Gericht unterwerfen, und die das gerechte Gericht leugnen und die seinen Namen umsonst tragen – dieser Tag ist den Auserwählten eine Verteidigung, den Sündern eine Untersuchung."

7 An jenem Tag werden zwei Ungetüme verteilt werden: ein weibliches mit Namen Leviathan, dass es in den Tiefen des Meeres über den Quellen der Gewässer wohne.

8 Das männliche ist Behemoth, das mit seiner Brust die endlose Wüste einnimmt, Dendain genannt, im Osten des Gartens, wo die Auserwählten und Gerechten wohnen, wohin mein Großvater aufgenommen worden ist, der Siebente von Adam an, der erste Mensch, den der Herr der Geister erschaffen hat.

9 Ich bat einen Engel, mir die Macht jener Ungeheuer zu zeigen, wie sie an einem Tag getrennt und eins in die Tiefe des Meeres und eins in das Land der Wüste gesetzt wurden

10 Er sprach zu mir: „Du Menschensohn willst hier wissen, was verborgen ist."

In Hen 60,1-10 wird dieses Gericht mit einem gewaltigen Beben eingeführt, bei dem das Land auf zwei Ungetüme (Kontinente) verteilt wird. Behemoth kann an seiner Brust erkannt werden, der arabischen Halbinsel. Der Leviatan ist der sich windende amerikanische Kontinent. Die Kontinentalverschiebungen geschahen somit gezielt und in historischer Zeit nach dem ersten Drittel im ersten Siebener! Entgegen dem Evolutionsbild waren wir, wenn auch in einem Kasten geschützt, bei diesen großen Umwälzungen bereits mit zugegen.

Licht	Tag 1	Akt 1
Scheidung der Wasser	Tag 2	Akt 2
trockenes Land, Meere	Tag 3	Akt 3
Pflanzen		Akt 4

Der vierte Tag

Mit dem Hintergrund einer Flut, die das ganze Land überschwemmte und sogar Kontinente verschieben konnte, die wieder auftauchten ist auch die Frage, was es mit den Gestirnen am vierten Tag auf sich hat für eine ganz spezifische Epoche nach der Flut zu stellen! In den Jahren 1081-1440 bzw. von 1063-1417[354] müsste nach der Flut eine Form der Zeitrechnung möglich werden, die es so vorher nicht gab.

Gen 1

14 Und Gott sprach: Es sollen Lichter entstehen an der Feste des Himmels, zu scheiden zwischen den Tag und der Nacht. Dabei sollen sie als Zeichen dienen, um Zeiten, Tage und Jahre zu bestimmen.

15 Und sie sollen als Leuchten an der Feste des Himmels dienen, dass es hell sei auf der Erde. Und so geschah es.

16 Und Gott machte die beiden großen Leuchten: die größere zur Beherrschung des Tages und die kleine Leuchte zum Beherrschen der Nacht, dazu die Sterne. Und so geschah es.

17 Und Gott setzte sie an die Feste des Himmels, um über die Erde zu leuchten,

18 über den Tag und die Nacht zu herrschen und zwischen Licht und Finsternis zu scheiden. Und Gott sah, dass es gut war.

19 Und es wurde Abend, und es wurde Morgen, ein vierter Tag.

Die neuen Lichter sollen zur Bestimmung von Zeiten, Tage und Jahre dienen, was sie vorher offensichtlich nicht konnten. Die Lichter veränderten sich mit der Flut, was am Mond noch im Flutjahr und an der Sonne kurz darauf beobachtet wurde. So gleichmäßig und schön die Übereinstimmung von Sonnen-[360] und Mondjahr[12x30] auch war, so wenig war es wegen seiner Harmonie dazu geeignet, fortlaufende sich unterscheidende Zeiten, Tage und Jahre bestimmen zu können.

Das mit den neuen Mondzeiten Bestimmungen vorgenommen werden sollen zeigt die Wahl des Fluttermin deutlich an, der nach einem Drittel eines Sieveners in neuen Mondzeiten (7x354=2478/3=826) platziert über die Erde hereinbrach.

Nach der Flut musste das neue Mondjahr[354] mit wiederkehrenden Schaltjahren mit einem 13. Monat an das Sonnenjahr angeglichen werden, die in datierten Dokumenten als zweiter Adar oder zweiter Ululu auftauchen. Das hilft der Chronologie-Forschung Regent- und Mitregentschaften aufzuspüren und unterstützt deren Einordnung. Übermittelte Mondbeobachtungen wie (die wiederkehrenden) Mondfinsternisse können als Zeitbestimmung (Zeichen) genutzt werden.

Mit den neuen Sonnenzeiten wurden Bestimmungen vorgenommen, wie die neuen Kalender nach der Flut zeigen: Der erste Sonnenkalender stellte für ein Quartal von drei Monaten[3x30] einen zusätzlichen Sonnentag fest, was nach MT-Recherchen sogar schon im Flutjahr einem neuen Jahrkalender[364] auftrieb gab (Hen 72,32). Die Messung konnte durch viele weitere Beobachtungen im „neuen Sternenjahr" präzisiert werden, sodass spätestens nach einem Jubiläum alle Bezüge zwischen dem alten Kalender[360] und den Kalendern[354], -[365] bis zum ¼ Tag erfasst und ausgewertet wurden (Hen 74). Die Sternbeobachtung wurde weiter präzisiert. In Ägypten wurde von Memphis der Aufgang des Sirius (Hundsstern) nach längerem nichtsichtbarsein alle vier Jahre vor dem Aufgang der Sonne beobachtet. Dieses gefeierte Datum wanderte alle vier Jahre um einen Tag durch den ägyptischen Sonnenkalender[365]. Mit dieser Kenntnis können heute datierte Artefakte ziemlich treffsicher einem Jahr in einem Zyklus von 1460 Jahren zugeordnet werden!

Wenn aus diesem Grund Sonne, Mond und Sterne aus Sicht der Erde umgestellt wurden, stellt sich für uns die Frage, warum die Ägyptologie datierten Artefakte nicht entsprechend ihrer Auskunft ordnet?

Die Schöpfungswoche offenbart die Lebensräume der Menschheit! Durch das neue Jahr 365 ¼ konnten im Sonnenjahr 365 *Bestimmungen für Zeitabschnitte* möglich werden, wie solche zuvor nicht möglich waren. Der Stern von Memphis macht uns eine eindeutige Chronologie möglich. *Die Sterne können nicht lügen!* Diese *Zeichen* zeigen uns genau, wo wir uns im Uhrwerk Gottes befinden.

So sollen auch Tag und Nacht geschieden werden können, was vorher nicht möglich war. Inwiefern nicht? Dunklen Zeiten kann Licht (z. B. zwei Siebener in Mond- und Sonnenzeiten durch die Auflösung der Lebensalter) gegenübergestellt werden! Die Offenbarung des vierten Tages richtet sich somit auch gegen die durch institutionelle Wissenschaften begünstigten Zeitverfälschungen auf der Linie des Evolutionsgeistes. Es dient dem großen Saboteur und den Interessen von Staaten, die ihre Bürger unter alleiniger Kontrolle halten wollen!

Doch warum wurde diese Zeitumstellung und deren Auswirkungen erst dem 4. Tag zugeschrieben? Im Phönix des Hesiod beginnt 2198 die Beobachtung des Wandeljahres, weshalb eine Flut und eine Kalenderreform davor angenommen wurde. Doch könnten auch rechnerisch ermittelte 3 Epagomenen Anteile von 12 Jahren am Ende des nicht vollen Sothisjahres den Anstoß gegeben haben. Erst das Elfenbeintäfelchen aus Abydos zeigt den Serech von Djer, der über eine Spitze hinweg den Morgenstern der Sopdet beobachtet, der als eine sitzende Kuh dargestellt ist und darunter die Aussaat (Peret). Im Peret II. 2174 wurde diese Beobachtung gemacht. Es konnte für den frühen Peret noch keine Durchwanderung der Sothis geben. Die nächste belegte Beobachtung im Papyrus al-Lahum mit einem *16. Tag des 4. Monats im Winter* als Aufgang und einem Sothisfest im *Jahr 7; 17. Peret IV.* fand im 7. Jahr eines unbekannten Königs (Sened) 1874/1870 statt. Der Schemu wurde ab 1814 für 480 Jahre die erste vollständige Sothisfest-Jahreszeit.

Die *sprechende Auskunft* der MT^P Adresse für das 3. Jahr des Sened nennt im Eintrag *Num 19,1-22* für 1874 eine Sothis-Beobachtung! *Num 19* gibt Auskunft über eine rote Kuh, dessen Asche Rohstoff für das Reinigungswasser war. Rote Kühe sind in natura unbekannt.

Die rote Kuh aus *Num 19* ist ein außergewöhnlicher Eintrag, denn eine alle vier Jahre wiederkehrende Beobachtung des Sirius muss nicht auf eine solch nachdrückliche Weise festgehalten werden. Mit dem Sothis-Aufgang in 1874 hatte es etwas Besonderes auf sich. Darauf gestützt konnte im Papyrus al-Lahum der nächste Termin im „7. Jahr" von Sened sicher bestimmt werden. Außerdem lässt sich über die Asche *Num 19* ein Vergleich zum Phönix ziehen, der nach Bereinigung der Zeit wieder aus der Asche aufstehen wird. Bisher ungenannt ist die Verbindung zwischen dieser Zeit und der Anbetung JHWHs für den vierten Tag festzuhalten.

Dem 4. Tag in Mondzeiten 1063-1417 ab Adam entsprechen im heutigen Kalender die Jahre 2008-1654 v. u. Z. Abraham, Isaak und Jakob lebten in der Dynastie von Isne am 4. Tag, als sich Licht von Finsternis schied und die Urväter zu Beginn der Sothis im Schemu als Zweig aus dem damaligen Herrschaftsgebilde schieden.

Licht	Tag 1	Akt 1
Scheidung der Wasser	Tag 2	Akt 2
trockenes Land, Meere	Tag 3	Akt 3
Pflanzen		Akt 4
Lichter, eine Scheidung zwischen Tag und Nacht.	Tag 4	Akt 5
Bestimmungen für Zeitabschnitte, Tage, Jahre		
Die beiden großen Lichter und auch die Sterne		

Der fünfte Tag

Betrachten wir die Schöpfungswoche als eine Apokalypse mit Jahr-Jahren (360/354), sind auch am 5. Tag (1441-1800/1418-1771) ab Adam markante Merkmale zu erwarten.

> **Gen 1**
> **20** Und Gott sprach: Die Wasser sollen wimmeln von lebenden Seelen und Vögel sollen fliegen über die Erde an der Feste des Himmels.
> **21** Und Gott schuf die großen Seeungeheuer und alle sich regenden Wesen, die im Wasser wimmeln nach ihrer Art. Und so geschah es. Und Gott sah, dass es gut war.
> **22** Und Gott segnete sie und sprach: Seid fruchtbar und mehrt euch und erfüllt das Wasser im Meer, und die Vögel sollen sich mehren auf der Erde.
> **23** Und es wurde Abend, und es wurde Morgen, ein fünfter Tag.

Israel wanderte bereits 1806/1799 v. u. Z. in Ägypten ein und wurde 430 Jahre später (Ex 12,40) aus Ägypten befreit. In Mondjahren sind die Sonnenjahreszählung 12 bis 13* Jahre früher anzusetzen:

Jahr^{Lun}	MT^P Auskunft (Auszüge)	MT^P 1Sam	1	2	3	4
1402	*Mutter der Kinder beraubt*	*15,33*			400	
1400	*Salbung des achten Sohnes*	*16,1-13*				
1390	*Wer bin ich schon*	*17,55-56*				
1389	*Der Kopf des Philisters*	*17,57-18,5*	430.			
1383	*An den Feinden … rächen*	*18,25-27*				
1382	*Erkennen … JHWH mit ihm*	*18,28-29*		430.		
1374*	*Auf dem Feld … am 3. Tag*	*20,5-8*			430.	
1367*	*Urlaub für Schlachtopfer*	*20,27-29*				430.

Wichtig ist die Erkenntnis, dass von 1374 bis zum Jubeljahr 1337 die 38 Jahre Kernzeit der Wüstenwanderung vergangen sind. Vierzig Jahre nach dem Israel den Jordan durchquerte endete der 5. Tag (1653-1299), d. h. wir blicken auf lange Zeiten Israels in Ägypten.

Während dieser Zeit sollen sich die Meere mit Seelen füllen, Vögel über die Erde fliegen und große Seeungeheuer geschaffen werden.

> **Ex 1**
> **7** Die Söhne Israels wurden fruchtbar und begannen zu wimmeln, und sie vermehrten sich fortwährend und wurden in außergewöhnlichem Maß mächtiger, sodass das Land mit ihnen gefüllt wurde.

Diese Entwicklung konnte auch durch Unterdrückung, Zwangsarbeit und beabsichtigten Kindermord nicht aufgehalten werden (Ex 1,8f).

Während sich das Meer mit Seelen füllt fliegen Vögel über dem Land.

Ex 1

11 Da setzten sie Zwangsarbeitsoberste über sie zu dem Zweck, sie beim Tragen ihrer Lasten zu bedrücken. Und sie bauten das für Pharao Städte als Vorratsplätze: Pithom und Ramses.

12 Je mehr sie bedrückt wurden umso mehr vermehrten sie sich und breiteten sich ständig mehr aus, sodass es ihnen vor den Söhnen Israels graute.

Des Weiteren schuf Gott die großen Seeungeheuer. Das Zeitalter der großen Seemächte war angebrochen. Dazu gibt die Familiengeschichte Judas interessante Auskünfte:

Judas Familienangelegenheiten stehen mitten in der Geschichte Jakobs (Gen 37) mit dem Verkauf Josephs nach Ägypten und dessen dortiger Entwicklung (Gen 39-45). Der geschilderte Sachverhalt wird in Gen 46,12 bestätigt, doch fragt es sich, ob durch die Söhne und Generationen etwas anderes abgebildet werden soll? In Gen 38 versterben zwei von drei Söhnen (Generationen?) Judas, bis er in seiner kuriosen Verwicklung Vater aus der Witwe seiner Söhne wird, Vater von Zwillingen (Gen 38,27-30). Die Namen der Kinder sind Perez (Durchbruch) und Serech (Aufleuchten). Kam es hier zu veränderten Machtgefügen? Eine weitere Beobachtung, machten Gelehrte:

„Es gibt phonetische Ähnlichkeiten zwischen Namen wie Piram und Priam (Jos 10:3), Anchises und Achisch (1 Sam 27:2) und Paris mit Perez (Gen 38:29)."[78]

Diese Namen klingen an Helden an, die vor und nach dem Fall des alten Trojas auch für Ägypten zu einer Bedrohung wurden. Der Trojanische Krieg wurde durch eine Liebesgeschichte zwischen dem Paris und der Helena ausgelöst. Wann kamen der Durchbruch und wann das Aufleuchten? Zwei Jubiläen waren seit der Herrschaft Eliesers, Abrahams, Ismaels, Isaak und Jakob bis er nach Ägypten kam bereits vergangen. Wenn die drei ersten Söhne Judas für drei Jubiläen in Ägypten stehen, war im sechsten Jubiläum (1653-1616) ein Durchbruch (Perez) erzielt und im siebenten Jubiläum (1616-1548) ist ein Aufleuchten (Serech) erfolgt. Die Familiengeschichte Judas in Gen 38 ist eine Beschreibung der ersten fünf Jubiläen Israels in Ägypten! Sie assoziieren mit fünf Jahren der Dürre unter Joseph und kennzeichnen den Übergang zu den großen Seeungetümen.

---

[78] Fatih Cimok: *Das Biblische Anatolien*, *Die Seevölker*; Seite 44

Die Geschichte des Trojanischen Krieges wird in Gen 38 mit Perez zu Beginn des 5. Tages gestellt! War der Einfall durch die sogenannten Seevölker das wichtigste Ereignis in der antiken Geschichte?

„Obwohl die Gelehrten nicht in der Lage sind, eine einzelne, wichtige Ursache (Hunger, Epidemien. Erdbeben oder eine andere Naturkatastrophe) zu nennen oder zu entdecken, die diesen Aufruhr erzeugte, haben sie es aufgegeben, eine mysteriöse Gruppe von Eindringlingen aus Nordeuropa zu suchen, die plötzlich, wie Raubvögel, über diese Länder herfiel[en]."[79]

Diese zeitliche Diskrepanz und der Umstand, dass die griechische Literatur die Eroberung Trojas als eigene Episode behandelt, sprechen dafür, dass der trojanische Krieg nicht bei den späteren Seevölkern zu suchen ist, deren Herkunft weiter im Dunkeln bleibt.

Heinrich Schliemann, der Begründer der biblischen Archäologie und Entdecker von Troja, nannte seine Funde mit Berufung auf Homer „Schatz des Priamos". War diese Einschätzung richtig?

Diese sind rund 400 Jahre älter als von Schliemann vermutet (um 1650-1500) und damit zu alt, um mit dem erwähnten heroischen Personal in Zusammenhang gebracht werden zu können.[80]

Licht	Tag 1	Akt 1
Scheidung der Wasser	Tag 2	Akt 2
trockenes Land, Meere	Tag 3	Akt 3
Pflanzen		Akt 4
Lichter, eine Scheidung zwischen Tag und Nacht.	Tag 4	Akt 5
Bestimmungen für Zeitabschnitte, Tage, Jahre		
Die beiden großen Lichter und auch die Sterne		
Wassertiere und Vögel	Tag 5	Akt 6
Landtiere	Tag 6	Akt 7
Menschen		Akt 8

---

[79] Ebda, Seite 39
[80] *Troja – Traum und Wirklichkeit*; 2001; Christiane Zintzen: *Heinrich Schliemann, Grenzgänger zwischen Fakten und Fiktion*; Seite 436, Fn. 36

Der sechste Tag

Betrachten wir die Schöpfungswoche als eine Apokalypse mit Jahr-Jahren (360/354), sind auch am 6. Tag (1801-2160/1772-2126) ab Adam markante Merkmale zu erwarten.

Gen 1

24 Und Gott sprach: Die Erde bringe lebende Seelen nach ihren Arten hervor, Haustiere und sich regende Tiere und wildlebende Tiere der Erde nach ihrer Art. Und so geschah es.

25 Und Gott machte die wilden Tiere nach ihrer Art und das Haustier nach seiner Art und alle Tiere, die auf dem Boden kriechen nach ihrer Art. Und Gott sah, dass es gut war.

26 Und Gott sprach: Lasst uns Menschen machen in unserem Bilde, uns ähnlich. Sie sollen herrschen über die Fische im Meer und die Vögel im Himmel und über das Haustier und alle wilden Tiere und über jedes kriechende Tier auf der Erde.

27 Und Gott schuf den Menschen nach seinem Bilde. Nach dem Bilde Gottes schuf er ihn, als Mann und Frau schuf er sie.

28 Und Gott segnete sie und sprach: Seid fruchtbar und mehrt euch und erfüllt die Erde und macht sie euch untertan. Herrscht über die Fische im Meer und die Vögel im Himmel und über das Haustier und alle wilden Tiere und alles Lebende, das sich auf der Erde regt.

29 Und Gott sprach: Ich übergebe euch alle samentragenden Pflanzen auf der ganzen Fläche der Erde und alle Bäume, an denen samentragende Früchte sind. Sie sollen euch zur Nahrung dienen.

30 Und allen Tieren der Erde und allen Vögeln des Himmels und allen Kriechtieren auf der Erde, in welchem eine lebende Seele ist, gebe ich alles Kraut zur Nahrung. Und so wurde es.

31 Und Gott sah alles, was er gemacht hatte, und es war sehr gut. Und es wurde Abend, und es wurde Morgen, ein sechster Tag.

Der 6. Tag umfasst vierzig Jahre nach dem Einzug die Zeit der Richter und Könige in Israel bis zum vollendeten Tempel in Jerusalem.

Nach 38 Jahren Wüstenwanderung wurde der Jordan überquert, was in das Jubeljahr 1337 fiel. Eine Rückrechnung von einer totalen Sonnenfinsternis bis zu Salomos Tempelbau *in Mondjahren* markiert das Jahr 961. Die voneinander abweichenden Übermittlungen 480^{MT}; 440^{LXX} und 592^{JosAnt} bis zum Tempelbau können aufgrund gewisser Eigenarten zwischen den Kalendern erkannt werden (1Kö 6,1). Von 1337 bis 961 sind es 379 Jahre, und ein beginnendes 380. Sonnenjahr. Derselbe Zeitraum zählt 392 Mondjahre. Die 380^{Sonar} und die 392^{Lunar} zeigen prägnante Ähnlichkeiten mit den 480^{MT} und den 592^{JosAnt}. Hier werden für die Zeitspanne bis zum Tempelbau Aufstockungen beobachtet (+100, vgl. Gen 5^{LXX}).

Der Tempel wurde im 11. Jahr Salomos beendet (1Kö 6,37.38) und der Bau dauerte 7 Jahre von 961-954 v. u. Z. Auffällig endet der 6. Tag von 1300-946 v. u. Z. eine Jahrwoche darauf. Salomo baute an seinem eigenen Haus 13 Jahre lang (1Kö 7,1). Auch entsteht der Eindruck, diese Baustellen seien nicht voneinander zu trennen gewesen (1Kö 7,9.12). Hiram baut ab 1Kö 7,13 auch zum Tempel die Säulen und gießt das Meer und erstellt weitere Tempelausstattung, auch wenn das eigentliche Gebäude (1Kö 6,4f) und der Innenausbau (1Kö 6,14f) zuvor abgeschlossen erscheinen (1Kö 6,37.38).

Am 6. Tag soll die Erde, wie schon am 5. Tag das Meer, allerlei lebende Seelen hervorbringen. Der Wechsel vom Meer zum Land zeigt veränderte Machtverhältnisse an. Es ist auffällig, dass während der gesamten Zeit der Richter Ägypten keinen Einfluss auf Israel ausübt.

Immanuel Velikovsky identifiziert in *Zeitalter im Chaos* die Hyksos mit Amalek und füllt mit der Herrschaftsdauer nach Manetho[Jos] mit 511 Jahren die für ihn volle Zeit der Richter auf. Er stellt fest:

… sie ist jedoch in heutigen Werken über die ägyptische Geschichte erheblich reduziert. Diese Reduktion beruht nicht auf irgendeiner Berücksichtigung kultureller Wandlungen oder archäologischer Funde, alter Tabellen oder Daten, sondern erfolgte hauptsächlich der Tatsache wegen, dass das Ende der XII. Dynastie des Mittleren Reiches aufgrund der astronomischen Berechnungen der Sothisperiode auf das Jahr -1780 festgelegt wurde. Es folgt die XIII. Dynastie (die letzte des Mittleren Reiches) und die Hyksoszeit, bevor das neue Reich mit der XVIII. Dynastie im Jahre 1580 begann, wiederum gemäß Berechnungen, die moderne Wissenschaftler auf dem Kalender der Sothisperiode aufbauten. Wenn die Daten stimmen, verbleiben für die die XIII. Dynastie und die Hyksosperiode etwa 200 Jahre, und da einige Könige der XIII. Dynastie lange Regierungszeiten hatten, sind für die Hyksosherrschaft höchstens 100 Jahre übrig. Diese Ansicht wurde von Eduard Meyer vorgelegt und vertreten.[81]

Die Zeit der Richter kennt keine Einflussnahme eines ägyptischen Reiches und Josephus zitiert nach Manetho (Gegen Apion I, 84). Erst durch Saul wurde der letzte große Herrscher der Amalekiter Agag besiegt (1Sam 15,7-8). Immanuel Velikovsky bezieht zu Recht die Namen Apop II. – Agog II. auf eine Person, die in Auraris herrschte.

---

[81] Zeitalter im Chaos, Band I: Vom Exodus bis zu König Echnaton, 97

Die der Ägyptologie zugrundeliegenden Daten kommen nur in Verbindung mit Mondbeobachtungen zustande, während auf dem Siegel Sothis-Beobachtung steht. Dabei sind Sothis-Beobachtungen für die Berechnungen der ägyptischen Chronologie nicht nur selten geworden. Es kann sogar festgestellt werden, dass diese

„… Daten vom endgültigen Aussterben bedroht sind. Waren es 1935 noch fünf, ließ man 1981 noch drei und 1990 nur noch ein einziges gelten. Das letzte … aus dem Papyrus Illahum verpasst dem Mittleren Reich sein Alter, ist aber aus anderen Gründen umstritten."[82]

In Wikipedia in *die Liste der Pharaonen* werden für die 13. Dynastie die Jahre um 1759 bis nach 1640 veranschlagt, wobei um 1630 die 15. Dynastie der Hyksos eingesetzt haben soll In der 13. Dynastie der Wissenschaft von heute sterben die Könige weg wie die Fliegen! Die 14. Dynastie ist bei dieser Überlegung noch nicht berücksichtigt.

Von den 43 Hyksoskönigen dieser Dynastie sind nur zwei bekannt. In einer von Mariette in den Tempelruinen von Tanis, die fast alle Denkmäler der Hyksos enthalten, aufgefundenen Stele meldet Seti, ein General des Ramessu II, Befehlshaber in der Nachbarstadt Zor, dass dieser beschlossen habe, seinem Vater Seti I ein Denkmal zu setzen „im Jahr 400, am 4 Mesori, des Königs Set aa pehupti Nubti". Dies ist das einzige Beispiel der Anwendung einer Aera in den ägyptischen Denkmälern, doppelt auffallend dadurch, dass der König, in dessen wie aller Diospoliten Ahnenlisten die Hyksos constant und geflissentlich ignoriert werden, hier nach der Epoche eines von den verhassten Fremdherrschern datiert. Beide Thatsachen erklären sich vielleicht daraus, dass die Stele in der Hauptstadt der letzten Hyksosdynastie errichtet worden ist: in Tanis …[83]

Dieses seltene Zeugnis der Hyksos zeigt eine durchgängige Zeitrechnung, wie sie uns auch im Buch der Richter einmal begegnet. In Jephtas Spruch an die Ammoniter wird vom 300jährigen Eigentum Israels über das Land gesprochen, dass die Ammoniter begehrten (Ri 11,26). Die Art der Zeitrechnungen der Hyksos in Ägypten und der des Hauses Israel in Palästina sind vergleichbar und wohl auch zeitgenössisch. Der jeweilige Besatzungszustand und der Exodus wird sogar spätere Geschichtsschreiber veranlasst haben, die Hyksos mit Israel zu verwechseln.

Soweit der Wechsel von der Seemacht zur Macht vom Binnenland!

---

[82] Heribert Illig: *Geschichten, Mythen, Katastrophen*; 2010, Seite 92
[83] Georg Friedrich Unger: *Chronologie des Manetho*; 1867, Seite 152

Nun bringt *die Erde lebende Seelen hervor, Haustiere und sich regende Tiere und wildlebende Tiere der Erde nach ihren Arten*.

Von welcher Art war Israel? Sie wurden überwiegend in schwer zugänglichen Gebieten im Bergland ansässig und waren ohne König. Deshalb ist das Volk Israels wie sich regende Tiere niedrig und deshalb auch öfter von den umliegenden Haustieren und wilden Tieren bedrängt worden.

Erst der Wechsel zum Königreich Israel, der in offen erklärter Spannung zur Herrschaft Gottes stand, erhebt sich Israel zu einer politischen Größe. Gott redet wie schon in Maritexten belegt durch Propheten zu Saul, aber auch seine Salbung ging über Samuel und von Gott aus, was den Übergang zu den „großen Tieren" kennzeichnet.

Licht	Tag 1	Akt 1
Scheidung der Wasser	Tag 2	Akt 2
trockenes Land, Meere	Tag 3	Akt 3
Pflanzen		Akt 4
Lichter, eine Scheidung zwischen Tag und Nacht.	Tag 4	Akt 5
Bestimmungen für Zeitabschnitte, Tage, Jahre		
Die beiden großen Lichter und auch die Sterne		
Wassertiere und Vögel	Tag 5	Akt 6
Landtiere	Tag 6	Akt 7
Menschen		Akt 8

Die Erschaffung des Menschen und seiner Umwelt wird in Gen 2,4f beschrieben. Dieser Nachricht wurde ab Gen 1,3 die Schöpfungsapokalypse zwischengeschaltet, was zu einem zweigeteilten Bericht führte (Gen 1,26-30). Viele Einzelheiten werden in den chinesischen Piktogrammen bestätigt, so z. B. das die Frau aus der Seite vom Mann genommen wurde. Nach diesem Bericht wurden in einer feuchten Landschaft Pflanzen und sogleich der Mensch erschaffen, für den ein Garten mit Bäumen, Tieren und schließlich auch seine Partnerin als Gärtner angesiedelt wurden, und durch den Grundstock der Geschlechter die Zukunft einer Menschheit mit sich selbst fortsetzenden Generationen angelegt wurden (Gen 2,4-25). Es gab ein schlichtes Regelwerk (Gen 2,16.17), einen Versucher (Gen 3,1-5) und eine Übertretungssituation mit weitreichenden Folgen, wie den Verlust des Gartens (Gen 3,6-24). Das waren die Anfänge der ersten Menschen!

Der erste Tag

Betrachten wir die Schöpfungswoche als eine Apokalypse mit Jahr-Jahren (360 Jahre), müssten uns an jedem einzelnen Tag wichtige Entwicklungsschritte der Menschheit im ersten Siebener begegnen!

Der erste Tag gehört an die erste Stelle, wird aber wegen des Einstiegmoments zurzeit der Flut am 3. Tag erst jetzt behandelt.

Im Anfang ging die Schöpfung des Himmels und der Erde (Gen 1,1) allen Tagen auf Erden, auch dem 1. Tag voraus. Die Erde war noch eine öde Wüste und Finsternis lag auf der Urtiefe und Gottessturm bewegte sich über der Wasseroberfläche – Gen 1,2. Manche sehen hier schon die kreativen Kräfte Gottes am Wirken.

Gen 1
3 Und Gott sprach: Es werde Licht! Und es wurde Licht.
4 Und Gott sah, dass das Licht gut war.
Und Gott schied das Licht von der Finsternis.
5 Und Gott nannte das Licht Tag, die Finsternis aber nannte er Nacht.
Und es wurde Abend, und es wurde Morgen, ein erster Tag.

Als frühester Lebensraum der Menschheit hatte der 1. Tag mit 360 Jahren Licht zu bieten, das es vorher noch nicht gab. Dabei handelt es sich nicht um Sonnenlicht, das ja bereits zum Himmel gehörte. Die von Gott zubereitete Erde in Gen 2,4-9 wurde mit dem Menschen ins Dasein gebracht und setzt Gen 1,1-2 direkt fort. Die Woche in Gen 1,3-2,3 wurde gewissermaßen zwischengeschaltet und geht bereits auf die Lebensräume der Menschheit ein! Sie hat eine den Genealogien ähnliche Sprachgestalt deren fortlaufenden Generationen sie über die Zeit weise beschreibt und dabei dem damaligen Weltbild nicht zu fremd wird. Ihre verborgenen Elemente setzt Weltepochen frei und deckt unverhohlen die großen Irrtümer unserer Gesellschaft auf. Ebenso verhält es sich mit dem ersten Tag.

Herausragend für den ersten Tag war das Licht, das durch Henoch an die Menschen vermittelt wurde. Um das wahrnehmen zu können sind Hindernisse, wie die überhöhten Lebensalter, zu überwinden. Die weiteren Lebensjahre der Genesis sind als eine Zeitrechnung aufzuschlüsseln, in der Henoch nach $200^{LXX}/300^{MT}$ Jahren ab Adam für $165^{LXX}/65^{MT}$ Jahre regierte und in den Himmel entrückt wurde. Die durch seine Himmelfahrt eingebrachten Erkenntnisse wirkten auf die damalige Gesellschaft revolutionär!

Er ist im WB in der Liste von Kisch als „Etana, der Hirt, der zum Himmel aufstieg, der alle Fremdländer stabilisierte" (WB 2,16-18) eingetragen, wo er abhängend im 297. Jahr für 52 Jahre regierte.

Eine Beschreibung der kosmischen Reise des Henoch vermittelte der damaligen Gesellschaft ein modernes Bild über das Universum.[84] Henoch trat als Fürsprecher für Engel vor Gott ein, was eine außergewöhnliche Begegnung und bleibende Eindrücke mit sich brachte! Die Genesis sagt: „Er wandelte mit dem wahren Gott."[85] Seine Personalien sind oben unter Niheb bzw. Imichet kurz zusammengefasst. In China wird ihm als Schennong die Traditionelle Chinesische Medizin zugesprochen, für deren Erwerb ein Menschenleben kaum ausreichen dürfte. Er müsste 200 Heilpflanzen auf ihre Wirkung hin untersucht haben. Als Bauer Gottes lehrte er bessere Verfahren, was sich in einem von Jesaja übernommenen älteren Text erhalten hat.[86]

Solche von Gott ausgehende Erkenntnisse brachten Licht in den Weg der menschlichen Gesellschaft, weil sie das Leben verbesserten und Menschen auch um Genüsse wie Tee bereicherte. Die Kultur konnte sich somit zielgerecht entwickeln und Bedürfnissen gerecht werden.

Ein weiterer Aspekt von „Licht am ersten Tag" war das Buch Henoch. Darin wird vom ersten Kapitel an vom Kommen Gottes zum Gericht gesprochen. Dieses Buch erklärt die Gründe für die aufkommende Gewalt auf der Erde. Es ist das wohl älteste apokalyptische Buch und der Genesis-Apokalypse (wer sie so bezeichnen möchte) ebenbürtig.

Licht	Tag 1	Akt 1
Scheidung der Wasser	Tag 2	Akt 2
trockenes Land, Meere	Tag 3	Akt 3
Pflanzen		Akt 4
Lichter, eine Scheidung zwischen Tag und Nacht.	Tag 4	Akt 5
Bestimmungen für Zeitabschnitte, Tage, Jahre		
Die beiden großen Lichter und auch die Sterne		
Wassertiere und Vögel	Tag 5	Akt 6
Landtiere	Tag 6	Akt 7
Menschen		Akt 8

---

[84] Harald Schneider: *Das Buch Henoch und die neue biblische Chronologie*; 2020; Seite 57-66; siehe unten: *Anhänge zum 4. Gottesknechtslied*
[85] Siehe *Jesaja 24,16-20 und das Buch Henoch*; *Jesaja 29,1-8 – Henoch und die Engel*; *Jesaja 29,9-12 – Henochs Bittgesuche* weiter unten.
[86] Siehe *Jesaja 28,23-29 – Henoch als Bauer Gottes* weiter unten.

Der zweite Tag

Betrachten wir die Schöpfungswoche als eine Apokalypse mit Jahr-Jahren (360 Jahre), müsste auch am 2. Tag ein markanter Entwicklungsschritt der frühen Menschheit stattgefunden haben!

Gen 1
6 Und Gott sprach: Es werde eine Feste inmitten der Wasser, das sie eine Scheidung bilden zwischen Wasser und Wasser! Und so wurde es.
7 Und Gott machte die Feste und schuf eine Scheide zwischen den Wassern oberhalb der Feste und den Wassern unterhalb der Feste.
8 Und Gott nannte die Feste Himmel.
Und es wurde Abend, und es wurde Morgen, ein zweiter Tag.

Welche Wasser wurden 361-720 in Obere und Untere geschieden, sodass die oberen Himmel genannt wurden? Die Welt erfuhr eine Veränderung, die sich in der Genesis durch die Trennung von Kainiten und Sethiten zeigt, deren Namen nahezu identisch sind. Warum? Moses führt die Ursache dieser Teilung auf Kain und Abel zurück. Ihre Personalien sind oben unter Iucha und Tui zusammengefasst.

In ApkMos offenbart Gott Eva den Brudermord ihrer Nachkommen. Auffällig ergießt sich das Blut Abels „in den Mund seines Bruders Kain" der es unbarmherzig trank. Abel bat ihn, ein wenig von ihm übrig zu lassen, doch es floss weiter in seinen Mund (ApkMos 2,2-3 *Meiser*). Beschrieben wird der Raub oder die Besteuerung der Sippe Abels, dargestellt durch sein Blut. Moses gab diese Vision in Gen 4 leicht umgeformt mit „das Blut Abels schreit vom Erdboden" wieder. Im Bruderkrieg trennten sich obere Wasser als Himmel von unteren Wassern (dem Erdboden), was durch den Racheschutz der Städter legitimiert erschien (Gen 4,15)! Eva sah in ihrer dramatischen Vorschau, was ihrem Nachkommen Abel Amilabes (der Gutgesinnte [arm]) durch Kain Adiaphotos (der Lichtvolle) widerfahren wird.[87] Kain und Abel waren Tubal-Kain und sein Halbbruder Jabal. Jabal war Stammvater der Nomaden mit Vieh (Gen 4,20) und sein Halbbruder Tubal-Kain war Schmied (Gen 4,22). Die Entwicklung zeigt Lamechs Rede über seine Tötung eines Jugendlichen (Gen 4,23-24), wo die Deutung Waffenschmied naheliegt und die gesteigerte Rache (von 7 auf 77) die Überlegenheit vervielfacht. Die Spaltung der Menschen in Oben und Unten durch Gewaltherrschaft entstand am 2. Tag!

---

[87] In VidAd 23,2 [II+III] wird Adams Alter mit 130 Jahren angegeben.

Licht	Tag 1	Akt 1
Scheidung der Wasser	Tag 2	Akt 2
trockenes Land, Meere	Tag 3	Akt 3
Pflanzen		Akt 4
Lichter, eine Scheidung zwischen Tag und Nacht. Bestimmungen für Zeitabschnitte, Tage, Jahre Die beiden großen Lichter und auch die Sterne	Tag 4	Akt 5
Wassertiere und Vögel	Tag 5	Akt 6
Landtiere	Tag 6	Akt 7
Menschen		Akt 8

Der siebte Tag

Einige sprechen von einem Sechs-Tage-Werk, weil Gott am siebten Tag von seinen Werken ruhte. Schließt Gen 2,1 Gottes Werk ab? Die Septuaginta, der samaritische Text und die Vulgata gehen in Gen 2,2 erneut auf den Abschluss des sechsten Tages ein, während der masoretische Text am siebten Tag liest. Manche übersetzen „bis zum siebten Tag" um die Ungereimtheit mit Gottes Ruhen am siebten Tag im gleichen Vers auszugleichen. Dieser siebte Tag wurde gesegnet und geheiligt. Der hebr. Abschnitt umfasst nur Gen 2,1-3.

Gen 2
1 So wurden der Himmel und die Erde mit ihrem ganzen Heer vollendet.
2 Und am sechsten Tag vollendet Gott sein Werk, das er gemacht hatte.
Und am siebten Tag ruhte er von all seinem Werk, das er gemacht hatte.
3 Und Gott segnete den siebten Tag und heiligte ihn, denn an ihm ruhte er von all seinen Werken, das Gott wirkend geschaffen hatte.

Betrachten wir die Schöpfungswoche als eine Apokalypse mit Jahr-Jahren (360/354), müsste auch am 7. Tag (2161-2520/2127-2480) ab Adam eine markante Entwicklung stattgefunden haben!

Auffällig endete der 6. Tag von 1300-946 v. u. Z. in Mondzeiten mit Abschluss der Bautätigkeiten an Tempel und Palast (1Kö 6-7). Wurden auf diese Weise Himmel und Erde und ihr ganzes Heer zum Abschluss gebracht? Genauso ist es! Gen 2,1 schließt nicht die Schöpfung von Himmel und Erde in Gen 1,1 ab, sondern eine Zubereitung der Himmel als Regierung und der Erde als sein Volk mit ihrem ganzen Heer! Gott vollendete am 6. Tag sein Werk an Israel und der 7. Tag, an dem er von seinen Werken ruhte, konnte beginnen.

Von 945-591 v. u. Z. in Mondzeiten können wir Salomo, dann die Reichsteilung und wechselhafte Zeiten bis zum Untergang Israels und für die Hütte Davids bis zurzeit Zedekias blicken, der 589 gegen Nebukadnezar rebellierte was 586 zum Untergang Jerusalems und zur Zerstörung des Tempels Salomos führte. Im Psalmenkalender[LXX] direkt im Anhang kann dieser Übergang gut beobachtet werden.

Die 70 Jahre in Jer 25,12 zeigen ab 591 auf das 1. Jahr Darius, des Persers 521. Ein Blick auf die Differenz zwischen Mond- und Sonnenzeiten[365] von etwas über 76 Jahren lässt auf den Tempelneubau 515 blicken. Sieben Sonnenzeiten[365] d. h. der 7. Tag endete dort.

Der Psalmenkalender der Septuaginta

Psalm	Ort	LXX-Überschriften/Besonderheiten
Buch 1 **1**	609-608 *2Kö 23,29*	[6V] *Apg 13,33 zitiert Ps 2,7 nach einigen Handschrift als 1. Psalm, was ein Hinweis auf die Zusammengehörigkeit beider Psalmen ist.*
2 *31. Jahr Josias*		[12V] Ps 2 im MT / LXX ohne Überschrift *Als Kalender blickt Psalm 2 zurück auf die Ereignisse des Vorjahres, wodurch eine Zusammenfassung mit Psalm 1 Sinn erlangt. Sela (2)* _{LXX,Vg}
3 *1. Jahr Jojakims*	608-607	[Ü+8V] Ps 3,2.4.8 endet jeweils mit *sela*, ein Hinweis auf drei Feste, bei denen die auferlegte Steuer eingezogen wurde. So konnten die 100 Talente Silber und ein Talent Gold erbracht werden, die Pharao Necho dem Land auferlegte – 2Kö 23,33.35. *Sela (8)*^{MT}, nicht in LXX,Vg.
4 *2. Jahr Jojakims*	607-606	Ü: Auf das Ende hin, unter den Psalmen [8V] Ps 4,2.4 enden mit *Sela*, ein Hinweis auf zwei Feste, bei denen, wie im Jahr zuvor, die auferlegte Steuer eingezogen wurde. 2Kö 23,33.35
5 *3. Jahr Jojakims*	606-605	Ü: Auf das Ende hin, über die, die erbt [12V] Dan 1,1-2, nachdatiert aus babylonischer Sicht, spricht aber das vordatierte 4. Jahr Jojakims an sowie die nachfolgenden Jahre der Raubzüge.
6 *4. Jahr Jojakims* *Jer 46,2* *Jer 25,1.3* *Jer 45,1* *Da1,1.2.5* *Jer 36,1*	605-604 16.08.605 17.09.605 *Berossus nennt jüdische Gefangene für Babylonien*	Ü: Auf das Ende hin, unter den Hymnen, über die Achte^{Ps 12} *(Im 9. Monat Kislew, Nov/Dez)* [10V] V: Feinde (7), die Rückblickend in Erhörung (9) weichend (8) sich nach hinten abwenden (10) B.M. 21946 „Am achten Tag des Monats Ab starb er. Im Monat Elul kehrte Nebukadnezar zurück und am ersten Tag des Monats Elul bestieg er den Königsthron in Babylon."
7 *5. Jahr Jojakims* *Jer36,9.22* *Nov/Dez*	604-603 *bis Jan/Feb 604 und im 1. Jahr Apr/Mai s. u.*	Ü: Ein Irrsallied *(WStB)* [17V] Ein *sela (5)* steht für Nebukadnezars Beute aus Juda. (V1-5 Rechtsempfinden, ab V6 das Jahr) B.M. 21946 „In seinem Antrittsjahr kehrte Nebukadnezar nach Hattu zurück. Bis zum Monat Schebat marschierte er in Hattu von Sieg zu Sieg. Im Monat Schebat brachte er die reiche Beute Hattus nach Babylon."

Psalm	Ort	LXX-Überschriften/Besonderheiten
8 *6. Jahr* *Jojakims* *2Kö 24,1* *4Esr* *14,10-11*	603-602 *(2. Neb.)* *Tammus* *Jun/Jul 603* *Apr/Mai bis* *Nov/Dez 603*	Ü: Auf das Ende hin, über die Keltern [9V] *Ps81/84* B.M. 21946 „Im ersten Jahr Nebukadnezars: Im Monat Sivan rief er seine Armee zusammen und marschierte nach Hattu. Bis zum Monat Kislew marschierte er in Hattu von Sieg zu Sieg. Alle Könige Hattus kamen in seine Gegenwart, und er empfing ihren reichen Tribut." Die Erste Weltzeit beginnt 4Esr 14,10-11
9 *9,1-21*[LXX] *7. Jahr* *Jojakims* *Da 2,1.10f*	602-601 *(3. Neb.)* *(=Kgl. 3,62)* *Sinnen auf* *etwas,* *Anschlag*	Ü: Auf das Ende hin, über die verborgenen Dinge des Sohnes od. über den Tod des Sohnes 9+10 = [20V+18V in Form eines Akrostichons] Der 4. Buchstabe *(=Tammus Jun/Jul)* fehlt, 9,16[MT] higgajon + *Sela* nach dem 9. Buchstaben (= 9. M. Kislew *Nov/Dez*), 9,20 Sela = bezahlt werden
10 *9,22-39*[LXX] *8. Jahr* *Jojakims*	601-600 *(4. Neb.)*	[Beginnt mit dem 12. Buchstaben *(Nisan)* und dem 14. Buchstaben *(Siwan)*, den Festmonaten, und lässt den 13. 15. 16. Buchstaben aus.] Mit einem Akrostichon von nur 18 Buchstaben ist eine Jahresumstellung zu vermuten!
11[10] *9. Jahr* *Jojakims* *2Kö 24,1*	600-599 *(5. Neb.)* *Nov-Dez* *601*	Ü: Auf das Ende hin [7V] V: Flucht (1) *Die Babylonier erleiden gegen Ägypten schwere Verluste und ziehen sich nach Babylon zurück.*
12[11] *10. Jahr* *Jojakims*	599-598 *(6. Neb.)*	Ü: Auf das Ende hin, über die Achte [8V] V: Ringsum gehen die Gottlosen umher (8) „Über die Achte" *(Im 9. Monat Kislew, Nov/Dez)*
13[12] *11. Jahr* *Jojakims*	598-597 *(7. Neb.)*	Ü: Auf das Ende hin [5V] *Anet 563R-564R: Im Kislew (9. Monat) zieht die Armee Nebukadnezars gegen Hatti aus.*
14[13] *1. Jahr* *Zedekias* *2Chr 36,9f* *Jer 52,28*	597-596 *(8. Neb.)* *2. Adaru =* *16.03.597*	Ü: Auf das Ende hin [7V] *Anet 563R-564R Im 7 Jahr Nebukadnezars zieht er gegen Jerusalem, das am 2. Adaru kapituliert.* Jojakin regiert nur 3 Monate und 10 Tage. Bei der Wiederkehr des Jahres wird Jojakin ins Exil geführt und Zedekia eingesetzt – 2Chr 36,10.
15[14] *2. Jahr* *Zedekias*	596-595 *(9. Neb.)*	[5V] Die zweite Weltzeit beginnt 4Esr 14,10-11
16[15] *3. Jahr* *Zedekias*	595-594 *(10. Neb.)*	Ü: Eine Säuleninschrift [11V] (Ü=Ps 56-60)

Psalm	Ort	LXX-Überschriften/Besonderheiten
17[16] *4. Jahr* *Zedekias*	594-593 (11. Neb) *Jer 51,59* *Jer 28,1.17*	[15V] Zedekia war in Babylon.
18[17] *5. Jahr* *Zedekias*	593-592 (12. Neb) *Hes 1,2*	Ü: Auf das Ende hin [50V] *5. Jahr Jojakins*
19[18] *6. Jahr* *Zedekias*	592-591 (13. Neb)	Ü: Auf das Ende hin [14V]
20[19] *7. Jahr* *Zedekias*	591-590 (14. Neb)	Ü: Auf das Ende hin [9V] *Sela(3)* ist ein Hinweis auf Tributzahlungen nach dem wohl eine Erholung eingesetzt hatte.
21[20] *8. Jahr* *Zedekias*	590-589 (15. Neb)	Ü: Auf das Ende hin [V13] *Sela(2)* ist ein Hinweis auf Tributzahlungen an Nebukadnezar.
22[21] *9. Jahr* *Zedekias* *10. Monat* *am 10.* *Tag Bela-* *gerung*	589-588 (16. Neb) *Hes 17* *2Kö25,1f* *Jer 39,1* *52,4* *Hes24,1f* *Hes29,1f*	Ü: Auf das Ende hin, über den Beistand am Morgen [31V] LXX: *Beistand auch in V20b* (Dorival: *1999, 175f*) *Die Septuaginta Deutsch, Erläuterungen und Kommentare (2011)* Hes 17,15 zeigt, dass Zedekia durch Boten um Beistand ersuchte. Die dritte Weltzeit *4Esr 14,10-11*
23[22] *10. Jahr* *Zedekias*	588-587 (17. Neb)	[6V] V5: „*Und dein* Becher *machte trunken, wie der stärkste (Trank)*" – LXX^D
24[23] *11. Jahr* *Zedekias* *2Kö 25,* *3.8.11.25* *Jer 52,* *6.12.29* *Hes 33,21*	587-586 (18. Neb) *König flieht* *4.M. 9.T.* *Stadtbrandt* *5.M. 4.T.* *Gedaja 7. M* *Mord*	Ü: Am ersten (Tag) der Woche [10V] Ein kalendarischer Vermerk in der LXX, der sich nach 24 Psalmen (Ü: am zweiten Tag) fortsetzt. *Sela (6)* ist der Verlust der Stadt und *Sela (10)* der Verlust des Landes, als dem Rest der Juden die Furcht befiehl und sie nach Ägypten flohen. *Sela (10)*^{MT,Vg,} nicht in der LXX (am Ende)

Es gibt kalendarische Strukturen wie die 24er als Tage einer Woche:

Ps 24, Ps^{LXX} 23Ü: *Am ersten Tag der Woche*

Ps 48, Ps^{LXX} 47Ü: *Am zweiten Tag der Woche*

[Ps 72, Ps^{LXX} 71: *Ende eines von fünf Psalmenbücher der Bibel*]

Ps 94, Ps^{LXX} 93Ü: *Am vierten Tag der Woche*

Ps 96, Ps^{LXX} 95Ü: *Als das Haus aufgebaut wurde, nach dem Exil*

Im 4. Jahr Salomos wurde der Tempelbau begonnen und nach sieben Jahren Bauzeit im 11. Jahr vor dem Sabbat an die Priester übergeben (1Kö 6,1.37.38). Ps^{LXX} 29 und 37 zeigen ein Jubiläum^{Lun} an:

961	4. Jahr Salomos	581	Weihe des Hauses
953	11. Jahr Salomos	573	Übergabe zum Sabbat

Psalm	Ort	LXX-Überschriften/Besonderheiten
25[24] *19. Neb.*	586-585	Ü: Ein Psalm, bezogen auf David [22V] *Hes 33,21 (12J,10M,5T) 2Chr 36,21 70 Jahre Sabbat*
26[25] *20. Neb.*	585-584	Ü: Von David [12V]
27[26] *21. Neb.*	584-583	Ü: Von David vor der Salbung [14V]
28[27] *22. Neb.*	583-582	Ü: Von David [9V]
29[28] *23. Neb.* *Jer 52,30*	582-581	Ü: Auf das Ende hin. Ein Psalm, bezogen auf David am Ausgang des Zeltes [11V] *(Stiftshütte)*
30[29] *24. Neb.* *1Kö 6,37*	581-580	Ü: Auf das Ende hin. Ein Psalmlied zur Weihe des Hauses. Bezogen auf David [13V] *Jahrestag: 961-581 8 Jubiläen von 49 Mondjahren (=47,5^{Sonar})*
31[30] *25. Neb.*	580-579	Ü: Auf das Ende hin. Ein Psalm, bezogen auf David. Aus Verwirrung [25V]
32[31] **33**[32] *26. Neb.*	579-578	Ü: Bezogen auf David. Aus/(Zur) Einsicht [11V] *Sela(4)(5)(7).* Ü: Bezogen auf David [22V]
34[33] *27. Neb.*	578-577	Ü: Bezogen auf David. Als er sein Gesicht vor Abimelech veränderte und der ihn verstieß und er wegging [23V] *Sela(11^{LXX,Vg})*
35[34] *28. Neb.*	577-576	Ü: Bezogen auf David. [28V]
36[35] *29. Neb.*	576-575	Ü: Auf das Ende hin. Bezogen auf David, (den Knecht des Herrn). [13V]
37[36] *30. Neb.*	575-574	Ü: Von David [40V]
38[37] *31. Neb.* *1Kö 6,38*	574-573	Ü: Ein Psalm. Bezogen auf David. Zur Erinnerung über den Sabbat *Jahrestag: 953-573 8 Jubiläen von 49 Mondjahren (=47,5^{Sonar})*
39[38] *32. Neb* *Hes 40,1*	573-572	Ü: Auf das Ende hin, bezogen auf Idithun. Ein Lied, bezogen auf David [14V] *Sela(6)(12)*
40[39] *33. Neb*	572-571	Ü: Auf das Ende hin, bezogen auf David. Ein Psalm [38V]
41[40] *34. Neb* *Hes 29,17*	571-570	Ü: Auf das Ende hin. Ein Psalm, bezogen auf David [14V]

Die Rückkehr aus dem Exil in den LXX-Überschriften

Psalm	Ort	LXX-Überschriften/Besonderheiten
4. Buch **90**[89] **91**[90] 7. Jahr Kambyses	523-522 *Ende 7. Tag in 364JahrTagen vgl. Jes 30,6a*	Ü: Ein Gebet von Mose, dem Mann Gottes [17V]. Ein Loblied, bezogen auf David [16V] (90,13) Auf *Natter* und *Basilisk* wirst du treten, und zertreten wirst du Löwe und Drachen.LXX-D
92[91] 8. Jahr Kambyses Antritt Darius	522-521 *Esr 4,7-24 1Es 2,15-25 Dan 5,31 = Dan 6,1LXX*	Ü: Ein Psalmlied, für/auf den Sabbattag [16V]
93[92] 1. Jahr Darius	521-520 *Esr 3,1.6 1Es 4,46.47 Dan 9,1.24f*	Ü: Für/Auf den Tag vor dem Sabbat, als die Erde besiedelt worden ist. Ein Loblied. Bezogen auf David. [5V]
94[93] 2. Jahr Darius Weltzeiten Ende 4Esr 14,10-11	520-519 *Hag 1,1.15; 2,1.3.10.18.20 1Es4,54.55.70 Esr 3,8 Sach 1,1.7.12; 8,9*	Ü. Ein Loblied, am vierten (Tag) der Woche [23V] *Sela(15)*LXX/Vg (93,15) *bis Gerechtigkeit zum* Gericht zu-rückkehrt, und *an ihr* alle *festhalten*.LXX-D
95[94] 3. Jahr Darius	519-518	Ü: Loblied, bezogen auf David [11V] (8-11) die nicht gewährte Ruhe Gottes in der Erfahrung der 40 Jahre Wüstenwande-rung, heute *(bei d. Rückkehr)* als Mahnung
96[95] 4. Jahr Darius	518-517 *Sach 7,1.5 Dan 6*	Ü: Als das Haus aufgebaut wurde nach der Gefangenschaft. Ein LiedPs 4, bezogen auf Da-vid [13V] *Lobpreis/Bekenntnis* … sind vor ihm, *Heiligkeit* und *Hoheit* in seinem Heilig-tum. … erhebt *Opfergaben* und zieht ein in seine Vorhöfe – 95,6.8bLXX-D
97[96] 5. Jahr Darius	517-516 *Bar 1,2.8 (1Es 4,43.57)*	Ü: Bezogen auf David, wenn seine (Gottes) Erde aufgerichtet wird [12V] *(vgl. Esr 6,1-5 Übergabe der Tempelgefäße)*
98[97] **99**[98] 6. Jahr Darius	516-515 *Esr 6,14-18 Dan 10,1-4.13*	Ü: Ein Psalm, bezogen auf David [9V] Ü: Ein Psalm, bezogen auf David [9V] *Nach der Tempelfertigstellung 515 endet der 7. Tag in Sonnenzeiten in 365¼ JahrTagen. Ende der 24+70 Bücher in Jahren aus 4. Esra 14*

164

Die Sieben Zeiten nach dem siebten Tag (Jahr 360)

Psalm	Ort	LXX-Überschriften/Besonderheiten
62[61] *5. Jahr* *Nabonid*	551-550	Ü: Auf das Ende hin. Über Idithun. Ein Psalm, bezogen auf David [13V] *Sela(5)(9)*[nicht in Vg] *Da 8 (3. Jahr Beltsarzar) Widder/Ziegenbock/2300*
63[62] *6. Jahr* *Nabonid*	550-549 *Dan 4,29* *12 Monde*	Ü: Ein Psalm, bezogen auf David, als er in der Wüste Judäas/Idumäa war [12V] *Dan 4,10f Baum, 4,16.23.25.32 7 Zeiten*
64[63] *7. Jahr* *Nabonid*	549-548	Ü: Auf das Ende hin. Ein Psalm, bezogen auf David [11V]
65[64] *8. Jahr* *Nabonid*	548-547	Ü: Auf das Ende hin. Ein Psalm, bezogen auf David. Ein Lied aus dem Bericht über den Aufenthalt in der Fremde [14V] BM35382 (Nabonidchronik) 6. Jahr Nabonid besiegt Kyros Mediens König Astijagers (Johnsson, Seite 70)
66[65] *9. Jahr* *Nabonid*	547-546	Ü: Auf das Ende hin. Ein Psalmlied [20V] *Sela(4)(7)(14)*
67[66] *10. Jahr* *Nabonid*	546-545	Ü: Auf das Ende hin. Unter den Hymnen. Ein Psalmlied [8V] *Sela(1)(5)*
68[67] *11. Jahr* *Nabonid*	545-544	Ü: Auf das Ende hin. Ein Psalmlied, bezogen auf David [36V] *Sela(8)(20)(33)* BM35382 (Nabonidchronik) 9. Jahr Nabonid als Persiens und Mediens König bezeichnet.
69[68] *12. Jahr* *Nabonid*	544-543	Ü: Auf das Ende hin. Über die, die verändert werden sollen. Bezogen auf David. [37V]
70[69] *13. Jahr* *Nabonid*	543-542	Ü: Auf das Ende hin. Bezogen auf David zur Erinnerung; Damit mich der Herr rettet. [6V] 4Q252 Heilung des König Nabonid nach 7 Jahren, die er wie ein Tier war in Tema und ihm ein Jude erklärte, er soll seine Geschichte zur Ehre Gottes aufschreiben. Wise/Abegg/Cook: *Die Schriftrollen von Qumran*; 282
71[70] *14. Jahr* *Nabonid*	542-541	Ü: Bezogen auf David. Von den Söhnen Jonadabs und den ersten in die Gefangenschaft geratenen. [24V]
72[71] *15. Jahr* *Nabonid*	541-540	Für Salomon [20V]

Liest man den siebten Tag der Schöpfung als Apokalypse, folgen die sieben Jahre Krankheit des Nabonid mit anschließender Heilung (4Q252), die uns unter Nebukadnezars Chiffre in Daniel 4 begegnen. In Dan 5,22 erhält Beltsarzar eine direkte Ansprache auf die Erfahrung seines Vaters (Nabonid), die er missachtet hatte was zu seinem Tod führte! Er wusste, dass es sein Vater war, der in seiner Niederschrift gerne als Nebukadnezar chiffrierte (Dan 5,18; 4,1.4 u. ö.). Seine Legitimation über die Königin als Schwiegersohn war ganz auf den echten Nebukadnezar gerichtet (Dan 5,10-12).

War mit diesen sieben Zeiten der Auftakt weiterer sieben Tage von je 360 Jahren verbunden? Der Zeitpunkt für eine solche Mitteilung kann als ideal bezeichnet werden, weil er auf die Ursprünge der Zeitrechnung für die Erde zurückgreift. Das macht die Apokalyptik öfter, z. B. wenn von 3 ½ Zeiten als 1260 Tagen die Rede ist, denen mit 1290 Tagen ein Schaltmonat aufgesetzt ist und mit 1335 Tagen die Schaltung für den Siebener von Mond- auf Sonnenzeiten erscheinen (Dan 12,11.12). Daniel kennt bereits einen zweiten Siebener (Dan 9,27). Die Frage ist, ob für ein Siebener auch Tage mit 360 Jahren genutzt werden? Die Zeitrechnung triftet seit der Flut zwischen Mond- und Sonnenzeiten auseinander wobei der Fluttermin nach 1/3 eines Siebeners in Mondzeiten[354] eingestellt wurde. Der Tempelneubau richtete sich nach sieben Sonnenzeiten[365]. Darüber hinaus werden öfters alle Zeiten, d. h. Sonne, Mond und Sterne angeführt, um einen Siebener abzuschließen. Dies scheint ganz im Ermessen des Gebers der Zeiten zu liegen und es kann ein Ringen um die Zeit geben (Dan 7,25). Gott gewährleistet die Einhaltung seiner Zeiten (Dan 10,13.20; 12,6.7).

Hesekiels Tempelvision im Psalmenkalender

Ein Merkmal des 7. Tages als Apokalypse in JahrJahren ist der Tempel zu Beginn und am Ende, wie uns auch die Tempeljubiläen zeigen. In diesem Exilabschnitt begegnet uns die Tempelvision Hesekiels.

In den Überschriften des Psalmenkalenders der Septuaginta findet sich für Hesekiels Visionen der Eintrag: *Über die verborgenen Dinge!* Hesekiels Tempelvision (Hes 40-48) *im 25. Jahr des Exils, Anfang des Jahres am 10. Tag des Monats, im 14. Jahr, nachdem die Stadt geschlagen worden war* wurde im 32. Jahr Nebukadnezars geschaut, die einleitende Datierung (Hes 1,1) liegt jedoch mitten in 7 Psalmen, die mit den Söhnen Kores überschrieben sind (vgl. Ps. 84-91). Der Grund für diese Anordnung im 2. Psalmenbuch ist bisher ungeklärt.

2. Buch **42**[41] **43**[42] 35. Neb.	570-569	Ü: Auf das Ende hin. *Zur Einsicht.* Bezogen auf die Söhne Kores [12V] Ü: Ein Psalm, bezogen auf David [27V] (Hss[A] 42Ü=41Ü)
44[43] 36. Neb.	569-568	Ü: Auf das Ende hin. Bezogen auf die Söhne Kores *Zur Einsicht.* Ein Psalm [27V] *Sela(9)*
45[44] 37. Neb.	568-567 4. Juli 568	Ü: Auf das Ende hin. Über die, die verändert werden sollen. Bezogen auf die Söhne Kores, zur Einsicht. Ein Lied über den Geliebten [18V] *Babylonisches Tagebuch: 37. Jahr Nebukadnezars, 15. Simanu „eine Mondfinsternis, welche ausfiel"*
46[45] 38. Neb.	567-566 Hes 1,1 Visionen	Ü: *Auf das Ende hin.* Über die Söhne Kores. Über die verborgenen Dinge. Ein Psalm [12V] *Sela(4)(8),(12)*[MT,Vg]
47[46] 39. Neb.	566-565	Ü: Auf das Ende hin. Über die Söhne Kores. Ein Psalm [10V] *Sela(5)*
48[47] 40. Neb.	565-564	Ü: Ein Psalmlied. Bezogen auf die Söhne Kores. *Am zweiten (Tag) der Woche.* [15V] *Sela(9)*
49[48] 41. Neb.	564-563	Ü: Auf das Ende hin. Über die Söhne Kores. Ein Psalm [21V] *Sela(14)(16)*
50[49] 42. Neb.	563-562	Ü: Ein Psalm, bezogen auf Asaph [23V] *Sela(5),(15)*[LXX,Vg]
51[50] 43. Neb.	562-561 Jer 52,31-34 Anet 308R	Ü: 1 Auf das Ende hin. Ein Psalm, bezogen auf David, 2 als Nathan, der Prophet zu ihm kam, nachdem er zu Batseba hineingegangen war [21V]

52[51] *1. Jahr Ewil- Merodach*	561-560 *Jer 52,31*	Ü: Auf das Ende hin. Aus Einsicht, bezogen auf David. 2 Als der Idumäer Doek kam und Saul meldete und zu ihm sagte: David kam in das Haus Ahimelechs [11V] *Sela(5)(7)*
53[52] *2. Jahr Ewil- Merodach*	560-559	Ü: Auf das Ende hin. Über Maeleth, aus Einsicht bezogen auf David [7V]
54[53] *1. Jahr Nergal- Shal*	559-558	Ü: 1 Auf das Ende hin. Unter den Hymnen, aus Einsicht, bezogen auf David 2 Als die Ziphäer kamen und zu Saul sprachen. Siehe, hat sich David nicht bei uns verborgen? [9V] *Sela(5)*
55[54] *2. Jahr Nergal-S.*	558-557	Ü: Auf das Ende hin. Unter den Hymnen, aus Einsicht, bezogen auf David [24V] *Sela(8)(20)*
56[55] *3. Jahr Nergal-S.*	557-556	Ü: Auf das Ende hin. Für das Volk, das Fern ist vom Heiligen. Für eine Säuleninschrift [14V]
57[56] *4. Jahr Nergal- Shal Lapschi- Marduk*	556-555 *bis Apr. 556* *3 Monate (9. Monate)*	Ü: 1 Auf das Ende hin. Verdirb nicht. Bezogen auf David. Für eine Säuleninschrift. 2 Als er vor dem Angesicht Sauls in die Höhle floh [12V] *Sela(4)(7)* *(Berossos)*
58[57] *1. Jahr Nabonid*	555-554	Ü: Auf das Ende hin. Verdirb nicht. Bezogen auf David. Für eine Säuleninschrift [12V]
59[58] *2. Jahr Nabonid*	554-553 *26. Sep 554*	Ü: Auf das Ende hin. Verdirb nicht. Bezogen auf David. Für eine Säuleninschrift. Als Saul hin sandte und sein Haus bewachen ließ, um ihn zu töten. [18V] *Sela(6)(14)* *1 Nabon. No. 18 - Mondfinsternis am 13. Elul zur Zeit der Morgenwache 26. Sep. 554 Julianischer Kalender. (W. G. Lampert) Nabonid gibt seine Tochter kurz vor seinem 3. Jahr nach Haran zu Sin.*
60[59] *3. Jahr Nabonid*	553-552 *1. Jahr Belsarzar* *Dan 7 Vision*	Ü: 1 Auf das Ende hin. Für die, die verändert werden sollen. Für eine Säuleninschrift. Bezogen auf David zur Unterweisung 2 Als er das Mesopotamien Syriens und Syrien Soba in Brand steckte und Joab umkehrte und das Salztal schlug, Zwölftausend. [14V] *Sela(6)* *Da 7 (1. Jahr Beltsarzar) vier Tiere/Menschensohn*
61[60] *4. Jahr Nabonid*	552-551 *2. Jahr Belsarzar*	Ü: Auf das Ende hin. Unter den Hymnen. Bezogen auf David [9V] *Sela(5)*

Esther und Mordechai im Psalmenkalender

Die historische Esther wird von der Wissenschaft in die Zeit Xerxes datiert oder gleich ins Reich der Märchen verbannt. Dabei ist eine historische Atossa (Hadassa) in Keilschrifttexten mittels eines neuen Gesetzes Kambyses zweite Frau und Königin geworden. Alle Einzelheiten im Buch Esther lassen sich historisch problemlos während der Herrschaft Kyros c/o Kambyses aufklären, die in Personalunion regierten. Esther hatte später mit Darius einen Sohn, dem sie auf dem Thron verhalf und sie stand auch dem Harem vor (Ps 45).

3. Buch **73**[72] *16. Jahr Nabonid*	540-539	Ü: Ein Psalm, bezogen auf Asaph. (Ode an den Assyrer) [28V]
74[73] *17. Jahr Nabonid*	539-538 *Dan 5,30*	Ü: Aus Einsicht, bezogen auf Asaph [23V]
75[74] *1. Kyros & Kambyses*	538-537 *Dan 1,21 Esr 1 Esr 4,6*	Ü: Auf das Ende hin. Verdirb nicht. Ein Psalmlied, bezogen auf Asaph [11V] *Sela(4) Kyros Sohn Kambyses herrsche in Peronalunion.*
76[75] *2. Kyros & Kambyses*	537-536	Ü: Auf das Ende hin. Unter den Hymnen. Ein Psalm, bezogen auf Asaph. Ein Lied. Gegen den Assyrer [13V] *Sela(4)(10)*
77[76] *3. Kyros & Kambyses*	536-535 *Dan 10,1-4 Est 1,3*	Ü: Auf das Ende hin. Über Idithun. Bezogen auf Asaph. Ein Psalm. *Sela(4)(10)(16) Kambyses ist der biblische Ahasverus.*
78[77] *4. Kyros & Kambyses*	535-534	Ü: Aus Einsicht, bezogen auf Asaph [72V]
79[78] *5. Kyros & Kambyses*	534-533	Ü: Ein Psalm, bezogen auf Asaph [13V]
80[79] *6. Kyros & Kambyses*	533-532	Ü: Auf das Ende hin. Über die, die verändert werden sollen: Ein Zeugnis, bezogen auf Asaph. Ein Psalm über den Assyrer [20V] *Sela(9)*[LXX,Vg]
81[80] *7. Kyros & Kambyses*	532-531 *Est 2,16*	Ü: Auf das Ende hin. Über die Keltern. Bezogen auf Asaph. Ein Psalm. [17V] *Sela(8)*
82[81] *8. Kyros & Kambyses*	531-530	Ein Psalm. Bezogen auf Asaph. [8V] *Sela(2)*

83[82] *9. Kyros &* *Kambyses*	530-529	Ein Psalm. Bezogen auf Asaph. [19V] *Sela(9)*
84[83] *1. Jahr* *Kambyses* *=10. Jahr* *Ahasverus*	529-528 *Esr 4,6*	Ü: Auf das Ende hin. Über die Keltern. Bezogen auf die Söhne Kores. Ein Psalm [13V] *Sela(5)(9)*
85[84] *2. Jahr* *Kambyses* *=11. Jahr* *Ahasverus*	528-527	Ü: Auf das Ende hin. Bezogen auf die Söhne Kores Ein Psalm [14V] *Sela(3)*
86[85] *3. Jahr* *Kambyses* *=12. Jahr* *Ahasverus*	527-526 *Est 3,7.12.13* *8,9*	Ü: Ein Gebet. Bezogen auf David. [17V]
87[86] *4. Jahr* *Kambyses* *= 13. Jahr* *Ahasverus*	526-525	Ü: Ein Psalm Bezogen auf die Söhne Kores. [7V] *Sela(3)(6)*
88[87] *5. Jahr* *Kambyses* *= 14. Jahr* *Ahasverus*	525-524 *Est 10,1* *Hes 29,17f* *Ägyptenfeld-* *zug*	Ü: Ein Psalm Bezogen auf die Söhne Kores. Auf das Ende hin. Über Maeleth, um zu Antworten. Aus Einsicht, bezogen auf Aiman, den Israeliten [19V] *Sela(8)(10)^{MT,Vg}*
89[88] *6. Jahr* *Kambyses* *= 15. Jahr* *Ahasverus*	524-523	Ü: Aus Einsicht, bezogen auf Aiman, den Israeliten [53V] *Sela(5)(38)(46)(49)* {18M.}

Die Söhne Kores in Ps 84, 85, 87 und 88 tauchen sonst nur am Umbruch des 7. Tages[360] für eine Woche geschlossen auf (Ps 42-49) und haben dort mittig einen Fingerzeig auf die Visionen Hesekiels. Auch hier nehmen sie einen besonderen Platz als Rahmung um das Purim im *12. Jahr des Königs*[88] ein, das zur Vernichtung der Juden gedacht war. In Ps 88 kommt Aiman hinzu, auf den sich auch die Überschrift zu Ps 89 bezieht. Letzte Kalenderauskunft reicht in den Ägyptenfeldzug des Kambyses hinein, in dem seine 50.000 Mann starke Armee auf den Weg von Theben nach Nubien in einem Sandsturm verschwand (Herodot 3,26, kalendarisch vgl. dazu Ps. 90/91).

---

[88] Zur Datierung u.v.m., siehe unten Kommentar: Maleachi 3,22-24 [4,4-6]

Die erste Woche im neuen Tempel

Die Verbindung zwischen Kalender und Priesterfamilien ist uns aus den Kalenderfunden vom Toten Meer bekannt. Dieser Umstand war der Grund für die obige Einteilung in Tagen von je 24 Psalmen.[89]

Die Einteilung der Psalmen in dieser Form geht nach 4Esr 14,42-44 auf Schealtiel zurück, der vor seinem Tod noch angewiesen wurde, 70 Bücher für die Würdigen und 24 Bücher für die Allgemeinheit mit Hilfe von 5 Schreibern anzulegen, deshalb 5 Psalmenbücher. Die geschichtlichen Hintergründe liegen in den zurückliegenden 70 Jahren nach Jeremia und den 24 Jahren bis zum Tempelbau begründet. Diese Jahre sind additiv im Psalmenkalender bis Ps 98^{LXX} erschöpft. Doch sollten die 24 Bücher immer wieder verlesen werden, was bei einem vierten Tag (Ps 93^{LXX} Ü.) als Woche auf weitere Wochen schließen lässt, die immer wieder verlesen werden sollten! Die erste Woche mit Tempel überschreitet die 70+24 des Schealtiel und auch die 5 Schreiber zeigen, dass sich die Tage der 24 Bücher fortsetzt.

100[99] 7. Jahr Darius	515-514 *Esr 6,19-22* *(Esr 7,8-9;* *1Es* *8,6;9,40)*	Ü: Ein Psalm, zum Lobpreis [5V] *Das erste Passah mit dem neuen Tempel* (Die Rückkehr Esras im 7. Jahr Artaxerxes folgt auf dieses Passah, als wäre das 7. Jahr Darius gemeint!)
101[100] 8. Darius	514-513	Ü: Bezogen auf David. Ein Psalm [8V] (1) Von Erbarmen und Gericht will ich dir singen
102[101] 9. Darius	513-512	Ü: Ein Gebet, bezogen auf den Armen, wenn er ermattet und gegenüber dem Herrn sein Flehen ausschüttet. [29V]
103[102] 10.Darius	512-511	Ü: Bezogen auf David (o. Ü. in 11QPs^a) [22V]
104[103] 11.Darius	511-510	Ü: Bezogen auf David [35V]
105[104] 12.Darius	510-509	Alleluja (transkribiert) [45V]
106[105] 13.Darius	509-508	Alleluja [48V]

---

[89] Dass Ps^{LXX} 1+2; 31+32; 41+42; 89+90; 98+99 ursprünglich zusammengehörten, wird in der Kalendereinteilung berücksichtigt.

Eine Woche der Kalenderumstellung

5. Buch **107**[106] *14. Jahr* *Darius*	508-507	Ü: Alleluja [43V]
108[107] *15. Jahr* *Darius*	507-506	Ü: Ein Psalmlied, bezogen auf David [14V]
109[108] *16. Jahr* *Darius*	506-505	Ü: Auf das Ende hin. Bezogen auf David. Ein Psalm [31V]
110[109] *17. Jahr* *Darius*	505-504	Ü: Bezogen auf David. Ein Psalm [7V]
111[110] *18. Jahr* *Darius*	504-503	Ü: Alleluja (Von der Rückkehr Haggais und Sacharjas) [10V]. Im MT ein Akrostichon.
112[111] *19. Jahr* *Darius*	503-502 *26. März* *503*	Ü: Alleluja. Von der Rückkehr der Erde [10V]. Im MT ein Akrostichon. *Beginn Sonnenjahr gleich Mondjahr: Kalenderreform!*
113[112] *20. Jahr* *Darius*	502-501	Ü: Alleluja [9V]
114-115 [113] *21. Jahr* *Darius*	501-500	Ü: Alleluja [114^MT 8V; 115^MT 17V]
116[114] *22. Jahr* *Darius*	500-499	**[116,1-9^MT]** Ü: Alleluja [8V]
116[115] *23. Jahr* *Darius*	499-498	**[116,10-19^MT]** Ü: Alleluja [10V]
117-118 [116-117] *24. Jahr* *Darius*	498-497	Ü: Alleluja [2V] Ü: Alleluja [29V]
119[118] *25. Jahr* *Darius*	497-496	Ü: Alleluja [176V] Akrostichon

Beobachtungen rund um die Flut zeigen den hohen Stellenwert zwischen Dekade und Herrschaft (Das Flutjahr in der Zeitrechnung vor der Flut). Neue Kalender wurden aufgestellt und die Frage stand im Raum, welcher den alten 12x30 Mond- bzw. 360 Tage Sonnenkalender vor der Flut (als die von Gott gegebene Zeit) zu ersetzen hat?

Nun kam es am 26. März 503 zu einer Übereinstimmung vom Mond- und Sonnenjahr und auch das ägyptische Wandeljahr konnte einen Monatsanfang verbuchen. Das gab zu Kalenderreformen Anlass! Im Perserreich wurde 503 die Octoaeteris (8-Jahres-Zyklus mit 99 Monaten) durch einen 19-Jahres-Zyklus mit 7 Schaltmonaten ersetzt.

Die aus dem Exil zurückgekehrten Juden stellten den Dienstplan der 24 Priesterfamilien für den Tempel während der 22. Abteilung mitten in der Woche zu einem Kalender um, wodurch ein mit der Woche kompatibles Jahr mit durchschnittlich 364 Tagen qualifiziert wurde!

Die Schriftrollen vom Toten Meer kennen diesen Kalender gleich in verschiedenen Ausführungen. Ursprünglich zählte 4Q319 die Schaltjahre bis zum Anfang im Rahmen von Jubiläen.

Auch der Psalmenkalender der Septuaginta weist deutliche Spuren dieser Zeitumstellung auf:

1. Psalm^{LXX} 117,20 ermahnt: „Dies ist das Tor des Herrn."
2. Psalm^{LXX} 116 ist der kürzeste Psalm, ein Ruf an die Völker!
3. Psalm^{LXX} 113 umfasst Psalm^{MT} 114 und 115
4. Psalm^{MT} 116 umfasst Psalm^{LXX} 114 und 115
5. Psalm^{LXX} 118 steht im 7. Jahr der Umstellung als Akrostichon mit jeweils 8 Versen für deren Dauerhaftigkeit ein.
6. In Psalm^{LXX} 119 beginnen die Lieder der Stufen

Die Woche der Zeitumstellung endete synchron am fünften Tag der Woche mit 24 Büchern, der nicht mehr eigens ausgewiesen wurde. Dies hängt u. U. mit Verschiebungen der regulären Wochentage in der Zeitumstellung zusammen, denn es wird kein weiterer Tag in einer Überschrift gedacht. Der dritte Tag endete still am Buchende.

Ein Kalender mit 364 Tagen führt unweigerlich zu einem Wendejahr! Wurde das nach der Flut entstandene Jahr[364] neu aufgegriffen? Denn Abweichungen war man sich früh bewusst (Hen 74,11-17; 75,1-2). Die Beobachtung eines Jahres[364] wird von Seiten der Wissenschaft verneint, obwohl entsprechende Dokumente vorhanden sind.

Stufen zum Tempel und zur Regierung des Sohnes

120[119] *26. Darius*	496-495	Ü: Ein Lied der Stufen [7V]
121[120] *27. Darius*	495-494	Ü: Ein Lied der Stufen [8V]
122[121] *28. Darius*	494-493	Ü: Ein Lied der Stufen [9V]
123[122] *29. Darius*	493-492	Ü: Ein Lied der Stufen [4V]
124[123] *30. Darius*	492-491	Ü: Ein Lied der Stufen [8V]
125[124] *31. Darius*	491-490	Ü: Ein Lied der Stufen [5V]
126[125] *32. Darius*	490-489	Ü: Ein Lied der Stufen [6V]
127[126] *33. Darius*	489-488	Ü: Ein Lied der Stufen [5V]
128[127] *34. Darius*	488-487	Ü: Ein Lied der Stufen [6V]
129[128] *35. Darius*	487-486	Ü: Ein Lied der Stufen [8V]
130[129] *36. Darius*	486-485	Ü: Ein Lied der Stufen [8V]
131[130] *1. Xerxes*	485-484	Ü: Ein Lied der Stufen. Bezogen auf David [3V]
132[131] *2. Xerxes*	484-483	Ü: Ein Lied der Stufen [18V]
133[132] *3. Xerxes*	483-482	Ü: Ein Lied der Stufen [3V]
134[133] *4. Xerxes*	482-481	Ü: Ein Lied der Stufen [3V]
135[134] *5. Xerxes*	481-480	Ü: Allejula [21V]
136[135] *6. Xerxes*	480-479	Ü: Allejula [26V]
137[136] *7. Xerxes*	479-478	Ü: Bezogen auf David. Von/durch Jeremia (Bezogen auf die Gefangenschaft) [9V]
138[137] *8. Xerxes*	478-477	Ü: Bezogen auf David (von Sacharja) [8V]
139[138] *9. Xerxes*	477-476	Ü: Auf das Ende hin. Ein Psalm. Bezogen auf David (von Sacharja in der Diaspora) [24V]
140[139] *10. Xerxes*	476-475	Ü: Auf das Ende hin. Ein Psalm. Bezogen auf David [14V] *Sela(3)(5)(8)*

141[140] *11. Xerxes*	475-474	Ü: Ein Psalm. Bezogen auf David [10V]
142[141] *12. Xerxes*	474-473	Ü: Aus Einsicht. Bezogen auf David, als er in der Höhle war. Ein Gebet [8V]
143[142] *13. Xerxes*	473-472	Ü: Ein Psalm. Bezogen auf David (als der Sohn ihn verfolgte) [12V] *Sela(6)*
144[143] *14. Xerxes*	472-471	Ü: Bezogen auf David. In Bezug auf Goliad. [15V]
145[144] *15. Xerxes*	471-470	Ü: Ein Loblied. Bezogen auf David [21V]
146[145] *16. Xerxes*	470-469	Ü: Alleluja. Von Haggai und Sacharja [10V]
147[146] *17. Xerxes*	469-468	**[147,1-11**MT**]** Ü: Alleluja. Von Haggai und Sacharja [11V]
147[147] *18. Xerxes*	468-467	**[147,12-20**MT**]** Ü: Alleluja. Von Haggai und Sacharja [9V]
148 *19. Xerxes*	467-466	Ü: Alleluja. Von Haggai und Sacharja [14V]
149 *20. Xerxes*	466-465	Ü: Alleluja! [9V]
150 *21. Xerxes*	465-464	Ü: Alleluja! [6V] *Xerxes wurde am 4. Aug. 465 ermordet.*

Auffällig enden die gezählten 150 Psalmen als Kalender im 21. Jahr des Xerxes. Xerxes war als Sohn von Atossa, der Esther der Bibel, anstelle seiner Väter als Herrscher angetreten (Ps 45). Sein Gardebefehlshaber Artabanos brachte in ums Leben und lenkte den Verdacht auf den Sohn und Thronfolger Darius, den daraufhin sein jüngerer Bruder Artaxerxes tötete. Artabanos Versuch Artaxerxes zu ermorden scheiterte, und so trat er als Sohn die Nachfolge an. Der *eigens verfasste* (151.) PsalmLXX umschreibt diese Situation in Anlehnung an David gegen Goliad, *dem das Schwert entrissen wurde.*

151LXX *Antritts- jahr Artaxerxes*	465-464	Ü: *Dieser Psalm ist eigens verfasst. Im Hinblick auf David und (er steht) außerhalb der Zählung. Als er allein kämpfte gegen Goliad. [7V]* 1 *Klein war ich unter meinen Brüdern und der jüngste im Hause meines Vaters …* 6 *Ich zog aus zur Begegnung mit dem Andersstämmigen, und er verfluchte mich mit seinen Götterbildern. 7 Ich aber riss das Schwert, das er bei sich hatte, an mich, schlug ihm den Kopf ab und nahm (so) die Schmach weg von den Söhnen Israels.*LXX-D

Die Woche als Lebensraum der Apokalyptik

Die Schöpfungsapokalypse macht deutlich, dass Gott sich uns auch über die Zeit offenbart. Er kann sich das leisten. Es gibt viele Apokalypsen in denen Gott die Entwicklung der Menschheit mitteilt. Das Buch Henoch, die Mutter aller Apokalypsen, kann zum Verständnis der Hintergründe vor der Flut herangezogen werden, enthält aber auch eine Zeitrechnung, als 14 immer grüne Laubbäume dargestellt, die ihr Laub nicht abwerfen. Jesus sah zu seiner Zeit noch fünf dieser Bäume im Paradies stehen, d. h. er betrachtete den Zustand seiner und der weiteren fünf Zeiten immer noch als Paradies:

ThEv 19
1 Jesus sagte: Glücklich ist wer war, bevor er wurde.
2 Wenn ihr mir Jünger werdet und meine Worte hört, werden euch diese Steine dienen.
3 Denn ihr habt fünf Bäume im Paradies, die im Sommer und im Winter gleichbleiben und deren Blätter nicht abfallen.
4 Wer sie erkennen wird, wird den Tod nicht schmecken.

Schon Henoch konzentrierte sich auf die Generationen danach:

Hen 1
1 Die Segensworte des Henoch, womit er die Auserwählten und Gerechten segnete, die da sein werden am Tage der Drangsal, da entfernt werden sollen alle Bösen und Gottlosen.
2 Und es antwortete und sprach Henoch, ein gerechter Mann, dem seine Augen vor Gott geöffnet waren, dass er ein heiliges Gesicht in den Himmeln sah, welches mir die Engel zeigten, und von ihnen hörte ich Alles, und wusste, was ich sah, aber nicht für dieses Geschlecht, sondern für die fernen Geschlechter, welche kommen werden:
3 über die Auserwählten sprach ich und unterredete mich über sie mit dem Heiligen und Großen, der hervortreten wird aus seiner Wohnung, dem Gott der Welt.

Auch die Apokalypse des Johannes benennt die Merkmale dieser zwei Wochen und kennt die aus der planetaren Zeitumstellung resultierenden Zwischenzeiten. Hosea bezeichnet die zwei Wochen als zwei Tage (vgl. Gen 2,4). Sacharja zeigt, dass das Wissen über die Zeiten (die Woche) bereits früh verlorenzugehen drohte und deshalb mit Visionen wachgehalten wurde, z. B. mit farbigen Reitern. Die Apokalyptik öffnet diese Wochen und markiert Geschehen zum Ablauf von Sonne, Mond und Sternen. Die synoptische Jesus-Apokalypse, Offenbarungen im Zwölf-Wochen-Schema und viele weitere Beispiele aus den Propheten kommen hier zu Wort.

Das Buch der Wächter

Der erste Teil des Buches Henochs wird als das Buch der Wächter bezeichnet und ist auch als griechische Abschrift erhalten geblieben.[90] Der Judasbrief (Jud 14-15) bezieht sich auf Henoch 1,9.

Es hat aber auch Henoch, der siebente von Adam, von diesen geweissagt und gesagt: „Siehe *der* Herr ist gekommen inmitten seiner heiligen Tausende, Gericht auszuführen wider alle und völlig zu überführen alle ihre Gottlosen von allen ihren Werken der Gottlosigkeit, die sie gottlos verübt haben, und von all den harten *Worten*, welche gottlose Sünder gegen ihn geredet haben."	Und siehe! er ist gekommen mit zehntausend Heiligen, Gericht zu halten über sie, und er wird die Gottlosen verderben und wird alles Fleisch zurechtweisen um alles das, was die Sünder und Gottlosen gegen ihn gethan und begangen haben.
– Jud 14-15 *unrev. Elberfelder*	– Hen 1,9 *Flemming*

Henoch hat Segensworte für eine Zeit der Bedrängnis, die mit der Vernichtung der Bösen enden wird (Hen 1,1). Viele Apokalypsen berichten darüber und auch Judas mahnte ein Bewusstsein für dieses Gericht für seine Zeit als dringend notwendig an. Gott wird auf dem Berg Sinai treten (Hen 1,4), Gericht üben und für die Gerechten Frieden schaffen. Das Licht Gottes wird ihnen leuchten (Hen 1,8 vgl. Jes 30:27-33 und die Coronapandemie [Die Habakuk-Apokalypse]).

Hen 1[91] **1** Die Segensworte des Henoch, womit er die Auserwählten und Gerechten segnete, die da sein werden am Tage der Drangsal, da entfernt werden sollen alle Bösen und Gottlosen. **2** Und es antwortete und sprach Henoch, ein gerechter Mann, dem seine Augen vor Gott geöffnet waren, dass er ein heiliges Gesicht in den Himmeln sah, welches

---

[90] Johannes Paul Gotthilf Flemming: *Das Buch Henoch*; 1901. Hen*gr* 1,1-32,6: [Ein synoptischer Vergleich in JSHRZ, V,6 Siegbert Uhlig, Seite 509]
[91] August Dillmann: *Das Buch Henoch. Übersetzt und Erklärt*; 1853, Seite 90: „In der Schilderung des Gerichts V. 4 – 9 scheint zwar V. 7 die Redefarbe vom Gericht der Flut hergenommen zu sein, und auch die Erwähnung der Wächter V. 5 könnte die Vermutung nahelegen, dass er hier das Gericht der Flut schildern wolle, allein die Wächter werden auch vom zweiten Gericht betroffen, und die übrigen Züge der Schilderung und der Entwicklung der Folgen dieses Gerichtes weisen uns vielmehr darauf hin, an das zweite und letzte Weltgericht zu denken."

> mir die Engel zeigten, und von ihnen hörte ich Alles, und wusste, was ich sah, aber nicht für dieses Geschlecht, sondern für die fernen Geschlechter, welche kommen werden:
> **3** über die Auserwählten sprach ich und unterredete mich über sie mit dem Heiligen und Großen, der hervortreten wird aus seiner Wohnung, dem Gott der Welt.
> **4** und von da wird er auf dem Berg Sinai treten, und erscheinen mit seinen Heerschaaren, und in der Stärke seiner Macht vom Himmel erscheinen.
> **5** Und Alles wird sich fürchten, und die Wächter werden erbeben, und grosse Furcht und Zittern wird sie ergreifen bis an die Enden der Erde.
> **6** Es werden erschüttert werden die erhabenen Berge, und die hohen Hügel sich senken und schmelzen wie Honigseim vor der Flamme.
> **7** Die Erde wird versinken, und Alles, was auf Erden ist, wird umkommen und es wird ein Gericht sein über Alles und über alle Gerechten.
> **8** Den Gerechten aber wird er Frieden schaffen, und die Auserwählten behüten, und Gnade wird über ihnen walten; sie werden alle Gottes sein und es wird ihnen wohl gehen, und sie werden gesegnet sein und das Licht Gottes wird ihnen leuchten.
> **9** Und siehe er kommt mit Myriaden von Heiligen, um Gericht über sie zu halten, und wird die Gottlosen vernichten, und rechten mit allem Fleisch über Alles, was die Sünder und die Gottlosen gegen ihn gethan und begangen haben.

Henoch beobachtete die Zuverlässigkeit der Sterne und der Werke Gottes auf der Erde (Hen 2,1.2). Der Sommer und der Winter als typische Einteilung in alter Zeit setzt deutliche Jahreszeiten voraus, die ein Hinweis auf die Zeit nach der Flut bieten könnte (Gen 8,22). Die Wasserkreisläufe, die er beschreibt (Hen 2,3), bestanden von Anfang an. Normaler Regen war bekannt, weshalb eine Katastrophe wie die Sintflut (Gen 6,17) leicht erklärt werden konnte (Gen 7,4).

> **Hen 3**[92]
> **3** Beobachtet und seht alle Bäume, wie sie aussehen: dürr und all ihrer Blätter beraubt – außer den vierzehn Bäumen, die sie nicht abwerfen, (sondern) sie bleiben bei dem alten (Laub), bis das neue kommt, zwei bis drei Regenzeiten lang.

Bäume ohne Blätter können im Winter beobachtet werden. Ihnen sind vierzehn Bäume, die ihr Laub nicht abwerfen, gegenübergestellt. Sie würden so bestehen bleiben, bis nach zwei bis drei Regenzeiten das neue erscheint. Die Verbindung zu den Wasserkreisläufen (Hen 2,3) besteht in den Regenzeiten, in der alle Bäume genügend Wasser haben müssten. Aber warum sind die 14 Bäume den dürren Bäumen ohne Blätter gegenübergestellt? Sie halten durch bis zur Erneuerung, was auf Engel anspielt, die ihr Kleid nicht abgeworfen haben. Die Vierzehn bezeichnen die zwei Wochen Lebensraum der

---

[92] JSHRZ V,6 Siegbert Uhlig: *Das Äthiopische Henochbuch*; 1984; zu Hen 1,6c: Vernichtung der Erde durch Feuer 2Pet 3,7.10; Apk 20,9

Menschen, über die diese Engel wachen sollen, bis nach zwei bis drei Regenzeiten (=Wochenperioden) eine Erneuerung stattfinden wird. Der Zusammenhang zu den Wächtern (Hen 1,5) und die Beschreibung von Bäumen und Wasser (Hen 5,1-3), worauf unmittelbar das mangelnde Ausharren von Engeln angesprochen wird (Hen 5,4), zeigen den Gegenstand der Bildbeschreibung.

Hen 4[93]

Und beobachtet auch die Tage der Trockenheit, wie die Sonne zu ihrem Anfang über ihr (= der Erde) steht, und ihr sucht einen kühlen Ort und Schatten wegen der Glut der Sonne, und die Erde brennt vor Glut, und ihr werdet weder auf dem Erdboden treten noch auf Felsgestein wegen ihrer Glut.‟

Auf den ersten Blick scheinen Sommer und Winter (Hen 2,2) in getrennten Bildern (dürre Bäume ohne Laub = Winter / Trockenzeit = Sommer) aufbereitet zu sein. Doch besitzt die Sonne im Aufgang bereits die Kraft der Mittagssonne? Mit dem Aufgang der Sonne ist der Beginn der (sieben) Sonnenzeit(en) angesprochen, der auf die vierzehn Bäume (zwei Wochen) folgt! Die Menschen geraten „zu ihrem Aufgang" in eine sehr ernste Lage „wegen der Glut der Sonne".

Mit dem Aufgang der Sonnenzeiten würden Tage der Trockenheit zu beobachten sein, in denen sich eine große Bedrängnis zuspitzt, aus der sich der Mensch nicht mehr selbst befreien kann! Christliche Schreiber wie Judas oder Petrus nahmen auf Henoch Bezug. „Tage der Trockenheit" sorgen für Durst und Hunger, was aber nicht das Ende bedeutet. Der traumatischen Hitze entgehen eine unzählbare Menge von Menschen, die Gott aus dieser großen Bedrängnis retten und zu Wasserquellen des Lebens führen lässt (Apk 7,9-17).

Hen 5[94]

1 Beobachtet, wie sich die Bäume auch mit Blättergrün bedecken und jede Frucht davon zu Gottes Ehr und Ruhme dient! Habt acht und merkt auf seine Werke all! Allsdann erkennt ihr, daß der Lebendige sie so gemacht.

2 All seine Werke, die er schuf, geschehen von Jahr zu Jahr in gleicher Weise und alle Aufgaben, die sie für ihn vollbringen, verändern sich in keiner Art; vielmehr wie Gott befiehlt, vollzieht sich alles.

3 Seht, wie das Meer und wie die Flüsse gleich den Dienst verrichten.

4 Doch ihr, ihr habt nicht ausgeharrt und nicht des Herrn Gesetz erfüllt. Ihr seid ja abgefallen und habt durch trotzige, hochfahrende Worte aus eurem Munde seine Majestät geschmäht. Ihr hartherzigen! Ihr werdet keinen Frieden finden.

---

[93] Ebda
[94] Paul Riessler: *Altjüdisches Schrifttum außerhalb der Bibel*; 1928, S. 357

Die ganze belebte Schöpfung funktioniert zuverlässig, Jahr für Jahr. Wie die Bäume Laub anlegen und Früchte hervorbringen und die Flüsse und das Meer zum Wasserkreislauf der Erden beitragen, hätten die angesprochenen Wächter (5,4) die zu erwartenden Früchte hervorbringen müssen. Die Wächter geraten in Kritik, da das Gesetz des Herrn nicht ausgeführt wurde und ihre Begründungen nur als Beleidigungen befunden werden. Ihr Eigensinn würde ihnen keinen Frieden bringen. Diese Situation führte bei den Wächtern zur Unzufriedenheit, da ihre Tage vor der Flut völlig umsonst waren.

Hen 5[95]
5 Und darum werdet ihr eure Tage verfluchen und der Jahre eures Lebens verlustig gehen und »die Jahre eures Verderbens« werden sich mehren in Kraft eines ewigen Fluches, und ihr werdet keine Gnade finden.
6 Und in jenen Tagen werdet ihr euren Namen hergeben zu einem ewigen Fluche für alle Gerechten, und sie werden euch Sünder immer verfluchen, und bei euch zusammen mit den Sündern (r. bei euch Sündern schwören).

Ihr Ruf ist für immer beschädigt und ihr Name wird zum Gegenstand der Verfluchung aller späterer Generationen, da sie für die Unglücke der Menschen vor der Flut, vor allem für die große Gewalt, verantwortlich gemacht werden. Ihr Ruf sinkt zu dem der Sünder herab.

---

7 Und den Auserwählten wird Licht und Freude und Frieden zu teil werden, und sie werden das Land ererben, euch jedoch, ihr Gottlosen, wird der Fluch treffen. **8** Und dann wird den Auserwählten Weisheit verliehen werden und sie alle werden leben und nicht mehr sündigen, weder aus Lässigkeit noch aus Übermut, sondern sie werden demütig sein, die da Weisheit besitzen. **9** Sie werden nicht wieder sündigen noch Strafe zu erleiden haben ihr ganzes Leben lang und werden nicht sterben durch Strafe und Zorngericht, sondern die Zahl ihrer Lebenstage vollenden, und ihr Leben wird zu (hohem) Alter kommen in Frieden, und der Jahre ihrer Freude werden viele sein in ewiger Wonne und Frieden, alle Tage ihres Lebens.

„Licht, Freude, Frieden, Besitz des Landes und der Erde, langes Leben, Weisheit, Entfernung aller Sünde, aller Strafen und Uebel werden auch sonst oft genug durch das ganze Buch als wesentliche Güter der messianischen Zeit in Aussicht gestellt."[96]

Diese fünf Kapitel bieten die Einleitung zum gesamten Buch Henoch, auf das sich jüdische und christliche Schreiber beziehen konnten.[97]

---

[95] Johannes Paul Gotthilf Flemming: *Das Buch Henoch*; 1901.
[96] August Dillmann: *Das Buch Henoch. Übersetzt und Erklärt*; Seite 91
[97] Titel: Gott der Weltzeit, der ewige Gott (1,4) – Röm 16,26; 1Tim 1,17

Zwei Siebener in der Apokalypse des Johannes

6,1-2	1. S. weißes Pferd Bogen Krone, seinen Sieg vollendend		
6,3-4	2. S. feuerfarbenes Pferd nimmt der Erde den Frieden		
6,5-6	3. S. schwarzes Pferd bestimmt Preise und Rationierung		
6,7-8	4. S. fahles Pferd Tod und Hades raffen ¼ der Erde weg		
6,9-11	5. S. unter dem Altar getötete Zeugen Gewand	8,3-4	an Altar, Räucherwerk mit Gebeten der Heiligen
6,12-17	6. Himmelskörper versagen vergleich Feigenbaum Berge, fallt über uns	8,5-6	Feuer vom Altar zur Erde, Donner, Stimmen, Blitze, Erdbeben
8,1.2	siebte Siegel, 7 Posaunen	15,1-8	Heiligtum 7 Schalen
8,7	1. P. 1/3 der Erde 1/3 der Bäume Pflanzenwelt	16,1.2	1. Erde Geschwüre an Anbeter des Bildes
8,8.9	2. P. 1/3 Meer zu Blut 1/3 Seelen 1/3 Schiffe	16,1.3	2. Meer zu Blut, alle Seelen starben
8,10.11	3. P. 1/3 der Flüsse und Wasserquellen zu Wermut	16,1.4-7	3. Flüsse und Quellen zu Blut – Blut-Gericht
8,12	4. P. 1/3 Sonne/Mond/Sterne 1/3 T./N. ohne Beleuchtung	16,1.8.9	4. Sonne Hitze lästerten dem Namen Gottes
8,13	Adler 3 wehe wegen P. 5-7	16,10.11	5. Thron des Tieres
9,1-12	5. P. Abgrund Heuschrecken Gewalt wie Skorpione 5 Monate quälen König des Abgrunds		Königreich verfinstert Schmerzen Geschwüre lästern Gott keine Reue
		16,12	6. Euphrat vertrocknet Weg bereitet für Könige
9,13-19	6. P. 4 Engel Euphrat Reiterheere Feuer Rauch Schwefel 1/3 töten	16,13-16	Frösche aus Mäulern versammeln Könige zum
9,20.21	Die Übrigen bereuten nicht		Krieg von Armageddon
10,1-7	Engel die 7 Donner versiegle (15)		Ich komme wie ein Dieb
10,8-11	Engel - kleine Buchrolle süß / bitter wieder Prophezeien		
11,1.2	miss Tempel und Altar, aber Vorhof hinaus zu Nationen die Heilige Stadt wird 42 Monate lang niedergetreten		
11,3-6	1260 Tage prophezeien 2 Zeugen Gewalt Regen Plagen		
11,7-13	Wildes Tier besiegt 2 Zeugen auf Straßen v. sinnbildlich Sodom und Ägypten wo der Herr an den Pfahl kam 3 ½ Tage anschauen Freude Gaben dann Geist gehen hinauf		
11,14-18	7. P. Königreich der Welt ist das KR Gottes und Christus Nationen wurden Zornig Die bestimmte Zeit für die Toten gerichtet zu werden Lohn geben den Sklaven Verderben d. Erde verderben	16,17-21	7. Luft Es ist geschehen Blitze Stimmen Donner größtes Erdbeben Stadt fällt in 3 Teile. Städte d. Nationen fielen Babylon Insel u. Berge entflohen Hagel Menschen lästern

Zwei Tage in Hosea 6,2. Zwei Siebener in der Apokalyptik

Hos 6
1 Kommt, und lasst uns zu JHWH umkehren, denn er hat zerrissen, und wird uns auch heilen. Er schlug, doch wird er uns verbinden.
2 Er wird uns lebendig machen nach zwei Tagen. Am dritten Tag wird er uns aufstehen lassen, und wir werden vor ihm leben.
3 Lasst uns ihn erkennen und beeilen wir uns, JHWH zu erkennen. Wie die Morgenröte kommt sein Aufbruch. Er kommt wie der Regen, wie ein Spätregen die Erde tränkt.

---

1 Dtr 32,39 **2** Gen 2,4; Hen 3; ThEv 19 **3** 2Sam 23,4; Joel 2,23

In 6,1 rüttelt Hosea seine Zeitgenossen auf, umzukehren, denn wie Gott zerreißt, so kann er auch heilen. 6,2 Hosea hatte eine genaue Zeitvorstellung, wenn er nach 2 Tagen am 3. Tag die Zeit des Lebens und der Auferstehung erkennt! Er beschreibt die Woche als ein Tag (Gen 2,4) und sieht erst hinter der 2. Woche die Change, wieder vor Gott zu leben. Vom Buch Henoch bis zur Johannes-Apokalypse ist dieses Schema bekannt und mit einer Zeitrechnung verbunden, die auf Siebenern von jeweils 354 bzw. 365 Tagen = Jahren ruhen. 6,3 Ihn zu erkennen bedeutet eine Hoffnung zu haben. Er kommt, so wie die Morgenröte aufbricht, wie der Spätregen die Erde tränkt.

Seit Henoch sind Wochen (in Gen 2,4 auch Tage) als Zeitrechnung (Hen 3,3) auch über Jahrwochen (Dan 9,24-27) hinaus bekannt. In vielen Apokalypsen sind die Siebener ein fester Bestandteil und tragen Merkmale einer Zeitrechnung (Apk 8,7-10.12 [1/3 = Flut]; Apk 9,5 [5 Monate = Übergang zwischen Mond- und Sonnenzeiten]) und Zählungen nach einem übereinstimmenden Jahr mit 360 Tagen. Endzeiten sind am Ende eines Siebeners, der auch unterteilt als 3½ Zeiten auftritt (Dan 12,7; Apk 11,2.3), und den Schaltungen von Mondzeiten (+30, Dan 12,11) zu Sonnenzeiten (+75, Dan 12,12; +150/153, Apk 9,5) hinzugefügt sind. Zeichen an Sonne, Mond und Sternen grenzen diese Endzeiten ein, wobei ein Ringen um die Abschlüsse bekannt ist (Dan 7,25; 10,13; 11,1; Apk 12,1.2.7).

Sacharja 4,1-5.12-14

Sach 4

1 Und der Engel, der mit mir redete, kam zurück und weckte mich, wie man jemand vom Schlaf aufweckt.

2 Er sprach zu mir: Was siehst du? Da sagte ich: Siehe, ich sah einen Leuchter, ganz aus Gold, mit einer Schale oben darauf. Und seine sieben Lampen sind darauf, ja sieben, und die Lampen oben darauf mit sieben Röhren.

3 Zwei Olivenbäume standen neben ihm, einer auf der rechten Seite der Schale und einer auf ihrer linken Seite.

4 Dann sprach ich zu dem Engel, der mit mir redete: Was bedeuten diese, mein Herr?

5 Da antwortete der Engel, der mit mir redete: Weißt du nicht, was diese Dinge bedeuten? Darauf sagte ich: Nein, mein Herr.

12 Weiter fragte ich: Was sind die beiden Zweige der Olivenbäume, die durch die zwei goldenen Röhren, durch die goldene Öl herabfließt?

13 Er sprach zu mir: Weißt du wirklich nicht, was diese Dinge bedeuten? Ich sagte: Nein, mein Herr.

14 Er sprach: Dies sind die zwei Gesalbten, die neben dem Herrn der ganzen Erde stehen.

---

2 Ex 25,31f **10** Sach 3,9; 2Chr 16,9 **14** Apk 11,4

4,1 schildert den Übergang von der Krise mit Zusagen in 3,1-10 zur fünften Vision, in dem der Engel aus 2,7 Sacharja für die nächste Schau aufweckt. 4,2-3 Er sieht einen goldenen Leuchter mit einer Schale und darauf sieben Lampen mit sieben Röhren, und links und rechts je ein Olivenbaum. 4,4-5 Die Frage wird hinterfragt, was auf eine Verfügbarkeit der Bedeutung der geschauten Symbole schließen lässt. Die Sieben war als Woche von Anfang an bekannt und die Zwei bezeichnet die Anzahl dieser Wochen (siehe Hos 6,2; Gen 2,4 [Zwei Tage in Hosea 6,2. Zwei Wochen in der Apokalyptik]; Hen 3 =14 Laubbäume, später ThEv 19 zurzeit Jesu noch 5 Bäume übrig). Sacharja hatte diese Bedeutung nicht verfügbar, obwohl ihm bereits in der vierten Vision der Stein mit den sieben Augen als apokalyptisches Element begegnete. Die Siebenzahl hatte in der Apokalyptik eine Funktion als Zeitrechnung, was heute jedoch bestritten wird.

Sacharja 1,8-11

> **Sach 1**
> **8** Ich sah nachts ein Mann, der auf einem roten Pferd ritt, und er blieb zwischen den Myrtenbäumen stehen in der Meerestiefe und hinter ihm waren rote, hellrote und weiße Pferde.
> **9** Da sagte ich: Wer sind diese, mein Herr? Darauf sprach der Engel im Gespräch zu mir: Ich will dich sehen lassen, was diese bedeuten.
> **10** Dann redete der Mann, der zwischen den Myrtenbäumen stehenblieb, und sprach: Das sind die, die JHWH gesandt hat, um die Erde zu durchziehen.
> **11** Da meldeten sie dem Engel JHWHs, der zwischen den Myrtenbäumen stand: Wir haben die Erde durchzogen, die ganze Erde liegt still und hat Ruhe.

8 Sach 6,1-8

1,8-11 Die erste Vision spricht von vier verschiedenfarbigen Pferden, die die Erde auskundschaften. Ähnliche Pferde mit Wagen finden sich in der letzten Vision (Sach 6,1-8) und berittene farbige Pferde in der Offenbarung des Johannes (Apk 6,1-8). 1,8 Der Ablauf beginnt bei Nacht, was auf Mondzeiten hinweisen kann. Ein rotes Pferd steht für den Krieg (Apk 6,4). Da die Reiter in 1,11 friedliche Zeiten melden, zielt die Vision nach einem Krieg in friedliche Zeiten. Der Standort, zwischen den Myrtenbäumen und in der Meerestiefe, ist eine geographische Chiffre für Kontinente und Ozeane. Die nachfolgenden Pferde hatten unterschiedliche Farben, die für unterschiedliche Perioden stehen, von Rot = Krieg, Hellrot = Kriegsbedroht bis Weiß = Frieden. 1,9 Sacharja fragt den Engel, wer diese sind, worauf ihm eingeräumt wird zu erfahren, was diese bedeuten.

Diese einfachen Beobachtungen sprechen dafür, die Vision als Vorschau der Nacht am Ende der sieben Mondzeiten 1945 zu beurteilen! Das rote Pferd war der Zweite Weltkrieg, der Kontinent übergreifend stattfand, und im Meer, d. h. auf Inseln des pazifischen Ozeans endete. Von diesem entscheidenden Standort aus beschreiben die folgenden Pferde die Zeit danach, sehr wahrscheinlich aber nur bis zum Ende der sieben Sonnenzeiten 2020/22. Es waren Jahre des Krieges, des kalten Krieges und des Friedens dabei, und die Reihenfolge der Pferde spricht für eine Priorisierung: es gab mehr Jahre Krieg und Kriegsbedrohung als Friedensjahre. Dennoch spricht der Bericht verglichen mit dem Zweiten Weltkrieg von Stille und Ruhe. Ein thematischer Zusammenhang ergibt sich aus der Rückkehrsituation Judas, die sich mit der Gründung des Staates Israel 1948 wiederholte.

Sacharja 6,1-8

Sach 6
1 Meine Augen blickten wieder auf und sahen, und siehe, vier Wagen kamen zwischen zwei Bergen her, und die Berge waren aus Erz.
2 Am ersten Wagen waren rote Pferde, am zweiten Wagen schwarze Pferde,
3 am dritten Wagen waren weiße Pferde und am vierten Wagen gefleckte, gescheckte Pferde.
4 Ich sagte zu dem Engel, der mit mir redete: Was sind diese, mein Herr?
5 Der Engel antwortete mir: Dies sind die vier Winde der Himmel, die vor dem Herrn der ganzen Erde standen und ausgingen.
6 Die schwarzen Pferde ziehen aus zum Land des Nordens und die weißen sollen zu dem Land hinter dem Meer ausziehen und die gefleckten sollen zum Land des Südens ausziehen.
7 Und die gescheckten sollen ausziehen und ständig ihren Weg auf der Erde suchen. Er sagte: Geht, zieht auf der Erde umher. Und sie zogen auf der Erde umher.
8 Er rief mir zu: Siehe, die zu dem Land des Nordens Ziehenden sind es, die den Geist JHWHs im Land des Nordens haben ruhen lassen.

---

1 Sach 1,8; Hab 3,8 **2** Apk 6,4-6 **3** Apk 6,2 **4** Apk 4,6b-9 **8** Sach 2,10

6,1 Die achte Vision, zu der Sacharja aufblickt, hat eine Ähnlichkeit mit seiner ersten Vision. Allerdings ziehen die verschiedenfarbigen Pferde hier Wagen und kamen zwischen zwei Bergen aus Metall hervor. 6,2-3 Die vier Wagen werden von roten, schwarzen, weißen, gescheckten/fleckigen Pferden gezogen. Farblich sind sie den berittenen Pferden aus der Offenbarung des Johannes nahe (Apk 6,1-8). 6,4 Sacharja erkundigt sich beim Engel nach deren Bedeutung. 6,5 Die vier Geister des Himmels, die vor dem Herrn der ganzen Erde stehen, entsprechen den vier lebenden Geschöpfen vor dem Thron Gottes bei Johannes (Apk 4,2.3.6b-9). 6,6a Schwarze Pferde bringen Wagen ins Land des Nordens. Der geographische Norden von Juda war damals die Weltmacht in Babylonien. 6,6b Weiße Pferde sollen Wagen über das Meer, d. h. nach Westen bringen. 6,6c Gefleckte Pferde sollen mit Wagen in Richtung Süden ausziehen. 6,7a Gescheckte Pferde sollen ständig ihren Weg auf der Erde suchen. 6,7b Nun ergeht der Auftrag umherzuziehen, wobei der Osten unerwähnt bleibt. 6,8 Im Zuruf erfährt er noch, dass die zum Land des Nordens Ziehenden dort den Geist JHWHs ruhen haben lassen.

6,1-8 Die Vision beginnt nicht bei Nacht, aber mit einem roten Pferd für Krieg (Sach 1,8), das in der Auflösung nicht erscheint. Hier ist nicht von Erkundungen die Rede, bei den gescheckten Pferden aber von einer Suche (6,7). 6,1-3 Vier Wagen kommen zwischen zwei

Bergen aus Metall hervor und transportieren ein ungenanntes Gut (Hen 57,1-3). Metallberge kommen in der zweiten Bilderrede des Henoch (Hen 52,1-8) und ein Berg in Daniel vor (Dan 2,31-35). Die Situation ist dahingehend vergleichbar, dass die zur Macht dienenden Metalle nicht retten können.[98] Aus diesen Sphären kommen die vier Wagen, die nach 6,5 die vier Winde oder Geister der Himmel sind, die vor dem Herrn der ganzen Erde stehen und bei Johannes vier lebende Geschöpfe genannt werden, weil sie dort die vier großen Lebensräume für die bisherige Menschheit abbilden! Ihre Gesichter eines Löwen, eines Stieres, eines Menschen und eines Adlers (Apk 4,6-9) beschreiben die vier Zeitabschnitte der zwei Siebener als inmitten und um den Thron herum, und vor dem Thron sind ein Meer (vgl. Sach 1,8) und sieben Feuerlampen (Sach 4,2).[99]

6,6-8 Die Orte sind bis auf die roten Pferde, die nicht mehr auftauchen, und den gescheckten Pferden fest bestimmt. Sie gehen von Juda aus ins Land des Nordens usw. und die nach Norden Ziehenden hätten dort den Geist JHWHs ruhen lassen, d. h. auf Babylonien Einfluss genommen (Sach 5,11). Historisch geschah dies zu Beginn des dritten Lebensraums, dem dritten lebenden Geschöpf, wie auch das schwarze Pferd bei Johannes (Apk 6,5) an dritter Stelle auftrat. In der Erklärung erscheint es wegen des Zusammenhangs zur siebten Vision (und nach dem Krieg) an erster Stelle. Die weißen Pferde, die zum Land hinter dem Meer ausziehen sollen, rücken als ein Pferd bei Johannes an die erste Stelle auf (Apk 6,1f). Der Sieg eines Königs soll jedoch im vierten Lebensraum vollendet werden. Dem folgt bei Johannes das rote Pferd, dessen Entsprechung hier nicht mehr erscheint und dem geographisch der Osten bliebe. Die gefleckten Pferde, die zum Land des Südens ausziehen, bezeichnen den zweiten Lebensraum des Stieres Oberägypten und Unterägypten. Die gescheckten Pferde zogen im ersten Lebensraum auf der Erde umher, und endeten mit den Nomaden Abraham, Isaak und Jakob. Die Priorisierung der Pferde lassen den Krieg nur kurz aufblitzen, zeigen aber zuerst das jetzt und das was kommt, und dann was davor war, als käme es noch. Die roten Pferde mit Wagen dienen zur Einführung und haben ihren zentralen Platz erste hinter den vier Lebensräumen! Diese Einführungsfunktion knüpft an die erste Vision an, wo die

---

[98] Harald Schneider: *Das Buch Henoch und die neue biblische Chronologie*; 2020, Seite 89f
[99] Harald Schneider: *Biblische Zahlenwerte und ihre Bedeutung II.*; 2018

Auskundschafter, hinter dem roten Pferd stille und ruhige Verhält-
nisse auf der Erde feststellen (Sach 1,11), die nicht mehr im Verhältnis zu den Schlägen gegen Jerusalem stehen: „Mit glühendem
Zorn bin ich gegen die sorglosen Nationen, denn ich war nur etwas
erzürnt, sie aber haben zum Unglück geholfen", d. h. ihren Beitrag
dazu gehabt (Sach 1,15). Der Frieden der Nationen sollte hinter den
dort beschriebenen Überganszeiten von 1945 bis 2022 enden! Dieser große Krieg wird in Sach 6,1-8 noch einmal im ganz großen Rahmen zeitlich fokussiert, hinter den vier großen Lebensräumen der
Menschheit (Siehe [Die zwei Siebener, Zeitrechnung der Apokalyp-
tik]).

Reiter/Pferde Sach 1,8	Mond bis Sonne 1945-2021	Pferde/Wagen Sach 6,2-5	Orte der Winde Sach 6,5-8
1. Rot	*Zweiter Weltkrieg*	1. Rote	*Dritter Weltkrieg*
2. Rote	Kriege	2. Schwarze	Norden
3. Hellrote	Kalter Krieg	3. Weiße	Westen
4. Weiße	Frieden	4. Gefleckte/Gescheckte	Süden
Bericht/Auskunft	Ruhe und Stille	Vier Winde der Himmel	Umherziehend

Farben Sach 6,5-8	Sonnenzeiten 3091 - 2021	Lebensräume Apk 4,6-7	Farben Apk 6,2-8
1. Schwarze	Babylonien	3. Geschöpf (Mensch)	3. Schwarzes
2. Weiße	Amerika	4. Geschöpf (Adler)	1. Weißes
3. Gefleckte	Ober-/Unterägypten	2. Geschöpf (Stier)	---
4. Gescheckte	Nomadenzeiten	1. Geschöpf (Löwe)	[4. Fahles]
(Sach 6,2) Rote			2. Feuriges

Chronologische Abläufe			
4. Gescheckte	Nomadenzeiten	1. Geschöpf (Löwe)	4. Fahles (Tod/Grab)
3. Gefleckte	Ober-/Unterägypten	2. Geschöpf (Stier)	
1. Schwarze	Babylonien	3. Geschöpf (Mensch)	3. Schwarzes (Korn)
2. Weiße	Amerika	4. Geschöpf (Adler)	1. Weißes (Sieg)
(Sach 6,2) Rote		Gottes Gericht	2. Feuriges (Krieg)

Die chronologische Übersicht ist nach den Lebensräumen geordnet, wie diese wirklich abliefen. Die Symbole in Sach 6,1-8 sind eng mit Apk 4,6f; 6,2-8 verwandt, und behandeln die gleichen Themen. Der durchgeführte Vergleich lässt auf dem vierten Lebensraum mit dem weißen Pferd den feurigen Reiter folgen, und bei Sacharja die nicht weiter erklärten roten Zugpferde, mit denen die Vision eingeführt wurde. Das entspricht dem Muster in Sach 1,8, wo das rote Pferd die übrigen Pferde einführt, selbst aber nicht im Bericht in Sach 1,11 vorkommt. Doch wie ist in diesem Gefüge nun die Anordnung des schwarzen Pferdes und des fahlen Pferdes bei Johannes zu erklären?

Das schwarze Pferd wurde vom dritten lebenden Geschöpf autorisiert (Apk 6,5) und die Beschreibung der teuren Getreideversorgung ist mit den unterbrochenen Handelswegen durch den expandierenden Islam mit einem Gürtel bis 666 um ganz Nordafrika gut begründet. Ägypten, die damalige Kornkammer Roms, fiel damit aus, während das Olivenöl und der Wein der Ägäis nicht geschädigt wurden. Am Ende des 1. Jahrhunderts war erst die Hälfte dieses Zeitraumes abgelaufen, sodass wir nicht uneingeschränkt von einem Rückblick sprechen können. Allerdings war die Bezeichnung des Lebensraums mit Jesus als dem Menschensohn bereits erfüllt! Auf der Vergleichsebene waren die schwarzen Pferde zurzeit Sacharjas gerade erst am Start und erscheinen deshalb bei ihm an erster Stelle.

Das fahle Pferd bildet gut einen Rückblick auf das Flutgericht ab, bei dem der Reiter Tod heißt und der Hades (d. h. das Grab) ihm folgt! Diesem Gericht gegen die Menschheit im ersten Drittel des ersten Sieveners sollte ein Gericht am Ende des zweiten Sieveners folgen. Deshalb kommt die Autorisierung vom vierten lebenden Geschöpf! Die nachgelagerte Anordnung vom schwarzen und vom fahlen Pferd ist somit mehr, als ein Rückblick als auslaufender Gegenstand. Dem Krieg durch das feurige Pferd folgen Lebensmittelknappheit und der Tod mit dem Grab im direkten Anschluss. Was war, kommt in vergleichbarer Form gerade wieder auf die Menschen zu. Dies ist keine allgemeine Verlautbarung, sondern gut verborgenes Offenbarungswissen, das untrennbar mit der Zeit, der Woche, verknüpft ist! Es wird kein Gegenstand der Verkündigung werden, weil es nur an diejenigen gerichtet ist, die auf dieses Kommen lange gewartet haben.

Da auch die roten Pferde in Sach 6,2 einen Wagen ziehen, können auch sie einen neuen Lebensraum abbilden, in dem der Krieg Gottes stattfindet, der schon vom zweiten Lebensraum autorisiert wurde!

Die zwei Siebener, Zeitrechnung der Apokalyptik

354	360	365	Kalender		Zeiten/Lebensräume	
3091	3091	3091	v. u. Z.	1. Zeit		Das lebende Geschöpf mit dem Gesicht eines Löwen
2737	2731	2726	v. u. Z.	2. Zeit		
2383	2371	2361	v. u. Z.	3. Zeit		
2029	2011	1996	v. u. Z.	4. Zeit		
1675	1651	1631	v. u. Z.	5. Zeit		Das lebende Geschöpf mit dem Gesicht eines Stieres
1321	1291	1266	v. u. Z.	6. Zeit		
967	931	901	v. u. Z.	7. Zeit		
613	571	536	v. u. Z.	8. Zeit		Das lebende Geschöpf mit dem Gesicht eines Menschen
259	211	171	v. u. Z.	9. Zeit		
96	150	195	u. Z.	10. Zeit		
450	510	560	u. Z.	11. Zeit		
804	870	925	u. Z.	12. Zeit		Das lebende Geschöpf mit dem Gesicht eines Adlers
1158	1230	1290	u. Z.	13. Zeit		
1512	1590	1655	u. Z.	14. Zeit		
1866	1950	2020	u. Z.	Zeiten enden		

Die Angaben von Mond und Sonnenjahren sind gerundet wiedergegeben, was eine tatsächliche Abweichung um 0,34 bzw. 0,25 Tagen = Jahren zur Folge hat. Der Beginn des zweiten Siebeners in Sonnenzeiten begann erst im Frühjahr 535 und dessen Ende bis Frühjahr 2021 rückt in 2022 hinein! Der zweite Siebener in Mondzeiten begann erst 612 mit dem Sturz Ninives und endete 1869. Ein Mondjahreszyklus ab 535 endete 1945. Grundlage sind 1) die wiederentdeckte Zeitrechnung in MT-Paraschen ab Adam, 2) die Synchronisierung der Analogien (MT, Sam, LXX, Jub) der Genesis als Zeitrechnung bis zu Jakob in Ägypten sowie eine Paralleltheorie auf Basis der MT-Paraschen Geschichtsschreibung unter Einhaltung aller Sothis-Zyklen!

Joel 2,10-11

> **Joel 2**
> **10** Davor erbebt die Erde, die Himmel zittern. Sonne und Mond haben sich verfinstert, und die Sterne haben ihren Glanz zurückgezogen.
> **11** Und JHWH selbst wird seine Stimme vor seiner Streitmacht her erschallen lassen, denn sein Lager ist sehr zahlreich. Denn er, der sein Wort vollstreckt, ist mächtig, denn der Tag JHWHs ist groß und sehr furchteinflößend, und wer kann ihn aushalten?

10 Jes 13,13; Jer 4,23-24; Hes 38,19-20; Nah 1,5; Joel 3,15 **11** Zep 1,14; Mal 3,2

Die Zeit der Heuschrecken des Joel waren die seiner Zeit und blickten in die der *fernsten Generationen*, die jedoch erst am Ende des zweiten Siebeners in Mondzeiten 1869 hinter dem US-Bürgerkrieg begann, und die bis zum Ende des zweiten Siebeners in Sonnenzeiten 2020/22 anhielt. Der Vergleich mit Reitpferden in 2,4 begegnet in Apk 9,5 wieder, wo Heuschrecken (Apk 9,1-11) 5 Monate lang Qualen verursachen können, was die Dauer auf 153 Jahre begrenzt.

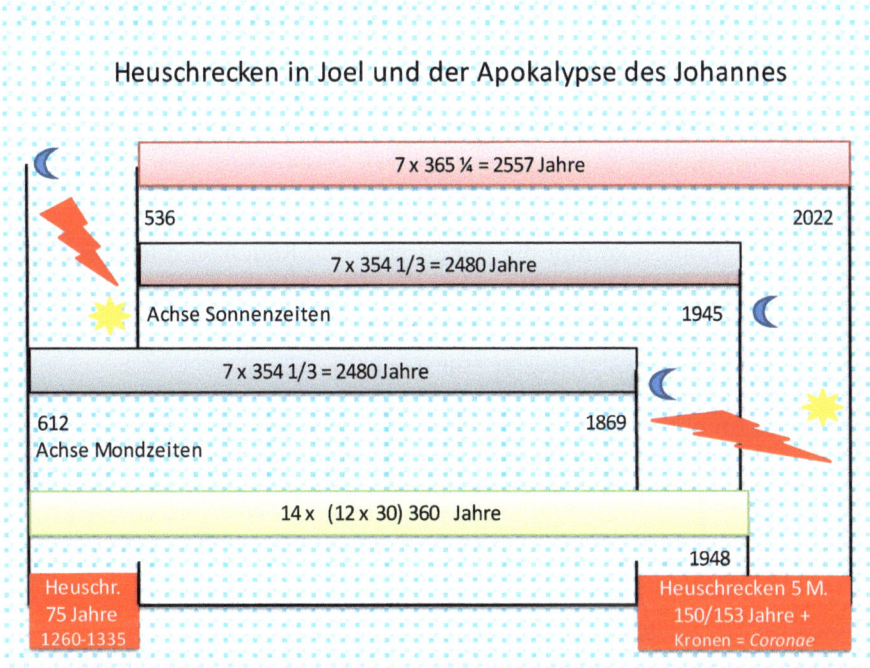

Heuschrecken in Joel und der Apokalypse des Johannes

Die zwölf Abschnitte Baruchs

Baruchs Trauer um Jerusalem steht dem Gericht an der ganzen Welt gegenüber (ApkBar 3,1; 4,1-3; 29,1), das „bis ans Ende aller Zeiten" reicht und in „zwölf Abschnitte" eingeteilt worden ist (ApkBar-Syr 27,1; 28,2). Die Zeitspanne von 12x7 Jahren gleicht als Wochen der Zeit der Flügel in der Adlervision (1932 bis 2016) und läuft auf dasselbe Ende vieler Apokalypsen zu (Dan 12,1-3.13).

In dieser Zeit wird der Messias erscheinen (ApkBar*syr* 29,3) und die Auferstehung der Toten wird folgen (ApkBar*syr* 30). Nach Baruchs Rede an das Volk und seinem Besuch an der Heiligen Stätte (Apk-Bar*syr* 31-35) bekommt er die Vision von der Zeder und dem Weinstock, die vor allem den letzten Regenten der Adler-Vision der Esra-Apokalypse behandelt (ApkBar*syr* 37-40; 4Esr 11-12). Somit berechtigt auch der Kontext (ApkBar) zur Integration der zwölf Abschnitte als Beschreibung für die Epoche der zwölf Flügel (4Esr).

Die zwölf Zeitabschnitte der Baruch-Apokalypse (ApkBar*syr* 27)

(1) Er antwortete mir: Jene Zeit ist in zwölf Abschnitte geteilt und jeder von dieser ist aufgehoben für das für ihn vorgesehene.
1. (2) Im ersten Abschnitt beginnen die Unruhen einzutreten.
2. (3) Im zweiten das Hinschlachten der Großen.
3. (4) Im dritten sinken viele (Menschen) in den Tod.
4. (5) Im vierten Abschnitt wird das Schwert entsandt.
5. (6) Im fünften kommt die Hungersnot und Regen wird festgehalten.
6. (7) In sechsten bebt die Erde,
7. und Spaltungen reißen ein.
8. (9) Im achten Abschnitt sind viele Gespenster und Dämonenzulauf.
9. (10) Im neunten Abschnitt fällt das Feuer herab.
10. (11) Im zehnten (geschehen) Vergewaltigung und große Freveltat.
11. (12) Im elften Abschnitt (geschehen) Unzucht und Exzess.
12. (13) Im zwölften dann: Unordnung und Vermischung von dem, was vorher schon genannt wurde.
(14) Diese Zeitabschnitte werden sich (gegenseitig) erst verweigern, dann aber untereinander vermischt werden und einander helfen.
(15) Denn einige halten etwas von sich zurück und nehmen (dafür) von anderen an. Andere wiederum werden etwas von sich und was von anderen ist, vollstrecken. So sollen die Bewohner dieser Erde in jenen Tagen nicht einmal bemerken, dass das Ende aller Zeiten gekommen ist.

In der ApkBar*syr* fällt der Vers 8 aus und ein „siebenter Abschnitt"
gilt als verloren. Bei der Siebenzahl liegen aber stilistische Gründe
nahe, weshalb oben der zweite Abschnitt in Vers 7 als eigenes Zeichen nachrutscht. Dass die Erde bebt und Spaltungen aufreißen bedeutet nicht zwangsläufig *ein* Zeichen.

Die zwölf Zeitabschnitte (ApkBar*syr* 27) und die zwölf Wochen

1. 1932-1939 Weltwirtschaftskrise
2. 1939-1945 Zweiter Weltkrieg
3. 1945-1953 Atombomben (Japan)
4. 1953-1960 Korea (Krieg)
5. 1960-1967 Rassenunruhen und die Bürgerrechtsbewegung (M.L.King)
   [Kennedy] Befreiungsbestrebung der Dritten Welt
6. 1967-1974 Studentenproteste, Unruhen, Bürgerkriege
7. 1974-1981 Watergate-Affäre (Nixon, Rücktritt im Aug. 1974)
8. 1981-1988 viele Anschläge gegen Politiker
9. 1988-1995 Ethnische Säuberungen (Ruanda/Bosnien/Herzegowina)
10. 1995-2002 Clinton-Lewinsky-Affäre / 9/11 Anschlag auf das WTC
11. 2002-2009 Kriege gegen Schurkenstaaten / IMMO-Krise/Enteignung
12. 2009-2016 Weltfinanzkrise / (V15) Vollstreckung (Osama Bin Laden)

Zwölf Flügel und zwei Nebenflügel in den zwölf Zeitabschnitten

F1. 1929-1933	Herbert Hoover	Weltwirtschaftskrise
F2. 1933-1945	Franklin D. Roosevelt	Zweiter Weltkrieg
	Winston Churchill	
	Josef Stalin	
	Adolf Hitler	
F3. 1945-1953	Harry S. Truman	Atombomben (Japan)
F4. 1953-1961	Dwight D. Eisenhower	Korea (Krieg)
F5. 1961-1963	John F. Kennedy	Cuba-Krise/Ermordung
F6. 1963-1969	Lindon B. Johnson	Vietnam (Luftangriffe)
F7. 1969-1974	Richard Nixon	Watergate-Affäre/Rücktritt
NF. 1974-1977	Gerald Ford	Aufgerückter Vizepräsident
NF. 1977-1981	Jimmy Carter	Schwache Regentschaft
F8. 1981-1989	Ronald Reagan	massive Aufrüstung
F9. 1989-1993	George Busch	Golfkrieg/New World Order
F10. 1993-2001	Bill Clinton	Clinton-Lewinsky-Affäre
F11. 2001-2009	George W. Busch	(9/11) WTC und Pentagon
		Kriege/US-Immobilienkrise
F12. 2009-2016	Barack Obama	Finanzkrise/Abhörskandal/
		Rassendiskriminierung

Die zwölf Gebote des Hirten im Vergleich

Die zwölf Gebote schmiegen sich aus chronologischer Sicht eng an die zwölf Zeitabschnitte des Baruchs (BarApk*syr* 27), was allein der Vergleich der Überschriften zu den zwölf Geboten zeigt.

Die zwölf Gebote (Herm Mand I-XII) im Hirt des Hermas	
Glaube, Gottesfurcht, Enthaltsamkeit	Mand I 1-2
Lauterkeit	Mand II 1-7
Wahrheit	Mand III 1-5
Sexual- und Ehemoral, Bußemöglichkeit/-frist	Mand IV 1,1-4,4
Geduld/Jähzorn	Mand V 1,1-2,8
Glaube	Mand VI 1,1-2,10
Furcht	Mand VII 1-5
Enthaltsamkeit	Mand VIII 1-12
keine Zweifel	Mand IX 1-12
Traurigkeit	Mand X 1,1-3,4
falsche Propheten, Propheten, Vertrauen	Mand XI 1-21
böse und gute Begierde	Mand XII 1,1-6,5

(1) Die Unruhen (der Massen) traten mit dem 1. Flügel Herbert Hoover und der ersten Weltwirtschaftskrise ein, wozu im 1. Gebot passend der Glaube und die Gottesfurcht hervorgehoben werden, aber auch mit der Enthaltsamkeit der Mangel ausgedrückt wird.
(2) Dem Hinschlachten der Großen mit dem 2. Flügel Franklin D. Roosevelt, seiner Verbündeten und deren Gegner wird im Hirten des Hermas im 2. Gebot dazu und für Christen passend die „Lauterkeit" betont, die den Krieg nicht mehr lernt (Neutralität).
(3) Viele Menschen sanken in den Tod, als der 3. Flügel Harry S. Truman zwei Atombomben über japanische Städte zünden lässt. Es traf die Zivilbevölkerung und es wurde sich bis heute nicht entschuldigt. Im Hirten des Hermas erscheint als 3. Gebot die „Wahrheit".
(4) Das Schwert wird entsandt, als der 4. Flügel Dwight D. Eisenhower gegen Korea den Krieg eröffnet, worauf im Hirten des Hermas im 4. Gebot die „Bußefrißt" (nach dem 2. Weltkrieg) abläuft.
(5) Im fünften kommt die Hungersnot und Regen wird festgehalten. Der geistige Hunger der Massen wird nicht gestillt und Bewegungen für Bürgerrechte durch Attentate gegen führende Persönlichkeiten geschickt ausgebremst. Im 5. Gebot sind deshalb passend für Christen die „Geduld" und der Abstand zu „Jähzorn" gefragt.

(6) Im sechsten bebt die Erde, (7?) und Spaltungen reißen ein. Die 1967er sind von Studentenprotesten, Unruhen und Bürgerkriegen geprägt. (7) Nach der Watergate-Affäre und dem Rücktritt des 7. Flügels Richard Nixon sind mit den zwei schwachen Nebenflügeln Gerald Ford und Jimmy Carter deutliche Risse spürbar. Im 6. Gebot wird der „Glaube", im 7. Gebot die „Furcht" betont.

(8) Im achten Abschnitt sind viele Gespenster und Dämonenzulauf. Hier wurden viele Anschläge gegen Politiker verübt, doch der größte Dämon ist die durch den 8. Flügel Ronald Reagan veranlasste schwere atomare Aufrüstung. Der Hirt des Hermas gibt als 8. Gebot die „Enthaltsamkeit" vor, die angesichts des atomaren Wettrüstens und der sich daraus ergebenden Gefahren angemessen erscheint!

(9) Im neunten Abschnitt fällt das Feuer herab. Ethnische Säuberungen verschlingen gleich Feuer vom Himmel Bürger bestimmter Völker ganzer Landstriche. Der 9. Flügel Georg Busch verkündet seine New-World-Order. Im 9. Gebot fordert der Hirt des Hermas dazu auf, „keine Zweifel" aufkommen zu lassen. Das System wird weder durch ethnische Säuberungen noch durch eine vom Adler verordnete Neue-Welt-Ordnung gerecht!

(10) Die „große Freveltat" am Ende im 10. Abschnitt waren die Anschläge vom 11. September 2001, wofür das 10. Gebot, die „Traurigkeit" passend platziert ist. Der übrige Abschnitt der Apokalypse des Baruch enthüllt jedoch auch, dass Vergewaltigung geschieht. Der 10. Flügel Bill Clinton geriet in den Vergewaltigungsvorwurf und es wurde deshalb ein Amtsenthebungsverfahren eingeleitet.

(11) Im 11. Abschnitt bewirkt ein „falscher Prophet" Kriege gegen sogenannte Schurkenstaaten und schürt so den Kampf der Kulturen.

(12) Im 12. Abschnitt ist die „Unordnung und Vermischung" vorher genannter Erscheinungen angesprochen, etwa „von jedem etwas". Die Amtszeit des 12. Flügel Barak Obama ist z. B. von wirtschaftlicher Unruhe, aber auch von schweren Rassenunruhen und einem Spionageskandal (1/5/7) gekennzeichnet. Das 12. Gebot „böse und gute Begierde" betont immerhin richtiges Bestreben z. B. mit dem Iran eine „gute" Vereinbarung zu treffen oder eine Verurteilung der Siedlungspolitik durch die UN (durch Stimmenthaltung) zuzulassen. Die böse Begierde um die Weltherrschaft ist durch die Enthüllungen von Adward Snowden sichtbar geworden. Auch die mangelnde Verurteilung Obamas von Rassismus und Mord durch die Polizei lässt die Machtverhältnisse im Land erkennen. Die christlichen 12 Gebote vom Hirten lassen sich zu den jüdischen Apokalypsen parallel lesen.

Die Zeiten und die ersten Christen[100]

Die Zeit der Lehrtätigkeit Jesu, sein Tod und die Verbreitung der Guten Botschaft sind für die Menschheit von großer Bedeutung. In der synoptischen Apokalypse (Mat 24, Mar 23, Luk 21) sind für die Zeit des Endes auch Mitteilungen aus den Danielbuch verwoben.

Jesus forderte seine Jünger auf, das abscheuliche und verwüstende Ding an Heiliger Stätte mit dem, was Daniel der Prophet darüber gesagt hatte, bewusst in Verbindung zu bringen (Mat 24,15). Nun existieren im Buch Daniel gleich drei Bezugnahmen auf vernichtende Abscheulichkeiten (Dan 9,27; 11,31; 12,11). Die 70 (Jahr)Wochen machen eine zeitliche Fixierung in das 1. Jahrhundert möglich (Dan 9,24). Ein Anklang daran findet sich auch in Dan 8,19. Die beiden anderen Bezugnahmen sind in *einem* Bericht enthalten und handeln von einer Epoche, die auf die Zeit des Endes, die sich noch bis zur bestimmten Zeit verzögert, hinzu läuft (Dan 11,35). Ist es nun legitim, über die Erfüllung im ersten Jahrhundert hinweg eine weitere Anwendung in einer späteren Epoche anzunehmen?

Die drei Berichte lassen sich gut in drei Bereiche einteilen.

Priorität/chronologisch	Matthäus	Markus	Lukas
1. Pseudochrist (pl.) *+ falsche Pro.	24,4-5	13,5-6	21,8*
2. Kriege und Kriegsberichte	24,6	13,7	21,9
3. große Kriege	24,7	13,8	21,10
3. Lebensmittelknappheit	24,7	13,8	21,11
3. Erdbeben *+ Seuchen	24,7	13,8	21,11*
4. Verfolgung	24,9	13,9.11.13	21,12-15.17
5. Verrat / Straucheln	24,10	13,12	21,16
6. falsche Propheten	24,11		
7. Liebe erkaltet	24,12		
8. Rettung durch Ausharren	24,13	13,13	21,17-19
9. Königreichsbotschaft	24,14	13,11	21,15

---

[100] Dieser Artikel wurde zu einer Zeit verfasst, als meine Anschauung streng auf biblische Stoffe gerichtet war, weil die Bewahrung der Bibel selbst als ein Inspirationsmerkmal galt. Allerdings variiert deren Umfang, der zu sehr von Luther bestimmt wurde. In der Geschichte lassen sich zudem politische Einflüsse auf den Kanon beobachten, denn mit Rom als Staatskirche verschwand reichlich apokalyptisches Material aus den Bibelverzeichnissen.

Einzelerläuterungen/Anweisungen

a. abscheuliches Ding	24,15	13,14	21,20
b. Flucht	24,16-20	13,14-18	21,21
c. Drangsal *für Juden bis Zeiten	24,21	13,19	21,22-24
d. Tage verkürzt	24,22	13,20	
e. Pseudochristus falsche Propheten	24,23-26	13,21-23	
f. Kräfte der Himmel + Parusie*	24,27-31*	13,24-27	
**+ Zeichen, Ohnmacht, Furcht			** 21,25-28
g. Essen, Trinken, Sorgen – plötzlich			21,34-36

Bildvergleiche

A. Feigenbaum zuverlässige Nähe	24,32-35	13,28-31	21,29-33
B. Tage Noahs Plötzlichkeit/wachen*	24,36-42		(21,34-36)*
C. Hausherr Dieb	24,43-44	13,32-37**	*
D. Sklave verständig – übelgesinnt	24,45-51	**	
F. zehn Jungfrauen wacht beharrlich	25,1-13	**	
G. Habe übergeben/Abrechnung	25,14-30	**	
H. Scharfe – Böcke	25,31-46		

Hinweise oder Merkmale, die über Zeiten, Abläufe und Zusammenhänge Aufschluss geben:

	Matthäus	Markus	Lukas
1. Tempelzerstörung	24,1-2	13,1-2	21,6
2. Wann? Zeichen/Abschluss *Parusie*	24,3	13,3-4	21,7
3. noch nicht das Ende /nicht gleich*	24,6	13,7	21,9*
4. Ein Anfang der Bedrängnis-Wehen	24,8	13,8	
5. Dann 4. dann 5.-9.	24,9-14		
6. Vor diesen Dingen 4.+5. 8.+9.			21,12
7. dann wird das Ende kommen / bis zum Ende ausharren*	24,14	13,13*	
5. dann ... denn dann	24,16.21	13,14.19	21,20.21*
8. Drangsal / Tage verkürzt bis die Zeiten der Nationen erfüllt*	24,21.22	13,19.20	21,24*
9. sogleich* nach (auch)* ... dann	24,29-31*	13,24-27	21,25-28)*

Aus dem Vergleich ergibt sich ein relativ einheitliches Bild. Matthäus gebraucht die meisten Bildvergleiche und nennt als einziger den griechischen Begriff *parusia* für Anwesenheit bzw. Gegenwart. Er zieht auch einen Vergleich zu den Tagen Noahs und hat als einziger eine Bezugnahme auf die Niederschrift Daniels.

Markus hat die gleiche Betrachtungsweise weniger ausführlich und verbindet das Zeugnisgeben unmittelbar mit Verfolgung.

Lukas stellt die Bedeutung der Bedrückung für die Nation Judäa heraus und nimmt so eine verbindliche Haltung ein. Der Arzt erwähnt als einziger die Seuchen und geht mehr auf die Gemütszustände wie Bedrückung, Ohnmacht oder Sorgen des Lebens ein.

Die größte Gefahr geht von falschen Propheten aus, die Menschen verführen wollen. Kriege und Kriegsberichte kennzeichnen diese unsichere Zeit. Das ist noch nicht das Ende. Gewaltige Kriege, Hunger, Erdbeben und Seuchen sind erst der Anfang der Bedrängnis.

Mit diesen Ereignissen setzt die Verfolgung ein. Verrat und Fall, die Aktivität falscher Propheten, das Erkalten der Liebe, Hass, das Predigen unter Verfolgung und Ausharren fallen in diese Zeit.

Doch gefährlicher als die Verfolgung sind die falschen Propheten. Alle drei Schreiber nennen diese Gefahr zuerst. Lukas nennt sie nur einmal mit einer zusätzlichen Einzelheit. Das Argument, „die bestimmte Zeit hat sich genährt" wird auch von denen gebraucht, die auch sagen „ich bin es". Markus und Matthäus wiederholen diese Warnung und zitieren Jesu Nachdruck mit: „seht euch also vor, ich habe euch alles vorhergesagt" und „siehe, ich habe euch im Voraus gewarnt." Den Hinweis zur chronologischen Einordnung gibt Matthäus. Nur er nennt „viele falsche Propheten" *als Bestandteil* der Drangsal, die über die Christen kommen soll [4. bis 9.].

Diese Bedrängnis der Christen wird von Kriegen und Kriegsberichten begleitet, was die Jünger nicht aus der Fassung bringen soll [1./ 2.].

Die Einzelanweisungen beginnen mit dem abscheulichen Ding und der historischen Flucht der Christen Judäas in die Berge [a. + b.].

Die Beschreibung der Mühsale und der großen Drangsal werden von Lukas als Folge der Erfüllung der Schriften betrachtet. Aus seinem Blickwinkel beschreibt er, dass vor diesen Dingen, d. h. der nationalen Katastrophe u. a. Verfolgung gegen die Christen einsetzen würde. Bis zum Ende des Systems würde das Zeugnis verbreitet und ausgeharrt [c.]. Er schildert damit den dramatischen Untergang der Nation und die vorausgegangene Bedrängnis der Christen unter dem jüdischen System *[6.]*.

Matthäus und Markus verflogen die Worte Jesu mit Blick auf die Jünger. Wie Jesus sagte, muss, wenn das abscheuliche Ding auftritt, auch die Flucht einsetzen. Das Bildbeispiel vom reifen Feigenbaum haben alle drei Schreiber festgehalten. Es veranschaulicht zuverlässig die Nähe [A.]. Im Umfeld sieht man das nicht so. Der Vergleich Jesu mit den Tagen Noahs ist treffend und Lukas nimmt auf die sich daraus ergebende Gefahr Bezug, die wie eine Schlinge werden kann [B.]. Markus betont die Wachsamkeit in Verbindung mit der Verantwortung, über ein Haus zu wachen und andernfalls zur Rechenschaft gezogen zu werden. Die Apostel sind direkt angesprochen, doch „was ich euch sage, sage ich allen: Wacht beständig" – Mar 13,37 [C.]. Das war in gewissem Sinne eine Zusammenfassung der Sachverhalte, die Matthäus in einzelnen Bildvergleichen festhält [B. bis G., wobei C. Umkehrrollen mit sich bringen, die den Sinn treffen].

Als sich das vorausgesagte Zeichen an Heiliger Stätte zeigte, war die Nähe der Bedrängnis ersichtlich. Die Bedrängnis brach 70 über die Nation herein [c.]. Die Jünger Jesu waren zuvor in die Berge geflohen [d.]. Jetzt sollten die besonderen Zeichen seiner Gegenwart auftreten [f.]. Das war aber damals nicht ersichtlich *[9.]*.

Die Bildgleichnisse machten zudem verständlich, dass jetzt eine Zeit der Verantwortung für die geistige Hinterlassenschaft folgt. Wahre und falsche Lehrer, treue und übelgesinnte Sklaven, Jungfrauen mit viel und Jungfrauen mit wenig Öl in ihren Lampen, Sklaven mit vergrabenen und Sklaven mit vermehrten Talenten, wachsame und schläfrige Hüter. Christen warten auf die Parusie Christi (Mat 24,27). Eine Trennung in Scharfe und Böcke ist nicht zu erkennen [H.]. Das Verhalten gegenüber den Brüdern Jesu, die unter den Verfolgungen für den Namen Christi leiden, ist für eine gute Beurteilung wichtig.

Die Bezugnahme auf Daniel sollte uns veranlassen, auch die Abläufe in Verbindung mit dem abscheulichen Ding zu vergleichen. Es handelt sich hierbei um die Geschehnisse in Daniel 11,29-45.

Das alles wirkt wie eine Abhandlung zum Thema: Heiliger Bund. Der Tempel steht für den Gesetzesbund. Die weitere Entwicklung basiert auf denjenigen, der das Gesetz erfüllt hat, Jesus Christus. Doch ist auch der Neue Bund durch Unkraut belagert und so wiederholt sich die Geschichte, d. h. Gerichte durch eine gottfeindliche Nordmacht. Diese Nordmacht spielt bis zu ihrem Ende die dominierende Rolle.

31 Streitkräfte von ihm werden dastehen. Sie werden das Heiligtum, die Feste entweihen und werden das beständige Opfer abschaffen und das widerliche Ding aufstellen. **32** Die sich am Bund schuldig machen, wird er durch glatte Worte zum Abfall verleiten. Aber das Volk, das seinen Gott kennt, wird sich stark erweisen und entsprechend handeln. **33** Die Verständigen des Volkes werden die Vielen unterweisen. Sie werden stürzen durch Schwert und Flamme, Gefangenschaft und Beraubung - eine Zeitlang. **34** Wenn sie stürzen wird ihnen eine kleine Hilfe gegeben, doch viele schließen sich mit Glätte an. **35** Von den Verständigen werden einige stürzen, damit unter ihnen geläutert, geprüft und gereinigt wird bis zur Zeit des Endes, denn es verzögert sich noch bis zur bestimmten Zeit – Dan 11,31-35.

Daniel		Matthäus	Markus	Lukas
11,29	zur bestimmten Zeit	24,3	13,4	21,7
11,30	er wird den Heiligen Bund verfluchen und ... handeln	24,9-12	13,9-13	21,17
11,31	Streitkräfte ... Heiligtum entweihen	24,15	13,14	21,20
11,32	zum Abfall verleiten	24,4-5	13,5-6	21,8
11,32	Volk, das seinen Gott kennt wird sich stark erweisen	24,13 24,32-35	13,13 13,28-31	21,18.19 21,29-33
11,33	Verständige ... unterweisen die Vielen	24,45-47		
11,33	Schwert, Flamme Gefangenschaft, Beraubung	24,17,18 24,10	13,15.16 13,12	21,13 21,16
11,33	kleine Hilfe	24,15-22	13,14-20	21,20-21
11,34	viele schließen sich mit Glätte an	24,23-26	13,21-23	
11,35	von den Verständigen werden einige stürzen	24,48-51 25,1-13 25,24-30	13,36	
11:36	Erfolg, bis die Verfluchung vollendet ist	24,21,22	13,19.20	21,24
11,40	zur Zeit des Endes wird ... er in die Länder eindringen	24,7	13,8	21,10
11,41	viele werden Straucheln	24,21	13,19	21,23
11,45	zu seinem Ende kommen	24,22 24,27-31	13,20 13,24-27	21,25-28

Auswertungen der synoptischen Jesus-Apokalypse

Der obige Abschnitt *Die Zeiten und die frühen Christen* wurde vor über 25 Jahren geschrieben und ist eine rein synoptische Beobachtung. Wie lässt sich die Jesus-Apokalypse in einen Vergleich mit den wichtigsten jüdischen und christlichen Apokalypsen bringen?

Daniel wurde bereits angesprochen und wird als Bibelbuch im hebräischen Kanon akzeptiert, von der Wissenschaft aber spätdatiert.

Die Esra-Apokalypse (4. Esra) aus der der lateinischen Vulgata und weiterer Sprachräume[101] wird von Jesu angesprochen, wenn er sagt:

„Wo der Kadaver ist, da werden die Adler versammelt werden" – Mat 24,28. Einige meinen zur Begründung, der Adler müsse lediglich gegen einen Geier ausgetauscht werden, doch warum sollten sich Jesu Jünger nach einem Standort erkundigen, wo ein Geier Aß frisst?

Die Adler-Vision des Schealtiel[102] hat einen pluralen Adler mit Leib. Luther hat die Esra-Apokalypse nicht mit übersetzt was dazu beitrug, dass sie von der Johannes-Apokalypse verdrängt wurde![103] Die kürzeste Auskunft über diese/n Adler ist in 4. Esra selbst zu finden:

Der Adler, den du vom Meer aufsteigen sahst, ist das vierte Reich, das in einer Vision deinem Bruder Daniel erschienen ist – 4Esr 12,11.

Im dreißigsten Jahre nach dem Untergange der Stadt verweilte ich Salathiel (der auch Esra heißt) in Babel, und als ich einmal auf meinem Bette lag, geriet ich in Bestürzung, und meine Gedanken gingen mir zu Herzen, weil ich Zion verwüstet, Babels Bewohner aber im Überfluß sah – 4Esr 3,1-2 *Gunkel*

Einige Forscher interpretieren daraus das Jahr 100 u. Z., dreißig Jahre nach der Zerstörung Jerusalems durch die Römer und andere

---

[101] Das äthiopische Neue Testament stellt 4. Esra in den Anhang. Auch die Bibel in syrisch, arabisch, aramäisch, armenisch, georgisch überliefern 4Esr.
[102] Schealtiel war ein Sohn Jechonjas (1Chr 3,17-19) und der Onkel von Serubabel (Esr 3,2; Mat 1,12). Er hatte den Beinamen Esra, weshalb seine Apokalypse als 4. Esra (Vulgata) oder als Esra-Apokalypse bekannt wurde.
[103] Die chronologischen Aspekte der Esra-Apokalypse, siehe: Die biblische Chronologie. Umfeld und hinterlegte Zeitrechnung (2015) *Harald Schneider*, Seite 39-85 (Das 4. Buch Esra, ein unterschätzter Zeuge!)

wollen in der Adlervision eine verschlüsselte Geschichtsschreibung auf römische Kaiser bis 215 u. Z. erblicken.

Die Adlervision bezieht sich auf das vierte Tier in Daniels Vision (4Esr 12,11; Dan 7,7-8). Daniel und Schealtiel waren Zeitgenossen, während Juda noch im Exil in Babylon war. Die Esra-Apokalypse als Ganzes ist auch Geschichtsschreibung mit zahlreichen chronologischen Angaben (4Esr 3,1; 5,4; 7,43; 14,11). Selbst die Abweichungen zwischen Überlieferungen verschiedener Sprachräume bestätigen ein gemeinsames Zeitbild vom 30. Jahr nach dem Untergang der Stadt (B.M. 21946) bis zum Tempelaufbau und deren Einweihung.

„Die Visionen der Heiligen" begannen im 1. Jahr Belsarzars. Die Bibel verwendet keine Zeitrechnung nach Nabonid und spricht von ihm nur synonym (Da 7,1; 4,1 u. ö.; 5,18.22).

Im sechsten Jahr Nabonids, des Vaters Belsarzars begannen die 12 Monde (Dan 4,29) der Jahrwoche, in der die 7 Zeiten einsetzten. Die Adlervision wurde kurz nach diesen Ereignissen vor 539 empfangen:

Der zeitliche Abstand war noch relativ jung, denn die Adlervision bekam Esra „in einer zweiten Nacht in einem Traum" – 4Esr 11,1. Dabei handelt es sich wohl um das 2. Jahr in der 5. Jahrwoche, denn zuvor hatte er nach 7. Tagen *Blumen*fasten die Begegnung mit einer trauernden Frau (4Esr 9,27).

Wann soll sich die Adlervision erfüllen?

Dass die Adlervision am Ende oder kurz nach den 7 Zeiten geschaut wurde kann als ein Hinweis gewertet werden, dass der Adler erst am Ende der 7 Zeiten auftritt. Nur müsste dann jede Berechnung *dieser* 7 Zeiten in Jahr-Jahre konsequent 549 anfangen. Für den Beginn der 7 Zeiten ist kein späteres Datum möglich, da das babylonische Reich im Herbst 539 v. u. Z. erobert wurde (Dan 4; 6). Nabonid war 10 Jahre in der Oase Teima in Arabien, wovon er auch 7 Jahre krank war (4Q252). Es kommen deshalb für den Beginn von 7 Jahren Krankheit nur drei Jahre von 550-547 in Betracht. In Teima hatte er seinen Palast der Bauweise gleich dem in Babylon. Wie Keilschriftdokumente belegen, hatte Babylon eine schwere Wirtschaftskrise. Sieben Mondzeiten später begann 1929 die Weltwirtschaftskrise. Sieben Mondzeiten ab 547 endeten 1932. Hier ist nach einem Adler zu suchen, der die ganze Welt in seine Gewalt hält! Wer hatte vor-, durch-, mit- oder nach der Weltwirtschaftskrise 1929 die Fäden in der Hand? Welche Staaten und welche Banken steuerten das Geschick der Zeit? Wer förderte den Aufstieg von Adolf Hitler?

Immer standen enorme Summen von Geld im Hintergrund. Wer verhinderte die Wiederaufbauhilfen der Weltbank an Russland? Hier setzten die starken Krallen eines Adlers an!

Der zweite Flügel hat eine hohe Amtszeit, die sonst von keinem der zwölf Flügel auch nur über seine Hälfte hinweg erreicht würde (4Esr 12,15). Drei Köpfe erscheinen erst in den letzten Tagen und schließen sein Ende ab (4Esr 12,22-25). Zwei Nebenflügel sollen „zur Mitte der Zeit" während der zwölf Könige, vier „dem Ende seiner Zeit entgegen" und zwei „für das Ende" erscheinen und wieder verschwinden (4Esr 12,21).

Der Höchste sah, das seine Zeiten zu Ende und seine Welten vollendet waren – 4Esr 11,44.

Über die zwölf Weltzeiten heißt es: „Denn noch schlimmere Übel, als du sie jetzt geschehen sahst, werden sich ereignen. Je schwächer nämlich die Welt vom Alter wird, desto mehr werden die Übel, die ihre Bewohner treffen. Die Wahrheit entfernt sich noch mehr, und die Lüge nährt sich. Schon eilt der Adler herbei, den du in der Vision gesehen hast" – 4Esr 14,15-17.

Die Überlieferung der Worte Jesu „Wo immer der Kadaver ist, werden auch die Adler versammelt werden", lässt an die Opfer denken (Mat 24,18). Die Frage in Lukas: „Wo, Herr?" und die Antwort „Wo der Leib ist, da werden auch die Adler versammelt werden", lässt eher an einen Leib als Standort für die Adler denken (Luk 17,37). In der Adlervision kommt die Stimme aus der Mitte des Körpers (4Esr 11,10), was vom Engel wie folgt gedeutet wurde:

Die gehörte Stimme, die nicht von den Köpfen, sondern aus seiner Körpermitte ausging, hat eine Begründung: Diesem Reich werden zur Mitte seiner Zeit nicht geringe Konflikte entstehen, und es droht, zu Fall zu kommen. Es wird dann aber nicht stürzen, sondern wieder in seiner Macht gefestigt werden – 4Esr 12,17-18.

Wo bzw. wann war diese Mitte seiner Zeit? Dazu müsste zunächst einmal der Anfang seiner Zeit ermittelt werden. Die USA starteten 1789 mit George Washington als ihren ersten Präsidenten. Während der Amtszeit von Abraham Lincoln von 1861-1865 drohten die USA auseinanderzubrechen, als sich die Föderation der Südstaaten von den Nordstaaten lossagten und ein Bürgerkrieg ausbrach. Wäre diese Krise die Mitte seiner (des Leibes) Zeit gewesen, müsste der Adlerleib weitere 72 Jahre später 1933 vollendet gewesen sein! Was hat es zu bedeuten, dass von dieser Mitte die Stimme an die Flügel ausging? Das beschreibt den ideologischen Ursprung oder die Motivation dieses Adlers. Von hier gingen die Pläne aus, das zu werden was der Adler heute als Ganzes verkörpert.

War die Frage „wo, Herr?" und die Antwort „Wo der Leib ist …" (Luk 17,37) ein Hinweis auf einen fernen Standort für die Adler? Die Standortfrage wurde auf den Leib verwiesen. Einziges Erkennungsmerkmal dieses Leibes ist eine Krise zur Mitte deren Zeit (4Esr 11,10; 12,17.18). Ein Verständnis der Vision war insofern auch den Generationen vor 1933 verschlossen!

Zwölf Flügel und zwei Nebenflügel in den zwölf Zeitabschnitten

F1. 1929-1933 Herbert Hoover	Weltwirtschaftskrise
F2. 1933-1945 Franklin D. Roosevelt	Zweiter Weltkrieg
Winston Churchill	
Josef Stalin	
Adolf Hitler	
F3. 1945-1953 Harry S. Truman	Atombomben (Japan)
F4. 1953-1961 Dwight D. Eisenhower	Korea (Krieg)
F5. 1961-1963 John F. Kennedy	Cuba-Krise/Ermordung
F6. 1963-1969 Lindon B. Johnson	Vietnam (Luftangriffe)
F7. 1969-1974 Richard Nixon	Watergate-Affäre/Rücktritt
NF. 1974-1977 Gerald Ford	Aufgerückter Vizepräsident
NF. 1977-1981 Jimmy Carter	Schwache Regentschaft
F8. 1981-1989 Ronald Reagan	massive Aufrüstung
F9. 1989-1993 George Busch	Golfkrieg/New World Order
F10. 1993-2001 Bill Clinton	Clinton-Lewinsky-Affäre
F11. 2001-2009 Georg W. Busch	(9/11) WTC und Pentagon
	Kriege/US-Immobilienkrise
F12. 2009-2016 Barack Obama	Finanzkrise/Abhörskandal/
	Rassendiskriminierung

---

22 Danach waren zwölf Flügel und zwei Unterflügel verschwunden **23** und am Körper des Adlers blieb nichts übrig, ausgenommen sechs Unterflügel. **24** Von den sechs Unterflügel sonderten sich zwei ab, gingen hin und blieben bei dem Kopf, der auf der rechten Seite war; die vier jedoch blieben an ihrem Platz. **25** Diese Unterflügel gedachten, sich zu erheben und die Herrschaft zu führen. **26** Der Erste erhob sich, verschwand aber sofort; **27** so auch der Zweite, er verschwand noch schneller als der Erste. **28** Die Zwei, die von ihnen noch übrig waren, gedachten ebenso zu herrschen. **29** Während sie aber gedachten erwachte einer der ruhenden Köpfe, es war der mittlere, der größer war als die beiden Köpfe. **30** Ich sah, wie er die beiden

Köpfe miteinander vereinigte. **31** Der Kopf wandte sich mit denen um, die bei ihm waren und verschlang die zwei Nebenflügel, die zu herrschen gedachten. **32** Dieser Kopf hielt die ganze Erde in seiner Gewalt, unterdrückte ihre Bewohner mit großer Bedrängnis und führte eine Gewaltherrschaft über die Erde mehr als alle Flügel zuvor. – 4Esr 11,22-32

Nach diesen 12 Flügeln und 2 Nebenflügeln erwachte der mittlere Kopf des Adlers, Donald Trump.

Dieser Kopf sucht die Entwicklung zweier Nebenflügel, die selbst zu herrschen gedenken, zu verhindern. Wenn sich zwei Unterflügel absondern, zwei Unterflügel erheben und zwei Unterflügel zu herrschen gedenken, erwacht der mittlere Kopf und verschlingt mit seinen Helfern die zwei zu herrschen gedenkenden Unterflügel.

40 Als Viertes hast du alle vorigen Tiere besiegt, die Schreckensherrschaft über die Welt geführt und die Erde lange Zeit mit deiner Hinterlist gequält, **41** und die Erde nicht mit Wahrheit gerichtet. **42** Du hast Sanfte gequält, Ruhige verletzt, Aufrichtige gehasst und Lügner geliebt. Fruchtbringenden hast du die Häuser zerstört und die Mauern derer, die dir nichts Böses taten, eingerissen. **43** Deine Schmähung stieg zum Höchsten auf und dein Hochmut zum Gewaltigen. **44** Der Höchste sah, das seine Zeiten zu Ende und seine Welten vollendet waren. **45** Adler, du musst verschwinden, deine furchtbaren Flügel, deine elenden Nebenflügel, deine bösen Köpfe, deine schlimmen Krallen und dein ganzer verruchter Körper, **46** damit sich die Erde erholt und befreit von deiner Gewalt zur Ruhe kommt um auf das Gericht und das Erbarmen ihres Schöpfers zu warten – 4Esr 11,37-46

Der leuchtende Blitz in Mat 24,27 wird in der **Wasser-Vision** der syr Baruch-Apokalypse behandelt (ApkBar 53,1-12; 68,1-70,10).

Das Gleichnis vom **Feigenbaum** wird in der Petrus-Apokalypse behandelt. Jesus belehrte Petrus ausführlich über die neuen Triebe.

Im Kontext ging es um die Parusie (ApkPet*äth* 1), und Petrus fragt Jesus nach der Bedeutung des Gleichnisses vom Feigenbaum, denn Jesus sagte, dass bei seinem Sprossen „das Ende der Welt" käme. Seine Antwort war unmissverständlich: Der Feigenbaum ist das Haus Israels, dem während der *Parusie* wieder Triebe in Form von *„lügnerischen Messiasse"* (pl) sprossen werden. Wegen der *„Bosheit seines Tuns"* (sg) wenden sie sich von Jesus ab hinter ihnen her.

Deshalb ist es jetzt angebracht, auch weitere Merkmale und Einzelheiten der überlieferten Worte Jesu, auch die seiner Endzeitprophezeiungen, in einen Vergleich mit dem bereits gewonnenen Gut zu bringen und auszuwerten!

In christlichen Kreisen wurden falsche Propheten in erster Linie als religiöse Führer aufgefasst, doch Vorsicht! Diese Verführer schlüpfen nur in die Rolle des Propheten. Ein Prophet spricht stellvertretend für Gott, was der Pseudoprophet nur vorgibt. Falsche Christusse hingegen sind politische Größen, die sich religiös darstellen.

Und dann wird der Weltverführer erscheinen als „Sohn Gottes" und Zeichen und Wunder tun, und die Erde wird in seine Hände gegeben werden, und er wird Freveltaten tun, wie sie noch nicht geschehen sind seit Ewigkeit.[104]

Mar 13,37: Auf ein Haus aufzupassen, d. h. ein geistiges Gut durch Wachsamkeit zu bewahren umschloss für die frühen Christen auch die Bewahrung der Worte Jesu und der Schriften, auf die sich Jesus bezog. Das Evangelium in Form von vier Evangelien mag diesem Bedürfnis noch nachgekommen sein. Die angesprochenen jüdischen Apokalypsen wurden noch viele Jahrhunderte weitergegeben, überstanden aber später teils nur knapp dem völligen Vergessen. Den Wiederentdeckungen kommt deshalb besondere Bedeutung zu! Gleiches gilt für die Apokalypsen und Schriften im frühchristlichen Kanon. Wach bleiben kann nicht delegiert werden!

Es hat sich herausgestellt, dass verschiedene jüdische und christliche Apokalypsen vor demselben Gegenspieler Gottes warnen, die als Gottes Sohn, lügnerische Messiasse, falsche Propheten auftreten. Wie schon beim falschen Propheten der Johannes-Apokalypse handelt es sich um eine politische Größe! Dass die Worte Jesus auch für die Krise vor 70 nützlich angelegt sind stellt deren Gültigkeit für heute nicht infrage. Müssen Christen heute in die Berge fliehen? Oder müssen vielleicht Gläubige anderer Länder ihre Städte verlassen, um in Sicherheit zu sein? Ein nuklearer Holocaust macht ein solches Szenario denkbar! Besteht ein Zusammenhang zum Babylon der Neuzeit, das von Gottes Volk verlassen werden soll, um ihren Plagen zu entgehen? Judäa sollte fluchtartig verlassen werden. Die Gefahr besteht im übermäßigen Konsum, der zu einem Gefühl der Sicherheit verleitet, wo keine Sicherheit mehr zu erwarten ist! Gott wird die verderben, die die Erde verderben (Apk 11,18). Das Tosen des Meeres, seine Brandung und die Ohnmacht der Menschen wegen der Erschütterungen der Himmel (Winde) stehen als bittere Erwartung bevor (Luk 21,25.26). Nach dieser Bedrängnis kommt die Offenbarung der Söhne Gottes (Mat 25,31-46).

---

[104] KAV 1 Kurt Niederwimmer: *Didache*; Seite 260f, Did 16,6

Maleachi 3,22-24 [4,4-6]

> **Mal 3**
> **22** Denkt an das Gesetz Mose, meines Knechtes, mit dem ich ihm am Horeb für ganz Israel Bestimmungen und Rechtsentscheidungen geboten habe.
> **23** Siehe! Ich sende euch Elia, den Propheten, bevor der große und gefürchtete Tag JHWHs kommt.
> **24** Und er soll das Herz der Väter wieder den Söhnen zuwenden und das Herz der Söhne wieder den Vätern, damit ich, wenn ich komme, die Erde nicht mit dem Vernichtungsbann schlagen muss.

23 Joel 2,11.31[3,4] **24** Sir 48,10f; Mar 9,11-13; Luk 1,17

Die Schlussverse verlassen den Dialogstil, halten aber die Sprechersicht wie in 3,19-21 bei. 3,22 Der Bezug auf Moses, dem das Gesetz gegeben wurde, erscheint den bisherigen Stoffen übergeordnet und zielt auf personaler Ebene auf den Empfänger des Gesetzes, auf Moses. Ganz Israel folgte den Satzungen und Rechtsentscheidungen durch Moses. Der prophetische Schlussteil spricht als Volk allein die Anhänger der am Horeb entstandenen und durch Moses vermittelten Religion an. 3,23 Mit einer neuen Eröffnung wird der bisher nicht angesprochene Prophet Elia als ein gesandter Vorläufer zum angekündigten Tag JHWHs angesprochen. Hier ist nicht etwa die Auferstehung eines im Feuerwagen entrückten Propheten, sondern das Feuer des Propheten angesprochen! Dieses diente nämlich dazu, das Volk zur Anbetung JHWHs zu vereinigen (1 Kö 18,36-39). 3,24 Das Ziel, Väter wieder mit Söhnen zu vereinigen, überwindet die Kluft zwischen einer (wie damals) wieder ins Leben gekommenen Gemeinde in (Juda) Israel, d. h. den Vätern, und den (wie damals im Perserreich) heute in der ganzen Welt zerstreuten Israels (Juden), d. h. den Söhnen.

Den Hintergrund bildet nicht etwa ein Generationskonflikt, sondern die Entfremdung zwischen der Herrschaft der Väter und der Herrschaft der Söhne! Letztere sind wissenschaftlich noch unerforscht, da schon der Beginn der Herrschaft der Söhne durch die historische Esther/Hadassa ins Reich der Märchen verbannt wird. Dabei existiert eine historische Atossa, die mittels eines neuen Gesetzes Kambyses zweite Frau und Königin werden konnte. Alle Einzelheiten im Buch Esther lassen sich historisch problemlos während der Herrschaft Kyros c/o Kambyses aufklären! Esther steht aus zwei Gründen am Anfang der Herrschaft der Söhne: 1. Sie stand später dem Harem vor. 2. Sie hatte mit Darius einen Sohn, dem sie auf dem Thron verhalf.

Die prophetischen Worte in 3,24 können erst vor dem historischen Hintergrund vom „Herz der Söhne" und vom „Herz der Väter" gelöst werden! Ähnlich wie Moses ein Religionsbringer 3,22 und Elia ein Feuerbringer 3,23 war, so ist in 3,24 mit Elia ein Herzensbringer ausgelöst worden, eine Funktionalität zwischen zwei zuvor einander abgewandten-, aber doch in Verwandtschaft stehenden Parteien.

Es muss ferner der Zusammenhang zum angesprochenen großen Tag JHWHs in Joel hergestellt werden. Des Weiteren ist der Zweck der Herzenszuwendung, nämlich die Abwendung eines (Vernichtungs-)Banns, anzusprechen und die Verbindung zum Kontext herzustellen. Alle Personen, Gruppen und Funktionen sind auf Gott gerichtet und von ihren Ursprüngen her bis in unsere Gegenwart hinein aufzuklären.

Beginnen wir mit den Vätern und Söhnen. Söhne stammen von den Vätern ab. Dies gilt auch zwischen Gott als dem Vater und seinen Nachkommen, die er in seinem Bild hervorbrachte (Gen 2,7f). Wer das verneint, hat schon hier ein Verständnisproblem, denn Gottes Ansprüche gegenüber der Menschheit beruhen auf dem Vater-Sohn-Verhältnis, dass durch die Sünde aus dem Gleichgewicht kam (3,1f). Dabei ist es nicht entscheidend, ob die Sünde den Verlust des ewigen Lebens (Inhaber) oder eine mangelnde Qualifizierung zum ewigen Leben (kein Lebensbaum) bedeutet (3,22). Adam und Eva, zuerst in einem Garten geschützt, mussten Überlebensstrategien entwickeln, Nachkommen hervorbringen und ihr Wissen weitergeben (Geschichtsschreibung eingeschlossen), während das Vater-Sohn-Verhältnis gestört war. Es gab bereits einen Vernichtungsschlag wegen der Engel (6,2.3.6). Die Herrschaft der Söhne nach der Flut fand bei Abraham eine Zuwendung Gottes (15,1-4), die durch den Auszug aus Ägypten und durch das Gesetz des Moses bestätigt wurde.

Dieses Verhältnis ist am Tag JHWHs für die angesprochene Gruppe entscheidend und wäre gefährdet, wenn nicht Elia vor diesem Tag gesandt würde, um die Ebene „Herz der Väter" und „Herz der Söhne" wiederherzustellen (Mal 3,22-24[4,4-6]). Die Person Moses im Text ist als Religionsgründer hinreichend begründet und die Gruppe hat dadurch eine feste Zugehörigkeit im Vater-Sohn-Verhältnis. Anders als in 3,22 ist bei Elia, den Propheten in 3,23-24 nicht die Person, sondern deren Sendung zur Vermittlung und Abwendung im Vordergrund. Sein Erscheinen durch Feuer eröffnet die Gründung des Staates Israels, womit ein Vater seinem Sohn seine Versprechen erfüllt.

Die Begründung für den Staat Israel erfolgt an anderer Stelle.[105]

Zunächst ist die Identität der Väter und Söhne aufzuklären, die sich durch die Sendung Elias einander zuwenden würden. Oben wurde kurz angerissen, dass es sich um die Entfremdung zwischen der Herrschaft der Väter und der Herrschaft der Söhne handelt. Wegen der lückenhaften wissenschaftlichen Situation müssen diese Söhne quasi erst erschlossen werden. Am Anfang der Herrschaft der Söhne steht die historische Person Esther/Hadassa und es ist schwer einzusehen, warum nicht schon längst eine Identifizierung mit Atossa, der zweiten Frau des Kambyses als Königin stattgefunden hat!

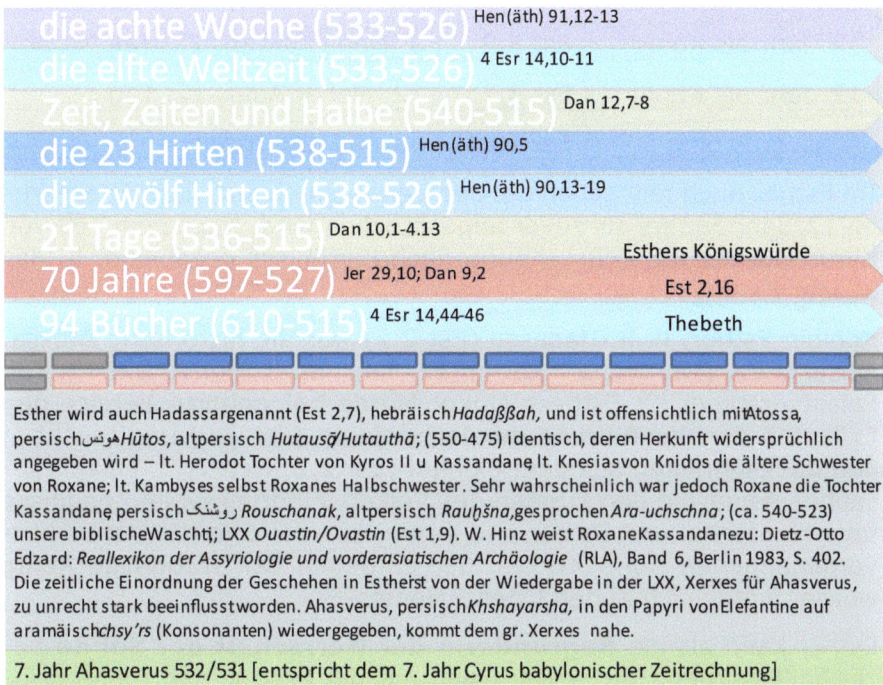

Esther wird auch Hadassa genannt (Est 2,7), hebräisch *Hadaßßah,* und ist offensichtlich mit Atossa, persisch هوتس *Hūtos*, altpersisch *Hutausā/Hutauthā*; (550-475) identisch, deren Herkunft widersprüchlich angegeben wird – lt. Herodot Tochter von Kyros II u Kassandane lt. Knesias von Knidos die ältere Schwester von Roxane; lt. Kambyses selbst Roxanes Halbschwester. Sehr wahrscheinlich war jedoch Roxane die Tochter Kassandane persisch روشنک *Rouschanak,* altpersisch *Rauḫšna,* gesprochen *Ara-uchschna*; (ca. 540-523) unsere biblische Waschti; LXX *Ouastin/Ovastin* (Est 1,9). W. Hinz weist Roxane Kassandane zu: Dietz-Otto Edzard: *Reallexikon der Assyriologie und vorderasiatischen Archäologie* (RLA), Band 6, Berlin 1983, S. 402. Die zeitliche Einordnung der Geschehen in Esther ist von der Wiedergabe in der LXX, Xerxes für Ahasverus, zu unrecht stark beeinflusst worden. Ahasverus, persisch *Khshayarsha*, in den Papyri von Elefantine auf aramäisch *chsy'rs* (Konsonanten) wiedergegeben, kommt dem gr. Xerxes nahe.

7. Jahr Ahasverus 532/531 [entspricht dem 7. Jahr Cyrus babylonischer Zeitrechnung]

Kyros übernahm in Personalunion mit seinem Sohn Kambyses 539 das neubabylonische Reiches und regierte 9 Jahre mit seinem Vater gemeinsam und 7 weitere Jahre, d. h. er war 17 Jahre lang König.

---

[105] Harald Schneider: *Das Zwölf-Propheten-Buch*; 2023: Maleachi [Die Sendung Elias als Feuer des Zweiten Weltkrieges]. Zum chronologischen Hintergrund der abgelaufenen sieben Mondzeiten in Maleachi [Ein Wahrzeichen in den Himmel setzen].

Dem gegenüber setzt das Esther Buch über 12 Jahre Herrschaft und eine unbestimmte Zeit für eine Machtausdehnung (Feldzug) voraus.

Ahasverus Regierung bzw. Jahre als König

Kyros 1. Jahr	Esr 2,1-2	Erlass zur Rückkehr Judas
Ahasverus 1. Jahr	Esr 4,6	zu Beginn seiner Regierung
Ahasverus 3. Jahr	Est 1,3	seiner Regierung
Ahasverus 7. Jahr	Est 2,16	seiner Regierung
12. Jahr als König	Est 3,7	1. Monat Nisan
12. Jahr als König	Est 8,9	3. Monat Siwan, 23. Tag
12. Jahr als König	Est 3,13	12. Monat Adar, 12. Tag
Ahasverus ging …	Est 10,1	… Land und Inseln

Im Esther Buch fällt schon bei den Zeitangaben auf, dass Ahasverus im 12. Jahr anders als zuvor angesprochen wird. Nach dem Tod von Kyros wurden die Zeitrechnung nach Kambyses gezählt, d. h. das 3. Jahr Kambyses war bereits sein 12. Jahr als König.

Königin Esther, d. h. Hadassa (Est 2,7) war die historische Atossa. Musêzib-Bai [Mordechai] war im 12. Jahr, im 8. Monat, am 17. Tag Palastvorsteher.[106] Esthers Onkel Mordechai gehörte bereits den Exilanten der Wegführung mit Jechonja an (Est 2,6) und taucht in den Rückkehrlisten aus dem Exil auf (Esr 2,2; Neh 7,7). Flavius Josephus nennt ihn den Fürsten des Volkes. Eindrucksvolle Zeugnisse über Mordechai und Esther und ihrem, aus der Ehe mit Darius hervorgegangenen Sohn Xerxes, der entgegen der Thronfolge König wurde, finden sich in den Oden Salomos.[107]

Esther kann als die **Begründerin der Herrschaft der Söhne** bezeichnet werden. Sacharjas Vision mit der Frau in der Tonne zeigt den geographischen Wechsel der Herrschaft nach Babylonien an, um dort einen würdigen Platz einzunehmen (Sach 5,6-11). Damit spielt die Vision auf ihren Einfluss auf das persische Königshaus an, wie es

---

[106] RLA Erich Ebeling: *Reallexikon der Assyriologie und Vorderasiatischen Archäologie. Bd. 1*; Seite 426
[107] Harald Schneider: *Die biblische Chronologie. Umfeld und hinterlegte Zeitrechnung*; 2020, Seite 101-132

über die Königin Esther und durch andere jüdische Frauen des Königsharems zum Ausdruck kam. „Anstelle deiner Väter werden deine Söhne … zu Fürsten über die Erde gesetzt" – Ps 45,16. Dieser Psalm beschreibt die Einsetzung eines Königs (wahrscheinlich Salomo) und sein Harem. *„Es werden* dem König Jungfrauen überbracht *werden,* ihr nachfolgend, die ihr Nahestehenden werden dir *überbracht werden"* – Ps^LXX-D 44,15. Atossa stand dem Harem unter Darius vor. Die Anspielung auf eine Sie durchzieht auch die Oden Salomos, die nach ersten Beobachtungen die Zeit von 539-479 beschreiben und zusammen mit den Psalmen Salomos Chronologie gespiegelt abbilden, sodass kaum mehr ein Raum für Zweifel zurückbleibt. Im Sog einer allgemein üblichen Spätdatierung wird der geschichtliche Gehalt der 1909 wiederentdeckten Bibelschrift leider bis heute verkannt.

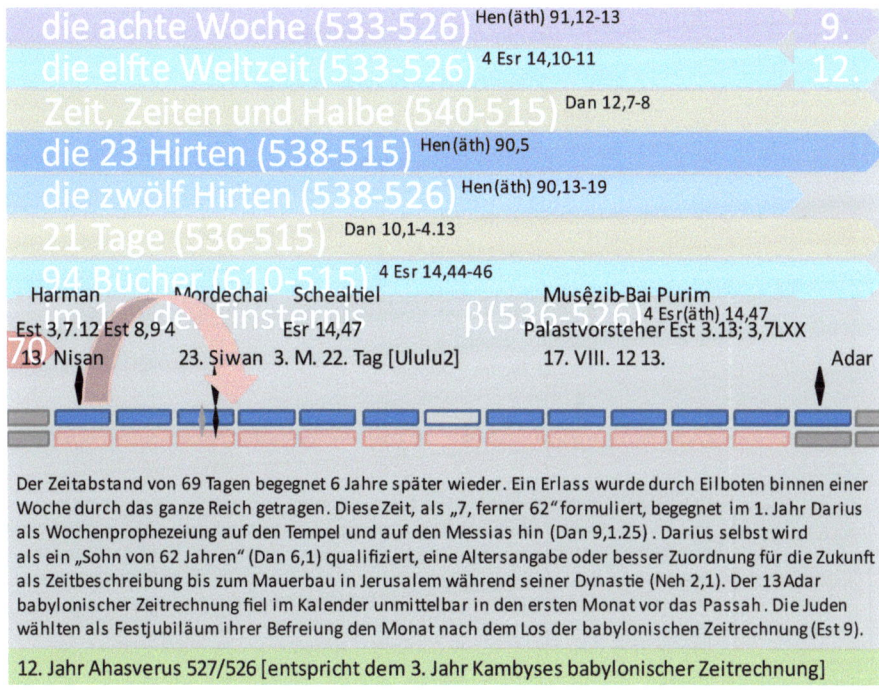

Der Zeitabstand von 69 Tagen begegnet 6 Jahre später wieder. Ein Erlass wurde durch Eilboten binnen einer Woche durch das ganze Reich getragen. Diese Zeit, als „7, ferner 62" formuliert, begegnet im 1. Jahr Darius als Wochenprophezeiung auf den Tempel und auf den Messias hin (Dan 9,1.25). Darius selbst wird als ein „Sohn von 62 Jahren" (Dan 6,1) qualifiziert, eine Altersangabe oder besser Zuordnung für die Zukunft als Zeitbeschreibung bis zum Mauerbau in Jerusalem während seiner Dynastie (Neh 2,1). Der 13 Adar babylonischer Zeitrechnung fiel im Kalender unmittelbar in den ersten Monat vor das Passah. Die Juden wählten als Festjubiläum ihrer Befreiung den Monat nach dem Los der babylonischen Zeitrechnung (Est 9).

12. Jahr Ahasverus 527/526 [entspricht dem 3. Jahr Kambyses babylonischer Zeitrechnung]

Der eigentliche Einfluss der Söhne ist verständlicherweise Nachgelagert. Es gilt zunächst einmal den Umstand zu erfassen, dass das historische Geschehen im Esther Buch (und den Psalmen Salomos) **vor der Rückkehr der Exilanten** nach Judäa geschah. Die Motive für eine vereinfachte Geschichtsdarstellung bei Esra/Nehemia, aber auch im Daniel Buch sind leicht nachzuvollziehen. Es war die Rettung durch eine Frau und die Verwindung einer Verzögerung durch zwei abgefallene Führer![108]

In der Grafik ist ein Balken für 21 Tage = Jahre für Dan 10 eingetragen, wo im 3. Jahr des Kyros von einem ungewöhnlichen Kriegsdienst der Engel berichtet wird (10,1). Vom 1. Tag (10,12a) seines dreiwöchigen Fastens (10,2) vom 3.-24. Nisan (Passah übergangen 10,3) sind im gleichen Zeitmuster die 21 Tage Widerstand angelegt (10,13), die in Jahren zur Tempelfertigstellung 515 führen. Diese Kommunikationsstruktur ist in der Apokalyptik weit verbreitet. Mit Dan 10 wird die Einflussnahme über Darius (11,1, der 3. Führer) bis zu Xerxes „Herrschaft der Söhne" (11,2, der 4. Führer) reflektiert.

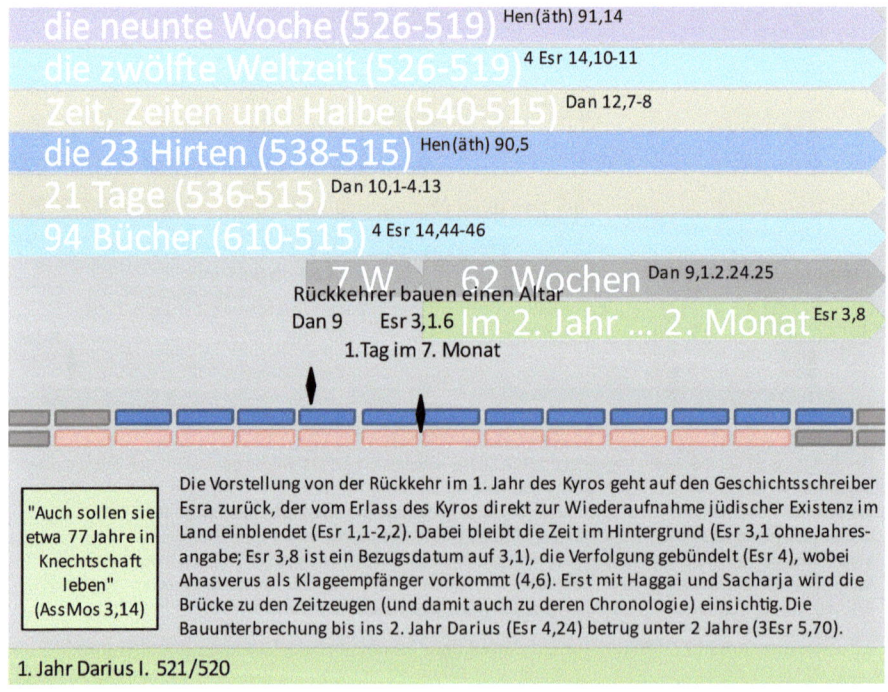

Die Vorstellung von der Rückkehr im 1. Jahr des Kyros geht auf den Geschichtsschreiber Esra zurück, der vom Erlass des Kyros direkt zur Wiederaufnahme jüdischer Existenz im Land einblendet (Esr 1,1-2,2). Dabei bleibt die Zeit im Hintergrund (Esr 3,1 ohne Jahresangabe; Esr 3,8 ist ein Bezugsdatum auf 3,1), die Verfolgung gebündelt (Esr 4), wobei Ahasverus als Klageempfänger vorkommt (4,6). Erst mit Haggai und Sacharja wird die Brücke zu den Zeitzeugen (und damit auch zu deren Chronologie) einsichtig. Die Bauunterbrechung bis ins 2. Jahr Darius (Esr 4,24) betrug unter 2 Jahre (3Esr 5,70).

"Auch sollen sie etwa 77 Jahre in Knechtschaft leben" (Ass Mos 3,14)

1. Jahr Darius I. 521/520

---

[108] Harald Schneider: *Das Zwölf-Propheten-Buch*; 2023: siehe Hag 2,6-9 [Die Chronologie ab dem Buch Baruch] sowie [Die Zeitenwende in Hag 2,10.19 und Hag 2,20-23].

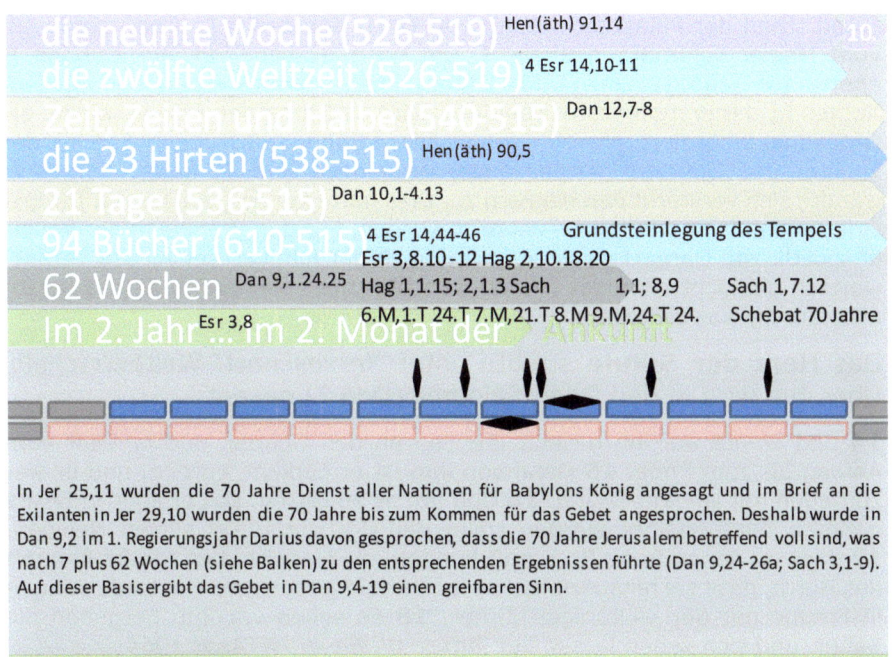

In Jer 25,11 wurden die 70 Jahre Dienst aller Nationen für Babylons König angesagt und im Brief an die Exilanten in Jer 29,10 wurden die 70 Jahre bis zum Kommen für das Gebet angesprochen. Deshalb wurde in Dan 9,2 im 1. Regierungsjahr Darius davon gesprochen, dass die 70 Jahre Jerusalem betreffend voll sind, was nach 7 plus 62 Wochen (siehe Balken) zu den entsprechenden Ergebnissen führte (Dan 9,24-26a; Sach 3,1-9). Auf dieser Basis ergibt das Gebet in Dan 9,4-19 einen greifbaren Sinn.

2. Jahr Darius I. 520/519

Das **Herz der Väter** ist untrennbar mit dem Land verbunden, das Abraham versprochen wurde (Gen 12,1-3). Mit den Exilrückkehrern fing das Herz der Väter wieder an zu pochen. Dem kleinen Anfang gingen das nicht eingehaltene Versprechen des Kyros, die drohende Ausrottung der Juden durch seinen Sohn Kambyses und die Rettung durch eine Frau vorweg. Erst Darius Machtergreifung vollendete die Worte in Jes 45,1-6 auch zum Vorteil für Jakob. Das alles musste Verwunden werden! Auch Königin Esther musste harte Krisenjahre überstehen, bis sie als Frau des Darius ihren Einfluss durchsetzen konnte und ihrem Sohn Xerxes auf dem Thron verhalf. Sie stand dem Harem vor und festigte durch Frauen aus ihrem Volk die Herrschaft der Söhne am Königshof (Ps 45,9-11.14-16).

Atossa wurde als (Adoptiv)Tochter des Kyros für seinen Sohn als Prinzessin legitimiert und wurde so die Halbschwester von Roxane.

Sie war zunächst mit ihrem Halbbruder Kambyses II. verheiratet. Geschwisterehen, bereits im Reich Elam üblich, von den Persern übernommen, sollten die Abstammung reinhalten und wurden deswegen von den Griechen verspottet. Sie galt als die gebildetste Frau am Hofe - sie konnte schreiben

212

- und stand der Palastverwaltung vor. Nach Kambyses II. Tod, wurde sie vom Magier Gaumata geehelicht, um nach dessen Tod von Dareios I. ebenso zur Hauptgemahlin und Vorsteherin des Harems ernannt zu werden. Xerxes I., der erstgeborene Sohn des Dareios I. und der Atossa, wurde als Großkönig protegiert, obwohl Dareios ältere Söhne aus früherer Ehe mit der Tochter des Gobryas (Artobazanes, Ariabignes und ?) hatte. Xerxes I. wandte sich verstärkt den Magiern zu. Dies hatte zur Folge, dass die Tempel Griechenlands und Babylons zerstört wurden. Für den Wandel in der Religionspolitik von Dareios zu Xerxes wird auch der Einfluss der Atossa verantwortlich gemacht. Herodot (VII,3) berichtet über sie: „denn Atossa setzte alles durch, was sie wollte."[109]

Das **Herz der Söhne** strebte unter Xerxes nach Weltherrschaft. Über ihm wird in den Oden Salomos (Ode 7) gesagt:

14 und er hat auf ihn gesetzt die Spuren des Lichtes, und er läuft vom Anfang bis zum Ende. **15** Denn von ihm ist er bedient worden, und er war zufrieden mit seinem Sohne. **16** Und um es zu retten, soll er alles in Besitz nehmen, und erkannt werden sollte der Höchste unter seinen Heiligen, **17** dass sie denen frohe Botschaft künden, die Lieder haben für die Ankunft des Herrn, dass sie hinausziehen sollen ihm entgegen und ihm Lieder singen in Freude mit der vieltönigen Zither. **18** Es sollen vor ihm hergehen die Seher, und sich sehen lassen vor ihm. – *W. Bauer, NTApo³ 1964*

Xerxes ist als Mitregent durch Ausgrabungen bestätigt, „denn von ihm ist er bedient worden, und er war zufrieden mit seinem Sohne. Und um es (das Reich) zu retten, soll er alles in Besitz nehmen …" W. Bauer[110], der in Ode 7 „Die Menschwerdung des Herrn" sah, bemerkt zu den Sehern in Vers 18:

Die Rolle, welche der feierlichen Prozession dem Herrn entgegen den Sängern und Zitherspielern zufällt, ist deutlich. Aber was sollen die Seher, die nur hier in den Oden vorkommen? Ihre über das Preisen hinausgehende Aufgabe besteht darin, „sich vor dem Herrn sehen zu lassen", was doch offenbar der Rest der feiernden Gemeinde ganz ebenso tut, wie nicht minder das Preisen. Und gleich darauf lautet es in **V. 19**: „(der Herr) ist nahe und sieht." In allen drei Fällen handelt es sich um das gleiche syrische Wort. Die an der ersten Stelle sich findende Form bezeichnet entweder jemanden, der etwas sieht, etwa die Augenzeugen Luk 1, 2, oder den Seher-Propheten, z. B. 1. Sam 9,9.

Diese Seher waren Magier, der Nachrichtendienst des Xerxes I., mit denen er seine Macht festigen wollte.

---

[109] Wikipedia: Atossa
[110] NTApo³ Bd. 2, W. Bauer: *Die Oden Salomos*; 1964, Seite 585

Doch warum spricht Mal 3,24 von der Notwendigkeit der gegenseitigen Zuwendung der Väter und Söhne?

Von den Söhnen hatten die Väter relativ wenig. Im Todesjahr von
Atossa ist ein Besuch Esras eingetragen (Esr 7,8; 10,9; 1Es 8,6).
Da ist der Mauerbau unter Nehemia zu nennen (Neh 1,1; 2,1; 6,15),
bis wohin 7 + 62 Jahre vergingen! Die Zuwendung eines Sohnes
nach 7 + 62 Jahrwochen steht in anderem Kontext.

Begreift man die Söhne als eine Gruppe von Juden am persischen
Hof, hätten Esther und Mordechai einiges für die Väter getan:

Die Chronologie hinter den OdSal *in Fortsetzung der PsSal*

521-520 OdSal 1)	520-519 (OdSal 2)	519-518 OdSal 3	518-517 OdSal 4	517-516 OdSal 5	516-515 OdSal 6
515-514 OdSal 7	514-513 OdSal 8	513-512 OdSal 9	512-511 OdSal 10	511-510 OdSal 11	510-509 OdSal 12
509-508 OdSal 13	508-507 OdSal 14	507-506 OdSal 15	506-505 OdSal 16	505-504 OdSal 17	504-503 OdSal 18

Die Tempel-Oden 4 und 6 treffen historisch apodiktisch den Tempelbau im 4. Jahr [=Ende der siebzig Jahre Fasten (Sach 7,1.5)] und
die Einweihung des Tempels JHWH im 6. Jahr Darius I. (Esr 6,15).[111]

1 Niemand vertauscht deine heilige Stätte, mein Gott, und niemand wird
sie vertauschen **2** und an eine andere Stätte stellen, denn es gibt keine
Macht darüber. **3** Denn dein Heiligtum hast du festgesetzt, bevor du die
Stätten gemacht hast. **4** Als älteres [Heiligtum] wird es nicht zurücktreten
vor seinen jüngeren [Rivalen]. – **OdSal 4**[112]

Hier wird Bethel als Heiligtum der Vorrang abgesprochen (Sach 7,2).
Die Chronologie mit nachfolgenden PsSal 1-18 (= *syr*OdSal 43-60)
vermittelt ein anderes Bild! Ode 4 + 6 spiegeln jetzt gegenteilig das
Entsetzen ab 536-535 wieder, was alternative Standortfragen in den
Raum stellte und ein Wegschwämmen aller Hoffnungen zum Tempel
JHWH benennt. Die Jägerin [Negation auf Esther, vgl. Gen 10,9] in
OdSal 13 passt in die Umdenkphase hinter dem 12. Jahr Ahasverus!
Diese Sie öffnete in OdSal 17 „die Bande" des Verfassers der Oden.
Esther hatte einen Anteil an der Freilassung der Gefangenen ihres
Volkes, den Mordechai umsetzten konnte:

---

[111] Harald Schneider: *Die biblische Chronologie Umfeld und hinterlegte Zeitrechnung*; 2020, Seite 119f
[112] Gustav Diettrich: *Die Oden Salomos unter Berücksichtigung der überlieferten Stichengliederung*; 1911 (Nachdruck 1973)

8 Und von dort gab er mir den Weg seiner Schritte. Und ich öffnete die Tore, die verschlossen waren, **9** und brach auf die Riegel von Eisen. Mein eigenes Eisen aber glühte und zerschmolz vor mir. **10** Und nichts erschien mir verschlossen, weil *ich* die Öffnung von allem war. **11** Und ich ging auf all meine Eingeschlossenen zu, sie freizulassen, Das ich nicht zurückließe irgendeinen gefesselt und fesselnd. – **OdSal 17**[113]

Ps^LXX 106,16; Jes 45,2.

Esther und Mordechai hatten einen Anteil an der Rückkehr und damit auch an der Überwindung der Krise um das Tempelheiligtum.

Esra sammelte Rückkehrwillige und wurde von König Artaxerxes mit Mitteln ausgestattet und bevollmächtigt, das Gesetz seines Gottes jenseits des Euphrat Geltung zu verschaffen (Esr 7,6.25.26). Diese Maßnahme im Todesjahr von Atossa wirkte auch auf die umliegenden Völker ein. Das Interesse der Söhne für die Väter nahm mit den Jahren etwas ab. Zurzeit Nehemias waren die Zustände in Jerusalem (vor einem Lagebericht) offensichtlich unbekannt. Nehemia kann als Hofbeamter den Söhnen zugeordnet werden, die den Vätern zugewandt waren (Neh 2,3). Die Zustimmung des Artaxerxes muss nicht politisch motiviert gewesen sein, wie einige Historiker annehmen. Es wird erwähnt, dass seine königliche Gemahlin zugegen war, was auf ihren Einfluss in dieser Angelegenheit schließen lässt (Neh 2,5.6) und Atossas Einfluss auf den Harem auch noch Jahre nach ihrem Tod spürbar macht!

Im Falle einer Spätdatierung vom Maleachi Buch könnten als Ursache für die Notwendigkeit einer gegenseitigen Zuwendung ein stark abnehmendes gegenseitiges Interesse vermutet werden! Anhänger einer Frühdatierung, die sich auf ganz unterschiedliche Beobachtungen stützten können, dürfen auf eine allgemeine Kluft zwischen den Vätern in Juda und den Söhnen in Babylon und Susa verweisen.

Die damaligen Zuhörer hatten bereits bei der Rückkehr eine Vorstellung davon, wie sich Väter und Söhne annähern sollten, da Unterschiede und Abhängigkeiten die Wiederbesiedlung mitbestimmten.

Damit sind alle Personen, Gruppen und auf Gott gerichtet Funktionen in Mal 3,22-24 von ihren Ursprüngen her aufgeklärt und müssen nun mit dem Tag JHWHs in Zusammenhang gebracht werden!

---

[113] NTOA 41/2 Michael Lattke: *Oden Salomos. Text, Übersetzung, Kommentar. Teil 2*; 2001, Seite 56.

Jesaja 24,16-20 und das Buch Henoch

Der Abschnitt 24,16-20 setzt 24,1-15 fort, beschreibt jetzt aber das Eintreten des Gerichts in 24,1-6. 24,16 Als *vom Rand der Erde Freudenlieder* einem *Gerechten Herrlichkeit* zuschreiben, reagiert Jesaja als jemand, dem die Situation vertraut vorkommt: *es ist mein Geheimnis!* Seine Wortintensität um *falsch* zeigt personale (und nicht nationale) Akzente (vgl. Hen 1,9). Ab 24,17 setzt sich das Gericht in 24,1-6 fort. *Die Bewohner der Erde* erwartet *Grauen, Grube und Garn.* 24,18 Die Flucht vor *der Stimme des Grauens* führt *in die Grube* und wer sich daraus befreien kann wird *vom Garn* als einer *Falle* umstrickt. Gegenteil der Trockenheit in 24,4 werden nach Jesaja dann *die Schleusen der Himmel geöffnet*, was auf die große Flut abhebt (Gen 7,11). *Die Fundamente der Erde erbeben.* 24,19 Die geborstene Erde kommt ins Wanken, 24,20 *taumelt wie ein Betrunkener* oder *wie eine Hängematte* oder *wie ein Baumhaus.* Grund sei die *Übertretung* 24,5.6 *und sie fällt und steht nicht mehr auf.*

Jes 24
16 Vom Rand der Erde hörten wir Freudenlieder: "Herrlichkeit dem Gerechten!" Da sprach ich: Es ist mein Geheimnis, es ist mein Geheimnis, wehe den Falschen, die falsch handeln, Falschheit als Falsche falsch bewirken.
17 Grauen und Grube und Falle erwarten euch, Bewohner der Erde!
18 Und es geschieht, wer vor der Stimme des Grauens flieht, fällt in die Grube, und wer aus der Grube steigt, wird in der Falle gefangen. Denn die Schleusen der Himmel öffnen sich, und die Fundamente der Erde erbeben.
19 Die Erde ist geborsten, die Erde schwankt hin und her, heftig schwankt die Erde.
20 die Erde taumelt wie ein Trunkener und schaukelt wie ein Baumhaus. Schwer lastet auf ihr ihre Übertretung und sie fällt und steht nicht wieder auf.

---

16 Jer 48,43f; 10,19; 26,2; Hen 38,2; 56,6; 6Esr 16,17; s/Hen 41,1 **17** Klgl 3,47 **18** Gen 7,11; 8,2; Jer 31,37; Hen 18,1.5; 4Esr 6,16 **19** Ps 18,7; syrDan 14 **20** Jes 1,8

Es hat ganz den Eindruck, dass Jesaja die 3. Bilderrede des Henoch vor Augen hatte, und zwar den Abschnitt, der von Noah in das Buch eingefügt[114] wurde: Henoch als Mittler vor der großen Katastrophe! Vergleiche hierzu die markierten Abschnitte: 24,16 *Rand der Erde* – 65,2 *Enden der Erde*; 24,19 *die Erde ist geborsten* – 65,1 *die Erde sich beugen und ihr Verderben nahe*; 24,19 *die Erde schwankt hin und her ... heftig*; 65,3 *eine große Bewegung auf der Erde*; 24,18

---

[114] August Dillmann: *Das Buch Henoch. Übersetzt und erklärt*; 1853, S. 200

*Stimme des Grauens – 65,4 Stimme vom Himmel ;24,18 die Schleu-
sen der Himmel öffnen sich – 66,1 alle Kräfte des Wassers freizusetzen; 24,20 schwer lastet ihre Übertretung und sie fällt und steht
nicht wieder auf – 65,10 wegen ihrer Ungerechtigkeit ist das Gericht
über sie vollendet.*

Hen 65[115]
1 In jenen Tagen sah Noah die Erde sich beugen und ihr Verderben nahe.
2 Er brach zu den Enden der Erde auf und schrie zu seinem Ahnen Henoch und sprach dreimal mit betrübter Stimme: „Höre mich, höre mich, höre mich"
3 und weiter: „Sage mir, was auf der Erde vorgeht, dass sie sich senkt und erschüttert ist, dass ich nicht mit ihr untergehe!
4 Im nächsten Augenblick geschah eine große Bewegung auf der Erde, und eine Stimme vom Himmel war zu hören, und ich fiel auf mein Angesicht.
5 Und Henoch, mein Ahne, kam, stand mir bei und sprach: „Warum hast du zu mir geschrien, ein betrübtes Schreien und Weinen?
6 Ein Befehl ging vom Angesicht des Herrn über die aus, die auf der Erde wohnen, dass ihr Ende kommen soll, weil sie die Geheimnisse der Engel und alle Gewalttat der Satane kennen …
10 Und er sprach zu mir: wegen ihrer Ungerechtigkeit ist das Gericht über sie vollendet, und vor mir soll nicht nach den Monaten gerechnet werden, die sie erforscht und erfahren haben, dass die Erde und deren Bewohner untergehen werden.
Hen 66
1 Danach zeigt er mir die Strafengel, die zum Einsatz bereitstehen, um alle Kräfte des Wassers freizusetzen unter der Erde, um Gericht und Vernichtung denen zu bringen, die die Erde bewohnen.
2 Und der Herr der Geister befahl den Engeln, die auszogen, nicht die Hände zu erheben, sondern abzuwarten, denn jene Engel waren über die Kräfte des Wassers gesetzt.
3 Ich ging weg vom Angesicht Henochs.
Hen 67
1 In jenen Tagen erging das Wort Gottes an mich, und er sprach zu mir: „Noah, siehe dein Los ist zu mir aufgestiegen, ein Los ohne Tadel, ein Los der Liebe und Rechtschaffenheit.
2 Und nun bearbeiten die Engel Hölzer, und wenn sie den Auftrag erfüllt haben, werde ich meine Hand darauf legen um es zu bewahren, und daraus soll der Same des Lebens kommen. Auf der Erde wird eine Umwandlung eintreten, damit sie nicht leer bleibt.
3 Ich werde deine Nachkommen von Ewigkeit zu Ewigkeit vor mir befestigen, und ich werde die, die bei dir wohnen, über die Erdoberfläche ausbreiten, und sie wird gesegnet sein und sich mehren über die Erde im Namen des Herrn.

65,1 Einsenkungen Am 8,8; 9,5 **2** vgl. Gen 5,18-30 **6** Satane: vgl. Hen 69,12 **10** Hen 8,3; Die Flut erschien tatsächlich nach einer Mondbemessung, die die Satane nicht kennen konnten, da dem Fluttermin bereits die Zeitumstellung auf ein Jahr 354 zugrunde liegt. **66,1** Hen 40,1; 56,1 **2** Apk 16,5 **67,1** Gen 6,9 **2** Gen 6,14-16; 7-9

---

[115] Harald Schneider: *Das Buch Henoch und die neue biblische Chronologie*

Dachte Jesaja, Henoch verkörpere die *Herrlichkeit dem Gerechten*? Jedenfalls führt er mit: *es ist mein Geheimnis, es ist mein Geheimnis* Henochs Gericht an die Gottlosen an (Hen 1,6.7) und verwob diese mit den Erscheinungen zurzeit Noahs vor der Flut!

24,16 Jesaja sah Henoch im Freudenlied *Herrlichkeit dem Gerechten* als den Gottesknecht kommen (Jes 42,1-9; 50,4-11; 52,13-53,12)!

Diesen Gerechten hatte Jesaja in Hen 69,26-29 kommen sehen und hat diese Kenntnis als seine *Geheimnis*-Einträge in 24,16f vermerkt. Die in Hen 65,1f vorausgehenden Noah-Einträge über den Zustand der Erde vor der Flut hat Jesaja mit Henoch als Menschensohn vor Augen in 24,17-20 vermerkt. Die Einleitung in 24,1-4 und das Ende in 24,21-23 gehen mit dem Endgericht im Buch Henoch konform.

Hen 69	**Jes 24**
26 Und es herrschte unter ihnen große Freude, sie loben, preisen und erheben, weil der Name jenes Menschensohnes offenbart worden war.	**16** Vom Rand der Erde hörten wir Freudenlieder: "Herrlichkeit dem Gerechten!"
27 Und er setzte sich auf seinen Thron der Herrlichkeit, und das gesamte Gericht wurde dem Menschensohn übergeben und er lässt die Sünder und die Weltverführer verschwinden und vertilgen vom Angesicht der Erde.	**21** Und es wird geschehen an jenem Tag, da wird JHWH heimsuchen die Heerschar der Höhe in der Höhe, und die Könige der Erde auf der Erde.
28 In Ketten werden sie gelegt, an ihrem Versammlungsort der Vernichtung eingeschlossen und ihr ganzes Werk wird vom Angesicht der Erde verschwinden.	**22** Und sie werden in die Grube gesperrt, wie man Gefangene einsperrt, und in den Kerker eingeschlossen, und nach vielen Tagen werden sie heimgesucht.
29 Von nun an wird nichts Verdorbenes mehr da sein, denn der Menschensohn ist erschienen und hat sich auf seinen Thron der Herrlichkeit gesetzt. Alles Böse wird vor seinem Angesicht verschwinden und vergehen, und sie werden zu jenem Menschensohn sprechen, und er wird mächtig sein vor dem Herrn der Geister. Dies ist die dritte Bilderrede Henochs.	

Jetzt ist zunächst einmal die Frage erlaubt, wie Jesaja henochische Inhalte verarbeiten konnte, wenn diese doch (wie die Wissenschaft uns immer wieder versichert) erst später entstanden sein können? Vor den Schriftfunden vom Toten Meer nahmen Gelehrte sogar an, henochische Stoffe seien durch Texte wie Judas 14-15 überhaupt erst angeregt worden, d. h. sie seien in christlicher Zeit entstanden.[116] In den Höhlen war das o. g. Wächterbuch (Hen 1-36) gleich mit fünf Exemplaren unter den ältesten Fragmenten vertreten, sowie weitere Henoch Fragmente.[117] Auch das (anerkannt) von Henoch abhängige Buch der Jubiläen war mit zahlreichen Fragmenten gleich in fünf Höhlen vertreten.[118] *Christfried Böttrich* bemerkt „die zunehmende Tendenz, die BR als einen unsicheren Kandidaten ganz aus der Diskussion um den MS-Titel im NT auszuklammern."[119] Die Bilderreden über den Menschensohn assoziieren mit den GKL[120] in Jes 42,1f; 49,1f; 50,4f; 52,13f[121], sodass auch eine Spätdatierung von Jes 40-55 c/o Hen 37-71 aus der Diskussion hätte ausscheiden müssen. Die Kyros-Einträge sind, auch wenn für eine Datierung in den 540ern bequem, bereits als spätere Hinzufügung entlarvt worden.[122] Auch wenn die BR selbst nicht in den Höhlen am Toten Meer präsent sind, so bezieht sich Jes 24,16-20 auf die Noah-Einträge in der 3. BR und die Frage ist berechtigt, warum darüber noch nicht diskutiert wurde? Die Noah-Einträge Hen 54,7-55,2; 60,1-25; 65,1-69,25 sind erst später dem Buch Henoch zugewachsen. Wieviel später? Die Zeitangabe in Hen 60,1 nennt ein sonst unbekanntes Jahr 500 des Henoch, was den frühesten Eintrag (100 Jahre) vor der Flut im 7. Monat am 14. Tag hat und später von Moses aufgegriffen und als Noahs Zeugungsalter zugeordnet wurde (Gen 7,6.11). Aufgrund dieser und vergleichbarer Angaben konnten die vier Überlieferungen der hohen Lebensalter vor der Flut als eine Zeitrechnung aufgeklärt werden.[123] Die übrigen Einträge setzen eine Instabilität der Erde vor der Flut und die Flut selbst voraus und können mit Noah bis hinter 2245 v. u. Z. verfolgt werden. Aus diesen Einträgen schöpfte Jesaja!

---

[116] Ferdinand Philippi: *Das Buch Henoch, sein Zeitalter und sein Verhältnis zum Judasbrief*; 1868, Seite 4

[117] JSHRZ V 6 Siegbert Uhlig: *Das äthiopische Henochbuch*; 1984, Seite 479f

[118] JSHRZ II 3 Klaus Berger: *Das Buch der Jubiläen*; 1981, Seite 285f

[119] BThSt 67 Dieter Sänger (Hg.): *Gottessohn und Menschensohn* 2004; S. 54f, Christfried Böttrich: *Konturen des „Menschensohnes" in äthHen 37-71*

[120] [BR = Bilderreden; MS = Menschensohn; GKL = Gottesknechtslieder]

[121] Johannes Theisohn: *Der auserwählte Richter*; 1975, Seite 115

[122] Harald Schneider: *Das Buch Jesaja, Kapitel 40-55*; 2023, Seite 89f.99f; BKAT XI 1 Karl Elliger: *Deuterojesaja 40,1-45,7*; 1978, Seite 489

[123] Harald Schneider: *Das Buch Henoch und die neue biblische Chronologie*; 2019/2020, Seite 39-66; 165-207 (inkl. Weld-Blundell)

Jesaja 27,1 und die Kontinentalverschiebungen

Der Abschnitt 27,1 hebt mit *an jenem Tag* neu an. Sein Volk ist gut geschützt 26,20.21, wenn *sein … Schwert den Leviatan heimsucht.* Bezieht man mit 26,12-19 Ägypten und den Exodus mit ein, sei an Hi 26,13 gedacht, wo *seine Hand die gleitende Schlange durchbohrt.* Denn *durch seine Kraft hat er das Meer erregt, und durch seinen Verstand den Stürmer zerschmettert* Hi 26,12.[124] Als *Stürmer* kommt aber nicht nur Pharao und sein Heer in den Blick. Der Abschnitt Hi 26,1-14 setzt eine Kenntnis von Hen 18,3-8; 60,6-8 voraus, wobei Hen 60,6-8 frühestens zurzeit Lamechs hinzukam 60,1. Darin wird die geographische Teilung von Leviatan und Behemoth bereits für die Zeit des Flutgerichts angesagt, heute als Kontinentalverschiebung bekannt und in ferne Zeiten verbannt. Der *Leviatan im tiefen Meer,* aber dennoch *über den Gewässern* ist Amerika 60,7, *welches im Meer ist* 27,1. *Behemoth* ist Asien, *das mit seiner Brust die endlose Wüste einnimmt* 60,8, d. i. die arabische Halbinsel.

Jes 27	Hen 60
1 An jenem Tage wird JHWH mit seinem harten, großen und starken Schwert heimsuchen den Leviatan, die flüchtige Schlange, und den Leviatan, die gewundene Schlange, und wird das Ungeheuer erschlagen, welches im Meer ist.	**7** An jenem Tag werden zwei Ungetüme verteilt werden: ein weibliches mit Namen Leviatan, dass es in den Tiefen des Meeres über den Quellen der Gewässer wohne. **8** Das männliche ist Behemoth, das mit seiner Brust die endlose Wüste einnimmt, Dendain genannt, im Osten des Gartens …

1 Hen 60,7ff; Hi 26,13; Ps 74,14; ApkBarsyr 29,4; 4Esr 6,49-52; Apk 20,2; ApkEl 43,2; TestHi 43,8; OrJak 4,15.33; PsSal 2,25

Zu allen Zeiten wurden die Bilder von Leviatan und Behemoth auf Staatsgebilde wie Ober- und Unterägypten zur Anwendung gebracht und damit auch festgelegt, doch in 27,1 ist vom Chaoskrieg JHWHs gegen böse Weltmächte heute die Rede. Die wissenschaftliche Forschung zieht ein so hohes Alter von Teilen des Buches Henoch und die darin von Gott ausgehende Weissagung nicht einmal in Betracht.

---

[124] Spuren im Buch Hiob über Israels Auszug, Meereszug, Wüstenwanderung in: Harald Schneider: *Die neue biblische Chronologie*; 2020, Seite 397f

Bedauerlicherweise versäumen auch die religiösen Institutionen das Buch Henoch als göttliche Nachricht anzunehmen und leugnen damit eine wichtigste Grundlage zum Verständnis von Wort und Zeit.

Hiobs Rede in 26,7-13 argumentiert mit henochischen Kenntnissen und sieht in dem bekannten Leviatan einen zerschlagen Stürmer im Meer und den gleitenden Drachen damit durchbohrt vor sich!

Hi 26	Hen 18
10 Er hat einen Kreis auf Höhe der Wasser, der bis zum Ende vom Licht zur Finsternis reicht.	**3** Ich sah, wie die Winde die Höhe des Himmels ausspannen und ihre Stellung zwischen Himmel und Erde einnehmen, sie sind die Säulen des Himmels. **4** Und ich sah die Kräfte, die den Himmel drehend machen und Sonne und Sterne auf Bahnen zum Untergang bringen.
8 Er wickelt Wasser in Wolken, ohne dass die Wolkenmasse unten reißt.	**5** Und ich sah die Winde über der Erde die Wolken tragen, und ich sah die Wege der Engel, und ich sah am Ende der Erde das Firmament darüber.
7 Er spannt den Norden über leeren Raum, hängt die Erde auf an nichts.	**6** Und ich ging weiter nach Süden, der Tag und Nacht brennt, da wo sieben Berge aus Edelsteinen sind, drei östlich und drei südlich. **7** Die drei östlichen sind, einer von Buntstein, einer von Perlstein und einer von Heilstein und die südlichen von rotem Stein beschaffen.
9 Umschließt das Antlitz des Thrones, breitet seine Wolke darüber aus.	**8** Der mittlere reicht bis zum Himmel, gleich dem Thron Gottes aus einem Alabaster und die Spitze des Thrones aus Saphir. **Hen 60** **1** … und das Heer des Höchsten, tausendmal Tausend und zehntausendmal Zehntausend, durch eine starke Erschütterung erfasst wurden.
11 Selbst die Säulen des Himmels schwanken und sie Staunen über seine Zurechtweisung.	
13 Durch seine Kraft hat er den Himmel blank gefegt. Seine Hand hat den gleitenden Drachen durchbohrt. **12** Durch seine Kraft hat er das Meer erregt, und durch seinen Verstand den Stürmer zerschmettert.	**6** Aber wenn der Tag der Macht, der Vergeltung und des Gerichts kommt … **7** An jenem Tag werden zwei Ungetüme verteilt werden: ein weibliches mit Namen Leviathan, dass es in den Tiefen des Meeres über den Quellen der Gewässer wohne. **8** Das männliche ist Behemoth, das mit seiner Brust die endlose Wüste einnimmt, Dendain genannt, im Osten des Gartens …

Nicht ohne Grund kommt der Leviatan in Gottes Rede an Hiob noch einmal ausführlich zur Sprache (Hi 41).

Die Verbindung zwischen dem Drachen als Anstifter und dem ausführenden Stürmer ist seit jeher bekannt und wird bis zu Johannes Offenbarung durchgehalten (Apk 12,3.12; 13,1.11; 17,3; 20,2.10).

Der Leviatan in Jes 27,1 wird als Variation für zwei (bis drei) Gebiete gebraucht, die als *flüchtige Schlange* und als *gewundene Schlange* (und als *Ungeheuer im Meer*, womit letzteres gemeint ist) bezeichnet werden. Legt man die *gewundene* Form geographisch zugrunde, ist der amerikanische Kontinent angesprochen. Der Leviatan als die *flüchtige Schlange* könnte der Form nach vom Mittelmeer als vom Osten abgewandter *flüchtiger Drache* wahrgenommen werden. Dieses Bild ist, wie der Busen des Behemoths, ein Erkennungsmerkmal.

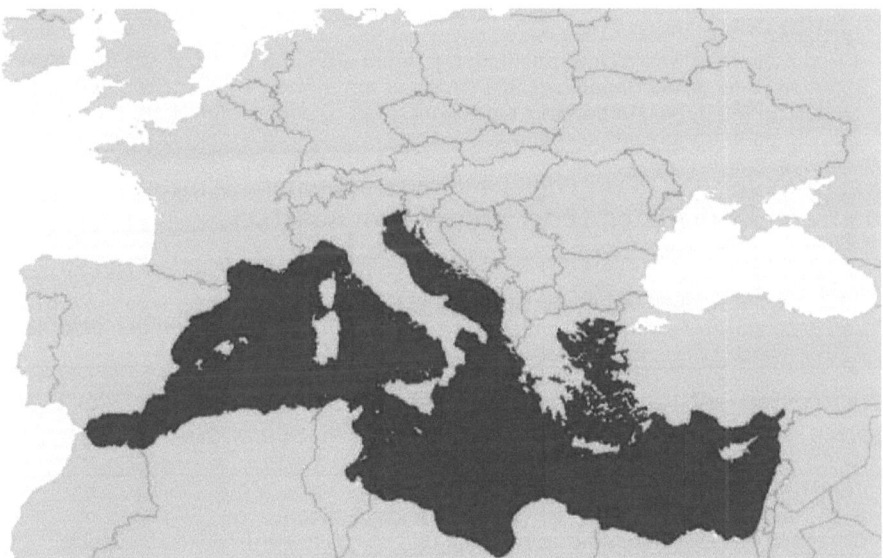

Entsprechend wird auch bei Johannes ein duales Bild erzeugt, wenn vergleichbare Tiere räumlich getrennt auftreten (Apk 13,1.10; 17,3) und doch eine engere Beziehung zwischen diesen auszumachen ist.

Noch während des Exils in Babylon war die Trennung zwischen dem Leviatan und dem Behemoth aus Hen 60,7.8 den Schealtiel bekannt, der Behemoth mit *einem* [Erd]*Teil, der am dritten Tag trocken war*

(Gen 1,9.10) in Verbindung brachte (4Esr 49-52) und Leviatan als Nahrung für *wem und wann du willst* weissagte, womit er seine Besiedlung (auch durch Juden) und den Umstand seiner Entdeckung bereits angesprochen hatte.

4Esr 6
49 Damals hast du zwei lebende Wesen aufbewahrt, die du erschaffen hast. Das eine nanntest du Behemoth, das andere Leviatan.
50 Du hast sie voneinander getrennt, denn der siebte Teil der Wasseransammlung konnte sie nicht fassen.
51 Du hast Behemoth einen Teil gegeben, der am dritten Tag trocken war, damit er darin wohne. Dort sind die tausend Berge.
52 Leviatan aber hast du den feuchten siebten Teil gegeben. Du hast sie aufbewahrt, damit sie zur Nahrung dienen sollten, wem du willst und wann du willst.

Etwas freier legt die Baruch Apokalypse die beiden Ungeheuer direkt als Nahrung für *alle, die dann übrig sind*, hin.

---

*syr*BarApk 29
4 Und Behemoth wird sich aus seinem Ort offenbaren und Leviatan aus dem Meer kommen, zwei große Ungeheuer, die ich schuf am fünften Tag der Schöpfung, die ich geschaffen habe und bewahrt bis zu jener Zeit. Diese werden Nahrung sein für alle, die dann übrig sind.

Ein Motiv für die Tötung des Leviatans mit einem Schwert kommt in der spät überlieferten Leiter Jakobs zum Ausdruck.

OrJak 4[125]
33 Er wird ausgießen seinen Zorn über den Leviatan, den Meeresdrachen und wird den gesetzlosen Falkon mit dem Schwert erschlagen, weil er gegen den Gott der Götter »seinen« Hochmut erheben wird.

Das Testament Hiobs klassifiziert eine Person als den Sohn der Finsternis, weil dieser *geliebt die Schönheit der Schlange*.

TestHi 43
8 Er (der Sohn der Finsternis) hat geliebt die Schönheit der Schlange und die Schuppen des Drachen, aber seine Galle und sein Gift werden ihm zur Speise.

Die Elia Apokalypse vergleicht den Sohn der Gesetzlosigkeit (2Thes 2,3-12)[126] mit einem Drachen, dem die Luft ausgeht.

ApkEl 43
2 Er (der Sohn der Gesetzlosigkeit) wird vernichtet werden wie ein Drache, in dem kein Hauch ist.

---

[125] JSHRZ*nf* 1,6 Christfried Böttrich/Sabine Fahl: *Leiter Jakobs*; 2015, S 166
[126] KEK 10/2 Thobias Nicklas: *Der zweite Thessalonicherbrief*; 2019, S. 127f

Jesaja 28,23-29 – Henoch als Bauer Gottes

Jes 28
23 Horcht auf und hört meine Stimme, merkt auf und hört meine Rede!
24 Pflügt wohl der Pflüger den ganzen Tag, [um zu säen], durchfurcht und eggt er den ganzen Tag sein Ackerland?
25 Ist es nicht so? Hat er ihn geebnet, streut er Schwarzkümmel und sät Kümmel, und wirft Weizen reihenweise und Gerste auf das abgesteckte Stück, und den Spelt an seinen Rand.
26 So unterwies ihn sein Gott zum richtigen Verfahren, er belehrte ihn.
27 Denn Schwarzkümmel wird nicht mit dem Dreschschlitten ausgedroschen und das Wagenrad nicht über Kümmel gerollt, sondern Schwarzkümmel wird mit dem Stab ausgeschlagen und Kümmel mit dem Stock.
28 Wird Brotkorn zermalmt? Nein, nicht unaufhörlich drischt er und wenn er das Rad seines Wagens und seine Pferde darüber hintreibt, so zermalmt er es nicht.
29 Auch dieses geht von JHWH der Heerscharen aus. Sein Rat ist wunderbar, groß sein Verstand!

Das Stück 28,23-29 reicht bis auf Henoch zurück! In China bedeutet der Name Shennong (Henoch) „göttlicher Bauer". Er war auch für gesundheitliche Belange zuständig, so die Traditionelle Chinesische Medizin (TCM), die von seinem Sohn, dem Gelben Kaiser Huang Di (Tubal) aufgezeichnet wurde.

Aus Ägypten ist die Hieroglyphe für Niheb auf dem Palermostein bezeugt. Die Bedeutung des Namens ist wahrscheinlich „Der zum Pflug gehörige", d. h. jemand, der sich durch seine Tätigkeit als Pflugführer auszeichnete, was zu seinen Namen in Hieroglyphen geführt hat. Wir können hier eine Weiterentwicklung vermuten, die zwischen der Aufgabe des Seka (Seth) als Bauer mit einfachen Holzwerkzeug und dem Metallpflug unter Tiu (Tubal) liegt, was die Generationsfolge *Pen abu* Adam, *Seka* Seth, *Niheb* Henoch, *Tiu* Tubal nahelegt. Seine Hieroglyphen bilden einen Pflug unter einer Wellenlinie ab. Er mag auch die Bewässerungssysteme verbessert haben. In 28,26 heißt es ausdrücklich: *So unterwies ihn sein Gott zum richtigen Verfahren, er belehrte ihn.* 28,29 *Sein Rat ist wunderbar, groß sein Verstand!*

Ein Auszug aus Henochs Pflanzenkunde in Jesaja ist natürlich eine kleine Sensation! Dies ist das erste Schriftstück außerhalb der TCM samt anhängender Überlieferungen, die eine von Gott verliehene Fähigkeiten zum Anbau und zur Bewirtschaftung von Kräutern und Getreide einer Person zuspricht, die auf Henoch zurückgeführt werden kann, ohne seinen Namen zu nennen. Im Kontext vor und hinter diesem Abschnitt blitzt die Person Henoch durch Bezüge und

Parallelen zum Buch Henoch auf! Damit kann auch Licht in den dahinterstehenden Rat, der bis heute im Dunkel liegt, gebracht werden.

Das von Jesaja angeführte auf Henoch zurückreichende Textstück ist wohl in den Anhang 28,16-22 gestellt worden, um (vgl. 21,10) den Umgang mit den in Fesseln befindlichen Wächtern zu veranschaulichen! Als Geister überstehen diese einerseits wie Getreide beim Dreschen die Räder und Pferdehufen, und können andererseits am Ende mit dem Stab (d. h. behutsamer) zur Gewinnung ausgeschlagen werden. Über eine Stadt mit der Bedeutung Gotteslöwe, die bedrückende aber nicht zerstörende Erfahrungen über lange Zeit hinweg über sich ergehen lassen musste, und die doch plötzlich von Gott heimgesucht wird, handelt das darauffolgende Wort über Ariel!

Jesaja 29,1-8 – Henoch und die Engel

Der nächste Abschnitt 29,1-8 lässt sich mit einem Thema aus dem Buch Henoch erfassen. In Hen 13f finden sich die Stadt und die in 29,1-7 geschilderten Vorgänge. Der Ort der unbekannten Stadt Ariel/Aryel wird mit *Ubalsiyael, dass zwischen Libanon und Seneser liegt* 13,9, wiedergegeben. Die Bedeutung Ariel [Gotteslöwe, d. h. Heldenstadt] passt allgemein zu den Engeln, die mit Frauen starke Nachkommen hervorbrachten. Dieser Ort ist mit dem Abel-Majim (2Chr 16,4; 1Kö 15,20 Abel-Bet-Maacha) westlich von Dan identisch. An diesem Ort waren die Wächter, als ihnen Henoch Gottes Gericht über sie mitteilte (Hen 13,1-10; 14,1-7). Deshalb richtete sich das Wehe 29,1a gegen Ariel. Der Zusatz, *wo David lagerte*, hat viele Ausleger veranlasst, irgendeinen Zusammenhang zu Jerusalem herzustellen, wie schon der Zion im späteren Zusatz 29,8 zeigt.

Im Testament der zwölf Patriarchen war es der Ort *wo Levi lagerte* und Erfahrungen gleich Henoch machte, bevor er Sichem überfiel.

Jes 29	TestXIILev 2
1 Wehe Ariel, Ariel, der Stadt, wo David lagert! Fügt Jahr zu Jahr, die Feste sollen kreisen! **2** Und ich will Ariel bedrängen, und du wirst Traurig werden und Trauer haben. Und du wirst mir sein wie ein Ariel.	**3** Als ich in Abelmaul weidete, kam der Geist der Einsicht des Herrn über mich, und ich sah, wie alle Menschen ihren Weg verdunkelten und wie sich Ungerechtigkeit Mauern baute und sich Gesetzlosigkeit auf die Türme setzte.

29,1b hat eine Aufforderung zum Zählen der Jahre, während die Feste diese Jahre durchlaufen (vgl. 28,24 *den ganzen Tag*; 28,28 *unaufhörlich*). Diese Weite hallt in *alle Zeit* Hen 14,4.5 und in *Tag der Vollendung des großen Gerichtes … der große Weltenlauf … Ende* 16,1 wieder. 29,2 Ariel wird von Gott bedrängt, was *Traurigkeit und Trauer* hervorruft, die an das *Weinen und Flehen* der Engel in 14,7 erinnern, deren Gesuche abgelehnt wurden (13,4.6; 14,4). Sie sollen dennoch Gott zum *Gotteslöwen* werden, die Wortbedeutung von Ariel. 29,3 Die Umlagerung im Kreis ist nicht militärisch aufzufassen, sondern sie ist die Einschränkung über die Jahre und Feste in 29,1 hinweg. Sie können nicht mehr in den Himmel aufsteigen 14,5. In Henochs Bilderreden sind sieben Sterne wie brennende Berge in einem Gefängnis bis zu einem *geheimen Jahr* gebunden 18,13.14.16. 29,4 Diese Position schwächt ihre Stimme. Die Fürsprache Henochs entspricht dem Bild: *deine Worte kommen aus dem Staub, flüstern aus dem Staub.* 29,5 Die zahlreichen Feinde und *die dahinfliegende Spreu* als *Menge der Gewaltigen* ist wieder eine Zeitvorstellung (vgl. Dan 9,27a), bis plötzlich der Augenblick erreicht ist, 29,6 wenn JHWH sie heimsucht. Dies wird mit Elementen beschrieben, die zum Teil auch in 17,2.3 auftauchen. In 29,7 bewirkt Gott, dass alle Kriege gegen Ariel wie ein Nachttraum erscheinen. „Der Text nutzt die Doppeldeutigkeit des Traums – mögliche Offenbarungsform, mögliche Unwirklichkeit –, um das Scheitern der Feinde zu verkündigen."[127]

Zeitgenossen Jesajas mögen in der gescheiterten Belagerung Jerusalems durch Sanherib, ihre Stadt als dieses Ariel beurteilt haben, und werden deshalb David, ihr größter Held, in den Text eingetragen haben. In 29,8 wird die große Illusion eines Traums veranschaulicht, der wohl dem Geist eines Belagerten entsprang, aber überraschend metaphorisch auf die Feinde des Zions übertragen werden konnte!

Jes 29	Hen 13
1 Wehe Ariel, Ariel, der Stadt, wo David lagerte. Fügt Jahr zu Jahr, die Feste sollen kreisen!	**9** Als ich aufwachte, ging ich zu ihnen. Sie alle saßen zusammen in Ubalsiyael, dass zwischen Libanon und Seneser liegt, trauernd, mit bedecktem Gesicht. **10** Ich berichtete ihnen alle Visionen … **Hen 14** **4** Ich habe eure Bitten verfasst, doch in meiner Vision erschien mir, dass eure Bitten für alle Zeit nicht erfüllt werden. Euer Gericht wird vollendet werden, ohne eure Bitten zu gewähren.
2 Und ich will Ariel bedrängen, und du wirst Traurig werden und Trauer haben. Und du wirst mir sein wie ein Ariel.	**6** Zuvor werdet ihr den Untergang eurer geliebten Söhne sehen. … sie werden vor euch fallen durch das Schwert. **7** … und wie ihr auch weint und fleht …
3 Und ich will dich im Kreise umlagern, und dich mit Posten umgeben, und Wachen gegen dich aufstellen.	**5** Von nun an werdet ihr für alle Zeit nicht mehr in den Himmel hinaufsteigen, denn es wurde geboten, euch auf der Erde zu binden, alle Tage der Welt. **Hen 18**
4 Du wirst von unten her aus der Erde reden, und gedämpft tönen deine Worte aus dem Staub. Deine Stimme wird wie die eines Geistes aus der Erde kommen, und dein Wort aus dem Staub flüstern. **5** Wie feiner Staub wird die Menge deiner Feinde sein, und wie dahinfahrende	**13** Und entsetzlich war, was ich dort sah: Sieben Sterne wie große brennende Berge, und wie ein Geist, der mich fragte. **14** Der Engel sprach: „Hier ist der Ort, wo Himmel und Erde zu Ende sind. Ein Gefängnis für die Sterne des Himmels und das Heer der Himmel wird er sein.

---

[127] NSK-AT 18/1 Peter Höffken: *Das Buch Jesaja, Kapitel 1-39*; 1993; S 203

Spreu die Menge der Gewaltigen, und in einem Augenblick, plötzlich geschiehts:

6 Von JHWHs der Heerscharen wirst du heimgesucht mit Donner und Erdbeben und großem Getöse, Sturm und Gewitter und einer Flamme fressendes Feuer.

7 Und wie ein Traum wird es sein, ein Gesicht bei Nacht, die Menge all der Nationen, die gegen den Ariel ausgezogen sind und allen, die ihn belagern und ihn bedrängen.
8 [Und es wird sein, wie wenn ein Hungriger träumt, er isst. Er wacht auf, und seine Seele ist leer und wie ein Durstiger träumt, er trinkt. Er wacht auf, [und ist matt] und seine Seele trocken. [So ergeht es der Menge all der Nationen, die Krieg führen gegen den Berg Zion.]]

16 ... bis zur Vollendung ihrer Schuld ...
Hen 17
2 Und sie führten mich zu einem Ort der Sturmwinde und zu einem Berg, dessen Spitze in den Himmel reichte.
3 Und ich sah Orte, hellleuchtend mit donnern in den Ausläufern, in deren Tiefe ein feuriger Bogen und Pfeile mit Köcher und ein feuriges Schwert und alle Blitze sind.
Hen 16
1 In den Tagen von Morden und Gemetzel und dem Tod der Riesen, wird, nachdem die Geister aus der Seele, ihrem Fleisch, ausgefahren sind, ihr Fleisch verwesen, ohne Gericht (an den Geistern). So sollen sie Verderben anrichten bis zum Tag der Vollendung des großen Gerichtes an den Wächtern und den Gottlosen, wenn der große Weltenlauf zu seinem Ende gekommen sein wird.

Jesaja 29,9-12 – Henochs Bittgesuche

Der Abschnitt 29,9-12 gibt uns Aufschluss über die Herkunft der vorangegangenen Worte in 29,1-8. In 29,9 wird in der Eröffnung ein entsetzter Zustand und die Aufforderung zur Verhüllung genannt, die dann ironisch gebraucht wird, um die weitere Entwicklung zu beschreiben. Trunken und schwankend schließt als Beschreibung stutzen und erstarren ab. Ein solches Geschehen fand demnach real statt, worüber Hen 13,3.9 Auskunft gibt! Der *Geist tiefen Schlafes* 29,10 steht dem *Schlaf der Visionen* 13,10 des Henoch gegenüber, was bereits in 29,7 eingeführt wird (28,10f). Der Wehe Ruf in 29,1f ging somit als Botschaft *Henochs* vorweg!

Jes 29	Hen 13
	3 Ich ging weiter und sprach zu allen zusammen und sie ängstigten sich alle, ja es erfasste sie Furcht und Zittern.
9 Stutzt und erstarrt,	9 … Sie alle saßen versammelt in Ubelseyael, dass zwischen Libanon und Seneser liegt, trauernd, mit bedecktem Gesicht.
verblendet euch und werdet in Verblendung blind! Seit trunken, doch nicht von Wein, schwankt, doch nicht von Rauschtrunk. 10 Denn JHWH hat einen Geist tiefen Schlafes über euch ausgegossen und hat eure Augen verschlossen. [Die Propheten] und eure Häupter [die Seher] hat er verhüllt.	10 Ich berichtete ihnen alle Visionen, die ich im Schlaf hatte, und begann jene Worte der Gerechtigkeit zu reden und die Wächter des Himmels zurechtzuweisen. 4 Darauf baten sie mich, für sie ein Gesuch zu schreiben, damit sie dadurch Vergebung finden, und dieses Gesuch vor dem Herrn des Himmels vorzutragen, 5 da sie nun selbst keinen Zugang zum Reden mehr haben und ihre Augen nicht zum Himmel aufblicken können, da sie sich über ihre Sündenschuld schämen.
11 [Und das Gesicht von allem ist euch wie die Worte einer versiegelten Schrift, die man einem Leser gibt, indem man sagt: Lies doch dieses! er aber sagt: Ich kann nicht, denn es ist versiegelt. 12 Und man gibt die Schrift einem Analphabeten, indem man sagt: Lies doch dieses! und er sagt: Ich kann nicht lesen.]	6 Da verfasste ich ihre Bittschrift als Gnadengesuch für sie selbst und für jede einzelne Tat und mit dem, worum sie baten, damit sie Vergebung finden mögen. 7 Ich ging hin und setzte mich an die Wasser von Dan in Dan, rechts zur Westseite des Hermon und las ihre Bittschrift vor, bis ich einschlief.

	8 Und siehe, im Traum fielen Visionen auf mich. Ich sah die Vision eines Strafgerichtes, das ich den Söhnen des Himmels mitteilen und vorhalten sollte.

Die Worte in 29,11.12 werden häufig als erklärende Zusätze eingestuft, doch ist der Vergleich mit einer versiegelten Schrift der Sache nach den Bittgesuchen in 13,4-6 ähnlich, und die Weitergabe der Schrift an einen Analphabeten macht auch erst dann einen Sinn, wenn damit nicht seine Lese- und Schreibkunst, sondern sein Nichtverstehen angesprochen ist. Der Rekrutierte, der die Schrift vortragen soll, ist so oder so überfordert!

Jesaja 30,27-33 und die Corona-Pandemie

> **Jes 30**
> **27** Siehe, der Name JHWH kommt von fernher. Sein Zorn brennt, und der aufsteigende (Rauch) ist gewaltig. Seine Lippen sind voll Verwünschung, und seine Zunge ist wie ein verzehrendes Feuer.
> **28** Und sein Schnauben ist wie ein überflutender Bach, der sich teilt bis zum Hals hin: um die Nationen zu schwingen mit einer Schwinge der Nichtigkeit, und einen irreführenden Zaum an die Kinnbacken der Völker zu legen.
> **29** [Das Lied werdet ihr singen wie in der Nacht, wo das Fest geweiht wird. Ihr werdet euch von Herzen freuen wie einer, der mit Flötenspiel daherkommt, um auf den Berg JHWHs, zum Felsen Israels zu ziehen.]
> **30** Und JHWH lässt seine majestätische Stimme erschallen, und lässt sehen, wie sein Arm niederfährt mit grimmigem Zorne und einer Flamme verzehrenden Feuers, Wolkenbruch und Regenguss und Hagelsteine.
> **31** Denn vor der Stimme JHWHs wird Assur erschrecken, wenn er mit dem Stock zuschlägt.
> **32** [Und jeder Streich des Stabes wird es züchtigen, die JHWH auf ihn herabfahren lässt. Mit Tamburin- und Lautenspiel und mit Schwingung kämpft er gegen es.]
> **33** Denn längst ist eine Brandstätte für es zugerichtet, [bereitet auch für den König], tief und breit, ein runder Platz für das Feuer und eine Menge Holz. Der Hauch JHWHs setzt ihn in Brand wie ein Schwefelstrom.

Der Leseabschnitt 30,27-33 bietet weitere Einzelheiten zu 30,19-26. 30,27a Dass *der Name JHWH von fernher kommt* erklärt sich über den enormen Zeitabstand vom Untergang Israels 720 in Wechselwirkung mit der Zerstörung Assurs 612 am Ende von sieben Mondzeiten bis zum gleichen Zeitpunkt im nächsten Siebener, bzw. bis zum Ende der Sonnenzeiten. Jes 42,14f nennt es langes Schweigen.

Nicht das Kommen Jahwes, sondern das seines Namens wird angekündigt[128]

Die ungewöhnliche Formulierung könnte aussagen, der Gott Israels *kommt* seines Rufes wegen! In 30,27b kommt ein Gott des Gerichtes. *Sein Zorn brennt, und der aufsteigende … ist gewaltig. Seine Lippen … verwünschen und seine Zunge … ein verzehrendes Feuer.*

In 30,28 wird ein Bild vermittelt, dass an die Coronapandemie 2020-2022 erinnert: *sein Schnauben ist wie ein überflutender Bach, der sich teilt bis zum Hals hin.* Es lassen sich Vergleiche u. a. mit der Petrus-Apokalypse und der Elia-Apokalypse anführen:

---

[128] BKAT X Hans Wildberger: *Jesaja*; 1978, Seite 1214

Jes 30	ApkPet*äth* 12b
27 Siehe, der Name JHWH kommt von fernher. Sein Zorn brennt, und der aufsteigende (Rauch) ist gewaltig. Seine Lippen sind voll Verwünschung, und seine Zunge ist wie ein verzehrendes Feuer.	Der Engel Ezrael lässt herausgehen aus dieser Flamme und stellt hin zum Gericht der Entscheidung.
28 Und sein Schnauben ist wie ein überflutender Bach, der sich teilt bis zum Hals hin: um die Nationen zu schwingen mit einer Schwinge der Nichtigkeit, und einen irreführenden Zaum an die Kinnbacken der Völker zu legen. **30** Und JHWH lässt seine majestätische Stimme erschallen, und lässt sehen, wie sein Arm niederfährt mit grimmigem Zorne und einer Flamme verzehrenden Feuers, Wolkenbruch und Regenguss und Hagelsteine.	Dies ist ihr Gericht: Ein Feuerbach fließt und es zieht sich herunter alles Gericht mitten in dem Bach. Und es stellt sie Urael hin. Und er gibt Feuerräder, und Männer und Frauen hängen daran durch die Kraft seines Rollens. [vgl. OrSib 2,294-299.330-336]
33 Denn längst ist eine Brandstätte für es zugerichtet, [bereitet auch für den König], tief und breit, ein runder Platz für das Feuer und eine Menge Holz. Der Hauch JHWHs setzt ihn in Brand wie ein Schwefelstrom.	Die in der Grube sind, brennen. Das sind nämlich die Zauberer und Zaubrerinnen. Diese Räder sind bei aller Entscheidung durch Feuer ohne Zahl. [vgl. 2Thess 2,8]

Jes 30	ApkEl 40,14,23-30
27 Siehe, der Name JHWH kommt von fernher. Sein Zorn brennt, und der aufsteigende (Rauch) ist gewaltig. Seine Lippen sind voll Verwünschung, und seine Zunge ist wie ein verzehrendes Feuer.	
28 Und sein Schnauben ist wie ein überflutender Bach, der sich teilt bis zum Hals hin: um die Nationen zu schwingen mit einer Schwinge der Nichtigkeit, und einen irreführenden Zaum an die Kinnbacken der Völker zu legen.	Sie werden Feuer sprühen, und das Feuer wird erfassen 72 Ellen, und wird fressen die Sünder und die Teufel wie Stroh. Es wird ein gerechtes Gericht stattfinden

Die Apokalypse des Johannes benennt aufgrund der Form das Virus beim Namen und setzt diesen den Heuschrecken, die für den Übergang zwischen Mond- und Sonnenzeiten stehen (1945-2020), auf:

Apk 9 *(Hermann Menge)*	6Esr 15
7 Die Heuschrecken waren aber wie Rosse gestaltet, die zum Kampf gerüstet sind; auf ihren Köpfen trugen sie (einen Aufsatz), wie Kränze (oder Kronen)	**29** Und es werden ausziehen auf vielen Wegen Scharen von arabischen Drachen, und ihr Zischen verbreitet sich über die Erde vom Tag des Aufbruchs

von Gold, und ihre Gesichter waren wie von Menschen; **8** Haare hatten sie (so lang) wie Frauenhaare, und ihr Gebiß war wie das von Löwen, **9** und sie hatten Brustharnische wie eiserne Panzer, und das Rauschen ihrer Flügel klang wie das Rasseln von Kriegswagen mit vielen Rossen, die in den Kampf stürmen.	an, damit alle, die es hören, sich fürchten und zittern. **30** *Coronii** wird hervorbrechen, wahnsinnig vor Zorn, wie Wildschweine aus dem Wald kommen sie mit großer Kraft an, um mit ihnen in einer Schlacht zusammenzutreffen und ein Teil des Landes der Assyrer mit ihren Zähnen zu verwüsten. <div align="right">*Codex Abulensis</div>

Die Parallelüberlieferung in der Vulgata setzt die Beschreibung von Corona fort und benennt Schutzmaßnahmen, die Paulus kannte:

6Esr 16	**1Kor 7** (*Adolf Schlatter*)
41 Hört das Wort, mein Volk, bereitet euch vor zur Schlacht. Im Unheil sollt ihr sein, wie Fremdlinge auf der Erde. **42** Wer verkauft – wie einer, der fliehen wird, und wer kauft – wie einer, der verlieren wird. **43** Wer handelt – wie einer, der keinen Gewinn machen will, und wer baut – wie einer, der nicht wohnen wird. **44** Wer sät – wie einer, der nicht ernten wird, und wer Weinstöcke beschneidet – wie einer, der keinen Wein lesen wird. **45** Die heiraten, als ob sie keine Söhne zeugen werden, und die nicht heiraten, als ob sie Witwer/Witwen sind.	**29** Dies aber sage ich, Brüder: die Zeit ist kurz; hinfort seien auch die, die Frauen haben, wie solche, die keine haben, **30** und die, die weinen, wie solche, die nicht weinen, und die, die sich freuen, wie solche, die sich nicht freuen, und die, die kaufen, wie solche, die nicht besitzen, **31** und die, welche die Welt benützen, wie solche, die sie nicht ausnützen. Denn die Gestalt dieser Welt vergeht. (vgl. oben, V. 29)

Die Nationen wurden *zu einer Schwinge der Nichtigkeit.* Ein *irreführender Zaum* wurde *an die Kinnbacken der Völker gelegt* 30,28. In 30,29 findet sich eine Einfügung, die das Geschehen mit der Freude und den Liedern bei den Festen in Verbindung bringen will. Auch in 30,32 dienen ähnlich die Musikinstrumente sogar als Kampfmittel. In der Fortsetzung in 30,30 *lässt JHWH seine majestätische Stimme erschallen, und lässt sehen, wie sein Arm niederfährt mit grimmigem Zorne und einer Flamme verzehrenden Feuers, Wolkenbruch und Regenguss und Hagelsteine.* Das erinnert an die Ankunft eines Heiligen in Hab 3,3f, bei dem Seuchen explizit genannt werden. Im Anschluss folgt zu Hab 3,3f eine Gegenüberstellung.

Das in 30,31 gesagt wird: *Assur erschreckt, wenn er mit dem Stock zuschlägt* führte dazu,

„dass viele Exegeten keinen anderen Weg sehen, als Jesaja das Stück abzusprechen", [weil er immerzu auf] „die Aussichtslosigkeit des Widerstandes gegen diese Macht und den Unsinn der Werbung um die Gunst Ägyptens hingewiesen hat."[129]

Das Problem löst sich auf, wenn die *Ferne* 30,27 in der Voraussage erkannt und der heutige Irak in den Fokus kommt (1Pet 1,10.11a)! In 30,33 wird ein Brandopfer beschrieben: *Denn längst ist eine Brandstätte für es zugerichtet, [bereitet auch für den König], tief und breit, ein runder Platz für das Feuer und eine Menge Holz.* Diese Ortsbeschreibung erinnert an die Grube in der ApkPet: *Die in der Grube sind, brennen. Das sind nämlich die Zauberer und Zauberin- nen. Diese Räder sind bei aller Entscheidung durch Feuer ohne Zahl.* Über die Brandstätte wird in 30,33 gesagt: *Der Hauch JHWHs setzt ihn in Brand wie ein Schwefelstrom.*

Die Parallelen des folgenden Vergleiches zwischen Habakuk 3,3-13 mit Jesaja 30,27-33 sind: 3,5 *Seuchen* und 3,12 *Verwünschungen*, gegenüber 30,27b *Lippen voll Verwünschung* und *Zunge wie Feuer*, 30,30 *Flamme verzehrendes Feuer* und 30,33 *der Hauch JHWHs.* 3,6 *Die Nationen hüpfen* – 30,28 *Nationen schwingen*, (3,7 *Kuschan, Midian*, 3,9b *Zweistromland* – 30,28b *Völker*, 30,31 *Assur*). 3,13 *bloßgelegt bis zum Hals* – 30,28 *Schnaupen … bis zum Hals* (3,13 *das Haupt vom Haus des Bösen* – 30,33 *[bereitet auch für den Kö- nig]*). Von 30,26 her sind Erscheinungen ab 2001 zugrunde zu le- gen, die in meinem Kommentar[130] zu Hab 3,3-13 benannt werden.

---

[129] BKAT X Hans Wildberger: *Jesaja*; 1978, Seite 1224
[130] Das Vorwort zur Apokalypse des Habakuk aus: *Das Zwölf-Propheten-Buch* folgt unverändert. Im Lichte von Jes 30,26 wird die darin vorgezogen erscheinenden Aktionen (ab 2003) auf eine Grundlage gestellt, die kalen- darisch in einem Jahr mit 360 Tagen (ab 521) in 2001 einsetzten. Ein Jahr mit 360 Tagen und 12 Monaten von 30 Tagen bestand vor der Flutkatastro- phe und ist in Apokalypsen nicht ungewöhnlich (Gen 7,11; 8,3.4; Dan 12,7: 3 ½ Jahre/42 Monate (inkl. Schaltung Dan 12,11; für Siebener 12,12) Apk 11,3; 12,6 (1260 Tage für 3 ½ Jahre/Tage Apk 11,11); Apk 12,14: 3 ½ Zeiten; Apk 11,2; 13,5: 42 Monate (von 30 Tagen = 3 ½ Jahre), d. h ein Jahr mit 12 Monaten von 30 Tagen, deren Schaltungen gesondert behandelt werden (Dan 12,11: +30 Tage; Dan 12,12: +75 Tage; Apk 9,5: 5 Monate/ 150 Tage am Ende von zwei Siebenern).

Hab 3	Jes 30
3 Gott selbst kam dann vom Süden, ja ein Heiliger vom Berg Paran. *Sela.* Seine Hoheit bedeckte die Himmel, und sein leuchten erfüllt die Erde.	**27** Siehe, der Name JHWH kommt von fernher. Sein Zorn brennt, und der aufsteigende (Rauch) ist gewaltig. Seine Lippen sind voll Verwünschung, und seine Zunge ist wie ein verzehrendes Feuer.
4 Sein Glanz unten wurde so wie das Licht. Strahlen sprühten aus seiner Hand, und dort war die Verhüllung seiner Stärke.	
5 Vor ihm her ging fortwährend die Seuche, und die Pest folgt seinen Füßen.	**28** Und sein Schnauben ist wie ein überflutender Bach, der sich teilt bis zum Hals hin: um die Nationen zu schwingen mit einer Schwinge der Nichtigkeit,
6 Er trat auf, damit die Erde bebt, schaute hin und ließ die Nationen hüpfen. Und die ewigen Berge wurden zerschmettert, die uralten Hügel beugten sich nieder. Die Wege der Vorzeit sind sein.	
7 In Not sah ich die Zelte Kuschans. Die Zelttücher des Landes Midian erbebten.	und einen irreführenden Zaum an die Kinnbacken der Völker zu legen.
8 Ist gegen die Ströme, JHWH, gegen die Ströme dein Zorn entbrannt, oder ergeht dein Zornausbruch gegen das Meer? Denn du bestiegst deine Rosse, deine Wagen waren Rettung.	**30** Und JHWH lässt seine majestätische Stimme erschallen, und lässt sehen, wie sein Arm niederfährt mit grimmigem Zorne und einer Flamme verzehrenden Feuers,
9 Dein Bogen wird erweckt gegen die Eidschwüre der Stämme. *Sela.* Der Ströme Erde hast du gespalten.	
10 Berge sahen dich und wanden sich vor Schmerz. Ein Unwetter von Wassern zog hindurch. Die Wassertiefe erhob ihre Stimme, zur Höhe erhob sie ihre Hände.	**31** Denn vor der Stimme JHWHs wird Assur erschrecken, wenn er mit dem Stock zuschlägt. **30** … Wolkenbruch und Regenguss und Hagelsteine.
11 Sonne und Mond standen still in ihrer Wohnung. Als Licht fuhren deine eigenen Pfeile, der Blitz deines Speeres diente als heller Schein.	
12 Mit Verwünschung beschreitest du die Erde, im Zorn verdrischst du die Nationen.	**33** Denn längst ist eine Brandstätte für es zugerichtet, [bereitet auch für den König], tief und breit, ein runder Platz für das Feuer und eine Menge Holz.
13 Und du zogst zur Rettung deines Volkes aus, um deinen Gesalbten zu retten. Du zerschmettertest das Haupt vom Haus des Bösen. Das Fundament wurde bloßgelegt bis zum Hals.	Vgl. V. 33 […] Vgl. oben, V. 28 Der Hauch JHWHs setzt ihn in Brand wie ein Schwefelstrom.

Die Apokalypse des Habakuk[131]

Die Szene des Gerichtes in Hab 3,3-15, Habakuks eigentlicher Vision, bringt Antworten auf dessen Frage, wie Gott gegen die Feinde seines Volkes auftritt, um es zu befreien (Hab 2,1-3). Das ist daran zu erkennen, dass sich die vorausgehende Handlung Gottes als mitgeteiltes Gut darstellt, das der Prophet aufschrieb. Sie war mehr oder weniger Teil eines Dialogs, der mit eingereichten Beschwerden ansetzt, und den Gott jeweils mit seinen Worten begegnet. Am Ende in Hab 3,17-19 stellt sich nach einem Schock dann doch Ruhe und Zuversicht ein was anzeigt, dass Habakuks Fragen beantwortet wurden. Mit Hab 3,3 setzt die geschaute Vision ein, eine Apokalypse!

Verrät diese Enthüllung etwas über die Zeit ihres Erscheinens?

In Hab 3,9 erscheint im Text *der siebte (Tag)*, der verwandt mit dem Sabbat ist und auch mit *Eiden* wiedergegeben werden kann. Über *Stämme* wird *ein Diskurs* geführt [LXX: *sieben/Szepter/er spricht*]. Diese Sieben steht auch für die Fülle der Zeit, d. h. das Ende einer Woche [Barberin: *sieben/Fülle*]. Dieser Diskurs lässt sich, wie wir unten noch sehen werden, sehr genau bestimmen. In der Apokalyptik kommen nur zwei Zeiten infrage: am Ende des ersten Siebeners oder am Ende des zweiten Siebeners (Hen 3 *vierzehn Laubbäume*, Dan 9,27 *Wochenbündnis*, Apk 6,1f *sieben Siegel* 8,7f *sieben Posaunen*). Damit steht die Zeit des Umbruchs am Ende der neubabylonischen Dynastie zur persischen Epoche bis zum Frühjahr 535 und die Zeit vor Ablauf der sieben Sonnenzeiten 2020/22 zur Disposition! Der obige Diskurs findet im zweiten Siebener ab [2003] 2010/11 statt, hat aber erstaunlicherweise seine zeitlichen Konturen bereits im ersten Siebener abgebildet, wie die chronologische Aufarbeitung zeigen wird, ein Schatten der vorausgeht! Dieses Phänomen ist nicht neu und bereits in anderen Zusammenhängen beobachtet worden. Bsp. Dan 9: *70 Wochen*. Eine Auflösung ist in *Tagen, Wochen, Jahren, Jahrwochen* und Zeit in *Wochen* von *Jesu Taufe* bis zum *Leiden* möglich. Für die Enden der Siebener können praktisch alle bekannten Voraussagen über Babylon vom ersten in den zweiten Siebener verlagert werden, weil das Babylon im ersten Siebener nicht untergegangen ist, sondern von den Persern übernommen und weitergeführt wurde!

---

[131] Harald Schneider: *Das Zwölf-Propheten-Buch*; 2023, Seite 271-276

Der beschriebene Diskurs in Hab 3,9 hat als Hintergrund Geschehen in der arabischen Welt: 1) den Irakkrieg im Frühjahr 2003 und bis zum Ende von deren Besatzung; 2) die Revolution Nordafrikas und des Nahen Ostens im Frühjahr 2011, die für Weltgeschichte sorgte.

Was verrät die Enthüllung über den Ort des Geschehens?

Die geographische Beschreibung dieses „Bebens" wird zu Visionsbeginn in Hab 3,3 eingeleitet und findet in Hab 3,7 eine Präzisierung, was uns hilft die heutigen Gegebenheiten problemlos zu erfassen.

Gott kam vom Süden, genauer von Teima in Arabien, und vom Gebirge Paran, das sich längs des Golfes von Akaba bis hoch in den Norden zieht, auch dem Land Seir (Hab 3,3). Damit wird der Südöstliche Bereich zu Israel beschrieben, wie die zweite Ortsangabe deutlich macht. Das sind die in Not geratenen Wohnorte Midians, wieder an der Ostküste des Golfs von Akaba, nur viel weiter in den Süden reichend, und sie sind den Zelten Kuschans, d. h. Äthiopien, gegenübergestellt (Hab 3,7). Diese Regionen sind von dem Beben betroffen, das Gegenstand der Vision ist. Midian wird nicht Ägypten oder dem Sinai gegenübergestellt, sondern Äthiopien, d. h. ganz Nordafrika (vielleicht bis zum Horn von Afrika), wird Arabien (dem alten Midian) gegenübergestellt. Das Rote Meer teilt die zwei Kontinente und im Norden davon lag das Land Juda und liegt der heutige Staat Israel. Der Diskurs in Hab 3,9 geht um diese nordafrikanischen und diese arabischen Staaten, die heute zum überwiegenden Teil von einer moslemischen Bevölkerung bewohnt werden.

Was hat der Diskurs in Hab 3,9f zum Gegenstand?

Am 17.12.2010, als man immer noch mit den Folgen der globalen Finanzkrise von 2008 beschäftigt war, verbrannte sich in der mittel-tunesischen Stadt Sidi Bouzid der Händler Mohammed Bouazizi, um gegen die Willkürherrschaft der Behörden seines Landes zu protestieren. Der FAZ-Redakteur Wolfgang Günter Lerch führte dazu aus: „Es kam zu Demonstrationen und Protesten gegen das Regime von Präsident Zine El-Abidine Ben Ali, der das Land seit 1987 mit eiserner Faust regiert und – wie jedermann wusste – sich dabei schamlos bereichert hatte. Rascher als bei früheren »Brotunruhen« drang die Protestwelle in die Hauptstadt Tunis vor. ... Ben Ali hielt vier Wochen durch, doch am 14.01.2011 verließen er und seine Familie das Land." Diese unvorstellbar erscheinende Entwicklung „beflügelte all jene, die auch in Ägypten den Rücktritt Hosni Mubaraks forderten ...

Beflügelt wurde ohne Zweifel auch die jemenitische Opposition, die in Sanaa schon lange durchgreifende Reformen, wenn nicht den Rücktritt von Präsident Ali Abdullah Salem forderte. Trotzdem ahnte zu diesem Zeitpunkt wahrscheinlich kaum jemand, dass die »Arabellion« in der ganzen zwischen dem Atlantik und dem Persischen Golf sich erstreckenden Region die politischen Ereignisse des Jahres 2011 bestimmen würde, der weit in die Zukunft weist. Vergleiche mit der Französischen Revolution sind schon angestellt worden." Die Unruhe erfasste „allmählich fast alle Staaten der Region, sodass der Begriff »Arabischer Frühling« für diese Bewegung aufkam: Marokko, Algerien, Libyen, der Jemen, Bahrain, ja sogar Saudi-Arabien, Oman und Kuwait wurden vorübergehend – oder permanent – durch Proteste erschüttert."[132] Am 11. Februar ging Mubarak, der seit 30 Jahren über 85 Millionen Ägypter herrschte. In Lybien wurde ein Krieg geführt, und Gaddhafi wurde am 20. Oktober getötet.

Während viele Regierungen Reformen anboten, um dem Volksbegehren Raum zu gewähren, haben Bahrain und Saudi-Arabien gewaltsam die Proteste unterdrückt. In Syrien hielt sich Baschar Al-Assad an der Macht, in dem er gegen Demonstrationen das Militär einsetzte, was letztlich zum Krieg eskalierte. Millionen von Syrern flüchteten ins Ausland. Auch im Jemen blieb die Lage angespannt.

Passen die Ortsbeschreibungen auch zum alten Babylon?

Es existiert eine nicht sogleich erkennbare dritte Ortsbeschreibung. Im o. g. Diskurs in Hab 3,9 folgt nach dem *Sela* „Mit Strömen hast du die Erde gespalten." Ströme kommen wie andere Wasser im Kontext öfter vor, und stellen politische Strömungen in den verschiedenen beteiligten Regionen da, wie die Wasser, d. h. Ozeane das Volk. Doch widerstehen ja oft gerade diese Ströme dem Volksbegehren! Die Unruhe ging von den Volksmassen aus, und nicht von den Strömen. Wieso wird dann „mit Strömen … die Erde gespalten"? In Ode 4, einer Parallelüberlieferung von Hab 3,3-17 in der Septuaginta, ist die Zusammensetzung „Der Flüsse Land wird zerrissen werden" klarer! Das alte Babylon lag im Zweistromland Mesopotamien, „der Flüsse Land", im Gegensatz zu Ägypten mit dem einen Nil! Hier wird ein Ort bezeichnet, der vom Euphrat und vom Tigris gespeist wurde!

---

[132] Wolfgang Günter Lerch: Essay: *Revolution im Nahen Osten* Brockhaus Enzyklopädie, Jahrbuch 2011, Seite 72-75.

Eine Zeitumstellung und die Apokalyptik – 2024 – Harald Schneider

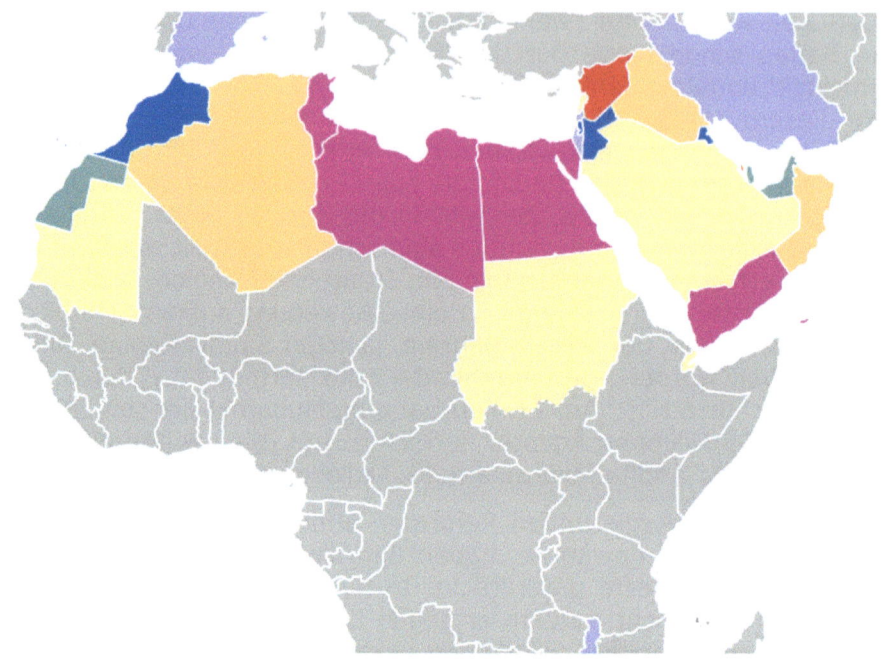

Arabische Welt:

▌ Staatsoberhaupt gestürzt

▌ Regierung infolge von Protesten umgebildet

▌ Volksaufstand

▐ Massenproteste

▐ Unruhen/Proteste

▌ Keine Vorfälle bekannt[133]

Die Anordnung in 3,9b nennt die Zerstreuung des Irak noch vor den Unwettern, die in 3,10 hindurchziehen und heute „Arabischer Frühling" genannt werden. Die Beben in 3,6 hatten jedoch eine Wirkung auf „der Ströme Land", denn die religiös gespaltene Bevölkerung des Irak wurde mit dem „Islamischen Staat" konfrontiert, einer fundamentalistischen Ausrichtung zur Schaffung eines Gottesstaates.

---

[133] Quelle: Wiki – Arabischer Frühling

Wie ist zu begründen, dass der Diskurs vorgezogen Auftrat?

Mit dem siebten Tag in Hab 3,9 konnte auf das Ende des zweiten Siebeners 2020/22 geschlossen werden, und tatsächlich trat genau dann eine Pandemie auf, die in Hab 3,5 als ein Merkmal seines Erscheinens auf der Erde hervorsticht, und worauf bereits in der Einleitung aufmerksam gemacht wurde. Noch nicht geklärt ist, warum der Diskurs in Hab 3,9 der Pandemie vorausging? Ein Vergleich mit Ereignissen zum Ende des ersten Siebeners bietet hier einen gewissen Aufschluss. Auch dieser Zeitenwende gingen einschlägige Krisen voraus. Schon das erste Jahr Nabonids war eine Zeit schwerer wirtschaftlicher Krisen, die zu Abwanderungen und später zu kriegerischen Auseinandersetzungen führten. Die sieben Zeiten in Dan 4, die laut Quellen aus den Schriftfunden bei Qumran (4Q252) Belsazars Vater Nabonid zuzuordnen sind, berichten von sieben Jahren Krankheit in Teima, während sein Sohn die Regierung führte.

Etwas über 10 Jahre vor dem Ende des ersten Siebeners (als Zeitrechnung) begannen die Sieben Zeiten in Dan 4, was durchaus Parallelen aufblitzen lässt! Der Diskurs ist in zeitlicher Entsprechung zum zweiten Siebener 2010/11 aufgetreten. Der bildhaften Flucht der Vögel und Tiere aus dem Baum sind der Krise in der arabischen Welt ähnlich. Es gibt eine große Schere zwischen Arm und Reich, die bei hoher Inflation, Arbeitslosigkeit und sogar Hungersnöten für soziale Unzufriedenheit sorgen, was durch den Arabischen Frühling deutlich wurde. Auch die Weltwirtschaftskrise[134] ab 2008 gehört noch in diesen Radius, beschreibt aber nicht das Beben in Hab 3,6. Der Irak wurde von 2003 bis zur Gegenwart zerrissen! Die Stimmigkeit dieser Krisen in ihrem Verhältnis von Ort, Zeit und Inhalten geben Anlass, hierin eine Gestaltung durch Gott zu sehen, einem Heiligen (Hab 3,3; Dan 4,13), der vom Teima kam!

Auch Habakuk sprach nach der Vision große Versorgungskrisen an, die er kommen sah (Hab 3,17). Was er sah, nahm ihm sogar die Angst vor dem anstehenden Herabkommen Gottes, um sein Volk zu überfallen (Hab 3,16). Er wusste jetzt aus der Vision, das Gott die Chaldäer, die er seinerzeit gegen Juda einsetzte, zur bestimmten Zeit massiv zerreißen und durch weitere Beben erschüttern würde.

---

[134] Die Weltwirtschaftskrise 1929 schlug 7 Mondzeiten nach der Krise im Zweistromland ein und währe in Sonnenzeiten ab 2006 zu erwarten gewesen.: Harald Schneider *Die Adler-Vision und Babylon, die Große*; Seite 29f

Ergänzende Überlegungen zu Jes 30,29.32.33

Es sind zu den als Einfügungen behandelten Versen 30,29.32 abschließend noch einige Überlegungen anzuschließen. *Hans Wildberger* schreibt:

„Die Botschaft, daß Assur im letzten Moment vernichtet wird, muß, so denkt sich der Erzähler, in Jerusalem Anlaß zu jubelnder Festfreude sein."[135]

Da nun aber 30,27-33 eine Zukunftsansage für die Zeit ab 2001 darstellt 30,26, ist ein Lied 30,29 zur Befreiung seines Volkes (Hab 3,13), wie zur Weihe der Passahnacht denkbar! Den Rahmen bildet die Ankunft seines Namens von fernher zum Gericht an den Nationen. *Das Lied werdet ihr singen wie in der Nacht, wo das Fest geweiht wird.* Es ist an ein bestimmtes Lied zu denken (vgl. Apk 14,3). Der darauffolgende Vergleich war zurzeit Jesajas verständlich. *Ihr werdet euch von Herzen freuen wie einer, der mit Flötenspiel daherkommt, um auf den Berg JHWHs, zum Felsen Israels zu ziehen.* In 30,32 werden zunächst weitere Einzelheiten gegen Assur angeführt: *Und jeder Streich des Stabes wird es züchtigen, die JHWH auf ihn herabfahren lässt.* Eine Mehrzahl von Streichen könnten historisch durchaus belegt werden (Siehe: Die Apokalypse des Habakuk). Sprachlich geht es um ein *vorrüberfahren* wie ein Wasserbach. Das hier *mit Tamburin- und Lautenspiel und mit Schwingung* gegen Assur gekämpft wird, hat man kultisch als Weihung einer Opfergabe in 30,33 gedeutet. Ich möchte an dieser Stelle mit Blick auf den Irak auf die Stadt Babylon hinweisen, deren Ruinen zu einem Schauplatz wurden, als sich Saddam Husein dem Nebukadnezar ebenbürtig in Szene setze und Ziegel zu Wiederaufbau mit beiden Namen versah. Im Irakkrieg rollten Panzer in die Ausgrabungsstätte Babylon und es wurde dort das Hauptquartier Alpha eingerichtet. Dabei entstanden dort erhebliche Schäden, auf die 30,33 anspielt: *Denn längst ist eine Brandstätte für es zugerichtet, [bereitet auch für den König], tief und breit, ein runder Platz für das Feuer und eine Menge Holz.* Ein Zusammenhang zu *Musik und Tanz* kann gut auf die gegensätzliche Ideologie der westlichen Lebensweise abheben, die sich an diesem Ort vernichtend breitmachte.[136]

---

[135] BKAT X Hans Wildberger: *Jesaja*; 1978, Seite 1219f
[136] Ökumenisches Handbuch Online: *Babylon: Wie die Zerstörung einer Stadt voranschreitet.* Die Welt Online (19.06.2008): *Archäologie: Die zweite Zerstörung des großen Babylon.*

Jesaja 33,13 bis 34,17

Bei diesem hebräischen Abschnitt 33,13-34,17 überrascht die Länge (heute 29 Verse). 33,13 Nah und Fern werden zum Hören aufgefordert. Seine Macht 33,14 schockiert die Sünder und die Gottlosen zittern. Die Existenzfragen angesichts des Feuers und der bleibenden Schäden werden in einer der „Torliturgie" wie in Ps 15 und 24 ähnlichen Form beantwortet: 33,15 beschreibt eine von Recht und Wahrheit bestimmte, unbestechliche und von Widerwärtigkeit weichende Persönlichkeit, 33,16 dem der Schutz und die Versorgung nicht abreißen werden!

»Die Unterteilung von 33,13-34,17 erfolgt lediglich der Übersicht wegen«

Jes 33
13 Hört, ihr Fernen, was ich getan habe, und ihr Nahen, erkennt meine Macht!
14 Die Sünder in Zion sind erschrocken, zittern hat die Ruchlosen ergriffen.
"Wer kann bei verzehrendem Feuer sein? Wer kann bei ewigen Gluten sein?"
15 Wer in Gerechtigkeit geht und Wahrheit redet, wer erpressten Gewinn verschmäht, wer seine Hände schüttelt, um keine Bestechung anzunehmen, sein Ohr verstopft, um nichts von Blutschuld zu hören, und seine Augen verschließt, um Böses nicht anzusehen:
16 der wird auf Höhen wohnen, Felsenfesten sind seine Zuflucht. Sein Brot wird ihm gereicht, sein Wasser versiegt nie.

Die Angesprochenen können 33,17 den verherrlichten König sehen 32,1f und ein geeignetes Land zum Wohnen erspähen. Ihr Rückblick 33,18 auf den Schrecken führt zu der Feststellung, dass die mitunter bedrückenden Steuererhebungen und Abgabenzwänge durch Regierungen aufgehört haben. 33,19 verrät uns, dass Babylon (Dialekt, vgl. Jer 5,15) als Weltherrscher nicht mehr zu sehen ist. 33,20 Der Blick auf Zion und die Feste, besonders das Passah, verraten die Nähe und Geborgenheit, die sich mit der Befreiung einstellt und durch die Aue und Gottes Zelt anschaulich gemacht werden. Die Vorteile eines Zeltes (Mobilität) weichen hier einer Beständigkeit als Ruheort, die der Unruhe in Bedrängnis entgegensteht (Apk 21,3.4). 33,21 beginnt mit dem Herrlichen (vgl. 33,17) und kommt dann auf Flüsse, Ströme ohne Schifffahrt zu sprechen, die häufig in Klammern gesetzt werden. Dem entgegen zeigen diese Unterbrechungen (auch 33,23) typische Merkmale der umliegenden Weltmächte an, die in Ägypten durch den Nil und in Mesopotamien durch den Tigris und den Euphrat gespeist wurden und u.a. für militärische Zwecke genutzt wurden. Das würde an diesem Ort nicht vorkommen können, 33,22 *denn JHWH ist Richter, Anführer und König. Er wird uns retten* was einschließt, dass JHWH Kriege für sein Volk führt. 33,23 Die zerschlagene Streitmacht kann ihr Banner nicht mehr heben und kann von *Blinden und Lahmen geplündert* werden, was auf eine andere Gruppe schließen lässt, als die Einwohner in 33,24, die sich um Krankheiten nicht mehr sorgen müssen, weil ihre Schuld vergeben sein wird, eine wohl häufige Ursache für Leiden aller Art.

Jes 33
17 Deine Augen werden den König in seiner Herrlichkeit schauen, sie werden über weites offenes Land blicken.
18 Dein Herz wird des Schreckens gedenken: Wo ist der, der zählte? wo der, der prüfte? [wo, der, der die Türme zählte?]
19 Du wirst das freche Volk nicht mehr sehen, das Volk von dunkler Sprache, die man nicht begreift, von stammelnder Lippe, die man nicht versteht.
20 Schau auf Zion, die Stadt unserer Festversammlung! Deine Augen werden Jerusalem sehen als eine ruhige Aue, ein Zelt, das nicht wandern wird, dessen Pflöcke man nie mehr herauszieht, von dem und dessen Seilen keines reißen wird.
21 Denn dort wird für uns ein Herrlicher sein, ein Ort von Flüssen, von breiten Strömen. Kein Ruderschiff fährt darauf und kein mächtiges Schiff gleitet darüber.
22 Denn JHWH ist unser Richter, JHWH ist unser Anführer, JHWH unser König. Er wird uns retten.
23 [Schlaff hängen deine Taue, sie halten nicht das Mastgestell, halten die Flagge nicht ausgebreitet. Da teilen Blinde Raub in Menge, Lahme plündern die Beute.]
24 Und kein Einwohner wird sagen: „Ich bin krank." Dem darin wohnenden Volk wird die Schuld vergeben sein.

34,1-17 gibt Auskünfte über das Gericht an allen Nationen 34,1-4, vornehmlich an Edom 34,5-17. In 34,1 sind *Völker, Nationen, Erde und was sie erfüllt* aufgefordert, zur Kenntnis zu nehmen, 34,2 dass *der Zorn JHWHs alle Völker und ihr Heer* mit einem *Bann* belegt hat. 34,3 Es wird keine Bestattung der *Erschlagenen* stattfinden. Die *Berge zerfließen*, d. h. 34,4 Regierungen *werden aufgerollt wie eine Buchrolle* und *ihr Heer fällt wie Laub* zu Boden. 34,5 Das *Schwert* dort (im Himmel) wäre *trunken* und würde *auf Edom herabfahren, auf das Volk meines Bannes.* 34,6.7 Das Gericht wird als ein Schlachtopfer *im Land Edom* beschrieben. 34,8 Grundlage für *einen Tag der Rache* bzw. *ein Jahr der Vergeltung* ist *die Rechtssache Zions.* 34,9.10 nennt Edoms *Verwandlung* in *Pech und Schwefel*, die *nicht mehr erlischt* und *Rauch aufsteigen lässt*, was über Generationen hinweg *für immer und ewig* abschrecken würde. 34,12 Die Herrschaft von Edom endet vollständig und 34,13 *seine Paläste* verwildern und werden zum Wohnort für *Schakale und Strauße*, wie schon in 34,11 *Eulen, Igel, Uhu und Raben* das Gebiet *in Besitz nehmen*. 34,14 benennt *Dämonen*, die *Hyänen* treffen, *Bockdämonen* und *Lilith*, 34,15 die nistende *Pfeilschlange mit Brut und Eiern*, sowie

Geier. 34,16.17 Im Buch JHWHs hatte er diese Versammlung *geboten. Sein Geist hat sie zusammengebracht. Er selbst warf ihnen das Los.* Diese *Zuteilung* wird einer Gruppe zuteil, die bereits vorher im Kollektiv stand. Es wird deshalb gesondert nach dem Buch JHWHs gefragt. Die Identität der Wesen in 34,14f muss aufgeklärt werden!

Jes 34

1 Naht euch, ihr Völker, zum Hören, und ihr Nationen, merkt auf! Es höre die Erde und was sie erfüllt, das Festland und alles, was ihm entsprosst!

2 Denn der Zorn JHWHs ergeht über alle Völker, und sein Grimm über all ihr Heer. Er hat sie mit dem Bann belegt und zur Schlachtung bestimmt.

3 Und ihre Erschlagenen werden hingeworfen, und der Gestank ihrer Leichname steigt auf, und die Berge zerfließen von ihrem Blut.

4 Und alle Heere der Himmel sollen verwesen, und die Himmel werden aufgerollt wie ein Buch und all ihr Heer fällt herab, wie das Blatt vom Weinstock abfällt und wie das Verwelkte vom Feigenbaum.

5 Denn trunken ist im Himmel mein Schwert. Siehe, auf Edom fährt es herab und auf das Volk meines Bannes zum Gericht.

6 Ein Schwert führt JHWH voll Blut. Es trieft von Fett, vom Blut der Lämmer und Böcke, vom Nierenfett der Widder, denn JHWH hat ein Opferfest in Bozra und ein großes Schlachtfest im Land Edom.

7 Und Wildstiere stürzen mit ihnen, junge Rinder und Stiere, und ihr Land wird trunken von Blut, und ihr Staub von Fett getränkt.

8 Denn JHWH hat einen Tag der Rache, ein Jahr der Vergeltung für die Rechtssache Zions.

9 Und seine Bäche verwandeln sich in Pech, und sein Land in Schwefel und sein Land wird zu brennendem Pech.

10 Tag und Nacht erlischt es nicht, unaufhörlich steigt sein Rauch auf. Von Geschlecht zu Geschlecht liegt es verödet, für immer und ewig zieht niemand durch.

11 Und Eule und Igel nehmen es in Besitz, und Uhu und Rabe wohnen darin. Und man spannt darüber die Messschnur der Öde und das Senkblei der Leere.

12 Seine Edlen. Keiner ist da, der das Königtum ausruft, mit all seinen Fürsten ist Schluss.

13 In seinen Palästen schießen Dornen auf, Nesseln und Disteln in seinen Burgen. Es wird zur Stätte der Schakale, zum Hof der Strauße.

14 Und Dämonen treffen mit Hyänen zusammen, und Böcke begegnen einander. Ja, dort rastet die Lilith und findet einen Ruheplatz für sich.

15 Dort nistet die Pfeilschlange und legt Eier, brütet sie aus und verlässt die Eier. Ja, dort versammeln sich die Geier, einer zum anderen.

16 Forscht nach im Buch JHWHs und lest! Es fehlt nicht eines von diesen, keines vermisst das andere. Denn mein Mund, er hat es geboten, und sein Geist hat sie zusammengebracht.

17 Er selbst hat ihnen das Los geworfen, und seine Hand hat es ihnen zugeteilt mit der Messschnur. Für immer werden sie es besitzen, von Geschlecht zu Geschlecht darin wohnen.

6-8 Hen 62,12

Die Landzuteilung in 34,17 an die Gruppe der Wesen in 34,14f würde sich nach 34,16 im Buch JHWHs nachlesen lassen. Existiert heute noch ein Buch, das uns diese Informationen liefert? In einer Offenbarung an Noah, die im Buch Henoch eingebettet ist, bekommt Noah *in einem Buch die Zeichen aller Geheimnisse und die Bilderreden* Hen 68,1. Michael und Raphael besprechen sich darin über *die Härte des Gerichts über die Engel … das vollzogen und bleiben wird, vor dem sie zerschmelzen* Hen 68,2f, und danach werden in Hen 69,2f als Gruppe *die Namen jener Engel* aufgezählt *und die Obersten* fünf und deren Vergehen im Einzelnen beschrieben. Darin tauchen auch die Verführung *Evas* 69,6, *Schläge der Geister und Dämonen … dass Embryos im Mutterleib abgehen* und der *Biss der Schlange* und der *Sohn der Schlange* 69,12 auf, die in Jes 34,14b.15a mit *Lilith*[137] und mit der *Schlange, die ihre Eier verlässt*, assoziieren!

Weiter wird in Hen 69,13f von einem *Bannschwur in Michaels Hand* 69,15 gesprochen, vor dem *die erzittern, die den Menschenkindern alles, was verborgen war, zeigten* 69,14, denn *das gesamte Gericht wurde dem Menschensohn übergeben, und er lässt die Sünder und die Weltverführer verschwinden und vertilgen vom Angesicht der Erde* 69,27, was den universalen Charakter von 34,1-4 wiedergibt. In Jes 34,2 wird von einem Bann *über Völker und ihr Heer* gesprochen. 34,4 *Alle Heere der Himmel sollen verwesen, und die Himmel werden aufgerollt wie ein Buch*, lehnt sich an die Geheimnisse des Schwurs an, womit *der Himmel aufgehängt wurde* 69,16. *Durch den Schwur vollenden Sonne und Mond* 69,20 und *die Sterne ihren Lauf* 69,21 (34,4^{LXX}). Damit qualifiziert sich in der 3. Bilderrede Henochs Noahs Teil in 65-69[138] als das in 34,16 angesprochene *Buch JHWHs!*

Hen 68
2 An jenem Tag antwortete der heilige Michael dem Raphael, in dem er sprach: „Die Kraft des Geistes reißt mich hin und erschüttert mich, und die Härte des Gerichts der Geheimnisse, des Gerichts über die Engel. Wer kann das Harte des Gerichts aushalten, das vollzogen und bleiben wird, vor dem sie zerschmelzen? 3 Und es veränderte sich weiter, als der heilige Michael zu Raphael sprach: „Wer ist da, der sein Herz darüber nicht erweichen würde, und dessen Nieren von diesem Wort nicht erschüttert würden? Ein Gericht ist über die ausgegangen, die sie hinausgeführt haben. 4 Weil er vor dem Herrn der Geister steht, geschah es, dass der heilige Michael zu Raphael sprach: „Und ich werde nicht für sie sein unter dem

---

[137] *Babylon die Große ist gefallen Gottes Königreich herrscht*; 1965, S. 41
[138] Harald Schneider: *Das Buch Henoch und die neue biblische Chronologie*; 2020; *Die Offenbarung Noahs in der dritten Bilderrede*, Seite 113-119

Auge des Herrn, denn der Herr der Geister ist erzürnt über sie, weil sie so handeln, als wären sie dem Herrn gleich. 5 Darum kommt das Gericht über sie, das verborgen ist von Ewigkeit zu Ewigkeit: denn weder Engel noch Mensch wird seinen Anteil erhalten, sondern sie alle erhalten ihr Gericht von Ewigkeit zu Ewigkeit."

Hen 69

1 Nach diesem Gericht werden sie ihnen Schrecken und Angst einjagen, weil sie den Erdbewohnern dies gezeigt haben. 2 Die Namen jener Engel sind diese Namen: der erste ist Semjaza, der zweite Arestaqif, der dritte Armen, der vierte Kokabael, der fünfte Tureel, der sechste Rumyal, der siebte Danel, der achte Neqael, der neunte Baraqel, der zehnte Azazel, der elfte Armaros, der zwölfte Bataryal, der dreizehnte Bazazeel, der vierzehnte Hananel, der fünfzehnte Turel, der sechzehnte Sampisiel, der siebzehnte Yeterel, der achtzehnte Tumael, der neunzehnte Turel, der zwanzigste Rumael, der einundzwanzigste Azazel. 3 Und die Obersten ihrer Engel und ihre Namen und die Hauptleute über hundert, die Hauptleute über fünfzig und die Hauptleute über zehn. 4 Der Namen des ersten Yeqon: Dieser hat alle Kinder der Engel verführte. Er brachte sie runter zur Erde und verführte sie durch die Töchter der Menschen. 5 Der andere ist Asbeel: dieser gab den Kindern der heiligen Engel den bösen Rat und verführte sie, sodass sie ihre Leiber mit den Menschentöchtern verdarben. 6 Der dritte ist Gadreel: Dieser zeigte den Menschkindern alle tödlichen Schläge. Er hat die Eva verführt und den Menschenkindern die Todeswerkzeuge gezeigt: Schild, Brustpanzer, Schwert, alle Todeswerkzeuge für die Menschenkinder. 7 Von seiner Hand ausgehend kamen sie über die Erdbewohner, von jener Zeit bis zur Ewigkeit der Ewigkeit. 8 der vierte ist Penemue: Dieser zeigte den Menschen das Bittere und das Süße, und er hat ihnen alle Geheimnisse ihrer Weisheit gezeigt. 9 Er lehrte die Menschen das Schreiben auf Blatt mit Tinte, und dadurch versündigten sich viele von Ewigkeit bis in Ewigkeit bis heute. 10 Die Menschen verkraften es nicht, dass sie mit Feder und Tinte ihren Glauben bekräftigen. 11 Denn die Menschen sind anders geschaffen als die Engel, sodass sie rein und gerecht bleiben und der vernichtende Tod sie nicht betroffen hätte, aber durch diese ihre Kenntnis gehen sie zugrunde, und durch diese Macht verzerrt er mich. 12 Der fünften ist Kasdeyae: Dieser hat den Menschenkindern alle bösen Schläge der Geister und Dämonen gezeigt und die Schläge, dass die Embryos im Mutterleib abgehen, und die Schläge der Seele, wie den Biss der Schlange und den Hitzeschlag am Mittag und den Sohn der Schlange, Namens Tabaet. 13 An der Reihe die Aufgabe des Kasbeel, der den Heiligen das Haupt des Schwures zeigte, als er oben in der Herrlichkeit wohnte, und sein Name ist Biqa. 14 Dieser sprach zu Michael, er solle ihm den verborgenen Namen zeigen, damit er ihn im Schwur ausspreche, dass vor diesem Namen und Schwur die erzittern, die den Menschenkindern alles, was verborgen war, zeigten. 15 Die Macht dieses Schwures ist kräftig und stark, und er hat den Bannschwur in Michaels Hand gegeben. 16 Und das sind die Geheimnisse dieses Schwures: Seine Macht ist in seinem Schwur, und der Himmel wurde aufgehängt, bevor die Welt geschaffen wurde, und bis in Ewigkeit. 17 Und durch ihn wurde die Erde über den Wassern gegründet, und aus dem Versteck der Berge kommen die herrlichen Wasser hervor seit der Schöpfung der Welt und bis in Ewigkeit. 18 Und durch jenen Schwur wurde das Meer erschaffen und als sein Fundament legte er für sein Toben den Sand, den er nicht überschreiten darf von der Schöpfung der Welt bis in Ewigkeit. 19 Und durch den Schwur sind die Tiefen befestigt und sie stehen und lassen sich nicht von dort wegrücken. 20 Und durch den Schwur vollenden Sonne und Mond ihren Lauf, ohne ihre Bahn zu überschreiten von Ewigkeit zu Ewigkeit. 21 Und durch

> den Schwur vollenden die Sterne ihren Lauf, und er ruft sie beim Namen, und sie antworten ihm von Ewigkeit zu Ewigkeit. **22** Und ebenso die Geister der Wasser, der Winde, aller Lüfte und ihre Wege aus allen Gegenden der Geister. **23** Und in ihm werden die Kammern des Donners und das Licht der Blitze aufbewahrt. In ihm werden die Kammern des Hagels und des Reifs und die Kammern des Nebels, die Kammern des Regens und Taus bewahrt. **24** Sie alle glauben und danken vor dem Herrn der Geister und sie rühmen mit all ihrer Kraft. Ihre Speise besteht im Lobpreis, und sie lobpreisen und verherrlichen und erheben im Namen des Herrn der Geister von Ewigkeit zu Ewigkeit. **25** Und dieser Schwur ist über sie mächtig und sie werden durch ihn bewahrt und ihre Wege bewahrt und ihre Bahn nicht unterbrochen. **26** Und es herrschte unter ihnen große Freude, sie loben, preisen und erheben, weil der Name jenes Menschensohnes offenbart worden war. **27** Und er setzte sich auf seinen Thron der Herrlichkeit, und das gesamte Gericht wurde dem Menschensohn übergeben und er lässt die Sünder und die Weltverführer verschwinden und vertilgen vom Angesicht der Erde. **28** In Ketten werden sie gelegt, an ihrem Versammlungsort der Vernichtung eingeschlossen und ihr ganzes Werk wird vom Angesicht der Erde verschwinden. **29** Von nun an wird nichts Verdorbenes mehr da sein, denn der Menschensohn ist erschienen und hat sich auf seinen Thron der Herrlichkeit gesetzt. Alles Böse wird vor seinem Angesicht verschwinden und vergehen, und sie werden zu jenem Menschensohn sprechen, und er wird mächtig sein vor dem Herrn der Geister. Dies ist die dritte Bilderrede Henochs.

Der Menschensohn aus Hen 69,27 entspricht einen Titular auf Jesus, das in Kontext des Zitats von Jes 34,4 in Mat 24,29/Mar 13,25 steht.

Mat 24	Mar 13
29 Gleich nach dem Tag der Bedrängnis wird die Sonne verfinstert, der Mond nicht scheinen und die Sterne vom Himmel fallen und die Kräfte der Himmel erschüttern.	**25** Die Sterne fallen vom Himmel, denn die Kräfte in den Himmeln werden erschüttert.
30 Dann werden sie das Zeichen des Menschensohnes im Himmel erscheinen sehen …	**26** Dann werden sie den Menschensohn in Wolken mit großer Macht und Herrlichkeit kommen sehen

Jes 34,4 [*die Sterne*]^LXX wird in Apk 6,13f ausführlich zitiert.

Jes 34	Apk 6
	12 Und ich sah, als er das sechste Siegel öffnete: ein großes Beben, und die Sonne wurde schwarz wie ein Sacktuch und der Mond wurde wie zu Blut.
4a Und alle Heere der Himmel sollen verwesen, … **4c** wie das Blatt vom Weinstock abfällt und wie das Verwelkte vom Feigenbaum.	**13** Und die Sterne des Himmels fielen zur Erde, wie ein Feigenbaum seine Herbstfeigen abwirft, wenn er von einem starken Wind geschüttelt wird.
4b und die Himmel werden aufgerollt wie ein Buch und all ihr Heer fällt herab,	**14** Und der Himmel entwich wie eine Buchrolle, die man zusammenrollt, und jeder Berg und jede Insel wurde von ihrer Stelle gerückt.

12 Seine Edlen. Keiner ist da, der das Königtum ausruft, mit all seinen Fürsten ist Schluss.	**15** Und die Könige der Erde und die Edlen verbargen sich in den Höhlen und in den Felsen der Erde. **16** Und sie sagen zu den Bergen und Felsen: fallt über uns und verbergt uns vor dem Angesicht dessen, der auf dem Thron sitzt, und vor des Lammes Zorn, **17** denn der große Tag seines Zornes ist gekommen, und wer kann bestehen?

Jes 34,10 wird in Apk 19,3 angesprochen und 18,23 nennt die Edlen.

Jes 34	**Apk 19**
9 Und seine Bäche verwandeln sich in Pech, und sein Land in Schwefel und sein Land wird zu brennendem Pech. **10** Tag und Nacht erlischt es nicht, unaufhörlich steigt sein Rauch auf. Von Geschlecht zu Geschlecht liegt es verödet, für immer und ewig zieht niemand durch.	**3** Und zum zweiten Mal sprachen sie: Preist Jah! Und Rauch von ihr steigt auf für immer und ewig.
12 Seine Edlen. Keiner ist da, ... Schluss	vgl. Apk 18,23

Im Buch Yaschar ist eine Liste mit Geistern, *männlich oder weiblich* eingetragen, wie das in Jes 34,14f mit Lilith zum Ausdruck kommt. Diese Versammlung hört auf den, der den Namen gebraucht, was an den verborgenen Namen in Hen 69,14 erinnert, weil er eine vergleichbar große Wirkung zeigt:

Sefer ha-Yaschar G1.21 1a
1 ... Wenn er ihn (den Namen) über die Löwen, die Bären **2** und die Leoparden nennt, werden sie auf ihn hören. **3** Wenn er ihn über Schlange und Skorpion, über jedes Kriechtier und jeden **4** Wurm nennt, wird er ihrer spotten wie ein Vogel. **5** Wenn er ihn über Sonne und Mond nennt, **6** wird er über sie herrschen wie ein Gerechter über die **7** Gottesfurcht herrscht. Wenn er ihn über jeglichen Geist, Schadengeist, Dämon, Satan **8** sowie über die Nachtdämonen, männlich oder weiblich, nennt, werden sie **9** auf seine Stimme hören. Und wenn er ihn über Kampf und Krieg nennt, **10** werden sie vor ihm zerbrechen.

Die Wirkung reicht über Weltmächte 1-2, verborgene Mächte 3-4, Zeiten 5f, Geister 7f sowie über einen Kriegsausgang 9-10 hinweg. Die Geier/Adler aus Jes 34,15 sind den Regierungen 1f zuzuordnen. Tatsächlich rücken Engel und Mächte in Hen 66 dicht zusammen:

> **Hen 66**
> *4 Und sie werden die Engel, die die Ungerechtigkeit gezeigt haben, in dem brennenden Tal einschließen, das mein Ahne Henoch mir zuvor gezeigt hatte, im Westen bei den Bergen des Goldes, Silbers, Eisens, Gußmetalls und Zinns. 5 Und ich sah jenes Tal, in dem große Bewegung war und das Wogen von Gewässern. 6 Dies alles zusammen erzeugte aus dem feurigen Metallguß und der Bewegung, die sie steuerte, an jenem Ort ein Schwefelgeruch, der sich mit den Wassern verband, und jenes Tal der Engel, die verführt hatten, brennt unter der Erde weiter. 7 Durch die Täler dieser Erde treten Feuerströme hervor: dort werden die Engel gerichtet, die die Erdbewohner verführt haben. 8 Jene Wasser aber werden in jenen Tagen für die Könige, die Mächtigen, die Hohen, die auf der Erde wohnen, zur Heilung der Seele und des Leibes, aber zur Bestrafung des Geistes sein, da der Geist voller Verlangen ist, wird ihr Leib gestraft, weil sie den Herrn der Geister verleugnet haben, und täglich ihr Gericht vor Augen, glauben sie nicht an seinen Namen. 9 In dem Maß, wie das Brennen ihres Körpers zunimmt, wird sich ihr Geist verändern von Ewigkeit zu Ewigkeit, weil niemand vor dem Herrn der Geister eine leere Rede führen kann 10 Denn das Gericht wird über sie kommen, weil sie dem Verlangen ihres Leibes glauben und den Herrn der Geister verleugnen. 11 Auch die Wasser erleiden in jenen Tagen eine Veränderung, denn wenn jene Engel in diesem Wasser gerichtet werden, wird sich die Temperatur jener Wasserquellen verändern, und wenn die Engel aufsteigen, wird das Wasser dieser Quellen kalt werden. 12 Ich hörte Michael sagen: „Das Gericht, mit dem die Engel gerichtet werden, ist den Königen und Mächtigen, die die Erden besitzen, ein Zeugnis. 13 Denn diese Wasser des Gerichtes sind zur Heilung des Leibes der Engel, und zum Verlangen ihres Leibes, aber weder sehen noch glauben sie, dass sich diese Wasser verwandeln und zu einem Feuer werden, das ewig brennt."*

Der große hebräische Abschnitt 33,13-34,17 beginnt mit einer Torliturgie und dem Erscheinen eines Königs 33,13-24. Demgegenüber wird ein Gericht an allen Nationen 34,1-4, insbesondere aber gegen Edom angekündigt 34,5-17, das Geheimnisse in sich verbirgt. Der Verweis auf ein Buch JHWHs in 34,16 lässt an Noahs Offenbarung in Henoch 65-69 und an das Buch des Aufrichtigen *ha-Yaschar* denken! Christliche Bezugnahmen, alle im apokalyptischen Milieu, verweisen ebenfalls auf einen Retter, dem Menschensohn und dem Lamm Gottes. Die Verflechtung verschiedener Beschreibungen konkretisieren das Land Edom [Rot] als das Erbe einer Versammlung, wozu auch *die Geier, einer zum andern* gehören. Vielleicht ist hier das Tal im Westen (Hen 66,4) mit der Adlervision des Schealtiels zu verbinden (4Esr 11-12). Ebenso lassen sich Bezüge zur Weltherrschaft Babylon für heute ausmachen (Apk 17-18). Es kommt zum Zusammenbruch von Regierungen und zu großen Krisen, aus denen der Menschensohn den Weg weisen kann. Die Eingangssituation eines Verwüsters ab 33,1 und weinende Friedensboten 33,7f lassen aber zunächst nichts Gutes ahnen und so ist mit einem Tabubruch zu rechnen, der mehr Todesopfer hervorrufen kann, als jemals zuvor (lies Jes 33,6)!

Der Gottesknecht in Jesaja 40-55

Diese Betrachtung von Jesaja 40-55 ist ganz auf den unbekannten Gottesknecht gerichtet und in seiner Anordnung entsprechend aufgebaut. Viele Gegenüberstellungen zeigen ein Geschichtsbild, indem Jesaja als ein Prophet seiner Umwelt wahrgenommen werden kann.

Ein weiteres markantes Merkmal, das für Wirbel sorgt, ist die Absage der Schlüsselrolle des in den Text gelangten Kyros, auf den offensichtlich weder die Wissenschaft noch die Religion verzichten möchte. Die damit einhergehende Betonung der Rückkehr Judas aus dem Exil in Babylon überschallt die eigentliche Botschaft Jesajas!

Die Gottesknechtsgestalt *GK* in den Gottesknechtsliedern *GKL* wird eingehend betrachtet, viele weitere Quellen zum Vergleich herangezogen und deren Beanspruchung durch Hiskia nachgegangen. Der Gottesknecht wird als eine Endzeitgestalt erkannt, weshalb jede Inanspruchnahme vor und nach unserer Zeit kritisch hinterfragt wird.

Es wird herausgestellt, dass Jesajas Offenbarungsgut eine Rückkehr von Jakob/Israel in der Neuzeit und viele weitere Überraschungen bereithält, mit denen sich der Erlöser Jakobs der ganzen Menschheit als ein Gott demonstriert, der als einziger die Zukunft bestimmen kann und bestimmt hat! Die Konzentration auf seinen unbekannten Gottesknecht ab Kapitel 42 bringt es mit sich, dass die Kapitel 40-41 erst am Schluss behandelt werden, was keine Wertung darstellt.

JHWH offenbart sich darin allen Menschen, die ihn auf diese Weise sehen würden! Umbrüche in der menschlichen Gesellschaft wurden von Gott gefördert, um den Monarchien eine Absage zu erteilen. Im Norden wurde ein Kontrahent erweckt, den wir alle wahrnehmen können. Uns wird vor Auge geführt, wie anfällig die Menschheit ist und wie bescheiden unsere Bemühungen sind, uns auch nur ein annährend richtiges Bild von Gott zu machen. Wir werden auf eine Rettung aus einer beispiellosen Dürre vorbereitet!

Die nachvollzogene Nähe der Gottesknechtslieder zu den Bilderreden *BR* im Buch Henoch und die thematische Weiterführung in der Apokalypse des Johannes werden als Themen in einer einfachen und verständlichen Weise ausgebreitet und so den Schriften, die von Anfang an präsent waren, eine ungefilterte Geltung zu verschafft.

Ein kurzer Überblick

Das 1. Gottesknechtslied reicht mit seinen Anhängen von 42,1 bis 45,23 und zielt als Offenbarungsgut auf unsere Gegenwart ab.

Worte über Babylon an den Rest Jakobs laufen als ein historisches Zeugnis der Zeit Hiskias in das 2. GKL hinein 46,1-49,13. Deshalb kann die Beanspruchung Hiskias als Gottesknecht, auch wenn er als solcher nicht explizit genannt wird, weiter hinterfragt werden.

Die Anhänge 49,14-50,3 enthalten die Wiederherstellung des Zions, zeitgenössische Wunschoptionen und eine Ansage gegen Meer und Ströme. Es wird gefragt, ob diese nun Geschichte der Vergangenheit oder der Zukunft darstellt?

Dem folgt das 3. GKL für unsere Zeit mit Anhängen 50,4-52,12.

Das 4. GKL, wieder für unsere Zeit, wird hier mit Anhängen 52,13-55,13 bis zum Ende des vorgegebenen Rahmens weiterverfolgt.

Diese auf den unbekannten Gottesknecht ausgerichtete Betrachtung wendet sich erst nach diesen Stoffen an die Kapitel 40 und 41.

Für den Benutzer empfiehlt es sich, die Stoffe in der hier gegeben Reihenfolge zu verfolgen, auch weil die knapp gehalten Erläuterungen in diesem Sinne nicht aufhalten und sich der Zusammenhang gut entfalten kann. Ein Quereinstieg ist natürlich überall möglich.

Jedoch begründet auch der Aufbau den gewagten Ausbruch aus festgefahrenen Ansichten in Religion und Wissenschaft nachvollziehbar.

Entscheidend ist letztendlich, dass sich der Gott Israels damals und heute um Israel kümmert, worüber er reichhaltige Informationen an Jesaja vermittelte. Der Knecht JHWHs übt danach in der Gegenwart eine für die Zukunft wichtige Schlüsselstellung aus, währenddem Israel als ein Signal für die Völker verstanden werden will!

Damit bekommen wir die Gelegenheit, den Herausforderungen unserer Zeit auf einer Ebene mit unserem Erschaffer zu begegnen und uns von ihm führen zu lassen. Er errichtet einen *Bund mit dem Volk, zum Licht der Nationen, um blinde Augen zu öffnen, um Gefangene aus dem Kerker herauszuführen, und aus dem Gefängnis die Bewohner der Finsternis. Um den Gefangenen zu sagen: Geht hinaus! und zu denen in Finsternis: kommt ans Licht! – Jes 42,7; 49,9.*

Ein unbekannter Gottesknecht

Der Abschnitt Jes 40-55 spricht mehrmals von einem Gottesknecht (GK), ohne die Identität dieses Knechtes vollständig preisgeben zu wollen. Diese Situation regt die Leser dazu an, den GK der vier Gottesknechtslieder (GKL) in Gestalten der Vergangenheit, Gegenwart und Zukunft zu suchen. Auf der Suche spielt die eigene Anschauung eine nicht zu unterschätzende Rolle. Gab Gott dem Prophet Offenbarungswissen? Die Forschung kann das Phänomen der Apokalyptik so nicht erfassen, und sucht nach Auslösern in der Umwelt. In den meisten Kommentaren wird die Möglichkeit einer Voraussage durch Propheten von vornherein verneint, was den zeitlichen Radius der Suche nach dem GK eingeschränkt. Den Merkmalen des GK gesellt sich als Kriterium der zeitliche Ansatz im Rahmen der Spätdatierung hinzu. Dabei kommt der als Jesaja ausgewiesene Schreiber selbst als GK in Betracht! „Von wem sagt das der Prophet, von sich selbst oder von anderen?" – Apg 8,34. Hans Frör hat Jes 40-55 als Dialoge in eine Inszenierung gesetzt und muss für die Rollenbesetzung die Frage klären, wie viele Knechte er in Szene zu setzen hat? Er kommt dabei auf „zwei verwandte, aber doch unterschiedliche" Knechte, die er über eine Generationsfolge hinein bis in die Exilzeit deutet.[139] Doch allein die vier GKL könnten anonym mehrere einzelne Personen (oder Gruppen) beschreiben. Im zweiten GKL stellt sich der GK als von Geburt an berufen vor (49,1.5), was zurecht auf eine königliche Abstammung schließen lässt. Gott spricht ihn an: *du bist Israel* (49,3). Deshalb beginnt die Suche nach einem Repräsentanten für Israel in der Zeit Jesajas, ohne auf Jeremia zu verweisen, der viel später wirkte und sich auch selbst als ein Gottesknecht wahrnahm. Um an dieser Stelle Missverständnisse vorzubeugen: Es ist legitim, das Zustandekommen vom Buch Jesaja kritisch zu hinterfragen. Propheten waren auch Ratgeber, die auf frühere Erfahrungen und Überlieferungen zurückgreifen konnten. Auch eine Fortschreibung durch andere Personen ist nicht von vornherein auszuschließen. Nur gebietet die Fairness, bei der Suche nach dem GK alle personellen Optionen offenzuhalten und den Beobachtungen am Text den

---

[139] Hans Frör: *Das Drama des Zweiten Jesaja 40-55*; 2016, Seite 166-169

gebührenden Raum einzuräumen und Ausschlusskriterien zu meiden. Ansonsten würde ja die Aufklärung die Aufklärung verhindern!

Die Suche nach einem GK, dem die Möglichkeit zuerkannt wird, nicht selbstgebrautem Offenbarungsgut zu entspringen, ist keine Verabschiedung aus der Diskussion. „Wir müssen zuerst die Glaubhaftigkeit der Überlieferung voraussetzen und das Gegenteil durch Beobachtungen und Begründungen, d. h. durch methodische Exegese nachweisen."[140] Ein starkes Argument für die Spätdatierung von Jes 40-55 ist Kyros.

Unter „Kyrus anonym" fasst Peter Höffken zusammen:

„An folgenden Stellen ist nach weitreichendem Konsens von Kyrus die Rede: in 44,28; 45,1 wird er direkt als gottgewollter Akteur erwähnt. In 41,2f.25f (der Sache nach); 45,13; 46,10f; 48,14f wird von ihm anonym gesprochen. Man mag sagen, für damalige Hörer oder Leser war deutlich, um wen es ging. Dann wäre das Problem nicht existent. Andererseits scheint man ihn in 44,28 und 45,1 eigens in einem vorliegenden Text eingefügt zu haben, um deutlich zu machen, worum es geht. ..."[141]

Außerhalb der kritischen Forschung wird die Nennung des Namens Kyros geradezu begrüßt, da sie als Beleg für die Erfüllung biblischer Prophetie verbucht werden kann. Das tückische dabei ist, dass die Wirkung einer Namensnennung das Gleichgewicht empfindlich stört!

Wenn der Name Kyros nachträglich eingefügt worden ist, dann blicken wir heute auf eine frühe *Interpretation* aus den 540er Jahren, die das Denken der Forschung zu Unrecht wesentlich beeinflusst hat.

„Demnach setzt ein Grundbestand der Kap. 40-55 den Aufstieg des Perserreiches unter Kyros II. (559-530 v. Chr.) und seinen unaufhaltsamen Siegeszug im Vorderen Orient voraus. Diese Ereignisse wiederum konnten Anlass zu der Annahme geben, dass auch das babylonische Großreich in Kürze dem Ansturm des Perserkönigs erliegen würde."[142]

Wie nun ist Jes 40-55 einzuordnen? Fand eine interpretierende Fortschreibung statt, die auf Kyros abhob? Wer ist der GK? Um das herauszufinden ist eine Methode, die Selbstauskünfte ernst nimmt, erforderlich. Worüber spricht Jes 40-55? Gehen die Themen Gericht und GK auf frühere Offenbarung zurück? Wenn ja, auf welche? Wo

---

[140] BThSt 80 Winfried Thiel: *Unabgeschlossene Rückschau*; 2007, Seite 58
[141] NSK-AT 18/2 Peter Höffken: *Das Buch Jesaja 40-66*; 1998, Seite 61
[142] NEB Burkhard M. Zapff: *Jesaja 40-55*; 2001, Seite 219

fand legitime Fortschreibung statt, wo gab es Neuoffenbarung und wo gab es aktualisierende Einträge? Wird durch interpretierende Einträge die eigentliche Botschaft durch Jesaja überschallt? Was sagen uns die Spuren der Suche nach einem GK?

Der Gottesknecht in Jes 49,1-13

49,1 Die Inseln und Völkerschaften (Nationen in der Ferne) sollen zuhören. JHWH hat den Sprecher vom Mutterleib an berufen, was auf eine königliche Abstammung hinweist.[143] In 49,3 wird er mit „du bist Israel" angesprochen. Zurzeit Jesajas ist Hiskia der Sprecher.[144] **49,2** Die Bilderrede vom scharfen Schwert und vom glatten Pfeil beschreibt die Wirkung der Worte, die ihn JHWH in den Mund legt, während er im Schatten seiner Hand und in seinem Köcher verborgen war. Die Symbole zeigen, dass die Handlungen dieses Knechtes mit einem Krieg JHWHs in Verbindung zu bringen sind. **49,3** *Du bist mein Knecht, bist Israel, an dem ich mich verherrlichen werde.* Hiskia könnte Gegenstand der Verherrlichung geworden sein, als er von einer tödlichen Krankheit wieder genesen ist.[145] **49,4** Der Einwand des GK, dem alle Mühe umsonst erschien, hat in Hiskias Erkrankung seinen historischen Boden. Seine Bemühungen schienen in völliger Kraftlosigkeit ihr Ende zu finden. **49,5** Die Wiederholung der Herkunft als Legitimierung ist mit seiner Aufgabe, *Jakob zu ihm zurückzubringen, damit Israel nicht weggerafft werde* untrennbar verbunden. Große Flüchtlingsströme aus dem ehemaligen Gebiet des Nordreiches Israel wurden in Juda aufgenommen. Die Aussage *Mein Gott ist meine Stärke geworden* fügt sich in das beschriebene Verhaltensmuster Hiskias ohne Widerspruch ein. **49,6** Erst jetzt erfolgt die Mitteilung Gottes an seinen Knecht: er wird *zum Licht für die Nationen*, „größer als nur der Erfolg in der Israel-Arbeit"[146] Aus Babylon kommt eine Gesandtschaft, um sich nach seinem Wohlergehen zu erkundigen. Seine Heilung wurde in der damaligen Welt als von Gott kommendes Wunder aufgefasst und fand eine entsprechende Reaktion. H.-J. Hermisson spricht von einem „Weltamt" um „die königlichen Züge im Bild des Propheten" zu erklären, die sich „am Modell der

---

[143] BKAT XI 2 Hans-Jürgen Hermisson: *Deuterojesaja 45,8-49,13*; Seite 342f
[144] Bei einer Datierung in die Zeit des Exils fällt der Blick auf Jojakins Sohn Schealtiel, weil er als königlicher Nachkomme Israel als Haupt verkörpert.
[145] Als Stellvertreter Israels kann es sich beim Gottesknecht in Jes 49,1f nicht um Kyros gehandelt haben (Jes 44,26-45,7).
Seuchen bei Sanheribs Belagerung? BZAW 162 Wolfram von Soden: *Altorientalische Beiträge zum Alten Testament*; 1985, Seite 149-157; Sir 48,21.
[146] BKAT XI 2 Ebda, Seite 357

Berufung Jeremias in Jer 4,1-10 orientieren" würde.[147] Mit Hiskia als GK und Zeitgenosse Jesajas entfällt freilich eine Orientierung an Jeremia und königliche Züge werden königlich! Nun steigerte sich die Wirkung des GK zur Rettung *bis an das Ende der Erde*. Dieses Licht wurde den Völkern zu einer Orientierung, von woher Rettung (durch eine Weltherrschaft) zu erwarten sei. 49,7a JHWH spricht *zu dem, der nicht wertgeachtet war zu leben, zum Abscheu der Nationen, zu dem Knecht der Herrscher.*

Jesaja selbst war bei diesen Vorgängen involviert (Jes 38,1-6; 2Kö 20,1-6) und Hiskia wurde zu einem Vorzeichen (2Chr 32,24.31; 2Kö 20,12; Jes 39,1.2). Damit in Verbindung taucht die seltsame und bisher ungeklärte Stufenwanderung des Schattens einer Sonnenuhr auf, die zehn Stufen entgegengesetzt anzeigt (Jes 38,7-8).[148] Nach einem Dankeslied Hiskias (Jes 38,9-20) ist seine Behandlung und Hiskias Frage nach einem Zeichen eingetragen (Jes 38,21.22), dem der Bericht über die Briefe und Gaben von Merodach-Baladan folgen, die für Hiskia eine gute Nachricht waren (Jes 39,1-8). Hier schließt der Abschnitt Jes 1-39 und mit Blick auf die Frage, wer Jes 40-55 schrieb, kann bei Jes 49,1f von Jesaja selbst ausgegangen werden! Über wenn Jes 49 nun handelt, eröffnet sich zeitgenössisch an König Hiskia als Repräsentant und als Vorzeichen durch seine Heilung, wie auch Jes 38 deutlich macht, *der nicht wertgeachtet war zu leben, zum Abscheu der Nationen, zu dem Knecht der Herrscher.* Dies begrüßten die Adressaten in Jes 49,1: *Inseln und Völkerschaften der Ferne.* 49,7b *Könige werden es sehen und aufstehen, Fürsten, und sie werden sich niederwerfen, um JHWHs willen* (Jon 3,6). Der

---

[147] Ebda, Seite 347

[148] In dieser Bildbeschreibung tritt König Hiskia in der Woche nach dem Untergang Israels bereits 10 Stufen (Zeiten) vor dem eigentlichen Geschehen als Vorzeichen auf. Mit der Sonnenuhr sind Sonnenzeiten (365 Jahre) angesprochen, die ab dem Untergang Israels 720 (365+ x 10 =) bis 2946 u. Z. am Ende der 1000 Jahre Herrschaft des Gesalbten reichen (Apk 20,1-6), die nach der ApkBargr 1950 begann (Harald Schneider: *Biblische Offenbarungsschriften über den letzten großen Weltenherrscher*; 2019, S. 189ff). Die Stufenanzeige stellt somit eine zeitbezogene Orientierung für das Vorzeichen da und zeigt auf den Kontext der Israel-Arbeit, die in neuerer Zeit nach schwerer Verfolgung der Juden eine Heilung erlebten, die Staatsgründung Israels 1948! Allerdings ist damit Hiskias Interpretation, es selbst sei der Gottesknecht, nur als ein Vorzeichen zu begründen, das kurz aufblitze!

Heilige Israels ist treu, *dass er dich erwählt hat*. Hiskia als Vorzeichen (*Licht für die Nationen*) bringt *die Bewahrten von Israel zurück* 49,6.

49,8 *Zurzeit der Bestätigung des Wohlgefallens habe ich dich erhört und am Tag der Rettung habe ich dir geholfen*. Hiskias Gebet ist erhört worden und auch die assyrische Weltmacht konnte nicht in Jerusalem eindringen. Der Gottesknecht tritt in einen *Bund mit dem Volk, um das Land aufzurichten und die verwüsteten Erbteile auszuteilen*. 49,9 *Um den Gefangenen zu sagen „Geht hinaus!" und zu denen in Finsternis „kommt ans Licht!"*

49,10 *Das sie nicht hungern und dürsten und keine sengende Hitze und Sonne sie mehr treffen wird* ist auf die Fürsorge Gottes zurückzuführen, der *sie zu Wasserquellen des Lebens leiten will* (vgl. Apk 7,17). 49,11 *Die Berge werden zu Wege gemacht und die Straßen erhöht*, wie das in Sach 14,4-5 in einem ähnlichen Bild beschrieben wird.[149] 49,12 Einige kommen *von fernher*, andere *von Norden und von Westen* und aus dem Land *Sinim* (unbekannt, vielleicht Land des Südens). Die Himmelsrichtung *von Osten* fehlt, die geographisch einer Rückkehr babylonischer Exilanten entsprechen könnte. 49,13 Der Aufruf zum Jubel geht an die Regierung und die Bürger und das Land Israels.

„Die Berufung des GKs verdankt sich einem Wortgeschehen Jahwes, die seine gesamte Existenz umgreift und prägt."[150] Hiskia konnte auf die Prophezeiung über den GK rekrutieren, weil er durch seine Heilung zu einem Vorzeichen wurde. Die Voraussage über den leidenden GK muss zu seiner Zeit bereits bekannt gewesen sein!

Da Jes 49,8 und Jes 42,6 einen Bund des Volkes nennen, ist dieser Verknüpfung zum zweiten Teil (42,5-9) des 1. GKL nachzugehen. Dabei kommen zunächst beide Teile (42,1-4; 5-9) in den Blick.

---

[149] Harald Schneider: *Das Zwölf-Propheten-Buch am Ende der Sonnenzeiten*; 2023, Seite 430-434 [Sach 14,5 – Das Erdbeben in Amos 1,1 und Jes 6,4]
[150] NEB Burkhard M. Zapff: *Jesaja 40-55*; 2001, Seite 299

Der Gottesknecht in Jes 42,1-9

42,1 Das 1. GKL spricht eine Person an, die wohl „vor dem versammelten Hofstaat" bestätigt wird und Gottes Geist erhält, um das Recht den Nationen zu erklären. „Auch das wirklich eine Einzelperson gemeint ist, kann ein unbefangenes Urteil kaum bestreiten ... Es handelt sich nicht um die Berufung, sondern um die Bestätigung der Berufung zu einem späteren Zeitpunkt."[151] 42,2 Der GK würde ganz unauffällig erscheinen, ohne sich verbal öffentlich mitzuteilen. 42,3 Die Bilderrede stellt Rücksichtnahme als seine hervorstechende Methode heraus. *Er wird der Wahrheit gemäß das Recht hervorgehen lassen.* 42,4 *Er wird nicht verglimmen noch einknicken, bis er das Recht auf Erden gegründet hat.* Auf seine Lehren harren die Inseln.

„Die vorauslaufenden Verse bilden ein formal und inhaltlich völlig geschlossenes Präsentationswort, das keine Fortsetzung verlangt."[152]

42,5 *So spricht der Gott JHWH, der die Himmel schuf und sie ausspannte, der die Erde ausbreitete mit ihren Gewächsen, dem Volke auf ihr Odem gibt, und den Lebenshauch denen, die darauf wandeln.*

Über 42,5 bemerkt Karl Elliger, „dass der weite Rahmen in keinem Verhältnis zu dem kleinen Bild steht, das in ihm eingefügt wird."[153] Grund dafür könnte sein, dass 42,6-7 „die Situation eines Streitgespräches widerspiegelt: Ich, Jahwe, habe berufen!"[154]

Der Bestätigung einer Berufung folgt (nach Kontroversen?) eine Bekräftigung derselben. 42,6 ... *Ich ergriff dich bei der Hand und ich werde dich behüten und dich setzen zum Bunde des Volkes, zum Licht der Nationen.* Durch den „Bund des Volkes" in Jes 49,8 kommt das 2. GKL in den Blick, wo sich eine Einzelperson (Hiskia) vorstellt, der Israel (49,3) repräsentiert.

42,7 Die Berufung geschieht, *um blinde Augen zu öffnen, um Gefangene aus dem Kerker herauszuführen, und aus dem Gefängnis die Bewohner der Finsternis.* Viele Ausleger meinen, Kyros sei dieser Befreier, doch war das Volk wirklich in so einem dunklen Loch?

---

[151] BKAT XI 1 Karl Elliger: *Deuterojesaja 40,1-45,7*; 1978, Seite 200f
[152] Ebda, Seite 224
[153] Ebda, Seite 226
[154] Ebda, Seite 227

Die stille Revolution 42,2 und die Rücksichtnahme 42,3 werden in 42,7 um die Befreiung von Blindheit und Gefangenschaft erweitert.

Kyros passt nicht in dieses Bild. Das zeigt uns Jes 44,28-45,4:

44,28a Kyros führt als *Hirte* den Willen Gottes aus (28b späterer Zusatz). 45,1-4 Er wurde autorisiert, überall einzudringen und die Schätze zu rauben. Für *meinen Knecht Jakob rief ich dich beim Namen* und *ich gab dir einen Beinamen.* Daraus folgt:

1. Die Rolle des Gottesknechtes (2. GKL) ist Israel vorbehalten.

2. Seine Vorgehensweise ist die eines Eroberers und Räubers, nicht die eines von Stille und Rücksichtnahme geprägten Knechtes. Er kam 530 bei einem Tempelraub um.

3. Die Freisetzung von Gefangenen mit einem Rückkehrversprechen zu begründen greift zu kurz, da Kyros c/o Kambyses die Rückkehr verhinderten. Erst Darius setzte das Versprechen von Kyros um.

4. Den Blinden das Augenlicht wiederzugeben, indem sie aus dem dunklen Kerkern befreit würden impliziert mit Kyros als Befreier, dass große Teile Israels im Gefängnis zugebracht hätten. Doch selbst König Jojakin kam schon Jahrzehnte früher aus dem Gefängnis frei. Das Gefängnis bildlich als das Exil aufzufassen erklärt nicht, warum Augen umgewöhnt werden müssen.

Hier muss darauf hingewiesen werden, dass diese Interpretation die Spätdatierung stützt und eine vorausgesagte geistige Befreiung für eine andere Zeit völlig ausschließt. Dabei hat die namentliche Nennung des Kyros nicht unwesentlich dazu beigetragen, eine Entstehung von Jes 40-55 während der Exilzeit festzulegen! Eine zutreffende Beobachtung machte Seth Erlandsson:

„Für die Zerstückelung des Jesajabuches durch die Bibelkritik spielt die Auslegung des 41. Kapitels eine entscheidende Rolle. … Wenn sie davon ausgehen, dass Jes 41,2 auf Kyrus hinweist, dann muss nach den Angaben des Textes das Gegenüber der Propheten in diesem Gerichtsverhandlungskapitel sogar das Vorrücken des Kyrus in den 540er Jahren v.Chr selbst miterlebt haben. Sonst könnten sie die Richtigkeit der Weissagungen nicht bestätigen."[155]

---

[155] Seth Erlandson: *Jesajas Buchrolle. Einheit, Aufbau und Botschaft des Buches*; 2021, Vorwort

42,8 *Ich bin JHWH, das ist mein Name, und meine Ehre gebe ich keinem anderen, noch meinen Ruhm geschnitzten Bildern.* „Was der Name „Jahwe" für den Redenden bedeutet, das hat er in den unmittelbar vorhergehenden Sätzen ... zum Ausdruck gebracht: Jahwe, das heißt „der" Gott, der Schöpfer und Erhalter der ganzen Welt, der Lenker der Geschichte der Menschheit."[156]

42,9 *Das Frühere, siehe es ist eingetroffen, und Neues verkündige ich, ehe es hervorsprosst, lasse ich es euch hören.*

Die Bekanntgabe einer früheren Ernennung des Gottesknechtes und weitere Neuigkeiten werden, lange bevor sie erscheinen, mitgeteilt. Um welche Ernennung geht es? Gesucht wird ein Menschensohn, der diese Eigenschaften und diese Funktionen erfüllt!

Hiskia konnte sich im 2. GKL nur deshalb als GK vorstellen, weil er entsprechende Eigenschaften vorweisen konnte. Er war Sterbenskrank und wurde wieder geheilt (vgl. 4GKL: Jes 52,14; 53,3.10). Er bekam Aufmerksamkeit von einer weit entfernten Nation (vgl. Jes 52,15-53,2). Darüber hinaus Legitimierte er sich durch seine königliche Abstammung (Jes 49,1.5) als Repräsentant (Jes 49,3).[157]

Es wird sich im Verlauf noch herausstellen, dass er nicht der Einzige war, der von sich dachte oder über den andere dachten, er sei der vorausgesagte GK![158]

---

[156] BKAT XI 1 Karl Elliger: *Deuterojesaja 40,1-45,7*; 1978, Seite 237
[157] BKAT XI 3 Hans-Jürgen Hermisson: *Deuterojesaja 49,14-55,13*; 2017, Seite 452.465
[158] Sap 4,18.20; 5,1-7.15f (BKAT XI 3, S. 441)

Der Gottesknecht in Jesaja 50,4-11

Im 3. GKL (Jes 50,4-11) wird der Knecht erst im Nachtrag in 50,10 genannt, wo eine andere Person zum Hören auffordert. In 50,11 gehen Gegner des GK in die Brandpfeile, die sie selbst gezündelt haben.

50,4 Er hat *vom Herr JHWH eine gelehrte Zunge* erhalten, um *den Müden mit Worten aufzurütteln.* Ist der GK besonders kommunikativ?

„Ob er aber überhaupt vor einer Zuhörerschaft spricht, ist dem Text nicht zu entnehmen, und es ist möglich, dass dies von Haus aus gar kein kommunikativer Text war."[159]

Fest stehen Ursprung und Zweck der Befähigung, *dem Müden durch ein Wort beizustehen.* Der Müde, ob als spezifische Person oder Personengruppe, schätzt diese Konfrontation nicht, denn der GK muss viele Schläge einstecken (50,6) und er muss aufgebaut werden (50,7), um sich schließlich zu behaupten (50,8) und durchsetzen (50,9) zu können. **50,4b** nennt den Schlüssel: *Morgen für Morgen weckt er mir das Ohr, dass ich höre wie die Unterrichteten.*

„Das allmorgendliche »Wecken des Ohrs« zeichnet die Kontinuität göttlicher Offenbarung", schreibt Hans-Jürgen Hermisson, „der allein durch das Wort wirkende Prophet muss zu reden verstehen, aber nicht seine eigenen Einfälle vortragen – darum muss er hören können, was Jahwe sagt. Beide Fähigkeiten sind, darauf kommt es hier an, gänzlich und einzig von Jahwe verliehen, der Ursprung seiner Rede legitimiert den Propheten."[160]

50,5 *Der Herr JHWH hat mir das Ohr geöffnet, und ich bin nicht widerspenstig gewesen, bin nicht zurückgewichen.* Diese Beschreibung des GK bildet einen Kontrast ab: *Der Müde* wird sich widersetzt haben und wird zurückgewichen sein! Darum wurde dem GK *das Ohr geöffnet.* **50,6** Der GK muss Schläge und Demütigungen einstecken.

„Von Schlägen ist mehrfach die Rede, wenn Propheten wegen ihrer missliebigen Botschaft diszipliniert werden sollen ... Letzten Endes

---

[159] BKAT XI 3 Hans-Jürgen Hermisson: *Deuterojesaja 49,14-55,13*; S. 112
[160] Ebda, Seite 115.116

geht es dabei immer um den Vorwurf falscher Prophetie – im Sinne der Gegner des Propheten."[161]

Der GK bot seinen *Rücken den Schlagenden* und seine *Wangen den Raufenden* und steckte *Schmach* und Demütigung ein, was für diese Gegner ein Schuldanerkenntnis bedeutet, weil sie auf diese Weise ihre Inakzeptanz gegenüber seinem Erscheinen ausdrücken.

50,7 Der GK hat mit JHWHs Hilfe die Maßnahmen seiner Gegner ohne dauerhaften Schaden überstanden. Er hat sich auf die Situation eingestellt: *darum machte ich mein Angesicht wie ein Kieselstein* in der Gewissheit, *dass ich nicht beschämt werden würde.* Das sagt der GK mit Blick auf den Ausgang. 50,8 *Nahe ist, der mich rechtfertigt: Wer will mit mir rechten? Treten wir zusammen vor! Wer hat eine Rechtssache gegen mich? Er trete her zu mir!* Seine Aufforderung dringt auf eine inhaltliche Aufklärung der Sachverhalte. Der GK ist dabei zuversichtlich, den richtigen Zeitpunkt gewählt zu haben, denn *nahe ist, der mich rechtfertigt.* Die Septuaginta bringt das Erscheinen des Gottesknechtes mit einem ganz spezifischen Zeitpunkt in Verbindung:

[4]Der Herr schenkt mir die Zunge (guter) Erziehung, dass ich erkenne, *wann es nötig ist,* ein Wort *zu sprechen,* er *verlieh* (sie) mir am Morgen, *verlieh* mit *dazu* ein Ohr, um zu hören. [5]Und *die Erziehung* des Herrn öffnet meine Ohren, ich aber bin nicht ungehorsam und *widerspreche* nicht. – Jes 50,4.5 LXX[D]

[4]Fn. *Erziehung* oder *Bildung; erkenne:* R$_A$ [Rahlfs] + zur rechten Zeit

Er verlieh mir die Bildung am Morgen, was sich auf den Anbruch einer Zeit bezieht, dem zweiten Siebener oder wahrscheinlich dem Anbruch des dritten Siebeners Menschheit 2022.

50,9 drückt die Zuversicht aus: *Siehe, der Herr JHWH wird mir helfen! Wer ist es, der mich für schuldig sprechen könnte? Siehe, allesamt werden sie zerfallen wie ein Kleid, die Motte wird sie fressen.* Das Bild: Kleid-Zerfall-Motte drückt einen allmählichen Auflösungsprozess der Gegner des GK aus.

„Er muss nicht mehr eingreifen, die Gegner werden vergehen."[162]

---

[161] Ebda, Seite 124f
[162] Ebda, Seite 130

50,10 beginnt mit der Frage: *Wer von euch fürchtet JHWH? Wer hört auf die Stimme seines Knechtes? Wer in Finsternis wandelt … vertraue auf den Namen JHWHs und stütze sich auf seinen Gott.* Peter Höffken schreibt über die Personen in 50,10.11:

„Die erste Gruppe, die Gottesfürchtigen, werden zugleich angesprochen als die, die auf den Knecht hören, und aufgerufen, trotz ihres Wandels in den Finsternissen … auf Gott zu vertrauen und sich auf ihn zu verlassen." „Die zweite, größere Gruppe wird als »Brandstifter« angesprochen."[163]

50,11 Die Gegner belagern den GK mit feurigen Pfeilen und werden in ihre Feuerpfeile gestoßen. *Solches geschieht euch von meiner Hand. In Herzeleid sollt ihr daliegen.*

---

[163] NSK-AT 18/2 Peter Höffken: *Das Buch Jesaja*; 1998, Seite 146

Der Gottesknecht in Jesaja 52,13-53,12

Das 4. GKL setzt das 3. GKL fort. Es eröffnet und schließt mit einem Wort JHWHs (52,13-15; 53,11b-12). Im Mittelstück redet eine Wir-Gruppe über den GK (53,1-6) dem sich ein GK-Bericht (53,7-11a) anschließt.

52,13 Die Erhöhung des GK geht dem 4. GKL voran. Die Worte: *siehe, mein Knecht wird erfolgreich sein* (42,1) werden mit einem dreifachen: *hoch und erhoben und sehr groß sein* betont. Dieser Entwicklung stehen in **52,14** Reaktionen über seine Gestalt gegenüber. *Gleichwie sich viele über ihn entsetzten ... sein Aussehen ... unmenschlich.* Diese Personen gleichen nicht den noch folgenden *vielen Völkern* und *Königen*. In **52,15** werden seinetwegen *viele Völker aufspringen und Könige seinetwegen verstummen.* Sie werden von neuen Kenntnissen überrascht und begreifen dadurch das, wovon sie zuvor noch nicht gehört haben (49,7).

53,1 *Wer hätte geglaubt, was wir erfahren haben. Und JHWHs Arm, über wem hat er sich herausgestellt.*

„Sie aber sind *jetzt* aufs höchste verwundert, weil sie den Ausgang der Geschichte durch die göttliche Offenbarung bereits vernommen haben – im Gegensatz zu Völkern und Königen, deren Staunen auf die *künftige* Realisierung und Vollendung der göttlichen Tat reagiert", bemerkt Hans-Jürgen Hermisson.[164]

53,2 *Er wuchs wie ein Spross vor uns, und wie eine Wurzel aus dünnem Erdreich* (11,1). Der GK erschien somit in einer eher lebensfeindlichen Umwelt. „Jedenfalls ist die Bedeutung dieser Vergangenheit ein wesentliches Element der Offenbarung."[165] *Er hatte keine Gestalt und keine Pracht, dass wir ihn angeschaut, und er hatte kein Ansehen, das wir Gefallen an ihm gefunden hätten.* **53,3** *Er war verachtet und verlassen von Menschen. Ein Mann der Schmerzen und mit Leiden vertraut, wie einer, vor dem man das Angesicht verbirgt* [oder *den man nicht anschauen wollte*], *verachtet, und wir hielten nicht viel von ihm.* Der GK war ein durch Schmerzen leidender Mann, mit dem niemand etwas zu tun haben wollte.

---

[164] BKAT XI 3 Hans-Jürgen Hermisson: *Deuterojesaja 49,14-55,13*; S. 355
[165] Ebda, Seite 357

Die Wir-Gruppe gesteht ein: 53,4 *„Wahrlich, unsere Krankheiten – er trug sie, und unsere Schmerzen – er schleppte sie. Wir aber hielten ihn für einen Getroffenen, einen von Gott Geschlagenen und Gebeugten."*[166] 53,5 *Wegen unserer Übertretung wurde er verwundet und wegen unserer Sünden zerschlagen. Die Strafe zu unserem Frieden lag auf ihm, und durch seine Striemen sind wir geheilt worden. 53,6 Wir alle irrten umher wie Schafe, ein jeder seinen eigenen Weg, und JHWH ließ ihn alle unsere Sünden treffen.*

Der weitere Bericht über den GK ist mit der Wir-Rede über die verirrten Wir-Schafe 53,6 mit dem Schlachtlamm und dem Scherschaf in 53,7 verknüpft, ein Bild, das aber jetzt der GK einnimmt. 53,7 *Er wurde misshandelt, aber beugte sich und tat seinen Mund nicht auf, wie ein Lamm auf dem Weg zur Schlachtung, und wie ein stummes Schaf vor dem Scherer.* „Darauf, dass er sich nicht aufgelehnt und protestiert hat, liegt hier besonders Gewicht"[167]. 53,8 *Er wurde aus Bedrückung und Gericht entrückt. Wer spricht seine Generation an? Denn er wurde vom Land der Lebendigen abgetrennt. Wegen der Übertretung meines Volkes hat ihn die Strafe ereilt. 53,9 Und man gab bei Verbrechern sein Grab und bei Übeltätern seine Grabstätte, obwohl er kein Unrecht begangen hat und kein Trug in seinen Mund war. 53,10 Und JHWH, dessen Plan es war, ihn zu schlagen, heilte den, der als Schuldenausgleich sein Leben einsetzte. Er wird Kinder haben und lange leben.* „Die messianische, speziell die christologische Nachfolge sucht „leibliche Nachkommen" eher zu umgehen."[168] *JHWHs Plan wird durch ihn gelingen. 53,11 Wegen seinem erschwerten Leben wird er Licht sehen, sich sättigen. Durch seine Erkenntnis macht mein Knecht die Großen gerecht und ihre Sünden, er schleppt sie. 53,12 Deshalb gebe ich ihm die Großen zuteil, und mit Gewaltigen wird er die Beute teilen, dafür dass er seine Seele in den Tod gab und den Abtrünnigen beigezählt wurde, er jedoch die Sünden Großer getragen und für die Übertreter eingetreten war.*

---

[166] Ebda, Seite 315
[167] Ebda, Seite 375
[168] Ebda, Seite 399

Ein ernannter Gottesknecht

Im 1GKL wird der GK bestätigt und damit eine frühere Ernennung oder die Bekanntgabe einer solchen Ernennung vorausgesetzt! Deshalb sind die Erkenntnisse über Ernennungen der Vergangenheit zu beachten. Sie reichen bis in die Offenbarung am Anfang zurück, die eng mit der Woche verbunden ist. Da sind nach der Schöpfungswoche ein Sündenfall und die Aussicht auf den Sieg durch einen Nachkommen gegen die Schlange eingetragen (Gen 3,15). Eine Ernennung kann hier unterstellt werden.

Nachdem Engel ihre Stellung vernachlässigten und mit Menschen fusionierten und bevor es zu einem Flutgericht kam (Gen 6,1ff), musste die Person Henoch für diese Engel in eine Kommunikation mit Gott treten (Hen 13,4f). Er nimmt deshalb vor der Flut eine Sonderstellung ein und sagte das große Gericht Gottes an (Hen 1,1-9; 37,1-5; Jud 14-15). Die Bilderreden im Buch Henoch sprechen von der Ernennung eines *Erwählten* (Hen 45,3) *Menschensohnes* (Hen 46,2f; 48,2f; 69,26f). *Er wird das Licht der Völker und die Hoffnung derer sein, die in ihrem Herzen betrübt sind* (Hen 48,4b). *Vorher war der Menschensohn verborgen gewesen, und der Höchste hat ihn angesichts seiner Macht bewahrt und ihn den Auserwählten offenbart* (Hen 62,7). Durch seine Vermittlerrolle kommen für die Wir-Gruppe im 4. GKL die Engel infrage (Jes 53,1-6). Sie verleihen dem Stellvertreterleiden des GK einen die Engel rehabilitierenden Sinn![169]

Ernennungen sind im Buch Daniel beim Gericht über die vier Tiere (Dan 7,9-14) eingetragen. Viele weitere Diener oder Knechte wie z. B. Moses wurden ernannt und können deshalb als Gottesknechte bezeichnet werden. Der Prophet Jesaja wurde für eine Aufgabe von Gott als sein Diener ernannt und so legitimiert (Jes 6,1-8). Ein Rückbezug auf einen besonderen GK, der kommen sollte nahm Hiskia vor (Jes 49,1f) und es werden weitere Beispiele zur Sprache kommen.

Bei den anonymen GKL ist ein Rückbezug auf älteres Offenbarungsgut anzunehmen! Teile der GKL könnten Offenbarungsgut sein, dass in den Text gelegt wurde oder eine Fortschreibung dieses Guts sein und weitere neue Offenbarung zum GK enthalten!

---

[169] Die Forschung zählt das Buch Henoch zur zwischentestamentlichen Literatur, weshalb Berührungspunkte zu den Gottesknechtsliedern als chronologisch nachgelagert beurteilt werden – Siehe BKAT XI 3; Seite 442.

Die Wirkung der Gottesknechtslieder vor der Zeitenwende

Zurzeit der Niederschrift der GKL war die Vorstellung eines GK bereits bekannt. Im 2. GKL stellt sich eine Person selbst als ein GK in Szene. Er wird auf bekanntes Gut rekrutiert haben. Dessen königliche Abstammung könnte auf Jer 1,5 abgefärbt haben, womit noch kein spezifisches Merkmal eines GK vorliegen muss (Ps 139,16) aber die Frage, wer er sei, kursierte sicherlich. Haben weitere Personen die GKL zu ihrem Eigenverständnis herangezogen?

Das Buch Weisheit (Sapientia), ein Schulbuch[170] für Könige und Fürsten, weist in Sap 5 viele Parallelen zu Esther und Mordechai auf, was mich zu einer Frühdatierung des Buches ~510 v. u. Z. veranlasste.[171] Darin werden „deutliche Anspielungen auf Jes 53 und eine vergleichbare Szenerie"[172] geboten, die sich historisch aufschlüsseln lassen:

Die Sapientia[173] und Parallelen zur Person Mordechai in Esther.

5,1a	Der Gerechte aber, er wird mit großer Zuversicht	Est 3,3.4
5,1b	Denen **ins Angesicht hinein gegenüberstehen**, die ihn gefoltert	Est 3,2 Est 3,8.9
5,1c	Und seine Bemühungen für nichts geachtet haben	Est 2,23
5,2a	Wenn sie ihn sehen, werden sie sich in schrecklicher Furcht und völliger Verwirrung befinden	Est 6,11-13
5,2b	Und über die (in ihren Augen) **paradoxe Situation seines Heils** außer sich sein	Est 7,10; 6,6-10
5,3	Voller Reue werden sie zueinander sprechen Und in der Beklommenheit des Geistes seufzen:	Est 6,13
5,4a	Der da war´s den wir einst zum Gelächter machten	Est 4,1.2
5,4b	Und zum lebendigen Beispiel des Spottes – ach wir Toren	Est 6,4 Est 8,15
5,4c	Sein Leben betrachteten wir als Wahn	Est 3,5
5,4d	Und **sein Tod als Ehrenlosigkeit**	Est 3,6
5,5a	Wie konnte er nur unter die Söhne Gottes gerechnet werden,	Est 2,10 Est 3,21
5,5b	Wie sein **Los** unter den Heiligen sein!	Est 3,7 9,24-25
5,6a	Also haben wir uns getäuscht! Vom Wege der Wahrheit sind wir abgekommen.	Est 3,1.2
5,6b	Und das Licht der Gerechtigkeit schien uns nicht,	Est 3,10.15

---

[170] JSHRZ III,4 Dieter Georgi: *Weisheit Salomos*; Vorwort
[171] Harald Schneider: *Die biblische Chronologie*; 2020, Seite 25-27
[172] BKAT XI 3 Hans-Jürgen Hermisson: *Deuterojesaja 49,14-55,13*; S. 441
[173] (Übersetzung:) ATD A 4 Hans Hübner: *Die Weisheit Salomos*; 1999

	Und die Sonne ist uns nicht aufgegangen.	
5,7a	Im Gestrüpp der Gesetzlosigkeit und des Verderbens haben wir uns verfangen. Und durch unwegsame Wüsten hindurch unseren Weg gesucht.	Est 3,8-9
5,7b	Doch den Weg des Herrn haben wir nicht erkannt!	Est 9,1
5,8a	Was hat uns unser Übermut genutzt?	Est 3,5
5,8b	Und welcher Reichtum, mit dem wir auch noch prahlten, hilft uns jetzt?	Est 3,9 Est 8,1.7

Im apokalyptischen Teil von Sap 5 wird darauf Bezug genommen, wohin das Purim die Gerechten letztlich führt:

5,15	Die Gerechten aber leben in Ewigkeit, Und im Herrn haben sie ihren Lohn, Und ebenso beim Höchsten das, worum es ihnen letztlich geht
5,16a	Deshalb werden Sie die ihnen zustehende Königsherrschaft
5,16b	Und die darüber hinaus schöne Königskrone Aus der Hand des Herrn empfangen.
5,16c	Denn er wird sie mit seiner Rechten beschützen Und mit seinem starken Arm beschirmen

Selbst auf den Kambysesfeldzug ab 525 wird Bezug genommen:

5,23a	Ein machtvoller Wind wird ihnen entgegenwehen, ja wie ein Orkan wird er sie auseinandertreiben.
5,23b	Und die Gesetzlosigkeit wird die ganze Erde zur Einöde machen,
5,23	Und das Verbrechen wird die Throne der Dynastien umstürzen.

Die Bezüge zum 4. GKL in einer kollektiven Deutung des GK[174]

Sap 2,13	Jes 52,13; 53,11
Sap 2,19f	Jes 53,7f
Sap 4,18	Jes 53,3
Sap 4,20; 5,3	Jes 52,15
Sap 5,3f	Jes 53,2-4
Sap 5,5	Jes 53,12
Sap 5,6f	Jes 53,6
Sap 5,15f	Jes 53,10-12

Die Krisensituation und deren Auflösung im Buch Weisheit rekrutiert auf dem leidenden Gottesknecht im 4. GKL. Eine kollektive Deutung des GK findet sich im 1. GKL in der Septuaginta (Jes 42,1[LXX]). Damit ist eine Wirkung der GKL vor der Zeitenwende belegt.

---

[174] ThWNT V Joach Jeremias; Seite 682

Die Wirkung der Gottesknechtslieder nach der Zeitenwende

Jesus fragte die Volksmengen, was sie in der Wildnis (Jes 42,2) in Johannes dem Täufer zu sehen hofften? Ein Schilfrohr im Wind (vgl. Jes 42,2.3), königliche Kleider (ThEv 78; vgl. Jes 49,1) oder einen Propheten (Mat 11,7-9)? Jesus zitiert darauf Jes 40,3 und gibt den Hinweis auf das Streben nach dem Königreich des Himmels (Mat 11;10-12)! Alle Evangelien geben diese Funktion wieder (Mat 3,2f; Mar 1,2f; Luk 3,4ff; Joh 1,23; ThEv 46). Daraus lässt sich ableiten, dass große Volksmengen, die zu Johannes in die Wildnis zogen, um sich Taufen zu lassen, in ihm den Gottesknecht vermuteten.[175]

In Mat 12,17-21 wird als Grund für Jesu Reaktion auf Verfolgung das 1. GKL in Jes 42,1-4 zitiert.

In Gal 1,15f rezitiert Paulus Jes 42,6; 49,1.5f um seine Berufung als Verkündiger für die Nationen zu untermauern. In 2Kor 5,17 rezitiert er u. a. Jes 42,9 um den Wechsel zu Christus anzuzeigen. Er rezipiert Jes 49,4 in Phil 2,16, um seine Befürchtungen auszudrücken (vgl. Gal 2,2; 1Thes 3,5).

In Apg 13,47 legitimieren Paulus und Barnabas ihre Predigt zu Nichtjuden gegenüber Juden mit Jes 49,6 als ihnen geboten. Sie sehen sich somit in der Tradition des GK.

In 2Kor 6,2 wird Jes 49,8 zitiert und so die gelegene Zeit und die Rettung für den GK auf ihr Werk im Namen des Herrn angewandt.

Die Worte in Jes 49,10 werden sich laut Apk 7,16f an einer großen Volksmenge erfüllen, die aus einer großen Bedrängnis gerettet wird und laut Apk 14,5 qualifizieren sich die 144000 mit Jes 53,9b.

In Röm 8,32f rezitiert Paulus Jes 50,8.9a; 53,6b in einer Verteidigungsrede. Er verbindet seine Verkündigung in neuem Gebiet mit Jes 52,15 (Röm 15,21).

---

[175] Untersuchungen von Luk 1,54.67-79 und dem ProtEvJak zeigen Johannes als einen unter dem Stern geborener (Luk 1,78; vgl. Mat 2,1-12), der später prophetische und königliche Ambitionen hegte. Herodes hatte deshalb auch Mordabsichten gegen Johannes und tötete seinen Vater Sacharja (ProtEvJak 23,1-3). Er wuchs deshalb in der Wildnis auf, was als Leiden des GK aufgefasst werden konnte – Harald Schneider: *Die Ordnung der vier Evangelien*; 2020, Seite 19-33.65f.85f.

Johannes begründet mit Jes 53,1 den Unglauben gegenüber Jesu (Joh 12,38).

Paulus betont mit Jes 53,1 die Notwendigkeit, dem Gehörtem auch zu glauben (Röm 10,16).

Petrus rezipiert Teile von Jes 53,4-6.9.12, um Jesu vorbildliches Verhalten zu beschreiben (1Pet 2,21-25; vgl. auch Barn 5,1; 6,1f).

Jesu Heilungen wurden von Matthäus (8,17) als Erfüllung von Jes 53,4ff verstanden, wenngleich dort nicht von einem Arzt die Rede ist, sondern der GK selbst leidet.

In Apg 8,32f liest ein äthiopischer Machthaber Jes 53,7f und befragt Philippus zu diesen Worten.

Lukas schreibt, dass Jesus gegenüber seinen Schülern Jes 53,12 zitierte um deutlich zu machen, dass der Vorwurf der Gesetzlosigkeit an ihm vollendet werden müsse (Luk 22,37).

In der frühen Verkündigung der Apostel *verherrlichte* Gott *seinen Knecht* Apg 3,13 – Jes 42,1; 52,13, der Leiden 3,18 – 53,10a musste und nach *Zeiten* 3,19 würde Gott *den für euch bestimmten Christus senden, Jesus* 3,20, den allerdings der Himmel behält *bis zur Wiederherstellung aller Dinge*, wie die Propheten sagten 3,21.

Das Vorkommen von Jes 49,8; 53,9b in Apk 7,16f; 14,5 zeigt eine noch zukünftige Wirkung der GKL, die sich in Jesus und seinen Auserwählten zeigen würde.

Selbst der angesagte treue Verwalter (Luk 12,42-44; Mat 24,45-47) kann im Sinne der GKL verstanden werden. Die Hinterfragung seiner Einsetzung hält die Spannung nach der Frage, wer der ungenannte GK sei, in erstaunlicher Weise aufrecht!

Über den Einfluss von Jesaja im neuen Testament schreibt *Klaus Berger*: „Sehr viele „elementare" Themen, Begriffe und Texte sind diesem Buch entlehnt. Im LkEv und in Act nimmt die Neigung, sich auf Jesaja zu berufen, besonders zu ... Je weiter frühchristliche Schriften von dieser „Achse" [Evangelien/Paulus/1Pet] entfernt liegen, umso schwächer ist die Bezugnahme darauf (z.B Jak; 1-3 Joh; Jud; auch in Hebr; 2 Petr ist der Einfluss recht schwach und kaum noch meßbar). ... Ganz grob gesehen kann man sagen, daß alle großen und kennzeichnenden christlichen Themen (Johannes d. Täufer, Evangelium und Mission, Heilungstaten Jesu, partiell auch sein

Leiden, Hinzunahme der Heiden) mit Rückgriff auf Jes theologisch geklärt werden konnten. Umso auffälliger ist, daß Jes 53 nur in 1 Petr 2,22-24 direkt mit dem stellvertretenden Leiden Jesu verbunden wird (53,4,5,6,9)."[176]

In der Verkündigung steht der Friedensbote Jesus als Herr von allen (Apg 10,36) im Vordergrund, der verordnet ist *Richter der Lebenden und der Toten zu sein* (10,42). *Über ihn legen alle Propheten Zeugnis ab* wobei *die Sündenvergebung* im Vordergrund stand (10,43).

Es kann zusammenfassend gesagt werden, dass zumindest Jesu Schüler für ihren Herrn die GKL in ihrem Schrifttum herangezogen haben, u. a. um Jesu Wirken, ihr eigenes missionarisches Verhalten, ihre Glaubenserfahrungen und ihre zukünftige Rettung zu erfassen!

---

[176] Klaus Berger: *Theologiegeschichte des Urchristentums*; 1994, § 18

Alter und Ziel des 1. Gottesknechtsliedes

Über das 1. GKL schreibt Karl Elliger: „Alle Aufmerksamkeit wird auf die Person gelenkt, von der die folgenden Aussagen gelten. Und man hat stark den Eindruck, dass diese Aussagen zwar formal an die Adresse des himmlischen Hofstaats, sachlich aber in erster Linie an die des vorgestellten „Knechtes" selber gehen."[177]

Das diese Aussagen um einiges älter sein können belegt der Ausdruck: *die auf ihr umhergehen* in 42,5, der in Übereinstimmung mit einem Piktogramm ist, das in der chinesischen Schrift konserviert Menschen als *Geher* abgebildet. Ein weiteres Piktogramm für Menschen, der *Mund* würde mehr auf einen Zeugen passen (Bsp. 8 + Mund + Boot/Fass = großes Boot/Arche – 1Pet 3,20), doch der GK in Jes 42,1f ist unauffälliger (Bsp. 2 Geher *hinterm* Baum = kommen – Gen 3,8; ein Schwert *hinter* 2 Geher = Strafe – Gen 3,24).[178]

Wer ist nun dieser eher unscheinbare Knecht, der vor langer Zeit, vielleicht schon von Anfang an, angekündigt wurde?

Mehr Aufschluss über diesen GK steckt in seiner Funktion. *Den Entscheid bringt er den Völkern hinaus.* 42,1d passt weder auf Moses noch auf Jesus, die beide zum Volk Israel gesandt wurden. 42,2 Er macht nicht in der üblichen Weise auf seine Botschaft aufmerksam. Das alles passt nicht in eine Verkündigung vor großen Volksmengen.

Seine Verfahrensweise unterscheidet sich ganz beträchtlich: *Das geknickte Rohr zerbricht er nicht, und den matten Docht löscht er nicht aus.* Diese Bilder werden im Targum als demütige und arme Menschen ausgelegt, doch ist das nach Ausbleiben der Kommunikation mit Menschen in 42,2 (vgl. Mat 12,17-21) überhaupt sinnvoll? Diese Bilderrede wird als ein sehr markantes Erkennungs- und Unterscheidungsmerkmal dieses GK eingeführt! Die Bedeutungsschwerpunkte müssen hier etwas anderes, und zwar völlig unübliches darstellen.

42,3 Der Umgang mit einem geknickten Rohr soll nicht an ein Schilfrohr erinnern, sondern an ein Rohr als Maßstab, das an Genauigkeit verloren hat. Der matte Docht transportiert nicht genügend Öl zur Flamme, und doch wird dieser nicht ausgelöscht. Dieses

---

[177] BKAT XI 1 Karl Elliger: *Deuterojesaja 40,1-45,7*; 1978, Seite 201
[178] C. H. Kang / Ethel R. Nelson: *Erinnerungen an die Genesis. Die Chinesen und die biblische Urgeschichte*; 1998

Erkennungsmerkmal im Verhalten des GK steht *allen anderen* gegenüber, die den ungenauen Maßstab verworfen und das unbefriedigende Klimmen in der Lichtmündung bereits ausgelöscht haben! Hinter diesen Bildern verbergen sich die exklusiven Methoden dieses GK bei der Ausführung seines Auftrags. Offensichtlich hätten auch andere diese Möglichkeit nutzen können, befanden diese aber als verwerflich!

Zwei nicht zielführend erscheinende und untypische Vorgehensweisen des GK sind sein Mittel für *ein herausbringen zu den Nationen.* 42,1 *Das Recht* wird von den Nationen wahrgenommen. 42,4 Dass der GK *nicht verglimmen noch einknicken* wird deutet auf einen längeren Zeitraum und Umstände hin, die er durchzustehen hat und die Beachtung finden. Er überwindet nicht bekannte Hindernisse, die in einer Assoziation zu der Bilderrede in 42,3 stehen. Nicht *verglimmen* oder *knicken* ist gegenüber dem *matten Docht* und dem *geknickten Rohr* ein ungebrochener Maßstab, *ein Licht* und *das Recht* (vgl. ThEv 46,1). 42,4 Die Worte: *bis er das Recht auf Erden gegründet hat* setzt einen hohen Anspruch. Der GK ist ein Lehrer, denn: *die Inseln werden auf seine Lehren harren.* Dass seine Lehren ein so dringendes Bedürfnis für Nationen in der Ferne sind, setzt eine Not/Notwendigkeit voraus.

42,1 Seine Fähigkeiten stehen durch *Stütze* im *Wohlgefallen* Gottes. *Ich habe meinen Geist auf ihn gelegt.* Er wird vorgestellt als: *Siehe, mein Knecht … mein Auserwählter.* Der GK wird *das Recht hinausbringen zu den Nationen.* Mit 42,5 begegnet uns der ältere Abschnitt: *So spricht der Gott JHWH, der die Himmel schuf und sie ausspannte, der die Erde ausbreitete mit Gewächsen, dem Volke auf ihr den Odem gibt, und den Lebenshauch denen, die darauf gehen.* Diese Einleitung legt den Rahmen fest, da die geschaffenen Lebensräume untrennbar mit der Woche verbunden sind und als ein Ganzes vor ihm bestehen. Der von Anfang an *verborgen gewesen* war, wird *bewahrt* und *offenbart* (Hen 62,7). Nach 7 Mondzeiten war 612 der Untergang Ninives erreicht und nach 7 Sonnenzeiten 536/535 Kyros an der Macht. Demgegenüber endete nach 14 Mondzeiten 1945 der 2. Weltkrieg und 14 Sonnenzeiten 2020/2022 in unserer Gegenwart (Hen 3). Seit der Flut laufen Sonnen- und Mondzeiten auseinander.

Die Ansprache in 42,6a ist direkt an den GK gerichtet: *Ich, JHWH, habe dich gerufen in Gerechtigkeit und ergriff dich bei der Hand.* Die Versicherung, von JHWH gerufen und bei der Hand geführt worden zu sein, erklärt dem GK den Ursprung seiner bisherigen Entwicklung. In Zusammenhang mit 42,1-4 wird dem GK der Grund für seine stille Arbeit und seinen interessierten Umgang mit allgemein verworfenen Maßstäben bzw. Lichtquellen vor Auge geführt. Die gewonnene Erkenntnis setzt der GK ein, 42,7 *um blinde Augen zu öffnen, um Gefangene aus dem Kerker herauszuführen, und aus dem Gefängnis die Bewohner der Finsternis.* 42,6b Dem GK wird Schutz zugesichert, weil er im *Bund des Volkes, zum Licht der Nationen* eingesetzt ist. 42,8 *Ich bin JHWH, das ist mein Name und meine Ehre gebe ich keinem anderen, noch meinem Ruhm geschnitzten Bildern.* Deutlich werden in Anschluss an 42,5 abweichende Vorschläge abgewiesen! Es scheint, als sei einem Lösungsansatz am Ende der 7. Sonnenzeiten eine Absage erteilt worden (vgl. Dan 9,27). Von den 14 immergrünen Bäumen in Henoch 3 standen zurzeit Jesu noch 5 Bäume aus (ThEv 19). 42,9 *Das Frühere, siehe, es ist eingetroffen, und Neues verkündige ich, ehe es hervorsprosst, lasse ich es euch hören.* Mit der Einsetzung des GK *ist das früher Gesagte eingetroffen.* JHWH verkündigt das Neue noch bevor es geschaffen wird (Ex 3,14).

42,1-9 Das zusammenhängende Wort besteht aus einer Rede Gottes vor dem Hofstaat mit Einzelheiten zum kommenden GK und einer alten Offenbarung mit Richtigstellung. Das Wort ist als Anrede an den kommenden GK gestaltet, der seine Entwicklung zum GK so verstehen und mit dem Geist seine Aufgaben ausführen kann.

Getrennt von 42,1-4 beurteilt würde der von JHWH gerufene (Jes 46,11; 48,15) an der Hand geführte Kyros (Jes 45,1) in 42,5-7 bereits zugegen sein, hätte sich nicht im 2. GKL eine Person vorstellt und sich auf das 1. GKL bezogen, die auf König Hiskia im Jahre 712 zurückgeführt werden kann. Wie wir im Verlauf noch sehen werden, wird mit einer fehlerhaften Datierung dem *falschen* GK Tor und Tür geöffnet!

[42,5-9] Peter Höffken: „Auch hier wird das Geheimnis des Angeredeten nicht gelüftet. Berufung und Einsetzung werden angesprochen, um die Aufgabe des Mannes einzuführen, die als Verpflichtung des Volkes (der Erde) und Licht der Völker benannt wird. ... Die Sprache verrät ein transzendierendes Interesse, das weit über eine politische Befreiungsaktion hinausführt. Sie hat eine umfassende Neuordnung der Welt im Blick."[179]

---

[179] NSK-AT 18/2 Peter Höffken: *Das Buch Jesaja*; 1998, Seite 64

Alter und Ziel des 2. Gottesknechtsliedes

Ist die Frage nach dem Alter des 2. GKL in der jetzigen Form auf König Hiskia zurückführbar, der auf seine königliche Abstammung hinweist und mit „du bist Israel" angesprochen (Jes 49,1.3.5) aus einem bedrängten und entmutigten Zustand seiner tödlichen Krankheit befreit wurde, so war dies dennoch nur ein Vorzeichen.

Auffällig wird in den übrigen GKL Israel nicht genannt. Diese Beanspruchung kann, ähnlich wie der *kollektive Gottesknecht* in Sap 5,1f über die erlebte Erfahrung mit in den Text eingeflossen sein! Seine Erwählung vom Mutterleib an, die sich auf älteste Offenbarung stützen kann, sah Hiskia mit seiner Thronfolge als gegeben an. Bei seiner Vorstellung in 49,1-11 verwendete er Stoffe, die ihm bereits zur Verfügung standen und die er zur Beschreibung seiner Erfahrung heranziehen konnte. Deshalb ist hinter die Person Hiskias auf den Text zu schauen und zukünftige Weissagung zu überdenken!

49,1 Der Höraufruf ist an die *Inseln* und an die *fernen Völker* gerichtet. Wie im 1. GKL sind *die Inseln* (42,4) und *die Nationen* (42,1.6) im Blick. Nur ist die Kommunikation anders. Der Aufruf *hört auf mich* aus Hiskias Mund, der durch seine außergewöhnliche Heilung von sich reden machte und dadurch die Aufmerksamkeit *ferner Völker* auf sich zog, bildet den Auftakt zu seiner Vorstellung: *JHWH hat mich vom Mutterleib an berufen, vom Mutterschoß meinen Namen genannt.* Berufung und Namensnennung sind aus den Bilderreden des Henoch bekannt: Hen 45,3a: *An jenem Tag wird mein Erwählter auf dem Thron der Herrlichkeit sitzen.* Hen 46,3: *der alle Schätze des Verborgenen offenbart.* Hen 48,2: *In dieser Stunde … wurde sein Name* genannt. Mit *verborgenen Schätzen* würde dieser *das Recht kundtun … gründen* wie in 42,1-4, d. h. die Kommunikation erfolgt hier über ein bis dahin verborgenes Gut. **49,2** *Und er macht meinen Mund wie ein scharfes langes Schwert, versteckt im Schatten seiner Hand, und er machte mich zu einem spitzen Pfeil, hat mich verborgen in seinem Köcher.* Hen 62,7: *Denn vorher war der Menschensohn verborgen gewesen, und der Höchste hat ihn angesichts seiner Macht bewahrt und ihn den Auserwählten offenbart.* **49,3** *Du bist mein Knecht, bist Israel, an dem ich mich verherrlichen werde.* Die Worte gehen an Hiskia, der *mein Knecht* genannt wird, aber beziehen sich auf einen zukünftigen anonymen Knecht, durch den sich hinter dem Vorzeichen der Heilung Gott verherrlichen wird!

49,4 Hiskias Eindruck: *Umsonst habe ich mich abgemüht, vergeblich und für nichts meine Kraft verbraucht* könnte auf seinen totkranken Zustand hinweisen und die ermutigende Wende seiner Genesung in den Worten: *doch mein Recht ist bei JHWH und mein Lohn bei meinem Gott.* **49,5** Der Wiederholung der Berufung als Legitimation ist der Auftrag *Jakob zurückzubringen, damit Israel nicht weggerafft werde* angeheftet, was in die historischen Umstände während seiner Herrschaft passt. Der Vers **49,6** wiederholt diesen Auftrag jedoch als *zu gering*! *Ich werde dich auch zum Licht der Nationen setzen um mein Heil zu sein bis an das Ende der Erde.* Dieser Auftrag ist auch in Hen 48,4 ausgedrückt: *Er wird sein der Stab der Gerechten, damit sie sich auf ihn stützen und nicht fallen, er wird sein das Licht der Völker, und er wird sein die Hoffnung derer, die in ihrem Herzen leiden.* Ab **49,7** lassen sich einige Parallelen zu Hen 62 beobachten.

Jes 49	Hen 62
7 So spricht JHWH, der Erlöser Israels, sein Heiliger zu dem, der nicht wertgeachtet war zu leben, zum Abscheu der Nationen, zu dem Knecht der Herrscher.	**1** So befahl der Herr
Fürsten und Könige	den Königen, Mächtigen, Hohen und denen, die die Erde besitzen, und sprach: Öffnet eure Augen und weist euch aus, wenn ihr den Erwählten erkennen könnt. **2** …
werden es sehen	
und aufstehen	**3** An jenem Tag werden alle Könige, Mächtigen, Hohen und die, die die Erde besitzen, sich erheben, und sie werden ihn sehen und ihn erkennen, wie er auf seinem Thron der Herrlichkeit sitzt und vor ihm in Gerechtigkeit gerichtet wird, und ihm wird niemand etwas vormachen können.
[**2** Und er macht meinen Mund wie ein scharfes langes Schwert]	
und sie werden sich niederwerfen, um JHWHs willen	**6** Die Könige, Mächtigen und alle, die die Erde besitzen werden rühmen und verherrlichen und erhöhen den, der alles beherrscht, was verborgen ist.
2 … er versteckt mich im Schatten seiner Hand, und er machte mich zu einem spitzen Pfeil, er hat mich verborgen in seinem Köcher …	**7** Denn vorher war der Menschensohn verborgen gewesen, und der Höchste hat ihn angesichts seiner Macht bewahrt und ihn den Auserwählten offenbart.
12 Siehe, die einen kommen von fern, wieder andere von Norden und Westen, und wieder andere aus dem Land Sinim.	**8** Die Versammlung der Auserwählten und Heiligen wird gepflanzt werden, und alle Auserwählten werden an jenem Tage vor ihm stehen.

Die Ansprache in 49,7 ist auf Hiskia (Jes 38,1-6; 2Kö 20,1-6) als ein Vorzeichen abgestimmt (2Chr 32,24.31; 2Kö 20,12; Jes 39,1.2).

Jes 49	Jes 42
	1 Siehe, mein Knecht, den ich stütze, mein Auserwählter, an dem meine Seele Wohlgefallen hat: Ich habe meinen Geist auf ihn gelegt. Er wird das Recht den Nationen rausbringen. **2** Er wird nicht schreien und nicht erheben noch seine Stimme hören lassen auf der Straße. **3** Das geknickte Rohr wird er nicht zerbrechen und den glimmenden Docht wird er nicht auslöschen. Er wird der Wahrheit gemäß das Recht hervorgehen lassen. **4** Er wird nicht verglimmen noch einknicken, bis er das Recht auf Erden gegründet hat. Auf seine Lehren warten die Inseln. **5** So spricht der Gott JHWH, der die Himmel schuf und sie ausspannte, der die Erde ausbreitete mit ihren Gewächsen, dem Volke darauf Odem gibt, und den Lebenshauch denen, die darauf wandeln:
8 So spricht JHWH:	**6** Ich JHWH habe dich gerufen in Gerechtigkeit und ergriff dich bei der Hand und ich werde dich behüten und dich setzen zum Bund mit dem Volk, zum Licht der Nationen.
Zurzeit der Bestätigung des Wohlgefallens habe ich dich erhört und am Tag der Rettung habe ich dir geholfen. Ich werde dich behüten und setzen zum Bund mit dem Volk, um das Land aufzurichten und die verwüsteten Erbteile auszuteilen.	
9 Um den Gefangenen zu sagen: Geht hinaus! und zu denen in Finsternis: kommt ans Licht! Sie werden an den Wegen weiden und auf allen kahlen Höhen wird ihre Weide sein.	**7** Um blinde Augen zu öffnen, um Gefangene aus dem Kerker herauszuführen, und aus dem Gefängnis die Bewohner der Finsternis.
10 Und sie werden nicht hungern und nicht dürsten und keine sengende Hitze und Sonne wird sie mehr treffen, denn ihr Erbarmer wird sie führen und an Wasserquellen leiten.	
11 Und alle meine Berge will ich zu Wegen machen und meine Straßen werden erhöht werden.	
12 Siehe, die einen kommen von fern, wieder andere von Norden und Westen, und wieder andere aus dem Land Sinim.	
13 Jubelt, ihr Himmel und Erde freute dich, und ihr Berge brecht in Jubel aus, denn JHWH hat sein Volk getröstet und seinen Elenden erbarmt er sich.	

Das 2. GKL hat in 49,8.9 seine unübersehbaren Parallelen zu 42,6.7 im 1. GKL. Diese Beobachtung berechtigt dazu, die jeweiligen Kontexte in 42,1-5 und in 49,10-13 zu bewerten und weitere Parallelen zu untersuchen. Der GK in 42,1-4 wurde (s. o.) als eine Einzelperson beschrieben, die verworfene Maßstäbe und vernachlässigte Lichtquellen hochschätzt und ohne öffentliches Auftreten durchhält, aber doch in der Lage ist, das Recht herauszubringen. Das ist sein Ziel. Das Alter der Verheißung wurde über chinesische Piktogramme, die seit über 4000 Jahren festliegen und Bilder speichern, als „von Anfang an" beurteilt. 42,5 legt hier den zeitlichen Rahmen fest, da die geschaffenen Lebensräume untrennbar mit der Woche verbunden sind und als ein Ganzes vor ihm bestehen. Der von Anfang an *verborgen gewesen* war, wird *bewahrt* und *offenbart* (Hen 62,7). Nach 14 Sonnenzeiten 2020/2022 tritt dieser in unserer Gegenwart auf.

Hen 48	Jes 42
1 An diesem Ort sah ich die unerschöpfliche Quelle der Gerechtigkeit, und ringsum umgaben sie viele Quellen der Weisheit, und alle Durstigen tranken von ihnen und wurden voll Weisheit, und ihre Wohnungen waren bei den Gerechten, Heiligen und Auserwählten.	
2 In dieser Stunde wurde jener Menschensohn in Gegenwart des Herrn der Geister genannt und sein Name vor dem Haupt der Tage.	**5** So spricht der Gott JHWH,
3 Bevor die Sonne und die Zeichen geschaffen wurden, bevor die Sterne des Himmels geschaffen wurden,	der die Himmel schuf und sie ausspannte, der die Erde ausbreitete mit ihren Gewächsen, dem Volk darauf Odem gibt, und den Lebenshauch denen, die darauf wandeln:
ist sein Name vor dem Herrn der Geister genannt.	**6** Ich JHWH habe dich gerufen
4 Er wird für die Gerechten ein Stab sein, damit sie sich auf ihn stützen ohne zu fallen, und er wird das Licht der Völker und die Hoffnung derer sein, die in ihrem Herzen betrübt sind.	in Gerechtigkeit und ergriff dich bei der Hand und ich werde dich behüten und dich setzen zum Bund mit dem Volk, zum Licht der Nationen.
6 Und darum ist er erwählt worden und verborgen vor ihm, ehe die Welt geschaffen wurde, und bis in Ewigkeit.	(Siehe oben V. 5)

Die Parallelen zwischen Jes 42,5.6 und Hen 48,3.4.6 zeigen den Ursprung von 42,5 in einer im Himmel mitgeteilten Erwählung. Nun hat Hen 48 bekanntermaßen auch Parallelen zu Jes 49,1-6:

Hen 48	Jes 49
1 An diesem Ort sah ich die unerschöpfliche Quelle der Gerechtigkeit, und ringsum umgaben sie viele Quellen der Weisheit, und alle Durstigen tranken von ihnen und wurden voll Weisheit, und ihre Wohnungen waren bei den Gerechten, Heiligen und Auserwählten.	
2 In dieser Stunde wurde jener Menschensohn in Gegenwart des Herrn der Geister genannt und sein Name vor dem Haupt der Tage. **3** Bevor die Sonne und die Zeichen geschaffen wurden, bevor die Sterne des Himmels geschaffen wurden, ist sein Name vor dem Herrn der Geister genannt.	**1** JHWH hat mich vom Mutterleib an berufen, vom Mutterschoß meinen Namen genannt.
4 Er wird für die Gerechten ein Stab sein, damit sie sich auf ihn stützen ohne zu fallen, und er wird das Licht der Völker und die Hoffnung derer sein, die in ihrem Herzen betrübt sind.	(Siehe oben, V. 1) **6** … zu gering, dass du mein Knecht sein solltest, nur um die Stämme Jakobs aufzurichten: Ich werde dich auch zum Licht der Nationen setzen um mein Heil zu sein bis an das Ende der Erde.
5 Alle, die auf der Erde wohnen, werden vor ihm niederfallen und ihn anbeten und sie werden preisen, rühmen und lobsingen den Namen des Herrn.	**7** … Fürsten und Könige werden es sehen und aufstehen und sie werden sich niederwerfen, um JHWHs willen,
6 Und darum ist er erwählt worden und verborgen vor ihm,	der dich erwählt hat. **2** Und er macht meinen Mund wie ein scharfes langes Schwert, er versteckt mich im Schatten seiner Hand, und er machte mich zu einem spitzen Pfeil, er hat mich verborgen in seinem Köcher …
ehe die Welt geschaffen wurde, und bis in Ewigkeit.	

Diese Verflechtungen zeigen, dass die Überlieferungen der ersten zwei GKL auf einen gleichen Ursprung zurückgehen, den Bilderreden des Henoch.

In Fortsetzung des obigen Vergleichs ist 49,10 bis in die Apk 7,16f als zukünftiges Ereignis präsent. Obwohl das Formal schon zur Wirkungsgeschichte gehört, wird der Vergleich hier auf gleicher Ebene herangezogen, weil sich die Apk des Johannes als Offenbarungsgut von Gott darstellt. Nicht alle Bibelbücher behaupten von sich, einer Offenbarung zu entspringen. Der Inspirationsgedanke verwischt hier eher die Konturen, weil es sich um eine theologische Festlegung von Menschen handelt, die ein bestimmtes Schriftgut qualifiziert und anderes Schriftgut ausgeschossen hat.

Jes 49	Apk 7
8 So spricht JHWH: Zurzeit der Bestätigung des Wohlgefallens habe ich dich erhört und am Tag der Rettung habe ich dir geholfen. Ich werde dich behüten und setzen zum Bund mit dem Volk, um das Land aufzurichten und die verwüsteten Erbteile auszuteilen.	
9 Um den Gefangenen zu sagen: Geht hinaus! und zu denen in Finsternis: kommt ans Licht!	**9** … ich sah eine große Volksmenge, die kein Mensch zählen konnte,
Sie werden an den Wegen weiden und auf allen kahlen Höhen wird ihre Weide sein.	**14** Das sind die, die aus der großen Bedrängnis kommen
10 Und sie werden nicht hungern und nicht dürsten und keine sengende Hitze und Sonne wird sie mehr treffen,	**16** Sie werden nicht mehr Hungern und nicht mehr Dürsten, noch wird die Sonne auf sie niederbrennen, noch sie irgendeine sengende Hitze treffen,
denn ihr Erbarmer wird sie führen und an Wasserquellen leiten.	**17** weil das Lamm, das inmitten des Thrones ist, sie hüten, und sie zu Wasserquellen des Lebens leiten wird.
11 Und alle meine Berge will ich zu Wegen machen und meine Straßen werden erhöht werden.	
12 Siehe, die einen kommen von fern, wieder andere von Norden und Westen, und wieder andere aus dem Land Sinim.	**13** … woher sind sie gekommen? **14** … aus allen Nationen, Stämmen, Völkern und Sprachen, stand vor dem Thron und vor dem Lamm.
13 Jubelt, ihr Himmel	**11** Und alle Engel standen rings um den Thron … und fielen vor dem Thron auf ihr Angesicht und beteten Gott an.
und Erde freute dich, und ihr Berge brecht in Jubel aus, denn JHWH hat sein Volk getröstet und seinen Elenden erbarmt er sich.	**10** Und sie rufen fortwährend mit lauter Stimme, indem sie sagen: Die Rettung verdanken wir unserem Gott, der auf dem Thron sitzt und dem Lamm.

Diese Gegenüberstellung macht deutlich, dass sich Apk 7,9-17 auf Jes 49 rückbezieht. Die große Volksmenge in 7,9, die aus der großen Bedrängnis 7,14 kommt, steht den Gefangenen in 49,9, die aus der Finsternis ans Licht kommen, gegenüber. Diese Befreiungsaktion ist zukünftiger Natur und folgt der Einsetzung des GK in 49,1.

Die geographischen Angaben in 49,12 wurden oben bereits mit der Versammlung in Hen 62,8 parallel gesetzt, so der Kontext. Der Vergleich mit Hen 47,1f ist durch die vorausgesetzten Straßen 49,9b.11 für die Wagen mit Menschen und der Geisteshaltung in Hen 47,3 mit derjenigen in 49,13 begünstigt. Dieser Befreiungsaktion folgt einem

Gericht (Hen 56) und wird selbst von einer drastischen Veränderung der Säulen der Erde[180] 57,2c begleitet. Dieses weitere Detail könnte eine Erklärung für das Bild des Weidens an Wegen und kahlen Höhen in 49,9b bieten, was für Mobilität und ein Schutzbedürfnis spricht.

Jes 49	Hen 57
11 Und alle meine Berge will ich zu Wegen machen und meine Straßen werden erhöht werden.	(Siehe V. 2)
12 Siehe, die einen kommen von fern, wieder andere von Norden und Westen, und wieder andere aus dem Land Sinim.	**1** Danach geschah es: Ich sah ein anderes Heer von Wagen, auf denen Menschen fuhren, und sie kamen mit den Winden vom Osten und vom Westen bis zum Süden. **2** Und das Geräusch des Rollens Ihrer Wagen konnte man hören, und als diese Unruhe entstand, bemerkten es die Heiligen im Himmel, und die Säulen der Erde wurden von ihrem Platz geschleudert, und man hörte es von einem Ende der Himmel bis zum
13 Jubelt, ihr Himmel und Erde freute dich, und ihr Berge brecht in Jubel aus, denn JHWH hat sein Volk getröstet und seinen Elenden erbarmt er sich.	anderen Ende an einem Tage. **3** Und alle werden niederfallen und den Herrn der Geister anbeten. Und das ist das Ende der zweiten Bilderrede.

Der letzte Vergleich zielt auf die Berge in 49,11, die eine Entsprechung im Wächterbuch (Hen 1,6) haben. Er begründet sich im Kontext 49,8.9 in der Gegenüberstellung vom „Wohlgefallen" mit „den Gerechten … Frieden schaffen"; „behüten" mit „die Auserwählten behüten"; „geht hinaus … kommt ans Licht" mit „Gnade … Licht Gottes leuchten" und „weiden … Weide" mit „Wohlergehen … gesegnet."

---

[180] **Hen 18,1** Und ich sah die Kammern aller Winde, und wie er mit ihnen die ganze Schöpfung ausgeschmückt hat, und ich sah die Grundfesten der Erde. **2** Ich sah den Eckstein der Erde und die vier Winde, die die Erde und das Firmament tragen. **3** Ich sah, wie die Winde die Höhe des Himmels ausspannen und ihre Stellung zwischen Himmel und Erde einnehmen, sie sind die Säulen des Himmels. [**Fn. 1** Wohnort aller Winde (der Geister – Hen 17,2) ist der Himmel, von wo die brillante Schöpfung ausgegangen ist, auch die Fundamente der Erde. **2-3** Die Grundstütze der Erde hat vier Winde, die Himmel und Erde auf Abstand halten – die Säulen des Himmels.]
Hi 26,7 Er spannt den Norden über leeren Raum, Hängt die Erde auf an nichts. **8** Er wickelt Wasser in Wolken, ohne dass die Wolkenmasse unten reißt. **9** Umschließt das Antlitz des Thrones, breitet seine Wolke darüber aus. **10** Er hat einen Kreis auf Höhe der Wasser, der bis zum Ende vom Licht zur Finsternis reicht.
Harald Schneider: *Das Buch Henoch und die neue biblische Chronologie*; 2020, S. 59

Jes 49	Hen 1
8 So spricht JHWH:	**3** Über die Auserwählten sprach ich …
Zurzeit der Bestätigung des Wohlgefallens habe ich dich erhört und am Tag der Rettung habe ich dir geholfen. Ich werde dich behüten und setzen zum Bund mit dem Volk, um das Land aufzurichten und die verwüsteten Erbteile auszuteilen.	**8** Den Gerechten aber wird er Frieden schaffen, und die Auserwählten behüten,
9 Um den Gefangenen zu sagen: Geht hinaus! und zu denen in Finsternis: kommt ans Licht!	und Gnade wird über ihnen walten, und … das Licht Gottes wird ihnen leuchten.
Sie werden an den Wegen weiden und auf allen kahlen Höhen wird ihre Weide sein.	(…) und es wird ihnen wohl gehen, sie werden alle zu Gott gehören und sie werden gesegnet sein
10 Und sie werden nicht hungern und nicht dürsten und keine sengende Hitze und Sonne wird sie mehr treffen, denn ihr Erbarmer wird sie führen und an Wasserquellen leiten.	
11 Und alle meine Berge will ich zu Wegen machen und meine Straßen werden erhöht werden.	**6** Es werden erschüttert werden die erhabenen Berge, und die hohen Hügel sich senken und schmelzen wie Honigwachs vor der Flamme.
13 … ihr Berge brecht in Jubel aus, denn JHWH hat sein Volk getröstet und seinen Elenden erbarmt er sich.	

In der kosmischen Reise des Henoch werden Sterne auch als Berge beschrieben. Der feurige Bogen in 17,3 ist hinter dem Orionsternbild in 18,6f und in 18,13f werden Berge als Engel im Gefängnis gezeigt, *wie ein Geist, der mich fragte*, die in Jubel ausbrechen (Hen 69,26f)! (Zur Herkunft von Henoch 17-20, Siehe: Die Anhänge zum 4. GKL *Die kosmische Reise des Henoch*).

Im 2. GKL steckt Offenbarungswissen, das bis auf die Himmelreise Henochs zurückgeführt werden kann, d. h. *von Anfang an* präsent war. Der Umstand, dass das Buch Henoch wie viele andere Apokalypsen aus dem Kanon der römischen Staatskirche verdrängt wurde, täuscht nicht darüber hinweg, dass Geschehen von großer Tragweite heute vor uns aufschlagen werden!

Alter und Ziel des 3. Gottesknechtsliedes

Ist die Frage nach dem Alter, oder besser dem Ursprung der ersten zwei GKL bis in das Buch Henoch, d. h. bis vor die Flut zurückzuverfolgen und die Einschaltung auf König Hiskia als „du bist Israel" als ein Vorzeichen begründet (Jes 49,1.3.5), weil er aus einem bedrängten und entmutigten Zustand einer tödlichen Krankheit befreit wurde, so geht das 3. GKL bereits auf die Leiden des GK ein.

Ob auch diese Fortsetzung bereits in Henoch angelegt war, lässt sich heute nicht mehr sagen, da Teile der 3. Bilderrede ausgefallen sind. Es gibt zwei fernere Vergleiche, auf die hier eingegangen wird. Der Ort eines Geschehens kann aus ganz unterschiedlichen Blickwinkeln beschrieben werden:

Im 3. GKL ist der Sprecher von 50,4-9 der GK selbst. Er beschreibt, was *mit ihm* geschehen ist, bzw. fortlaufend geschieht und was ihm *am Morgen*^LXX verliehen wurde.

Dem schließt sich ein Apell mit nachgelagerter Identifizierung der Sprecherperson an, der an die Anbeter JHWHs gerichtet ist 50,10. Dem folgt eine direkte Kampfansage gegen die Widerständler 50,11.

Der gleiche Vorgang ist in einer Vision des Henoch nachempfunden! Henoch wird von einem Sturmwind zum Ende der Himmel getragen. Der GK wird autorisiert, Komplexes zu verstehen und zu vermitteln.

Dann erst beginnt die *andere* Vision. Ort: Die Wohnung der Heiligen. Es werden die *Ruheorte der Gerechten* genannt, *ihre Ruheorte bei den Heiligen*, und ihre wohlwollende Führsprache (Hen 39,3-5). Der *Erwählte des Glaubens und der Gerechtigkeit* wird umringt 39,6. Gerechtigkeit und Schutz vom Herrn der Geister garantieren Recht für immer 39,7 und auch Henoch begehrte ebendiesen Ort 39,8.

Diese Beschreibungen sprechen das Geschehen um den GK aus einer anderen Perspektive an. Sie zeigt *warum* der GK so gut unterrichtet war und *warum* er so viele Schläge wegstecken konnte und *warum* er so zuversichtlich sein konnte!

Seine Einsetzung und die Auswirkung auf die Mächtigen werden in Hen 46,1-10 als Vorgang im Himmel beschrieben und mit in den Vergleich gesetzt werden:

Jes 50	Hen 39
4 Der Herr JHWH hat mir eine gelehrte Zunge gegeben, um dem Müden durch ein Wort beizustehen. Morgen für Morgen weckt er mir das Ohr, dass ich höre wie die Unterrichteten.	**3** Und in jenen Tagen ergriff mich eine Wolke, und ein Sturmwind hob mich von der Erde weg und brachte mich zum Ende der Himmel.
5 Der Herr JHWH hat mir das Ohr geöffnet, und ich bin nicht widerspenstig gewesen, bin nicht zurückgewichen.	**4** Und dort sah ich eine andere Vision: Die Wohnungen der Heiligen, und die Ruheorte der Gerechten.
6 Ich hielt meinen Rücken den Schlagenden und meine Wangen den Raufenden hin, mein Angesicht verbarg ich nicht vor Schmach und Speichel.	**5** Hier sahen meine Augen ihre Wohnungen bei den gerechten Engeln, und ihre Ruheorte bei den Heiligen,
7 Aber der Herr JHWH hilft mir. Darum machte ich mein Angesicht wie ein Kieselstein in der Gewissheit, dass ich nicht beschämt werden würde.	und sie baten, flehten und beteten für die Menschen, und Gerechtigkeit floss wie Wasser vor ihnen, und Barmherzigkeit wie Tau zur Erde.
8 Nahe ist, der mich rechtfertigt: Wer will mit mir rechten? Treten wir zusammen vor! Wer hat eine Rechtssache gegen mich? Er trete her zu mir!	**6** Dort sahen meine Augen den Erwählten der Gerechtigkeit und des Glaubens. Gerechtigkeit wird in seinen Tagen walten, und die Gerechten und Auserwählten werden zahllos vor ihm sein für immer und ewig.
9 Siehe, der Herr JHWH wird mir helfen! Wer ist es, der mich für schuldig sprechen könnte? …	**7** Ich sah ihre Wohnung unter dem Schutz des Herrn der Geister, und die Gerechten und Auserwählten waren vor ihm
10 Wer von euch fürchtet JHWH? Wer hört auf die Stimme seines Knechtes? Wer in Finsternis wandelt und welchem kein Licht glänzt vertraue auf den Namen JHWHs und stütze sich auf seinen Gott.	geschmückt wie mit Feuerglanz und ihr Mund war voll Lobpreis. Ihre Lippen priesen den Namen des Herrn der Geister
11 Siehe, ihr alle, die ihr ein Feuer zündet und mit Brandpfeilen euch rüstet: Hinweg in die Glut des Feuers und in die Brandpfeile, die ihr angesteckt habt. Solches geschieht euch von meiner Hand. In Herzeleid sollt ihr daliegen.	und die Gerechtigkeit und das Recht nehmen vor ihm kein Ende.

Im zweiten Vergleich in Hen 46 steht der gelehrten Zunge in 50,4 einer gegenüber, der alle Schätze des Verborgenen offenbart 46,3. Seine Stärke in 50,7 besteht in 46,4 gegenüber den Mächtigen. Er verteidigt in 50,8.9 seinen Standpunkt, der für die Herrscher in 46,5f das Aus bedeuten wird. Der Handlung an den Feinden des GK in 50,11 steht in 46,6 ein Lager gegenüber, von dem niemand mehr aufsteht. Die Verfolgung des GK in 50,6 steht dem Niedertreten der Erde durch Geistermächte in 46,7 gegenüber. Die Furcht vor JHWH in 50,10 steht den verfolgten Gläubigen in 46,8 gegenüber.

Jes 50	Hen 46
4 Der Herr JHWH hat mir eine gelehrte Zunge gegeben, um dem Müden durch ein Wort beizustehen. Morgen für Morgen weckt er mir das Ohr, dass ich höre wie die Unterrichteten. **5** Der Herr JHWH hat mir das Ohr geöffnet, und ich bin nicht widerspenstig gewesen, bin nicht zurückgewichen. **7** Aber der Herr JHWH hilft mir. Darum machte ich mein Angesicht wie ein Kieselstein in der Gewissheit, dass ich nicht beschämt werden würde.	**3** Er antwortete und sprach zu mir: „Dies ist der Menschensohn, der die Gerechtigkeit hat und bei dem die Gerechtigkeit wohnt, der alle Schätze des Verborgenen offenbart, denn der Herr der Geister hat ihn erwählt, und sein Los ist unübertrefflich durch die Gerechtigkeit vor dem Herrn der Geister.
8 Nahe ist, der mich rechtfertigt: Wer will mit mir rechten? Treten wir zusammen vor! Wer hat eine Rechtssache gegen mich? Er trete her zu mir! **9** Siehe, der Herr JHWH wird mir helfen! Wer ist es, der mich für schuldig sprechen könnte?	**4** Dieser Menschensohn, den du gesehen hast, wird die Könige und die Mächtigen aus ihren Ruhepositionen aufschrecken und die Starken von ihren Thronen – er wird die Zügel der Mächtigen lösen und die Zähne der Sünder zerschlagen.
Siehe, allesamt werden sie zerfallen wie ein Kleid, die Motte wird sie fressen. **11** Siehe, ihr alle, die ihr ein Feuer zündet und mit Brandpfeilen euch rüstet: Hinweg in die Glut des Feuers und in die Brandpfeile, die ihr angesteckt habt. Solches geschieht euch von meiner Hand. In Herzeleid sollt ihr daliegen. **6** Ich hielt meinen Rücken den Schlagenden und meine Wangen den Raufenden hin, mein Angesicht verbarg ich nicht vor Schmach und Speichel.	**5** Er wird die Könige von ihren Thronen und aus ihren Reichen verstoßen, weil sie ihn weder erhöhen noch ihn preisen, noch demütig anerkennen, woher sie das Reich empfangen haben. **6** Und das Angesicht der Mächtigen wird verworfen und sie werden sich schämen – Finsternis wird ihre Wohnung und Würmer ihr Ruhelager – und sie können nicht hoffen, dass sie von ihrem Lager aufstehen werden, denn sie haben den Namen des Herrn der Geister nicht erhöht. **7** Diese sind es, die die Sterne des Himmels meistern, und ihre Hand gegen den Höchsten emporrecken und die Erde niedertreten und darauf wohnen. Alle ihre Werke offenbaren Ungerechtigkeit, und all ihre Werke sind Ungerechtigkeit. Ihre Macht stützt sich auf ihren Reichtum, und ihr Glaube gilt den mit ihren Händen gemachten Göttern, und sie verleugnen den Herrn der Geister.
10 Wer von euch fürchtet JHWH? Wer hört auf die Stimme seines Knechtes?	
Wer in Finsternis wandelt und welchem kein Licht glänzt vertraue auf den Namen JHWHs und stütze sich auf seinen Gott.	**8** Sie verfolgen die Häuser seiner Versammlung und die Gläubigen, die im Namen des Herrn der Geister aufbewahrt worden sind.

Das 3. GKL hat in diesen beiden Bilderreden seine Bandargen, die anzeigen, mit welcher Unterstützung er sich aufstellen wird.

Wer ist nun der GK im 3. GKL?

Paulus greift in Röm 8,32f auch Jes 50,8.9a als seine Verteidigungs-rede auf, was ihn in die Rolle des GK schlüpfen lässt, ob exklusiv oder in einer kollektiven Teilhaberschaft. Diese Inanspruchnahme ist für Christen nicht beunruhigend, den gerade Paulus musste vor Königen und Herrschern treten und sehr viel leiden (Apg 9,15.16).

Nach Jesu Worten ist es naheliegend im belehrten GK des 3. GKL eine zukünftige Gestalt zu erwarten (Mat 24,45f; Luk 12,41f). Seine eigenen Schüler werden in Bildvergleichen immer wieder mit Skla-ven, Knechten oder Verwaltern verglichen, die auf die Ankunft ihres Herrn warten (Mat 24,43f; Mar 13,33-37; Luk 12,35f). Dabei gibt es ein Nebeneinander von Dienern, die sich derselben Sache mit unterschiedlichem Geschick widmen (Mat 24,48f; Luk 12,45f).

Wann erscheint nun der GK des 3. GKL?

Die Septuaginta nennt als frühe Übersetzung eines möglicherweise älteren Textes oder einem älteren Verständnis darüber eine Zeitan-gabe: *Er verlieh mir die Bildung am Morgen*, was sich auf den An-bruch einer Zeit bezieht, wahrscheinlich dem Anbruch des dritten Siebeners Menschheit ab 2020/2022.

[4]Der Herr schenkt mir die Zunge (guter) Erziehung, dass ich er-kenne, *wann es nötig ist,* ein Wort *zu sprechen,* er *verlieh* (sie) mir am Morgen, *verlieh* mit *dazu* ein Ohr, um zu hören. [5]Und *die Erzie-hung* des Herrn öffnet meine Ohren, ich aber bin nicht ungehorsam und *widerspreche* nicht. – Jes 50,4.5 LXX[D]

[4]Fn. *Erziehung* oder *Bildung; erkenne:* R$_A$ [Rahlfs] + zur rechten Zeit

Auch seine Worte werden zielgerichtet „zur rechten Zeit" geäußert, was durch das verliehene Ohr um zu hören erst möglich wird.

Die gelehrte Zunge und das hörende Ohr in 50,4 sind dem verstän-digen, der zur richtigen Zeit gibt in Luk 12,42 gegenübergestellt. Widerspenstigkeit, Rückentwicklung und Schläge in 50,5.6 mit ver-zögern, schlagen und im Rausch sein in 12,46, die Rechtssache in 50,8.9 mit dem unerwarteten Tag und Stunde und der Strafe in 12,46. Der Höraufruf in 50,10 ist der Tätigkeit in 12,43 gegenüber, und die Aufforderung, auf den Namen JHWHs zu vertrauen der Ein-setzung in 12,44. Feuer in 50,11 steht Feuer in 12,49 gegenüber.

Jes 50	Luk 12
4 Der Herr JHWH hat mir eine gelehrte Zunge gegeben, um dem Müden durch ein Wort beizustehen. Morgen für Morgen weckt er mir das Ohr, dass ich höre wie die Unterrichteten.	**42** Wer ist in Wirklichkeit der treue Verwalter, der verständige, den sein Herr über seine Dienerschaft setzen wird, um ihnen ihren Essenvorrat zur richtigen Zeit geben?
5 Der Herr JHWH hat mir das Ohr geöffnet, und ich bin nicht widerspenstig gewesen, bin nicht zurückgewichen.	**45** Wenn aber jener Sklave in seinem Herz je sagen sollte: „Mein Herr verzögert sein Kommen", und beginnt, die Knechte und Mägde zu schlagen und zu essen und zu trinken und betrunken zu werden
6 Ich hielt meinen Rücken den Schlagenden und meine Wangen den Raufenden hin, mein Angesicht verbarg ich nicht vor Schmach und Speichel.	
7 Aber der Herr JHWH hilft mir. Darum machte ich mein Angesicht wie ein Kieselstein in der Gewissheit, dass ich nicht beschämt werden würde.	
8 Nahe ist, der mich rechtfertigt: Wer will mit mir rechten? Treten wir zusammen vor! Wer hat eine Rechtssache gegen mich? Er trete her zu mir!	**46** so wird der Herr dieses Sklaven an einem unerwarteten Tag und zu einer unerwarteten Stunde kommen, und er wird ihn mit der größten Strenge bestrafen und ihn ein Teil mit den Untreuen zuweisen.
9 Siehe, der Herr JHWH wird mir helfen! Wer ist es, der mich für schuldig sprechen könnte? Er trete her zu mir!	**43** Jener Sklave ist glücklich, wenn ihn sein Herr bei seiner Ankunft dabei vorfindet.
10 Wer von euch fürchtet JHWH? Wer hört auf die Stimme seines Knechtes? Wer in Finsternis wandelt und welchem kein Licht glänzt vertraue auf den Namen JHWHs und stütze sich auf seinen Gott.	**44** Ich sage euch in Wahrheit: Er wird ihn über seinen ganzen Besitz erhöhen.
11 Siehe, ihr alle, die ihr ein Feuer zündet und mit Brandpfeilen euch rüstet: Hinweg in die Glut des Feuers und in die Brandpfeile, die ihr angesteckt habt. Solches geschieht euch von meiner Hand. In Herzeleid sollt ihr daliegen.	**49** Ich bin gekommen, um ein Feuer auf der Erde anzufachen, und was wünsche ich mir mehr, als dass es bereits gezündet wäre.
	51 Meint ihr, ich sei gekommen, um Frieden auf die Welt zu bringen? Nein, tue ich nicht, sondern eher Entzweiung.

Diese Sklavengestalt ist auch in der Sammlung der Endzeitworte des Matthäus recht ähnlich wiedergegeben, sodass auch die Gegenüberstellung ähnlich ausfällt: Die gelehrte Zunge und das hörende Ohr in 50,4 sind Treue und Verständigkeit zur richtigen Zeit in 24,45 gegenübergestellt. Widerspenstigkeit, Rückentwicklung und Schläge in 50,5.6 mit verzögern, schlagen und schlechtem Umgang in 24,48.49 und die Rechtssache in 50,8.9 mit dem unerwarteten Tag und Stunde und der Strafe in 24,48-51. Der Höraufruf des GK in 50,10 ist der Tätigkeit in 24,46.47 gegenübergestellt.

Jes 50	Mat 24
4 Der Herr JHWH hat mir eine gelehrte Zunge gegeben, um dem Müden durch ein Wort beizustehen. Morgen für Morgen weckt er mir das Ohr, dass ich höre wie die Unterrichteten.	**45** Wer ist in Wirklichkeit der treue und verständige Sklave, den sein Herr über seine Hausknechte gesetzt hat, um ihnen ihr Essen zur richtigen Zeit zu geben?
5 Der Herr JHWH hat mir das Ohr geöffnet, und ich bin nicht widerspenstig gewesen, bin nicht zurückgewichen.	**48** Wenn aber jener übelgesinnte Sklave in seinem Herz sagen sollte: „Mein Herr bleibt noch aus", **49** und beginnt, seine Mitsklaven zu schlagen und mit den Unmäßigen essen und trinken sollte,
6 Ich hielt meinen Rücken den Schlagenden und meine Wangen den Raufenden hin, mein Angesicht verbarg ich nicht vor Schmach und Speichel.	
7 Aber der Herr JHWH hilft mir. Darum machte ich mein Angesicht wie ein Kieselstein in der Gewissheit, dass ich nicht beschämt werden würde.	
8 Nahe ist, der mich rechtfertigt: Wer will mit mir rechten? Treten wir zusammen vor! Wer hat eine Rechtssache gegen mich? Er trete her zu mir!	**50** wird der Herr jenes Sklaven an einem Tag kommen, den er nicht erwartete und zu einer Stunde, die er nicht kennt, **51** und er wird ihn mit der größten Strenge bestrafen und ihn ein Teil mit den Heuchlern zuweisen. Dort wird sein Weinen und sein Zähneknirschen sein.
9 Siehe, der Herr JHWH wird mir helfen! Wer ist es, der mich für schuldig sprechen könnte? Er trete her zu mir!	
10 Wer von euch fürchtet JHWH? Wer hört auf die Stimme seines Knechtes? Wer in Finsternis wandelt und welchem kein Licht glänzt vertraue auf den Namen JHWHs und stütze sich auf seinen Gott.	**46** Glücklich ist jener Sklave, wenn ihn sein Herr bei seiner Ankunft dabei vorfindet. **47** Wahrlich, ich sage euch: Er wird ihn über seinen ganzen Besitz erhöhen.
11 Siehe, ihr alle, die ihr ein Feuer zündet und mit Brandpfeilen euch rüstet: Hinweg in die Glut des Feuers und in die Brandpfeile, die ihr angesteckt habt. Solches geschieht euch von meiner Hand. In Herzeleid sollt ihr daliegen.	(siehe oben, V. 51)

Ein auffälliger Unterschied, denn wir aus gegebenem Anlass vorziehen, ist die Nennung der weiblichen Sklavinnen, nämlich der Mägde in Luk 12,45! Sie werden mit den Sklaven auf einer Stufe gestellt. Das erinnert sehr stark an Joel 2,29 [=3,2]: *Sogar auf die Knechte und auf die Mägde werden ich in jenen Tagen meinen Geist ausgießen.*[181] Ebenso kennt die dritte Überlieferung eine Frau. Maria tritt im Evangelium des Thomas an Jesus als Fragestellerin auf:

---

[181] Zur chronologischen Einordnung gibt das nachfolgende Wahrzeichen und die Zeitangaben in Joel für 1945 und 2022 Auskunft.
Harald Schneider: *Das Zwölf-Propheten-Buch*; 2023, Seite 75.

Jes 50	ThEv 21
	1 Maria sagte zu Jesus: Wem gleichen deine Jünger? **2** Er sagte: Sie gleichen kleinen Kindern, die sich auf einem Feld niedergelassen haben, das ihnen nicht gehört. **3** Wenn die Herren des Feldes kommen, werden sie sagen: überlasst uns unser Feld! **4** Sie sind vor ihrer Gegenwart nackt, um sie* ihnen zu überlassen und ihnen ihr Feld zu geben. **5** Deswegen sage ich: Wenn der Hausherr weiß, dass der Dieb kommen wird, wird er wachen, bevor er kommt. Er wird ihn nicht einbrechen lassen in das Haus seines Herrschaftsbereiches, um seine Habe wegzunehmen. **6** Ihr aber, wacht gegenüber der Welt.
4 Der Herr JHWH hat mir eine gelehrte Zunge gegeben, um dem Müden durch ein Wort beizustehen. Morgen für Morgen weckt er mir das Ohr, dass ich höre wie die Unterrichteten. **5** Der Herr JHWH hat mir das Ohr geöffnet, und ich bin nicht widerspenstig gewesen, bin nicht zurückgewichen.	**7** Gürtet eure Lende mit großer Kraft, damit die Räuber keinen Weg finden, zu euch zu kommen! **8** Denn der Nutzen, nach dem ihr Ausschau haltet, wird gefunden werden. **9** Möge in eurer Mitte ein verständiger Mensch sein! **10** Als die Frucht reifte, kam er eilends mit seiner Sichel in der Hand, und erntete sie.
8 Nahe ist, der mich rechtfertigt: Wer will mit mir rechten? Treten wir zusammen vor! Wer hat eine Rechtssache gegen mich? Er trete her zu mir! **9** Siehe, der Herr JHWH wird mir helfen! Wer ist es, der mich für schuldig sprechen könnte? Er trete her zu mir! **10** Wer von euch fürchtet JHWH? Wer hört auf die Stimme seines Knechtes? Wer in Finsternis wandelt und welchem kein Licht glänzt vertraue auf den Namen JHWHs und stütze sich auf seinen Gott.	**11** Wer Ohren hat zu hören, möge hören. *die Kleider Th 103 Mt 24,43f.46 Mk 4,29 Lk 12,35-36.39-40

Dem Müden in 50,4 steht die große Kraft in 21,7 gegenüber, das geweckte Ohr dem Nutzen in 21,8, das geöffnete Ohr in 50,5 dem verständigen Menschen in 21,9 und nicht zurückgewichen in 21,10 kam eilends ... erntete die Frucht. Der Höraufruf in 50,10, der nicht vom, sondern über den GK gesprochen wird, entspricht hören 21,11. Das Maria diese Frage stellte spiegelt sich auch in Jesu Antwort wider. Er beschreibt Männer als kleine Kinder, die ein Feld besetzen, das nicht ihnen ist. Sie könnten aber mehr verlieren, als nur ihren Standort. Damit sie nicht völlig nackt dastehen, sollten sie wachsam sein, bevor der Dieb kommt und einbricht. Dies ist im Kontext vom Verwalter eingetragen (Luk 12,35-36.39-40) und bezieht sich auf die Welt. Sich die Lenden gürten mit großer Kraft versperrt den Räubern den Weg. Der Nutzen wird gefunden werden durch einen verständigen aus eurer Mitte. Er hat reife Früchte in Eile geerntet. Diese Gelegenheit hat er als Einzelperson wahrgenommen und damit den Nutzen entdeckt, der allen, die Ohren haben, zugutekommt.

Diese Maßnahmen scheinen eng mit der Funktion im 1. GKL verbunden zu sein. Die Leistung des GK kommt den Nationen und den Inseln zugute, die auf einen Durchbruch warten. Die stille Kommunikation und der Blick auf verworfene oder verachtete Quellen ermöglichen dem GK der Wahrheit gemäß zu lehren.

Jes 42	ThEv 21
1 Siehe, mein Knecht, den ich stütze, mein Auserwählter, an dem meine Seele Wohlgefallen hat: Ich habe meinen Geist auf ihn gelegt. Er wird das Recht den Nationen rausbringen.	7 Gürtet eure Lende mit großer Kraft …
	8 Denn der Nutzen, nach dem ihr Ausschau haltet, wird gefunden werden.
2 Er wird nicht schreien und nicht erheben noch seine Stimme hören lassen auf der Straße.	9 Möge in eurer Mitte ein verständiger Mensch sein!
3 Das geknickte Rohr wird er nicht zerbrechen und den glimmenden Docht wird er nicht auslöschen. Er wird der Wahrheit gemäß das Recht hervorgehen lassen. 4 Er wird nicht verglimmen noch einknicken, bis er das Recht auf Erden gegründet hat. Auf seine Lehren warten die Inseln.	10 Als die Frucht reifte, kam er eilends mit seiner Sichel in der Hand, und erntete sie.
	11 Wer Ohren hat zu hören, möge hören.

Dieser GK ist Teil der Knechte und Mägde. Dem folgt ein in Not geratener Diener, der von einer Verzögerung des Herrn spricht, d. h. eine zu frühe Erwartung hatte, und dadurch in Gefahr steht, seine gute Gesinnung zu verlieren. Jesus hat (Luk 16,1-12) einen Verwalter in Not beschrieben, der sein Geschick dahingehend wendet, dass er, obwohl ungerecht, ein Lob von Jesus für seine Beispielhandlung erfährt und so mit einer Hoffnung verbunden bleibt (1Kor 4,1.2).[182]

---

[182] BThSt 170 *Orientierung an der Schrift*; Carsten Mumbauer: *„Macht euch Freunde mit ungerechtem Reichtum"* (Luk 16,9); 2017, Seite 145-156

Der GK bekommt somit Schläge aus seinen eigenen Reihen ab. Er ist aber dennoch in einer souveränen Position, wie die Herausforderungen in 50,8.9 deutlich machen. Wie sind diese widersprüchlichen Vorgänge zu verstehen und wie in Übereinstimmung zu bringen?

Der übelgesinnte Sklave ist der Herausforderung in 50,8.9 gar nicht gewachsen! Das unauffällige Erscheinen des GK und die schnelle Ernte des Verständigen in 21,10 kommen überraschend. Nach den Schlägen in 50,6.7 fordert der GK seine Gegner heraus. Diesen Vorgang konnten seine Gegner nicht unterbinden! Er ist nichtmehr nur in der Opferposition. Er hat *die Zeit* und *die Hilfe Gottes* auf seiner Seite. Sein Plateau ist die offene Aufklärung, die von seinem Kontrahenten offensichtlich gemieden wird. Deshalb ist dort von fundamentalen Strukturen auszugehen, die keine offene Diskussion führen und die Informationsflüsse an ihre Lieben kontrollieren wollen.

Jes 50	ThEv 21
4 Der Herr JHWH hat mir eine gelehrte Zunge gegeben, um dem Müden durch ein Wort beizustehen. Morgen für Morgen weckt er mir das Ohr, dass ich höre wie die Unterrichteten. **5** Der Herr JHWH hat mir das Ohr geöffnet, und ich bin nicht widerspenstig gewesen, bin nicht zurückgewichen. **6** Ich hielt meinen Rücken den Schlagenden und meine Wangen den Raufenden hin, mein Angesicht verbarg ich nicht vor Schmach und Speichel. **7** Aber der Herr JHWH hilft mir. Darum machte ich mein Angesicht wie ein Kieselstein in der Gewissheit, dass ich nicht beschämt werden würde. **8** Nahe ist, der mich rechtfertigt: Wer will mit mir rechten? Treten wir zusammen vor! Wer hat eine Rechtssache gegen mich? Er trete her zu mir! **9** Siehe, der Herr JHWH wird mir helfen! Wer ist es, der mich für schuldig sprechen könnte? Er trete her zu mir!	**6** Ihr aber, wacht gegenüber der Welt. **7** Gürtet eure Lende mit großer Kraft, damit die Räuber keinen Weg finden, zu euch zu kommen! **8** Denn der Nutzen, nach dem ihr Ausschau haltet, wird gefunden werden. **9** Möge in eurer Mitte ein verständiger Mensch sein! **10** Als die Frucht reifte, kam er eilends mit seiner Sichel in der Hand, und erntete sie.
10 Wer von euch fürchtet JHWH? Wer hört auf die Stimme seines Knechtes? Wer in Finsternis wandelt und welchem kein Licht glänzt vertraue auf den Namen JHWHs und stütze sich auf seinen Gott.	**11** Wer Ohren hat zu hören, möge hören.

Der Apell in 50,10 richtet sich an die JHWH Anhänger. Es stammt nicht vom GK. Eine dritte Person fragt diese Gruppe, wer von ihnen auf den GK hört?

Die Antwort ist bezeichnend: *Wer in Finsternis wandelt und welchem kein Licht glänzt*, d. h. wer die Schattenseiten der Gemeinschaft geschmeckt hat und die Methoden der inneren Ausgrenzung zu spüren bekam, *vertraue auf den Namen JHWHs und stütze sich auf seinen Gott.* Sie bleiben in der Rahmenstruktur, aber ihr Verhalten sollen sie gottbezogen ausgestalten, weniger regelbezogen (Luk 17,5-10).

Das Gebilde weist durch die Verzögerung Risse auf, die nicht offen zur Sprache kommen, aber in Form von Schlägen Mitdiener treffen können (Mat 24,48.49; Luk 12,45). Wer Sorgen hat, hat auch Likör, und so feiert sich diese Klasse selbst, bis plötzlich der Herr kommt. Die Weckrufe werden vom *Müden* in 50,4 überhört (Luk 16,19-31).

Eine deutliche Steigerung ist das Zündeln von Brandpfeilen in 50,11. Hier wird das Verhalten der Gegner des GK und deren Folgen offen angesprochen! Sie planen die Vernichtung des GK und werden von JHWHs Hand in ihr eigenes Feuer gestoßen. Dieser Vorgang hat im Fundamentalismus eine höhere Dimension, etwa der Motivation zu einem Krieg gegen die GK-Aufklärung. Der Einsatz von Vernichtungswaffen würde seinen eigenen Standort in *Glut des Feuers* verwandeln. *Solches geschieht euch von meiner Hand* (vgl. Apk 18,4). Der schlechte Umgang des übelgesinnten Sklaven sollte deshalb nicht unterschätzt werden! Das jetzt ganze Staaten ins Geschehen um den GK eintreten würden begründet sich mit ihm als Licht der Nationen 42,6; 49,6. Auf eine noch nicht geklärte Weise übt der GK auch Einfluss auf die Inseln und die Nationen aus.

Jes 50	Luk 12
11 Siehe, ihr alle, die ihr ein Feuer zündet und mit Brandpfeilen euch rüstet: Hinweg in die Glut des Feuers und in die Brandpfeile, die ihr angesteckt habt. Solches geschieht euch von meiner Hand.	49 Ich bin gekommen, um ein Feuer auf der Erde anzufachen, und was wünsche ich mir mehr, als dass es bereits gezündet wäre.
In Herzeleid sollt ihr daliegen.	51 Meint ihr, ich sei gekommen, um Frieden auf die Welt zu bringen? Nein, tue ich nicht, sondern eher Entzweiung.

Innerhalb einer religiösen Binnenstruktur scheinen Brandpfeile eher die feindseligen Maßnahmen einzelner verschworener Führungspersonen abzubilden, die tatsächlich so weit gehen, den GK vernichten zu wollen, und deshalb selbst die Vernichtung auf sich ziehen.

Das Feuer in Luk 12,49 steht dem Feuer der Feinde des GK in 50,11 gegenüber und beschreibt einen energischen Verteidigungsakt zu Gunsten des GK. Dieses Feuer wird von Jesus begehrt, was auf einen großen Wendepunkt in der GK-Frage schließen lässt (Luk 12,42a). Jesus spricht davon, als sei seine eigene Feuertaufe erst mit diesem Ereignis abgeschlossen (Luk 12,50). Die Entzweiung in Luk 12,51f geht quer durch die Gesellschaft und spaltet diese (ThEv 16). Mit Blick auf das Volk spricht er von einer Wetterlage: *vom Westen … Sturm … vom Süden … eine Hitzewelle,* und fragt sie: *Warum bildet ihr euch kein eigenes Urteil, was gerecht ist?* (Luk 12,54f). Diese Frage steht immer noch im Kontext der Frage nach dem Verwalter (Luk 12,41f) und vergleichbar folgt hinter 50,11 der Aufruf: *Hört auf mich, die ihr nach Gerechtigkeit jagt, die ihr JHWH sucht* – Jes 51,1a.

Nun ist ausgerecht dies der richtige Moment, einen geschichtlichen Vergleich zu Kyros herzustellen, der 539 das neubabylonische Reich eroberte und übernahm. Für Forscher der Chronologie ist zunächst auffällig, dass sieben Zeiten (7 x 365 Jahre) später 2017 Donald Trump mit Unterstützung der weißen Evangelikalen zur Macht kam. Tatsächlich wollen einige Evangelikale in ihm gar eine »moderne Reinkarnation Kyros des Großen«[183] sehen, den Gott gebrauchen würde, um sein Volk zu beschützen. Sie glauben an die Wiederkunft Christi, der eine große Drangsal vorausgeht. Selbst eine politisch neutrale Gemeinschaft hatte den Hinweis, dass Gott entsprechend handelt, nach dem Wahltermin in ihrer Zeitschrift. Nur kam es aber zunächst ganz anders! Er wurde abgewählt und eine ganze Nation ist seither noch tiefer in sich gespalten.[184] Dieser Prozess ist noch nicht abgeschlossen und zeigt die aktuelle Brisanz bei der Suche nach dem GK!

---

[183] Philip Gorski: *Am Scheideweg. Amerikas Christen und die Demokratie vor und nach Trump*; 2020
[184] Ein Zusammenhang zwischen Corona und Trumps Abwahl in Hab 3,4f, siehe: Harald Schneider: *Das Zwölf-Propheten-Buch*; 2023, 271-285

Alter und Ziel des 4. Gottesknechtsliedes

Wie schon erwähnt, setzt das 4. GKL das 3. GKL fort. Es eröffnet und schließt mit einem Wort JHWHs (52,13-15; 53,11b-12). Im Mittelstück redet eine Wir-Gruppe über den GK (53,1-6), dem sich ein GK-Bericht (53,7-11a) anschließt. Mit Blick auf das Alter sind Vergleiche zwischen Jes 52,15 und Hen 46,4; Jes 53,9.11 und Hen 39,6 zu untersuchen, wie das schon in Vergangenheit angestellt wurde.[185]

Jes 52	Hen 46
	1 Und ich sah dort einen, der ein Haupt der Tage hatte, und sein Haupt war so weiß wie Wolle, und bei ihm war ein anderer, dessen Gestalt wie ein Mensch aussah, und sein Angesicht war voller Güte wie das von einem heiligen Engel. **2** Und ich fragte den Engel, der mit mir ging und mir all das Verborgene zeigte, nach jenem Menschensohn, wer er sei, woher er stamme und weshalb er zu dem Haupt der Tage ging. **3** Er antwortete und sprach zu mir: „Dies ist der Menschensohn, der die Gerechtigkeit hat und bei dem die Gerechtigkeit wohnt, der alle Schätze des Verborgenen offenbart, denn der Herr der Geister hat ihn erwählt, und sein Los ist unübertrefflich durch die Gerechtigkeit vor dem Herrn der Geister.
(vgl. unten, V. 13)	
13 siehe, mein Knecht wird einsichtig handeln. Er wird erhoben und erhöht und sehr groß sein.	
14 Gleichwie sich Große über ihn entsetzten, so war sein Aussehen gestört mehr als bei anderen, und seine Gestalt mehr als bei Menschen sonst.	
15 Ebenso wird er große Völker in Staunen versetzen und Könige werden seinetwegen verstummen. Denn sie werden sehen, was ihnen nicht mitgeteilt worden war, und was sie nicht gehört hatten, werden sie wahrnehmen.	**4** Dieser Menschensohn, den du gesehen hast, wird die Könige und die Mächtigen aus ihren Ruhepositionen aufschrecken und die Starken von ihren Thronen – er wird die Zügel der Mächtigen lösen und die Zähne der Sünder zerschlagen. **5** Er wird die Könige von ihren Thronen und aus ihren Reichen verstoßen, weil sie ihn weder erhöhen noch ihn preisen, noch demütig anerkennen, woher sie das Reich empfangen haben.

---

[185] Johannes Theisohn: *Der auserwählte Richter*; 1975, Seite 115

Die Eröffnung des 4. GKL nennt in 52,13b die Einsetzung des GK in dreifacher Betonung. Die 2. BR des Henoch beschreibt in 46,3 seine Erwählung als unübertrefflich. Sein einsichtiges Handeln in 52,13a steht mit dem offenbaren aller verborgenen Schätze in Verbindung, was sich nach 46,1 in seinem Angesicht widerspiegelt. In 52,15 wird das Verborgene sichtbar und die Mitteilung erreicht die Völker und die Könige mit ihrer Wahrnehmung. In 46,4 werden nur die Könige und Mächtigen aufgeschreckt, die in 52,15 verstummen. Ohne Frage stehen hier tiefgreifende Veränderungen an. Die Zähne der Sünder stehen nicht für die Völker, sondern für die Weltherrscher, denn die Zügel Mächtiger werden gelöst. Viele Völker sind nur am Staunen. Diese Einsetzung hat unübersehbare Parallelen im Buch Daniel.

Dan 7	Hen 46
9 … der Alte an Tagen sich setzte. Seine Kleider waren schneeweiß und sein Kopfhaar war wie reine Wolle … **13** … Mit den Wolken des Himmels kommt eines Menschen gleich – er kommt und wird vor dem Alten an Tagen gebracht.	**1** Und ich sah dort einen, der ein Haupt der Tage hatte, und sein Haupt war so weiß wie Wolle, und bei ihm war ein anderer, dessen Gestalt wie ein Mensch aussah, und sein Angesicht war voller Güte wie das von einem heiligen Engel. **2** Und ich fragte den Engel, der mit mir ging und mir all das Verborgene zeigte, nach jenem Menschensohn, wer er sei, woher er stamme und weshalb er zu dem Haupt der Tage ging. **3** Er antwortete und sprach zu mir: „Dies ist der Menschensohn, der die Gerechtigkeit hat und bei dem die Gerechtigkeit wohnt, der alle Schätze des Verborgenen offenbart, denn der Herr der Geister hat ihn erwählt, und sein Los ist unübertrefflich durch die Gerechtigkeit vor dem Herrn der Geister.
14 Ihm wird Herrschaft, Würde und Königtum über alle Völker, Völkerschaften und Sprachen gegeben. Seine Herrschaft ist dauerhaft für immer, sein Königtum unzerstörbar. **11** Zu dieser Zeit sah ich wegen der schallenden großen Töne, die das Horn redet mit, bis das Tier getötet und sein Leib vernichtet wird – zum brennenden Feuer hin.	**4** Dieser Menschensohn, den du gesehen hast, wird die Könige und die Mächtigen aus ihren Ruhepositionen aufschrecken und die Starken von ihren Thronen – er wird die Zügel der Mächtigen lösen und die Zähne der Sünder zerschlagen.
12 Den übrigen Tieren wird gerade die Herrschaft entzogen, aber eine Verlängerung des Lebens für eine Zeit und einen Zeitabschnitt eingeräumt.	**5** Er wird die Könige von ihren Thronen und aus ihren Reichen verstoßen, weil sie ihn weder erhöhen noch ihn preisen, noch demütig anerkennen, woher sie das Reich empfangen haben.

Der Aufnahme einer Gerichtsverhandlung vor dem Höchsten wurde im Buch Daniel eine Beschreibung von vier Herrschaftsbereichen beigegeben, die zurzeit der Einsetzung betroffen sind (Dan 7,1-8).

Vier Tiere und ein Königreich[186]

Die heutige Betrachtungsweise einzelner Inhalte der Vision in Daniel 7 ist in aller Regel der Prägung bekannter und sinnvoll erscheinender Auslegungsvarianten der Vergangenheit unterzogen. Die bekanntesten Deutungen aus dem ersten Jahrhundert und davor (auch von Martin Luther 1545 vertreten) zeigen die an den visionären Traum Nebukadnezars in Daniel 2 angelehnte *Abfolge* von Regierungsgewalten. Eine geläufige Variante ist: Babylon, Medo-Persien, Griechenland, Rom. Einige bevorzugen: Babylon, Medien, Persien, Griechenland. Ein Großreich Medien ist hierbei jedoch lediglich ein theoretisches Konstrukt, um eine für das 2. Jahrhundert angenommene Niederschrift zu begründen. Im Standbild wird Nebukadnezar ja tatsächlich von Gott mitgeteilt, was nach ihm für Königreiche kommen werden und wie Gott zuletzt ein Königreich schafft, dass keinem anderen Volk mehr übergeben wird, wie es vorher in der Beschreibung des Standbildes immer war (Dan 2,44). Diese weit verbreitete Gleichsetzung hat jedoch einen Haken! Sie ignoriert den eingeschränkten Fortbestand der drei ersten Tiere über das vierte Tier hinweg (Dan 7,12). Eine vergleichbare Situation ergibt sich aus der Beschreibung in Dan 11,45. Der König des Nordens kommt zu *seinem* völligen Ende. … Es werden keine geographischen Anhaltspunkte gegeben. Das Meer ist, wie auch die Tiere, symbolisch zu verstehen und bezieht sich auf keines der großen Meere. Zeitangaben sind nicht vorhanden. … Sie sind die vier großen Mächte auf der Erde, bevor Gott zugunsten der Heiligen des Allerhöchsten entscheidet (Dan 7,17-18). … Zur Identifizierung der Tiere ist ihr Aussehen, ihr Verhalten und was zu ihnen und über sie gesagt wird unsere Richtschnur. Ihre Entwicklungen sind markant und zeichnen unverwechselbare Bilder.

Ein Bär an sich würde auf viele Regierungen als Sinnbild passen, doch dieser Bär hat etwas Besonderes. Er hat drei Rippen im Maul zwischen seinen Zähnen. In Übereinstimmung mit diesem Bild spricht man in der Vision zu dem Bären: „Steh auf, friss viel Fleisch!" Die Rippen stehen für viel Fleisch, dass in diesem Bild für Menschen steht. Große Menschenmassen unterstehen dieser Regierung. … Ein zweites Merkmal ist die Zahl „drei", drei Rippen. Es handelt sich demnach um drei Völker … Der Bär ist auf einer Seite aufgerichtet. … er ist mit dieser Gebärde auf drei Beinen, was für die drei Territorien der Erde steht, die er verteidigt. Dieses Tier ist einzigartig! Seine Größe besteht in der Menschenmasse, die es beherrscht und sein kolossaler Fleischbedarf birgt den Hinweis auf andauerndes Wachstum, wohl in wirtschaftlicher und vielleicht auch in territorialer Hinsicht. Eine derartige Ausdeutung ist bei der irrigen Annahme einer *Abfolge* von Weltreichen gar nicht wirklich möglich. Diese Erkennungsmerkmale werden erst dann sinnvoll, wenn die Tiere parallel existieren und Macht ausüben. … Länder und Territorien, in denen gewaltige Menschenmassen wohnen … Indien und China. … Dem Bestreben der anderen Tiere steht wohl demnächst ein auf einer Seite aufgerichteter mächtiger Bär gegenüber, der sein Territorium sicher zu verteidigen weis.

---

[186] Diese Abhandlung wurde vor der Ära Trump verfasst und ist (verkürzt) so belassen. Die darin offengebliebenen Fragen nach der Orientierung Russlands sowie um das kleine Horn beantworten sich zwischenzeitlich durch die geschichtliche Entwicklung: Harald Schneider: *Biblische Zahlenwerte und ihre Bedeutung*; 2016; S 135-152

Was ist das für eine Regierung? Ein Löwe mit Adlerflügel. Das Bild des Löwen an sich wäre eine passende Sinnbeschreibung für viele Regierungen und Königreiche, ob sie nun imperiale Raubzüge durchführen oder sich souverän gegenüber anderen Raubtieren behaupten. Der Löwe in Daniels Vision ist mit zwei Adlerflügeln ausgestattet ... die dann aber ausgerissen werden. Von der Erde auf – wie Menschen auf Füße gestellt – bekommt es ein Menschenherz. Wer ihm die Flügel ausreißt wird nicht gesagt. Dieser König erlebt noch weitere einschneidende Veränderungen. Er wird auf zwei Füße gestellt, was auf territoriale Einbußen hinweist. Die Beschreibung „wie Menschen auf Füße gestellt" nimmt dem Tier das bedrohliche Element völlig. Hier wird niemand angefallen, im Gegenteil „bekommt es ein Menschenherz." Der Vergleich mit den Menschen zielt, verglichen mit dem Wesen eines Löwen, auf friedsame Züge. Das Herz eines Menschen in einer Regierung ist eine humane Regierungsweise oder eine begrüßenswert erscheinende Regierungsform der Mitbestimmung. Diese Veränderungen sind einschneidend und doch ist diese Regierung auch noch während und nach diesem Prozess eines der vier gewaltigen Mächte auf der Erde. Dem Tier bleiben zwei Länder oder bedeutende Gebiete, über die es herrscht. Der Verwaltungsstruktur dieser Regierung wird sogar eine Verlängerung des Lebens für eine Zeit und einen Zeitabschnitt gewährt werden. Welche Regierung hat derart heftige Veränderungen erfahren und ist dennoch eines der vier großen? ... Zur Identität des Löwen zeichnet sich gegenwärtig ein Bild. Es steht mit der auffälligen Schwächung der mächtigen Ölförderstaaten in Verbindung. Die Regierungen werden angeklagt und die Bevölkerungen aufgewiegelt. Es werden Vorwände für Militäraktionen bis hin zur Intervention gesucht. Dabei kommen Resolutionen großer Organisationen mit ihren Sanktionen zu Einsatz. Für die richtige Stimmung gegen den großen brüllenden Löwen sorgen die Medien. Seit der Suezkrise 1956 ist die moslemische Welt, auch einige nordafrikanische Staaten, steigendem Druck ausgesetzt. Dieser Druck hat sich seit dem Wegfall des Kalten Krieges noch verstärkt und forciert die Einflussnahme auf die wichtigen Rohstoffe der Länder.

Dann sah ich, sieh! Eine Art Leopard mit vier Vogelflügeln auf dem Rücken und vier Köpfen – Herrschaft wird ihm gegeben (Dan 7,6)! Wie ein Leopard. Der Leopard ist eine schnelle und gefährliche Wildkatze. Unser Leopard ist eine Regierung. Vier Köpfe arbeiten die gemeinsamen Entscheidungen aus. Das Tier ist schnell und wendig. Es blickt nach allen Richtungen. Es hat die vier Flügel eines Vogels. Jeder dieser Köpfe hat einen Flügel für weit reichende Operationen zur Verfügung. Es agiert sicher und auffällig ist, dass es trotz seines Zusammenschlusses eine mehrköpfige Führung in sich vereinigt und so stark ist, dass ihm Herrschaft gegeben wird! Nun zur Identität dieses sonderbaren Tieres. Eine politische Macht mit vier ineinandergreifenden Führungsköpfen, und dass, ohne dass sie sich gegenseitig behindern, ist auch in der Gegenwart als Wunder einzustufen. Zusammenschlüsse normaler Natur erzeugen *eine* Führungsebene. Die Vereinigten Staaten z. B. bestehen aus 50 einzelnen Staaten, doch regiert wird in Washington. Oder sie beschränken sich auf bestimmte Bereiche, z. B. die 1957 ins Leben gerufene Europäische Wirtschaftsgemeinschaft. Es ist denkbar, dass Interessen der Sicherheit und der Wirtschaft eine derart enge und doch eigenständige Verbindung schaffen, dass dieses Tier als eine Macht auf die Beine kommt. Nur von diesem Tier wird ausdrücklich gesagt, dass es Herrschaft bekommt! Das mag aus der klassischen Sichtweise, die ja eine *Abfolge* voraussetzt, keine besondere Bedeutung haben. ... Eine führende Herrschaft wird ihm wohl gegeben. Ein Ausdruck der Verwunderung steckt mit in diesem Bild. Auf wen trifft eine solche Beschreibung heute schon zu? Europa entwickelt sich auf seinen Weg zur inneren Einheit erheblich weiter und ist nach außen in einen Emanzipierungsprozess getreten, der auch die Sicherheitsinteressen miteinschließt. Gemeinsame Vorstellungen werden zunehmend, auch gegen Widerstand, umgesetzt. Doch ist auch hier die volle Ausreifung der Vision noch nicht erreicht. Unklar ist vor allem die Rolle Russlands in der Zukunft. Wird es eine Orientierung nach Europa oder Asien hin ausrichten?

Das vierte Tier ist wegen des fehlenden Vergleichs zu einem Tier aus der natürlichen Tierwelt, seiner verzehrenden und zerstörenden Art und seiner ungeheuren Stärke auffällig. Dann sah ich in den Nachtvisionen, schau! Ein viertes Tier, Furcht erregend und schrecklich – ungewöhnlich stark. Es hat große Zähne aus Eisen. Es frisst und zermalmt und zertritt den Rest mit den Füßen. Es ist anders als die anderen Tiere davor und es hat zehn Hörner (Dan 7,7). Auch dieses Tier macht eine markante Entwicklung durch. Ich beobachte die Hörner, da steigt ein anderes kleines Horn dazwischen auf, drei (der ersten) Hörner werden vor ihm ausgerissen. An dem Horn sind gleich Menschenaugen und ein Maul, das große Töne spuckt (Dan 7,8).

Daniel sieht ein Gericht im Himmel einberufen und sagt von sich selbst: Zu dieser Zeit sah ich wegen der schallenden großen Töne, die das Horn redet mit, bis das Tier getötet und sein Leib vernichtet wird – zum brennenden Feuer hin (Dan 7,11). Ein in der Vision Dastehender gab Daniel eine Erläuterung zu den Tieren: Vier große Tiere entsprechen vier Königen, die von der Erde aufstehen. Aber die Heiligen des Allerhöchsten werden das Königreich empfangen, ja in Besitz nehmen für alle Zeiten, von unabsehbarer Zeit auf unabsehbare Zeiten (Dan 7,17-18).

Ich wollte genauer wissen, was es mit dem so andersartigen vierten Tier auf sich hat – so außerordentlich schrecklich mit Zähnen aus Eisen und Klauen aus Kupfer, das frisst und zermalmt und den Rest mit Füßen zertritt sowie mit den zehn Hörnern auf den Kopf und dem neuen anderen Horn, für das drei Hörner Platz machen müssen, ein Horn mit Augen und Mund, das große Töne spukt. Dieses Horn ist seinen Genossen überlegen. Ich sah, wie dieses Horn die Heiligen im Krieg besiegt, bis der Alte an Tagen kommt und den Heiligen des Allerhöchsten Recht gibt. Die Zeit kommt, dass die Heiligen das Königreich in Besitz nehmen. Er sprach: „Das vierte Tier: ein viertes Königreich wird auf Erden sein, das sich von allen Königreichen unterscheiden wird. Es wird die ganze Erde verzehren, zertreten und zermalmen. Nun die zehn Hörner: aus diesem Königreich werden zehn Könige aufstehen. Ein anderer, der nach ihnen aufsteht, wird sich anders erweisen als seine Vorgänger und wird drei Könige erniedrigen. Er wird Worte gegen den Höchsten reden. Die Heiligen des Allerhöchsten wird er befehden darauf bedacht, Zeiten und Gesetz zu verändern. Sie werden eine Zeit, Zeiten und eine halbe Zeit seiner Hand überlassen sein, aber wenn das Gericht tagt wird seine Herrschaft weggenommen – zur Vernichtung und Zerstörung bis zum Ende. Das Königreich, die Herrschaft und die Würde aller Königreiche werden dem Volk der Heiligen des Allerhöchsten gegeben. Sein Königreich ist ein dauerhaftes Reich, alle Herrschaften werden ihm dienen und gehorchen (Dan 7,19-27).

Ein Horn mit Augen und Mund, das große Töne spukt ist eigenartig. Das Horn verfügt über einen außerordentlich guten Nachrichtenapparat und hat wohl Macht über Nachrichtenagenturen, um wirksam Propaganda zu verbreiten. Das Ganze geschieht unabhängig vom übrigen Tier. ... Es ist davon auszugehen, dass wichtige Entscheidungen von diesem Horn manipuliert werden ... Das religiöse Bild in den USA wirkt teils tolerant, teils fundamentalistisch. ... An wenn sich die Vision von dem Horn mit den Augen und dem Maul, das große Töne spuckt, auch erfüllen mag, es setzt eine *chronologischen Einzelentwicklung* aus einem Ursprung voraus.

Was das kleine Horn sagt wird auf der ganzen Erde gehört. Besonders verwerflich sind die „Worte gegen den Höchsten" die es prahlerisch redet. Er verfolgt die Heiligen des Allerhöchsten. Das vierte Tier will Zeiten und Gesetz ändern. Welche Zeiten und welche Gesetze? ... Die Zeiten sind eine neue Epoche, die mit Gewalt erzwungen werden soll. Ich sah, wie dieses Horn die Heiligen im Krieg besiegt (Dan 7,21). Welche Form von Krieg ist hier nicht ganz klar. Der Sieg ist in Anlehnung an Dan 11,31-35 ein öffentlicher oder allgemeiner Sieg. Diese Entwicklung bewirkt eine Läuterung. ... Das Ausharren unter Prüfungen führt zu einem guten Ausgang.

Daniel bekam die Vision. Es wird kein besonderer Zusammenhang oder Umstand genannt, z. B. ein Gebet, Jerusalem oder das Volk Daniels. Die Ähnlichkeit mit der Vision des Standbildes lies die Deutung in der Geschichte einfach erscheinen. Es glich einem Buch, bei dem zwei Seiten so zusammenhaften, sodass es unbemerkt blieb. Auch der Anschluss schien gerade passend. Und passend ist die Zeit, darüber nachzudenken. **Ende der Abhandlung von 2016.**

Die Einsetzung des GK in 52,13f lässt Könige verstummen. Die Vergleiche in Hen 46 und Dan 7 geben zu den Begleitumständen dieser Einsetzung weitere Informationen heraus. Dazu gehören die obigen vier durch Tierbilder beschriebenen Blöcke und ein auffälliges Horn, das große Töne spuckt, bevor sein Tier ins brennende Feuer kommt. Das kleine Horn ist kein Befreier gleich Kyros, sondern der Gegner! Dass dieser Befreiungsmythos auf einem territorialen Verständnis beruht, zeigte Jesus seinen Schülern (Mat 24,4.5.15.23-26.28)!

Das Ziel des 4. GKL ist die Einsetzung des GK. Es tummeln sich einige Bewerber auf religiöser und auf politischer Ebene.

In 52,14 wird eine Reaktion anderer über den GK wiedergegen: *Gleichwie sich Große über ihn entsetzten, so war sein Aussehen gestört mehr als bei anderen, und seine Gestalt mehr als bei Menschen sonst.* Der GK wird von Großen in einen Vergleich zu anderen gesetzt, die ihrer Meinung nach viel besser passen würden (GK-Bewerber). Sie betonen äußere Defizite anderer GK-Bewerber als viel geringer. Hier ist von einer sichtbaren Krankheit oder einer Beeinträchtigung des GK die Rede und nicht von der Vertrautheit mit den Krankheiten anderer, etwa wie ein Arzt. Dieser GK ist nach Dan 7,26.27 mit dem Volk der Heiligen des Allerhöchsten verbunden, die herrschen werden.

Mit Blick auf das Alter des 4. GKL ist nun Hen 39,4 heranzuziehen. Deshalb überspringen wir die Wir-Gruppe in 53,1-6 und wechseln zu 53,7-12. Vergleiche: 53,8 entrückt – 39,4 Ruheort der Gerechten; vom Land der Lebenden abgeschnitten – 39,5 bei den gerechten Engeln; 53,9 sein Grab bei Übeltätern – dort sahen meine Augen 39,6; 53,11 macht die Vielen gerecht – Gerechtigkeit ... zahllos.

Jes 53	Hen 39
7 Er wurde misshandelt, aber beugte sich und tat seinen Mund nicht auf, wie ein Lamm auf dem Weg zur Schlachtung, und wie ein stummes Schaf vor den Scherer.	
8 Er wurde aus Bedrückung und Gericht entrückt. Wer spricht seine Generation an? Denn er wurde vom Land der Lebendigen abgetrennt. Wegen der Übertretung meines Volkes hat ihn die Strafe ereilt.	**4** Und dort sah ich eine andere Vision: Die Wohnungen der Heiligen, und die Ruheorte der Gerechten. **5** Hier sahen meine Augen ihre Wohnungen bei den gerechten Engeln, und ihre Ruheorte bei den Heiligen ...
9 Und man gab bei Verbrechern sein Grab und bei Übeltätern seine Grabstätte, obwohl er kein Unrecht begangen hat und kein Trug in seinen Mund war.	**6** Dort sahen meine Augen den Erwählten der Gerechtigkeit und des Glaubens.
10 Und JHWH, dessen Plan es war, ihn zu schlagen, heilte den, der als Schuldenausgleich sein Leben einsetzte. Er wird Kinder haben und lange leben. JHWHs Plan wird durch ihn gelingen. **11** Wegen seinem erschwerten Leben wird er Licht sehen, sich sättigen. Durch seine Erkenntnis macht mein Knecht die Großen gerecht, und ihre Sünden, er schleppt sie.	Gerechtigkeit wird in seinen Tagen walten, und die Gerechten und Auserwählten werden zahllos vor ihm sein für immer und ewig.
12 Deshalb gebe ich ihm die Großen zuteil, und mit Gewaltigen wird er die Beute teilen, dafür dass er seine Seele in den Tod gab und den Abtrünnigen beigezählt wurde, er jedoch die Sünden Großer getragen und für die Übertreter eingetreten war.	

Eine Besonderheit dieses Abschnitts ist die Ungewissheit, ob der GK tatsächlich gestorben und folglich seine Belohnung jenseitig erfährt.

Diese andere Vision muss nicht im Himmel stattfinden. Die Wohnungen der Heiligen als *Ruheorte der Gerechten* ist auch Zufluchtsraum, sofern das *Land der Lebenden* ein geistiges Leben in der Gemeinschaft beschreibt. An eben diesem soll der GK nicht mehr teilhaben, weil er die Übertretung angesprochen hat. Deshalb auch die Frage: Wer sprich seine Generation an? 53,8 Wie sonst nur Übeltäter, so versetzt man ihn an einen Ort, wo er keinen Einfluss mehr auf seine Gemeinschaft hat, dem Grab (Luk 16,19-31), obwohl er die Regeln beachtet und die Wahrheiten weitergegeben hat 53,9. Schließlich wird sein Stellvertreterleiden angesprochen und nicht ein Stellvertretertod 53,10. Er wird nicht geschlagen, sondern geheilt, weil er sein Leben als einen Schuldenausgleich einsetzt. Er wird mit Kindern und einem langen Leben belohnt, denn durch ihn gelingt der Plan JHWHs. Der Blick fällt hier zurück auf sein ganzes Leben. „Kein Zweifel kann daran bestehen, dass es sich um das zukünftige Geschick des Knechts handelt. … „Jahwes Plan wird durch ihn gelingen" meint gerade diesen noch ausstehenden Erfolg des Knechts."[187]

53,11 Deshalb bekommt der GK Licht zu sehen, eine Metapher für die Erkenntnis, mit der er selbst gesättigt wird. Mit dieser Erkenntnis schafft er für die Großen einen Durchbruch zum Recht und schleppt so ihre Sünden, oder wie das 39,6b ausdrückt wird *Gerechtigkeit in seinen Tagen walten, und die Gerechten und Auserwählten werden zahllos vor ihm sein für immer und ewig.* 53,12 *Mit den Großen und den Gewaltigen zusammen wird er die Beute teilen.* Der Grund dafür wird noch einmal genannt: *Weil er seine Seele in den Tod gab und den Abtrünnigen zugerechnet wurde, er jedoch die Sünden Großer getragen und für die Übertreter eingetreten war.* Die Gemeinschaft kann diese Gründe nicht erfassen, weil deren Führungsstrukturen in Konkurrenz zum GK stehen. Das lässt sich in Mat 7 deutlich machen:

Mat 7	ThEv 93
6 Gebt das Heilige nicht Hunden noch werft eure Perlen Schweine vor, damit sie sie nicht mit ihren Füßen zertreten und sich umwenden um euch zu zerreißen.	**1** Gebt das Heilige nicht Hunden, damit sie es nicht auf den Misthaufen werfen. **2** Werft nicht die Perlen den Schweinen hin, damit sie (sie) nicht zu (Dreck) machen.[188]

In 7,6 ist gegenüber 93,2 ein *sich umwenden* auffällig, was auf Führungspersonen hinweist. Lehrer gingen in biblischer Zeit vorweg und mussten sich umwenden, um ihre Schüler anzublicken (Mat 16,23). Der Spruch warnt somit davor, heiliges Sondergut vor Führungspersonen auszubreiten, die für sich als Lehrer einen Ausschließlichkeitsanspruch erheben. Diese trampeln sonst auf den Perlen herum und ziehen sie so in den Dreck. Es ist jedoch unwahrscheinlich, dass der einsichtige GK in 52,13, auf den in 42,1.2 der Geist gelegt wurde, in diese Falle tappt! In 53,12 wurde der GK *den Abtrünnigen zugerechnet*, weil seine Motivation nicht verstanden wurde.

---

[187] BKAT XI 3 Hans-Jürgen Hermisson: *Deuterojesaja 49,14-55,13*; S. 400
[188] Reinhard Nordsieck: *Das Thomasevangelium*; 2021, Seite 342

Die Wir-Gruppe im Mittelstück Jes 53,1-6 bringt eine entsprechende Verwunderung zum Ausdruck, die sich auch auf die Gemeinschaft des GK übertragen lässt, nämlich: *Wer hätte (uns das) geglaubt?* Das Alter der im 4. GKL angesprochenen Wir-Gruppe reicht bis in die Zeit Henochs zurück. Das Ziel ist die Rehabilitierung der Gruppe durch einen GK, der ein Stellvertreterleiden auf sich nimmt!

Die Apostel Jesu sahen bei der Aufarbeitung des Leidens und Sterbens und der Auferstehung ihres Herrn das Muster des leidenden GK, und viele seiner Schüler und späteren Nachfolger, wie z. B. Paulus reihten sich in diese Tradition ein, bei der die Verkündigung mit dem Leiden förmlich verschmolz, immer der Belohnung entgegen! Deshalb ist es von Interesse, ob Jesus folglich auch für Engel eintrat. Petrus rezipiert Teile von Jes 53,4-6.9.12, um Jesu Verhalten zu beschreiben und geht im weiteren Kontext auch auf eine Wirkung des GK für die Engel im Gefängnis ein (1Pet 2,22-25; 3,18-20).

Diese Wendung nimmt dann das Vorhergesagte als Ganzes auf und erklärt: „Dabei", nämlich als einer, der gestorben und auferstanden war, ging er auch zu den Geistern im Gefängnis. Dieses Hingehen ist gleich dem „Hinführen" der „Ungerechten" zu Gott (V. 18c) „auch" eine Wirkung seines Todesleidens.[189]

Das Heilswirken des getöteten und auferweckten Christus aber besteht nach V.19-20a nun darin, daß er in das unterirdische Gefängnis, also den Ort der Toten, hinabgestiegen ist. Der Sinn dieser Hadesfahrt ist die Predigt an die dort befindlichen »Geister«. ... Vielleicht sind als Adressaten der Hadespredigt aber auch die gefallenen Engel von 1. Mose 6 mit im Blick. Diese sollen nämlich nach äth. Hen. 15-21, Jud. 6 u.ö. im unterirdischen »Gefängnis« (vgl. äth. Hen. 21,10; Offb. 20,7) ihren Strafort haben; außerdem wurden Engelfall und Sintflut öfter verbunden und als etwa gleichzeitige Ereignisse angesehen (vgl. äth. Hen. 106,14f.; Weish. 14,6; 2. Petr. 2,4f.). ... Damit ist zu vergleichen, daß nach äth. Hen. 6-16 auch Henoch zur Predigt in das unterirdische Gefängnis hinabgestiegen sein soll, den gefallenen Engeln aber nicht das Heil verkündigte, sondern die Botschaft, daß auf keine Vergebung und keinen Frieden zu hoffen ist (12,5; 16,4).[190]

Dies Stück des christlichen Bekenntnisses findet sich innerhalb des Urchristentums hier zum erstenmal, wenn es auch kurze Hinweise darauf an anderen Stellen des Neuen Testamentes gibt (Apg 2,27; Röm 10,7; Eph 4,9; Offb 1,18 ... EvPetri 10,41f ..., Hirt des Hermas, Ignatius, ...[191]

---

[189] KEK XII/1 Leonard Goppelt: *Der Erste Petrusbrief*; 1978, Seite 247
[190] NTD Wolfgang Schrage: *Der erste Petrusbrief*; 2005, Ausl. zu 3,19.20a
[191] NTD Johannes Schneider: *Die Kirchenbriefe*; 1961, Seite 84

Jes 53	1Pet 3
1 Wer hätte geglaubt, was wir erfahren haben. Und JHWHs Arm, über wem hat er sich herausgestellt. **2** Er wuchs wie ein Spross vor uns, und wie eine Wurzel aus dünnem Erdreich. Er hatte keine Gestalt und keine Pracht, dass wir ihn angeschaut, und er hatte kein Ansehen, das wir Gefallen an ihm gefunden hätten. **3** Er war verachtet und verlassen von Menschen. Ein Mann der Schmerzen und mit Leiden vertraut, wie einer, vor dem man das Angesicht verbirgt, verachtet, und wir hielten nicht viel von ihm.	
4 wahrlich, er hat unsere Leiden getragen, und unsere Schmerzen hat er auf sich geladen, und wir dachten, er wäre ein von Gott Geschlagener und Niedergebeugt.	**18** Denn auch Christus hat einmal für die Sünden gelitten, der Gerechte für Ungerechte, um euch zu Gott zu führen.
5 Wegen unserer Übertretung wurde er verwundet und wegen unserer Sünden zerschlagen. Die Strafe zu unserem Frieden lag auf ihm, und durch seine Striemen sind wir geheilt worden.	Er wurde zwar im Fleisch getötet, aber im Geist lebendig gemacht.
6 Wir alle irrten umher wie Schafe, ein jeder seinen eigenen Weg, und JHWH ließ ihn alle unsere Sünden treffen.	**19** In diesem ging er auch hin und hat den Geistern im Gefängnis gepredigt, **20** die einst Ungehorsam gewesen waren …

Die Notwendigkeit des GK, auch für Geister eingetreten zu sein, ist selbst durch das sehr dichte kollektive Leiden der Christen hindurch noch in den Briefen sichtbar.

In der Wiedergabe des Begriffs für Mächtig fällt die Wahl auf „Großen" anstelle „Vielen". In 52,14; 53,11.12 steckt bereits eine Entscheidung zugunsten dieser Engel. „Er behauptet, er hätte die Erkenntnis Gottes, und nennt sich sogar Knecht des Herrn" – Sap 2,13. Was für die Wissenschaft unüberwindlich ist und was sich viele gläubige Menschen nicht vorstellen können wird im 4. GKL vorgestellt. Dazu musste der GK alte Maßstäbe 42,3, wie die Botschaft im Buch Henoch wieder an ihren alten Platz rücken. Die Rehabilitierung von Engeln kommt außerhalb des geistigen Lebens, das innerhalb eines festgelegten Kanons erzeugt wird, der diese Maßstäbe bereits so gut wie ausgeschieden hat, praktisch nicht mehr oder nur sehr verblast vor. Die einzigartige Rolle des GK beruht auf diesen Hintergründen!

Ein neues Lied in Jesaja 42,10-17

Im Anschluss an das 1. GKL beginnt ein neues Lied für JHWH (Ps 96; 98, 149) über seinen Ruhm vom Ende der Erde. Adressiert an das Meer und *alles, was es erfüllt*, die *Inseln und ihre Bewohner*. 42,10 hat auch das Menschenmeer der Inseln als ferne Bewohner im Blick, wenn nach 42,12 das Geschehen *auf den Inseln verkündigt* werden soll. Die Intention, *man möge JHWH Ehre geben* lässt die Reaktion offen. 42,11 Dieses Lied beginnt mit der Aufforderung an das Gebiet Kedar (Arabien) die Stimme zu erheben, ja an die Bewohner von Sela (der felsigen Gegend) zu jubeln und sich von den Bergen aus zu freuen.

42,13 *JHWH wird ausziehen wie ein Held, wie ein Krieger den Eifer entzünden.* Dieser Krieg wird durch *einen Schlachtruf und durch ein lautes Kriegsgeschrei* wahrnehmbar, in dem er *sich als Held beweist gegen seine Feinde*, die hier zunächst nicht näher bezeichnet sind. 42,14 *Ewig lange habe ich geschwiegen, war still und habe mich zurückgehalten.* Die von JHWH beschriebene lange Zeit des Ruhens dürften eine ganze Woche (7 x 365 Jahre) angedauert haben! Das wirft die Frage auf, wie Gott vor diesem Warten im Gebiet Kedar handelte oder was er damals von dort aus ankündigte? Er vergleicht sich mit einer *Gebärenden, die tief aufatmet, Luft ausstößt und hechelt.* 42,15 Seine Absicht, *Berge und Hügel zu veröden* richtet sich gegen Regierungen. Die Vegetation würde vertrocknen, wenn die *Ströme zu Land* werden und die Wasserteiche austrocknen. Diese Bilderrede beschreibt den schwindenden Rückhalt in der Bevölkerung. 42,16 Er selbst beabsichtigt, *die Blinden auf einen Weg zu führen, den sie nicht kennen, und auf unbekannten Steigen, die sie nicht kennen.* Es kommt somit für die angesprochene Gruppe zu einer völlig neuen Erfahrung, *wenn die Finsternis vor ihnen zum Licht gemacht wird und das Holprige zur Ebene.* 42,17 *Die auf ein selbstgemachtes Bild vertrauen, die zu dem gegossenen Bild sagen: Du bist unser Gott! werden sich zurückziehen und werden enttäuscht werden.* Aus dem Kontext heraus ist hier die große Gruppe der Atheisten angesprochen, die so mancherlei andere Erklärungen für unser Dasein ersonnen haben.

Über den Ort, die Zeit, die Bildhandlung an den Bergen etc. und das Motiv der Befreiung lässt sich Jes 42,10f mit Hab 3,3f vergleichen.

Jes 42	Hab 3
10 Singt JHWH ein neues Lied, seinen Ruhm vom Ende der Erde, es feiere ihn das Meer und alles, was es erfüllt, ihr Inseln und ihre Bewohner.	
11 Möge die Steppe und ihre Städte, die Besiedelung von Kedar ihre Stimme erheben. Mögen die Bewohner von Sela jubeln, am Gipfel der Berge sich freuen.	**3** Gott selbst kam dann vom Süden, ja ein Heiliger vom Berg Paran. *Sela.* Seine Hoheit bedeckte die Himmel, und sein leuchten erfüllt die Erde.
12 Möge man JHWH Ehre geben und seinen Ruhm auf den Inseln verkünden.	**4** Sein Glanz unten wurde so wie das Licht.
13 JHWH wird ausziehen wie ein Held, wie ein Krieger den Eifer entzünden. Er wird einen Schlachtruf und ein lautes Kriegsgeschrei erheben und sich als Held beweisen gegen seine Feinde.	Strahlen sprühten aus seiner Hand, und dort war die Verhüllung seiner Stärke. **5** Vor ihm her ging fortwährend die Seuche, und die Pest folgte seinen Füßen.
14 Ewig lange habe ich geschwiegen, war still und habe mich zurückgehalten. Gleich einer Gebärenden will ich tief aufatmen, Luft ausstoßen und hecheln.	**6** Er trat auf, damit die Erde bebt, schaute hin und ließ die Nationen hüpfen.
15 Ich will Berge und Hügel veröden und alle ihre Pflanzen vertrocknen lassen	Die ewigen Berge wurden zerschmettert, die uralten Hügel beugten sich nieder. Die Wege der Vorzeit sind sein. **7** In Not sah ich die Zelte Kuschans. Die Zelttücher des Landes Midian erbebten.
und ich will Ströme zu Land machen und Teiche trockenlegen.	**8** Ist gegen die Ströme, JHWH, gegen die Ströme dein Zorn entbrannt, oder ergeht dein Zornausbruch gegen das Meer? Denn du bestiegst deine Rosse, deine Wagen waren Rettung.
	9 Dein Bogen wird erweckt gegen die Eidschwüre der Stämme. *Sela* Der Ströme Erde hast du gespalten.
(vgl. oben, V. 15)	**10** Berge sahen dich und wanden sich vor Schmerz. Ein Unwetter von Wassern zog hindurch. Die Wassertiefe erhob ihre Stimme, zur Höhe erhob sie ihre Hände.
	11 Sonne und Mond standen still in ihrer Wohnung. Als Licht fuhren deine eigenen Pfeile, der Blitz deines Speeres diente als heller Schein.
	12 Mit Verwünschung beschreitest du die Erde, im Zorn verdrischst du die Nationen.
16 Und ich will die Blinden auf einen Weg führen, den sie nicht kennen, und auf unbekannten Steigen, die sie nicht kennen, will ich sie gehen lassen. Die Finsternis vor ihnen will ich zum Licht machen und das Holprige zur Ebene.	**13** Und du zogst zur Rettung deines Volkes aus, um deinen Gesalbten zu retten. Du zerschmettertest das Haupt vom Haus des Bösen. Das Fundament wurde bloßgelegt bis zum Hals.

Der Ort: Kedar, das Land der Nachfahren von Ismaels Sohn Kedar (Gen 25,13-15) bezeichnet Arabien bzw. die den arabischen Stämmen zugehörigen Gebiete (Jes 60,6.7). Die Bewohner von Sela (der felsigen Gegend) könnten Petra im Norden meinen, die Gipfel der Berge das gesamte Gebirge Paran, das sich südlich entlang des Golfs von Akaba zieht, wo von Teima aus ein Heiliger kam (Hab 3,3). Die Wüstenoase Teima wurde von König Nabonid erobert, der sich dort einen baugleichen Palast errichtete und der 7 Jahre lang mit einer schweren Krankheit geschlagen wurde (4Q252). Sehen wir in diese Überlieferung Gott handeln, von der auch Dan 4 spricht, gewinnen wir einen festen chronologischen Ausgangspunkt.

Die Zeit: Das Schweigen Gottes in 42,14 würde nach 7 Zeiten enden (Dan 4,16.25; Hab 3,9a siehe unten). An Nabonid geschah eine Zeichenhandlung für die ewig lange Zeit als Woche der Zurückhaltung. Diese Woche endete in Sonnenzeiten (7 x 365$^+$ Jahre) 2020/2022$^+$.

Die Bildhandlungen: 1) Wenn Kedar die Stimme erhebt 42,11 ist es, als ob die Wassertiefe in 3,10 ihre Stimme erhebt. Berge und Hügel sind Regierungen, die hier von den Bewohnern beansprucht werden. In 42,10 feiert das Meer und alles, was dazu gehört, und mit ihnen die fernen Inseln und ihre Bewohner in Einklang oder Zustimmung. Das Unwetter in 3,10 hat Nordafrika und Arabien erschüttert, aber die Ereignisse führten für die arabische Halbinsel nicht zur Freiheit. Die Fragestellung in 3,8 spiegelt den gegenwärtigen Eindruck wider.

2) Die erklärte Absicht, Berge und Hügel zu veröden, deren Ströme zu Land zu machen und Seen trockenzulegen 42,15 stehen Kedar, d. h. ganz Arabien noch bevor. In Nordafrika und im Irak sind einige Berge schon zu Land geworden oder auf dem Weg dahin.

Die ewigen Berge und uralten Hügel in 3,6 beschreiben Engelmächte und ihr beugen ist ihre Anpassung nach den 7 Zeiten (Dan 9,27a).

3) Der sonderbare Vergleich zur Atemtechnik einer Gebärenden in 42,14: *tief aufatmen, Luft ausstoßen und hecheln* folgt der dreifach betonten, langen Zurückhaltung. Erst der Vergleich in 3,4b-6a zeigt auf die 2020 aufgetretene Coronapandemie: *Strahlen sprühten aus seiner Hand, vor ihm her ging fortwährend die Seuche, und die Pest folgte seinen Füßen, damit die Erde bebt und die Nationen hüpfen.* So erklärt sich, wie zum *Helden und Krieger, der den Eifer entfacht* 42,13 auch eine Atemtechnik wie in 42,14 passt. Die Zeit für Memphis c/o Israel (Hos 9,6; Apk 11,8) im 30. Jahr des Königs des

Friedens 1948 (ApkEl 25,4-6) kennt 72 Ellen/Jahre später für 2020 das Sprühen des Feuers (ApkEl 40,14,23-30).

Das Motiv der Befreiung: Die erklärte Absicht in 42,16, *die Blinden* (das sind wir) auf einen neuen Weg zu führen und gehen zu lassen, und die düsteren Aussichten in Licht zu verwandeln und Hindernisse einzuebnen, ist eines der ermutigenden Worte für unsere Zeit! Dieser Befreiung steht in 42,17 ein Konkurrenzmodel gegenüber, das scheitern muss. Aus dem atheistischen Block kommen besonders seit 2022 Erhebungen, die sich nicht durchsetzen werden. Für 42,17 lässt sich eine Verwandtschaft mit Hab 2,18f beobachten, was der Einführung der Apokalypse in Hab 3 unmittelbar vorausgeht.

Jes 42	Hab 2
17 Die auf ein selbstgemachtes Bild	**18** Welchen Nutzen hat ein geschnitztes Bild, dass sein Bildner schnitzte, ein gegossenes Standbild und sein Lügenorakel, wenn der Bildner auf sein Gebilde vertraute, als er stumme Götzen machte?
vertrauen,	
die zu dem gegossenen Bild sagen: Du bist unser Gott!	**19** Wehe dem, der zum Holzstück spricht: „Wach auf!", zu einem stummen Stein: „Erhebe dich und prophezeie!" Auch wenn er in Gold und Silber gefasst ist, ist kein Leben in ihm.
werden sich zurückziehen und enttäuscht werden.	**20** JHWH aber ist in seinem heiligen Tempel. Bewahre schweigen vor ihm, ganze Erde.

Die kommunistische Idee gründet sich ursprünglich auf die Umsetzung einer Paradiesvorstellung. Die Frage nach dem Nutzen in 2,18, wenn es doch ein *Lügenorakel* ist, beantwortet 42,17 in der Enttäuschung. Die kapitalistische Idee wird als *wach* und *wegweisend* beschrieben, hat aber für die düsteren Aussichten gesorgt. Ein religiöses selbstgemachtes Bild ist der moderne Fundamentalismus, der ebenso scheitern wird, wie eine Aufklärung ohne Gott gescheitert ist! Diese großen Sprünge um Ideologien als moderne Götzen begründen sich aus dem Kontext in Habakuk. Der Kontext wirft die Weltherrschaftsideologien in 2,4-8 auf und setzt sich in Wehrufe gegen Raub und Ausrottung 2,9-11 und gegen Blutvergießen um das Feuer 2,12-14 sowie gegen Falschheit gegenüber Verbündeten 2,15-17 fort. Alle diese Ideologien müssen schweigen, wenn JHWH in seinem heiligen Tempel ist (Apk 21,3).

Der blinde Knecht in Jesaja 42,18-25

Die dem 1. GKL und dem neuen Lied folgenden Verse sind, was ihre Form betrifft, recht umstritten. Der Abschnitt beginnt und endet mit einem Absatz, aber 42,23 wirkt wie ein Schluss. Das lässt 42,24-25 als erklärende Zusätze erscheinen, obwohl die mangelnde Wahrnehmung des Geschehens in 42,25 auch eine zukünftige Note besitzt, den warum sollte Jakob/Israel im Norden von der Landkarte verschwinden, ohne dass es jemand bemerkt oder sich zu Herzen nimmt? Wurde 42,24 später hinzugefügt, sind in 42,25 die Folgen der in 42,23 abgerissenen Kommunikation spürbar!

Die einzige Parallele ist nach der Legitimierung des Propheten Jesaja und wird auch als Abfassungszeit zugrunde gelegt (Jes 6,1f.9). Wie beim 2. GKL in 49,1f lässt sich ein Zusammenhang zu Usija, hier in seinem Todesjahr 745 ausmachen. Jesaja hat dem neuen Lied die Ansage an die Tauben und Blinden beigegeben, um ein zukünftiges Geschick anzuzeigen, das zu dieser Zeit nicht kommuniziert werden kann und nicht als Handlung JHWHs verstanden werden könnte!

Der spätere 42,24 versteht und kommentiert das Wort an die Tauben und Blinden als das an *Jakob/Israel*, die übergeben wurden, weil sie nicht hörten.

Die Textunterbrechung mit 42,19b lässt zwar einen Zusammenhang zum Gottesknecht im 1. GKL in 42,1f zu, interpretiert sein Vorgehen aber in einer Weise, die auf dessen Zeitgenossen zutreffen würde. Hier wurde aber eher, genau wie in 42,24, an *Jakob/Israel* gedacht. 42,21b betonnt als Motiv für das rechte Handeln Gottes an diesem Knecht die Wirkung der Schrift, wie das vor allem nach dem Exil im Zuge der Aufarbeitung betont wurde.

Der Umstand, dass die Worte über Taube und Blinde an Jesaja in Verbindung mit einer Thronvision erfolgten, kann auch schon für sich selbst betrachtet auf ein zukünftiges Geschehen hinweisen. Der Thron weist auf eine Gerichtssituation, die unmittelbare und fernere Auswirkungen kennt, weshalb JHWH einen Propheten legitimiert, um für den Hofstaat zu gehen und darüber Kenntnisse an Adressaten mitzuteilen. Dass sie mit dieser Kenntnis unmittelbar nichts anfangen können, kann als ein Indiz gewertet werden, das diese Worte nicht in erster Linie ihrer Generation galt (Jes 6,1-9).

Jes 42	Jes 6
	1 Im Todesjahr des Usija sah ich JHWH auf seinem hocherhabenen Thron sitzen. Der Saum seines Gewandes füllte den Tempel aus.
	2 Seraphen standen über ihm. Jeder hatte sechs Flügel: zwei vor ihrem Angesicht, zwei vor ihren Füßen und mit zwei flogen sie.
	3 Sie riefen einander zu: Heilig, heilig, heilig ist JHWH der Heerscharen. Von seiner Herrlichkeit ist die ganze Erde erfüllt.
18 Ihr Tauben, hört und, ihr Blinden schaut her, dass ihr seht!	**4** Die Türschwellen bebten bei ihrem lauten Ruf und der Tempel füllte sich mit Rauch.
19 Wer ist so blind wie mein Knecht, und wer ist so taub wie mein Bote, den ich sende? [Wer ist so blind wie der Vertraute und so blind wie der Knecht JHWHs?]	(vgl. unten, V. 9)
	10 … verklebe ihm die Augen, verstopfe ihm die Ohren,
20 Siehe, so viel gesehen, aber merkt es nicht, offene Ohren, aber hört es nicht.	
21 JHWH wollte ihn um seine Gerechtigkeit willen, [dass er das Gesetz herrlich und groß mache].	**9** … hört immer wieder, aber versteht es nicht, und seht immer wieder, aber erlangt keine Erkenntnis
22 Aber sie sind ein beraubtes und geplündertes Volk. Sie sind alle gefangen in Löchern und versteckt in Kerkern. Sie sind Raubgut, und niemand rettet, geplündert, und niemand sagt: Gib wieder her!	
23 Wer ist unter euch, der dieses vernimmt. Wer hört aufmerksam für die Zukunft?	**8** … Wenn soll ich senden und wer wird für uns gehen
24 [Wer hat Jakob der Plünderung übergeben und Israel den Räubern? War es nicht JHWH, an dem wir gesündigt haben, und sie wollten auf seinen Wegen nicht wandeln und hörten nicht auf seinem Gesetz?]	
25 Da hat er den Grimm seines Zorns über sie ausgeschüttet, die Gewalt des Krieges, hat sie ringsum angezündet, aber sie merken nichts, und hat sie in Brand gesetzt, aber sie nehmen es sich nicht zu Herzen.	**10** … verhärte das Herz dieses Volkes

Die in 42,18 direkt als Tauben und Blinden angeredeten Personen sollen nun hören und sehen. Sie müssen sich in 42,19 ihre Blind- und Taubheit als Vorwurf gefallen lassen, sind sie doch sein Knecht und sein Bote. Im Gegensatz zu dieser ernüchternden neuen Selbstwahrnehmung heute fiel diese Erfahrung für das alte Israel/Juda der Zeit Jesajas aus, wie in 6,9.10 deutlich wird, wo sich die Wahrnehmung weiter einschränkte und Erkenntnis unerreichbar machte. Der Knecht in 42,18 soll nun aber hören und sehen. Er hat nach 42,20 viel gesehen und doch nicht gemerkt, worum es eigentlich ging, und war aufgeschlossen und doch nicht in der Lage, die richtigen Signale wahrzunehmen! Berufen war er, denn nach 42,21 *wollte JHWH ihn um seine Gerechtigkeit willen.* Was ist nun schiefgelaufen? 42,22 nennt das Aber: *Aber sie sind ein beraubtes und geplündertes Volk … alle gefangen in Löchern und versteckt in Kerkern. Sie sind Raubgut, und niemand rettet, geplündert, und niemand sagt: Gib wieder her!* Was wurde ihnen weggenommen? Sie wurden als Volk geistig ausgeraubt und verloren so alle ihre Freiheit! Keiner forderte zurück. Aus diesem Istzustand begründet sich die Frage in 42,23: *Wer ist unter euch, der dieses vernimmt. Wer hört aufmerksam für die Zukunft?* Wie in 6,8 ist auch heute ein *wer* unter dem Volk aufgerufen! Diese Einzelperson wurde im 1. GKL bereits beschrieben. Sein Auftrag in 42,7: *blinde Augen zu öffnen,* und *Gefangene aus dem Kerker herauszuführen, und aus dem Gefängnis die Bewohner der Finsternis* wird er mitten unter ihnen, d. h. dem Volk, dem Knecht und dem Boten wahrnehmen! *Er hört aufmerksam für die Zukunft!* Wenn sie nicht hören sollten, *da hat er den Grimm seines Zorns über sie ausgeschüttet, die Gewalt des Krieges, hat sie ringsum angezündet.* Wenn die Kommunikation abreist *merken sie aber nichts, und* wenn *sie in Brand gesetzt, nehmen sie es sich aber nicht zu Herzen*, weil sie diese Verfahrensweise einfach nicht wahrhaben wollen. In 42,12 wurden die Inseln und in 42,13-17 sein eröffneter Krieg angesprochen, der sie offensichtlich erreichen würde, ein Standortproblem! Das notwendige Herausführen wird in 43,8 erneut aufgegriffen, jetzt aber als eine Herausforderung auf internationaler Ebene (43,8-13) mit einem Babylon als Standort, aus dem die Flüchtlinge hinabgetrieben und verschifft werden (43,14-16). Hier sind schnelles theologisches Umdenken und die vollständige Abkehr von den fundamentalen Wurzeln unerlässlich! JHWH benennt Fluchtwege für sein Volk (43,17-21) und will mit ihnen ins Reine kommen (43,22-26).

Der Knecht Israel in Jes 43,1-7

In 43,1-7 wendet sich Gott in einen Neuansatz an Jakob/Israel. Sich nicht zu fürchten in 43,1.5 ist bereits in 41,10 verankert, wo *Israel, mein Knecht, Jakob mein Erwählter, Same Abrahams, meines Freundes* (41,8) angesprochen wird. Die Handlung in 43,1 *ich habe dich erlöst* ist bereits abgeschlossen, denn *ich habe dich bei deinem Namen gerufen, du bist mein.* 43,2-3 Der Schutz Israels im Wasser und das Lösegeld lässt an die Mitwirkung bei der Eroberung Thebens durch Assyrien denken, denn *Ägypten und Äthiopien und Seba wird an deiner Stelle ein Lösegeld.* Israels Flüchtlinge in Juda werden *zu seinem Paradepferd gemustert* (Sach 10,3-12). Israels Führer wurden ja zur Verantwortung gezogen und ihr Königreich aufgelöst.

Der Abschnitt Sach 10,3-12 setzt sich aus einer Ich-Rede 3a.6.8-10.12 und einer Er-Rede 3b-5.7.11 zusammen. Bei der Er-Rede könnte es sich um Worte an Jona handeln, die nun Juda umsetzt.

10,3b JHWH hatte eine Musterung vom Haus Juda vorgenommen, um sie zu einem Paradebeispiel im Krieg zu machen. 10,4 Aus Juda kommt der Eckstein und Zeltpflock, d. h. ein Führer und Herrscher, weiter ein Kriegsbogen als die Waffe und jeder, der Macht besitzt. 10,5 Sie werden Helden, die Hindernisse überwinden und kämpfen. In 10,7 wird Ephraim wie ein starker Held im Freudenrausch. Die Nachkommen erleben es und freuen sich in JHWH. 10,11 Ephraim soll durch das Meer ziehen und die Wogen schlagen, um die Tiefen des Nil zu trocknen. So würde die Hoheit Assyrien runtergeholt und das Zepter Ägyptens müsste weichen.

In der Ich-Rede werden Gottes Absichten mit Ephraim beschrieben: 10,3a Die Hirten und Leittiere werden zur Verantwortung gezogen. 10,6 Ich will ein starkes Haus Juda und ein gerettetes Haus Josefs. Sie siedeln wieder an und alles wird wie vorher, weil Gott antwortet. 10,8 Er gibt ihnen ein Signal und sammelt sie, um sie zu erlösen und ihre Anzahl in den alten Zustand zurückzuversetzen. Mit dieser Aussage ist Israel angesprochen! 10,9 Sie würden unter die Völker wie Samen gesät, würden dort an ihn denken und aufleben. Ihre Nachkommen würden zurückkehren. 10,10 Die Rückführung erfolgt aus Ägypten und Assyrien ins Land Gilead und dem Libanon, wobei der Platz dort nicht ausreichen würde. 10,12 Ich will sie überlegen machen in meinem Namen.

Jes 43	Sach 10
	3 Gegen die Hirten ist mein Zorn entbrannt, die Leithammel ziehe ich zur Verantwortung, denn JHWH der Heerscharen hat seine Herde gemustert, das Haus Juda, um sie zu seinem Paradepferd im Krieg zu machen.
	4 Aus ihm ist der Eckstein und aus ihm der Zeltpflock, aus ihm der Kriegsbogen. Aus ihm kommt jeder, der Macht besitzt.
	5 Sie werden zu Helden, die im Krieg alles niederstampfen, und kämpfen, denn JHWH ist mit ihnen, und die Berittenen beschämen.
1 Aber jetzt, so spricht JHWH, der dich geschaffen, Jakob, und der dich gebildet hat, Israel: Fürchte dich nicht, denn ich habe dich erlöst, ich habe dich bei deinem Namen gerufen, du bist mein.	**6** Das Haus Juda will ich stark machen, und das Haus Joseph retten. Ich lasse sie sich ansiedeln, denn ich will mich ihnen erbarmen, und sie sollen so werden, als hätte ich nie verstoßen, denn ich bin JHWH, ihr Gott, und ich werde ihnen antworten.
2 Wenn du durchs Wasser gehst, ich bin bei dir, und durch Ströme, sie werden dich nicht überfluten; wenn du durchs Feuer gehst, wirst du nicht versengt werden, und die Flamme wird dich nicht verbrennen.	**11** Er soll durch das Meer ziehen in Furcht, und im Meer soll er die Wogen schlagen, sodass alle Tiefen des Nil vertrocknen. Der Stolz Assyriens wird erniedrigt, und das Zepter Ägyptens wird weichen.
3 Denn ich bin JHWH, dein Gott, ich, der Heilige Israels, dein Retter, ich gebe als dein Lösegeld Ägypten hin, Äthiopien und Seba an deiner Stelle.	**7** Die von Ephraim werden wie ein starker Held, und ihr Herz wird sich freuen wie vom Wein. Ihre Söhne werden es sehen und sich freuen, ihr Herz wird in JHWH jubeln.
4 Weil du teuer, wertvoll bist in meinen Augen, und ich dich liebhabe, so werde ich Menschen hingeben an deiner Stelle und Völkerschaften anstatt deines Lebens.	**8** Ich will ihnen pfeifen und sie sammeln, denn ich werde sie erlösen, und sie sollen so viele werden, wie sie schon einmal waren.
5 Fürchte dich nicht, denn ich bin mit dir, vom Aufgang her werde ich deinen Samen bringen, und vom Niedergang her werde ich dich sammeln.	**9** Ich werde sie wie Samen unter die Völker sähen, und in der Ferne werden sie meiner gedenken. Sie sollen aufleben mit ihren Söhnen und zurückkehren.
6 Ich werde zum Norden sagen: Gib heraus! und zum Süden: Halte nicht zurück, bringe meine Söhne von fernher und meine Töchter vom Ende der Erde,	**10** Ich führe sie aus dem Land Ägypten zurück, und bringe sie aus Assyrien zusammen, und bringe sie in das Land Gilead und dem Libanon, und der Raum für sie wird nicht ausreichen.
7 einen jeden, der mit meinem Namen genannt ist, und den ich zu meiner Ehre geschaffen, den ich gebildet, ja gemacht habe!	**12** Ich will sie überlegen machen in JHWH, und in seinem Namen werden sie wandeln, spricht JHWH.

43,1 *Jakobs/Israels Erlösung* steht der *Rettung des Hause Josephs* in 10,6 gegenüber, *als hätte ich nie verstoßen*; 43,2 den *Wassern/ Strömen* 10,11a *das Meer und die Tiefen des Nil.* 43,3 Ägypten, Äthiopien, Seba als Lösegeld 10,11b *das Zepter Ägyptens weicht*; 43,5 *ich werde deinen Samen bringen* 10,9 *sie sollen aufleben und zurückkehren.* 43,7 *mit meinem Namen* 10,12 *in JHWH wandeln.*

43,4 Ihr Wert in seinen Augen bewirkt u. a., dass er 43,5 sie vom Aufgang herbringt und vom Untergang aus versammelt. Dieses Geschehen gilt wohl vom Aufgang hinter den sieben Mondzeiten 1945 und vom Untergang hinter den Sonnenzeiten 2022 für Israel. In 43,6 wird der Norden und der Süden als Himmelsrichtung sowie die Söhne von der Ferne und die Töchter vom Ende der Erde genannt. Wenn in 43,7 *ein jeder, der mit meinem Namen genannt ist, und den ich zu meiner Ehre geschaffen, den ich gebildet, ja gemacht habe!* gesammelt wird, sind wirklich alle angesprochen!

Der rätselhafte 10,11 erinnert an Nah 3,8f. No Amon war das mächtige Theben und thronte auf den Nilströmen „von Wasser umringt, dessen Schutzwall das Meer, dessen Mauer Wasser waren." Die wiederkehrende Nilschwemme erzeugte ein Meer von Wasser. Die Stadt der hundert Tore wurde 671 von den Assyrern erobert, aber ihr Geschick diente später auch als Vorzeichen für den Untergang von Ninive, der großen Stadt. So musste das Zepter Ägyptens weichen doch 662 wurde Theben zurückerobert und der Stolz der Assyrer heruntergeholt. Das nun in 10,11 Ephraim durch das Meer schreitet und beide Länder erniedrigt, verweist uns auf die Prophezeiung des Jona (2Kö 14,23-27). Die unerwartete Reue der Niniviten hat damals die Geschichte verändert (Jona 3,10). Ihre Zeit wurde von Gott verlängert, die Herrschaft Israels auf 40 Jahre = Tage (Jona 3,4) reduziert, und ist es sogar angebracht, die Er-Rede in 10,3b-5.7.11 daraufhin zu untersuchen, ob es sich in Teilen um die als verschollen geltenden Worte Jonas zugunsten des Nordreiches Israels handelt! Eine ähnliche Vermutung besteht bereits für Sach 9,1-10,2; Mi 1,2f.

Parallelüberlieferungen zu Jona 3,3.4[192]

Die Chronologie von Jona 3,3.4 hat in 1Kö 19,4-9 eine Parallele. Elia bat nach einer Tagesreise darum, sterben zu dürfen (vgl. Jona 4,3.8). Danach konnte er 40 Tage und Nächte lang wandern bis zu einer Höhle (vgl. Jona 4,5) am Horeb. Dort sah er einen starken Sturm, ein Erdbeben, ein Feuer und hörte eine ruhige Stimme (1Kö 19,11-13). Elia berichtet JHWH vom Abfall Israels (1Kö 19,10.14) und bekommt den Auftrag, Hasael über Syrien, Jehu über Israel und Elisa als sein Nachfolger zu salben (1Kö 19,15-16). Diese Geschehen gehen der Einflussnahme Ninives auf Israel direkt voraus. Jehu wurde 842 König über Israel, sodass ein Jona zurzeit Jerobeams II. bis zur Sonnenfinsternis von 763 ca. 80 Jahre später wirkte, wohl ein Nachkomme der 100 Propheten JHWHs (1Kö 18,4). Ihre Erlebnisse stehen in Zusammenhang mit der Geschichte Israels!

Tagesreise/Wandertag	Jona 3,4	1Kö 19,4
Sterben wollen	Jona 4,3.8	1Kö 19,4
Vierzig Tage	Jona 3,4	1Kö 19,8
(Unterschlupf) Hütte/Höhle	Jona 4,5	1Kö 19,9
Auslandseinsatz	Jona 1,2; 3,2	1Kö 19,15

Das Volk Israels wurde von JHWH durch Moses aus Ägypten heraus (Ex 12,51), und durch das Rote Meer hindurch (Ex 14,21) bis zum Berg Horeb (Ex 17,6) geführt. Für diese Reise wurden 3 Tage angesetzt (Ex 8,27), und nach Josephus erreichten sie schon am 3. Tag das Rote Meer (JosAnt 2,15,1). Der Standort für den Durchzug durch das Rote Meer im Golf von Akaba bei Nuweiba ist durch archäologische Funde so reichhaltig belegt, dass vorliegend die These von *Dr. Lennard Möller* aus Schweden zugrunde gelegt wird.[193] Der Berg Horeb ist deshalb in Saudi-Arabien zu suchen und wird mit dem Jabal al Lawz in Verbindung gebracht. Dort findet sich eine Höhle, die in Richtung des Lagerplatzes, des Altars des goldenen Kalbes und des Opferaltars am Fuß des Berges geöffnet ist. Hier machte Elia seine (Sturm, Erdbeben, Feuer und eine leise Stimme) Beobachtungen. Es ist der Ort der Entstehung Israels als Gottes Volk!

Viele nehmen an, dass Jona 4 von 1Kö 19 abhängig sei, wobei Inhalte von 1Kö 19,3-18 aber nicht zu 1Kö 18 und der Zeit Elias passen würden, diese Passage aber wohl noch der Zeit vor dem Ende des Nordreiches angehöre.[194]

Aus Sicht der Chronologie ergeben die Zeitangaben in Jona einen historischen Sinn, der gerade aus der Verkündigung eines Jona in Ninive heraus mit Leben erfüllt wird. Eine Spätdatierung zerstört dieses Bild und beeinträchtigt damit auch ein Stück weit die Geschichtsschreibung. Die Parallele „sterben zu wollen" hat in 1Kö 19,4 noch eine Auffälligkeit, die an Jonas Gesamtbild erinnert: Winfried Thiel macht dazu interessante Beobachtungen: „Höchst ungewöhnlich ist die harsche Gebetseinleitung „es ist

---

[192] Harald Schneider: *Das Zwölf-Propheten-Buch*; 2023, Seite 146f
[193] Dr. Lennard Möller, Stängnäs, Schweden, Deutsch: *Die Akte Exodus. Neue Entdeckungen über den Auszug aus Ägypten*; Düsseldorf, 2010: *Das Rotes Meer*, S. 183-259; *Am Berg Gottes*, S. 263-375
[194] BKAT IX 2 Winfried Thiel: *Könige*; 2019, Seite 215-240

genug!" … Nie spricht ein Mensch so zu Gott. Nur Elia wagt es, in dieser brüsken Art mit Gott zu reden."[195]

„In V.14-18 geht es gar nicht so sehr um Elia selbst als um das Verhalten und die Zukunft Israels sowie um den Beitrag der Prophetie zur vorhandenen Situation und zu den kommenden Geschehnissen. Elia fungiert als Paradigma der Prophetie, die sich gescheitert glaubt."[196]

Doch das ist „ein Problem, dass zur Zeit Elias mit größter Gewißheit noch nicht bestand. Es wird in diesem Text erzählerisch und in Klageform bearbeitet und schließlich im Jahwe-Wort auch „bewältigt"." – Winfried Thiel[197]

Dieses JHWH-Wort weiß auch von 7000 JHWH-Anhängern in Israel (1Kö 19,18), deren Maßgabe eine Affinität zur Woche besitzt. Dem Scheitern der Prophetie in Israel werden nach einer Woche die Tausende im neugegründeten Staat Israel gegenübergestellt! Die Prophetie hat auf diese Weise ihren Sieg errungen! Voraussetzung sind wieder die 3 Wandertage Jonas bis 612, Jubiläen, die hier als Sturm, Erdbeben und Feuer abgebildet sind, bevor Entlastung folgt (1Kö 19,11.12).

Diese Daten wurden in die Tabelle übertragen.

eine Tagesreise	763 bis 762	1Kö 19,4	Jona 3,4
40 Tage und 40 Nächte	762 bis 722	1Kö 19,8	Jona 3,4
Sturm - Jubiläum	762 bis 712	1Kö 19,11	Die Maße Ninives Jona 3,3
Erdbeben - Jubiläum	712 bis 662	1Kö 19,11.12	
Feuer - Jubiläum	662 bis 612	1Kö 19,12	
Säuseln, 7000 (als Woche)	612 bis 1945	1Kö 19,12.18	[7x365+]

Diese Erscheinung erinnert auch an Ex 19,16-19. Die vierzig Tage und Nächte (1Kö 19,8) lassen an Moses denken (Ex 24,18; 34,28), ebenso der Berg Horeb (Ex 3,1). Wir befinden uns gedanklich dort, wo JHWH eine Befreiung aus Ägypten eingeleitet hatte und wo Israel als Gottesvolk mit den Zehn Geboten seinen Anfang nahm. Gerade mit diesem Ort als Ziel des Propheten Elia und den vierzig weiteren Tagen und Nächten als Gerichtzeit bis dorthin konnte die Zukunft Israels in den Fokus gerückt werden! Hier wurden von JHWH die Zeiten und die Maßnahmen festgelegt, die zurzeit Jonas dann als Gerichtsansage zum Tragen kamen.

vierzig Tage und vierzig Nächte	Ex 24,18; 34,28	1Kö 19,8
der Gottesberg (Berg Horeb)	Ex 3,1 vgl. 4,27; 18,5; 24,13	1Kö 19,8
die Höhle	Ex 33,22	1Kö 19,9.13
das vorüberziehen JHWHs	Ex 33,19.22; 34,6	1Kö 19,11f
das Gesicht verhüllen	Ex 3,6	1Kö 19,13

---

[195] Ebda, Seite 249
[196] Ebda, Seite 235
[197] Ebda, Seite 231

Aus diesen erleuchtenden Zusammenhängen heraus folgt die Annahme, dass in 1Kö 19, wo Gott den entmutigten Propheten wissen lässt, wie er mit einem sich abwendenden Israel verfahren wird und dass nicht ganz Israel für alle Zeit verloren ist, auf Jona zurückgeht, der entmutigt und unverschämt zugleich war! In 1Kö 19 wird das Problem zurzeit Jonas noch vor Beginn der Einflussnahme Assyriens am Ort der Entstehung Israels mit Elia chronologisch korrekt abgebildet! Deshalb passen auch die Inhalte von 1Kö 19,3-18 nicht in den vordergründigen Kontext von 1Kö 18,19-40, wo ein Sieg JHWHs über den Baal-Kult eingetragen ist.

Diese Kenntnis hat natürlich auch Einfluss auf die Theologie. Ein wiederkehrendes Israel ist seit 1948 Geschichte geworden. Dies ist für die Frage nach der Zukunft der Prophetie, die Jona bekam, die aber nur in Umrissen erschlossen werden kann, da sie nicht erhalten geblieben ist, von sehr großer Bedeutung! Seine Prophetie umfasste die Ausdehnung Israels zurzeit von Jerobeam II. und beinhaltete wahrscheinlich auch den Untergang Ninives durch Israel, was nicht mehr beweisbar ist (2Kö 14,23-27; Tob 14,4.8). Das Wort JHWHs wurde wegen der Reue der Niniviten damals nicht ausgeführt. Am Ende eines weiteren Siebeners konnte nach drei Tagen (3 Jubiläen) in einem „Fisch" ein „Jona" in Palästina an Land gespuckt werden, als dort 1948 das britische Mandat endete. Damit ist die Prophetie aber noch nicht am Ende (4Esr 11,35; 12,22-28). Wir können daraus einen Lehrpunkt ableiten, der für weite Teile der Apokalyptik Gültigkeit besitzt:

JHWH kann Mitteilungen durch seine Propheten umwandeln, um sie zu anderen Zeiten (Tag für Jahr und Jubiläum; Woche in Jahr-Jahre) wie es ihm beliebt wahr werden zu lassen. Er kreiert Geschehen der Zukunft! Mit der Rückkehr der Juden nach Palästina lässt er z. B. das ganze Haus Israel miteinander verschmelzen (Hes 37,16.17). Das hat die Parallelüberlieferung aus 1Kö 19,12.18 zumindest aus Sicht der Chronologie bestätigt, weil in ihr die Woche als Zeitrechnung mit den Wochen der Apokalyptik eine Einheit bilden!

Der Kontext 1Kö 18 bettet mitten in die Dürre-Erzählung (1Kö 18,1-18.41-46) die Gotterweis-Erzählung mit Elia ein (1Kö 18,19-40), die auch noch eine Überraschung bereithält, die bisher unbeobachtet geblieben ist, und sich gut als Fortsetzung zum vorliegenden Thema lesen lässt.[198]

---

[198] Harald Schneider: *Das Zwölf-Propheten-Buch*; 2023: Mal 3,23 [Der Gott-Erweis inmitten der Dürre-Geschichte]

Der Auftrag an den Knecht in Jes 43,8-44,25

In diesem Abschnitt wird weiter über den blinden Knecht in 42,18f gesprochen. Der Auftrag des GK in 42,1f kommt erst hier zur vollen Geltung.

43,8 Der GK soll das blinde Volk herauszuführen (42,7). 43,9 Gott wünscht eine Versammlung aller Nationen und Völkerschaften: *Wer unter ihnen kann solches verkünden?* Der Vergleich zielt nicht auf die Götter der Nationen, sondern auf einen *wer* unter den versammelten Nationen und Völkern, den er als Sprachrohr gebraucht. *Wer kann sagen, was früher war?* Das Früher und das Später wird hier in einem Zusammenhang gebracht! Dann erfolgt die unmissverständliche Aufforderung, sich mit diesen Fragen auseinanderzusetzten und wie in einem Gerichtsverfahren die Möglichkeit zu schaffen, Zeugen vorzubringen und deren Aussagen zu beurteilen.

„Es kann kein Zweifel bestehen, dass das Stück 8-13, und zwar gerade in seiner jetzigen Form, von vornherein für den öffentlichen Vortrag bestimmt war. Anders ist die Einleitung 8f. gar nicht zu verstehen, die sich für die eigentliche Rede an das Volk 10-13 Gehör verschaffen will."[199]

Jes 43
8 Führe heraus das blinde Volk, das doch Augen hat, und die Tauben, die doch Ohren haben!
9 Alle Nationen mögen sich miteinander versammeln, und die Völkerschaften zusammenkommen!
Wer unter ihnen kann solches verkünden?
Wer kann sagen, was früher war?
Mögen sie ihre Zeugen stellen und gerechtfertigt werden, dass man es höre und sage: Es ist wahr!
10 Ihr seid meine Zeugen, spricht JHWH, und mein Knecht, den ich erwählt habe: damit ihr erkennt und mir glaubt und einseht, dass ich derselbe bin. Vor mir wurde kein Gott gebildet, und nach mir wird keiner sein.
11 Ich, ich bin JHWH, und außer mir ist kein Retter.
12 Ich habe verkündigt und gerettet und es hören lassen, und kein fremder Gott war unter euch, und ihr seid meine Zeugen, spricht JHWH, und ich bin Gott.
13 Ja, von jeher bin ich derselbe, und da ist niemand, der aus meiner Hand errettet. Ich wirke, und wer kann es abwenden?

---

[199] BKAT XI 1 Karl Elliger: *Deuterojesaja 40,1-45,7*; 1978, Seite 313

In 43,10f ruft er die Zuhörer als seine Zeugen und seinen erwählten Knecht auf. Der Zweck besteht darin, zu erkennen, zu glauben und einzusehen, dass er derselbe ist, keine alternative besteht und die Rettung einzig von JHWH kommt.

43,12 Er hat verkündigt, gerettet und darauf aufmerksam gemacht (42,23), ohne fremde Einflüsse zuzulassen und er ruft sie als Zeugen für ihren Gott auf! 43,13 Er hat sich nicht verändert und ihn kann auch niemand überwinden, denn er handelt, ganz wie er will.

Beachtenswert ist die dramatische Wende vom blinden und tauben Volk 43,8 in der Überwindung kommunikativer Schwierigkeiten 43,9 hin zur Bezeugung für ihren Gott, obwohl sie ihn ja schon vorher kannten! Genau genommen geraten sie in eine Bewährungsphase.

Nachdem er sich gehör verschafft hat, erklärt JHWH sein Anliegen:

Jes 43
14 So spricht JHWH, euer Erlöser, der Heilige Israels: Um euretwillen habe ich nach Babel gesandt, und ich werde sie alle als Flüchtlinge hinabtreiben, und auch die Chaldäer, auf den Schiffen ihres Jubels.
15 Ich, JHWH, bin euer Heiliger, ich, der Schöpfer Israels, euer König.

43,14 Die auffällige Bezeugung, wer er für sein Volk ist, umschließt, dass er ihretwegen nach Babylon gesandt hat. Damit wird ein Ort genannt, der eine zentrale Rolle bei diesen Zeugen einzunehmen scheint. Die Exilsituation kommt als Hintergrund nicht in Frage, den Jesaja schrieb 42,1f im Todesjahr König Usijas 745 (s. o. vgl. Jes 42,18-25 mit 6,1-10), lange bevor Babylon zur Weltmacht aufstieg. Auch eine Voraussage für diese Exilzeit reicht nicht als Begründung, warum das blinde und taube Volk in 43,8 im Rahmen einer seriösen Aufklärung zur Bezeugung aufgerufen wird. Das alle als Flüchtlinge hinabgetrieben werden ist eine Demütigung, und hat mit einem Auszug aus dem Exil nichts zu tun. Es erscheint als unausweichliche Folge, sofern sich vorher nichts bewegt. Ob das blinde und taube Volk in diesem Sinne als Zeuge reagiert, wird auch nicht gesagt. Sie sind als erklärte Zeugen und als Knecht aufgerufen. Gleich nach den Flüchtlingen werden die Chaldäer auf den Schiffen ihres Jubels genannt, was ein überhebliches Bild erzeugt. Dieses Nebeneinander könnte eine fatale Gegenthese zum Erlöser, der kein Abbild von sich geschaffen hat, geschweige denn duldet (43,10b-14a) hervorheben, welches zum Scheitern verurteilt ist. Gedacht ist an ein fundamentales Gebilde, dass die Religion mit einer Nation verschmelzen lässt.

43,15 Auch die Schlussrahmung ist ganz auf sein Volk Israel gerichtet, was sich von 43,8-13 etwas unterscheidet. Der Grund könnte darin liegen, dass ein älterer und möglicherweise verkürzter Passus hier zur Sprache kommt, in dem das Volk Israel besonders betroffen erscheint. Dieser Abschnitt ist ursprünglich als eine Fortsetzung von 43,1-7 zu lesen und war an Jakob/Israel gerichtet. Durch die Verschiebung kam Israel 1948 als souveräner Staat zurück, war doch sieben Zeiten zuvor Ninive untergegangen, die den Vorzug vor Israel als Weltmacht bekam (siehe oben). Eine Rückkehr Jakob/Israel blieb aber damals aus. Jetzt spricht *der Heilige Israels, der Schöpfer Israels, euer König.* Wenn JHWH spricht: *Um euretwillen habe ich nach Babylon gesandt und ich werde sie alle als Flüchtlinge raustreiben,* ist das in der heutigen Weltmacht verbliebene Israel gemeint!

Über das dort ansässige Israel und die Wende schreibt Jesaja zum Ende seines Buches noch einmal (Jes 65,17), wobei sogar Teile des Volkes wegen ihrer Praktiken umkommen werden, bevor eine angesagte Wende einsetzt.

Jes 43	Jes 65
	11 Ihr seid es, die JHWH verlassen und meinen heiligen Berg vergessen, die für den Glücksgott einen Tisch machen und für die Schicksalsgöttin Trank mischen.
17 der ausziehen lässt Wagen und Ross, Heer und Held - zusammen liegen sie da, stehen nicht wieder auf. Sie sind erloschen, verglommen wie ein Docht. **18** Gedenkt nicht des Früheren, und über die Dinge der Vorzeit sinnt nicht nach!	**12** Ich bestimme euch für das Schwert und ihr müsst euch zur Schlachtung bücken, weil ihr auf mein Rufen nicht antwortet und auf mein Reden nicht hört ... **17** ... und die früheren Dinge kommen nicht mehr in den Sinn noch beschweren sie das Herz.
19 Siehe, ich wirke Neues. Jetzt sprosst es auf.	Siehe, ich schaffe neue Himmel und eine neue Erde ...
Werdet ihr es nicht erfahren?	(vgl. V. 20-24)

Gottes Anliegen an die blinden und tauben Zeugen in 43,8-13 besteht wegen dieser Anordnung ebenfalls im Verlassen von Babylon in XXL. Gott bringt sich in 43,16.17 als Befreier seines Volkes in Erinnerung. Die Aufforderung in 43,18 *nicht des Früheren zu gedenken* ergibt nur im Hinblick auf eine nicht erfolgte Zerstörung des alten Babylons einen Sinn, für die jetzt eine noch umfassendere Machtankündigung ansteht. Diese Wende zum Neuen in 43,19-21 wird auch in Apk 21,5 angesprochen und steht noch aus!

Jes 43	Apk 21
16 So spricht JHWH, der einen Weg gibt im Meer, und einen Pfad in mächtigen Wassern,	
17 der ausziehen lässt Wagen und Ross, Heer und Held - zusammen liegen sie da, stehen nicht wieder auf. Sie sind erloschen, verglommen wie ein Docht.	
18 Gedenkt nicht des Früheren, und über die Dinge der Vorzeit sinnt nicht nach!	**4** Und er wird jede Träne von den Augen wischen … Tod … Trauer … Geschrei … Schmerz. Die früheren Dinge sind rum.
19 Siehe, ich wirke Neues. Jetzt sprosst es auf. Werdet ihr es nicht erfahren? Ja, ich mache durch die Wüste einen Weg, Ströme durch die Einöde.	**5** … Siehe, ich mache alle Dinge neu
20 Die Tiere des Feldes preisen mich, Schakale und Strauße, denn ich werde Wasser geben in der Wüste, Ströme in der Einöde, um mein Volk zu tränken, mein auserwähltes.	**6** … Wer Durst hat, dem will ich frei vom Quell des Lebens geben.
21 Dieses Volk, das ich mir gebildet habe, sie sollen meinen Ruhm erzählen.	**7** Wer siegt, wird diese Dinge erben, und ich werde sein Gott sein und er wird mein Sohn sein. (vgl. Apk 19,5)

Ist nun ab 43,16 die Befreiung beim Durchzug durch das Rote Meer und in 43,17 die Vernichtung der Verfolger in Erinnerung gebracht, so überrascht die Vernachlässigung des Früheren in 43,18 sehr! Es erscheint deshalb viel sinnvoller, die 43,16-17 als zukünftiges Handeln Gottes zu bewerten, was zum Abbruch aller früheren Geschehen führen würde! Auch die Gegenüberstellung oben mit Jes 65,17 lässt im Vorfeld auf große Umbrüche blicken. Die Beschreibung in 43,19 spricht die Erneuerungen an und zeigt mit einem *Jetzt sprosst es auf* auch die Zeit eines bereits erwarteten Geschehens an! Dann erfolgt die Zusicherung einer Mitteilung und die Wegbereitung durch die Wüste. Dabei sind die Wasser notwendig, 43,20 um das auserwählte Volk zu versorgen. 43,21 *Dieses Volk soll von meinem Ruhm erzählen,* was wie eine neue Wahl wirkt und in Übereinstimmung mit 43,18 die neuen Befreiungstaten in den Vordergrund rücken!

Die Tiere des Feldes, hier die Schakale und die Strauße, assoziieren mit dem prophetischen Spruch gegen das alte Babylon in Jes 13,21f, wobei auch schon hier der Tag JHWHs 13,9 und Veränderungen im Himmel 13,10 anklingen, worauf in 43,22-28 eingegangen wird.

Apk 21,4-7 wird mit neuem Himmel, eine neue Erde und ein neues Jerusalem eingeführt 21,1-3 und steht Jes 65,17 am nächsten.

Der Abschnitt 43,22-28 ist als ein Rückblick zu sehen, bei dem der Verzicht auf gegenseitiges Mühen im Opferkult in 43,22-24a, die Sünden 43,24b und die Vergebung 43,25 und differenzierteres Handeln in 43,26-28 genannt werden. Ein Vergleich lässt sich zwischen 43,25 und 44,22 ziehen, was uns eine Hinterfragung der Kontexte ermöglicht.

Jes 43	Jes 44
22 Doch nicht mich hast du angerufen, Jakob, dass du dich um mich gemüht hättest, Israel! **23** Du hast mir keine Brandopferschafe gebracht, und mich nicht mit deinen Schlachtopfern geehrt. Ich habe dir nicht mit Speisopfern zu schaffen gemacht, noch mit Weihrauch dich ermüdet. **24** Du hast mir nicht um Geld Würzrohr gekauft, noch mit dem Fett deiner Opfer mich gesättigt. Du hast mir zu schaffen gemacht mit deinen Sünden, du hast mich ermüdet mit deinen Missetaten. **25** Ich, ich bin es, der deine Übertretungen tilgt um meinetwillen und deiner Sünden will ich nicht mehr gedenken. **26** Rufe mir ins Gedächtnis, wir wollen rechten miteinander. Erzähle doch, damit du gerechtfertigt werdest. **27** Dein erster Vater hat gesündigt und deine Mittler sind von mir abgefallen. **28** Ich habe die Fürsten des Heiligtums entweiht und Jakob dem Bann und Israel den Schmähungen hingegeben.	**9** Die Bildner geschnitzter Bilder sind alle nichtig, und ihre Lieblinge nützen nichts und die für sie zeugen, sehen nicht und haben keine Erkenntnis, damit sie beschämt werden. **10** Wer hat einen Gott gebildet und ein Bild gegossen, dass es nichts nütze? **11** Siehe, alle seine Genossen werden beschämt werden und die Künstler sind ja nur Menschen. Mögen sie alle versammeln hintreten: erschrecken sollen sie, beschämt werden zumal! (vgl. unten, V. 12-21) **22** Ich habe deine Übertretungen getilgt wie einen Nebel, und wie eine Wolke deine Sünden. Kehr um zu mir, denn ich habe dich erlöst! **23** Jubelt, ihr Himmel! denn JHWH hat es vollführt. Jauchzt, ihr Tiefen der Erde! brecht in Jubel aus, ihr Berge, du Wald und jeder Baum darin! Denn JHWH hat Jakob erlöst, und an Israel verherrlicht er sich. **24** So spricht JHWH, dein Erlöser und der von Mutterleibe an dich gebildet hat: Ich, JHWH, bin es, der alles wirkt, der die Himmel ausspannte, ich allein, die Erde ausbreitete durch mich selbst, **25** der die Wunderzeichen der Lügner vereitelt und die Wahrsager zu Narren macht, der die Weisen zurückdrängt und ihr Wissen zur Torheit macht.

Die Gegenüberstellung von 43,22-24 mit 44,9-21 lässt einerseits die Götzenherstellung als sinnlos, andererseits aber auch den Opferkult als sinnlos erscheinen! Dabei ist 43,22-24a eine Unterlassung und 43,24b dann die Reaktion auf die Herstellung von Götzen 44,12-21.

Jes 44

12 Der Eisenschmied hat ein Werkzeug und arbeitet bei Kohlenglut, und er gestaltet es mit Hämmern und verarbeitet es mit seinem kräftigen Arm. Er wird auch hungrig und kraftlos; er hat kein Wasser getrunken und ermattet. **13** Der Holzschnitzler spannt die Schnur, zeichnet es ab mit dem Stifte, führt es aus mit den Hobeln und zeichnet es ab mit dem Zirkel; und er macht es wie das Bildnis eines Mannes, wie die Schönheit eines Menschen, damit es in einem Hause wohne. **14** Man haut sich Zedern ab, oder nimmt eine Steineiche oder eine Eiche, und wählt sich aus unter den Bäumen des Waldes; man pflanzt eine Fichte, und der Regen macht sie wachsen. **15** Und es dient dem Menschen zur Feuerung, und er nimmt davon und wärmt sich; auch heizt er und bäckt Brot; auch verarbeitet er es zu einem Gott und wirft sich davor nieder, macht ein Götzenbild daraus und betet es an. **16** Die Hälfte davon hat er im Feuer verbrannt; bei der Hälfte davon ißt er Fleisch, brät einen Braten und sättigt sich; auch wärmt er sich und spricht: Ha! mir wird's warm, ich spüre Feuer. **17** Und das Übrige davon macht er zu einem Gott, zu seinem Götzenbilde; er betet es an und wirft sich nieder, und er betet zu ihm und spricht: Errette mich, denn du bist mein Gott! **18** Sie haben keine Erkenntnis und keine Einsicht; denn er hat ihre Augen verklebt, daß sie nicht sehen, und ihre Herzen, daß sie nicht verstehen. **19** Und man nimmt es nicht zu Herzen, und da ist keine Erkenntnis und keine Einsicht, daß man sagte: Die Hälfte davon habe ich im Feuer verbrannt, und auch habe ich auf seinen Kohlen Brot gebacken, Fleisch gebraten, und habe gegessen; und den Rest davon sollte ich zu einem Greuel machen, ich sollte ein Stück Holz anbeten? **20** Wer der Asche nachgeht - ein betörtes Herz hat ihn irregeführt, so daß er seine Seele nicht errettet und sagt: Ist nicht Lüge in meiner Rechten? **21** Gedenke dessen, Jakob und Israel! denn du bist mein Knecht. Ich habe dich gebildet, du bist mein Knecht; Israel, du wirst nicht von mir vergessen werden. *(Elberfelder Bibel 1927)*

Aus diesem Grund ist es sinnvoll, den Rückblick 43,22-28 von einem anderen Standpunkt aus zu verfolgen. Ein einseitiger Verzicht auf den Opferkult ist mit der Vernichtung der Kultstätten erreicht, der vom Kultpersonal hingenommen werden muss. Die Kultstätten Israels, die teils mit dem Kälberkult und anderen Götzen vermengt waren (Hos 8,11-13; 13,1-3), wurden bereits vorm Untergang Israels (Hos 10,5-6) abgebaut oder verschwanden bald mit Israel. Diese Situation war zurzeit Jesajas zwar gegeben, aber noch viel zu frisch. Es ist eher an einen einvernehmlichen Verzicht über Jahrhunderte hinweg zu denken, wie ein solcher mit der Zerstörung des Tempels 70 u. Z. veranlasst wurde und der bis heute andauernd auftrat! Es ist ein Verzicht, der in gewisser Weise beiden Seiten guttut (Mi 6,6-8). Wir blicken somit vom „hier und jetzt" aus zurück auf Israel.

Im Anschluss 44,21 wird Jakob/Israel zwei Mal *du bist mein Knecht* genannt und erhält die Zusicherung *du wirst nicht vergessen!* Dieses Wort bewahrheitete sich mit der Gründung des Staates Israel in unserer Zeit und ist nicht mit Judas Rückkehr 521 zu verwechseln. Die Vergleichsstellen zeigen Gottes Wunsch, die *Übertretung zu tilgen,* in 43,25 *um meinetwillen* und in 44,22 mit der Aufforderung *kehrt um, denn ich habe dich erlöst!* Der Umkehrruf in 44,22b kann noch der Aufarbeitung in 43,26 gegenüberstehen. Nur ist das *Rufe mir ins Gedächtnis, wir wollen rechten miteinander* u. U. als zur rechten Zeit wieder ins Recht gesetzt zu verstehen. Die große Verfolgung der NS-Zeit berechtigt zum: *Erzähle doch, damit du gerechtfertigt werdest.* Die Begründung für ein Dasein Israels ohne eigenes Land ist: *dein erster Vater hat gesündigt und deine Mittler sind von mir abgefallen. Ich habe die Fürsten des Heiligtums entweiht und Jakob dem Bann und Israel den Schmähungen hingegeben* 43,27-28 (s. u.). Der *Jubel* in 44,23, *wenn der Ewige Jakob erlöst und sich an Israel verherrlicht* ist so zu verstehen. Er hat ihn *vom Mutterleib an gebildet* und das alles *bewirkt,* wie 44,24 deutlich macht. Es geht in: *der die Himmel ausspannte, ich allein, die Erde ausbreitete durch mich selbst!* um eine Regierung mit Bürgern, die von seiner Geburt in den Ausläufern der dritten Dynastie von Ur und Mari (WB 8,23-33)[200] bis zum Erscheinen Gottes *gewirkt* wurde! Völlig berechtigt folgt in 44,25 die Gegenüberstellung zu den *Wunderzeichen der Lügner,* die er *vereitelt,* und wie er *die Wahrsager zu Narren macht, der die Weisen zurückdrängt und ihr Wissen zur Torheit macht.* Dies lässt sich auch an der Art, wie dieser Text in Wissenschaft und Religion aufgefasst wird, sehr transparent machen! Im Allgemeinen werden Jes 44,24-28 als ein Komplex aufgefasst, der *das Wort seines Knechtes* 44,26 *Kyros* 44,28 *bestätigt.* Durch die euphorische Einfügung dieses Namens bleibt die bevorstehende großartige Rettung heute zugunsten einer Spätdatierung (Jes 40-55 als Deuterojesaja) unerkannt, mit anderen Worten: ein gesamter Wissenschaftszweig steht mehr oder weniger im Dunkeln! Dafür bietet diese Auffassung Zündstoff für eine gefährliche fundamentalistische Richtung, die bereit war *und ist,* einen Antichristen als befreienden Kyros in Szene zu stellen und viele Millionen gläubige Menschen in die Irre zu führen und damit sogar den Frieden der gesamten Menschheit zu gefährden!

---

[200] Harald Schneider: *Die neue biblische Chronologie und die ägyptische Chronologie*; 2020, Seite 37-172

Zu unserem großen Glück wird Gott die *Wunderzeichen der Lügner vereiteln, und die Wahrsager zu Narren machen, und die Weisen zurückdrängen, indem er ihr Wissen zur Torheit macht* (Jes 44,25). Die Apokalyptik wird sich als echte Weissagung Gottes behaupten können, ohne auf die Faszination eines einzelnen Streichholzstreichs (der Name Kyros im Text von Jes 44,28 und 45,1) hereinzufallen!

Ein blindes und taubes Volk und ein blinder und tauber Knecht JHWH in 42,18.19, dessen Geschick in 43,8-13 wieder aufgenommen wird wo er vom GK 42,1f aus Babylon 43,14-21 herausgeführt werden soll; diese Wende findet sich in der jüdischen und der christlichen Apokalyptik wieder und steht noch bevor, wie auch ein Rückblick in 43,22-28 deutlich macht.

Es ist naheliegend für 43,27.28 noch eine tiefere Überlegung mit einzubeziehen: *Dein erster Vater hat gesündigt und deine Mittler sind von mir abgefallen. Ich habe die Fürsten des Heiligtums entweiht und Jakob dem Bann und Israel den Schmähungen hingegeben.* Dieser mit Sündentilgung 43,25 eingeführte Abschnitt blickt ab 43,27 auch auf Personen, deren Identität in den Führungsebenen *Vater, Mittler und Fürsten* zu suchen sind. An Könige und Propheten zu denken liegt zwar nahe, doch ist *dein erster Vater* nicht Jakob? Hier ist von einer anderen Führungsebene die Rede: *Dein erster Vater hat gesündigt* meint einen Engel, der sündigte. *Deine Mittler sind von mir abgefallen* meint die Engel, die ihre Wohnstätte verließen. Das hatte zur Folge, dass *die Fürsten des Heiligtums entweiht* wurden, d. h. sie ihre Aufgaben vor Gott nicht mehr verrichten konnten. Natürlich kann beim Letzteren auch an Israels Heiligtümer gedacht werden, da doch *Jakob dem Bann und Israel den Schmähungen hingegeben* ist, aber die Bedeutung für Israel *der mit Gott streitet* ist hier vorzuziehen. Ein Zusammenhang *zum rechten* besteht in 43,26.

„Dieser Typ der Gerichtsrede unterscheidet sich von ... (41,1-4.21-29 43,8-13) ... dadurch, dass er seinen Sitz im Leben nicht in der Gerichtsverhandlung selbst hat, sondern in irgendeiner Situation, die ihr voraufgeht und in der eine der streitenden Parteien dazu aufruft, die strittige Sache doch durch ein Gericht entscheiden zu lassen."[201]

---

[201] BKAT XI 1 Karl Elliger: *Deuterojesaja 40,1-45,7*; 1978, Seite 366

Der Einbezug der unsichtbaren Mächte ist gewollt und der Heilung in 44,1-5 vorangestellt, wo es um Identitäten geht! In 44,1 spricht Gott Jakob und Israel als sein Knecht und Erwählter an, gilt aber als später hinzugefügt. In 44,2 begründet JHWH seine Hilfe darin, dass er *dich gemacht hat und vom Mutterleib an bildete.* Mehr als Anwalt suggeriert er *Fürchte dich nicht, mein Knecht Jakob, und du Jeschurun.* Was es mit Jeschurun auf sich hat, ist noch nicht klar. Der Name Jeschurun wird in Dtr 32,15 für Jakob (32,9) als jemand gebraucht, der gut ernährt wurde, aber später ausschlug. Der Krieg um Sichem (in Jub) und der schlechte Ruf von Hsia-Jie in China könnten ihn als *der erste Vater* in 43,27 qualifizieren. Doch ist hier an einer übergeordneten Führungsebene festzuhalten, denn in 44,3 werden Fehler korrigiert, die nicht auf diesen Jakob zurückgehen (Hen 64). *Bäche auf das Trockene* sind eine Rehabilitierung (Hen 4) so auch Geist auf Samen (Hen 39,1.2). Der 44,5 unterscheidet zwischen dem Sprach- und dem Schriftbekenntnis, was auf zwei Personengruppen blicken lässt, die sich als JHWH-Anhänger zu Jakob oder zu Israel zählen!

Jes 44
1 [Und jetzt höre, Jakob, mein Knecht, und du, Israel, den ich erwählt habe.]
2 So spricht JHWH, der dich gemacht hat und vom Mutterleib an bildete, der dir hilft. Fürchte dich nicht, mein Knecht Jakob, und Jeschurun, den ich erwählte.
3 Denn ich werde Wasser auf das Durstige gießen, Bäche auf das Trockene. Ich werde meinen Geist ausgießen auf deinen Samen, und meinen Segen auf deine Nachkommen.
4 Sie werden sprossen zwischen dem Gras wie Weiden an Wasserbächen.
5 Dieser wird sagen: Ich bin JHWHs, und wird sich nach Jakobs Namen nennen und jener wird mit seiner Hand schreiben: Ich bin JHWHs, und wird sich mit Israels Namen benennen.

Ich halte dafür, dass sich hinter diesen beiden Formen der Bekenntnisse zum gleichen Gott unterschiedliche Identitäten verborgen halten, die jeweils gemäß ihrem Zugangsweg und ihrem daraus resultierenden Wissen (den Namen aussprechen oder in die Hand schreiben) handeln werden.

Vom nächsten Abschnitt 44,6-20 wurden die Götzenhersteller (und Götzenherstellung) in 44,9-11.(12-20) der unterlassenen Opferkulthandlung in 43,22-24 bereits gegenübergestellt. Nun hat 44,6-8 in 44,6b eine Schnittstelle zur Gerichtsrede in 41,1-4[5-7] in 41,4b. Die Fortsetzung 41,5-7 gehört noch zum Abschnitt, stammt aber von späterer Hand. Vielleicht ist 41,6-7 (in einer früheren Gegenüberstellung) von der Fortsetzung in 44,9-20 inspiriert worden.

Der Abschnitt eröffnet in 44,6, indem sich JHWH als König von Israel vorstellt und als sein Erlöser, obwohl dieses Israel als Königreich gerade zu existieren aufgehört hatte und deren Bürger deportiert wurden. Dieser anscheinende Widerspruch schließt mit der Aussage: *Ich bin der Erste und bin der Letzte, und außer mir ist kein Gott.*

Selbst wenn das verbliebene Juda als Zufluchtsort für viele Israeliten aus dem Norden jetzt als Israel angesprochen worden wäre, wäre damit nicht beantwortet, wie Gott als *der Erste* und *der Letzte* hier als *einziger Gott* wirksam sein kann? Diese Beschreibung impliziert eine zeitliche Spanne, die kein anderer *außer Gott* überwinden kann!

Die Erlösung Israels ist danach ein Langzeitprojekt das *der Erste* als er Israel *vom Mutterleib an bildete, der dir hilft* 44,2 in Angriff nahm, der eine Bewahrung Israels in der Fremde bewirkt, um als *der Letzte* seinem *Knecht Jakob* das Land zu geben, sodass er sich auch zurzeit dieses Wortes als *König von Israel* bezeichnen konnte!

44,7 *Und wer ist wie ich? Er trete vor und rede und tue es kund und lege mir`s da. Wer hat von jeher das Kommende hören lassen? Und was eintreten wird, mögen sie uns kundtun.* – Karl Elliger

Die Frage lautet: *Wer hat es gewirkt und getan?* Die Antwort in 41,4 setzt den zeitlichen Rahmen sogar noch weiter! *Der die Geschlechter ruft seit Anbeginn.* Der Abschluss dieses Gerichtwortes: *Ich, JHWH, bin der Erste, und bei den Letzten bin ich derselbe* umspannt die gesamte Zeit der sich fortpflanzenden Menschheit! Dabei tritt auch sein kommunikatives Wesen ins Zentrum: *Er ruft seit Anbeginn!*

Wenn demnach in 41,1 *Inseln* (d. h. ferne Völker) sich *still Gott zuwenden* und so ihre *Kraft erneuern* und herangehen, um *vor Gericht* zu treten *um zu reden* kann dieses nur *am Ende* bzw. *beim Letzten* stattfinden! Hier wird bereits vom Letzten Gericht gesprochen. Im Rückblick 41,2-3 wird gefragt: *Wer hat erweckt vom Aufgang …?* Der Aufgang der Sonne wird im Osten beobachtet, von wo aus bildlich gesprochen auch die Zeit kommt, die für die Könige vom Sonnenaufgang (Apk 7,2-3; 16,12) bestimmt ist. 44,8 Es kommt nichts unerwartet, weil er es *schon länger hören lassen und dir verkündigt* hat. Deshalb sollte sie nicht erschrecken. Sie sind seine *Zeugen.* Die Frage *gibt es einen Gott außer mir?* beantwortet er mit: *Es gibt kein Fels außer mir, ich kenne keinen.* Das *nicht erschrecken und zittern* seiner Zeugen steht in 44,11 dem *erschrecken und beschämt werden* der Götzenbildner gegenüber (s. o.).

Jes 44	Jes 41
	1 Wendet euch still zu mir, ihr Inseln, ihr Völker erneuert eure Kraft. Sie sollen herangehen, dann mögen sie reden. Lasst uns zusammen vor Gericht treten! **2** Wer hat erweckt vom Aufgang, dem Gerechtigkeit auf Schritt und Tritt begegnet? Er legt die Völker vor sich hin und legt Könige sich zu Füßen, macht sie wie Staub vor seinem Schwert, wie verwehte Stoppeln vor seinem Bogen. **3** Er verfolgte sie, geht in Frieden einen Weg, den er mit seinen Füßen nie gegangen war.
6 So spricht JHWH, der König Israels und sein Erlöser, JHWH der Heerscharen: Ich bin der Erste und bin der Letzte, und außer mir ist kein Gott. **7** Wer ist wie ich, so verkünde er es und lege es mir vor! Von wo an ich das Volk der Urzeit eingesetzt habe mögen sie die weiter Entwicklung, die da kommen wird, verkünden! **8** Erschreckt nicht und zittert nicht! Habe ich es dich nicht schon länger hören lassen und dir verkündet? Ihr seid meine Zeugen. Gibt es einen Gott außer mir? Es gibt kein Fels außer mir, ich kenne keinen.	**4** Wer hat es gewirkt und getan? Der die Geschlechter ruft seit Anbeginn. Ich, JHWH, bin der Erste, und bei den Letzten bin ich derselbe. (vgl. V. 23)
(vgl. V. 9-20, siehe oben)	**5** [Die Inseln sahen es und fürchteten sich, es erbebten die Enden der Erde. sie traten an und kamen herbei.] **6** [Einer helfen sie dem anderen und sprechen seinem Bruder mutig zu. **7** Der Künstler ermutigte den Schmelzer, der mit dem Hammer glättet ermutigte den, der auf den Amboss schlägt, und sprach von der Haftung: sie ist gut! und er befestigte es mit Nägeln, dass es nicht wankt.]

Das *Volk der Urzeit* in 44,7 ist mit den *Geschlechtern seit Anbeginn* in 41,4 identisch und stellt bis heute die gesamte Menschheit in den Raum. 44,8 Gott ruft durch seine Zeugen seit langem. Dem folgt der oben in einen Vergleich gesetzte Teil 44,9-20, wo die Götzenbildner (ausführlich) und die Sinnlosigkeit ihrer Taten behandelt werden. Der Absatz 44,21-23 wurde in einer Gegenüberstellung mit 43,22-24a bereits behandelt und der Teilabsatz 44,24.25 ist für eine Kritik an wissenschaftlichen und religiösen Blickwinkeln genutzt worden.

Die Kyros-Abschnitte in Jesaja 44,24-45,7

Mit den Abschnitten 44,24-28; 45,1-7 verbinden Bibelforscher und Freunde von prophetischen Voraussagen den ultimativen Beweis, dass Gott die Geschicke in der Welt zugunsten seines Volkes lenkt, weil eine geschichtliche Größe wie Kyros lange im Voraus mit Namen genannt wurde und weil seine Eroberung Babylons und seine Versprechungen Judäern Hoffnung boten (2Chr 36,22.23; Esr 1,1-4).

Die kritische Methode erkennt zwar die Spuren einer Einfügung von Kyros in den ursprünglichen Text, verhält sich aber an dieser Stelle zurückhaltend. Sie behaupten eine späte Niederschrift durch einen zweiten Jesaja und erklären, er habe Kyros Eroberung von Babylon bereits vermuten können.

Diese sehr unterschiedlichen Sichtweisen haben eigentlich nur eines gemeinsam. Sie benötigen Kyros, um ihre Standpunkte zu halten. Die sehr weitreichenden Konsequenzen verspüren wir gegenwärtig. Im fundamentalistischen Lager instrumentalisierte man sogar Antichristen (=Antipolitiker) wir Donald Trump als Befreier gleich Kyros, ein Mythos! In der kritischen Liga wird jede Einflussnahme Gottes ausgeschaltet und aus vermeintlichen Offenbarungswissen eine Art Geschichtsschreibung kreiert. Deshalb ist die Spätdatierung wichtig.

Diese beiden Standpunkte sind Extreme, die in Wirklichkeit um eine Weltherrschaft (mit Gott oder mit der Vernunft) *für sich als Vertreter* werben und haben so als Zeugen für Gott keinen Wert!

Wissenschaft und Religion (auch die Wiedererweckte) gehören nicht getrennt. Unzählige Beobachtungen am Text gehören ebenso wenig ignoriert wie einer Geisteserfahrung widersprochen werden kann. Nur sind beide Lager *wegen ihrer Inanspruchnahme* mehr oder weniger erstarrt, was eine Kompatibilität erschwert oder ausschließt. Wahrheitssucher können sich nicht uneingeschränkt auf diese oder jene Seite stützen, zumal noch weitere Kräfte ihre Finger mit im Spiel haben.

Empfohlen wird vorliegend die weithin abgelehnte Methode des GK in Jes 42,1-4, weil der mit einem „seht, das ist mein Knecht, den ich Stütze" eingeführte Akteur mit „Geist ... Völkern das Recht erklärt." Ohne öffentlich aufzutreten (vgl. Mat 24,4f.23f*par*) verschafft er bereits verworfenen Maßstäben und Lichtquellen neue Geltung.

Seine Motivation, „das Recht zu begründen" kommt dem größten Bedürfnis unserer Zeit nach, und wird von den „Inseln" (fernen Völkern) entsprechend begrüßt werden. Er zündelt keinen nationalpolitisch instrumentalisierbaren Sprengstoff, bringt aber das allgemein verworfene apokalyptische Gut wieder ins Spiel.

Bei der Untersuchung der beiden Abschnitte mit dem Namen Kyros sind die Fragen einfach: 1) Ist in 44,24 Kyros angesprochen, müsste das bereits ab 44,2 greifen, wo aber *mein Knecht Jakob* erwählt ist. 2) Wenn Kyros in 44,28 schon immer mit Namen genannt wurde, müssten sich dieser Umstand bei deren Erfüllung im Schriftgut der Rückkehrer niedergeschlagen haben? Dort ist aber einschlägig nur vom Wort an Jeremia die Rede (2Chr 36,22; Esr 1,1; 1Esdr 2,1; Dan 9,2). Umgekehrt erscheint das Kyros Edikt in 44,28 eingetragen.

Jes 44	Jes 44
2 So spricht JHWH, der dich gemacht hat und vom Mutterleib an bildete, der dir hilft. Fürchte dich nicht, mein Knecht Jakob, und Jeschurun, den ich erwählte.	**24** So spricht JHWH, dein Erlöser und der von Mutterleibe an dich gebildet hat: Ich, JHWH, bin es, der alles wirkt, der die Himmel ausspannte, ich allein, die Erde ausbreitete durch mich selbst, **25** der die Wunderzeichen der Lügner vereitelt und die Wahrsager zu Narren macht, der die Weisen zurückdrängt und ihr Wissen zur Torheit macht.
2Chr 36 **22** … damit sich JHWHs durch Jeremia gesprochene Wort erfülle … **23** … Volk … ziehe hinauf	**26** [Der das Wort seines Knechtes bestätigt und den Bescheid seiner Boten vollführt, der von Jerusalem spricht: Es soll bewohnt werden! und von den Städten Judas: Sie sollen aufgebaut werden, und ich will seine Trümmer wieder aufrichten!] **27** der zum Abgrund spricht: Versiege, und ich will deine Ströme austrocknen!
23 Das sagt Kyros, König von Persien: Alle Reiche der Erde hat JHWH, der Gott der Himmel, mir gegeben, und er beauftragt mich ihm ein Haus in Jerusalem in Juda zu bauen …	**28** [Der von Kyros spricht: Mein Hirt, und der all mein Wohlgefallen vollführt, indem er von Jerusalem sprechen wird: Es werde aufgebaut! und vom Tempel: Er werde gegründet!]

In 44,26 kommen Stoffe der Verkündigung Jeremias ins Spiel, auch wenn er hier verständlicherweise nicht mit Namen eingetragen ist. Diese Erklärung kam mit dem Kyros Edikt mit Dopplungen hinzu. Die abschließende Botschaft in 44,27 konnte auf Kyros Umleitung des Euphrats umgedeutet werden, und wurde deshalb mit einem Rahmenwerk über die Verkündigung Jeremias und Kyros versehen!

In 44,27 werden „die der Herstellung Israels entgegenstehenden Hindernisse durch sein Allmachtwort vernichtet. Das Bild hergenommen von dem Wunder am Schilfmeer (43,16; 51,20), ist wie 42,15; 50,2 zu beurteilen, und wohl nach 11,15; Zach 10,11 zu verstehen. … Nur wird man aufhören müssen, eine Prädiction auf die Ableitung des Eufrat durch Cyrus hier finden zu wollen."[202]

In Esr 1,1-4 bestehen die gleichen Parallelen zu Jes 44,26.28 mit Hinweisen zur Besiedlung Jerusalems. In Esr 6,3 legt eine Urkunde den umbauten Raum, die Mauerstärken und Materiealien festgelegt.

Jes 44	Jes 44
2 So spricht JHWH, der dich gemacht hat und vom Mutterleib an bildete, der dir hilft. Fürchte dich nicht, mein Knecht Jakob, und Jeschurun, den ich erwählte.	**24** So spricht JHWH, dein Erlöser und der von Mutterleibe an dich gebildet hat: Ich, JHWH, bin es, der alles wirkt, der die Himmel ausspannte, ich allein, die Erde ausbreitete durch mich selbst, **25** der die Wunderzeichen der Lügner vereitelt und die Wahrsager zu Narren macht, der die Weisen zurückdrängt und ihr Wissen zur Torheit macht.
Esr 1 **1** … damit sich das Wort JHWHs durch Jeremia erfüllt … **3** … Volk … ziehe … nach Jerusalem	**26** [Der das Wort seines Knechtes bestätigt und den Bescheid seiner Boten vollführt, der von Jerusalem spricht: Es soll bewohnt werden! und von den Städten Judas: Sie sollen aufgebaut werden, und ich will seine Trümmer wieder aufrichten!] **27** der zum Abgrund spricht: Versiege, und ich will deine Ströme austrocknen!
2 Das sagt Kyros, König von Persien: Alle Reiche der Erde hat JHWH, der Gott der Himmel, mir gegeben, und er beauftragt mich, ihm ein Haus in Jerusalem in Juda zu bauen … **Esr 6** **3** … seine Fundamente werden gelegt für 60 Ellen Höhe und 60 Ellen Breite **4** mit drei Schichten Wälzsteinen und einer Holzschicht …	**28** [Der von Kyros spricht: Mein Hirt, und der all mein Wohlgefallen vollführt, indem er von Jerusalem sprechen wird: Es werde aufgebaut! und vom Tempel: Er werde gegründet!]

Eine Einfügung, in der Gott *den Bescheid seiner Boten vollführt* ist nach Dan 9,2 *durch die Bücher die Zahl der Jahre, über die das Wort JHWHs an Jeremia, den Propheten erging, um die Verwüstung Jerusalems zu erfüllen,* nach *70 Jahren* zu vermuten (Jer 25,12; 29,10).

---

[202] August Dillmann: *Der Prophet Jesaja*; 1890; Seite 407

Die Wunderzeichen in 44,25a gefolgt von dem Abgrund, der versiegt 44,27 hatte ein Redaktor nach der Wende 539 gebraucht, um die Jeremia Weissagung durch das Geschehen um Kyros zu bereichern. Er hat seine Sicht der Erfüllung von Wunderzeichen mit Strömen, die austrocknen, eingetragen, obwohl es dafür nicht geeignet war!

Der nächste Abschnitt 45,1-7 setzt die Thematik um Kyros in einem komplizierten Eintrag fort. Eigentlich ist dort von einer Einsetzung die Rede wie im 4. GKL in Jes 52,13-15. Die Gegenüberstellung mit Hen 46 ist aus diesem Grund ebenso angemessen. Um der vorgefertigten Auslegung des Redaktors und vielleicht auch unserer eigenen Begeisterung für Geschichte zu entkommen, stellen wir die Einsetzung in Henoch und den bekannten Paralleltext aus Daniel voran!

Dan 7	Hen 46
9 … der Alte an Tagen sich setzte. Seine Kleider waren schneeweiß und sein Kopfhaar war wie reine Wolle … **13** … Mit den Wolken des Himmels kommt eines Menschen gleich – er kommt und wird vor dem Alten an Tagen gebracht.	**1** Und ich sah dort einen, der ein Haupt der Tage hatte, und sein Haupt war so weiß wie Wolle, und bei ihm war ein anderer, dessen Gestalt wie ein Mensch aussah, und sein Angesicht war voller Güte wie das von einem heiligen Engel. **2** Und ich fragte den Engel, der mit mir ging und mir all das Verborgene zeigte, nach jenem Menschensohn, wer er sei, woher er stamme und weshalb er zu dem Haupt der Tage ging. **3** Er antwortete und sprach zu mir: „Dies ist der Menschensohn, der die Gerechtigkeit hat und bei dem die Gerechtigkeit wohnt, der alle Schätze des Verborgenen offenbart, denn der Herr der Geister hat ihn erwählt, und sein Los ist unübertrefflich durch die Gerechtigkeit vor dem Herrn der Geister.
14 Ihm wird Herrschaft, Würde und Königtum über alle Völker, Völkerschaften und Sprachen gegeben. Seine Herrschaft ist dauerhaft für immer, sein Königtum unzerstörbar. **11** Zu dieser Zeit sah ich wegen der schallenden großen Töne, die das Horn redet mit, bis das Tier getötet und sein Leib vernichtet wird – zum brennenden Feuer hin.	**4** Dieser Menschensohn, den du gesehen hast, wird die Könige und die Mächtigen aus ihren Ruhepositionen aufschrecken und die Starken von ihren Thronen – er wird die Zügel der Mächtigen lösen und die Zähne der Sünder zerschlagen.
12 Den übrigen Tieren wird gerade die Herrschaft entzogen, aber eine Verlängerung des Lebens für eine Zeit und einen Zeitabschnitt eingeräumt.	**5** Er wird die Könige von ihren Thronen und aus ihren Reichen verstoßen, weil sie ihn weder erhöhen noch ihn preisen, noch demütig anerkennen, woher sie das Reich empfangen haben.

Natürlich kann uns bei dieser Einsetzung beinahe das Gleiche passieren, wie oben. Obwohl dort Jesus nicht genannt wird, erzeugen theologische Vorstellung u. U. einen bestimmten Blick auf diese Einsetzung. Wären wir selbst in der Antike mit solch einem Dokument konfrontiert worden, hätten wir vielleicht und in guter Absicht eine erklärende Randbemerkung geschrieben oder gar den Namen Jesus für die Weitergabe eingefügt, wo er unserer Meinung nach auch hingehört. Nur kennt die Einsetzungsvision keinen Namen! Eine Randbemerkung kann vom nächsten Abschreiber als Korrektur aufgefasst und in den Text gestellt worden sein. So können wir uns besser in die Situation einfühlen, unter der ein von Jesaja aufgeschriebener Text über eine Einsetzung durch ein geschichtliches Ereignis weitergeformt wurde.

1) Ein Haupt der Tage/der Alte an Tagen setzt jemanden ein

2) Eingesetzt wird eines Menschen gleich/Gestalt wie ein Mensch

3) Der Ort der Einsetzung ist im Himmel

4) Der Machtbereich umfasst alle Völker der Erde

5) Vorherige Herrschergebilde werden vernichtet oder entmachtet[203]

6) In der Vision wird kein Name des Menschensohnes mitgeteilt

Die Bilderreden im Buch Henoch sprechen von der Ernennung eines *Erwählten* (Hen 45,3) *Menschensohnes* (Hen 46,2f; 48,2f; 69,26f). *Er wird das Licht der Völker und die Hoffnung derer sein, die in ihrem Herzen betrübt sind* (Hen 48,4b). *Vorher war der Menschensohn verborgen gewesen, und der Höchste hat ihn angesichts seiner Macht bewahrt und ihn den Auserwählten offenbart* (Hen 62,7).

> **Hen 69,26** Und es herrschte unter ihnen große Freude, sie loben, preisen und erheben, weil der Name jenes Menschensohnes offenbart worden war. **27** Und er setzte sich auf seinen Thron der Herrlichkeit, und das gesamte Gericht wurde dem Menschensohn übergeben und er lässt die Sünder und die Weltverführer verschwinden und vertilgen vom Angesicht der Erde. **28** In Ketten werden sie gelegt, an ihrem Versammlungsort der Vernichtung eingeschlossen und ihr ganzes Werk wird vom Angesicht der Erde verschwinden. **29** Von nun an wird nichts Verdorbenes mehr da sein, denn der Menschensohn ist erschienen und hat sich auf seinen Thron der Herrlichkeit gesetzt. Alles Böse wird vor seinem Angesicht verschwinden und vergehen, und sie werden zu jenem Menschensohn sprechen, und er wird mächtig sein vor dem Herrn der Geister. Dies ist die dritte Bilderrede Henochs.

---

[203] Siehe oben: Alter und Ziel des 4. Gottesknechtsliedes

Die Einsetzung in Jes 45 nennt den Namen des Gesalbten 45,1 und begründet, warum er beim Namen gerufen wurde 45,3, dass er einen Ehrennamen bekommen würde 45,4 und dass, obwohl er Gott nicht kennen würde 45,5, d. h. keiner von Jakob/Israel wäre.

Jes 45	Hen 46
1 So spricht JHWH	**1** Und ich sah dort einen, der ein Haupt der Tage hatte, ... und bei ihm war ein anderer, dessen Gestalt wie ein Mensch aussah ... sein Angesicht war voller Güte **2** Ich fragte ... nach jenem ... wer er sei, woher er stamme und weshalb er zu dem Haupt der Tage ging?
(vgl. unten, V. 3)	**3** „Dies ist der Menschensohn, der die Gerechtigkeit hat und bei dem die Gerechtigkeit wohnt, der alle Schätze des Verborgenen offenbart, denn der Herr der Geister hat ihn erwählt, und sein Los ist unübertrefflich durch die Gerechtigkeit vor dem Herrn der Geister.
zu seinem Gesalbten, [zu Kyros], dessen Rechte ich ergriffen habe,	
um Nationen vor ihm niederzuwerfen, und damit ich die Lendengürtel der Könige öffne, um Türen vor ihm aufzutun, und damit Tore nicht verschlossen bleiben.	**4** Dieser ... wird die Könige und die Mächtigen aus ihren Ruhepositionen aufschrecken und die Starken von ihren Thronen
2 Ich, ich werde vor dir herziehen und die Ringmauern ebenen, eherne Türen werde ich zerbrechen und eiserne Riegel zerschlagen,	er wird die Zügel der Mächtigen lösen und die Zähne der Sünder zerschlagen.
3 und ich werde dir verborgene Schätze und versteckte Reichtümer geben, damit du erkennst, dass ich JHWH bin, der dich bei deinem Namen gerufen hat, der Gott Israels. **4** Um Jakobs, meines Knechtes und Israels, meines Auserwählten, willen rief ich dich bei deinem Namen, ich gebe dir einen Ehrennamen, ohne dass du mich erkannt hast.	(vgl. oben, V. 3)

(siehe oben, V. 1-3) |
| **5** Ich bin JHWH, und sonst ist keiner, außer mir ist kein Gott. Ich gürtete dich, und du kanntest mich nicht. **6** Damit man vom Aufgang der Sonne und von ihrem Niedergang her erkennt, dass außer mir gar keiner ist. Ich bin JHWH, und sonst ist keiner! | **6** ... denn sie haben den Namen des Herrn der Geister nicht erhöht. |
| **7** Der das Licht bildet und die Finsternis schafft, den Frieden macht und das Unglück schafft, ich, JHWH, bin es, der dieses alles wirkt. | **7** Diese sind es, die die Sterne des Himmels meistern, und ihre Hand gegen den Höchsten emporrecken und die Erde niedertreten und darauf wohnen." |

Der Name *JHWH* und *ein Haupt der Tage* stehen gegenüber. Er hat einen *Gesalbten* – einen *Menschensohn* erwählt. Ob *dessen Rechte* auch „zur Rechten" als Ort, wie gegenüber *bei ihm war ein anderer* aufgefasst werden kann, bleibt ungewiss. *Ergriffen haben – sein Los*. Gott *spricht* – ein Engel *spricht* (ab 46,3).

45,1 *Die Lendengürtel der Könige öffnen. Die Türen brechen/Riegel zerschlagen* – 46,4 *die Zügel der Mächtigen lösen. die Zähne der Sünder zerschlagen.* 45,3 *Verborgene Schätze geben. Damit du (mich) erkennst, dass ich JHWH bin* – 46,3 *alle Schätze des Verborgenen offenbaren. Denn der Herr der Geister hat ihn erwählt.* 45,5 *Ich bin JHWH, und sonst keiner. Ich gürte dich* – 46,5a.6b *denn sie haben den Namen des Herrn der Geister nicht erhöht. Sein Los ist unübertrefflich.* 45,7 *Der das Licht bildet* – *die Sterne des Himmels.*

Beide Einsetzungen haben viel gemeinsam. Gute Gründe sprechen dafür, dass es sich nicht um eine gewöhnliche Einsetzung handelt. Der Zweck: *Damit man vom Aufgang der Sonne und von ihrem Niedergang her erkennt, dass außer mir gar keiner ist. Ich bin JHWH, und sonst niemand!* ist dafür zu umfassend. Die Dimension *Licht und Finsternis – Sterne des Himmels* steht für ein universales Ereignis, mit dem ein Widerstand vollständig gebrochen werden soll!

Stellen wir ein gemeinsames Ereignis fest, ist die Frage berechtigt, wie gewisse Abweichungen, wie der Name Kyros, zu bewerten sind?

1) Der Name: *Kyros*, im Gegensatz zum: *woher? … Menschensohn!* Er wurde *bei seinem Namen gerufen* (45,3b.4a) und wird Empfänger von *einem Ehrennamen* (45,4b), hier wieder unbekannt!

2) Geschichtswissen: 45,1 *um Türen vor ihm aufzutun und damit Tore nicht verschlossen werden*, im Gegensatz zu 45,2 *Ich werde vor dir herziehen und die Ringmauern ebenen, eherne Türen werde ich zerbrechen und eiserne Riegel zerschlagen.*

3) Begehrenswertes: *verborgene Schätze … versteckte Reichtümer* sind materiell aufzufassen, im Gegensatz: *der die Gerechtigkeit hat und bei dem die Gerechtigkeit wohnt, der alle Schätze des Verborgenen offenbart.* Hier sind die Schätze geistiger Natur und werden durch ihn offenbart, d. h. sichtbar gemacht.

4) Kompetenzen: Passt Kyros zu: 44,24 *der die Himmel ausspannte, ich allein, die Erde ausbreitete durch mich selbst* 44,27 *der zum Abgrund spricht: Versiege, und ich will deine Ströme austrocknen!*

Hen 46	Jes 45
1 Und ich sah dort einen, der ein Haupt der Tage hatte, und sein Haupt war so weiß wie Wolle, und bei ihm war ein anderer, dessen Gestalt wie ein Mensch aussah, und sein Angesicht war voller Güte wie das von einem heiligen Engel. **2** Und ich fragte den Engel, der mit mir ging und mir all das Verborgene zeigte, nach jenem Menschensohn, wer er sei, woher er stamme und weshalb er zu dem Haupt der Tage ging. **3** Er antwortete und sprach zu mir: „Dies ist der Menschensohn, der die Gerechtigkeit hat und bei dem die Gerechtigkeit wohnt, der alle Schätze des Verborgenen offenbart, denn der Herr der Geister hat ihn erwählt, und sein Los ist unübertrefflich durch die Gerechtigkeit vor dem Herrn der Geister. **4** Dieser Menschensohn, den du gesehen hast, wird die Könige und die Mächtigen aus ihren Ruhepositionen aufschrecken und die Starken von ihren Thronen – er wird die Zügel der Mächtigen lösen und die Zähne der Sünder zerschlagen. **5** Er wird die Könige von ihren Thronen und aus ihren Reichen verstoßen, weil sie ihn weder erhöhen noch ihn preisen, noch demütig anerkennen, woher sie das Reich empfangen haben. **6** Und das Angesicht der Mächtigen wird verworfen und sie werden sich schämen – Finsternis wird ihre Wohnung und Würmer ihr Ruhelager – und sie können nicht hoffen, dass sie von ihrem Lager aufstehen werden, denn sie haben den Namen des Herrn der Geister nicht erhöht. **7** Diese sind es, die die Sterne des Himmels meistern, und ihre Hand gegen den Höchsten emporrecken und die Erde niedertreten und darauf wohnen. Alle ihre Werke offenbaren Ungerechtigkeit, und all ihre Werke sind Ungerechtigkeit. Ihre Macht stützt sich auf ihren Reichtum, und ihr Glaube gilt den mit ihren Händen gemachten Göttern, und sie verleugnen den Herrn der Geister."	**1** So spricht JHWH **3** und ich werde dir verborgene Schätze und versteckte Reichtümer geben, **1** … zu seinem Gesalbten, zu Kyros, dessen Rechte ich ergriffen habe, um Nationen vor ihm niederzuwerfen, und damit ich die Lendengürtel der Könige öffne, um Türen vor ihm aufzutun, und damit Tore nicht verschlossen bleiben. **2** Ich, ich werde vor dir herziehen und die Ringmauern ebenen, eherne Türen werde ich zerbrechen und eiserne Riegel zerschlagen, damit du erkennst, dass ich JHWH bin, der dich bei deinem Namen gerufen hat, der Gott Israels. **4** Um Jakobs, meines Knechtes, und Israels, meines Auserwählten willen rief ich dich bei deinem Namen, ich gebe dir einen Ehrennamen, ohne dass du mich erkannt hast. **5** Ich bin JHWH, und sonst ist keiner, außer mir ist kein Gott. Ich gürtete dich, und du kanntest mich nicht. **6** Damit man vom Aufgang der Sonne und von ihrem Niedergang her erkennt, dass außer mir gar keiner ist. Ich bin JHWH, und sonst niemand! **7** Der das Licht bildet und die Finsternis schafft, den Frieden macht und das Unglück schafft, ich, JHWH, bin es, der dieses alles wirkt.

Von der Bilderrede in Henoch 46,1-7 aus betrachtet verteilt sich Jesaja 45,1-7 mit nur einer Umstellung recht gleichmäßig. Die nach 1) bis 4) relevanten Abweichungen sind rot eingetragenen.

Die Gegenüberstellung des 4. GKL mit Hen 46 lässt die bereits nach dem Machtwechsel 539 erstellte Auslegung auf Kyros als ein Konkurrenzmodell zur Einsetzung des leidenden GK erscheinen:

Jes 52	Hen 46
	1 Und ich sah dort einen, der ein Haupt der Tage hatte, und sein Haupt war so weiß wie Wolle, und bei ihm war ein anderer, dessen Gestalt wie ein Mensch aussah, und sein Angesicht war voller
(vgl. unten, V. 13)	Güte wie das von einem heiligen Engel. **2** Und ich fragte den Engel, der mit mir ging und mir all das Verborgene zeigte, nach jenem Menschensohn, wer er sei, woher er stamme und weshalb er zu dem Haupt der Tage ging. **3** Er antwortete und sprach zu mir: „Dies ist der Menschensohn, der die Gerechtigkeit
13 siehe, mein Knecht wird einsichtig handeln. Er wird erhoben und erhöht und sehr groß sein.	hat und bei dem die Gerechtigkeit wohnt, der alle Schätze des Verborgenen offenbart, denn der Herr der Geister hat ihn erwählt, und sein Los ist unübertrefflich durch die Gerechtigkeit vor dem Herrn der Geister.
14 Gleichwie sich Große über ihn entsetzten, so war sein Aussehen gestört mehr als bei anderen, und seine Gestalt mehr als bei Menschen sonst.	
15 Ebenso wird er große Völker in Staunen versetzen und Könige werden seinetwegen verstummen. Denn sie werden sehen, was ihnen nicht mitgeteilt worden war, und was sie nicht gehört hatten, werden sie wahrnehmen.	**4** Dieser Menschensohn, den du gesehen hast, wird die Könige und die Mächtigen aus ihren Ruhepositionen aufschrecken und die Starken von ihren Thronen – er wird die Zügel der Mächtigen lösen und die Zähne der Sünder zerschlagen. **5** Er wird die Könige von ihren Thronen und aus ihren Reichen verstoßen, weil sie ihn weder erhöhen noch ihn preisen, noch demütig anerkennen, woher sie das Reich empfangen haben.

Dieser GK besitzt Einsicht und offenbart alle Schätze des Verborgenen, beeindruckt große Völker und lässt Machthaber verstummen. Die geistige Qualität zeigt sich in der verbesserten Wahrnehmung.

Kehren wir nun zurück zu Jes 45,1-7. Die Wirkungsgeschichte dieses Abschnitts haben wir oben bereits angerissen, doch jetzt steht die Fragen im Mittelpunkt, ob der historische Kyros die Erwartungen des Textes, in dem sein Name eingetragen wurde, denn auch erfüllt hat?

1) 45,1 Nationen niederwerfen
2) 45,1 Könige entmachten
3) 45,1 geöffnete Türen und nicht verschlossene Tore vorfinden
4) 45,3 verborgene Schätze und versteckte Reichtümer bekommen
5) 45,4 Nutzen für Jakob/Israel
6) 45,6 Weltweit wird JHWH als einziger Gott bekannt

1) Kyros wurde 539 Weltherrscher, womit die
2) Entmachtung oder auch Hinrichtung von Königen verbunden war.
3) Die Türen Babylons zur Flussseite standen offen, sodass Kyros Truppen vom Flussbett des umgeleiteten Euphrat aus ungehindert in die Stadt eindringen konnten.
4) Die Eroberungen Kyros waren mit der Erbeutung von Schätzen verbunden. Allerdings kam Kyros bei einer versuchten Tempelplünderung 530 ums Leben, was dem Versprechen in 45,3 widerspricht!
5) Das Edikt des Kyros und die vorgezählte Mittel für den Tempelbau für Jerusalem betrafen Juda, und nicht Jakob/Israel. Vom Nordreich ist keine Rückkehr bekannt. Kyros Edikt wurde erst nach dem Tod seines Sohnes und Mitregenten Kambyses (Esr 4,6) vom Perserkönig Darius in seinem 2. Jahr 520/519 umgesetzt (Esr 4,24-5,2).
6) Die Bekanntheit JHWH als einziger Gott als unmittelbare Folge einer Befreiung durch Kyros kann nicht bestätigt werden.

Wenn nun Kyros doch mehr ein Mann der Versprechungen war und ein Tempelbau nachweislich erst zurzeit Darius I. erlaubt wurde, stellt sich die Frage, was von dem Mythos eines neuzeitlichen Kyros als politische Größe denn noch so übrigbleibt?

Die Kyros Euphorie im Fundamentalismus ist eines der seltsamsten Erscheinungen heute und dem Nationalismus auffällig ähnlich.

Die Frage, wer denn nun in 45,1 gesalbt wurde, und was es mit dem Komplex 45,1-7 so auf sich hat, ist damit noch nicht beantwortet worden und deshalb Gegenstand des nächsten Absatzes.

Jesaja 45,1-7 und der Gottesknecht aus Jesaja 42,1-4

Setzten wir einen korrekten Umgang mit den beobachteten Einfügungen voraus, entfallen auch Argumente für eine Spätdatierung. Die Apokalyptik im Jesaja Buch kann sich ohne eine emotional belastete Anbindung an Kyros viel freier entfalten und wird den ungefärbten Worten JHWHs gerecht!

Der GK in 42,1-9 besitz grundlegend andere Charaktere wie Kyros, worauf zu Beginn aufmerksam gemacht wurde.[204] Ein GK-Anwärter der Zeit Kyros c/o Kambyses war Mordechai.[205] Christen sehen sich in der Tradition des GK.[206] Nun ist nach dem Kontext vorzugehen:

Der GK des 1. GKL in 42,1-9 ist eine Gestalt der Gegenwart.[207] Im anschließenden neuen Lied in 42,10-17 sind Geschehen der Neuzeit angesprochen und können als Fortsetzung gelesen werden. Auch die tauben und blinden Knechte in 42,18-25 müssen von einem *wer ist unter euch, der dies vernimmt. Wer hört aufmerksam für die Zukunft 42,23* geweckt werden. In 43,1-7 wird die Rückkehr Israels für 1948 zwischengeschaltet, jetzt keine Zukunft mehr! Der Auftrag an den GK von 42,1f wird gegenüber dem blinden Volk in 43,8-21 formuliert, das aus XXL-Babylon förmlich vertrieben werden muss! Mit 43,22-28 wird ein Rückblick der Probleme gehalten, der sich mit 44,6-25 parallel lesen lässt, Israel betrifft und mit einer eigenen Einführung in 44,1-5 und Schluss in 44,21-23 Engel mit einbezieht.

Erst mit dieser Aufstellung werden in Sachen Regierung 44,24.25 *die Wunderzeichen der Lügner* und *Wahrsager zu Narren* gemacht, *die Weisen zurückgedrängt und ihr Wissen zur Torheit gemacht.*

Genau an dieser Stelle schlägt nach Jeremias Rückkehrhinweis der erste Kyros-Beleg 44,28 ein, der noch leicht zu durchschauen ist. In 44,1 beansprucht im Text Kyros den 1. Platz, der dem GK zukommt. Die Streitfrage um die Einsetzung hat damit bereits begonnen, und wird sich auf allen Ebenen und vor vielen Betroffenen herausstellen.

Doch was hat es mit dem Abschnitt 45,1-7 nun auf sich?

---

[204] Siehe oben: Der Gottesknecht in Jes 42,1-9
[205] Siehe oben: Die Wirkung der Gottesknechtslieder vor der Zeitenwende
[206] Siehe oben: Die Wirkung der Gottesknechtslieder nach der Zeitenwende
[207] Siehe oben: Alter und Ziel des 1. Gottesknechtsliedes

Karl Elliger sagt „Es ist folgendes: 45,1-7 ist keine ursprüngliche Einheit, sondern wahrscheinlich eine redaktionelle Komposition, zu der wenigsten zwei Einheiten genutzt worden sind. Dabei scheint eine (A) vollständig erhalten zu sein, die andere (B), wenn sie überhaupt je eine geschlossene Einheit war verwendet zu sein."[208]

Die Verse von Einheit (B) ist in eckige Klammern gesetzt und in den Spalten Text A und Text B die Teile nach Karl Elliger eingetragen:

Jes 45	Text A	Text B
1 So spricht JHWH zu seinem Gesalbten,	Einleitung	
[zu Kyros, dessen Rechte ich ergriffen habe, um Nationen vor ihm niederzuwerfen, und damit ich die Lendengürtel der Könige öffne, um Türen vor ihm aufzutun, und damit Tore nicht verschlossen bleiben.]		Teil I
2 Ich, ich werde vor dir herziehen und die Ringmauern ebenen, eherne Türen werde ich zerbrechen und eiserne Riegel zerschlagen, damit du erkennst, dass ich JHWH bin, der dich bei deinem Namen gerufen hat, der Gott Israels.	Teil I	
3 und ich werde dir verborgene Schätze [und versteckte Reichtümer geben,]		Teil II
4 Um Jakobs, meines Knechtes, und Israels, meines Auserwählten willen rief ich dich bei deinem Namen, ich gebe dir einen Ehrennamen, ohne dass du mich erkannt hast.	Teil II	
5 [Ich bin JHWH, und sonst ist keiner, außer mir ist kein Gott. Ich gürtete dich, und du kanntest mich nicht.]		Abschluss Text B
6 Damit man vom Aufgang der Sonne und von ihrem Niedergang her erkennt, dass außer mir gar keiner ist. Ich bin JHWH, und sonst niemand!	Teil III	
7 Der das Licht bildet und die Finsternis schafft, den Frieden macht und das Unglück schafft, ich, JHWH, bin es, der dieses alles wirkt.		

[208] BKAT XI 1 Karl Elliger: *Deuterojesaja 40,1-45,7*; 1978, Seite 489

Die zuvor ermittelten relevanten Abweichungen sind farbig belassen worden, um einen leichten Vergleich zu ermöglichen.

Text A

Einleitung mit einer Botenspruchformel an seinen Gesalbten.

Teil I gibt „die Zusage der göttlichen Führung 2a mit ihren Folgen in Bezug auf die Niederwerfung des Gegners 2b 3a" an seinen Gesalbten.

Teil II weist auf den Zweck der Berufung hin: *um Jakobs, meines Knechtes, und Israels, meines Auserwählten willen rief ich dich bei deinem Namen.* Er bekommt einen Ehrennamen, *ohne dass du mich erkannt hast.*

Teil III nennt „die umfangreiche Aussage über den Zweck des göttlichen Handelns 6f, nämlich dass alle Welt zur Erkenntnis Jahwes kommt."

Die drei weiteren Textstücke in 7 sind nach dem Schema von A aufgebaut und könnten ebenfalls eine eigene Einheit gebildet haben.

Text B

Teil I „entspricht sachlich dem Teil I von A."

Teil II „was in A erst Teil III ist, jetzt nach dem großen Zusammenhang auch in die Anredeform gesetzt, die Aussage über den Zweck göttlichen Handelns 3b, das diesmal den Kyros persönlich zu der Erkenntnis bringen soll, dass nur Jahwe Gott ist 5a."[209]

5b scheint der formale Abschluss der Einheit B zu sein.

Schlussfolgerungen zu den relevanten Abweichungen 1) - 4)

Der Text B, Teil I drängt sich hinter die Einleitung von Text A. Die relevanten Abweichungen können auf dieser Basis erweitert werden. Da sich 2b und 4a nicht mehr auf den Text B mit Kyros beziehen, kann *der dich beim Namen ruft* als ursprünglich aufgefasst werden. Der Text B Teil II 3b hat sich vollumfänglich als Zusatz bestätigt. 5a ist wie 5b den relevanten Abweichungen zuzurechnen.

Der Text B kann in sich schon als ein eingeschobenes Konkurrenzmodell aufgefasst werden, das sich an der Einleitung Text A bedient!

---

[209] Ebda, Seite 489

Jes 45 A	Jes 45 B
1 So spricht JHWH zu seinem Gesalbten,	
	Teil I
Teil I	**1** … zu Kyros,
2 Ich, ich werde vor dir herziehen	dessen Rechte ich ergriffen habe,
	um Nationen vor ihm niederzuwerfen,
	und damit ich die Lendengürtel der Könige öffne,
und die Ringmauern ebenen,	
eherne Türen werde ich zerbrechen	um Türen vor ihm aufzutun, und damit
und eiserne Riegel zerschlagen,	Tore nicht verschlossen bleiben.
damit du erkennst, dass ich JHWH bin,	
der dich bei deinem Namen gerufen hat,	
der Gott Israels.	
	Teil II
3 und ich gebe dir verborgene Schätze	**3** … und versteckte Reichtümer geben
Teil II	
4 Um Jakobs, meines Knechtes, und Israels, meines Auserwählten willen rief ich dich bei deinem Namen, ich gebe dir einen Ehrennamen,	
	5 Ich bin JHWH, und sonst ist keiner, außer mir ist kein Gott. Ich gürtete dich,
ohne dass du mich erkannt hast.	und du kanntest mich nicht.
Teil III	
6 Damit man vom Aufgang der Sonne und von ihrem Niedergang her erkennt, dass außer mir gar keiner ist. Ich bin JHWH, und sonst niemand! **7** Der das Licht bildet und die Finsternis schafft, den Frieden macht und das Unglück schafft, ich, JHWH, bin es, der dieses alles wirkt.	(A Teil III, 6b entspricht B Teil II oben, V 5a)

JHWH will vor seinen Gesalbten unüberwindlich erscheinende Hindernisse beseitigen, woran der GK dessen Wirken erkennt. Er wurde bei seinem Namen gerufen, bevor ihm die verborgenen Schätze zugänglich wurden. Für Jakob/Israel rief Gott ihn beim Namen und gibt dem GK einen Ehrennahmen, ohne zu Jakob/Israel gehört zu haben!

Der GK-Anwärter im Text B präsentiert sich als von Gott berufener Welteroberer, dem die Türen geöffnet und die versteckten Reichtümer übergeben werden. Kyros Name fungiert als Türöffner für eine Auslegung vom Text A, eine Interpretation erfahrener Geschichte!

Um Gemeinsamkeiten und Unterschiede herauszustellen werden die Typen Jes 45 A/45 B getrennt mit dem GKL in Jes 42,1f verglichen:

Jes 42	Jes 45 A
1 Siehe, mein Knecht, den ich stütze, mein Auserwählter, an dem meine Seele Wohlgefallen hat: Ich habe meinen Geist auf ihn gelegt. Er wird das Recht den Nationen rausbringen.	**1** So spricht JHWH zu seinem Gesalbten,
2 Er wird nicht schreien und nicht erheben noch seine Stimme hören lassen auf der Straße. **3** Das geknickte Rohr wird er nicht zerbrechen und den glimmenden Docht wird er nicht auslöschen.	**2** Ich, ich werde vor dir herziehen und die Ringmauern ebenen, eherne Türen werde ich zerbrechen und eiserne Riegel zerschlagen, damit du erkennst, dass ich JHWH bin, der dich bei deinem Namen gerufen hat, der Gott Israels.
Er wird der Wahrheit gemäß das Recht hervorgehen lassen. **4** Er wird nicht verglimmen noch einknicken, bis er das Recht auf Erden gegründet hat. Auf seine Lehren warten die Inseln. **5** So spricht der Gott JHWH, der die Himmel schuf und sie ausspannte, der die Erde ausbreitete mit ihren Gewächsen, dem Volk darauf Odem gibt, und den Lebenshauch denen, die darauf wandeln:	**3** und ich gebe dir verborgene Schätze **6** Damit man vom Aufgang der Sonne und von ihrem Niedergang her erkennt, dass außer mir gar keiner ist. Ich bin JHWH, und sonst niemand! **7** Der das Licht bildet und die Finsternis schafft, den Frieden macht und das Unglück schafft, ich, JHWH, bin es, der dieses alles wirkt **4** Um Jakobs, meines Knechtes, und Israels, meines Auserwählten willen
6 Ich JHWH habe dich gerufen in Gerechtigkeit und ergriff dich bei der Hand und ich werde dich behüten und dich setzen zum Bund mit dem Volk, zum Licht der Nationen.	rief ich dich bei deinem Namen, ich gebe dir einen Ehrennamen, ohne dass du mich erkannt hast. .

A Gemeinsam sind 42,1 Auserwählter mit 45,1a Gesalbten. Die stille Revolution des GK für Wahrheit und Recht in 42,2-3 steht Gottes Handeln im Überwinden der Hindernisse gegenüber 45,2-3a. *Das Recht auf Erden gründen* 42,4 assoziiert mit dem *Aufgang der Sonne* 45,6. Der Himmel in 42,5 mit dem Licht in 45,7. *Ich habe die gerufen* 42,6 mit *ich rief dich bei deinem Namen* 45,4. **B** ergriffen 45,1b.

Jes 42	Jes 45 B
6 Ich JHWH habe dich gerufen in Gerechtigkeit und ergriff dich bei der Hand und ich werde dich behüten und dich setzen zum Bund mit dem Volk, zum Licht der Nationen.	**1** … zu Kyros, dessen Rechte ich ergriffen habe, um um Nationen vor ihm niederzuwerfen, und damit ich die Lendengürtel der Könige öffne,

Die Fortsetzung des 1. GKL in Jes 42,1-4 bestimmt die Auslegung von Jes 45,1-7, und zwar inclusive dem Text B über den GK-Anwärter. Die Kyros-Erfolgsstory führte zum Nachtrag (Text B) in Konkurrenz zum GK. Das damit ausgedrückte Vordrängen und Rekrutieren auf diese Position reflektiert einen Endzeitgegner, der sich als GK ausgibt! Auch der Text B ist ein apokalyptisches Werk, die Offenbarung einer kommenden Situation!

45,6 Der *Aufgang* und *Niedergang der Sonne* weist auf den Übergang von Zeiten hin, die miteinander in Beziehung stehen. Kyros Armee marschierte im Herbst 539 (nach 66 ½ Jahren babylonischer Vorherrschaft: Dan 5,25-28; Apk 13,18) in Babylon ein, 3 ½ Jahre vor dem *Aufgang* von 7 Sonnenzeiten im Frühjahr 535 (Dan 4,17.32). Entgegen den Erwartungen durch die Schriften wurde Babylon nicht zerstört sondern als Zentrum der Macht fortgeführt. Es brauchte einen außergewöhnlichen Krieg der Engel, um nach 21 Tagen/Jahren das abgefallene Geschlecht Kyros/Kambyses zu beseitigen und den Meder Darius I. zu bewegen, die versprochenen Tempelgeräte tatsächlich freizugeben (Dan 10,1.2.13.14; 11,1). Die Herrschaft des Kyros in Personalunion mit seinem Sohn Kambyses war für die im Exil befindlichen Juden eine Zeit schwerer Prüfung, wie ganz unterschiedliche Dokumente belegen. Diese werden chronologisch aktualisiert geboten, um sie als Spiegel für den *Niedergang der Sonne* nach 7 Sonnenzeiten (7 x 365 [¼] Tagen/Jahren) zu präsentieren.

Wieder 3 ½ Jahre vor dem Ende dieser kalendarischen 7 Sonnenzeiten 2020/2022[+¼] wurde am 8. November 2016 Donald Trump zum US-Präsidenten gewählt, der sich selbst als Anti-Politiker bezeichnete.[210] Diese Selbstbezeichnung entspricht übrigens dem Anti-Christen, einer vorchristlichen Gestalt aus der Apokalyptik. Er wurde in Verbindung mit Corona abgeschlagen[211], gibt sich aber noch nicht geschlagen. Die syrische Daniel-Apokalypse, ein Mischwerk alter Apokalypsen, hat den Werdegang seiner Nahostpolitik und den Ausgang für die Vereinigten Staaten von Amerika treffend festgehalten, und zeigt das Land als geteilten Berg am Meer liegen:

---

[210] Online Fokus (20.06.2016) Schlagzeile: „Der Antipolitiker, der US-Präsident werden will.“
[211] Siehe: Die Apokalypse des Habakuk

24 Er wird sein Zelt gegenüber von Zion aufschlagen, und sein Zelt wird gegenüber von Jerusalem stehen. Die Völker werden ihn sehen und sich fürchten, die Stämme, und in Aufruhr sein. Die Meeresinseln werden in Angst leben und glauben, dass er Christus ist. Viele werden ihm folgen und in die Irre gehen, und er wird viele Zeichen und Wunder wirken. Er ist in keiner Weise fähig, die Toten zum Leben zu erwecken. Sein Königreich wird kommen und seine Macht eine Zeit, Zeiten und eine halbe Zeit dauern, das heißt drei Jahre und sechs Monate. Er wird beginnen, etwas Gnadenvolles zu errichten, sowie den Fremden Gottesdienst in Jerusalem. Er wird vom Himmel verflucht werden, und er wird trügerisch und bösartig sein zu denen, die ihm nahe sind. Dann wird der friedensbringende Engel hervorkommen aus der Gegenwart des Mächtigen Herren, mit großer Macht und heroischer Kraft. Mit ihm werden Engel [kommen], Krieger, die ihn im Lande des Südens greifen werden, auf den Wegen des großen Meeres. Sie werden ihn schlagen mit einer unlöschbaren feurigen Klinge, von seinem Kopf bis zu seinen Knien, und ihn in zwei Hälften teilen. Sie werden ihn ans Meeresufer werfen wie einen großen Berg, der gefallen ist, und wie einen Felsen, der zerschlagen wird. Sein Ende und sein Ruin wird im Meer sein, und all seine Heere und Anhänger werden vom Meer verschlungen werden und vergehen. – *syr*Dan 24 *Matthias Hense*[212]

Dieser Weltherrscher wurde Ende 2020 wieder abgewählt, *damit man vom Aufgang der Sonne und von ihrem Niedergang her erkennt, dass außer mir gar keiner ist. Ich bin JHWH, und sonst ist keiner!* – Jes 45,6. Der GK-Anwärter im Text B läuft in Jes 45,5 aus. Der für Kyros angelegte Text B beschreibt einen bis heute vorfindbaren Welteroberungsdrang 45,1 und das Streben nach *versteckten Reichtümern* 45,3b im Verständnis göttlicher Autorisierung 45,5.

Der Text A spricht davon, 45,1a wie dem GK durch 45,2 Einebnung und Zerschlagung von Hindernissen durch Gott seine Berufung deutlich wird. 45,3a Der Gesalbte bekommt die verborgenen geistigen Schätze, die er zur Ausübung seines Amtes benötigt. 45,4 Dies geschieht wegen Jakob/Israel, verkörpert durch das heutige Israel und durch die Engel, was dem GK einen Ehrennamen eintragen wird, obwohl er nicht zum Volk gehört, d. h. *du mich nicht erkannt hast.* 45,6 Die Erkenntnis, dass außer JHWH keiner ist, wird sich mit dem Niedergang der Sonne 2022 durchsetzen.

Dem Abschnitt 45,1-7 folgen kleine Versabschnitte: 45,8 schließt sich harmonisch der vorausgegangenen Einsetzung an. Die nächsten Abschnitte eröffnen jeweils mit einem Wehe Ruf 45,9 gegen Personen, die mit ihrem Bildner streiten wollen oder 45,10 die gegen den Vater als Erzeuger und die Mutter als Gebärende sind. Die zeitliche Einordnung von 45,1-5 zeigt 45,6f als in naher Zukunft an.

---

[212] JSHRZ*nf* Matthias Hense: *Syrische Danielapokalypse*; 2006

Eine Zeitumstellung und die Apokalyptik – 2024 – Harald Schneider

Jesaja 45,6-25 und die Gegenwart

Es stellt sich nun die Frage, ob sich das 1. GKL in Jes 42,1-9 mit seinen Anhängen bis zur Einsetzung in Jes 45,1a.2-3a.4.6-7 in diesen weiteren Versen fortsetzt? Da die Einsetzung zur Zeitenwende 2022 einsetzte, und der GK durch seine Erfahrungen mit JHWH in seiner Aufgabe wachsen wird, sind alle anhängenden Stoffe, soweit kein Rückblick erkennbar ist, Geschehen der Zukunft! Wir starten deshalb hinter dem gescheiterten GK-Anwärter in Jes 45,1b.3b.5.

Jes 45	Übersicht der Voraussagen
6 Damit man vom Aufgang der Sonne und von ihrem Niedergang her erkennt, dass außer mir gar keiner ist. Ich bin JHWH, und sonst niemand!	Aufgang 536/35 v. u. Z. Untergang 2020/22 u. Z. JHWH wird als einziger Gott erkannt
7 Der das Licht bildet und die Finsternis schafft, den Frieden macht und das Unglück schafft, ich, JHWH, bin es, der dieses alles wirkt.	anstehende Auseinandersetzungen: Am 3,6 [Am 3,7 – Jes 44,26]
8 Lasst rieseln, ihr Himmel droben, und Wolken sollen fließen von Recht! Die Erde wird das Heil erblühen lassen, und Gerechtigkeit wird sprossen zur selben Zeit. Ich, JHWH, erschaffe es.	**USA**
9 Wehe dem, der streitet mit seinem Bildner, eine Scherbe von Tonscherben. Sagt denn der Ton zu seinem Bildner: was tust du? Und dein Werk hat kein Geschick!	**Russland** Jes 29,16; Jer 18,6; Rö 9,20f
10 Wehe dem, der zum Vater sagt: was zeugst du? Und zur Frau: was kreiselst du?	**China**
11 So spricht JHWH, der Heilige Israels und der es gebildet hat: Über das Zukünftige befragt mich, meine Kinder, und das Werk meiner Hände lasst mir anbefohlen sein!	Seine Herrschaft annehmen
12 Ich habe die Erde gemacht und den Menschen auf ihr geschaffen. Meine Hände haben die Himmel ausgespannt, und all ihr Heer habe ich bestellt.	
13 Ich habe ihn erweckt in Gerechtigkeit, und alle seine Wege werde ich ebnen. Er wird meine Stadt bauen und meine Weggeführten entlassen, nicht um Kaufgeld und nicht um ein Geschenk, spricht JHWH der Heerscharen.	den GK (Jes 42,1ff) Vgl. Jes 45,2 eine Regierung stellen

In 45,6 wird natürlich noch mehr, als eine Zeitbestimmung ausgedrückt. Vom S-Aufgang zum S-Untergang beschreibt auch alle Orte. An einigen Orten der Welt wird die Einzigartigkeit Gottes noch nicht anerkannt. Es gibt atheistische Länder, bei denen Religion nur geduldet wird und eine nur untergeordnete Rolle spielt. Wenn nun *vom Aufgang der Sonne und von ihrem Niedergang her* erkannt werden soll*, dass außer mir gar keiner ist. Ich bin JHWH, und sonst niemand!* richtet sich das nicht nur gegen den gescheiterten GK-Anwärter im B-Text (siehe oben), sondern auch gegen alle anderen Regierungen, die seiner Einzigartigkeit widersprechen! Auf eben diese Orte und deren Regierungen zielt der nachfolgende Kontext.

45,7 *Das Licht* gebildet und *Finsternis* geschaffen wird, zeigt, dass gegensätzliche Zustände in den geschaffenen Lebensräumen auftreten. Wenn sich in der zweiten Zeile JHWH als derjenige vorstellt, der *den Frieden macht und das Unglück schafft*, sind dramatische Veränderung zu erwarten, um den in 45,6 beschriebenen Zustand zu erreichen!

Dass führt zu der Auffassung, dass die Abschnitte 45,8; 45,9; 45,10 drei große Gebiete abgrenzen, von denen das erste Gebiet in 45,8 bereits schon vorher Schauplatz des abgeschlagenen GK-Anwärters war. In 45,8 wird die Regierung aufgefordert, *lasst rieseln ihr Himmel droben, und Wolken sollen fließen von Recht.* Für die USA sind da Rassendiskriminierung und andere Verstöße gegen das Recht im Blick, die sicherlich behoben werden müssen.

Der nächste Absatz (das nächste Gebiet) *streitet mit seinem Bildner*. Das *wehe dem* in 45,9 gilt einer *Scherbe von Tonscherben*, die zu Gott spricht: *was tust du?* Eine von vielen Tonscherben beschreibt eine in sich zersplitterte Menschheit, von der eine Scherbe *der Hand* Gottes sein *Geschick* abspricht. Im kommunistischen Block hat besonders Russland ideologisch sein zukünftiges Geschick selber in die Hand genommen, und eine Scherbe widerspricht auch heute!

Der nächste Absatz, d. h. das nächste Gebiet *sagte* tatsächlich *zum Vater: was zeugst du?* indem das bis dahin bevölkerungsreichstes Land der Erde eine Geburtenkontrolle vorschrieb, dass jedem Paar nur ein Kind erlaubte! Das *Wehe dem* in 45,10 das *zur Frau sagt: was kreiselst du?* gilt unzweideutig der Volksrepublik China!

Nun will natürlich jeder wissen, wie es weitergeht? Im nächsten Abschnitt 45,11-13 eröffnet die Botenformel *so spricht JHWH, der*

Heilige Israels und der es gebildet hat: Über das Zukünftige befragt mich, meine Kinder. Hier spricht ein Vater zu seinem Sohn Israel.

Das Werk meiner Hände lasst mir anbefohlen sein! heißt im Kontext, ich kümmere mich um Israel, das zu mir kommen soll, und um die übrigen Angelegenheiten. 45,12: *Ich habe die Erde gemacht und den Menschen auf ihr geschaffen. Meine Hände haben die Himmel ausgespannt, und all ihr Heer habe ich bestellt.* Wie geht es weiter? 45,13 *Ich habe ihn erweckt in Gerechtigkeit, und alle seine Wege werde ich ebnen. Er wird meine Stadt bauen und meine Weggeführten entlassen, nicht um Kaufgeld und nicht um ein Geschenk.* Hier ist der GK aus 42,1 angesprochen, dessen Wege 45,2 geebnet werden, obwohl er selbst nicht von Israel abstammt 45,4b. Ob Israel in 45,11 und 45,13 sein Volk Jakob/Israel oder auch Engel bezeichnen (Siehe Erklärung zu 43,27.28)? Gottes Stadt zu bauen ist der Auftrag, eine Regierung aufzustellen. Die Stadt steht für ein Königreich, zu dem Gott seinem Menschensohn den Weg ebnet. Er, und nicht Kyros, wird Gottes Weggeführte entlassen, ohne einen eigenen Vorteil daraus zu ziehen!

Kannte Kyros die Gottesknechtsverheißung aus Jes 45,1-7 (Text A)? Diese Frage tritt an dieser Stelle auf, weil der GK in 45,13 *meine Stadt bauen und meine Weggeführten entlassen* würde. Darin hat man nach der Wende Jerusalem und Juda im Exil erblicken wollen. Aber nicht nur Juda sondern auch Kyros selbst konnte diese Voraussage von Juden zugetragen worden sein. Sein auffälliges Versprechen und die entsprechenden Einträge (44,26.28; 45,1) deuten darauf hin. Nur ist es zu seinen Lebzeiten bei diesen Versprechen geblieben![213] Den Zurückgekehrten kamen unter Darius das Edikt des Kyros als ein Relikt seiner Versprechungen zugute.

Die gestellte Frage, ob sich die Fortsetzung des 1. GKL über 45,1-7 hinaus weiter fortsetzt, ist zu bejahen. Die Inhalte von 45,13 werden bis heute auf das Edikt des Kyros zurückgeführt, was ebenfalls einen Zusammenhang zu 45,1-7 voraussetzt. Die kritische Forschung erkennt die Wehrufe 45,9.10 oft nicht mal als Gerichtsankündigung sondern als eine spätere Einfügung und stellen fest, „dass man ohne den jetzigen Kontext gar nicht sagen könne, wessen Auflehnung gegen welches Schöpferhandeln Jahwes denn da gemeint ist."[214]

---

[213] Harald Schneider: *Jesaja 40-55*; *Die Chronologie ab dem Buch Baruch*
[214] BKAT XI 7 Hans-Jürgen Hermisson: *Deuterojesaja*; 1987; Seite 12

Der Wehe Ruf gegenüber dem Ton 45,9 hat eine Parallele in 29,16. Der Abschnitt 29,15-21 beginnt mit einem Wehe Ruf und in 29,16 leugnet der Ton seine Abstammung und streitet mit seinem Bildner! *Das Zukünftige* in 45,11 ist dem *noch eine kleine Zeit* 29,17 vergleichbar. Die vorangegangene Aufforderung an die Regierenden in 45,8 *das Recht* durchzusetzen assoziiert mit Auswirkungen 29,18-21 in kürze. Die neue Wahrnehmung 29,18 lässt Freude aufkommen 29,19, wenn *der Gewalttätige ein Ende hat* 29,20 und ein dunkles Rechtssystem, das Schlingen legt und Recht verdreht vergangen ist. Die verborgenen Drahtzieher 29,15 schalten *um eines Wortes willen* 29,21 jede Opposition aus, bis sie selbst ausgerottet werden 29,20.

Jes 45	Jes 29
9 Wehe dem, der streitet mit seinem Bildner,	**15** Wehe denen, welche ihre Pläne tief verbergen vor JHWH, und deren Werke im Finstern geschehen, und die sprechen: Wer sieht uns, und wer kennt uns? **16** O eure Verkehrtheit! Soll denn der
eine Scherbe von Tonscherben. Sagt denn der Ton zu seinem Bildner: was tust du?	Töpfer dem Tone gleichgeachtet werden? dass das Werk von seinem Meister spreche: Er hat mich nicht gemacht! und das Gebilde von seinem Bildner spreche: Er versteht es nicht!
Und dein Werk hat kein Geschick! **11** So spricht JHWH, der Heilige Israels und der es gebildet hat: Über das Zukünftige befragt mich, meine Kinder, und das Werk meiner Hände lasst mir anbefohlen sein!	**17** Ist es nicht noch eine kleine Zeit, dass der Libanon sich in ein Fruchtgefilde verwandeln und das Fruchtgefilde dem Walde gleichgeachtet wird? **18** Und an jenem Tage werden die Tauben die Schriftworte hören, und aus Dunkel und Finsternis hervor werden die Augen der Blinden sehen. **19** Und die Sanftmütigen werden ihre Freude in JHWH mehren, und die Armen unter den Menschen werden frohlocken in dem Heiligen Israels. **20** Denn der Gewalttätige hat ein Ende, und der Spötter verschwindet, und ausgerottet werden alle, die auf Unheil bedacht sind,
8 Lasst rieseln, ihr Himmel droben, und Wolken sollen fließen von Recht! Die Erde wird das Heil erblühen lassen, und Gerechtigkeit wird sprossen zur selben Zeit. Ich, JHWH, erschaffe es.	**21** die einen Menschen schuldig erklären um eines Wortes willen und dem Schlingen legen, welcher im Tore Recht spricht, und um Nichts den Gerechten aus seinem Recht verdrängen.

Führen wir die Auffassung, dass die Abschnitte 45,8; 45,9; 45,10 drei große Gebiete abgrenzen, auch für 45,14-15 fort, sind die dort genannten Orte heute am ehesten als die moslemische Welt zu identifizieren. Ist im Anhang 45,16 die Deportation Israels zurzeit Jesajas der ewigen Rettung Israels in 45,17 gegenübergestellt? Deren Zuordnung hinter 45,14.15 erscheint sonderbar.

Das Wort in 45,14 wendet sich an die Stadt in 45,13. In 45,14 sind Schätze und Fesseln als Interpretationen auf Kyros im Text eingetragen (45,3b), die nicht ursprünglich sein können. Folglich wird in 45,14 ausgesagt, dass sich die nahen Völker Afrikas und Arabiens Israel anschließen werden. Die erste Militärallianz zwischen Israel und Saudi-Arabien wären früher undenkbar gewesen! Sach 8,20-23 bietet einen ähnlichen Vorgang wie 45,14-15 und kann deshalb als ein Vergleichstext (43,3) herangezogen werden:

Jes 45	Sach 8
14 So spricht JHWH: [Der Reichtum] Ägypten[s] und [die Kaufleute] Äthiopien[s] und die Sabäer, Männer von hohem Wuchs, werden zu dir ziehen und dir gehören. Sie werden dir folgen. [In Fesseln ziehen sie hinüber zu dir] und zu dir hin huldigen sie [werden zu dir flehen]: In der Tat, Gott ist in dir und sonst ist keiner, kein Gott!	**20** Spruch JHWH der Heerscharen: Es wird kommen, dass Völker und die Bewohner vieler Städte kommen **21** und die Bewohner einer Stadt werden zu denen einer anderen gehen und sagen: Lasst uns allen Ernstes hingehen, um das Angesicht JHWHs zu besänftigen und JHWH der Heerscharen zu suchen. Ich selbst will auch gehen. **22** Und viele Völker und mächtige Nationen werden kommen, um JHWH der Heerscharen in Jerusalem zu suchen und das Angesicht JHWHs zu besänftigen.
15 Wahrlich, du bist ein Gott, der sich verborgen hält, du Gott Israels, du Retter!	**23** Spruch JHWH der Heerscharen: In jenen Tagen werden zehn Männer aus Völkern aller Sprachen der Nationen den Rocksaum eines Juden ergreifen, indem sie sagen: Wir wollen mit euch gehen, denn wir haben gehört, Gott ist mit euch.
(siehe V. 14c, oben)	
16 [Sie alle werden beschämt und gedemütigt, sie gehen alle gedemütigt dahin, die Götzenmacher. **17** Israel wird gerettet durch JHWH mit ewiger Rettung. Ihr werdet nicht beschämt und nicht gedemütigt werden in alle Ewigkeiten.]	

Das Zwölf-Propheten-Buch[215] Sach 8,20-23

8,20-23 Der Zulauf vieler Völker, der Bevölkerung von vielen Städten und mächtiger Nationen bedeuten viele Opfergaben, was einen thematischen Anschluss bildet. Dabei wird naturgemäß an Wallfahrten nach Jerusalem gedacht und einige bringen damit die größere Herrlichkeit des noch in Bau befindlichen zweiten Tempels in Verbindung (Hag 2,6-9).

V. 20 Kommen und V. 21 Absprache treffen, um zu kommen, setzt eine gewisse Not oder Notwendigkeit voraus. Der Überredung folgt eine Überwindung: Ich selbst will auch gehen! V. 22 Dem schließen sich viele Völker und mächtige Nationen an. Die Besänftigung des Angesichts JHWHs in diesem Ausmaß setzt eine große Bedrohung voraus, die nur von Jerusalem aus abgewendet werden kann! V. 23 Die zehn Männer stehen wieder für ein entsprechendes Größenverhältnis und deren Sprachen für einen internationalen Rahmen. Sie wollen eine Teilhabe an den Juden, nachdem ihnen bekannt wurde, dass Gott mit ihnen ist. Für welches Ereignis und für welche Zeit ist dieses Prophetenwort angelegt worden?

Der Zulauf in Verbindung mit dem Gegenerlass durch Mordechai wegen dem Purim kommt nicht infrage, weil dieses Ereignis vor der Rückkehr im 1. Jahr Darius stattfand und sehr wahrscheinlich Israeliten aus dem ehemaligen Nordreich mit gleicher Sprache betraf.

Die acht Visionen Sacharjas zeigen alle bis in die Zeit der Gründung des Staates Israel 1948 und darüber hinaus.[216] Der in V. 20-23 beschriebene Zulauf findet an einem ganz dramatischen Wendepunkt in unserer Geschichte statt. China und das wiedererstarke Russland schaffen mit neuen schnelleren Raketensystemen eine neue Bedrohungslage. Die Abwehrsysteme aus Israel sind dieser Art von Angriffen gewachsen. Gott ist mit euch! Viele bedrohte Völker und mächtige Nationen sind in 2022 an diesen Systemen interessiert und wollen an dem Schutz Israels teilhaben. Da mögliche Angriffe aus einem atheistischen Block erfolgen und überwältigenden Schaden anrichten können, wird diese Situation zur Chefsache! Völker und Nationen aller Sprachen wollen dem Zorn entgehen und das Angesicht (die Gegenwart) Gottes milde stimmen.

---

[215] Harald Schneider: *Das Zwölf-Propheten-Buch*; 2023; Seite 373
[216] Ebda, siehe zu Joel 2,30-32 *Ein Wahrzeichen in den Himmel setzen* und zu Hag 2,23 *Siegelring!*

Der nächste Abschnitt umfasst 45,18-46,2, wobei 45,20b Götzendiener und 46,1.2 Götzen als Last für die Tiere (s.u.) gegenüberstehen lässt, was nicht notwendig erscheint. „Die »Entronnenen der Völker« müssen die sein, die einer Katastrophe entkamen."[217]

Jes 45	Jes 48
18 Denn so spricht JHWH, der die Himmel erschafft, er ist Gott, der die Erde bildet und sie bereitet. Er hat sie fest aufgestellt, nicht zur Öde hat er sie geschaffen, zum Wohnen hat er sie gebildet: Ich bin JHWH, und sonst ist keiner!	**12** Höre auf mich, Jakob, und Israel, mein Berufener! Ich bin derjenige, ich bin der Erste, ich bin auch der Letzte. **13** Meine Hand hat die Erde gegründet, und meine Rechte die Himmel ausgespannt. Ich rufe ihnen zu: Zusammen stehen sie da.
19 Nicht im Verborgenen habe ich geredet, an einem Orte im Land der Finsternis. Ich sprach nicht zu dem Samen Jakobs: Sucht mich vergeblich. Ich bin JHWH, der Recht redet und Richtiges verkündet.	**16** Naht euch zu mir, hört dieses! Ich habe vom Anfang an nicht im Verborgenen geredet. Seit der Zeit, da es geschah, bin ich da. Und nun hat der Herr JHWH, mich gesandt und sein Geist.
20 Versammelt euch und kommt, nährt euch miteinander, ihr Entronnenen der Nationen! [Keine Erkenntnis haben, die das Holz ihres geschnitzten Bildes tragen und zu einem Gott flehen, der nicht retten kann.]	**14** Versammelt euch, ihr alle, und hört! Wer unter ihnen hat dieses verkündet? JHWH liebt den, der sein Vorhaben ausführt an Babel und seinen Arm an den Chaldäern.
21 Tut kund und bringt herbei, ja, beraten mögen sie sich miteinander! Wer hat dieses im Voraus hören lassen, es vorher kundgetan? War nicht ich es, JHWH? und es ist sonst kein Gott außer mir. Ein gerechter und rettender Gott ist keiner neben mir!	**15** Ich, ich habe geredet, (siehe V. 14) ja, ich habe ihn gerufen. Ich habe ihn kommen lassen, und sein Weg wird gelingen.
22 Wendet euch mir zu und lasst euch retten, alle Enden der Erde! denn ich bin Gott, und keiner sonst. **23** Ich habe bei mir selbst geschworen, aus meinem Mund ist Wahrheit ausgegangen, und es wird nicht umkehren, dass jedes Knie sich vor mir beugen, jede Zunge mir schwören wird. **24** [Nur in JHWH, wird man von mir sagen, ist Rettung und Stärke. Zu ihm wird man kommen, und beschämt werden alle, die gegen ihn entbrannt waren. **25** In JHWH wird gerechtfertigt werden und sich rühmen aller Same Israels.]	(vgl. Röm 14,11; Phil 2,10f)

[217] NSK-AT 18/2 Peter Höffken: *Das Buch Jesaja, Kapitel 40-66*; 1998 S. 105

Die Schnittstellen 45,19a – 48,16a; 45,20a – 48,14a; 45,18 – 48,13 und 45,21b – 48,15 zeigen auf eine verwandte Ansprache.

Der Planet Erde wurde mit einer Atmosphäre zum Wohnen fest aufgestellt, was sich vom Istzustand in 45,18 deutlich unterscheidet. Das hat JHWH nicht im Verborgenen 45,19/48,16 sondern von Anfang an (Hen 4) mitgeteilt. *Ich bin JHWH, der Recht redet und Richtiges verkündet.* Die Versammlung der *Entronnenen der Nationen* 45,20 muss anerkennen, von ihm informiert worden zu sein 45,21. *Wendet euch mir zu und lasst euch retten, alle Enden der Erde* 45,22 oder alle verbliebenen bewohnbaren Bereiche. Keine Verurteilung, sondern eine Teilnahme an der Rettung wird von allen eingefordert 45,23. In 45,20b.24.25 wurden von späterer Hand das Bilderthema aus 45,16 weiter mitverfolgt.

Die verwandte Ansprache an Jakob/Israel 48,12a lässt die Himmel zusammenstehen 48,13. Der Erste und der Letzte 48,12b war *seit der Zeit, da es geschah, da*, wie der Bote durch Geist mitteilt 48,16. Die Versammlung in 48,14 soll sein Vorhaben an Babylon verstehen und seinen Gerufenen 48,15 erkennen, so wie Kyros in Jes 45,1!

Gottes Schwur in 45,23 erinnert an 55,11 und die geschilderte Wasserversorgung vor einem kommerziellen Hintergrund an eine Krise! In 55,1 wird ein Geschäftsmodell durchkreuzt. 55,2 Wein, Milch und Brot gibt es wie fette Speisen für alle umsonst. 55,3 Durch zuhören bleiben sie am Leben: Ein ewiger Bund wie an David, der die frühere Herrschaft ablöste, besitzt Gnade. Die Einsetzung in 55,4 und Anhänger in 55,5 nutzen die gelegene Zeit 55,6, um Gott zu suchen 55,7 und umzukehren, weil seine Gedanken höher sind wie die menschlichen Überlegungen 55,8.9 (Frevler 55,7). Wie die Wasserkreisläufe das Wachstum antreiben 55,10, *so wird mein Wort sein* 55,11 und die Ergebnisse werden überzeugen 55,12, was JHWH *zum Ruhm, zu einem ewigen Denkzeichen* wird 55,13.

Jes 45	Jes 55
18 Denn so spricht JHWH, der die Himmel erschafft, er ist Gott, der die Erde bildet und sie bereitet. Er hat sie fest aufgestellt, nicht zur Öde hat er sie geschaffen, zum Wohnen hat er sie gebildet: Ich bin JHWH, und sonst ist keiner! **19** Nicht im Verborgenen habe ich geredet, an einem Ort im Land der Finsternis. Ich sprach nicht zu dem Samen	**1** He! ihr Durstigen alle, kommt zu den Wassern, und die ihr kein Geld habt, kommt, kauft ein und esst! Ja, kommt, kauft ohne Geld gratis Wein und Milch! **2** Warum plant ihr Geld ein für das, was nicht Brot ist, und euren Erwerb für das, was nicht sättigt? Hört doch auf mich und esst das Gute, und eure Seele labe sich an fetten Speisen!

Jakobs: Sucht mich vergeblich. Ich bin JHWH, der Recht redet und richtiges verkündet.

20 Versammelt euch und kommt, nährt euch miteinander, ihr Entronnenen der Nationen!
21 Tut kund und bringt herbei, ja, beraten mögen sie sich miteinander! Wer hat dieses im Voraus hören lassen, es vorher kundgetan? War nicht ich es, JHWH? und es ist sonst kein Gott außer mir. Ein gerechter und rettender Gott ist keiner neben mir!
22 Wendet euch mir zu und lasst euch retten, alle Enden der Erde!

denn ich bin Gott, und keiner sonst.

23 Ich habe bei mir selbst geschworen, aus meinem Mund ist Wahrheit ausgegangen, und es wird nicht umkehren, dass jedes Knie sich vor mir beugen, jede Zunge mir schwören wird.

3 Neigt euer Ohr und kommt zu mir, hört, und eure Seele wird leben. Und ich will einen ewigen Bund mit euch schließen: die Gnadengaben an David.
4 Siehe, ich habe ihn zu einem Zeugen für Völker gesetzt, zum Fürsten und Gebieter von Nationen.
5 Siehe, du wirst eine Nation herbeirufen, die du nicht kennst, und eine Nation, die dich nicht kannte, wird dir zulaufen, um JHWHs willen, deines Gottes, und wegen des Heiligen Israels, denn er hat dich herrlich gemacht.
6 Sucht JHWH, während er sich finden lässt. Rufet ihn an, während er nahe ist.
7 Der Gesetzlose verlasse seinen Weg und der Mann des Frevels seine Gedanken. Er kehre um zu JHWH, so wird er sich ihm erbarmen, und zu unserem Gott, denn er ist reich an Vergebung.
8 Denn meine Gedanken sind nicht eure Gedanken, und eure Wege sind nicht meine Wege, spricht JHWH.
9 Denn wie der Himmel höher ist als die Erde, so sind meine Wege höher als eure Wege und meine Gedanken als eure Gedanken.
10 Denn so der Regen und der Schnee vom Himmel herabfällt und nicht dahin zurückkehrt, er habe denn die Erde getränkt und befruchtet und sie sprossen lassen, und dem Säemann Samen gegeben und Brot dem Essenden:
11 So wird mein Wort sein, das aus meinem Mund hervorgeht. Es wird nicht leer zu mir zurückkehren, sondern es wird ausrichten, was mir gefällt, und durchführen, wozu ich es gesandt habe.
12 Denn in Freuden werdet ihr ausziehen und in Frieden geleitet werden. Die Berge und die Hügel werden vor euch in Jubel ausbrechen, und alle Bäume des Feldes werden in die Hände klatschen.
13 Statt der Dornsträucher werden Zypressen aufschießen, und statt der Brennnessel werden Myrten aufschießen. Und es wird JHWH zum Ruhm, zu einem ewigen Denkzeichen sein, das nicht ausgerottet wird.

Babylon und Israels Rest in Jesaja 46,1 bis 49,13

Die babylonischen Götter Bel (Marduk) und Nebo (Nebu) bewegen sich mit den sie tragenden Lasttieren in die Gefangenschaft 46,1.2. Babylon wurde schon während der Herrschaft Merodach-Baladan, der Boten zu Hiskia sandte, von Assyrien dominiert. Die Götterpolemik wird seinen historischen Ursprung vor der Zerstörung Babylons 689 durch Sanherib haben. Ihr Niedersinken unter den Lasten lässt Babylon selbst als Lasttier erscheinen. Im Schrifttum von Ahiqar, ein Ratgeber unter Sanherib und Verfasser von Sprüchen, ist von einem Esel die Rede, der seine Last nicht tragen wollte, und dem die Last eines Kamels gegeben werde soll. In 46,1.2 sinkt Babylon, vertreten durch seine Götter, unter der von Assyrien auferlegten Last ein!

Jes 46	Ar 12
1 In die Knie geht Bel, da Nebo sich krümmt,	**174** Was ist stärker als ein schreiender Esel [...]?
vgl. Spr 23,6-8	**175** Der Sohn, der unterwiesen und gefesselt wird und an [des]sen Fuß ein Stein gelegt ist, [*wird Erfolg haben.*]
vgl. Spr 23,12-16.23-24.26-28	**176** Halte einen Sohn nicht fern von der Rute, sonst kannst du ihn nicht retten.
	177 Wenn ich dich schlage, mein Sohn, wirst du nicht sterben, aber wenn ich dich deinem Herzen überlasse, [*wirst du nicht leben. / (... ein Dieb werden)*[Fn.]]
vgl. Spr 23,13.18; 24,1-3.10-12.14	**184** ... Die Herrschaft (?) eines Löwen [...] [*seine Last*]
Ihre Bilder kommen an das Getier und an das Vieh, [die ihr getragen habt, sind aufgeladen], (als) eine Last für das Erschöpfte.	**185** ließ ein Esel liegen und trug sie nicht. Er trägt Schande von seinen Kollegen davon, [*und er*] trägt eine Bürde, die nicht die se[ine] ist [...]
2 Sie krümmen sich, gehn in die Knie zugleich, nicht können sie retten [die Last], und sie selbst gehen in die Gefangenschaft.[218]	**186** Und mit der Last eines Kamels wird man ihn beladen. ... [219]

46,1.2 hebt auf den Bildvergleich in Ahiqar ab, wenn es dort heißt: *Ihre Bilder kommen an das Getier und an das Vieh*. Die Entwicklung der aufsässigen Stadt Babylon wird in 46,1a an seinen Göttern veranschaulicht: *In die Knie geht Bel, da Nebo sich krümmt*. Mit Bels Sohn Nebo krümmen sich *Weisheit und Wissen*, wofür er steht, und

---

[218] BKAT XI Hans-Jürgen Hermisson: *Deuterojesaja*; 2003, Seite 85
[219] JSHRZnf 2,2 Herbert Niehr: *Aramäischer Ahiqar*; 2007, Seite 50-51

das lässt den babylonischen Hauptgott Bel *in die Knie* gehen. Ar 12,185 Die *Schande von seinen Kollegen* und die *Bürde, die nicht die seine ist* sind der mit Assyrien gemeinsame Gott Nebo, dem in Babylonien und Assyrien Ezida-Tempel (Haus des Wissens) geweiht waren. In 46,1b *trägt* Babylon Nebo *für sich davon, hat aufgeladen. Eine Last für das Erschöpfte.* Hier ist an den schreienden Esel zu denken, der seine Kraft im Widerstand eingesetzt 12,174 und auch verbraucht hat. 46,2 *Sie krümmen sich, gehen in die Knie zugleich, können sie* vor den Assyrern *nicht retten, und sie selbst gehen in die Gefangenschaft,* was eine Datierung für 710 nahelegt.

Dieser Spruch stammt aus einer Zeit, als Babylon noch nicht in der Lage war, Weltherrschaft ausüben zu können. Damit belegt 46,1-7 die Frühdatierung des 1. GKL mit Anhang von Jes 42-45 in die Zeit des historischen Jesaja. Sein Spruch wird schnell die Runde gemacht haben, nach dem Babylon 710 wieder unter assyrischer Herrschaft geriet. Der Spruch 12,186 schließt in der Absicht: [den Esel], *mit der Last eines Kamels wird man ihn beladen.* In 46,1-2 ist schon *sie selbst gehen in die Gefangenschaft* eingetragen (vgl. Spr 24,8-13).

Der Spruch umfasst die Erziehung des Sohnes. Zurzeit der Regierung von Tiglath-Pileser III. (Pul) 745-727 wurde Babylon ab 734 von Assyrien regiert. Das blieb so unter Salmanassar 726-722, doch unter Sargon II. 704-681 behauptet sich Marduk-apal-iddin II., d. i. Merodach-Baladan von 721-711 unabhängig von Assyrien. Von 710-705 war der assyrische Einfluss auf Babylon groß, sodass von einer Erziehung 12,175-177 gesprochen werden kann. Mit Sanherib 704-681 zeigt sich Merodach-Baladan bis 703 unabhängig und auch nach ihm regieren verschiedene Herrscher bis zur Zerstörung Babylons. Es war somit für all die beherrschten Gebiete und die Vasalen spannend zu sehen, ob sich Babylon gegen das mächtige Assyrien behaupten kann oder nicht! Israel ging noch vor Merodach-Baladans Aufstieg als Reich unter und viele Bewohner wurden deportiert. Wie fühlte sich das für den geflüchteten Überrest Israels in Juda an?

Die Anrede an das *Haus Jakob und aller Überrest des Hauses Israel* in 46,3 gehört in die Zeit ab dem Untergang Israels 720 bis zur Zerstörung Babylons 689, und kann um die Erziehung des Sohnes, *an dessen Fuß ein Stein gelegt ist* 12,175 bis 710 reduziert sein.[220]

---

[220] Harald Schneider: *Die biblische Chronologie*; 2020; *Der aramäische Ahiqar*, Seite 15-16

Die folgenden Absätze 46,3-4 und 46,5-7 nehmen auf 46,1-2 Bezug, wo der Spruch des Weisen Ahiqar aufgenommen wurde, um dem von der assyrischen Herrschaft betroffenen Überrest Jakob/Israel Mut zu machen, da diese Bilderrede besonders zeitgemäße Fragen aufwarf:

Sie waren Entronnene des Untergangs Israels und es schwebte die Frage im Raum, ob sie in Juda noch eine Zukunft haben würden? Schließlich waren auch die Götter Babylons eingeknickt!

Jes 46	Jes 44
3 Hört auf mich, Haus Jakob und aller Überrest des Hauses Israel, die ihr von Mutterleibe an aufgeladen, von Mutterschoße an getragen worden seid!	**24** So spricht JHWH, dein Erlöser und der von Mutterleibe an dich gebildet hat: Ich, JHWH, bin es, der alles wirkt, der die Himmel ausspannte, ich allein, die Erde ausbreitete durch mich selbst, **25** der die Wunderzeichen der Lügner vereitelt und die Wahrsager zu Narren macht, der die Weisen zurückdrängt und ihr Wissen zur Torheit macht.
(vgl. V. 1 [Nebo: Gott der Weisheit])	
4 Und bis in euerem hohen Alter bin ich derselbe, und bis zu eurem grauen Haar werde ich euch tragen. Ich habe es getan, und ich werde euch heben, und ich werde tragen und erretten.	

In 46,3 wird das Aufladen und Tragen aus 46,2 vom Mutterleib an betont, wo der Kontext 44,2.24 noch von der Erschaffung sprach. Im Vergleich 44,25 erscheint Nebo, der Gott der Weisheit, hier zurückgedrängt. In 46,4 wird den Betroffenen *bis ins hohe Alter und bis zum grauen Haar* zugesichert: *ich werde euch tragen. Ich habe es getan, und ich werde euch heben, und ich werde tragen und erretten.* Diese Zusage hat JHWH für diese Generation des Restes Israel erfüllt. Von der Erschaffung 44,24 aus betrachtet hat ihr Gott sie bis heute getragen, gehoben und errettet.

Natürlich ist mit Blick auf Babylon der Vergleich zwischen Götzen und JHWH eigentlich unangebracht, da Götzen nichts sind. Darauf einzugehen beruhigte aber den Rest aus Israel und auch die Judäer.

Der zweite Absatz 46,5-7 geht eben darauf ein, und die in 46,5 aufgeworfene Vergleichsfrage wird in 40,18 und 40,25 parallel dazu mitverfolgt.

Jes 46	Jes 40
	23 Der die Fürsten nichtig macht, die Richter der Erde in Nichtigkeit verwandelt.
	24 Kaum sind sie gepflanzt, kaum sind sie gesät, kaum hat ihr Stock Wurzeln in der Erde getrieben: da bläst er sie schon an, und sie verdorren, und ein Sturmwind rafft sie wie Stoppeln weg.
5 Mit wem wollt ihr mich vergleichen und gleichstellen und mich ähnlich machen, dass wir gleich seien?	**25** Wem denn wollt ihr mich vergleichen, dem ich gleich wäre? spricht der Heilige.

In 40,23-25 kommen die politischen Größen in den Blick und wie Gott mit ihnen verfährt, was ja auch ein Licht auf die Frage der Beanspruchung als von Gott Eingesetzte gleich ins richtige Licht rückt! Vergleichbar drückt sich 40,17 aus, bevor die Frage nach dem Vergleich 40,18 gestellt wird. Dann kommen die Götzenmacher in den Blick 40,19.20. Es wird, wie in 46,6 auf die Gewerke eingegangen.

Diesen Gott beten sie an, huldigen ihm, tragen ihn und stellen ihn fest auf, obwohl er auf Rufe nicht antwortet und auch niemand aus seiner Not retten kann 46,7. Dieser bedauerliche Irrtum macht vor arm und reich nicht halt 40,20 (Siehe 40,18-20 neue Übersetzung).

Jes 46	Jes 40
	17 Alle Nationen sind wie nichts vor ihm, und werden von ihm geachtet wie Nichtigkeit und Leere.
5 Mit wem wollt ihr mich vergleichen und gleichstellen und mich ähnlich machen, dass wir gleich seien?	**18** Und wem wollt ihr Gott vergleichen? Und was für ein Gleichnis wollt ihr ihm an die Seite stellen?
6 Sie, die Gold aus dem Beutel schütten und Silber mit der Waage abwiegen, einen Schmelzer beauftragen, einen Gott daraus zu machen. Sie beten an, ja, sie werfen sich nieder.	**19** [Hat der Künstler das Bild gegossen, so überzieht es der Schmelzer mit Gold und schweißt silberne Ketten daran.
7 Sie heben ihn auf, tragen ihn auf der Schulter und lassen ihn nieder auf seine Stelle, und er steht da.	
	20 Wer arm ist, sodass er nicht viel opfern kann, der wählt ein Holz, das nicht fault, er sucht sich einen geschickten Künstler, um ein Bild herzustellen,
Von seinem Ort weicht er nicht. Auch schreit man zu ihm, aber er antwortet nicht. Niemand rettet er aus seiner Not.	das nicht wankt.]

Der Absatz 46,8-11 setzt 46,1-7 fort, und gehört eigentlich zur Aufarbeitung des Untergangs von Jakob/Israel. Der Rest 46,3-4 sollte bedenken, dass leblose Götter 46,5-7 nicht Gott gleichkommen und auch nicht retten können, wie das am Beispiel Babylon deutlich wird 46,1-2. *Bedenkt dieses und stabilisiert euch!* Die Wunden waren noch nicht alle geheilt. 46,8. Israel verehrte Götzen, die nicht retten konnten. *Nehmt es zu Herzen, ihr Abtrünnigen!* 46,9 Sie sollten *der Anfänge vor langer Zeit* gedenken 41,22 *was sich ereignete, das Frühere.* 46,10 *Von Anfang an* hat er mitgeteilt, wie das enden wird. 46,11 *Ich rufe von Osten her einen Raubvogel, aus fernem Land den Mann für meinen Beschluss.* Die Rede ist von dem Assyrer! In 41,25 heißt es: *Ich habe erweckt vom Norden, und er kam, von Sonnenaufgang mit Namen gerufen. Und er tritt auf Fürsten wie auf Lehm, wie ein Töpfer, der Ton knetet.* Assyrien überrollte mit moderner Kriegstechnik Städte und Länder. *Was ich rede lasse ich auch kommen, was ich plane, führe ich auch aus!* 46,11b. Gegenüber in 41,27 wurde Assyriens Auftreten gegen Israel erwartet: *siehe, da ist es!* Der für Jerusalem angekündigte Friedensbote, der die Gewähr dafür bot Assyrien zu überstehen, kam beim Fall Ninives 612 (Nah 2,1).

Jes 46	Jes 41
8 Bedenkt dieses und stabilisiert euch. Nehmt es zu Herzen, ihr Abtrünnigen!	
	22 Bringt vor und erklärt, was sich ereignete: das Frühere, was da war, tragt es vor, damit wir es zu Herzen nehmen und auf den Ausgang achten, oder lasst uns das Künftige hören.
9 Gedenkt der Anfänge vor langer Zeit, dass ich Gott bin, und sonst ist keiner, dass ich Gott bin und sonst keiner wie ich.	
10 Ich habe von Anfang an das Ende mitgeteilt, und von alters her, was noch nicht geschehen ist. Ich spreche: Mein Beschluss soll zustande kommen, und alles was ich will, werde ich tun.	23 Teilt mit, was in der Zukunft kommt, damit wir merken, dass ihr Götter seid! Ob es Gut oder Böse wird, das wir einander anblicken und staunen können.
11 Ich rufe von Osten her einen Raubvogel, aus fernem Land den Mann für meinen Beschluss.	25 Ich habe erweckt vom Norden, und er kam, von Sonnenaufgang mit Namen gerufen. Und er tritt auf Fürsten wie auf Lehm, wie ein Töpfer, der Ton knetet.
Was ich rede lasse ich auch kommen, was ich plane, führe ich auch aus!	27 Als Erster habe ich zu Zion gesagt: Siehe, siehe, da ist es! Und Jerusalem will ich einen Freudenboten geben!

Erst mit Jerusalems Untergang und langem Exil im Zweistromland wurde diese Aussage von Assur auf Persien und von Israel auf Juda umgedeutet, was sogar Einfluss auf den Text genommen hat! Religion und Wissenschaft sind einer fehlerhaften Interpretation gefolgt.

Die noch Fern der Gerechtigkeit sind, sollten hören 46,12. *Ich gebe in Zion Hilfe* 46,13, und diese Hilfe bestand auch nach dem Auslöser der obigen Diskussion (46,1-2 – Babylons Abhängigkeit 710) noch über hundert Jahre lang! Gegenüber von *in Zion Hilfe* 46,13b steht in 44,23, *JHWH hat Jakob erlöst.* Diese Hilfe und Erlösung wurde dem Rest aus Israel, d. h. den Flüchtlingen in Juda geboten. Der Abschluss beider Absätze: *Ich gebe … Israel meine Herrlichkeit* und *an Israel verherrlicht er sich* zielen auf Israels Auferstehung 1948. Der ganze Abschnitt 44,21-23 stimmt Jakob/Israel als seinen Knecht an, 44,21 der *nicht von mir vergessen werden* wird, was einen längeren Zeitraum bedeutet, keine Naherwartung. *Kehrt um zu mir* 44,22 *denn ich habe dich erlöst* zeigt auf ein universales Geschehen! Die Bilderrede in 44,23 beschreibt das in vortrefflicher Weise. Der Rest Jakob/Israel kann es nicht sehen, weshalb *Himmel* als höchste Höhen und die *Tiefen der Erde* sowie *Berge, Wald* mit *jede*m *Baum* einspringen müssen! Hier verschmelzen Zion und Jakob in ein Israel.

Jes 46	Jes 44
8 Bedenkt dieses …	**21** Bedenkt dieses, Jakob und Israel! Du bist mein Knecht. Ich habe dich gebildet, du bist mein Knecht. Israel, du wirst nicht von mir vergessen werden.
12 Hört auf mich, ihr Verzagten, die ihr fern seid von Gerechtigkeit! **13** Ich habe meine Hilfe nahegebracht,	**22** Ich habe deine Übertretungen getilgt wie einen Nebel, und wie eine Wolke deine Sünden. Kehr um zu mir, denn ich habe dich erlöst!
sie ist nicht fern, und meine Hilfe zögert nicht.	**23** Jubelt, ihr Himmel! denn JHWH hat es vollführt. Jauchzt, ihr Tiefen der Erde! brecht in Jubel aus, ihr Berge, du Wald und jeder Baum darin!
Und ich gebe in Zion Hilfe, und Israel meine Herrlichkeit.	Denn JHWH hat Jakob erlöst, und an Israel verherrlicht er sich.

Der nächste Absatz wendet sich wieder der Stadt Babylon zu, die in 46,1-2 im Tragen ihre Götter Bel und Nebo ermüdete. In 47,1-3 gewinnen wir weitere zeitgeschichtliche Einzelheiten über ihr damaliges Geschick, die einen Vergleich mit dem (auf ehemaligen Steuerlisten aus dem 11. Jahr des Xerxes geschriebenen) Ahiqar zulassen, dessen Autor in einem Keilschriftdokument unter den Weisen nach der Flut eingetragen wurde. Zunächst war zu beobachten, dass in 47,1-2 ein zukünftiges Bild vermittelt wurde. Diese Worte sind während der zweiten Abhängigkeit Babylons in der Zeit von 710 bis 705 geschrieben worden!

47,1 spricht feminin von der *Jungfrau Tochter Babylon*, die heruntersteigen muss zum *Sitz am Boden, wo kein Thron ist.* Ihre unabhängige Herrschaft würde enden, und *zart* und *verwöhnt* sein würde aufhören. Wann wurde sie verwöhnt? Zurzeit von Tiglath-Pileser III. hatte Babylon noch eine besonders geschätzte Stellung in Assyrien. Das sollte sich jedoch ändern! **47,2** *Nimm die Mühlsteine und mahle Mehl, deck auf deinen Schleier, Raff den Gewandsaum, entblöße die Waden, wate durch Ströme!* Die privilegierte Stellung wich strengeren Regeln: *Ein Schlag für einen Knecht, ein Tadel für eine Magd; mehr noch: für alle Sklaven Disziplin* **12,178** – ja für alle! **12,179** ist teils unleserlich, lässt aber darauf schließen, wie Unabhängigkeitsstreben von Assyrien wahrgenommen wurde. **12,180** *Den Namen deines Vaters und seiner Nachkommen aufgrund seines schlechten Rufes* … widerspricht der Selbstwahrnehmung assyrischer Könige.

Jes 47	Ar 12[222]
	175 Der Sohn, der unterwiesen und gefesselt wird und an [des]sen Fuß ein Stein gelegt ist, [*wird Erfolg haben.*]
	176 Halte einen Sohn nicht fern von der Rute, sonst kannst du ihn nicht retten.
	177 Wenn ich dich schlage, mein Sohn, wirst du nicht sterben, aber wenn ich dich deinem Herzen überlasse, [*wirst du nicht leben. / (… ein Dieb werden)*[Fn.]]
1 Steig herunter und setze dich in den Staub, Jungfrau Tochter Babel! Sitz am Boden, wo kein Thron, Chaldäertochter, Denn nicht wirst du fortan dich nennen lassen: »Zarte«, »Verwöhnte«.	**178** Ein Schlag für einen Knecht, ein Tadel für eine Magd; mehr noch: für alle Sklaven Diszipli[n]. …
2 Nimm die Mühlsteine und mahle Mehl, deck auf deinen Schleier, Raff den Gewandsaum, entblöße die Waden, wate durch Ströme!	**179** Wer erwirbt einen zügellosen Sklaven oder eine diebische Sklavin […]
3 [[Aufgedeckt werde deine Blöße, ja gesehen werde deine Scham! Rache nehme ich unerbittlich, spricht	**180** den Namen deines Vaters und seiner Nachkommen aufgrund seines schlechten Rufes […] der Skorpion […]
4 unser Erlöser, Jahwe Zebaoth ist sein Name, der Heilige Israels.]][221]	**181-182** [zu beschädigt]
	183 Der Löwe lauert dem Hirsch im Schutz des Verstecks auf, und er […]
	184 und sein Blut wird er vergießen und sein Fleisch wird er fressen. Siehe, so ist das Zusammentreffen der Men-[schen]. Die Herrschaft (?) eines Löwen

47,3 *Aufgedeckt werde deine Blöße, ja, gesehen deine Schande! Ich werde Rache nehmen und Menschen nicht verschonen* – vgl. 12,184.

---

[221] BKAT XI Hans-Jürgen Hermisson: *Deuterojesaja*; 2003, Seite 146
[222] JSHRZnf 2,2 Herbert Niehr: *Aramäischer Ahiqar*; 2007, Seite 50-51

In 47,3 und 12,183f werden verschiedene Bilder für die gleiche Situation gebraucht, in der der Schwächere dem Stärkeren ausgeliefert ist und Schaden erleidet. Die Zerstörung Babylons war beim Verfassen dieses Spruches noch nicht ausgeführt. Sie war allerdings die konsequente Ausführung, *das Zusammentreffen der Menschen* für den Gott-König Assyriens (vgl. Spr 24,9-12).

Der Abschnitt 47,4-7 beginnt mit einer Einfügung in 47,4, die den Zweck verfolgt, die Rache der Assyrer in 47,3 auf *unseren Erlöser, JHWH der Heerscharen ist sein Name, der Heilige Israels* umzulenken (siehe Vergleich). Der aramäische Ahiqar wurde zur Aufklärung der historischen Hintergründe von der Forschung nicht hinzugezogen, da deren Suche schon durch frühe, interpretierende Einträge (44,26.28; 45,1-7 Text B) in die persische Epoche gelenkt wurde!

In 47,5 wird der Verlust der Ehrenstellung Babylons ausgedrückt: *Sitze stumm/betäubt*[LXX] beschreibt wahrscheinlich den Ist-Stand vor der Belagerung, *gehe in die Finsternis* die bevorstehende Entwicklung der Stadt. Ihr Status als Herrin der Königreiche (vgl. 44,8.10), die sie seit dem großen Jäger Nimrod bekleidet, wird ihr von Ninive genommen werden (Gen 10,10-12).

In 47,6 wird ähnlich wie in 47,3 das Handeln Gottes, hier mit seinem Volk, eingefügt und mit 47,7a als Wiederholung von 47,5b mit einer angehängten Interpretation in 47,7b versehen, abgeschlossen.

So ist das „Erbe" ein typischer Begriff von Jeremia (Jer 2,7; 10,16; 12,7-9; 16,18; besonders 50,11; 51,19) und „entweihen" (Jer 16,18) wurde von Hesekiel viel gebraucht. Der Einschub 47,6-7 spricht *vom Ende davon* als Auslegung auf die Zeit der Machtübernahme durch Kyros.

Ein Gericht über Jakob/Israel kam 720 plötzlich 48,1-3. Eine Erniedrigung Babylons ist zurzeit Merodach-Baladan 710 und eine Zerstörung Babylons 689 durch Assyrien geschichtlich belegt. Mit dem nach Ninives Fall aufrückenden Babylon und Judas Deportation unter Nebukadnezar hat Jes 46,1-47,15 nicht das Geringste zu tun! Die Einfügungen 47,4 (ohne 47,3 mit zu streichen, das sich ganz unabhängig über Ar 12,184 begründet) und 47,6-7 stammen ebenso wie schon 44,26.28 und 45,1.3b.4 von späterer Hand, und versuchen zum Teil sehr aggressiv (Name Kyros eingetragen), die durch Jeremias Mund verheißene Rückkehr mit Kyros unzertrennlich in Verbindung zu bringen und dies über Jesajas Worten zu beweisen!

„Im Gesamtjesajabuch ist noch auf Kap 13 und 21 zu verweisen. Doch geht Jes 47 davon unterschiedliche Wege. Das schon dadurch, dass Babel als jungfräuliche junge Dame hingestellt wird, die ihre bisherige Stellung samt den damit verbundenen Vorzügen verliert." – Peter Höffken[223]

Der Vergleich 47,5 – 13,19f zeigt eine totale Vernichtung.

Jes 47	Jes 13
4 [Unser Erlöser, JHWH der Heerscharen ist sein Name, der Heilige Israels!] **5** Sitze stumm und geh in die Finsternis, Tochter der Chaldäer! denn nicht mehr wirst du Herrin der Königreiche genannt werden. **6** [Ich war ergrimmt über mein Volk, ich entweihte mein Erbteil, und ich gab sie in deine Hand. Du hast ihnen kein Erbarmen erzeigt, auf den Greis legtest du schwer dein Joch. **7** Und du sprachst: In Ewigkeit werde ich Herrin sein! so dass du dir dieses nicht zu Herzen nahmst, das Ende davon nicht bedachtest.]	**19** Und ergehen wird es Babylon, der Königreiche Zierde, der Chaldäer Pracht wie Sodom und Gomorra. **20** Nie wieder wird es bewohnt sein, nie besiedelt von Generation zu Generation und kein Nomade wird dort zelten, und kein Hirte dort Herden lagern lassen.

Der Kontextvergleich 46,1.2 – 21,9 zeigt Götter, deren Beanspruchung als Bürde fehlschlug gegenüber verachteten Götterbildern.

Jes 46	Jes 21
1 Bel geht in die Knie, Nebo krümmt sich, Ihre Bilder … eine Last für das Erschöpfte (Babylon). **2** Sie krümmen sich, gehen in die Knie, sie können nicht retten die Last (Bilder) und sie selbst gehen in Gefangenschaft.	**9** … Sie ist gefallen, Babylon ist gefallen, und all die gehauenen Bilder ihrer Götter hat er zur Erde geschmettert.

„Das Weltreich war bisher nur einmal … Thema gewesen (43,14)."[224]

Jes 47	Jes 43
4 [Unser Erlöser, JHWH der Heerscharen ist sein Name, der Heilige Israels!]	**14** So spricht JHWH, euer Erlöser, der Heilige Israels: Um euretwillen habe ich nach Babel gesandt, und ich werde sie alle als Flüchtlinge hinabtreiben, und auch die Chaldäer, auf den Schiffen ihres Jubels.

---

[223] NSK-AT 18/2 Peter Höffken: *Das Buch Jesaja Kapitel 40-66*; 1998; S 111
[224] Ebda, Seite 111

Die Gegenüberstellung zu 47,4 lässt 43,14a als Vorlage erscheinen, die in 47,4 noch um den kämpfenden *JHWH der Heerscharen ist sein Name* erweitert wurde. Ungeachtet der obigen zukunftsorientierten Auslegung sind hier Chaldäer die vertriebenen Flüchtlinge (48,14), nicht die in 47,6 eingefügten Erbverlustigen!

Der Absatz 47,8-15 spricht den Verlust der bevorrechtigten Stellung Babylons im Einzelnen an – Babylons Geisteshaltung in Apk 18,7.8a.

Jes 47	Apk 18
8 Nun höre dies, du Wohlständige, die sorglos thront, die im Herzen spricht: Ich und niemand sonst! Ich sitze nicht als Witwe, bin nicht ohne Kinder.	**7** Wieviel sie sich verherrlicht hat und wie wohlständig sie war, … Sie spricht in ihrem Herzen: Ich sitze als Königin, bin keine Witwe und Traurigkeit sehe ich nicht.
9 Über dich kommen plötzlich, diese zwei an einem Tag: Kinderlosigkeit und Witwentum in vollem Maß über dich. [Bei deinen vielen Zaubereien und deiner großen Zahl von Bannsprüchen	… so viel Qual und Trauer gebt ihr.
10 vertraust du auf deine Bosheit, du sprachst: Niemand sieht mich!] Deine Weisheit und dein Wissen, das hat dich irregeführt, und du sprachst in deinem Herzen: Ich, und niemand sonst!	
11 Da kommt ein Unglück über dich, das du nicht wegzaubern kannst. Ein Verderben wird über dich herfallen, dass du nicht abwehren kannst. Eine Verwüstung kommt plötzlich über dich, die du nicht erahnst.	**8** Darum werden ihre Plagen an einem Tag kommen, Tod und Trauer und Hunger, und mit Feuer wird sie verbrannt …
12 [Tritt doch auf mit deinen Bannsprüchen und deinen vielen Zaubereien, worin du dich abmühst seit deiner Jugend. Vielleicht weißt du dir zu helfen, kannst vielleicht abschrecken.	
13 Du bist müde geworden durch deine vielen Pläne. Es mögen doch auftreten und dich retten, die Himmelseinteiler, die Sterne besehen und jeden Neumond eröffnen, was über dich kommen wird.	
14 Siehe, sie sind wie Stoppeln, Feuer verbrennt sie. Sie retten ihr Leben nicht vor der Gewalt der Flamme. [Es gab keine Kohle, um sich zu wärmen, kein Feuer, um davor zu sitzen.]	
15 So wurden dir die, um die du dich bemüht hast, deine Handelspartner von deiner Jugend an. Sie irren umher, jeder in seine Richtung. Keiner hilft dir.]	(vgl. Apk 18,9f.11f.15f)

In 47,8 werden Wohlstand und Sorglosigkeit angesprochen, die an sich keine Übertretung erkennen lassen, doch dass *sie in ihrem Herzen spricht* zeigt ihre Überheblichkeit. „Der Vorwurf schließt immer die Auflehnung gegen Gott mit ein."[225] Tatsächlich ist die Einzigartigkeit *ich, und niemand sonst* Gott vorbehalten (45,4.14; 46,9), wird aber von Babylon beansprucht! Entsprechend spricht 18,7 davon, *wieviel sie sich verherrlicht hat.* Sie dominiert! *Ich sitze als Königin*, und der Gedanke einer Veränderung in den Witwenstand, in Kinderlosigkeit oder Traurigkeit ist ihr fern. In 47,9a würde sie plötzlich die *Kinderlosigkeit* und der *Witwenstand in vollem Maß* treffen, *diese zwei* 18,8 *an einem Tag.* Ihre Gefolgschaft und Bündnisse versagen. 47,10b wiederholt ihre Geisteshaltung, die durch *Weisheit und Wissen*, die durch Nebu verkörpert werden, hervorgerufen wurden. In 47,9b.10a sind lediglich interpretierende Zusätze. 47,11 Der dreifachen Übeln *Unglück, Verderben, Verwüstung* sind in 18,8b *Tod, Trauer, Hunger* gegenüber, die dem Vergleich aber nicht mehr gerecht werden. Die Parallele zu Apk 18 besteht in Babylons Geisteshaltung, die in unterschiedlichen Zusammenhängen auftritt.

47,12-15 spottet über die Praxis der Beschwörung und Bannsprüche zur Gefahrenabwehr, 47,13 über die Aufteilung des Sternehimmels, der Planeten und des Mondes. 47,14 Sie könnten sich brennenden Stoppeln gleich nicht selbst retten. Nach der Anspielung auf Götzenbildner (44,16.17) in 47,14b, schließt 47,15 mit dem eigentlichen Problem ab: Die Handelspartner, um die sich Babylon abgemüht hatte, bieten keine Stütze und gehen ihren eigenen Interessen nach. *Keiner hilft ihr.* In 47,12-15 werden ihrer Praktiken gelistet und sind Gegenstand, um über die anstehende Witwe und Kinderlose zu spotten.

---

[225] BKAT XI Hans-Jürgen Hermisson: *Deuterojesaja*; 2003, Seite 177

Im Eröffnungsabschnitt wird das Haus Jakob (46,3) angesprochen. Die Charakterisierung ihres Bekenntnisses zeigt auf ihre Mängel. Der Rest Israels, der beim Untergang Jakob/Israel ab 720 nach Judäa geflohen war, *nennen sich mit dem Namen Israel*. Ursprünglich waren sie *aus Judas Wassern hervorgegangen*, was eine Zugehörigkeit zur Zeit Davids und Salomos anzeigen soll. Der Rest vom Haus Jakobs konnte sich somit legitim *nach der heiligen Stadt* benennen, d. h. Jerusalemer Bürger werden und sich auf den Namen *des Gottes Israels* berufen, dessen Tempel die Stadt zierte.

Jes 48
1 Hört dies, Haus Jakob! Die sich mit dem Namen Israel nennen und aus Judas Wassern hervorgegangen sind, die ihr schwört bei dem Namen JHWHs und sich des Gottes Israels bekennen, doch nicht in Wahrheit und Gerechtigkeit.
2 denn nach der heiligen Stadt haben sie sich genannt, und stützen sich auf den Gott Israels, JHWH der Heerscharen ist sein Name.

Diese Einleitung ist umfangreich, denn sie bereitet JHWHs handeln mit Israel vor. 48,3 Er hat die Folgen falschen Verhaltens festgelegt (Lev 26) und immer wieder angekündigt. *Plötzlich*, so wie bei Babylon 47,9, *traf es ein*. Jakob/Israel wurde ins Exil deportiert. Die Notwendigkeit dieser Ankündigungen wird bildhaft in 48,4 beschrieben, *weil ich wusste, dass du hart bist*. 48,5 Die vorherige Ankündigung (Am 3,2-8) ist Teil einer Verabredung, die nicht auf andere Götter übertragen werden kann! In 48,6a rücken Fragen wieder die Verantwortung heran: *Du hast gehört? Schau dir alles an! Und ihr, wollt ihr es nicht bekennen?* In 48,6b wechselt die Perspektive in die Zukunft. *Von nun an lasse ich dich Neues hören, Verborgenes, was du nicht kennst.* Vergleichbar wird über den GK 42,9 *neues mitgeteilt, ehe es zu sprossen beginnt.* 48,7 Noch kommende Lebensräume, deren Erschaffung bevorstehen, bergen neue Geschehen, die vor diesem Tag nicht mehr (s. u.) mitgeteilt werden. Niemand kann sagen, *ich habe es gewusst*. Die Defizite in 48,8 wurden bereits in der Einleitung 48,1 angesprochen, und bedeuten mehr als einen Rückblick. 48,9 *Um meines Namens willen verzieht mein Zorn, und um meines Ruhmes wegen bezwinge ich ihn.* Eine Ausrottung kann so abgewendet werden, *dein Vorteil*. 48,10 Die Prüfung *im Schmelzofen des Kummers* steht an. Gott handelt mit Nachdruck 48,11 für seinen Namen: *Meine Ehre gebe ich keinem anderen*, wie auch im 1. GKL 42,8, wo Gottes *Ruhm* nicht an *geschnitzte Bilder* abgetreten wird. Die Nähe zum 1. GKL bedeutet konkret, dass *Neues* in 48,6b *nicht vor diesem Tag* 48,7 verlautet, der erst 2020/22 wechselte.

Jes 48	Jes 42
3 Das Frühere habe ich seitdem angekündigt. Aus meinem Mund ging es hervor, und ich habe es hören lassen. Plötzlich handelte ich, und es traf ein. **4** Weil ich wusste, dass du hart bist, und dein Nacken eine eiserne Sehne, und deine Stirn von Erz ist, **5** habe ich es dir seitdem angekündigt. Ehe es eintraf, ließ ich es dich hören, damit du nicht sagst: Mein Götze tat es, und mein geschnitztes und mein gegossenes Bild hat es geboten.	(Siehe unten, V. 8b)
6 Du hast gehört? Schau dir alles an! Und ihr, wollt ihr es nicht bekennen? Von nun an lasse ich dich Neues hören, Verborgenes, was du nicht kennst.	**9** Das Frühere, siehe es ist eingetroffen, und Neues verkündige ich, ehe es hervorsprosst, lasse ich es euch hören.
7 Jetzt werden sie geschaffen und nicht seitdem. Vor diesem Tag hast du nicht davon gehört, damit du nicht sagen kannst: Siehe, ich habe es gewusst. **8** Du hast weder gehört noch erkannt, noch war seitdem dein Ohr geöffnet, denn ich wusste, dass du treulos bist, und man dich von Mutterleib an einen Abtrünnigen genannt hat. **9** Um meines Namens willen verzieht mein Zorn, und meines Ruhmes wegen bezwinge ich ihn, zu deinem Vorteil, um dich nicht auszurotten. **10** Siehe, ich habe dich geläutert, doch nicht zu Silber. Ich habe dich geprüft im Schmelzofen des Kummers.	
11 Für mich selbst, für mich selbst will ich handeln, denn wie wird er entweiht! Meine Ehre gebe ich keinem anderen.	**8** Ich bin JHWH, das ist mein Name, und meine Ehre gebe ich keinem anderen, noch meinen Ruhm geschnitzten Bildern.

Der durch Vergleich erzeugte Zusammenhang zum unbekannten GK in 42,1-9 setzt sich im nächsten Abschnitt 48,12-16 verdeckt fort. Wenn in 48,15 gesagt wird *Ich habe ihn kommen lassen, und sein Weg wird gelingen*, wird auch der GK in seiner Zeit angesprochen! Für das angesprochene Haus Jakob bedeutet dieser Umstand, dass sich 48,6b.7 erst in weiter Ferne erfüllen. *Vor diesem Tag hast du nicht davon gehört*. 48,9 Israel wurde *nicht ausgerottet*, hat aber 48,10 einen *Schmelzofen des Kummers* durchlaufen. 48,11 Dadurch hat der Ewige für sich selbst und für seinen Namen gehandelt.

Der Abschnitt 48,12-16 wurde oben bereits mit 45,18-23 verglichen. Jetzt sind Jakob und Israel als *mein Berufener* angesprochen 48,12. *Ich bin der Erste, ich bin auch der Letzte.* Er *hat die Erde gegründet,* und *die Himmel ausgespannt,* die alle an ihrem Platz stehen 48,13. Der hörenden Versammlung wurde damals durch Jesaja (48,16b) die Frage gestellt: *Wer unter ihnen hat dieses verkündet?* 48,14a. In 46,1f krümmen sich die babylonischen Gottheiten und in 47,1f wird die Jungfrau Babylon erniedrigt. *JHWH liebt den [Assyrer], der sein Vorhaben ausführt an Babel und seinen Arm an den Chaldäern* 48,14b. Diese Aussage konnte nach dem Machtwechsel 539 leicht auf Kyros übertragen werden, was bis heute die Lehrmeinung in Religion und Wissenschaft bestimmt. Nur verfolgte diese Ansage ans Haus Jakob (48,1) einen anderen Zweck! Ebenso wie ihr eigener Untergang programmatisch 720 kam, ebenso wird sein Vorhaben an Babylon 710 ausgeführt. Er hat (in beiden Fällen) Assyrien gerufen! *Ich, ich habe geredet, ja, ich habe ihn gerufen. Ich habe ihn kommen lassen, und sein Weg wird gelingen* 48,15. *Ich habe vom Anfang an nicht im Verborgenen geredet* 48,16, und zwar an Israel!

Jes 48	Jes 45
12 Höre auf mich, Jakob, und Israel, mein Berufener! Ich bin derjenige, ich bin der Erste, ich bin auch der Letzte.	
13 Meine Hand hat die Erde gegründet, und meine Rechte die Himmel ausgespannt. Ich rufe ihnen zu: Zusammen stehen sie da.	**18** Denn so spricht JHWH, der die Himmel erschafft, er ist Gott, der die Erde bildet und sie bereitet. Er hat sie fest aufgestellt, nicht zur Öde hat er sie geschaffen, zum Wohnen hat er sie gebildet: Ich bin JHWH, und sonst ist keiner!
14 Versammelt euch, ihr alle, und hört!	**20** Versammelt euch und kommt, nährt euch miteinander, ihr Entronnenen der Nationen!
Wer unter ihnen hat dieses verkündet?	**21** ... Wer hat dieses im Voraus hören lassen, es vorher kundgetan? War nicht ich es, JHWH?
JHWH liebt den, der sein Vorhaben ausführt an Babel und seinen Arm an den Chaldäern.	
15 Ich, ich habe geredet, ja, ich habe ihn gerufen. Ich habe ihn kommen lassen, und sein Weg wird gelingen.	
16 Naht euch zu mir, hört dieses! Ich habe vom Anfang an nicht im Verborgenen geredet. Seit der Zeit, da es geschah, bin ich da. Und nun hat der Herr JHWH, mich gesandt und sein Geist.	**22** Wendet euch mir zu und lasst euch retten, alle Enden der Erde! denn ich bin Gott, und keiner sonst.

Der Abschnitt 48,17-22 führt die Ansprache in einer Wenn-Dann-Darstellung 48,17-19 weiter, was auf die Zukunft von Jakob/Israel blickt. 48,20 beflammt sicherlich die Kyros-Deutung ab 48,15, doch wird man aus 48,21 auch nicht gleich eine Moses-Deutung anstellen, obwohl natürlich in beiden Versen gewisse Merkmale vorliegen, die geklärt werden müssen, ebenso im Abschluss 48,22. Was im ersten Moment zusammengestückelt wirkt, ist doch ein sinnvolles Ganzes!

Jes 48	Apk 18
17 So spricht JHWH, dein Erlöser, der Heilige Israels: Ich bin JHWH, dein Gott, der dich lehrt zum Nutzen, der dich leitet auf dem Weg, den du gehen sollst. **18** O dass du gelauscht hättest auf meine Gebote! Dann wäre dein Friede wie ein Strom, und deine Gerechtigkeit wie des Meeres Wogen. **19** Wie Sand wäre dein Same und die Sprösslinge deines Leibes wie Körner. Sein Name würde nicht ausgerottet und vertilgt werden vor meinem Angesicht.	
20 Zieht aus Babel, flieht aus Chaldäa mit Jubelschall verkündigt, lasst dies hören bis an das Ende der Erde! Sagt: JHWH hat seinen Knecht Jakob erlöst. **21** Nicht dürsteten sie, durch Wüsten führt er sie. Er ließ ihnen Wasser rieseln aus dem Felsen, er spaltete den Felsen, und Wasser flossen heraus. **22** Keinen Frieden den Bösen! spricht JHWH.	**4** … Zieht von ihr aus, mein Volk, wenn ihr nicht mit ihr teilhaben wollt an ihren Sünden und wenn ihr nicht einen Teil ihrer Plagen empfangen wollt.

In 48,17 kennzeichnet sich Gott als ein Erlöser, der Anleitung gibt. Bedauerlicherweise hat Jakob/Israel diese Anleitung in den Wind geschlagen und so seinen Frieden mit Gott verpasst 48,18. Die Bilderrede wechselt vom Fluss und von Meereswellen für Friede zum Sand und deren Körner, um den Segen der Nachkommen zu beschreiben 48,19. *Sein Name würde nicht ausgerottet und vertilgt werden.* Mit der Aufforderung in 48,20 *zieht aus Babel, flieht aus Chaldäa* bekommen 48,17-19 eine mögliche positive Wendung! 48,20 wird in Apk 18,4 z. T. zitiert und Apk 18,7.8a ist mit 47,8.9a.11 verbunden. Sie bekommt damit ein zukünftiges Gesicht. Eine Flucht aus Babylon war vor allem Gegenstand der Verkündigung von Jeremia (Jer 51,6). In 48,21 wird an die Wüstenwanderung Israels erinnert. Erst die Schlussrede in 48,22 kennzeichnet das völlige Aus derer von Jakob/Israel, die seiner Erziehung nicht folgen wollen (57,20).

Jes 48	Jes 52
17 So spricht JHWH, dein Erlöser, der Heilige Israels: Ich bin JHWH, dein Gott, der dich lehrt zum Nutzen, der dich leitet auf dem Weg, den du gehen sollst. **18** O dass du gelauscht hättest auf meine Gebote! Dann wäre dein Friede wie ein Strom, und deine Gerechtigkeit wie des Meeres Wogen. **19** Wie Sand wäre dein Same und die Sprösslinge deines Leibes wie Körner. Sein Name würde nicht ausgerottet und vertilgt werden vor meinem Angesicht. **20** Zieht aus Babel, flieht aus Chaldäa	
	11 Fort, fort, geht von dort hinaus, rührt nichts Unreines an! Geht hinaus aus ihrer Mitte, reiniget euch, die ihr die Geräte JHWHs tragt!
mit Jubelschall verkündigt, lasst dies hören bis an das Ende der Erde! Sagt: JHWH hat seinen Knecht Jakob erlöst. **21** Nicht dürsteten sie, durch Wüsten führt er sie. Er ließ ihnen Wasser rieseln aus dem Felsen, er spaltete den Felsen, und Wasser flossen heraus. **22** Keinen Frieden den Bösen! spricht JHWH.	**12** Doch zieht nicht in Hast aus, nicht in Panik, denn JHWH zieht vor euch her, und eure Nachhut ist der Gott Israels.

Eine weitere Aufforderung auszuziehen ist im Abschnitt 52,11.12. Nicht zufällig folgt der Ansprache an den Rest aus Jakob 48,1-21 das 2. GKL in 49,1-13. Der unbenannte Gottesknecht stellte sich als Hiskia heraus, der die Aufgabe wahrnehmen soll, *Jakob zu ihm zurückzubringen, damit Israel nicht weggerafft werde* 49,5 (siehe oben: Der GK in Jes 49,1-13; Alter und Ziel des 2. GKL). Der direkte Zusammenhang zum GK ist für die nahe und ferne Zukunft Israels sehr entscheidend! Das 1. GKL und das 2. GKL sind eng verbunden:

Jes 49	Jes 42
8 So spricht JHWH:	**1** Siehe, mein Knecht, den ich stütze, mein Auserwählter, …
Zurzeit der Bestätigung des Wohlgefallens habe ich dich erhört und am Tag der Rettung habe ich dir geholfen. Ich werde dich behüten und setzen zum Bund mit dem Volk, um das Land aufzurichten und die verwüsteten Erbteile auszuteilen. **9** Um den Gefangenen zu sagen: Geht hinaus! und zu denen in Finsternis: kommt ans Licht!	**6** Ich JHWH habe dich gerufen in Gerechtigkeit und ergriff dich bei der Hand und ich werde dich behüten und dich setzen zum Bund mit dem Volk, zum Licht der Nationen. **7** Um blinde Augen zu öffnen, um Gefangene aus dem Kerker herauszuführen und aus dem Gefängnis die Bewohner der Finsternis.

Die Anhänge zum 2. Gottesknechtslied in Jesaja 49,14-50,3

Der Abschnitt 49,14-21 eröffnet mit einem Spruch von Zion 49,14, der die Situation ab 720 widerspiegelt, und der Erwiderung Gottes mit zwei Bildern 49,15.16. Dem folgen eine rasante Zuwanderung während einer Zeit der Ruhe 49,17-19 und einen ebenso rasanten Städtebau durch die Neuen 49,20.21 vor Sanheribs Feldzug 701.

„Im judäischen Bergland ist bereits für die zweite Hälfte des 8. Jh. v.Chr. ein Siedlungsschub festzustellen. So stieg die Anzahl der Siedlungen im judäischen Bergland im späten 8. Jh. v.Chr. von 86 auf 122 an. Auch in der Schefala lässt sich eine Zunahme von 19 zu 277 Siedlungen erkennen, wobei die besiedelte Fläche von 6,89 ha auf 41,87 ha zunahm. ... Insofern hat es Juda vermutlich schon vor dem Feldzug des Sanheribs im Jahre 701 v.Chr. einen Bevölkerungsanstieg gegeben. Oft wird vermutet, dass es nach dem Untergang des Nordreiches zu einem Flüchtlingsstrom vom Norden in das Südreich gekommen ist. ... Auch das starke Wachstum der Städte, vor allem Jerusalem, scheint darauf hinzudeuten." – Erasmus Gaß[226]

Jes 49
14 Und Zion sprach: verlassen hat mich JHWH, der Herr hat mich vergessen.
15 Vergisst eine Mutter ihren Säugling, unbarmherzig gegen ihre Leibesfrucht? Sollten selbst sie vergessen, ich werde dich nicht vergessen.
16 Siehe, in meine beiden Handflächen habe ich dich eingezeichnet, deine Mauern sind beständig vor mir.
17 Deine Kinder sind schneller als deine Zerstörer und Verwüster ziehen von dir weg.
18 Erhebe deine Augen und schau dich um: sie alle versammeln sich, kommen zu dir. So wahr ich lebe, spricht JHWH, du wirst sie alle wie Schmuck anlegen und dich damit gürten wie eine Braut.
19 Denn deine Trümmer und Verwüstungen und Ruinen - ja, nun wird es zu eng für die Bewohner und fern sind die, die dich verschlingen.
20 Die Söhne deiner Kinderlosigkeit sagen noch vor deinen Ohren: Der Raum ist mir zu eng. Mache mir Platz zum Wohnen.
21 Und du wirst in deinem Herzen sprechen: Wer hat mir diese geboren, da ich doch der Kinder beraubt und unfruchtbar war [verbannt und umherirrend]? Und diese, wer hat sie großgezogen? Siehe, ich war ja allein übriggeblieben. Diese, wo waren sie?

Ein sagenhaftes Wachstum in Zion und Juda zwischen dem Untergang Jakob/Israels und Sanheribs Feldzug ist kaum zu bestreiten.

---

[226] BThSt 166 Erasmus Gaß: *Im Strudel der assyrischen Krise (2. Könige 18-19)*; 2016, Seite 36f.

Die nächsten Abschnitte 49,22.23 und 49,24-26 sind erläuternde Anhänge. So erklärt 49,22.23 das Zustandekommen von 49,21 und beleiht sich dabei am Abschnitt 62,10-12 und zieht aus dem Großabschnitt 60,1-22 Gedanken aus 60,10.16 hinzu. Diese bilden jedoch ein eigenes Wort und werden auch dort erläutert. Hier nur so viel: 49,22 Der Wink an die Völker, die darauf Flüchtlinge frühere Krisen nach Juda abschieben, wäre gerade noch denkbar.

Jes 49	
22 [So spricht der Herr, JHWH: Siehe, ich erhebe meine Hand zu den Nationen hin, und den Völkern gebe ich ein Zeichen, und sie werden deine Söhne in den Armen bringen, und deine Töchter auf der Schulter tragen.	62,10 60,4
23 Und Könige werden deine Pfleger sein und ihre Fürstinnen deine Ammen. Sie werden sich vor dir niederwerfen mit dem Antlitz zur Erde, und den Staub deiner Füße lecken. Und du wirst erkennen, dass ich JHWH bin: die auf mich harren, werden nicht beschämt werden.]	60,16 vgl. 14,2

In 49,24-25 wird die argumentative Figur in 49,15 nachgeahmt, um der Wunschvorstellung der Befreiung von Jakob/Israel aus assyrischer Hand Nahrung zu geben. In 49,26 wird die Speisung der Bedrücker mit dem eigenen Fleisch auf die Erfahrung der Deportation der mit Assyrien verwandten Syrer anspielen (2Kö 16,7-9)!

Jes 49	
24 [Wird einem Starken die Beute entrissen? oder was ein Gewaltiger wegführt, gerettet?	
25 Ja, so spricht JHWH: Auch die Gefangenen des Helden werden ihm entrissen, und die Beute des Gewaltigen gerettet. Und ich feinde den an, der dich anfeindet und rette deine Kinder.	
26 Und ich speise deine Bedrücker mit ihrem eigenen Fleisch, und von ihrem Blut sollen sie trunken werden wie von Most. Und alles Fleisch wird erkennen, dass ich, JHWH, deine Hilfe bin, und ich, der Starke Jakobs, dein Erlöser.]	60,16

Damit wird aber zugleich deutlich, dass die Abfassungszeit nicht allzu fern vom historischen Geschehen anzusetzen ist! Die Hoffnung auf eine Überwindung Assyriens erwartete Tobit aufgrund einer Prophezeiung gegen Ninive (Tob 14,4.8) noch bis zum Untergang.[227]

---

[227] EHAT 11 P. Meinrad/M. Schumpp: *Tobit.* Tob 14,4.8: Geh nach Medien, mein Sohn, denn ich bin überzeugt von allem, was der Prophet Jona über Ninive gesagt hat, dass es zerstört werden wird – in Medien aber wird mehr Ruhe sein bis zur bestimmten Zeit. … Also, mein Sohn, ziehe fort von Ninive, den vollkommen wird geschehen, was der Prophet Jona gesagt hat.

Der Abschnitt 50,1-3 knüpft sich an die Ansprache 48,1-22 für den Rest Jakobs an, die vom 2. GKL und dem Anhang über Zion unterbrochen wurde. 50,1 Jakob/Israel, *eure Mutter*, wurde aus der Ehe entlassen *wegen eurer Übertretungen*. Sie haben den Frieden 48,17f verpasst, weil sie auf sein Rufen nicht reagierten. 50,2 Er hätte sie retten können. Der Bilderrede vom Meer und vom Sand 48,17-20 muss nun die Austrocknung des Meeres und der Ströme zu einer Wüste folgen, sodass *ihre Fische stinken, weil kein Wasser da ist, und sie sterben vor Durst.* Ein übertragener Gebrauch scheidet aus. Ein verschwundenes Meer erinnert an Apk 21,1b und die Plage der Finsternis in 50,3 an Apk 6,12.

Jes 50	
1 So spricht JHWH: Wo ist der Scheidungsbrief eurer Mutter, mit dem ich sie entließ? oder welchem von meinen Gläubigern habe ich euch verkauft? Siehe, wegen eurer Missetaten seid ihr verkauft, und wegen eurer Übertretungen wurde eure Mutter entlassen.	Dtr 24,1
2 Warum bin ich gekommen, und keiner war da? habe gerufen, und niemand antwortete? Ist meine Hand zu kurz um loszukaufen? oder ist in mir keine Kraft, um zu retten?	59,1
Siehe, durch mein Schelten trockne ich das Meer aus, mache Ströme zu einer Wüste. Es stinken ihre Fische, weil kein Wasser da ist, und sie sterben vor Durst.	Apk 21,1
3 Ich kleide die Himmel in Finsternis und mache Sacktuch zu ihrer Decke.	Apk 6,12

Im Kontext 48,21 kann ein örtlicher Zusammenhang zu Ägypten hergestellt werden, was den Nil als Strom in den Blick rückt:

Bist du stärker als No Amon, das an den Nilströmen thronte, [von Wasser umringt,] dessen Schutzwall das Meer, dessen Mauer Wasser waren? – Nah 3,8

No Amon ist die große Stadt Theben, die 671 von Assyrien erobert wurde. Nilströme bildeten einen Schutz und die wiederkehrende Nilschwemme erzeugte ein Meer von Wasser. Schon die Namen der drei ägyptischen Jahreszeiten zeigen die Bedeutungsschwerpunkte in der Abhängigkeit vom Nil: der Achet, *die Überschwemmung*, der Peret, *die Aussaat* und der Schemu, *die Hitze/Ernte.*

In 19,5-10 ist „ein älteres Stück über eine Naturkatastrophe untergebracht, dass sogar noch aus der Zeit Josephs (Gen 41) mit dem Hintergrund der sieben dürren Jahre über Ägypten stammen könnte. … Auf der Hungersnot-Stele von König Djoser (3. Dynastie) an den Gauherren von Elephantine schreibt Pharao:[228]

---

[228] Harald Schneider: *Die biblische Chronologie*; 2020, Seite 272

Dieser königliche Erlaß wird dir gebracht, um dich wissen zu lassen, daß ich mich an der großen Stätte in dem Palaste in Trauer befinde und daß mein Herz überaus schmerzlich betrübt ist, weil der Nil in meiner Zeit nicht eingetreten ist für einen Zeitraum von sieben Jahren. Das Korn ist klein, die Felder sind kahl; alles was man ißt, gerät schlecht. ... der Hof litt Mangel, die Magazinen (-Zufuhr) war verstopft. Die Kapellen hatten Luft, alles trauerte.[229]

Die Worte in 50,2b.3 könnten auf die sieben dürren Jahre des Joseph anspielen, von denen wahrscheinlich 19,5-10 ein Überbleibsel ist!

Geschworen hat JHWH bei Jakobs Hoheit: ‚Nie werde ich all ihre Taten vergessen. Soll deshalb das Land nicht erbeben und jeder Bewohner darauf trauern müssen, wenn es sich hebt wie der Nil und sich senkt wie der Nil von Ägypten? – Am 8,7-8

Einhergehend mit starken Veränderungen in der Erdkruste (Am 8,8; 9,5) könnten vermehrte Vulkantätigkeiten auftreten, bei deren Ausstoß sich viele Partikel in höheren Luftschichten festsetzen und auf diese Weise auch eine Verdunklung am hellen Tag stattfinden kann. Forscher können heute nachweisen, dass in Folge eines Vulkanausbruches (Laki) in Island 1783/84 der Pegel des Nils auf ein Rekordtief fiel, was damals großen Bevölkerungsteilen den Tod brachte.

Die Finsternis wird häufig zusammen mit Dunkelheit metaphorisch gebraucht, z. B. um Unwissenheit über Gott (Am 8,11-14) zu zeigen. Der Tag JHWHs bringt Dunkelheit (Joel 2,2; Am 5,18-20). Der Ablauf einer Zeit verdunkelt entsprechend Sonne, Mond oder Sterne (Joel 2,10.31; 3,15).[230]

Der Abschnitt 50,1-3 über die Rettung Jakobs schließt die Ansprache an den Rest Jakobs ab und geht dem 3. GKL in 50,4-11 vorweg, wo zum ersten Mal der leidende Gottesknecht genannt wird (Siehe: Der GK in Jes 50,4-11; Alter und Ziel des 3. GKL). Die Anordnung bringt die mit Joseph (Imhotep) verbundenen sieben Dürrezeiten (Gen 37-47) mit dem unbekannten Gottesknecht in Verbindung.

Sieht man hinter der Finsternis der Himmel in 50,3 ein Zeitkonzept, so würden am Ende von 7 Mondzeiten 1945 bzw. am Ende 7 Sonnenzeiten 2020/22 ähnlich gravierende Probleme wie die unter Djoser c/o Imhotep auftreten[231] (Siehe: Die zwei Siebener, Zeitrechnung der Apokalyptik). Hier sei zuerst an die Folgen des Klimawandels gedacht!

---

[229] Roeder, Urkunden, 178f, AOT, 79, ANET, 31f – zitiert aus BKAT X 2, 713
[230] Harald Schneider: *Das Zwölf-Propheten-Buch*; 2023, Seite 120
[231] Lennart Möller: *Die Akte Exodus*; 2010, Seite 57-99 [Joseph/Imhotep]

Die Anhänge zum 3. Gottesknechtslied in Jesaja 51,1-52,12

Der Abschnitt 51,1-2 fordert Wahrheitssucher und JHWH-Anhänger dazu auf, den Blick auf den Felsen und den Schacht, Abraham und Sara zu richten. *Er war alleine, als ich ihn rief, und ich segnete und mehrte ihn.* Diese Erfahrung stützt den Gottesknecht (und dessen Frau). Der GK erklärte sich in 50,4-11, woraufhin Gott auf sein Handeln mit Abraham und Sara verweist.

Jes 51
1 Hört auf mich, die ihr der Gerechtigkeit nachjagt, die ihr JHWH sucht! Blickt auf den Felsen, aus dem ihr gehauen, und den Schacht, aus dem ihr gegraben seid.
2 Blickt hin auf Abraham, euren Vater, und auf Sara, die euch geboren hat. Er war alleine, als ich ihn rief, und ich segnete ihn und mehrte ihn.

Der Abschnitt 51,3 knüpft thematisch an die Besiedlung im Absatz 49,14-21 an. Die Anordnung will den GK in 50,4-11 mit Hiskia verbinden, als *alle Trümmer Zions getröstet wurden.* Welche Trümmer?

Und es war Amazja, der König von Juda … den Joas, der König von Israel bei Beth-Schemesch gefangen nahm und sie nach Jerusalem kamen und er dort eine Breche in die Mauer Jerusalems legte, beginnend am Ephraim-Tor bis zum Eck-Tor, 400 Ellen.[232] Und er nahm alles Gold und Silber und alle Geräte im Haus JHWH und die Schätze im Haus des Königs und seine Geiseln, und kehrte nach Samaria zurück. – 2Kö 14,13.14

Jes 51
3 Denn JHWH tröstet Zion, tröstet alle ihre Trümmer, und er macht ihre Wüste gleich Eden, und ihre Steppe gleich dem Garten JHWHs. Freude und Jubel finden sich in ihr, Danklied und Lobgesang.

Im Absatz 51,4-6 klingen die ersten drei Gottesknechtslieder an.

Jes 51	
4 Hört auf mich, mein Volk, und meine Nation, hört mir hin! Ein Gesetz wird von mir ausgehen, und mein Recht werde ich setzen zum Licht der Völker.	2,3 42,6; 49,6
5 Nahe ist meine Gerechtigkeit, meine Rettung ist ausgezogen, und meine Arme werden die Völker richten. Auf mich hoffen die Inseln, und sie harren auf meinen Arm.	42,4
6 Hebt eure Augen zum Himmel hoch und blickt auf die Erde unten! Denn die Himmel zergehen wie Rauch, und die Erde zerfällt wie ein Kleid, und ihre Bewohner sterben weg. Aber meine Rettung bleibt für immer, und meine Gerechtigkeit wird nicht zerbrochen.	vgl. 50,9

---

[232] Harald Schneider: *Das Zwölf-Propheten-Buch*; 2023: Sach 14,10 *Komm.*

In 51,4 wird mit der *Nation* mehr an Hiskia gedacht worden sein, der ungenannt im 2. GKL als *du bist Israel* präsentiert wird 49,3. Er wird zum Licht der Völker und zu deren Richter 51,5. Nach oben und unten Blicken kann nur die Mitte zwischen Assyrien und den kleinen umliegenden Nationen 51,6. Das Bild Kleid-Motte 50,9 im 3. GKL wird abgewandelt, und während alle sterben und in Rauch aufgehen, bleibt meine Rettung für immer und mein Recht unzerbrochen, was einer menschlichen Wunschvorstellung entspricht. Vielleicht entstammen diese Worte einer Ansprache Hiskias, die mit einem Höraufruf wie in 51,1.7 versehen gleich hinter den Erbauungsworten über Zion 51,3 gestellt wurden!

Der Abschnitt 51,7.8 ist wieder auf der Ebene vom Abschnitt 51,1.2 und zeigt praktisch, was die GK-Nachfolger benötigen. Hier ist das Kleid-Motte Bild gegenüber den GK-Gegnern ausgeprägt und die Rettung für alle Zeit auf den GK der Gegenwart ausgerichtet.

Jes 51	
7 Hört auf mich, die ihr Gerechtigkeit kennt, du Volk, in dessen Herzen mein Gesetz ist: Fürchtet nicht der Menschen Schmach, und erschreckt nicht vor ihren Schmähungen!	51,1 Mat 5,11
8 Denn wie ein Kleid frisst sie die Motte, und wie Wolle frisst sie die Kleidermotte, aber meine Gerechtigkeit bleibt für immer, und meine Rettung durch alle Generationen hindurch.	50,9

Zusammenfassend kann gesagt werden, dass die Anhänge 51,1-8 aus unterschiedlichen Betrachtungsweisen bestehen:

Da ist ein Gerechtigkeitsliebendes Volk, dass sich nach 51,1.2 auf *einen* GK einstellen soll und Spott und Schach in Kauf nehmen muss im Trost der ewigen Rettung 51,7.8.

Da ist ein auf die Fortschritte um Zion und Juda blickendes Volk in 51,3 voller Wertschätzung, doch getrennt von 49,14-21 gepflanzt.

Daran angeschlossen werden auf nationaler Ebene Themen aller bisherigen GKL zugunsten Judas ausgelegt, was ein Gericht oben und unten nach sich zieht und zur ewigen Rettung führen soll 51,4-6.

Dem gegenüber stehen in 51,7.8 Einzelne für den GK ein.

Dem sind bis zum 4. GKL in 52,13-53,12 Abschnitte angegliedert, die mit *wach auf, wach auf* in 51,9-11 und 52,1.2 einsetzen, gefolgt von 51,12-16; 51,17-21; 51,22-23 bzw. 52,3-10; 52,11.12. Sie verraten einen anderen Stil und werden für sich betrachtet.

Der Abschnitt 51,9-11 eröffnet mit einem *wach auf, wach auf* an Gott. Hier kollidierte offensichtlich eine Vorstellung, wie Gott zu handeln hätte, mit der Wirklichkeit. Der Ton ist unverschämt fordernd. Die Beschwörung auf die Rettung aus Ägypten und der Wegleitung durch den Golf von Akaba nützte ihnen nichts 51,9.10. Diese Enttäuschung muss mit Zion zu tun gehabt haben, denn in 51,11 wird 35,10 zitiert, wo von einer wunderbaren Befreiung gesprochen wird.

Der historische Hintergrund ist in der Zeit Ahas von Juda zu suchen! In einem Bruderkrieg mit Israel unter König Pekach wurden 120.000 Männer an einem Tag getötet und von Syrien wurde eine große Anzahl Gefangener nach Damaskus weggeführt (2Chr 28,1-8). Dieses Geschehen (um 730) durfte nicht wahr sein, eine Geisteshaltung, die sogar Einfluss auf die Geschichtsschreibung genommen hat (2Kö 16,5).

Jes 51	
9 Wach auf, wach auf, kleide dich in Macht, Arm JHWHs! Wach auf wie in den Tagen der Vorzeit, der früheren Generation. Bist du es nicht, der Rahab zerhauen, das Seeungetüm durchbohrt hat?	52,1
10 Bist du es nicht, der das Meer, die Wasser der großen Urflut, trockengelegt, der die Tiefen des Meeres zu einem Wege gemacht hat, damit die Erlösten durchzögen?	Hi 26,12f Ps 89,11 Ex 14,21f
11 Und die Losgekauften JHWHs kehren nach Zion zurück mit Jubel und ewige Freude auf ihrem Haupt. Sie werden Freude und Jubel haben, Kummer und Seufzen werden sich auflösen.	35,10

Der ausgedrückten Enttäuschung in 51,9-11 wird in 51,12-16 begegnet. 51,12 *Ich bin es, ich bin es, der euch tröstet.* Sie hatten JHWH, *der* sie *gemacht hat*, vergessen 51,13. Die Gefangenen würden bald wieder frei kommen 51,14, wie das in 2Chr 28,9-15 bestätigt wird. Die syrischen Bedränger kamen ins Exil 2Kö 16,9. In 51,16 wird deutlich, dass dem Propheten 1,1 Jesaja die Klage aus 51,9-10 *in den Mund gelegt wurde, bedeckt mit dem Schatten meiner Hand, um die Himmel aufzuschlagen*, d. h. sein Handeln sichtbar zu machen, *und die Erde zu gründen und zu Zion zu sagen: Du bist mein Volk!* Zu dieser Enthüllung gehört, dass 51,15 *Gott das Meer erregt und seine Wogen brausen* (2Chr 28,5a), das Gegenteil von der Rettung in 51,9.10, auf deren Wiederholung ja gehofft wurde.

Gottes Befreiung bekommt damit aber auch ein zukünftiges Gesicht. Der in 51,11 zitierte Abschnitt 35,3-10 ist ein apokalyptischer Text, der eine Befreiung nach Gottes Rache in 35,4 anzeigt. Deshalb ist 51,9-16 noch den Anhängen zum 3. GKL in 50,4-11 zuzuordnen!

Jes 35

3 Macht die schlaffen Hände stark, und die wankenden Knie fest.

4 Sagt zu denen, die bestürzten Herzens sind: Seid stark, fürchtet euch nicht! Siehe, da ist euer Gott. Die Rache kommt, die Vergeltung Gottes! Er selbst kommt und wird euch helfen.

5 Dann werden die Augen der Blinden aufgetan und die Ohren der Tauben öffnen sich.

6 Dann wird der Lahme springen wie ein Hirsch, und aufjauchzen wird die Zunge des Stummen. Denn es brechen Wasser hervor in der Wüste, und Bäche in der Steppe.

7 Die Wasserspiegelung wird zum Teich, und das dürre Land zu Wasserquellen, an der Stätte wo Schakale lagerten, wird Gras und Rohr und Schilf sein.

8 Und dort wird eine Straße sein [und ein Weg], und er wird der heilige Weg genannt werden. Kein Unreiner wird ihn betreten, [sondern er wird für sie sein. Wer auf dem Wege wandelt] – und Tore gehen nicht auf ihr umher.

9 Dort wird kein Löwe sein, und kein reißendes Tier wird auf ihr gehen [noch dort gefunden werden] und die Erlösten werden darauf gehen.

10 Und die Losgekauften JHWHs kehren nach Zion zurück mit Jubel, und ewige Freude auf ihrem Haupt. Sie werden Freude und Jubel haben, Kummer und Seufzen werden sich auflösen.

Im Abschnitt 51,12-16 wird in Fortsetzung von 51,9-11 auf 35,3-10 angespielt. Der Erbauung 35,3.4a.6a steht die Furcht 51,12a.13b gegenüber und der Rettung/Loskauf 35,10 Fesseln 51,14a, die sich wieder lösen würden.

Jes 51	
12 Ich bin es, ich bin es, der euch tröstet. Wer bist du, dass du dich vor dem Menschen fürchtest, der hinstirbt, und vor dem Menschensohn, welches wie Gras dahingegeben wird?	
13 Und dass du JHWH vergisst, der dich gemacht, der die Himmel ausgespannt und die Erde gegründet hat, und dich beständig, den ganzen Tag, vor dem Grimm des Bedrückers fürchtest, wenn er sich rüstet, um zu verderben? Wo ist denn der Grimm des Bedrückers?	
14 Der in Fesseln Gekrümmte wird schnell wieder gelöst und wird nicht hinsterben in die Grube, und sein Brot wird er bekommen.	
15 Denn ich bin JHWH, dein Gott, der das Meer erregt, und seine Wogen brausen. JHWH der Heerscharen ist sein Name.	Jer 31,35
16 Und ich habe meine Worte in deinen Mund gelegt und dich bedeckt mit dem Schatten meiner Hand, um die Himmel aufzuschlagen und die Erde zu gründen, und zu Zion zu sagen:	59,21 49,2
Du bist mein Volk!	Hos 2,25

Die Schlussansage *du bist mein Volk* aus Hos 2,25 war ursprünglich an Israel gerichtet, dass erneut durch die Ebene Achor (Hos 2,17; Jes 65,10) ins Land einziehen wird, wenn der Brautpreis (Hos 3,2.5) bezahlt ist (*Zwölf-Propheten-Buch* Hosea 3,2 – Der Brautpreis Israels). Hier verschmelzen Israel mit Zion ab deren Neugründung 1948.

Die in 51,14 über Gefangene ausgedrückte schnelle und unversehrte Freilassung, ein exklusives Merkmal während der Herrschaft Ahabs, widerspricht der Ansicht der Autorenschaft durch Deuterojesaja.

Der Abschnitt 51,17-21 stellt den Ruf aus 51,9 auf Jerusalem um. Sie mussten dringend aufwachen und erkennen, was geschehen ist. 51,17 Sie waren Empfänger vom Taumelbecher Gottes. 51,18 Keiner der Könige, weder Jotham noch Ahas, boten in Juda Anleitung! 51,19 Entsprechend wurde ihnen Beileid und Trost versagt. Trost in 51,12 gab es nur mit Blick auf die Gefangenen. 51,20 Viele Tote lagen überall an den Straßenecken, 120000 Mann (2Chr 28,5-8). In 51,21 wird den Schockierten der nächste Abschnitt eingeleitet.

Jes 51
17 Wach auf, wach auf, stehe auf, Jerusalem, die du getrunken aus der Hand JHWHs den Becher seines Grimms! Den Kelchbecher des Taumels getrunken, ausgeschlürft.
18 Keiner ist da, der sie leitet, von den Söhnen, die sie geboren. Keiner nimmt sie bei der Hand von allen Söhnen, die sie großzog.
19 Zweierlei begegnet dir: wer bekundet dir Beileid? – Verheerung und Zusammenbruch und Hunger und Schwert – wer tröstet dich? Wie könnte ich dich trösten?
20 Deine Söhne lagen ohnmächtig an allen Straßenecken wie eine Antilope im Netz. Erfüllt vom Grimm JHWHs, dem Schelten deines Gottes.
21 Darum höre doch dies, du Elende und Trunkene, aber nicht von Wein.

In 51,22.23 wird *die Rechtssache seines Volkes geführt*. Jerusalems Gericht wurde eingestellt und der Taumelbecher *in die Hand deiner Peiniger* gegeben, namentlich an Israel, weil sie ihrem Brudervolk Juda so erheblich zusetzten und sie überrollten. Ihr Geschick endete kaum 10 Jahre später in der Deportierung durch König Sargon.

Jes 51
22 So spricht JHWH, dein Herr und dein Gott, der die Rechtssache seines Volkes führt: Siehe, ich nehme aus deiner Hand den Taumelbecher, den Kelchbecher meines Grimms. Du wirst ihn nicht weiter trinken.
23 Und ich gebe ihn in die Hand deiner Peiniger, die zu deiner Seele sprachen: Bücke dich, dass wir darüber gehen! Und du machtest deinen Rücken der Erde gleich, wie eine Straße für die darüber Gehenden.

Jes 52	
1 Wach auf, wach auf, kleide dich mit deiner Macht, Zion! Kleide dich in edle Gewänder, Jerusalem, du heilige Stadt! Denn nicht noch einmal wird ein Unbeschnittener oder Unreiner dich betreten.	51,9
	Apk 21,27
2 Schüttle den Staub von dir, stehe auf, Throne, Jerusalem! Löse die Fesseln deines Halses, du gefangene Tochter Zion!	

Der Abschnitt 52,1-2 fügt sich der Rechtssache seines Volkes 51,22 an und rehabilitiert Jerusalem gegenüber seinen Peinigern. Das *kein Unbeschnittener oder Unreiner* die Stadt mehr betreten wird, hat für die Stadt (Regierung) der Zukunft in Apk 21,27 seinen Niederschlag gefunden.

Der eigentlichen Fortsetzung für Zion in 52,7-10 ist innerhalb des Absatzes in 52,3-6 ein Wort über Jakob/Israel eingeschaltet. Israel wurde *umsonst verkauft* und wird auch *ohne Kaufpreis* ausgelöst. 52,4 Sie waren anfangs in Ägypten und Assyrien bedrückt sie jetzt. 52,5 Nun ist nichts mehr zu machen und seine Beherrscher lästern. 52,6 *An jenem Tag soll mein Volk meinen Namen kennen lernen*, ihren Gott der für sie da sein wird (vgl. 51,16 Du bist mein Volk!).

Der Friedensbote 52,7 spricht zu Zion: *Dein Gott herrscht als König.* 52,8 *Die Wächter* sehen *wie JHWH Zion wiederbringt.* Hier ist nicht an die Wiederbesiedlung Judäas in persischer Zeit zu denken, sondern hier ist gleichwie bei Israel 52,6 *an jenem Tag* angesprochen! 52,9 Dann können die *Trümmer Jerusalems*, in Assoziation mit den *Wächtern* die Engel als Regierung sich freuen, erlöst worden zu sein! 52,10 Diese Rettung JHWHs *vor den Augen aller Nationen und aller Enden der Erde* zu sehen sein, wie das 1948 nach 7 Mondzeiten am Staat Israel der Fall war und nach 7 Sonnenzeiten ab 2022 für seine Weltregierung der Fall sein wird. Somit stehen auch hier die Fragen nach dem unbekannten Gottesknecht in 50,4-11 wieder im Raum!

Jes 52

3 Denn so spricht JHWH: Umsonst wurdet ihr verkauft, und nicht um Geld werdet ihr gelöst.

4 Denn so spricht der Herr, JHWH: Nach Ägypten zog mein Volk im Anfang hinab, um sich dort aufzuhalten und Assyrien hat es ohne Ursache bedrückt.

5 Jetzt aber, was habe ich hier? spricht JHWH. Denn mein Volk ist umsonst genommen. Seine Beherrscher höhnen, spricht JHWH, und beständig alle Zeit wird mein Name gelästert.

6 Darum soll mein Volk meinen Namen erkennen, darum an jenem Tage erfahren, dass ich es bin, der da spricht: Hier bin ich!

7 Wie lieblich sind auf den Bergen die Füße des Boten, der Frieden verkündigt, der Gute Nachricht bringt, Rettung verkündigt, der zu Zion spricht: Dein Gott herrscht als König!

8 Horch deine Wächter! Sie erheben die Stimme, alle jubeln sie, denn Auge in Auge sehen sie, wie JHWH zu Zion zurückkehrt.

9 Brecht in Jubel aus, jubelt zusammen, ihr Trümmer Jerusalems! denn JHWH hat sein Volk getröstet, hat Jerusalem erlöst.

10 JHWH hat seinen heiligen Arm entblößt vor den Augen aller Nationen, und alle Enden der Erde sehen die Rettung unseres Gottes.

Der Friedensbote in 52,7 wird auch in 11Q13 verarbeitet und eine Chronologie zu Jesu Geburtsjahr gezeigt. Zum Aufgang eines Sternes als astronomisches Ereignis, siehe die Folge:[233]

Der Friedensbote in Jes 52,7 und der Stern in Luk 1,67-79
Die Magier-Geschichte in Mat 2,1-12
Das Protoevangelium des Jakobus
Jesu Geburt und Micha 5,2
Jesu Geburt und Numeri 24,17
Der Stern in Amos 5,26
Jesu Geburt und Lukas 1,5; 2,25-33
Die Zeit des Wirkens Jesu und Daniel 9,1-2.24-27

Der letzte Absatz 52,11-12 vor dem 4. GKL. fordert zum Verlassen einer Örtlichkeit auf, die in 48,20 als Babylon benannt, gegenwärtiger Wohnort des Volkes sein muss. Dieser Umzug erfolgt nicht unter Zeitdruck und wird umfassend vom *Gott Israels* geleitet.

Jes 52	Jes 48
11 Fort, fort, geht von dort hinaus, [rührt nichts Unreines an]! Geht hinaus aus ihrer Mitte, reiniget euch, die ihr die Geräte JHWHs tragt!	**20** Zieht aus Babel, flieht aus Chaldäa
12 Doch zieht nicht in Hast aus, nicht in Panik, denn JHWH zieht vor euch her, und eure Nachhut ist der Gott Israels.	mit Jubelschall verkündigt, lasst dies hören bis an das Ende der Erde! Sagt: JHWH hat seinen Knecht Jakob erlöst. **21** Nicht dürsteten sie, durch Wüsten führt er sie. Er ließ ihnen Wasser rieseln aus dem Felsen, er spaltete den Felsen, und Wasser flossen heraus. **22** Keinen Frieden den Bösen! spricht JHWH.

Der Paralleltext 48,20-22 garantiert die Versorgung auf dem Weg in Anlehnung an die Wüstenwanderung, die mehrere Jahrzehnte in Anspruch nahm. Den Bösen würde jedoch kein Frieden widerfahren, was sich auf Babylon beziehen dürfte. An dieser Stelle ist ausschließlich Jakob angesprochen, nicht etwa Exil-Judäer zurzeit des Kyros.

Damit endet der Anhang zum 3. GKL mit einem Umzug (Apk 18,4.7), der dem 4. GKL in 52,13-53,12 vorweggeht, wo der leidende Gottesknecht genannt wird (Siehe: Der GK in Jes 52,13-53,12; Alter und Ziel des 4. GKL).

---

[233] Harald Schneider: *Die Ordnung der vier Evangelien*; 2020: Überschriften

Die Anhänge zum 4. Gottesknechtslied

Im 4. GKL kam in 53,1-6 eine Wir-Gruppe zu Wort, die durch den Einsatz des GK rehabilitiert wird. Ebendiese ist in 54,1-8; 54,9.10; 54,11-17 angesprochen. Die Freude darüber hat sich in Hen 69,26 erhalten, dem die Einsetzung des GK und die Neuordnung folgen.

Jes 54	Hen 69
1 Juble, du Unfruchtbare, die nicht geboren, brich in Jubel aus und jauchze, die keine Wehen hatte! Denn die Söhne der Einsamen sind mehr als die Söhne der Verheirateten, spricht JHWH.	**26** Und es herrschte unter ihnen große Freude, sie loben, preisen und erheben, weil der Name jenes Menschensohnes offenbart worden war.
2 Mach dein Zelt geräumig und spanne die Decken deiner Wohnung aus, spare nicht! Mach deine Seile lang, und deine Pflöcke steck fest!	**27** Und er setzte sich auf seinen Thron der Herrlichkeit, und das gesamte Gericht wurde dem Menschensohn übergeben
3 Denn du wirst dich rechts und links ausbreiten und deine Nachkommen werden die Nationen in Besitz nehmen, und die verödeten Städte bevölkern.	und er lässt die Sünder und die Weltverführer verschwinden und vertilgen vom Angesicht der Erde.
4 Fürchte dich nicht, denn beschämt wirst du nicht, und schäme dich nicht, denn du kommst nicht zu Schanden, sondern du wirst der Schmach deiner Jugend vergessen und der Schande deiner Witwenschaft nicht mehr gedenken.	**28** In Ketten werden sie gelegt, an ihrem Versammlungsort der Vernichtung eingeschlossen und ihr ganzes Werk wird vom Angesicht der Erde verschwinden.
5 Denn dein Erschaffer ist dein Mann, - JHWH der Heerscharen ist sein Name - und der Heilige Israels ist dein Erlöser. Gott der ganzen Erde wird er genannt.	**29** Von nun an wird nichts Verdorbenes mehr da sein, denn der Menschensohn ist erschienen und hat sich auf seinen Thron der Herrlichkeit gesetzt. Alles Böse wird vor seinem Angesicht verschwinden und vergehen, und sie werden zu jenem Menschensohn sprechen, und er wird mächtig sein vor dem Herrn der Geister. Dies ist die dritte Bilderrede Henochs.
6 Denn wie eine verlassene und tief gekränkte Frau ruft dich JHWH, wie eine verstoßene Frau der Jugend, spricht dein Gott.	
7 Einen kleinen Augenblick habe ich dich verlassen, aber mit großem Erbarmen will ich dich sammeln.	
8 Im Zornerguss habe ich einen Augenblick mein Angesicht vor dir verborgen, aber mit ewiger Güte erbarme ich mich deiner, spricht JHWH, dein Erlöser.	

Die Worte in 54,1-8 wurden zurzeit Hiskias, der sich selbst als GK sah 49,1-11, sicherlich für Zion verstanden (vgl. 62,1). Jerusalem hatte Grund zum Jubeln wegen dem großen Bevölkerungswachstum 54,1 und der umfangreichen Bauprojekte 54,2 im ganzen Land und gegenüber den umliegenden Nationen 54,3. Die Jugendsünden 54,4 weichen der intakten Ehe 54,5, denn die Verstoßene 54,6, Verlassene 54,7, Unbeachtete 54,8 der Zeit von Ahasja und Ahas, wurde gerufen 54,6, gesammelt 54,7 und erlöst 54,8.

In 54,5a wird die Ehe als Bild wie in Hos 2,18 gebraucht. Schon die Schlussansage in 51,16 *du bist mein Volk* aus Hos 2,25 war Teil einer Zeichenhandlung, in der ein Brautpreis (Hos 3,2.5) die Zeit anzeigt (*Zwölf-Propheten-Buch* Hosea 3,2 – Der Brautpreis Israels).

Die Unfruchtbare in 54,1 wird wegen der Häufigkeit der Söhne von Alleinerziehenden gegenüber den Söhnen aus intakten Ehen in die Regierung zurückbeordert, aus der sie verstoßen wurde! In Henoch ist das ein Grund zur großen Freude, die mit der Bekanntgabe des Namens des Menschensohnes, d. h. des GK, und seiner Einsetzung verbunden sind 69,26.27a. Diese Regierung lässt die Weltverführer verschwinden 69,27b.28, beseitigt Verdorbenes und lässt das Böse vergehen 69,29. Im 2. GKL sind Einsetzung 49,1-3; Versammlung Jakobs/Israels 49,5.6.8-12 und die Freude darüber 49,13 angelegt. Diese Regierung macht sich breit und fest 54,2. Rechts und links werden Nachkommen die Nationen in Besitz nehmen und die zerstörten Orte wieder bevölkern 54,3, was an eine vorangegangene Katastrophe denken lässt. 54,4 *Fürchte dich nicht, du kommst nicht zu Schaden.* 54,5 *Der Heilige Israels ist dein Erlöser. Gott der ganzen Erde wird er genannt.* 54,6 *Ich habe die verletzte und gekränkte Frau gerufen,* 54,7 *die verlassen war* 54,8 *als ich mein Angesicht vor dir verbarg.*

Jes 54	Hen 1
9 Das ist bei mir wie die Wasser Noahs, als ich schwor, dass die Wasser Noahs die Erde nicht mehr überfluten sollten. So habe ich geschworen, dir nicht mehr zu zürnen, noch dich zu schelten.	
10 Die Berge mögen weichen und die Hügel wanken, aber meine Güte wird nicht von dir weichen und mein Friedensbund nicht wanken, spricht JHWH, dein Erbarmer.	**6** Es werden erschüttert werden die erhabenen Berge, und die hohen Hügel sich senken und schmelzen wie Honigwachs vor der Flamme.

Als Bildvergleich wird in Abschnitt 54,9.10 das Abschwören Gottes zu den Wassern Noahs herangezogen (Gen 9,8-17). *Berge mögen weichen und Hügel wanken, nicht meine Güte und mein Friedensbund.* Die Bilderrede über Berge und Hügel und einem Bund sind in 49,8b.11.13 präsent, was die Verbindung zu Hen 1,6 unterstreicht.

Jes 54	Jes 49
1 Juble, du Unfruchtbare, die nicht geboren, brich in Jubel aus und jauchze, die keine Wehen hatte! ...	**13** ... ihr Berge brecht in Jubel aus, denn JHWH hat sein Volk getröstet und seinen Elenden erbarmt er sich.
9 Das ist bei mir wie die Wasser Noahs, als ich schwor, dass die Wasser Noahs die Erde nicht mehr überfluten sollten. So habe ich geschworen, dir nicht mehr zu zürnen, noch dich zu schelten.	
10 Die Berge mögen weichen und die Hügel wanken, aber meine Güte wird nicht von dir weichen und mein Friedensbund nicht wanken, spricht JHWH, dein Erbarmer.	**11** Und alle meine Berge will ich zu Wegen machen und meine Straßen werden erhöht werden. **8** ... Ich werde dich behüten und setzen zum Bund mit dem Volk ...

Wie eine verlassene und tief gekränkte Frau ruft dich JHWH 54,6, und benennt in 54,11-17 Edelsteine 54,11b.12 zum Aufbau, eine Belehrung der Nachkommen 54,13 und eine diffizile Schutzzusage 54,14.15.17. Die Edelsteine in 54,11.12 werden in Hen 18,6-8 gebraucht, um Orte im Orionsternbild zu beschreiben, Orte von Engeln (Siehe unten: Die kosmische Reise des Henoch).

Jes 54	Hen 17
11 Du Elende, Sturmbewegte, Ungetröstete!	**2** Und sie führten mich zu einem Ort der Sturmwinde und zu einem Berg, dessen Gipfelspitze in den Himmel reichte.
	Hen 18
Siehe, ich lege deine Steine in Granat und gründe dich mit Saphiren. **12** Und ich mache deine Sonnenschilde aus Rubinen und deine Tore aus Beryll und dein ganzes Gebiet aus Edelstein.	**6** Und ich ging weiter nach Süden, der Tag und Nacht brennt, da wo sieben Berge aus Edelsteinen sind, drei östlich und drei südlich. **7** Die drei östlichen sind, einer von Buntstein, einer von Perlstein und einer von Heilstein und die südlichen von rotem Stein beschaffen. **8** Der mittlere reicht bis zum Himmel, gleich dem Thron Gottes aus einem Alabaster und die Spitze des Thrones aus Saphir.

Die kosmische Reise des Henoch (2020)

1 Und sie nahmen mich weg zu einem Ort, wo die Anwesenden wie loderndes Feuer aussehen, und wenn sie wollen auch wie Menschen erscheinen können. **2** Und sie führten mich zu einem Ort der Sturmwinde und zu einem Berg, dessen Gipfelspitze in den Himmel reichte. **3** Und ich sah Orte, hellleuchtend mit donnern in den Ausläufern, in deren Tiefe ein feuriger Bogen und Pfeile mit Köcher und ein feuriges Schwert und alle Blitze sind. **4** Sie brachten mich zu den bezeichneten lebendigen Wassern bis zu dem Feuer des Westens, das jeden Untergang der Sonne aufnimmt. **5** Und ich kam zu einem Feuerstrom, dessen Feuer wie Wasser fließen, und der im großen Meer mündet, das im Westen liegt. **6** Und ich sah alle großen Flüsse und kam zu einer großen Finsternis und ging dahin, wo alle Sterblichen wandeln. **7** Und ich sah die schwarzen Berge der Winterzeit und den Ort, wohin sich das Wasser des tiefen Abgrundes ergießt. **8** Und ich sah die Mündung aller Flüsse der Erde und die Mündung des Abgrundes. – Hen 17,1-8

3 Hab 3,9-11; Gen 3,24 **4** Apk 21,6; 22,16 **5-7** ApkBar(gr) 2,1

17-19 Nach der Himmelsreise zum Thron Gottes setzt abrupt eine Reise durch Orte bis zum Gefängnis der Engel ein. **1** Der nicht näher bezeichnete Ort, an dem sich Feuergestalten wie Menschen verwandeln konnten, ist im Kontext der Verwandlung von Engeln in Menschengestalten zu beurteilen (Hen 6,1.2; Gen 6,2). **2.3** Der Ort der Sturmwinde ist der Hermon, von dem Blitz und Donner ausgegangen sind, der Berg des Abstieges der Engel zu den Menschen (Hen 6,6).**3** feuriges Schwert, vgl. Gen 3,24 **4.5** Die lebendigen Wasser bis zum Sonnenuntergang im Westen sind die Menschen, zu denen die Engel mit dem Feuerstrom, gleich Wasser ihren Weg suchten. **6** Dies geschah in Konkurrenz zu den anderen Flüssen, den Nachkommen Adams, die zusammen in der Finsternis der Sterblichen münden (Hi 26,5.6). **7.8** Trostlose Berge des Winters geben Wasser, das herabfließt und sich über die Mündungen der Flüsse zum Meer (Hen 5,3) und bis zum Abgrund bewegt, dem Untergang der Menschen.

1 Und ich sah die Kammern aller Winde, und wie er mit ihnen die ganze Schöpfung ausgeschmückt hat, und ich sah die Grundfesten der Erde. **2** Ich sah den Eckstein der Erde und die vier Winde, die die Erde und das Firmament tragen. **3** Ich sah, wie die Winde die Höhe des Himmels ausspannen und ihre Stellung zwischen Himmel und Erde einnehmen, sie sind die Säulen des Himmels. **4** Und ich sah die Kräfte[234],die den Himmel drehend machen und Sonne und Sterne auf Bahnen zum Untergang bringen. **5** Und ich sah die Winde über der Erde die Wolken tragen, und ich sah die Wege der Engel, und ich sah am Ende der Erde das Firmament darüber. **6** Und ich ging weiter nach Süden, der Tag und Nacht brennt, da wo sieben Berge aus Edelsteinen sind, drei östlich und drei südlich. **7** Die drei östlichen sind, einer von

---

[234] Winde

Buntstein, einer von Perlstein und einer von Heilstein und die südlichen von rotem Stein beschaffen. **8** Der mittlere reicht bis zum Himmel, gleich dem Thron Gottes aus einem Alabaster und die Spitze des Thrones aus Saphir. **9** Hinter diesen Bergen sah ich ein loderndes Feuer. **10** Und ich sah dort einen Ort, jenseits des großen Landes gelegen. Dort werden die Himmel vollendet. **11** Und ich sah einen tiefen Abgrund voller Säulen von himmlischem Feuer, und ich sah unter ihnen Feuersäulen, deren Höhe und Tiefe nicht bemessen werden konnte. **12** Und über dem Abgrund sah ich einen Ort, der weder das Firmament über sich, noch das Fundament der Erde unter sich hatte, und kein Wasser und keine Vögel darauf, sondern ein wüster Ort. **13** Und entsetzlich war, was ich dort sah: Sieben Sterne wie große brennende Berge, und wie ein Geist, der mich fragte. **14** Der Engel sprach: „Hier ist der Ort, wo Himmel und Erde zu Ende sind. Ein Gefängnis für die Sterne des Himmels und das Heer der Himmel wird er sein. **15** Und die Sterne, die über das Feuer rollen sind die, die das Gebot Gottes übertreten haben vor ihrem Aufgang, weil sie nicht zur bestimmten Zeit hervorkamen. **16** Und er wurde zornig über sie und band sie bis zur Vollendung ihrer Schuld in einem geheimen Jahr." – Hen 18,1-16

18,1 Wohnort aller Winde (der Geister – Hen 17,2) ist der Himmel, von wo die brillante Schöpfung ausgegangen ist, auch die Fundamente der Erde. **18,2.3** Die Grundstütze der Erde hat vier Winde, die Himmel und Erde auf Abstand halten – die Säulen des Himmels. **18,4** Die Erdrotation und Gravitation bestimmen das Schaustück am Firmament, eingesetzte Kräfte, die als Winde bezeichnet werden. **18,5** Unsere Atmosphäre wird von diesen Winden bestimmt, den Wegen der Engel, wie auch die Kräfte im Weltall.[235]

7 Er spannt den Norden über leeren Raum, Hängt die Erde auf an nichts. **8** Er wickelt Wasser in Wolken, ohne dass die Wolkenmasse unten reißt. **9** Umschließt das Antlitz des Thrones, breitet seine Wolke darüber aus. **10** Er hat einen Kreis auf Höhe der Wasser, der bis zum Ende vom Licht zur Finsternis reicht. – Hi 26,7-10

Diese Weisheit kann zur damaligen Zeit kein Mensch von sich aus etwa durch Beobachtung erworben haben. Sie sind Offenbarungsgut aus dem Bereich des Schöpfers oder seiner Boten. Eine Erde, die an nichts im Raum hängt (Gravitation) und über den Wassern einen Kreis bildet, der bis zum Ende vom Licht bis an die Finsternis reicht, ist eine korrekte Beschreibung unserer Erdatmosphäre. Hiob muss sich des Ursprunges dieser Weisheit bewusst gewesen sein.[236] Hiob bezog sich auf ein bereits vorhandenes Buch

---

[235] Hen 71,4; 33,2; 57,2; 60,11; Hi 9,6; 26,11; 36,29; 37,9.13.16; 38,6; Ps 18,16; 82,5; 135,7; Spr 8,29; Jes 24,18; Jer 10,13; 31,37; 51,16; Mi 6,2
[236] Harald Schneider: *Die neue biblische Chronologie und die ägyptische Chronologie*; 2016 (Die Gesprächsrunden mit Hiob, S. 499-524), Seite 515.

Henoch (18,1-5), bevor er erstmals selbst eine Offenbarung erhielt (Hi 42,5). Der Norden ist in Hen unerwähnt, lässt sich aber aus Hen 18,6 erschließen.

18,6 Er ging weiter nach Süden, der immer in Brand ist (Hen 18,9-15). Sieben Berge aus Edelsteinen, **18,7.8** der mittlere gleicht dem Thron Gottes, **18,9.10** grenzen einen feurigen Bereich ab, in dem die Himmel zusammengeführt werden. **18,11-16** Dieser als Gefängnis genutzte Raum über einem Abgrund voller Feuersäulen hält sieben Sterne gleich brennenden Bergen fest, bis ihre Schuld getilgt sind in einem geheimen Jahr.[237]

Damit übereinstimmend weis Hiob von Bergen, die Gott versetzte (Hi 9,5), und von Sternen, um die Gott ein Siegel gelegt hatte (Hi 9,7b).[238] Als Gestalter des Himmels (Hi 9,8a) hatte Gott „sieben Sterne, wie große, brennende Berge" in „ein Gefängnis für die Sterne des Himmels" versetzt (Hen 18,13.14).

5 Er versetzt Berge, die nichts ahnten, die er in seinem Zorn umkehrte. **6** Er lässt die Erde an ihrer Stelle beben, dass selbst ihre Säulen erschüttert werden. **7** Er spricht zur Sonne, sie soll nicht aufleuchten und Sternen legt er ein Siegel um. **8** Er, der allein die Himmel ausspannt, und auf die Höhen des Meeres steigt. **9** Der das Asch-Sternbild, das Kesil-Sternbild und Kima-Sternbild und die Kammern des Südens erschuf. – Hi 9,5-9

Diese kosmischen Schilderungen betreffen auch die Erde (Hi 9,6) und das Meer (Hi 9,8b), und gehen auf Erfahrungen, wie die Sintflut, zurück. Die Säulen der Himmel (Hen 18,3) wurden aber erst lange nach Henoch schwankend, als das Meer erregt wurde, um den Stürmer zu zerstören (Hi 26,11.12). Die Urschrift des Buches Henoch ist, wie hier zu erkennen, älter als der Exodus oder die Sintflut.

Das Himmel und Erde so nahe zusammengerückt werden, muss einen Grund haben, den wir in der Reise Henochs suchen müssen! „Ich, Henoch, habe als einziger diese Erscheinung gesehen, den Abschluss aller Dinge, und kein anderer Mensch wird das sehen, was ich gesehen habe." – Hen 19,3

---

[237] Hen 17-18 – Bezüge: Hi 9,5-9; 26,5-13; 36,27-37,5; 37,9-23; 38,4-11
[238] Im Sternbild Perseus ist in dessen Hand der abgeschlagene Kopf der Medusa, dem anstelle von Haaren Schlangen wuchsen. „In diesem Medusahaupt liegt Algol, der zweithellste Stern der Konstellation und ein berühmter Veränderlicher. Sein Name kommt aus dem Arabischen und bedeutet „Dämonenhaupt". Algol … wird von einem dunklen Begleiter umkreist, der ihn in regelmäßigen Abständen teilweise verdeckt. Diese Art von variablen Sternen nennt man „Bedeckungsveränderliche", und Algol ist ihr berühmtester Vertreter." – Eckhard Slawik, Margit Röser: *Der Sternenhimmel. Eine fotografische Reise zu Tierkreis- und Sternbildern*; Seite 38.

Die Flut im Lebensraum der Menschheit – 2024 – Harald Schneider

Die Berge (Hi 18,13) bringen uns auf die richtige Spur. Die schwarzen Berge der Winterzeit (Hi 17,7) sind der nördliche Sternenhimmel im Winter. Das auffälligste Sternbild ist der Orion (Kesil-Sternbild). Dessen Bogen und Schwert sind ein erster Hinweis, denn wir mit bloßen Augen sehen können, aber „ich sah Orte, hellleuchtend mit donnern in den Ausläufern, *in deren Tiefe ein feuriger Bogen* und Pfeile mit Köcher und ein feuriges Schwert und alle Blitze sind" – Hen 17,3. Henoch kam zu einem Ort der Sturmwinde, einem Berg im Himmel.

Quelle: Wiki, Bild 1: Der Orion „im feurigen Bogen"; 2: Die Gürtelsterne und links neben Alnitak die „Blitze" auf dem „Thron", abfallend der Nebel IC_{434}.

6 Und ich ging weiter nach Süden, der Tag und Nacht brennt, da wo sieben Berge aus Edelsteinen sind, drei östlich und drei südlich. **7** Die drei östlichen sind, einer von Buntstein, einer von Perlstein und einer von Heilstein und die südlichen von rotem Stein beschaffen. **8** Der mittlere reicht bis zum Himmel, gleich dem Thron Gottes aus einem Alabaster und die Spitze des Thrones aus Saphir. – Hen 18,6-8

Die Beschreibung passt auf die drei Gürtelsterne in Richtung Osten und die drei Schwertsterne in Richtung Süden. Links vom Gürtel erscheint die

Gestalt eines Thrones, deren Beinausläufer von dem rötlichen, abfallenden Nebel IC$_{434}$ gebildet werden. Auf dem Thron ist ein Nebel, der wie voller Blitze erscheint.

„Hinter diesen Bergen sah ich loderndes Feuer" – Hen 18,9. Mit modernen Teleskopen wurden im Bereich des Orion und „jenseits" in Drehrichtung bis zum Einhorn riesige Säulen sichtbar, die als Sternentstehungszentren beurteilt werden. „Und ich sah dort einen Ort, jenseits des großen Landes gelegen. Dort werden die Himmel vollendet" – Hen 18,10. Die Größen dieser Säulen sind unvorstellbar! Und ich sah einen tiefen Abgrund voller Säulen von himmlischem Feuer, und ich sah unter ihnen Feuersäulen, deren Höhe und Tiefe nicht bemessen werden konnte" – Hen 18,11. An einem leeren Ort (Hen 18,12) darüber befanden sich sieben Sterne, wie sieben brennende Berge (Hen 18,13), der Große Wagen im Norden. „Hier ist der Ort, wo Himmel und Erde zu Ende sind" – Hen 18,14a.

Gemeint ist das Ende im nördlichsten Himmel von der Erde aus betrachtet. Über diesen Ort heißt es: „Ein Gefängnis für die Sterne des Himmels und das Heer der Himmel wird er sein. Und die Sterne, die über das Feuer rollen sind die, die das Gebot Gottes übertreten haben vor ihrem Aufgang, weil sie nicht zur bestimmten Zeit hervorkamen" – Hen 18,14b.15. Warum wurde Henoch vom Gericht dieser Sterne (Asch-Sternbild – Hi 38,32) in Kenntnis gesetzt? Offensichtlich wollte man ihm mitteilen, dass im Himmel unordentlichen Vorgängen nachgegangen wird! „Und er wurde zornig über sie und band sie bis zur Vollendung ihrer Schuld in einem geheimen Jahr" – Hen 18,16.

Das ist der Grund, warum Himmel und Erde so nahe zusammengerückt werden! Henoch war sich nach dieser Reise sicher, dass kein anderer Mensch das sehen wird, was er gesehen hat (Hen 19,3).

Umso mehr überrascht es im weiteren Verlauf im Buch der Wächter, rekrutierend auf dieses intergalaktische Gefängnis, den zukünftigen Ort für die Geister *und* deren Frauen erblicken zu wollen!? Der folgende Passus steckt voller neuer Informationen über die Geister, wie deren Verwandelbarkeit und die eigenartige Förderung des Dämonenkultes, der, wie das Los der Frauen, nicht in den Kontext passt. Deshalb wird Hen 19,1-2 als späterer Zusatz behandelt! Hier wollte eine spätere Hand den einsamen Ort im Norden als feurigen Strafort für diese Frauen darstellen. Es wurde an Hen 17,1 angeknüpft, wo es heißt: „Und sie nahmen mich weg zu einem Ort, wo die Anwesenden wie loderndes Feuer aussehen, und wenn sie wollen auch wie Menschen erscheinen können" – Hen 17,1. Diese Beschreibungen können auch gut auf die Form von Nebeln, wie dem Pferdskopfnebel im IC$_{434}$, zurückgehen. Henoch hat in der Vision eine tatsächliche Himmelsreise erlebt und Eindrücke beschrieben, die heute mit modernen Teleskopen erfasst werden können.

1 [Und Uriel sprach zu mir: „Hier werden die Engel stehen, die sich mit Frauen vermischt haben. Diese Geister, die viele Gestalten annehmen konnten und die Menschen verunreinigten und sie verführten, den Dämonen als Göttern zu opfern, werden am Tag des großen Gerichtes gerichtet werden, bis sie zu ihrem Ende kommen werden. **2** Und ihren Frauen, die die Engel verführt haben, wird es ebenso ergehen.] **3** Ich, Henoch, habe als einziger diese Erscheinung gesehen, den Abschluss aller Dinge, und kein anderer Mensch wird das sehen, was ich gesehen habe. – Hen 19

20 [Die Namen der heiligen Engel, die wachen sind: **2** Uriel, einer der heiligen Engel, der Engel des Donners und Bebens; **3** Rufael, einer der heiligen Engel, der Engel der Geister der Menschen; **4** Raguel, einer der heiligen Engel, der die Rache übt an der Welt und an den Lichtern; **5** Michael, einer der heiligen Engel, der über den guten Teil der Menschen gesetzt wurde, über das Volk; **6** Saraqael, einer der heiligen Engel, der über die Geister der Menschen, die die Geister zur Sünde verleiteten, ist; **7** Gabriel, einer der heiligen Engel, der über die Schlangen und über das Paradies und über die Cherubim ist.]

Die Beschreibung der wachenden Engel ist ein späterer Zusatz vor einer Reisebeschreibung.[239] Diese Einfügung leitet den darauffolgenden Reisebericht (hier nicht mit aufgenommen) in eine Weise ein, die mit seinen Ungereimtheiten bereits Lesern der Antike aufgestoßen sein muss. Vielleicht dienten die Spannungen zwischen der Einleitung und dem zweiten Reisebericht aber auch als offensichtliche Kennung einer literarischen Erweiterung!

K 21 Das Gefängnis der Sterne im leeren Weltraum (Hen 18,12) und das Gefängnis der Engel. **K 22** Henoch geht nach Westen (Hen 17,6) und es folgt eine ausführliche Beschreibung der Orte verstorbener Seelen.
K 23 Feuer im Westen (Hen 17,4). **K 24-25** Die sieben Edelsteinberge (Hen 18,6-9) und der Baum des Lebens. **K 26** Die Mitte der Erde bekommt eine genaue topographische Beschreibung der Gegend von Jerusalem und ein abgehauener und wieder sprossende Baum steht symbolisch für die

---

[239] „Für die Annahme einer späteren Einschiebung scheinen mir mehrere gewichtige Gründe zu sprechen. Einmal werden in unserem Buch sonst gewöhnlich entweder 4 oder 7 höchste Engel gerechnet … nur sechs anzunehmen wäre das minder gewöhnliche. Wenn man … annähme, es sei in dem Verzeichnis ein Name ausgefallen, so kommt weiter hinzu, dass die in K. 20 den einzelnen Engeln zugewiesenen Gebiete fast alle sehr wenig eigenthümliches und bezeichendes haben, und ferner, was die Hauptsache ist, dass K. 21-36 gar keine Rücksicht auf die K. 20 angegebene Vertheilung der Aufsichtsgebiete unter den Engeln genommen ist, und meist ein anderer Engel dem Henoch Aufschluss gibt, als der, welchen man nach K. 20 erwarten sollte." - Dr. A. Dillmann: *Das Buch Henoch*; 1853, Seite 122 (die ausführlichen Einzelbeobachtungen, Seite 122-123).

Wiederbesiedelung Palästinas, wie er nach dem babylonischen Exil erfolgte. Damit kann die Zeit dieser Anhänge (Hen 20-36) am Buch der Wächter für die persischen Epoche ab Darius I. festgemacht werden! **K 27** Die Gehenna (Tal Hinnom) wird als Strafort ausgewiesen. **K 28-32** Ein blühender Osten führt weiter bis zum Baum der Weisheit. **K 33** Die Enden der Erde mit großen Tieren (Sternbildern?) durch Tore des Himmels. **K 34** Drei Himmelstore im Norden, **K 35** drei im Westen **K 36** und drei im Süden.

Über die Berge wird gesagt, sie seien „drei gegen Osten, einer über dem anderen befestigt und drei gegen Süden, einer über dem anderen befestigt" – Hen 24,2. Die Anordnung der Gürtelsterne Alnitak, Alnilam und Mintaka könnte so beschrieben werden, ebenso die nach Süden geordneten Schwert Gehänge, vor allem M_{43} (der Orion-Nebel). Allerdings werden diese Berge in einer Erweiterung mit Landschaften beschrieben.

Damit schließt das Buch der Wächter, das in der persischen Epoche um ein Drittel auf seinen heutigen Bestand angewachsen ist, ab.
Ende: Die kosmische Reise des Henoch (2020)[240]

Im Weld-Blundell wird Henoch als „Etana, der Hirt, der zum Himmel aufstieg, der alle Fremdländer stabilisierte" (WB 2,16-18) genannt.

Die Worte in 54,11-17 sind eine himmlische- und keine irdische Beschreibung! Jesaja hat ein Wort über und an die Engel, die früher abgewichen waren, dem 4. GKL angegliedert. Das wird durch die Anrede 54,11a als Sturmbewegte 17,2 und die Reihenfolge der Edelsteine in 54,11b nach 18,6-8 deutlich!

Die Beschreibungen aus Henochs kosmischer Reise wurden in der Apokalyptik wiederholt aufgegriffen und erweitert. Sie tauchen im Buch Tobit in einem Jubellied über das neue Jerusalem auf.

Tob 13[241]
16 … Und die Tore Jerusalems werden mit Saphir und Smaragd erbaut werden und mit Edelstein all deine Mauern. Die Türme Jerusalems werden mit Gold erbaut werden und ihre Zinnen mit reinem Gold.
17 Die Plätze Jerusalems werden mit Rubin gepflastert werden und mit Ophirstein.

In christlicher Zeit schaute Johannes „die Braut für das Lamm" Apk 21,9 (vgl. 54,5) als „heilige Stadt Jerusalem, die von Gott aus dem Himmel herabkam" 21,10.11 „ganz aus Gold wie durchsichtiges Glas" 21,18 mit zwölf Edelsteinen als ihre Fundamente (21,19-21).

---

[240] Harald Schneider: *Das Buch Henoch und die neue biblische Chronologie*; 2020; Seite 57-66
[241] IEKAT Beate Ego: *Tobit*; 2021, Seite 289

Jes 54	Apk 21
11 Du Elende, Sturmbewegte, Unge-tröstete! Siehe, ich lege deine Steine in Granat und gründe dich mit Saphiren. **12** und ich mache deine Sonnenschilde aus Rubinen und deine Tore aus Beryll und dein ganzes Gebiet aus Edelstein.	**19** Die Grundlagen der Mauern waren mit jeder Art von kostbarem Steinen geschmückt. Die erste Grundlage war Jaspis, die zweite Saphir, die dritte Chalzedon, die vierte Smaragd, **20** die fünfte Sardonyx, die sechste Sardion, die siebte Chrysolith, die achte Beryll, die neunte Topas, die zehnte Chrysopras, die elfte Hyazinth, die zwölfte Amethyst. **21** Und die zwölf Tore waren zwölf Per-len. Jedes Tor bestand aus einer einzi-gen Perle. Und die breite Straße der Stadt war aus purem Gold, wie durch-sichtiges Glas.

Die Fortsetzung 54,13-17 bringt die Belehrung der Söhne mit gro-ßem Frieden in Verbindung. 54,14 Die Stätte der Gerechtigkeit braucht sich nicht zu fürchten. 54,15 Ein Angriff führt zum Fall der Angreifer. 54,16 Gott hat den Waffenschmied und den Verderber geschaffen. 54,17 Deshalb schlagen die Waffen fehl und lassen sich abschmettern. In Joh 6,45 wird 54,13 zitiert, wo sich Jesus in einer Rede als Brot des Lebens vorstellt 6,48, das wie das Manna 6,31 aus dem Himmel herab kam 6,41 und das die Auferstanden von Gott belehrt werden.

Jes 54	Joh 6
13 Und alle deine Söhne lehrt JHWH, und groß ist der Friede deiner Kinder. **14** Durch Gerechtigkeit wirst du befes-tigt. Sei fern von Angst, denn du hast dich nicht zu fürchten, und von Schre-cken, denn er wird dir nicht nahen. **15** Siehe, wenn man dich angreift, geht es nicht von mir aus. Wer dich angreift, der wird deinetwegen fallen. **16** Siehe, ich habe den Schmied ge-schaffen, der ins Kohlenfeuer bläst und die zweckmäßige Waffe hervorbringt, und ich habe den Verderber geschaffen, das er zerstört. **17** Jede Waffe, gebildet gegen dich, soll fehlschlagen, und jede erhobene Klage vor Gericht gegen dich, wirst du Lügen strafen. Das ist das Erbe der Knechte JHWHs und ihre Gerechtigkeit von mir aus, spricht JHWH.	**45** … Und sie werden alle von JHWH be-lehrt sein. Jeder, der vom Vater gehört und gelernt hat, kommt zu mir. **Hen 53** **3** Denn ich habe alle Strafengel gese-hen, wie sie sich niederließen und alle Werkzeuge Satans zubereiten. **Hen 54** **3** Dort sahen meine Augen, was man an Werkzeugen für sie machte: Eiserne Ketten von unermesslichem Gewicht. **5** … Sie werden zubereitet für das Heer Azazels vgl. Hen 56,1-6

Der Abschnitt 55,1-13 wurde in 45,18-23 schon kurz angesprochen, wo Gottes Schwur in 45,23 an 55,11 erinnerte. 55,1 Beim Laubhüttenfest war die Versorgung mit Wasser ein Thema in Jesu Rede als Bild für den Geist (Joh 7,1.37f). Die thematische Fortsetzung ist die Einladung in Apk 22,17, an der sich die Braut beteiligt. 55,2 Die Einladung wird zu einer Zeit vorgetragen, die von einem Überangebot geprägt ist, das aber die angedachte Funktion vermissen lässt. Was so geboten wird, macht einfach nicht mehr satt! Viele machen sich hier jedoch etwas vor, indem sie meinen, sie hätten bereits alles. *Hört doch auf mich und esst das Gute!* Hier kann die eigene Überzeugung im Weg stehen: Im Buch Jesaja ist z. B. der Einfluss vom Buch Henoch überall spürbar, aber der Kanon lässt diese alten Maßstäbe einfach nicht zu (vgl. die Methode des GK in Jes 42,3). In 55,3 wird ein Umdenken angemahnt. Durch ein offensichtlich nicht mehr übliches zuhören würde die Seele, d. h. der Mensch selbst, zum Leben kommen können. Ein ewiger Bund wird angeboten, der an Davids Gnadengabe erinnert, der zum König aufstieg. 55,4 Ein Zeuge für die Völker wird diese anführen. 55,5 Es wird zu großen Vereinigungen kommen. 55,6 Die geeignete Zeit, dem Suchauftrag zu folgen läuft irgendwann ab. 55,7 Einer Umkehr, weg von falschen Zielen, steht eine große Vergebung gegenüber.

Jes 55	Apk 22
1 He! ihr Durstigen alle, kommt zu den Wassern, und die ihr kein Geld habt, kommt, kauft ein und esst! Ja, kommt, kauft ohne Geld gratis Wein und Milch! **2** Warum plant ihr Geld ein für das, was nicht Brot ist, und euren Erwerb für das, was nicht sättigt? Hört doch auf mich und esst das Gute, und eure Seele labe sich an fetten Speisen! **3** Neigt euer Ohr und kommt zu mir, hört, und eure Seele wird leben. Und ich will einen ewigen Bund mit euch schließen: die Gnadengaben an David. **4** Siehe, ich habe ihn zu einem Zeugen für Völker gesetzt, zum Fürsten und Gebieter von Nationen. **5** Siehe, du wirst eine Nation herbeirufen, die du nicht kennst, und eine Nation, die dich nicht kannte, wird dir zulaufen, um JHWHs willen, deines Gottes, und wegen des Heiligen Israels, denn er hat dich herrlich gemacht.	**17** Der Geist und die Braut sagen „komm!" und jeder der es hört sage „komm!" jeder der Durst hat, komme und jeder, der mag bekommt Wasser des Lebens kostenfrei.

6 Sucht JHWH, während er sich finden lässt. Ruft ihn an, während er nahe ist. **7** Der Gesetzlose verlasse seinen Weg und der Mann des Frevels seine Gedanken. Er kehre um zu JHWH, so wird er sich ihm erbarmen, und zu unserem Gott, denn er ist reich an Vergebung. **8** Denn meine Gedanken sind nicht eure Gedanken, und eure Wege sind nicht meine Wege, spricht JHWH. **9** Denn wie der Himmel höher ist als die Erde, so sind meine Wege höher als eure Wege und meine Gedanken als eure Gedanken. **10** Denn so der Regen und der Schnee vom Himmel herabfällt und nicht dahin zurückkehrt, er habe denn die Erde getränkt und befruchtet und sie sprossen lassen, und dem Sämann Samen gegeben und Brot dem Essenden: **11** So wird mein Wort sein, das aus meinem Mund hervorgeht. Es wird nicht leer zu mir zurückkehren, sondern es wird ausrichten, was mir gefällt, und durchführen, wozu ich es gesandt habe. **12** Denn in Freuden werdet ihr ausziehen und in Frieden geleitet werden. Die Berge und die Hügel werden vor euch in Jubel ausbrechen, und alle Bäume des Feldes werden in die Hände klatschen. **13** Statt der Dornsträucher werden Zypressen aufschießen, und statt der Brennnessel werden Myrten aufschießen. Und es wird JHWH zum Ruhm, zu einem ewigen Denkzeichen sein, das nicht ausgerottet wird.	56,5

In 55,8.9 werden die höheren Gedanken und Wege Gottes angesprochen, die sich deutlich von den Lösungen der Menschen unterscheiden. 55,10 Er setzt Kreisläufe in Gang, durch die Leben möglich ist. Eine Versorgungskrise kann von ihm leicht behoben werden. 55,11 Was Gott wünscht, wird immer umgesetzt. Die Pläne und Gedanken der Menschen greifen dagegen bei weitem zu kurz und deren Maßnahmen erreichen häufig nicht ihr angedachtes Ziel. 55,12 Freude und Frieden begleiten die Gesegneten dieser bedrängten Periode. 55,13 Die Ergebnisse werden völlig zufriedenstellen, weil anstelle einer Ausrottung ein ewiges Zeichen gesetzt wird, dessen Ausmaß wir jetzt noch nicht begreifen können.

Jesaja 40,1-41,29

Der Abschnitt 40,1.2 eröffnet mit Trost für Gottes Volk. Zuvor wurde der kranke Hiskia geheilt (Jes 38,1-6; 2Kö 20,1-6) und zu einem Vorzeichen (2Chr 32,24.31; 2Kö 20,12; Jes 39,1.2). Der Schatten einer Sonnenuhr zeigte zehn Stufen entgegengesetzt (Jes 38,7.8), was als chronologischer Hinweis verstanden werden kann. Nach einem Dankeslied Hiskias (Jes 38,9-20) ist seine Behandlung und die Frage nach einem Zeichen eingetragen (Jes 38,21.22), dann der Bericht über die Briefe und Gaben von Merodach-Baladan, die Hiskia positiv auffasste (Jes 39,1-8). Der Trost in 40,1 kann somit für die Zeit Hiskias gelten. Jerusalem hatte die Jahre davor unter Jehoahas und Ahas viel mitmachen müssen (2Chr 25,21f; 28,1-8). Über die vorgestellte Uhr (Jes 38,7.8) gewinnt die Aussage über Jerusalem auch eine höhere Dimension, wenn nach 1000 Jahren sämtliche Schuld von der heiligen Stadt abgetragen wurde (Apk 20,7-9).

Jes 40
1 Tröstet, tröstet mein Volk! spricht euer Gott.
2 Redet Jerusalem zu Herzen, und ruft ihr zu, dass ihre Mühsal zu Ende geht, dass ihre Schuld abgetragen ist, denn sie hat von der Hand JHWHs die volle Strafe für alle ihre Sünden empfangen.

Der Abschnitt 40,3.4 hat durch Zitate in den Evangelien weite Verbreitung gefunden. Hier ist Johannes der Täufer die Stimme *aus* der Wüste. Jesus fragte die Volksmengen, was sie in der Wildnis (Jes 42,2) sehen wollten? Ein Schilfrohr im Wind (vgl. Jes 42,2.3), königliche Kleider (vgl. Jes 49,1) oder einen Propheten (Mat 11,7-9)? Jesus zitiert darauf Jes 40,3 und gibt den Hinweis auf das Streben nach dem Königreich der Himmel (Mat 11;10-12). Alle Evangelien geben diese Funktion wieder (Mat 3,2f; Mar 1,2f; Luk 3,4ff; Joh 1,23). Volksmengen, die sich von Johannes in der Wildnis taufen ließen, sahen in ihm den unbekannten Gottesknecht aus Jes 42.

Jes 40	Mar 1
3 Stimme eines Rufenden: In der Wüste bahnt den Weg JHWHs; ebnet in der Steppe eine Straße für unseren Gott! **4** Jedes Tal soll erhöht und jeder Berg und Hügel erniedrigt werden und das unebene soll zur Ebene werden, und das Hügelige zur Niederung.	**3** Horch! Es ruft jemand in der Wildnis: Bereitet den Weg JHWHs, macht seine Straßen gerade.

In 40,5-8 offenbart sich JHWH allen Menschen, so dass sie ihn sehen würden. In christlicher Auslegung geschieht dies durch Jesu erscheinen, doch gilt zu bedenken, dass die Botschaft der Stimme in 40,6f über die Vergänglichkeit von allem Fleisch spricht, d. h. dem Menschen, und dass nur sein Wort für immer bestehen bleibt. Deshalb ist anzunehmen, dass hier ein universales Ereignis angesprochen ist, bei dem sein Wort den Fortbestand sichert (Apk 20,9-11)!

Jes 40
5 Und die Herrlichkeit JHWHs wird sich offenbaren, und alles Fleisch miteinander wird sie sehen, denn der Mund JHWHs hat geredet. **6** Eine Stimme sagt: Rufe! Und er spricht: Was soll ich rufen? Alles Fleisch ist Gras, und alle seine Anmut wie die Blume des Feldes. **7** Das Gras ist verdorrt, die Blume ist abgefallen, denn der Hauch JHWHs kam angeweht. [Wahrhaftig, das Volk ist Gras.] **8** Das Gras ist verdorrt, die Blume ist abgefallen, aber das Wort unseres Gottes besteht in Ewigkeit.

Entsprechend der Auslegung von 40,6-8 folgt im nächsten Abschnitt 40,9 Zion als die Verkündigerin froher Botschaft, dass euer Gott 40,10 mit Kraft sowohl den Lohn als auch die Vergeltung austeilt. In 40,11 offenbart er sich dann als ein Hirte für seine Herde.

Jes 40	Apk 22
9 Auf einen hohen Berg steige hinauf, Zion, Verkündigerin froher Botschaft. Erhebe deine Stimme mit Kraft, Jerusalem, Verkündigerin froher Botschaft! Erhebe sie, fürchte dich nicht. Sprich zu den Städten Judas: **10** Siehe da, euer Gott! Siehe, der Herr, JHWH, kommt mit Kraft, und mit starkem Arm. Siehe, sein Lohn ist bei ihm, und seine Vergeltung geht vor ihm her. **11** Er wird seine Herde weiden wie ein Hirt, die Lämmer wird er in seinen Arm nehmen und in seinem Busen tragen, die Säugenden wird er sanft leiten.	**12** Siehe, ich komme eilend und habe den Lohn bei mir, den ich jedem nach seinen Werken erstatte.

40,12-15 fügt dem obigen Gericht das Wasser und die Inseln an:

Jes 40
12 Wer misst das Meer mit seiner hohlen Hand und kann die Himmelspanne vermessen, und hat den Staub der Erde in ein Maß gefasst, und die Berge mit der Waage gewogen und die Hügel mit Waagschalen? **13** Wer hat den Geist JHWHs gelenkt, und wer, als sein Ratgeber, ihn unterwiesen? **14** Mit wem beriet er sich, dass er ihm Verstand gegeben und ihn belehrt hätte über den Pfad des Rechts, und ihn Erkenntnis gelehrt und ihm den Weg der Einsicht kundgemacht hätte? **15** Siehe, Nationen sind geachtet wie ein Tropfen im Eimer und wie ein Sandkorn auf der Waagschale. Siehe, Inseln sind wie ein leichtes Stäubchen. **16** [Und der Libanon reicht für Brennholz nicht aus, und sein Wild reicht nicht für die Brandopfer.]

Der Abschnitt 40,17-24 setzt mit 40,17 das Thema des Gerichtes fort und fragt nach einem Vergleich für seine Göttlichkeit 40,18. Dann folgen zwei schwierige Verse, in denen eine Konstruktionsbeschreibung irrtümlich als Götzenbild aufgefasst und entsprechend umgeformt wurde (zur üblichen Wiedergabe von 40,19.20, siehe gegenüber 46,5-7). Ein Gewebe wurde als ein Gussbild erfasst. Zur Ermittlung dieser Konstruktion und deren Funktion bietet der Perspektivwechsel im Kontext wichtige Hinweise. Vom *Gras* 40,6-8 und vom *Berg* 40,9 als irdische Orte, wechselt die Sicht vom All aus auf die *Nationen* und *Inseln* 40,15, die sich *wie Staub* 40,15 auf dem *Meer* 40,12 ausbreiten. *Alle Nationen sind wie nichts vor ihm* 40,17. Die Frage nach dem Vergleich ist die einer Erfassung 40,18, der dann die Konstruktion in 40,19.20 folgt. In 40,21 wird an die daraus gewonnene Wahrnehmung appelliert, dass er *über dem Kreis der Erde thront* 40,22. Die Grashüpfer (Erdbewohner) machen Sprünge aus dem Gras 40,6, doch *der die Himmel ausgespannt hat wie einen Flor und sie ausgebreitet hat wie ein Zelt zum Wohnen* ist Gott.

Jes 40	Hen 18
17 Alle Nationen sind wie nichts vor ihm, und werden von ihm geachtet wie Nichtigkeit und Leere. **18** Und wem wollt ihr Gott vergleichen, und welches Bild an seine Stelle setzen? **19** Der Konstruktor gießt Gewebe {ein Spiegel}, der Feinschmied überzieht es mit Gold. Silberne Glieder bringt er an. **20** Als Beitrag wählt er stabiles Material aus. Der Feinschmied wird ausgesucht, um ein feststehendes Bild zu schaffen. **21** Wisst ihr es nicht? Hört ihr es nicht? Ist es euch nicht von Anbeginn verkündet worden? Habt ihr nicht Einsicht erlangt in die Grundlegung der Erde? **22** Er ist es, der thront über dem Kreis der Erde, und ihre Bewohner sind wie Heuschrecken. Der die Himmel ausgespannt hat wie einen Flor und sie ausgebreitet hat wie ein Zelt zum Wohnen. **23** Der Fürsten nichtig macht, die Richter der Erde in Nichtigkeit verwandelt. **24** Kaum sind sie gepflanzt, kaum sind sie gesät, kaum hat ihr Stock Wurzeln in der Erde getrieben: da bläst er sie schon an, und sie verdorren, und ein Sturmwind rafft sie wie Stoppeln weg.	**3** Ich sah, wie die Winde die Höhe des Himmels ausspannen und ihre Stellung zwischen Himmel und Erde einnehmen

Die hier gewagte Wiedergabe sieht in dem Begriff für Gewebe/Decke 40,19 einen Spiegel, der von einem Konstrukteur (Zimmermann) gegossen und mit Gold überzogen wurde und an die silbernen Glieder (Ketten) angebracht sind. Dieser Körper, die Materialien, der Ort sowie die Funktion der Beobachtung (zur Beurteilung eines Vergleichs zu Gott) passen auf ein Weltraumteleskop! Der Beitrag mit nicht morschem Material, wozu noch das richtige Personal erforderlich sei, passt zudem auf die Geschichte eines ganz bestimmten Teleskops: In 40,19 wird das Weltraumteleskop Hubble angesprochen!

Das Bild zeigt, wie das Hubble Space Teleskop (HSP) aus dem Nutzlastbereich der Discovery im April 1990 ausgesetzt wurde. Ein danach festgestellter Hauptspiegelfehler wurde in einer Space-Shuttle-Mission im Dezember 1993 behoben und weitere vier Missionen folgten bis zum Mai 2009.[242]

40,20 *Der Feinschmied wird ausgesucht, um ein feststehendes Bild zu schaffen* beschreibt treffend die jahrelangen intensiven Bemühungen, durch das Teleskop auch klare Bilder aus dem Weltraum sehen zu können, keine Götzenbilder. Menschen, die vorher mit vergänglichem *Gras* verglichen 40,6f wurden, sind beim HSP durch fünf Space-Shuttle-Missionen zu *Grashüpfern* 40,22 geworden!

---

[242] Zur ausführlichen Darstellung siehe Wikipedia: Hubble Weltraumteleskop

Die *silbernen Glieder*, eigentlich *silberne Ketten* beschreiben in kürzester Form den mehrgliedrigen Aufbau des Teleskops im Innern.

Nun spricht aber 40,21 nicht nur: *Wisst ihr es nicht?* sondern auch: *Hört ihr es nicht? Ist es euch nicht von Anbeginn verkündet worden? habt ihr nicht Einsicht erlangt in die Grundlegung der Erde?* Menschen konnten danach heutiges *Wissen* seit Anbeginn schon hören! Hier kann kaum auf Gen 1,1-2 verwiesen werden. Es scheint mehr die Erdatmosphäre im Blick zu sein, wenn 40,22 gesagt wird *Er … thront über dem Kreis der Erde, und ihre Bewohner sind wie Heuschrecken. Der die Himmel ausgespannt hat wie einen Flor und sie ausgebreitet hat wie ein Zelt zum Wohnen.* Dieses Wissen bestand bereits zurzeit Henochs: *Ich sah, wie die Winde die Höhe des Himmels ausspannen und ihre Stellung zwischen Himmel und Erde einnehmen* 18,3. Der später lebende Hiob konnte aufgrund des Buches Henoch die treffende Beschreibung in Hi 26,7-10 abliefern (Hi 42,5)!

Jes 40	Hi 26
21 Wisst ihr es nicht? Hört ihr es nicht? Ist es euch nicht von Anbeginn verkündet worden? Habt ihr nicht Einsicht erlangt in die Grundlegung der Erde? **22** Er ist es, der thront über dem Kreis der Erde, und ihre Bewohner sind wie Heuschrecken. Der die Himmel ausgespannt hat wie einen Flor und sie ausgebreitet hat wie ein Zelt zum Wohnen.	**7** Er spannt den Norden über leeren Raum, Hängt die Erde auf an nichts. **8** Er wickelt Wasser in Wolken, ohne dass die Wolkenmasse unten reißt. **9** Umschließt das Antlitz des Thrones, breitet seine Wolke darüber aus. **10** Er hat einen Kreis auf Höhe der Wasser, der bis zum Ende vom Licht zur Finsternis reicht.

Der Ausspruch *hört ihr es nicht?* soll heute unsere Wahrnehmung für das Offenbarungswissen von Gott schärfen. Warum heute? Weil eine Bezugnahme in 40,19.20 auf die Konstruktion und Wartung eines Weltraumteleskops, welche gerade wieder im Gespräch sind, auf unsere Zeit und auf uns als Zuhörer abzielt! Entsprechend ist auch die Schilderung in 40,23.24 an uns aktuell gerichtet:

Jes 40
23 Der Fürsten nichtig macht, die Richter der Erde in Nichtigkeit verwandelt. **24** Kaum sind sie gepflanzt, kaum sind sie gesät, kaum hat ihr Stock Wurzeln in der Erde getrieben: da bläst er sie schon an, und sie verdorren, und ein Sturmwind rafft sie wie Stoppeln weg.

Gerade unsere Generation muss mit großen Umwälzungen rechnen und der Hauch JHWHs droht dem Gras, das es verdorrt! Die Frage nach dem Vergleich in 40,18 wird nach der Offenbarung unserer „kleinen Unternehmungen" in 40,25 noch einmal neu angesetzt.

Der Abschnitt 40,25.26 greift die Frage in 40,18 erneut auf und be-antwortet sie, indem er dazu auffordert, die Augen zur Höhe empor zu heben (mit oder ohne Teleskop) und zu sehen. War in 40,21.22 noch von der Erdatmosphäre die Rede, so wird jetzt der Sternen-himmel Gegenstand seiner Frage: *Wer hat diese da geschaffen?*

Jes 40	Hen 18
25 Wem denn wollt ihr mich verglei-chen, dem ich gleich wäre? spricht ein Heiliger.	
26 Hebt eure Augen zur Höhe empor und seht: Wer hat diese da geschaffen? Er, der ihr Heer herausführt nach der Zahl, ruft sie alle mit Namen:	**15** Und die Sterne, die … nicht zur be-stimmten Zeit hervorkamen.
Wegen der Größe seiner Macht und der Stärke seiner Kraft bleibt keines aus.	**16** Und er … band sie bis zur Vollen-dung ihrer Schuld in einem geheimen Jahr.

Die ungeheure Anzahl von Sternen und Galaxien können Menschen nicht wirklich zählen. Mit den bloßen Augen sind bei klarem Himmel einige tausend Lichtkörper sichtbar.[243] *Er hat ihr Heer der Zahl nach herausgeführt und ruft sie alle mit Namen.* In Hen 18,15.16 werden Abweichler bis zum Ablauf einer geheim gehaltenen Zeit gebunden. Wenn in 40,26 *keines ausbleibt* ist *ihrer Schuld* getilgt, oder Sterne kommen erst noch in den Abgrund. Wir wissen seit *Anbeginn* 40,21 von einem Abgrund als Gefängnis, einer Frist und der Vollzähligkeit.

Apk 20	Hen 18
1 Und ich sah einen Engel des Himmels mit dem Schlüssel des Abgrunds und ei-ner großen Kette in seiner Hand.	**12** Und über dem Abgrund sah ich einen Ort, der weder das Firmament über sich, noch das Fundament der Erde un-ter sich hatte, … ein wüster Ort.
2 Und er schnappte den Drachen, die Urschlange, auch Satan der Teufel ge-nannt, und band ihn für tausend Jahre.	**13** … Dort sah ich: Sieben Sterne wie große brennende Berge …
3 Und er schleuderte ihn in den Ab-grund und verschloss und versiegelte über ihm … bis 1000 Jahre zu Ende sind. Dann kommt er für eine kurze Frist frei.	**14** Der Engel sprach: „Hier ist der Ort, wo Himmel und Erde zu Ende sind. Ein Gefängnis für die Sterne des Himmels und das Heer der Himmel wird er sein.
	15 Und die Sterne, die … nicht zur be-stimmten Zeit hervorkamen.
	16 Und er … band sie bis zur Vollen-dung ihrer Schuld in einem geheimen
7 Sind die 1000 Jahre zu Ende, wird der Satan aus seinem Gefängnis gelassen.	Jahr.

---

[243] Beispiele, siehe 54,11.12: Die kosmische Reise des Henoch

In 40,27-31 wird das Nordreich Jakob/Israel angesprochen, dass über sich selbst sagt: *mein Weg ist verborgen und mein Recht entgeht meinem Gott.* Mit dem Untergang als Land begann der Weg für Jakob/Israel in ihren Augen ungewiss zu werden. Die Aussage: *mein Recht entgeht meinem Gott* zeigt den nicht verkrafteten Wechsel vom aufstrebenden Israel zurzeit Jerobeams II. hin zur Bevorzugung Ninives (siehe 43,1-7 Parallelüberlieferungen zu Jona 3,3.4). Sie sehen ihre Zukunft und ihr Recht bei Gott im Nichts! Die Frage in 40,28 entspricht der in 40,21 und zielt hier auf ihre Wahrnehmung von Gott und Zeit! Darauf wurden sie bereits aufmerksam gemacht (Siehe: Zwei Tage in Hos 6,2. Zwei Siebener in der Apokalyptik). Ihre Hoffnung liegt in den Händen vom *ewigen Gott JHWH, Schöpfer der Enden der Erde* (der Atmosphäre). Sie sollten die Weite verstehen, die er erfasst und die ihn nicht müde oder erschöpft werden lässt! Wir können seinen Verstand nicht erforschen. 40,29 Er gibt die notwendige Kraft und Stärke in ausreichendem Maß. 40,30 Junge Männer werden müde und matt oder fallen hin, was auf die jugendliche Selbstüberschätzung der eigenen Kräfte abhebt, 40,31 doch wer auf JHWH hofft, gewinnt neue Kraft. Der Bildvergleich vom Abheben wie die Adler ist erfrischend. Diese bewältigen die vor ihnen liegende Zeit ohne aufgeben zu müssen, und steigen wieder auf. Auf diese Weise bewahrte Gott Jakob/Israel.

Jes 40
27 Warum sprichst du, Jakob, und redest du, Israel: Mein Weg ist verborgen vor JHWH, und mein Recht entgeht meinem Gott?
28 Weißt du es nicht? Hörst du es nicht? Ein ewiger Gott ist JHWH, der Schöpfer der Enden der Erde. Er wird nicht müde oder matt. Unergründlich ist sein Verstand.
29 Er gibt dem Müden Kraft, und dem Kraftlosen reicht er Stärke dar in Fülle.
30 Und Jünglinge ermüden und ermatten, und junge Männer fallen hin.
31 Aber die auf JHWH harren, gewinnen neue Kraft. Sie heben die Schwingen empor wie die Adler, sie laufen und ermatten nicht, sie gehen und ermüden nicht.

Diese unbeschreibliche Weite und die Fähigkeit Gottes, sein Volk Jakob/Israel ab dem Untergang 720 und über dem Untergang Ninives 612 einen ganzen Siebener Menschheit über zu bewahren, um sie dann wie die Adler wieder aufsteigen zu lassen, gehört besonders für die in Mitleidenschaft gefallenen Menschen, die Gott suchen, zu den ermutigenden Abschnitten im ganzen Buch Jesaja!

Durch dieses Zeitfenster hindurch wird in 41,1-7 die *Erneuerung der Kraft*, die Jakob/Israel in der Diaspora erhielt, *Inseln* und *Völkern* in Aussicht gestellt. 41,1 Die *Inseln* sollen sich *still* JHWH zuwenden. Die *Völker* bekämen eine *Erneuerung der Kraft*. Sie treten nun an, um zu *reden* und einen *Entscheid* zu erwirken. Die Inseln sind ferne Nationen wie Amerika, die sich durch die Einwanderung von verfolgten Randgruppen allmählich JHWH zuwendeten. Die Völker erneuerten ihre Kraft durch Aufbegehren. Aus Untertanen wurden Bürger mit einer Verfassung. Hinter all dem steht Gott, doch eine *Erneuerung der Kraft* setzt auch eine anfängliche Kraft voraus. Die erste Verfassung bei der Gründung der Vereinigten Staaten von Amerika 1789 und auch die frühen Revolutionen, z. B. die Demokratiebewegung 1848 in der Paulskirche in Frankfurt, gehörten zu diesen ersten Kräften! Erneuert wurde *eure Kraft* z. B. in Deutschland bis 1871.

Unbekannter Maler – Ereignisblatt im März 1870 Breite Straße in Berlin

Diese Umbrüche, in den Vereinigten Staaten von Amerika bis hinter dem Bürgerkrieg 1865, gingen einer Erfolgsgeschichte vorweg.

41,2 *Wer hat erweckt vom Aufgang, dem Gerechtigkeit auf Schritt und Tritt begegnet?* Viele Ausleger antworten: Kyros, von dem schon die Einfügungen seines Namens in 44,28f aus der persischen Epoche zeugen. Ein über viele Zeiten blickender Gott in Betracht zu ziehen liegt der Wissenschaft nicht. Kyros hat bestenfalls die Merkmale dieses Unbekannten nachgeahmt, und das nicht einmal überzeugend! Vom Aufgang kam zurzeit Jesajas nur Assyrien 46,11. In 41,2 ist der Aufgang einer Epoche nach 14 Mondzeiten 1869 angesprochen, die näher an der Bürgergesellschaft lag. Die Monarchien mussten diese Entwicklung hinnehmen, d. h. *sich zu Füßen legen*.

Jes 41	ThEv 7
1 Wendet euch still zu mir, ihr Inseln, ihr Völker erneuert eure Kraft. Sie sollen herangehen, dann mögen sie reden. Lasst uns zusammen zum Entscheid antreten!	
2 Wer hat erweckt vom Aufgang, dem Gerechtigkeit auf Schritt und Tritt begegnet? Er legt die Völker vor sich hin und legt Könige sich zu Füßen, macht sie wie Staub vor seinem Schwert, wie verwehte Stoppeln vor seinem Bogen.	**1** Glücklich ist der Löwe, den der Mensch essen wird, und der Löwe wird Mensch sein.
3 Er verfolgte sie, geht in Frieden einen Weg, den er mit seinen Füßen nie gegangen war.	**2** Und abscheulich ist der Mensch, den der Löwe fressen wird. Und der Löwe wird Mensch sein.

In dieser neuen Epoche **41,3** geht eine Nation *in Frieden einen Weg, den er mit seinen Füßen nie gegangen war.* Diese geheimnisvolle Aussage *Frieden zu haben* aber nie *den Weg des Friedens selbst gegangen zu sein* trifft einzig auf die Vereinigten Staaten von Amerika zu, die nach ihrem Bürgerkrieg im Land ununterbrochen Frieden hatten, während sie gleichzeitig andere Völker und Reiche bekriegten und verfolgten. Sie behaupteten sich als eine Regierung, die *auf Schritt und Tritt* als Gerecht auftritt. Dieses Merkmal wird in der Elia-Apokalypse aufgegriffen, auf die sich Jesus im Thomasevangelium einmal bezogen hatte. Im ThEv 7 wird *der Löwe* aus der ApkEl (dort auch König des Friedens genannt) als jemand dargestellt, der immer *human* erscheint! Wird er von *Menschen gegessen*, d. h. seine Ideologie verinnerlicht, erscheint er menschlich korrekt. *Der Mensch, den der Löwe frisst* erscheint hingegen immer *abscheulich*, während *der Löwe* weiter *immer human erscheint.*

Der Abschnitt, dass sich Inseln Gott zuwenden und Völker neue Kraft gewinnen 41,1 und vom Aufgang her 41,2 einer *auf Schritt und Tritt im Recht steht und einen friedlichen Weg hat, denn er selbst mit seinen Füßen nie gegangen war* 41,3 schließt in 41,4 mit der Frage: *Wer hat es gewirkt und getan? Der die Geschlechter ruft seit Anbeginn*, wie das schon in 40,21 ausgedrückt wurde, *der Erste*, der *bei den Letzten* immer noch *derselbe* ist. 41,5-7 sind spätere Zusätze.

Jes 41
4 Wer hat es gewirkt und getan? Der die Geschlechter ruft seit Anbeginn.
Ich, JHWH, bin der Erste, und bei den Letzten bin ich derselbe.
5 [Die Inseln sahen es und fürchteten sich, es erbebten die Enden der Erde. sie traten an und kamen herbei.
6 Einer helfen sie dem anderen und sprechen seinem Bruder mutig zu.
7 Der Künstler ermutigte den Schmelzer, der mit dem Hammer glättet ermutigte den, der auf den Amboss schlägt, und sprach von der Haftung: sie ist gut! und er befestigte es mit Nägeln, dass es nicht wankt.]

Der Abschnitt 41,8-13 wurde 43,1-7 gegenübergestellt und die Notwendigkeit einer Verschiebung um 7 Zeiten angehängt. Sie werden hier gemeinsam behandelt. In 43,1 wurde mit *aber jetzt* zu Jakob/Israel damals gesprochen, während in 41,8 mit einem *aber du* anknüpfend an 41,1-4 die Aufmerksamkeit nun auf *Israel, mein Knecht, Jakob, den ich erwählt habe, Same Abrahams, meines Freundes* gelenkt wird. 41,9 Dieser wurde *ergriffen, erwählt und nicht verschmäht*. In 41,10 wird eine Situation angesprochen, die seit der Gründung des Staates Israel 1948 präsent ist. Es herrscht eine stetige Bedrohungslage, wobei Israel daraus gestärkt hervorgeht. 41,11 Die Widersacher würden wie nichts werden und 41,12 nicht mehr gefunden werden, d. h. sich auflösen, 41,13 *denn ich, JHWH, dein Gott, ergreife deine Rechte.* Demgegenüber ist die Zusage in 43,2 noch ein altes Wort, dass wegen des Abfalls von Jakob/Israel zurzeit Jonas eine Abwandlung zugunsten Ninives erfuhr! 43,3.4 Völker als Lösegeld für dein Leben, namentlich Ägypten, Äthiopien und Seba würden gegeben werden (siehe unten 41,17-20). Die Rückkehrzusage in 43,5.6 umfasst alle vier Himmelsrichtungen und gilt 43,7 *einen jeden, der mit meinem Namen genannt ist, und den ich zu meiner Ehre* 7 Sonnenzeiten nach dem Untergang Ninives wieder *geschaffen, den ich gebildet, ja, gemacht habe!*

Das Phänomen eines nach so langer Zeit wiedergekehrten Staates Israel ist ebenso eindrucksvoll, wie es die zuvor erstarkten Insel und Völker in 41,1-4 waren.

Jes 41	Jes 43
8 Du aber, Israel, mein Knecht, Jakob, den ich erwählt habe, Same Abrahams, meines Freundes, **9** du, den ich ergriffen von den Enden der Erde und von ihren fernsten Gegenden hergerufen habe, und zu dem ich sprach: Du bist mein Knecht, ich habe dich erwählt und nicht verschmäht	**1** Aber jetzt, so spricht JHWH, der dich geschaffen, Jakob, und der dich gebildet hat, Israel: Fürchte dich nicht, denn ich habe dich erlöst, ich habe dich bei deinem Namen gerufen, du bist mein. **2** Wenn du durchs Wasser gehst, ich bin bei dir, und durch Ströme, sie werden dich nicht überfluten, wenn du durchs Feuer gehst, wirst du nicht versengt werden, und die Flamme wird dich nicht verbrennen.
10 fürchte dich nicht, denn ich bin mit dir. Schaue nicht ängstlich umher, denn ich bin dein Gott. Ich stärke dich, ja, ich helfe dir, ja, ich stütze dich mit der Rechten meiner Gerechtigkeit. **11** Siehe, es werden beschämt und zu Schanden kommen alle, die gegen dich entbrannt sind. Wie nichts sollen werden, umkommen deine Widersacher. **12** Du wirst sie suchen und nicht finden, die Männer, die mit dir zanken. Wie nichts und wie Nichtigkeit sollen die Männer werden, die dich bekriegen. **13** Denn ich, JHWH, dein Gott, ergreife deine Rechte, der ich zu dir spreche: Fürchte dich nicht, ich helfe dir!	**3** Denn ich bin JHWH, dein Gott, ich, der Heilige Israels, dein Retter, ich gebe als dein Lösegeld Ägypten hin, Äthiopien und Seba an deiner Stelle. **4** Weil du teuer, wertvoll bist in meinen Augen, und ich dich liebhabe, so werde ich Menschen hingeben an deiner Stelle und Völkerschaften anstatt deines Lebens. **5** Fürchte dich nicht, denn ich bin mit dir, vom Aufgang her werde ich deinen Samen bringen, und vom Niedergang her werde ich dich sammeln. **6** Ich werde zum Norden sagen: Gib heraus! und zum Süden: Halte nicht zurück, bringe meine Söhne von fernher und meine Töchter vom Ende der Erde, **7** einen jeden, der mit meinem Namen genannt ist, und den ich zu meiner Ehre geschaffen, den ich gebildet, ja, gemacht habe!

Der Abschnitt 41,14-16 ist eine direkte Fortsetzung von 41,8-13. *Du Wurm Jakob* widerspricht der Überschallung, die durch die Betonung der Rückkehr *Judas* erzeugt wurde. Hier geht es um ein Jakob/Israel mit militärischer Schlagkraft, *doppelschneidige Dreschschlitten*, der mit den kleinen Anfängen Judas nicht vergleichbar ist (Sach 4,10a).

Jes 41	
14 Fürchte dich nicht, du Wurm Jakob, du Häuflein Israel, ich helfe dir, spricht JHWH, und dein Erlöser ist der Heilige Israels. **15** Ich habe dich zu einem scharfen, neuen Dreschschlitten gemacht, mit doppelten Schneiden. Du wirst Berge dreschen und zermalmen, und Hügel der Spreu gleich machen. **16** du wirst sie worfeln, und der Wind verweht sie, der Sturm zerstreut sie. Du aber, du wirst in JHWH frohlocken und in dem Heiligen Israels dich rühmen.	61,10

Im Abschnitt 41,17-20 wird eine schwierige Notlage angesprochen, die bei einer mit den vorausgehenden Kontexten vergleichbaren Intensität ein gigantisches Volumen erreichen muss! Die Elenden und Armen könnten aus der Gegenüberstellung 41,10.13 mit 43,1.5 die in 43,3 genannten Gebiete Ägypten, Äthiopien und Seba betreffen. Ein Ausbleiben der Nilschwämme könnte diese Lebensader empfindlich treffen. Es könnte auch erwogen werden, dass bereits in 43,2 Wetterextreme angedeutet sind, die von Israel abgewandt werden.

Jes 41
17 Die Elenden und die Armen, die nach Wasser suchen, wenn da keins ist, deren Zunge vor Durst vertrocknet: Ich, JHWH, werde sie erhören, ich, der Gott Israels, werde sie nicht verlassen.
18 Ich werde Ströme hervorbrechen lassen auf den kahlen Höhen, und Quellen inmitten der Talebenen. Ich werde die Wüste zum Wasserteich machen, und das dürre Land zu Wasserquellen.
19 Ich werde Zedern in die Wüste setzen, Akazien und Myrten und Kiefer, werde in die Steppe pflanzen Wacholder, Fichte und Zypressen.
20 Damit sie sehen, erkennen, sich zu Herzen nehmen und verstehen, dass die Hand JHWHs dies getan und der Heilige Israels es geschaffen hat.

Sollte die o. g. Gebiete angesprochen sein, werden eben auch diesen in 41,17 zugesagt, nicht verlassen zu werden. Das beschriebene Ausmaß der neuen Wasserversorgung übertrifft die bestehenden bei Weitem. Israel selbst oder eine Wegelandschaft scheiden aus.

„Die Ausgangslage wäre durch V. 18 befriedigend bearbeitet, aber der V. 19 zielt weit darüber hinaus und soll im Verein mit der Wüstenbewässerung und -bewaldung demonstrieren, dass Jahwe hier schöpferisch am Wirken ist."[244]

In 41,20 steht folglich noch eine Demonstration der Macht JHWHs für unsere Zeit aus. In 41,19a wachsen Zedern mit großen Baumkronen in Wüsten, die damit wohl keine Wüsten mehr sein würden. Eine Steppe wie in 41,19b erinnert an die Mediterranen Landschaften im Mittelmeerraum. Es würden völlig neu klimatische Bedingungen entstehen, eine Umkehr gegenwärtiger Entwicklungen *damit sie sehen, erkennen, sich zu Herzen nehmen und verstehen, dass die Hand JHWHs dies getan und der Heilige Israels es geschaffen hat.*

„Das es sich um eine urprophetische Gattung handelt ... kann in der Tat kaum zweifelhaft sein."[245]

---

[244] NSK-AT 18/2 Peter Höffken: *Das Buch Jesaja Kapitel 40-66*; Seite 57
[245] BKAT XI 1 Karl Elliger: *Deuterojesaja*; Seite 159

Der Abschnitt 41,21-29 ist wegen Ähnlichkeiten mit 46,8-11 im Vergleich, bei dem es noch einiges zu beobachten gilt. Zunächst ist eine Anknüpfung an 41,14-16 (und 41,17-20 dessen Anhang) zu sehen. Wir reden über eine Zukunft, 41,21 bei der dem *König Jakobs Beweise vorzulegen sind in eigener Sache.* 41,22 Es handelt sich um eine Aufarbeitung, die einen Rückblick und deren Reflexzion für die Zukunft beinhaltet. Auch in 46,9 handelt es sich um einen Rückblick, doch von einem anderen Standpunkt aus. 46,10 Gott hatte von Anfang an, d. h. durch das Gesetz Mose, die Folgen verkehrten Handelns angekündigt und dann auch termingerecht ausführen lassen. 46,11 Dafür hat er *einen Raubvogel gerufen*, denn *was ich rede lasse ich auch kommen* und *was ich plane, führe ich auch aus!* Dieser Raubvogel war damals Assyrien.

Jes 41	Jes 46
21 Bringt eure Sache vor, spricht JHWH, bringt eure Beweise vor, spricht der König Jakobs.	**8** Bedenkt dieses und stabilisiert euch. Nehmt es zu Herzen, ihr Abtrünnigen!
22 Bringt vor und erklärt, was sich ereignete: das Frühere, was da war, tragt es vor, damit wir es zu Herzen nehmen und auf den Ausgang achten, oder lasst uns das Künftige hören.	**9** Gedenkt der Anfänge vor langer Zeit, dass ich Gott bin, und sonst ist keiner, dass ich Gott bin und sonst keiner wie ich.
23 Teilt mit, was in der Zukunft kommt, damit wir merken, dass ihr Götter seid! Ob es Gut oder Böse wird, das wir einander anblicken und staunen können. **24** Siehe, ihr seid nichts, und euer Tun ist nichts. Ein Gräuel hat man an euch.	**10** Ich habe von Anfang an das Ende mitgeteilt, und von alters her, was noch nicht geschehen ist. Ich spreche: Mein Beschluss soll zustande kommen, und alles was ich will, werde ich tun.
25 Ich habe erweckt vom Norden, und er kam, von Sonnenaufgang mit Namen gerufen. Und er tritt auf Fürsten wie auf Lehm, wie ein Töpfer, der Ton knetet. **26** Wer hat es von Anfang an gesagt, dass wir es merken? Oder zu früheren Zeiten, dass wir sagen könnten: Es ist wahr! Ja, keiner hat es verkündet, ja, keiner ließ es hören, ja, keiner hat eure Sprüche gehört. **27** Als Erster habe ich zu Zion gesagt: Siehe, siehe, da ist es! Und Jerusalem will ich einen Freudenboten geben! **28** Ich blickte umher, da war niemand. Unter diesen war kein Ratgeber, sodass ich sie hätte fragen können, und sie mir Antwort gegeben hätten. **29** Siehe, sie alle sind nichts und nichtig ihre Taten, Wind und Leere ihre Bilder.	**11** Ich rufe von Osten her einen Raubvogel, aus fernem Land den Mann für meinen Beschluss. Was ich rede lasse ich auch kommen, was ich plane, führe ich auch aus!

In 41,21 werden im Rahmen einer Gerichtsverhandlung ungenannte aufgefordert, ihre Beweise vorzubringen, *spricht der König Jakobs.* Der Titel ist auffällig, weil Israel nicht genannt wird (vgl. 41,8.14). Das lässt den Schluss zu, dass Israel (der mit Gott streitet) unter Anklage steht. Der Vergleich mit 46,8-11 scheint das zu bestätigen. Die Entwicklung in 41,22 verlässt jedoch den Rahmen eines Rückblicks. Gefordert werden *ein sich Beweisen und Gott beeindrucken*, was auch deutlich über den Möglichkeiten von Jakob/Israel angelegt ist und ihn als Angeklagter in 41,21-29 ausscheiden lässt! Der Versuch, den Rahmen auf Stereotype (menschliche Voraussage aufgrund vergangener Erfahrung) herabzusetzen, scheitert an der Ausprägung in 41,23. In dieser Verhandlung sind Wächter aufgefordert, *sich zu erklären, ihr Verhalten zu rechtfertigen und zu Überzeugen* und, sollte ihr Projekt noch nicht abgeschlossen sein, *zu sagen, wie es weiter geht – das Künftige.* In 41,23 sollen sie sagen, ob sie *durch die Weitergestaltung der Zukunft eine Legitimation des Früheren erreichen wollen, ob Gut oder Böse, um sich zu rechtfertigen?* All dieses wird in 41,24 verneint!

Jes 41	Hen 64
28 Ich blickte umher, da war niemand. Unter diesen war kein Ratgeber, sodass ich sie hätte fragen können, und sie mir Antwort gegeben hätten. **29** Siehe, sie alle sind nichts und nichtig ihre Taten, Wind und Leere ihre Bilder.	Auch andere Gestalten sah ich an jenem Ort im Verborgenen, und ich hörte die Stimme des Engels, als er sprach: „Das sind die Engel, die auf die Erde hinabgekommen waren, und die was im Verborgenen war den Menschenkindern offenbart und sie verführt haben, Sünde zu begehen."

Folgenschwer werden in 41,25 die Werke der Wächter, das, wohin es letztlich führte, zurzeit der Verhandlung abgebrochen. Die Ähnlichkeit zum Untergang von Jakob/Israel durch Assyrien in 46,11 scheint gewollt, bis sich das Bewusstsein der Nationen entsprechend anpassen kann (40,17f). Die Wächter haben die Entwicklung nicht kommen sehen, *keiner, keiner, keiner* 41,26. Im Schatten von Israels Untergang wurde in 41,27 *Jerusalem eine gute Nachricht übermittelt*, was auf eine Rehabilitierung schließen lässt. 41,28 *Ich blickte umher, da war niemand. Unter diesen war kein Ratgeber, sodass ich sie hätte fragen können, und sie mir Antwort gegeben hätten.* Eigenartig entfaltet sich das bereits bekannte Bild 41,22-24! *Auf jede unabhängige Gestaltung und jede weitere Einflussnahme oder auch Mitbestimmung wird verzichtet.* Die Wiederholung von 41,24 in 41,29 schließt diesen Abschnitt.

Schlussworte

Es gibt keinen Fortschritt ohne Geist, den die Welt nicht fassen kann. Unser Beitrag, die Suche nach Gott und die Aufrechterhaltung einer Kommunikations- und Hilfsbereitschaft trägt dazu bei, das geistige Gut zu bewahren, Fortschritte zu machen und uns vor Gott zu bewähren. Mit diesen Wünschen empfehle ich meine Abhandlung. Über mich selbst gibt es nur wenig zu sagen.

Beim Bild habe ich ein älteres Foto (von vor ein paar Jahren) verwendet aber das Hemd habe ich noch. Von Nachforschungen bekam ich, wie zu erkennen ist, keine Pickel. Nachforschung kann ich nur empfehlen. Habe niemals Angst, was du als Wahrheit aufgenommen hasst auch zu hinterfragen, wenn es dir an passender Stelle zur Vergewisserung notwendig erscheint!

Ein Lektor korrigierte mich einmal mit den Worten: „Nicht die Wissenschaft ist das Problem, sondern die Atheisten." Durchbricht man vorgegebene Filter, z. B. die Spätdatierung, werden die Ergebnisse plausibler und es kann mehr an den berechtigten Einwänden, z. B. missverstandene Überlieferung gearbeitet und Lösungen gefunden werden. Dabei wird nicht der Bibel, sondern dem Blick darauf widersprochen, weil auch Theologien Filter sind, die verdunkeln können. Reglementierungen fasse ich deshalb eher als Wegmarkierung auf.